中国社会科学院创新工程项目

ANNUAL REPORT ON CHINA'S URBAN COMPETITIVENESS (NO. 14)

中国城市竞争力报告 No. 14

新引擎：多中心群网化城市体系

主　　编：倪鹏飞

副 主 编：侯庆虎　李　超　张洋子

特邀主编：沈建法　林祖嘉　刘成昆

中国社会科学出版社

图书在版编目（CIP）数据

中国城市竞争力报告. No. 14／倪鹏飞主编 .—北京：中国社会科学出版社，2016. 5
ISBN 978-7-5161-8244-4

Ⅰ.①中… Ⅱ.①倪… Ⅲ.①城市—竞争力—研究报告—中国 Ⅳ.①F299.2

中国版本图书馆 CIP 数据核字(2016)第 114189 号

出 版 人 赵剑英
责任编辑 喻 苗
责任校对 胡新芳
责任印制 王 超

出 版 中国社会科学出版社
社 址 北京鼓楼西大街甲 158 号
邮 编 100720
网 址 http://www.csspw.cn
发 行 部 010-84083685
门 市 部 010-84029450
经 销 新华书店及其他书店

印刷装订 北京君升印刷有限公司
版 次 2016 年 5 月第 1 版
印 次 2016 年 5 月第 1 次印刷

开 本 710×1000 1/16
印 张 39. 25
插 页 2
字 数 623 千字
定 价 99. 00 元

《中国城市竞争力报告 No. 14》
编委会

中国社会科学院财经战略研究院简介

中国社会科学院财经战略研究院（National Academy of Economic Strategy, CASS），简称“财经院”，成立于1978年6月。其前身为中国社会科学院经济研究所财政金融研究组和商业研究组。初称“中国社会科学院财贸物资经济研究所”。1994年，更名为“中国社会科学院财贸经济研究所”。2003年，更名为“中国社会科学院财政与贸易经济研究所”。2011年12月29日，作为中国社会科学院实施哲学社会科学创新工程的一个重大举措，也是在创新工程后成立的首批跨学科、综合性、创新型学术思想库和新型研究机构，以财政与贸易经济研究所为基础，组建综合性、创新型国家财经战略研究机构——财经战略研究院，从此改用现名。

著名经济学家刘明夫、张卓元、杨圣明、刘溶沧、江小涓、裴长洪、高培勇先后担任所长。现任院长、党委书记为高培勇教授。

作为中国社会科学院直属的研究机构，自成立以来，财经院与祖国的改革开放事业共同成长，始终以天下为己任，奋进在时代前列。几代财经院人，不辱使命，在中国经济社会发展进程中的几乎每一个环节，都留下了自己的印记。经过30多年的努力，今天的财经院，已经发展成为拥有财政经济、贸易经济和服务经济等主干学科板块、覆盖多个经济学科领域的中国财经科学的学术重镇。

中国社会科学院城市与竞争力研究中心简介

中国社会科学院城市与竞争力研究中心是2010年4月26日成立的一个有关城市与竞争力的院级非实体研究中心。中心组织国内外各界相关研究人员，开展城市竞争力、房地产等相关的学术研究，发表相关的研究论文，出版专著和研究报告；组织中心学者进行国际学术访问；组织国内外相关领域专家、城市市长等各界人士召开城市竞争力国际论坛以及相关学术会议；接受研究生实习、学者学术访问，培养学以致用的学术和管理人才。中心是中国城市百人论坛的秘书处。

近年来，中心关于中国城市竞争力的研究获得了“孙冶方经济科学奖”；关于中国住房发展的研究获国家社科基金重大招标项目支持。《中国城市竞争力报告》、《中国住房发展报告》等已成为中国社会科学院重要的学术品牌，在国内外产生了十分广泛的影响，也为中央及地方政府的相关决策提供了参考。

中心组织和联合全世界的城市竞争力研究专家，成立全球城市竞争力项目组，联合国人居署、世界银行集团及世界著名城市学者开展相关领域的高端合作，发表全球城市研究报告举办城市竞争力国际论坛，扩大了中国社会科学院在这些国际学术领域的话语权和影响力。

主要编撰者简介

倪鹏飞　男，南开大学经济学博士。中国社会科学院城市与竞争力研究中心主任，中国社科院财经战略研究院院长助理，研究员，博士生导师。国务院特殊津贴专家。曾获第十一届“孙冶方经济科学奖”。主要研究领域：国家竞争力、城市竞争力、城市经济学与房地产经济学。

侯庆虎　男，南开大学数学博士，天津大学应用数学中心教授，博士生导师。主要研究领域：机械证明、城市竞争力计量。

沈建法　男，伦敦经济学院地理学博士，香港中文大学香港亚太研究所教授，亚太城市与区域发展研究计划主任。主要研究领域：城市竞争力与中国城市化。

林祖嘉　男，加州大学洛杉矶分校经济学博士，台湾政治大学经济学教授。主要研究领域：城市竞争力与房地产经济。

刘成昆　男，南开大学经济学博士，澳门科技大学商学院副教授、会计与财务金融系主任。主要研究领域：城市和区域经济、澳门经济。

李　超　男，经济学博士，中国社会科学院财经战略研究院助理研究员，中国社会科学院城市与竞争力研究中心特约成员。主要研究领域：区域经济协调发展与产业结构演进。

张洋子　男，中国社会科学院研究生院金融学博士研究生。主要研究领域：城市与房地产金融。

中国社会科学院竞争力模拟实验室简介

中国社会科学院竞争力模拟实验室是中国社会科学院城市与竞争力研究中心成员经过对城市与竞争力十余年的跟踪研究，建立的涵盖国家竞争力、城市竞争力、城市联系度、教育竞争力、人才竞争力、商务环境、住房发展等多个方面的大型综合模拟实验室。实验室的数据库目前已经拥有数百项指标的数据，样本包括世界主要国家和地区，全球500个城市，中国300个城市，是全球有关城市与竞争力的最重要数据库之一。数据库中系统性总结了中心专家十余年调研成果，构建了城市与竞争力案例库。

为保证数据权威性与准确性，模拟实验室将数据来源、数据处理方法和指数合成方法等附在数据之中，便于数据库的使用者随时查阅。库藏城市与竞争力案例库是经由中心联合国内外专家悉心总结，综合中心多部著作及调研成果，制作了包含数百个经典案例的城市与竞争力案例库。

摘　要

《中国城市竞争力报告 No. 14》延续了以往报告的理论框架和政策含义，在格局、现象、规律等方面的研究上有所突破。报告从以下方面进行了总体分析和分区域的论述：城市综合经济竞争力即城市创造价值的能力，体现为城市创造价值的规模、速度和效率；宜居和宜商城市竞争力即城市吸引人才、企业等本体集聚的能力，进而决定了城市产业体系的层次与结构；城市可持续竞争力即城市的要素与环境状况，分别体现为创新驱动的知识城市、公平包容的和谐城市、环境友好的生态城市、多元一本的文化城市、城乡一体的全域城市、开放便捷的信息城市。在分项报告和区域报告中，对格局和现象进行了多角度的分析，并深入探索了相关变量间的内在规律。研究发现：城市竞争力格局呈现分化趋势，人口流向成为新风向标；城市竞争力在分化的同时出现了固化现象；城市竞争力强的城市，城市病也严重；东北大城市的衰落是东北地区衰退的重要原因。

当前，中国城镇化已进入到关键性发展阶段，新常态下中国经济面临结构调整和转型升级的艰巨性历史任务。随着中国进入城市世纪，而重构中国的城市体系，将会迸发中国发展的新动力，促进巨型国家经济、社会和环境的健康可持续发展必须以完善的城市体系为支撑。报告以“新引擎：多中心群网化城市体系”为主题，分别从城市组织体系、规模体系、结构体系、联系体系等方面论证了中国城市体系的深刻变化。建议：应确立“经济竞争力强、社会凝聚力强、环境永续力强”三个目标价值，形成“集群化、哑铃型、多中心、网络化”四项目标任务，采取重点发展城市群体系、放开对大城市的限制、差别化发展小城镇、多尺度的多中心、促进城市空间和功能体系的网络化等五项路径战略，推进建立一个经济竞争力、社会凝聚力和环境永续力强的多中心群网化城市体系。最后，本书对未来中国城市（群）体系演变进行了总体设计。

Abstract

The Annual Report on Urban Competitiveness (No. 14) continued the previous theoretical and policy implications. The emphasis is on Pattern, phenomenon and law. We distinguish clearly among the three parts of urban competitiveness: Urban general economic competitiveness shows cities' ability to create value, which is reflected by the scale, speed and efficiency of cities' value creation activity. Urban livable and business – friendly competitiveness show cities' ability to attract economic entities, such as talented person, enterprise, thereby determine the level and structure of urban industrial system. Urban sustainable competitiveness is cities' conditions of factors and environment, which includes six aspects of economy, society, ecology, culture, urban and rural integration, opening, and is illustrated from innovation – driven knowledge city, fair and inclusive harmonious city, environment – friendly eco – city, genuine and diversified cultural city, urban and rural integrated city, open and convenient information city respectively. Based on the index system following the theoretical framework above, In the sub report and regional report, we research on the pattern and the phenomenon with multi – angle analysis, and in – depth exploration of the inherent law between the relevant variables. This reserch finds that: the pattern of urban competitiueness has a trend of differing, movenent of population is a new sign. Cities with Stronger competitiveress normally have greatev wrbanillness. The resession of large cities in this area.

At present, China's urbanization has entered the key stage of development, the new normal Chinese economy faces historical task of structural adjustment and transformation and upgrading. As China comes into the urban century, giant national economy restructuring urbansg stem of China will be the new impetus of China development. The healthy and sustainable development of the society and the environment needs a good urban system to support. The new engine: multi-center and network urbanization system is the theme of this report, this report demonstrates the profound changes in China's urban system respectively from the aspects of urban organization system, system size, structure system, contact system. "A competitive economy, strong social cohesion, environmental sustainability strong" are the three target value, "cluster, dumbbell, multi- center and network" are the four objectives and tasks. Our suggestions are taking the focus on the development of cities group system, releasing the restrictions on the big cities and constructing multi-scale multi -center, promoting urban space and function network. With these five paths and measures, we will promote the establishment of a multi-center and network urbanization system with economic competitiveness, social cohesion, and environmental sustainability . At last, we design the evolution of Chinese urban (Group) system in the future.

目　录

第一部分　总体报告

第二部分　主题报告

第三部分　城市竞争力分项报告

Contents

Part Ⅳ Regional Report

第一部分

总体报告

第一章　中国城市竞争力 2015 年度排名

一　2015 年中国 294 个城市综合经济竞争力（见表 1—1）

表 1—1　　2015 年中国 294 个城市综合经济竞争力排名

城市	综合经济竞争力指数	排名	综合增量竞争力指数	排名	综合效率竞争力指数	排名
深圳	1.000	1	0.824	6	0.299	4
香港	0.796	2	0.246	36	0.625	3
上海	0.761	3	0.982	2	0.140	5
广州	0.590	4	0.924	4	0.085	8
台北	0.489	5	0.066	153	0.793	2
天津	0.488	6	1.000	1	0.050	16
北京	0.472	7	0.952	3	0.049	18
苏州	0.465	8	0.746	7	0.063	13
澳门	0.447	9	0.041	220	1.000	1
无锡	0.384	10	0.447	14	0.072	11
佛山	0.373	11	0.401	17	0.076	10
武汉	0.350	12	0.566	9	0.044	20
南京	0.337	13	0.469	11	0.050	17
东莞	0.328	14	0.257	33	0.092	7
成都	0.313	15	0.593	8	0.031	27
青岛	0.277	16	0.481	10	0.029	29

续表

城市	综合经济竞争力指数	排名	综合增量竞争力指数	排名	综合效率竞争力指数	排名
郑州	0. 261	17	0. 378	18	0. 034	23
长沙	0. 257	18	0. 462	12	0. 025	35
大连	0. 256	19	0. 461	13	0. 025	34
厦门	0. 251	20	0. 165	59	0. 079	9
宁波	0. 241	21	0. 354	19	0. 030	28
重庆	0. 236	22	0. 854	5	0. 006	125
沈阳	0. 235	23	0. 413	16	0. 023	37
杭州	0. 233	24	0. 432	15	0. 021	39
常州	0. 232	25	0. 252	35	0. 041	21
南通	0. 212	26	0. 302	26	0. 026	33
济南	0. 209	27	0. 288	28	0. 026	31
中山	0. 208	28	0. 141	68	0. 061	14
唐山	0. 198	29	0. 331	21	0. 019	44
泉州	0. 198	30	0. 319	22	0. 019	43
西安	0. 197	31	0. 312	25	0. 020	41
新北	0. 193	32	0. 068	146	0. 106	6
烟台	0. 193	33	0. 332	20	0. 017	49
合肥	0. 189	34	0. 317	23	0. 017	50
淄博	0. 179	35	0. 212	39	0. 026	32
镇江	0. 175	36	0. 173	56	0. 031	25
徐州	0. 175	37	0. 279	30	0. 016	53
嘉兴	0. 173	38	0. 161	61	0. 033	24
福州	0. 172	39	0. 285	29	0. 015	57
长春	0. 163	40	0. 316	24	0. 010	89
扬州	0. 159	41	0. 194	45	0. 020	40
南昌	0. 158	42	0. 202	43	0. 018	45
泰州	0. 158	43	0. 183	49	0. 021	38
绍兴	0. 156	44	0. 190	46	0. 020	42

续表

城市	综合经济竞争力指数	排名	综合增量竞争力指数	排名	综合效率竞争力指数	排名
石家庄	0.156	45	0.256	34	0.013	69
潍坊	0.152	46	0.259	32	0.011	79
东营	0.146	47	0.182	50	0.017	48
济宁	0.142	48	0.209	42	0.013	70
温州	0.137	49	0.180	51	0.014	60
台中	0.137	50	0.049	197	0.064	12
高雄	0.135	51	0.055	185	0.055	15
珠海	0.133	52	0.075	134	0.040	22
哈尔滨	0.133	53	0.296	27	0.004	173
泰安	0.132	54	0.161	60	0.015	56
盐城	0.131	55	0.213	38	0.008	106
威海	0.130	56	0.135	72	0.018	46
大庆	0.129	57	0.211	40	0.008	111
沧州	0.124	58	0.186	48	0.009	99
临沂	0.124	59	0.198	44	0.008	112
汕头	0.124	60	0.079	124	0.031	26
昆明	0.123	61	0.210	41	0.007	119
鞍山	0.123	62	0.159	62	0.012	77
台州	0.122	63	0.140	71	0.014	61
惠州	0.122	64	0.169	58	0.010	92
芜湖	0.121	65	0.134	73	0.014	58
包头	0.121	66	0.226	37	0.005	149
金华	0.119	67	0.151	65	0.011	81
鄂尔多斯	0.118	68	0.279	31	0.002	236
台南	0.118	69	0.048	201	0.045	19
洛阳	0.118	70	0.172	57	0.008	105
聊城	0.115	71	0.134	75	0.011	80
邯郸	0.115	72	0.147	66	0.010	86

续表

城市	综合经济竞争力指数	排名	综合增量竞争力指数	排名	综合效率竞争力指数	排名
贵阳	0. 114	73	0. 141	69	0. 011	84
许昌	0. 113	74	0. 108	88	0. 015	55
襄阳	0. 112	75	0. 179	52	0. 006	130
德州	0. 111	76	0. 141	70	0. 010	90
宜昌	0. 110	77	0. 175	54	0. 005	141
南宁	0. 109	78	0. 174	55	0. 005	150
呼和浩特	0. 107	79	0. 156	63	0. 006	123
枣庄	0. 106	80	0. 091	108	0. 016	51
太原	0. 106	81	0. 101	96	0. 014	59
淮安	0. 105	82	0. 128	80	0. 009	101
揭阳	0. 105	83	0. 104	93	0. 012	71
岳阳	0. 104	84	0. 146	67	0. 007	120
焦作	0. 104	85	0. 085	114	0. 017	47
吉林	0. 104	86	0. 176	53	0. 004	169
营口	0. 104	87	0. 108	89	0. 012	74
保定	0. 103	88	0. 155	64	0. 005	143
榆林	0. 101	89	0. 186	47	0. 003	212
漳州	0. 101	90	0. 133	76	0. 007	117
滨州	0. 101	91	0. 116	84	0. 009	97
廊坊	0. 101	92	0. 097	101	0. 012	72
菏泽	0. 100	93	0. 132	77	0. 007	118
乌鲁木齐	0. 099	94	0. 130	78	0. 006	121
咸阳	0. 098	95	0. 120	82	0. 007	114
湖州	0. 097	96	0. 087	113	0. 013	68
茂名	0. 097	97	0. 113	86	0. 008	113
衡阳	0. 096	98	0. 128	79	0. 006	132
常德	0. 096	99	0. 134	74	0. 005	153
连云港	0. 096	100	0. 100	99	0. 010	93

续表

城市	综合经济竞争力指数	排名	综合增量竞争力指数	排名	综合效率竞争力指数	排名
株洲	0.096	101	0.115	85	0.007	115
莆田	0.095	102	0.079	123	0.013	64
日照	0.095	103	0.088	110	0.011	78
盘锦	0.094	104	0.079	127	0.014	62
宿迁	0.094	105	0.102	94	0.008	107
湘潭	0.094	106	0.084	117	0.012	75
江门	0.093	107	0.100	97	0.009	103
湛江	0.093	108	0.113	87	0.006	124
新乡	0.093	109	0.097	100	0.009	100
舟山	0.091	110	0.043	215	0.026	30
南阳	0.090	111	0.126	81	0.004	175
柳州	0.089	112	0.119	83	0.004	162
兰州	0.088	113	0.106	91	0.005	139
德阳	0.087	114	0.079	125	0.010	91
周口	0.086	115	0.096	102	0.006	127
马鞍山	0.086	116	0.065	155	0.013	66
安阳	0.084	117	0.077	132	0.009	94
肇庆	0.084	118	0.101	95	0.004	157
开封	0.083	119	0.076	133	0.009	102
海口	0.080	120	0.043	213	0.016	54
宝鸡	0.079	121	0.096	103	0.003	186
郴州	0.079	122	0.096	104	0.003	183
九江	0.078	123	0.095	105	0.003	187
商丘	0.078	124	0.077	131	0.006	128
平顶山	0.078	125	0.068	145	0.008	109
铜陵	0.078	126	0.032	239	0.023	36
黄石	0.077	127	0.059	177	0.010	87
自贡	0.077	128	0.060	172	0.009	95

续表

城市	综合经济竞争力指数	排名	综合增量竞争力指数	排名	综合效率竞争力指数	排名
南充	0.077	129	0.080	121	0.004	163
渭南	0.076	130	0.088	112	0.004	165
驻马店	0.076	131	0.082	118	0.004	166
遵义	0.075	132	0.100	98	0.002	228
内江	0.075	133	0.064	162	0.008	108
信阳	0.075	134	0.085	115	0.003	190
桂林	0.075	135	0.093	107	0.002	218
通辽	0.074	136	0.106	90	0.001	259
松原	0.074	137	0.085	116	0.003	196
锦州	0.074	138	0.071	141	0.005	138
孝感	0.074	139	0.070	142	0.006	133
濮阳	0.074	140	0.049	200	0.011	83
漯河	0.074	141	0.042	217	0.013	63
邢台	0.073	142	0.072	138	0.005	146
资阳	0.073	143	0.065	158	0.006	136
龙岩	0.073	144	0.082	120	0.003	197
辽阳	0.073	145	0.053	188	0.009	96
赣州	0.073	146	0.094	106	0.002	239
抚顺	0.073	147	0.072	140	0.005	155
赤峰	0.072	148	0.105	92	0.001	278
银川	0.072	149	0.067	151	0.006	129
本溪	0.072	150	0.066	154	0.006	131
黄冈	0.072	151	0.078	128	0.003	200
宁德	0.072	152	0.073	136	0.004	179
绵阳	0.071	153	0.079	126	0.003	206
三明	0.071	154	0.082	119	0.003	214
曲靖	0.071	155	0.088	111	0.002	225
荆州	0.071	156	0.072	139	0.004	172

续表

城市	综合经济竞争力指数	排名	综合增量竞争力指数	排名	综合效率竞争力指数	排名
宜宾	0.071	157	0.072	137	0.004	167
四平	0.070	158	0.074	135	0.003	185
宜春	0.070	159	0.078	129	0.003	203
安庆	0.070	160	0.069	144	0.004	178
北海	0.070	161	0.047	205	0.009	98
淮南	0.070	162	0.039	227	0.013	67
荆门	0.070	163	0.068	147	0.004	168
上饶	0.069	164	0.077	130	0.002	216
鄂州	0.069	165	0.032	240	0.016	52
阳江	0.069	166	0.059	178	0.005	144
蚌埠	0.069	167	0.052	189	0.007	116
泸州	0.069	168	0.068	148	0.004	177
娄底	0.069	169	0.060	170	0.006	135
达州	0.069	170	0.070	143	0.003	201
乐山	0.068	171	0.067	152	0.004	181
牡丹江	0.067	172	0.080	122	0.001	257
新余	0.067	173	0.040	224	0.011	82
滁州	0.067	174	0.065	156	0.003	193
西宁	0.067	175	0.059	180	0.005	147
呼伦贝尔	0.067	176	0.091	109	0.000	293
玉林	0.067	177	0.060	174	0.004	176
三门峡	0.066	178	0.059	176	0.005	156
长治	0.066	179	0.063	165	0.004	171
宿州	0.065	180	0.057	183	0.004	164
秦皇岛	0.065	181	0.050	195	0.006	126
益阳	0.065	182	0.060	171	0.004	180
梧州	0.065	183	0.059	175	0.003	195
阜阳	0.065	184	0.054	186	0.004	160

续表

城市	综合经济竞争力指数	排名	综合增量竞争力指数	排名	综合效率竞争力指数	排名
丹东	0.065	185	0.063	164	0.003	204
铁岭	0.064	186	0.060	173	0.003	194
衢州	0.064	187	0.052	191	0.005	154
延安	0.064	188	0.067	150	0.001	247
潮州	0.064	189	0.034	232	0.010	88
绥化	0.064	190	0.068	149	0.001	250
十堰	0.063	191	0.065	160	0.002	235
永州	0.063	192	0.063	163	0.002	229
朝阳	0.063	193	0.065	157	0.002	230
萍乡	0.063	194	0.040	223	0.008	104
齐齐哈尔	0.063	195	0.065	161	0.001	261
邵阳	0.063	196	0.061	169	0.002	227
淮北	0.063	197	0.034	234	0.010	85
玉溪	0.063	198	0.058	181	0.003	205
眉山	0.062	199	0.047	203	0.005	152
吉安	0.062	200	0.062	167	0.002	237
衡水	0.061	201	0.046	209	0.005	151
乌海	0.061	202	0.028	249	0.013	65
广安	0.061	203	0.046	210	0.005	142
承德	0.061	204	0.065	159	0.001	254
怀化	0.061	205	0.061	168	0.002	241
吕梁	0.061	206	0.059	179	0.002	220
遂宁	0.061	207	0.040	222	0.006	134
鹤壁	0.060	208	0.028	250	0.012	76
通化	0.060	209	0.054	187	0.003	213
咸宁	0.060	210	0.049	199	0.003	184
朔州	0.060	211	0.050	196	0.004	170
南平	0.060	212	0.056	184	0.002	240

续表

城市	综合经济竞争力指数	排名	综合增量竞争力指数	排名	综合效率竞争力指数	排名
辽源	0.060	213	0.040	221	0.005	137
毕节	0.060	214	0.063	166	0.001	242
六安	0.060	215	0.052	190	0.002	223
张家口	0.059	216	0.058	182	0.001	249
六盘水	0.059	217	0.050	194	0.004	182
抚州	0.058	218	0.051	192	0.002	232
晋城	0.058	219	0.043	214	0.004	159
莱芜	0.058	220	0.025	256	0.012	73
清远	0.058	221	0.048	202	0.002	221
运城	0.057	222	0.047	204	0.003	192
钦州	0.057	223	0.045	212	0.003	208
临汾	0.057	224	0.049	198	0.002	217
丽水	0.056	225	0.046	208	0.002	222
攀枝花	0.056	226	0.041	218	0.004	161
汕尾	0.056	227	0.034	233	0.005	148
汉中	0.056	228	0.051	193	0.001	253
亳州	0.056	229	0.038	229	0.004	174
韶关	0.056	230	0.047	206	0.002	226
宣城	0.056	231	0.042	216	0.003	211
晋中	0.055	232	0.045	211	0.002	215
佳木斯	0.054	233	0.046	207	0.001	270
景德镇	0.054	234	0.031	244	0.005	145
鹰潭	0.053	235	0.027	252	0.006	122
三亚	0.052	236	0.015	274	0.008	110
随州	0.052	237	0.033	236	0.003	209
河源	0.050	238	0.035	231	0.002	238
白城	0.050	239	0.039	228	0.001	265
防城港	0.050	240	0.030	247	0.003	188

续表

城市	综合经济竞争力指数	排名	综合增量竞争力指数	排名	综合效率竞争力指数	排名
贵港	0.050	241	0.030	246	0.003	207
白山	0.049	242	0.035	230	0.001	244
大同	0.049	243	0.033	237	0.003	210
梅州	0.049	244	0.033	238	0.002	231
巴彦淖尔	0.049	245	0.041	219	0.000	284
葫芦岛	0.049	246	0.031	245	0.003	202
乌兰察布	0.049	247	0.039	226	0.000	282
酒泉	0.048	248	0.040	225	0.000	294
安康	0.048	249	0.033	235	0.001	268
克拉玛依	0.047	250	0.023	260	0.004	158
云浮	0.047	251	0.026	255	0.003	198
庆阳	0.047	252	0.032	241	0.001	273
阜新	0.046	253	0.030	248	0.002	219
昭通	0.046	254	0.031	243	0.001	263
阳泉	0.046	255	0.021	262	0.005	140
百色	0.045	256	0.031	242	0.001	274
崇左	0.044	257	0.024	258	0.001	252
商洛	0.044	258	0.026	254	0.001	266
忻州	0.044	259	0.028	251	0.001	267
铜仁	0.043	260	0.026	253	0.001	260
双鸭山	0.043	261	0.024	257	0.001	271
池州	0.043	262	0.020	263	0.002	224
鸡西	0.042	263	0.023	259	0.001	269
黄山	0.042	264	0.017	269	0.002	233
广元	0.042	265	0.022	261	0.001	255
石嘴山	0.040	266	0.017	270	0.003	189
巴中	0.040	267	0.016	273	0.001	251
保山	0.040	268	0.019	265	0.001	272

续表

城市	综合经济竞争力指数	排名	综合增量竞争力指数	排名	综合效率竞争力指数	排名
来宾	0.039	269	0.020	264	0.001	245
天水	0.039	270	0.016	272	0.001	256
安顺	0.039	271	0.018	266	0.002	234
白银	0.039	272	0.017	271	0.001	275
铜川	0.039	273	0.013	280	0.003	191
雅安	0.039	274	0.015	275	0.001	264
普洱	0.039	275	0.018	267	0.000	288
临沧	0.038	276	0.017	268	0.001	279
贺州	0.036	277	0.012	281	0.001	248
黑河	0.035	278	0.014	276	0.000	292
张家界	0.035	279	0.011	282	0.001	246
河池	0.034	280	0.013	278	0.001	281
武威	0.034	281	0.013	279	0.000	287
吴忠	0.034	282	0.013	277	0.001	277
平凉	0.032	283	0.009	284	0.001	258
张掖	0.032	284	0.010	283	0.000	291
丽江	0.031	285	0.007	286	0.000	286
鹤岗	0.030	286	0.006	288	0.001	276
中卫	0.030	287	0.007	285	0.001	280
伊春	0.030	288	0.007	287	0.000	290
定西	0.030	289	0.005	289	0.000	285
陇南	0.028	290	0.004	291	0.000	289
七台河	0.028	291	0.003	292	0.001	243
金昌	0.026	292	0.004	290	0.001	262
固原	0.025	293	0.001	293	0.000	283
嘉峪关	0.025	294	0.000	294	0.003	199

二 2015年中国289个城市宜居、宜商竞争力（见表1—2）

表1—2 2015年中国289个城市宜居、宜商竞争力排名

城市	宜居竞争力指数	排名	城市	宜商竞争力指数	排名
珠海	1.000	1	香港	1.000	1
厦门	0.813	2	北京	0.876	2
舟山	0.784	3	上海	0.862	3
香港	0.772	4	广州	0.759	4
海口	0.736	5	深圳	0.733	5
深圳	0.730	6	天津	0.675	6
三亚	0.705	7	重庆	0.601	7
温州	0.692	8	武汉	0.584	8
苏州	0.686	9	成都	0.566	9
无锡	0.685	10	杭州	0.561	10
杭州	0.684	11	南京	0.539	11
东莞	0.666	12	宁波	0.517	12
福州	0.664	13	长沙	0.490	13
上海	0.663	14	青岛	0.487	14
武汉	0.659	15	沈阳	0.484	15
南京	0.657	16	济南	0.480	16
常州	0.654	17	合肥	0.479	17
丽水	0.646	18	西安	0.467	18
镇江	0.644	19	郑州	0.460	19
广州	0.641	20	苏州	0.460	20

续表

城市	宜居 竞争力指数	排名	城市	宜商 竞争力指数	排名
佛山	0.629	21	大连	0.455	21
合肥	0.629	22	福州	0.454	22
防城港	0.627	23	无锡	0.431	23
扬州	0.626	24	厦门	0.428	24
青岛	0.620	25	哈尔滨	0.428	25
台州	0.615	26	温州	0.414	26
西安	0.613	27	珠海	0.406	27
金华	0.612	28	石家庄	0.404	28
衢州	0.610	29	烟台	0.403	29
秦皇岛	0.605	30	太原	0.403	30
湘潭	0.600	31	昆明	0.399	31
莆田	0.599	32	澳门	0.398	32
丽江	0.598	33	佛山	0.396	33
南昌	0.597	34	长春	0.387	34
天津	0.596	35	南昌	0.375	35
澳门	0.596	36	唐山	0.375	36
铜陵	0.589	37	潍坊	0.372	37
北海	0.588	38	鄂尔多斯	0.371	38
芜湖	0.588	39	南宁	0.366	39
宁波	0.579	40	贵阳	0.366	40
惠州	0.577	41	东莞	0.366	41
成都	0.575	42	常州	0.363	42
淄博	0.566	43	海口	0.355	43
绍兴	0.562	44	宜昌	0.353	44

续表

城市	宜居 竞争力指数	排名	城市	宜商 竞争力指数	排名
长沙	0. 556	45	包头	0. 350	45
威海	0. 555	46	洛阳	0. 349	46
新余	0. 551	47	金华	0. 349	47
泰州	0. 548	48	南通	0. 345	48
鄂州	0. 546	49	徐州	0. 344	49
漳州	0. 542	50	泉州	0. 344	50
日照	0. 540	51	兰州	0. 334	51
湖州	0. 540	52	威海	0. 334	52
南通	0. 533	53	呼和浩特	0. 334	53
北京	0. 527	54	东营	0. 324	54
淮安	0. 521	55	台州	0. 323	55
景德镇	0. 520	56	舟山	0. 313	56
九江	0. 516	57	银川	0. 311	57
中山	0. 516	58	柳州	0. 307	58
宣城	0. 516	59	淄博	0. 301	59
重庆	0. 515	60	大庆	0. 300	60
池州	0. 513	61	秦皇岛	0. 299	61
沈阳	0. 506	62	中山	0. 292	62
鄂尔多斯	0. 504	63	济宁	0. 288	63
嘉兴	0. 501	64	临沂	0. 286	64
莱芜	0. 492	65	嘉兴	0. 286	65
大连	0. 492	66	大同	0. 282	66
济南	0. 491	67	扬州	0. 282	67
绵阳	0. 491	68	绍兴	0. 279	68

续表

城市	宜居竞争力指数	排名	城市	宜商竞争力指数	排名
长春	0.491	69	乌鲁木齐	0.274	69
南宁	0.490	70	镇江	0.274	70
岳阳	0.488	71	西宁	0.273	71
烟台	0.486	72	长治	0.273	72
萍乡	0.481	73	锦州	0.272	73
株洲	0.481	74	株洲	0.269	74
丹东	0.480	75	榆林	0.267	75
郑州	0.480	76	惠州	0.266	76
连云港	0.480	77	桂林	0.265	77
嘉峪关	0.478	78	咸阳	0.265	78
马鞍山	0.469	79	邯郸	0.264	79
西宁	0.469	80	襄阳	0.264	80
辽阳	0.467	81	芜湖	0.260	81
抚州	0.466	82	衢州	0.260	82
东营	0.465	83	鞍山	0.256	83
太原	0.462	84	保定	0.255	84
攀枝花	0.461	85	张家口	0.254	85
泉州	0.456	86	泰安	0.252	86
荆门	0.456	87	连云港	0.250	87
上饶	0.455	88	湖州	0.248	88
河池	0.455	89	九江	0.248	89
安庆	0.455	90	金昌	0.248	90
柳州	0.455	91	湛江	0.247	91
江门	0.454	92	绵阳	0.245	92

续表

城市	宜居竞争力指数	排名	城市	宜商竞争力指数	排名
石家庄	0.453	93	泰州	0.242	93
蚌埠	0.451	94	江门	0.241	94
桂林	0.449	95	沧州	0.237	95
河源	0.446	96	南平	0.235	96
乌海	0.445	97	南阳	0.234	97
濮阳	0.445	98	龙岩	0.234	98
贵阳	0.444	99	嘉峪关	0.231	99
黄山	0.441	100	盐城	0.229	100
洛阳	0.440	101	攀枝花	0.227	101
克拉玛依	0.437	102	淮安	0.223	102
清远	0.437	103	吉林	0.218	103
张家界	0.435	104	莱芜	0.218	104
宜昌	0.435	105	延安	0.218	105
龙岩	0.434	106	廊坊	0.218	106
潮州	0.434	107	丽水	0.218	107
晋中	0.434	108	三亚	0.218	108
昆明	0.433	109	马鞍山	0.217	109
盘锦	0.433	110	阜阳	0.216	110
玉林	0.428	111	呼伦贝尔	0.214	111
常德	0.425	112	常德	0.214	112
银川	0.423	113	韶关	0.211	113
娄底	0.423	114	晋中	0.210	114
汕尾	0.418	115	黄山	0.209	115
淮南	0.417	116	克拉玛依	0.208	116

续表

城市	宜居 竞争力指数	排名	城市	宜商 竞争力指数	排名
泰安	0.416	117	淮南	0.207	117
包头	0.413	118	牡丹江	0.207	118
十堰	0.411	119	德州	0.203	119
宁德	0.411	120	三明	0.202	120
百色	0.411	121	北海	0.200	121
廊坊	0.407	122	营口	0.200	122
焦作	0.406	123	聊城	0.199	123
吉安	0.406	124	抚顺	0.199	124
三明	0.404	125	赣州	0.198	125
潍坊	0.404	126	辽阳	0.198	126
阳泉	0.403	127	乌海	0.197	127
兰州	0.403	128	黄石	0.197	128
宿迁	0.403	129	铜陵	0.196	129
乐山	0.401	130	盘锦	0.196	130
梅州	0.400	131	石嘴山	0.195	131
黄石	0.400	132	衡阳	0.194	132
玉溪	0.400	133	阳泉	0.192	133
乌鲁木齐	0.392	134	日照	0.192	134
徐州	0.387	135	湘潭	0.191	135
阳江	0.387	136	岳阳	0.190	136
汕头	0.384	137	本溪	0.190	137
南平	0.383	138	晋城	0.188	138
呼和浩特	0.381	139	蚌埠	0.187	139
宜春	0.379	140	永州	0.187	140

续表

城市	宜居竞争力指数	排名	城市	宜商竞争力指数	排名
衡阳	0. 377	141	衡水	0. 187	141
赣州	0. 377	142	郴州	0. 186	142
铁岭	0. 377	143	汕头	0. 186	143
德阳	0. 377	144	宝鸡	0. 186	144
哈尔滨	0. 376	145	十堰	0. 186	145
抚顺	0. 376	146	赤峰	0. 183	146
滁州	0. 375	147	朔州	0. 180	147
雅安	0. 374	148	遵义	0. 180	148
唐山	0. 372	149	朝阳	0. 179	149
晋城	0. 372	150	揭阳	0. 179	150
普洱	0. 370	151	巴彦淖尔	0. 178	151
盐城	0. 370	152	安庆	0. 178	152
滨州	0. 369	153	莆田	0. 178	153
邵阳	0. 368	154	临汾	0. 177	154
葫芦岛	0. 367	155	丹东	0. 176	155
漯河	0. 367	156	宜春	0. 176	156
亳州	0. 367	157	汉中	0. 175	157
鹰潭	0. 367	158	铜仁	0. 175	158
聊城	0. 365	159	景德镇	0. 174	159
淮北	0. 363	160	荆门	0. 174	160
南充	0. 361	161	滨州	0. 173	161
襄阳	0. 360	162	承德	0. 172	162
开封	0. 356	163	新余	0. 172	163
巴彦淖尔	0. 354	164	枣庄	0. 171	164

续表

城市	宜居 竞争力指数	排名	城市	宜商 竞争力指数	排名
来宾	0. 353	165	宜宾	0. 170	165
韶关	0. 351	166	齐齐哈尔	0. 170	166
梧州	0. 349	167	荆州	0. 170	167
广元	0. 349	168	运城	0. 169	168
忻州	0. 347	169	邢台	0. 169	169
钦州	0. 347	170	漳州	0. 167	170
酒泉	0. 344	171	忻州	0. 167	171
邯郸	0. 342	172	平顶山	0. 166	172
长治	0. 342	173	鸡西	0. 164	173
大同	0. 342	174	渭南	0. 160	174
济宁	0. 342	175	宣城	0. 159	175
锦州	0. 337	176	滁州	0. 157	176
湛江	0. 337	177	德阳	0. 157	177
枣庄	0. 334	178	酒泉	0. 156	178
肇庆	0. 333	179	六盘水	0. 156	179
大庆	0. 332	180	阜新	0. 155	180
周口	0. 329	181	玉溪	0. 154	181
眉山	0. 329	182	新乡	0. 154	182
宿州	0. 328	183	焦作	0. 153	183
鹤壁	0. 327	184	濮阳	0. 153	184
宝鸡	0. 325	185	六安	0. 151	185
沧州	0. 321	186	白山	0. 151	186
运城	0. 320	187	商丘	0. 149	187
许昌	0. 318	188	吉安	0. 146	188

续表

城市	宜居竞争力指数	排名	城市	宜商竞争力指数	排名
吕梁	0. 315	189	佳木斯	0. 145	189
新乡	0. 314	190	达州	0. 143	190
贵港	0. 313	191	安阳	0. 141	191
阜阳	0. 312	192	张家界	0. 141	192
朔州	0. 312	193	宁德	0. 139	193
朝阳	0. 309	194	通辽	0. 139	194
吉林	0. 307	195	泸州	0. 139	195
张家口	0. 304	196	淮北	0. 139	196
德州	0. 304	197	安顺	0. 139	197
六安	0. 302	198	三门峡	0. 138	198
茂名	0. 294	199	南充	0. 137	199
孝感	0. 293	200	茂名	0. 137	200
郴州	0. 288	201	许昌	0. 136	201
三门峡	0. 287	202	乐山	0. 135	202
固原	0. 287	203	广元	0. 135	203
曲靖	0. 284	204	菏泽	0. 133	204
永州	0. 280	205	葫芦岛	0. 132	205
荆州	0. 280	206	铜川	0. 129	206
鞍山	0. 280	207	肇庆	0. 128	207
毕节	0. 279	208	通化	0. 127	208
邢台	0. 276	209	四平	0. 126	209
临汾	0. 275	210	毕节	0. 125	210
安阳	0. 274	211	伊春	0. 125	211
平凉	0. 274	212	娄底	0. 123	212

续表

城市	宜居竞争力指数	排名	城市	宜商竞争力指数	排名
临沂	0.271	213	漯河	0.123	213
营口	0.271	214	抚州	0.121	214
咸宁	0.269	215	梅州	0.121	215
菏泽	0.268	216	鹰潭	0.121	216
遂宁	0.264	217	池州	0.120	217
保定	0.261	218	潮州	0.120	218
金昌	0.261	219	咸宁	0.120	219
承德	0.259	220	怀化	0.120	220
铜仁	0.259	221	鄂州	0.119	221
鹤岗	0.256	222	防城港	0.118	222
咸阳	0.256	223	清远	0.118	223
铜川	0.255	224	黄冈	0.117	224
巴中	0.254	225	曲靖	0.115	225
通辽	0.254	226	中卫	0.115	226
贺州	0.253	227	梧州	0.114	227
平顶山	0.251	228	自贡	0.114	228
阜新	0.251	229	吕梁	0.112	229
益阳	0.251	230	信阳	0.111	230
泸州	0.249	231	黑河	0.111	231
怀化	0.248	232	丽江	0.109	232
黄冈	0.247	233	百色	0.108	233
临沧	0.247	234	玉林	0.107	234
信阳	0.245	235	天水	0.107	235
牡丹江	0.244	236	松原	0.107	236

续表

城市	宜居 竞争力指数	排名	城市	宜商 竞争力指数	排名
安顺	0. 243	237	钦州	0. 107	237
松原	0. 243	238	铁岭	0. 106	238
榆林	0. 238	239	双鸭山	0. 105	239
庆阳	0. 237	240	孝感	0. 105	240
呼伦贝尔	0. 235	241	宿迁	0. 103	241
驻马店	0. 234	242	上饶	0. 103	242
张掖	0. 234	243	萍乡	0. 101	243
衡水	0. 230	244	宿州	0. 100	244
广安	0. 229	245	开封	0. 100	245
本溪	0. 228	246	益阳	0. 100	246
安康	0. 224	247	固原	0. 100	247
辽源	0. 222	248	安康	0. 100	248
白银	0. 218	249	鹤岗	0. 099	249
渭南	0. 217	250	张掖	0. 099	250
七台河	0. 216	251	驻马店	0. 098	251
武威	0. 216	252	邵阳	0. 097	252
资阳	0. 212	253	鹤壁	0. 095	253
云浮	0. 210	254	阳江	0. 094	254
保山	0. 197	255	雅安	0. 091	255
宜宾	0. 196	256	平凉	0. 091	256
乌兰察布	0. 194	257	河源	0. 090	257
赤峰	0. 194	258	云浮	0. 090	258
天水	0. 189	259	乌兰察布	0. 086	259
石嘴山	0. 183	260	七台河	0. 083	260

续表

城市	宜居 竞争力指数	排名	城市	宜商 竞争力指数	排名
随州	0.177	261	眉山	0.082	261
齐齐哈尔	0.176	262	随州	0.082	262
南阳	0.173	263	白银	0.082	263
内江	0.173	264	内江	0.082	264
遵义	0.171	265	白城	0.082	265
汉中	0.171	266	临沧	0.078	266
吴忠	0.155	267	辽源	0.077	267
鸡西	0.150	268	武威	0.074	268
黑河	0.148	269	崇左	0.071	269
双鸭山	0.142	270	遂宁	0.070	270
定西	0.139	271	周口	0.070	271
佳木斯	0.129	272	亳州	0.069	272
通化	0.126	273	保山	0.068	273
商洛	0.124	274	绥化	0.062	274
达州	0.122	275	贵港	0.061	275
伊春	0.103	276	昭通	0.057	276
揭阳	0.102	277	广安	0.053	277
崇左	0.096	278	吴忠	0.051	278
自贡	0.091	279	河池	0.051	279
中卫	0.087	280	普洱	0.050	280
白山	0.074	281	庆阳	0.049	281
商丘	0.073	282	贺州	0.040	282
延安	0.070	283	商洛	0.038	283
白城	0.064	284	汕尾	0.030	284

续表

城市	宜居竞争力指数	排名	城市	宜商竞争力指数	排名
四平	0.041	285	资阳	0.027	285
陇南	0.038	286	来宾	0.018	286
昭通	0.036	287	巴中	0.012	287
六盘水	0.011	288	陇南	0.002	288
绥化	0.000	289	定西	0.000	289

三 2015年中国289个城市可持续竞争力及各分项竞争力排名（见表1—3）

表1—3 2015年中国289个城市可持续竞争力及各分项竞争力排名

城市	可持续竞争力		知识城市竞争力	和谐城市竞争力	生态城市竞争力	文化城市竞争力	全域城市竞争力	信息城市竞争力
	指数	排名	排名	排名	排名	排名	排名	排名
香港	1.000	1	11	1	1	2	1	4
上海	0.888	2	3	6	38	1	6	2
北京	0.860	3	1	4	102	3	4	5
深圳	0.849	4	2	3	24	16	3	3
澳门	0.801	5	39	2	5	4	2	17
广州	0.795	6	5	13	23	7	8	1
杭州	0.729	7	7	24	21	8	9	6
苏州	0.701	8	8	9	128	5	7	19
南京	0.679	9	4	21	120	11	10	10
青岛	0.659	10	24	10	39	18	23	13
厦门	0.656	11	12	7	22	57	18	9
武汉	0.650	12	9	5	108	9	29	15

续表

城市	可持续竞争力		知识城市竞争力	和谐城市竞争力	生态城市竞争力	文化城市竞争力	全域城市竞争力	信息城市竞争力
	指数	排名	排名	排名	排名	排名	排名	排名
东莞	0.648	13	19	35	87	56	5	8
宁波	0.636	14	21	8	151	14	14	7
成都	0.635	15	13	23	44	10	36	23
大连	0.634	16	10	11	7	75	31	18
无锡	0.632	17	26	17	72	20	11	24
珠海	0.628	18	15	25	65	48	13	12
天津	0.622	19	6	43	150	13	22	11
济南	0.605	20	18	16	98	15	30	20
福州	0.600	21	38	34	15	23	44	16
中山	0.599	22	22	37	52	25	20	31
长沙	0.599	23	16	18	59	28	21	45
沈阳	0.586	24	17	28	77	22	35	27
佛山	0.565	25	44	50	139	17	16	22
南昌	0.560	26	28	62	11	30	81	38
西安	0.557	27	25	15	189	12	69	14
重庆	0.557	28	43	117	56	6	105	26
惠州	0.539	29	70	14	19	89	41	28
烟台	0.534	30	77	56	13	35	49	35
扬州	0.529	31	45	113	26	41	38	47
镇江	0.529	32	32	33	69	51	37	54
南宁	0.528	33	35	142	6	87	74	30
合肥	0.525	34	20	41	66	61	77	36
常州	0.523	35	27	31	134	71	25	40
舟山	0.515	36	55	29	12	96	27	86

续表

城市	可持续竞争力		知识城市竞争力	和谐城市竞争力	生态城市竞争力	文化城市竞争力	全域城市竞争力	信息城市竞争力
	指数	排名	排名	排名	排名	排名	排名	排名
长春	0.511	37	29	108	29	74	93	32
温州	0.509	38	49	39	61	72	45	43
威海	0.499	39	76	12	54	111	34	60
太原	0.496	40	14	93	272	26	24	25
南通	0.493	41	41	40	101	31	88	57
海口	0.491	42	37	175	106	37	68	21
嘉兴	0.491	43	40	149	210	36	17	29
哈尔滨	0.488	44	30	59	124	29	78	62
黄山	0.486	45	78	101	3	34	151	120
郑州	0.486	46	31	63	226	21	47	33
贵阳	0.485	47	36	42	79	97	64	53
泉州	0.484	48	64	126	46	40	73	41
昆明	0.484	49	33	176	131	33	54	42
绍兴	0.478	50	52	140	194	19	26	48
呼和浩特	0.473	51	46	76	91	39	104	55
鄂尔多斯	0.473	52	197	58	2	84	40	111
芜湖	0.471	53	23	72	68	188	62	56
金华	0.465	54	54	97	164	24	46	50
宜昌	0.461	55	66	36	10	64	130	113
乌鲁木齐	0.458	56	42	236	95	88	12	87
江门	0.457	57	65	57	96	132	48	34
银川	0.456	58	51	69	165	38	39	92
湖州	0.455	59	59	73	177	54	32	49
秦皇岛	0.455	60	82	70	153	46	51	37

续表

城市	可持续竞争力		知识城市竞争力	和谐城市竞争力	生态城市竞争力	文化城市竞争力	全域城市竞争力	信息城市竞争力
	指数	排名	排名	排名	排名	排名	排名	排名
潍坊	0.443	61	57	95	205	55	33	46
肇庆	0.442	62	84	99	20	113	83	65
漳州	0.438	63	69	179	27	65	110	58
桂林	0.432	64	47	239	31	27	135	141
九江	0.414	65	87	88	25	164	133	67
柳州	0.407	66	73	32	136	69	106	116
淄博	0.406	67	60	116	206	45	50	88
三亚	0.404	68	85	190	40	78	114	82
丽水	0.403	69	88	148	9	63	190	148
克拉玛依	0.400	70	50	83	93	165	15	254
徐州	0.397	71	61	87	154	80	170	51
泰州	0.397	72	83	45	147	81	91	101
铜陵	0.396	73	74	26	168	193	59	72
景德镇	0.396	74	107	107	32	62	121	156
连云港	0.395	75	63	89	122	210	109	44
三明	0.392	76	96	61	16	175	100	170
大庆	0.391	77	75	54	116	115	57	163
石家庄	0.390	78	48	119	256	58	56	63
包头	0.390	79	56	200	195	77	28	99
东营	0.388	80	62	122	149	134	60	81
绵阳	0.381	81	53	123	37	221	175	143
龙岩	0.378	82	119	105	58	117	158	93
锦州	0.378	83	72	67	243	106	107	39
盐城	0.374	84	68	94	126	133	117	103

续表

城市	可持续竞争力		知识城市竞争力	和谐城市竞争力	生态城市竞争力	文化城市竞争力	全域城市竞争力	信息城市竞争力
	指数	排名	排名	排名	排名	排名	排名	排名
兰州	0.372	85	34	165	230	67	72	118
十堰	0.372	86	126	121	4	155	125	228
衢州	0.371	87	89	102	172	43	157	100
赣州	0.371	88	90	145	78	83	252	61
丹东	0.369	89	114	152	133	126	58	79
台州	0.368	90	91	259	81	101	79	71
洛阳	0.366	91	79	130	214	44	154	73
吉安	0.364	92	110	77	86	120	219	83
株洲	0.364	93	122	51	118	191	95	95
鹰潭	0.364	94	226	20	36	253	152	70
北海	0.363	95	130	199	8	99	194	139
保定	0.363	96	86	220	119	79	118	74
湘潭	0.362	97	58	46	190	154	96	137
淮安	0.362	98	103	182	127	76	155	69
韶关	0.357	99	101	243	47	178	131	77
本溪	0.354	100	160	75	182	131	53	84
吉林	0.352	101	100	104	115	86	98	190
牡丹江	0.351	102	104	197	50	150	97	151
抚顺	0.349	103	98	30	223	102	63	147
蚌埠	0.349	104	80	174	114	223	127	75
鞍山	0.341	105	95	22	279	95	75	85
承德	0.341	106	201	81	30	49	159	244
晋城	0.339	107	251	38	222	32	90	107
宣城	0.338	108	230	189	43	47	220	109

续表

城市	可持续竞争力		知识城市竞争力	和谐城市竞争力	生态城市竞争力	文化城市竞争力	全域城市竞争力	信息城市竞争力
	指数	排名	排名	排名	排名	排名	排名	排名
湛江	0.337	109	145	139	75	207	136	90
黄石	0.336	110	113	47	166	163	137	110
南平	0.335	111	138	100	74	180	173	117
汕头	0.332	112	108	158	219	159	61	64
安庆	0.332	113	93	173	70	114	222	161
新余	0.332	114	137	53	112	245	140	105
黄冈	0.331	115	139	201	33	145	149	229
唐山	0.330	116	92	82	264	118	80	76
郴州	0.330	117	146	65	57	260	202	114
马鞍山	0.330	118	106	19	237	166	84	123
泰安	0.329	119	97	131	173	59	193	136
宝鸡	0.327	120	105	210	14	130	204	226
常德	0.325	121	141	90	49	171	129	212
上饶	0.325	122	200	110	17	186	210	153
通化	0.322	123	117	92	129	156	87	202
清远	0.322	124	242	118	88	139	113	97
岳阳	0.322	125	143	60	80	124	171	219
襄阳	0.320	126	134	44	181	127	178	126
日照	0.319	127	163	266	64	173	199	52
河源	0.319	128	174	170	89	240	144	66
西宁	0.318	129	71	156	229	100	108	128
营口	0.317	130	166	98	232	138	66	68
梅州	0.316	131	243	226	67	90	148	96
嘉峪关	0.312	132	167	250	196	82	19	186

续表

城市	可持续竞争力		知识城市竞争力	和谐城市竞争力	生态城市竞争力	文化城市竞争力	全域城市竞争力	信息城市竞争力
	指数	排名	排名	排名	排名	排名	排名	排名
佳木斯	0.312	133	153	185	73	146	150	155
滨州	0.308	134	81	84	251	147	76	159
沧州	0.305	135	207	205	180	92	94	80
宁德	0.304	136	205	137	45	152	221	154
廊坊	0.301	137	67	169	260	153	92	108
延安	0.298	138	140	66	121	66	234	238
宿迁	0.298	139	169	68	105	248	160	165
济宁	0.296	140	109	222	198	105	115	145
莆田	0.296	141	154	252	97	204	195	59
咸阳	0.296	142	155	55	215	60	205	176
临沂	0.293	143	132	172	202	174	156	89
呼伦贝尔	0.292	144	252	214	53	183	55	200
南阳	0.292	145	128	241	76	68	261	182
衡阳	0.291	146	123	180	157	212	179	102
新乡	0.290	147	112	166	207	227	147	94
德州	0.290	148	120	178	193	187	163	127
汉中	0.290	149	124	143	51	103	231	276
盘锦	0.289	150	217	184	200	143	43	130
滁州	0.288	151	168	79	140	252	229	104
攀枝花	0.288	152	102	91	216	162	52	256
荆门	0.287	153	183	64	137	208	176	175
池州	0.286	154	194	198	83	93	218	169
辽阳	0.283	155	213	85	263	142	70	78
长治	0.283	156	142	27	282	104	128	138

续表

城市	可持续竞争力		知识城市竞争力	和谐城市竞争力	生态城市竞争力	文化城市竞争力	全域城市竞争力	信息城市竞争力
	指数	排名	排名	排名	排名	排名	排名	排名
张家口	0. 283	157	162	134	176	157	169	132
齐齐哈尔	0. 280	158	218	80	99	170	166	203
乌海	0. 280	159	253	52	218	125	42	211
怀化	0. 279	160	195	147	55	179	189	224
潮州	0. 278	161	181	261	167	109	99	122
玉溪	0. 278	162	129	154	160	85	186	225
咸宁	0. 277	163	156	233	18	257	198	214
三门峡	0. 277	164	164	136	186	202	132	134
萍乡	0. 276	165	151	86	174	190	162	191
防城港	0. 275	166	263	109	82	254	126	142
阳江	0. 274	167	171	157	142	249	139	146
荆州	0. 274	168	94	208	162	176	209	164
黑河	0. 270	169	180	193	175	211	67	167
丽江	0. 270	170	186	265	41	53	240	258
四平	0. 269	171	172	96	213	172	103	185
邯郸	0. 267	172	125	212	281	70	112	106
大同	0. 263	173	173	221	277	42	120	119
晋中	0. 261	174	157	232	240	50	185	131
鄂州	0. 261	175	190	124	185	182	182	152
辽源	0. 260	176	262	106	84	189	116	236
伊春	0. 257	177	216	133	92	205	174	218
德阳	0. 256	178	111	127	208	220	192	197
随州	0. 255	179	198	279	35	194	207	196
阜新	0. 255	180	175	49	280	148	119	144

续表

城市	可持续竞争力		知识城市竞争力	和谐城市竞争力	生态城市竞争力	文化城市竞争力	全域城市竞争力	信息城市竞争力
	指数	排名	排名	排名	排名	排名	排名	排名
抚州	0. 254	181	148	74	170	199	257	198
梧州	0. 254	182	147	234	117	242	191	162
泸州	0. 253	183	149	115	90	135	249	271
遂宁	0. 252	184	210	204	28	262	254	195
葫芦岛	0. 250	185	196	229	188	168	168	121
聊城	0. 249	186	99	153	266	137	208	160
许昌	0. 247	187	136	270	161	233	86	179
揭阳	0. 247	188	229	268	111	247	142	112
白城	0. 243	189	202	48	201	203	188	227
乐山	0. 243	190	177	177	135	110	217	261
铁岭	0. 243	191	249	225	178	185	101	150
宜春	0. 242	192	212	112	144	201	250	177
汕尾	0. 242	193	245	264	132	241	165	124
焦作	0. 241	194	127	231	244	140	82	204
开封	0. 241	195	178	213	233	94	200	181
宜宾	0. 241	196	161	155	130	107	248	266
茂名	0. 241	197	238	120	141	261	134	201
邢台	0. 240	198	191	111	273	136	143	140
六安	0. 238	199	270	128	71	196	278	173
酒泉	0. 237	200	264	186	125	149	89	264
衡水	0. 237	201	209	227	221	169	183	98
遵义	0. 236	202	144	167	123	119	247	278
白山	0. 236	203	272	151	158	144	85	233
临汾	0. 236	204	135	163	257	98	215	188

续表

城市	可持续竞争力		知识城市竞争力	和谐城市竞争力	生态城市竞争力	文化城市竞争力	全域城市竞争力	信息城市竞争力
	指数	排名	排名	排名	排名	排名	排名	排名
榆林	0.232	205	224	160	192	52	230	249
淮南	0.231	206	116	161	231	213	184	207
安康	0.230	207	244	203	63	184	267	220
巴彦淖尔	0.229	208	248	103	155	236	203	199
邵阳	0.229	209	215	132	94	259	241	215
安阳	0.227	210	121	207	285	73	167	172
南充	0.227	211	152	254	62	218	258	253
益阳	0.226	212	187	125	163	160	239	243
松原	0.226	213	268	146	85	232	214	222
鸡西	0.224	214	280	114	184	151	145	208
信阳	0.224	215	188	288	42	228	268	178
天水	0.223	216	115	206	183	129	251	257
莱芜	0.223	217	170	138	276	258	124	115
永州	0.221	218	237	237	104	251	262	129
枣庄	0.219	219	159	159	235	243	177	174
淮北	0.217	220	133	181	227	275	164	189
雅安	0.214	221	118	135	143	272	216	280
金昌	0.214	222	257	162	199	209	102	232
阳泉	0.210	223	199	209	286	177	65	135
鹤壁	0.209	224	223	141	241	238	153	168
忻州	0.205	225	165	216	234	122	225	245
石嘴山	0.204	226	176	230	259	231	71	209
濮阳	0.204	227	204	129	236	158	223	213
漯河	0.204	228	231	168	245	224	227	125

续表

城市	可持续竞争力		知识城市竞争力	和谐城市竞争力	生态城市竞争力	文化城市竞争力	全域城市竞争力	信息城市竞争力
	指数	排名	排名	排名	排名	排名	排名	排名
广元	0.203	229	261	244	107	214	245	193
张掖	0.202	230	131	284	171	112	201	265
双鸭山	0.202	231	278	164	169	167	111	260
崇左	0.201	232	184	257	110	286	256	184
云浮	0.200	233	255	240	187	277	138	157
百色	0.199	234	189	211	146	269	242	223
通辽	0.197	235	179	223	269	216	146	166
鹤岗	0.193	236	221	171	228	215	122	248
渭南	0.191	237	182	71	284	128	233	239
娄底	0.189	238	239	245	152	279	224	180
钦州	0.188	239	220	242	204	284	283	91
阜阳	0.187	240	193	196	203	265	286	158
张家界	0.187	241	288	228	60	235	260	216
吕梁	0.185	242	254	251	242	121	181	194
菏泽	0.178	243	214	192	283	200	212	133
商洛	0.177	244	233	262	103	225	238	269
玉林	0.176	245	158	247	197	283	281	187
孝感	0.175	246	185	277	258	195	237	149
赤峰	0.174	247	208	263	220	226	172	230
驻马店	0.173	248	219	275	179	217	244	210
商丘	0.172	249	206	246	268	141	235	171
定西	0.166	250	228	144	138	274	284	274
内江	0.162	251	203	249	191	222	276	237
自贡	0.160	252	241	255	212	116	228	275

续表

城市	可持续竞争力		知识城市竞争力	和谐城市竞争力	生态城市竞争力	文化城市竞争力	全域城市竞争力	信息城市竞争力
	指数	排名	排名	排名	排名	排名	排名	排名
达州	0. 160	253	247	282	113	264	243	242
朔州	0. 155	254	284	150	274	123	197	235
平顶山	0. 152	255	150	217	287	198	180	240
朝阳	0. 150	256	258	238	271	192	206	192
资阳	0. 147	257	282	274	48	271	271	277
运城	0. 144	258	211	258	288	91	161	252
铜川	0. 143	259	269	219	278	161	123	246
乌兰察布	0. 143	260	281	267	225	206	187	217
贺州	0. 142	261	222	276	217	250	265	206
武威	0. 142	262	260	194	265	108	232	273
周口	0. 141	263	232	286	148	285	259	221
普洱	0. 140	264	267	272	100	256	282	262
安顺	0. 138	265	225	191	211	268	277	263
亳州	0. 135	266	273	195	255	181	287	205
白银	0. 134	267	274	78	261	273	211	267
七台河	0. 134	268	277	218	247	197	141	284
陇南	0. 133	269	259	280	34	244	288	289
眉山	0. 130	270	240	183	238	266	246	268
河池	0. 128	271	192	253	239	276	274	231
中卫	0. 127	272	286	187	250	234	226	247
广安	0. 126	273	235	271	156	267	280	270
庆阳	0. 121	274	279	188	159	263	263	285
保山	0. 121	275	236	289	145	270	273	259
吴忠	0. 113	276	266	248	253	219	213	272

续表

城市	可持续竞争力		知识城市竞争力	和谐城市竞争力	生态城市竞争力	文化城市竞争力	全域城市竞争力	信息城市竞争力
	指数	排名	排名	排名	排名	排名	排名	排名
巴中	0.112	277	289	260	109	229	269	283
临沧	0.111	278	234	224	209	288	272	279
宿州	0.108	279	227	287	246	280	275	183
曲靖	0.104	280	250	269	249	255	266	250
绥化	0.101	281	265	285	224	230	255	255
平凉	0.091	282	246	202	270	246	253	286
贵港	0.091	283	256	256	254	287	279	241
六盘水	0.083	284	276	235	289	282	196	234
固原	0.082	285	275	215	252	239	264	288
铜仁	0.070	286	271	283	262	237	236	281
来宾	0.056	287	285	273	275	281	270	251
毕节	0.044	288	283	281	248	278	285	282
昭通	0.000	289	287	278	267	289	289	287

第二章　中国城市竞争力 2015 年度综述

——竞争力视角下的城市发展与转型格局

倪鹏飞　李　超

2015 年是“十二五”规划的收官之年，在增长速度换挡期、结构调整阵痛期、前期刺激政策消化期“三期叠加”和资本积累速度下降、人口红利消失、“干中学”技术进步效应递减的“三重冲击”之下，中国经济迎来了结构调整和转型升级的曙光。长期以来依靠要素驱动和投资驱动的经济发展模式，开始逐步转向依靠内需消费和创新驱动。2015 年，中国最终消费对经济增长的贡献率为 66.4%，消费增速在近 16 年来首次超越投资增速。服务业占国内生产总值的比重首次超过 50%，高技术产业和装备制造业增速普遍快于一般工业行业增速，单位国内生产总值能耗下降 5.6%。互联网与其他行业加速融合，平均每天新增 1.2 万户新登记注册企业，全年网上商品零售额比 2014 年增长 31.6%，新产业、新技术和新业态的蓬勃发展为中国城市注入了强大动力。即便在 2012—2015 年劳动年龄人口累计减少约 1300 万的前提下，我国常住人口的城镇化率仍进一步提高至 56.1%，城镇新增就业人口 1312 万，超过全年和“十二五”规划预期目标。2015 年，以“四纵四横”高速铁路为骨架的快速铁路网基本建成，与其他铁路共同构筑的快速客运网络可基本覆盖全国 50 万以上人口城市。伴随着互联网和交通运输体系建设的推进，中国城市与区域间要素流通和资源配置方式将更为方便快捷，创新型城市与资源型城市之间、沿海城市与内陆城市之间、高铁枢纽与外围城市之间，将会分别迎来一个相当长的转型机遇期和变革调整期，中国城市竞争力的区域分化现象仍将进一步延续。

一 现状与格局

经过“十二五”时期的长足发展，中国城市的综合经济竞争力和可持续竞争力呈现出一些新的阶段特点。通过分析比较港澳台与内地 294 个城市综合经济竞争力指数，以及港澳与内地 289 个城市的可持续竞争力指数及与理想城市的差距，可以清晰地勾勒出中国城市竞争力的总体格局和区域分化现状。

（一）综合经济竞争力指数现状

2015 年综合经济竞争力指数十强城市依次是：深圳、香港、上海、广州、台北、天津、北京、苏州、澳门和无锡。与 2014 年相比，综合经济竞争力十强城市名单没有显著变化，只有广州超越台北跻身第四位，北京超越苏州跻身第七位。从十强城市的区域分布来看，主要集中在珠三角、长三角、环渤海和港澳台地区，中西部地区无一城市进入综合经济竞争力十强。但从综合增量竞争力指数来看，重庆、成都、武汉分列第五位、第八位和第九位，广大中西部地区经济增长的后发优势比较明显。在综合经济竞争力十强城市中，天津的综合增量竞争力指数最高，而澳门的综合效率竞争力指数优势明显（见表 2—1、图 2—1）。

表 2—1 2015 年中国城市综合经济竞争力十强

城市	综合经济竞争力指数	排名	综合增量竞争力指数	排名	综合效率竞争力指数	排名
深圳	1.000	1	0.824	6	0.299	4
香港	0.796	2	0.246	36	0.625	3
上海	0.761	3	0.982	2	0.140	5
广州	0.590	4	0.924	4	0.085	8
台北	0.489	5	0.066	153	0.793	2

续表

城市	综合经济竞争力指数	排名	综合增量竞争力指数	排名	综合效率竞争力指数	排名
天津	0.488	6	1.000	1	0.050	16
北京	0.472	7	0.952	3	0.049	18
苏州	0.465	8	0.746	7	0.063	13
澳门	0.447	9	0.041	220	1.000	1
无锡	0.384	10	0.447	14	0.072	11

资料来源：中国社会科学院城市与竞争力指数数据库。

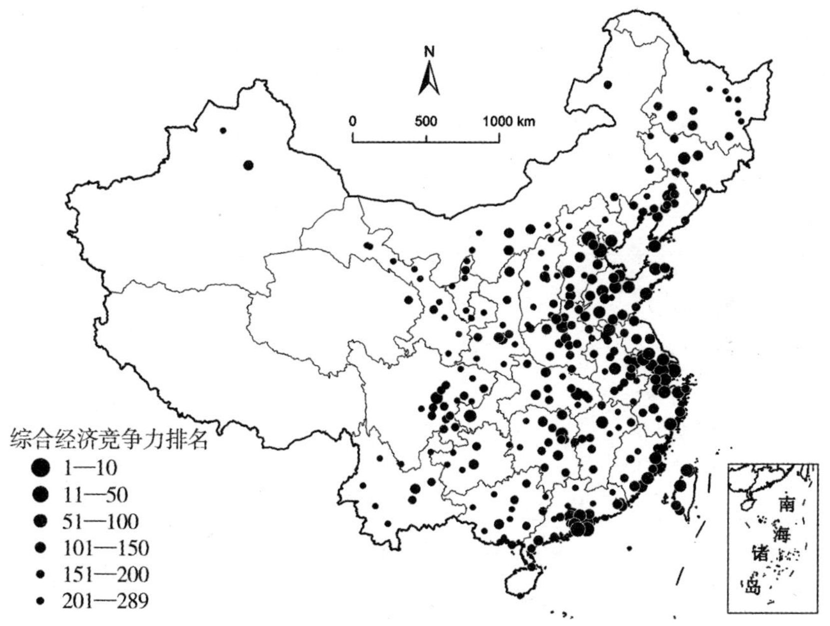

图 2—1　2015 年 294 个城市综合经济竞争力排名

注：单位为“位次”，“●”越大代表综合经济竞争力排名越高。

资料来源：中国社会科学院城市与竞争力指数数据库。

（二）宜居城市与宜商城市竞争力指数

2015 年，中国宜居竞争力十强城市分别为珠海、厦门、舟山、香港、海口、深圳、三亚、温州、苏州和无锡。其中，长三角和珠三角地区分别占据四席和三席，环渤海地区无一城市入选，海南省的海口和三亚双双位列中国宜居城市十强。从近三年来全国宜居城市十强分布来看，珠海一直占据榜首位置，厦门和舟山首次进入宜居城市三甲，温州成为宜居城市十强中进步最快的城市。2015 年，中国宜商竞争力十强城市分别为香港、北京、上海、广州、深圳、天津、重庆、武汉、成都、杭州，基本上为全国性和区域性中心城市。其中，香港、北京、上海仍牢牢占据中国宜商城市竞争力三甲位置，重庆从 2014 年的第九位跃升至 2015 年的第七位，而杭州则取代南京跻身于宜商竞争力十强城市（见表 2—2）。

表 2—2　　2015 年中国宜居和宜商竞争力十强城市

宜居城市竞争力指数				宜商城市竞争力指数			
城市	指数	排名	排名变化	城市	指数	排名	排名变化
珠海	1.000	1	0	香港	1.000	1	0
厦门	0.813	2	2	北京	0.876	2	0
舟山	0.784	3	4	上海	0.862	3	0
香港	0.773	4	-2	广州	0.759	4	1
海口	0.736	5	-2	深圳	0.733	5	-1
深圳	0.730	6	-1	天津	0.675	6	0
三亚	0.705	7	-1	重庆	0.601	7	2
温州	0.692	8	30	武汉	0.584	8	-1
苏州	0.686	9	1	成都	0.566	9	1
无锡	0.685	10	-2	杭州	0.561	10	1

资料来源：中国社会科学院城市与竞争力指数数据库。

从城市宜居竞争力与宜商竞争力的相关关系来看，两者总体上呈现出线性正相关关系。但从宜居和宜商竞争力十强城市来看，只有香港与深圳同时进入了十强之列。也就是说，中国宜商城市建设最好的十个城市中，其宜居城市建设仍然存在着一定程度的错位。因此，中国城市特别是全国性和区域性中心城市，在宜居城市建设和宜商城市建设中必须同步推进，从而进一步发挥中心城市的集聚和辐射带动作用。

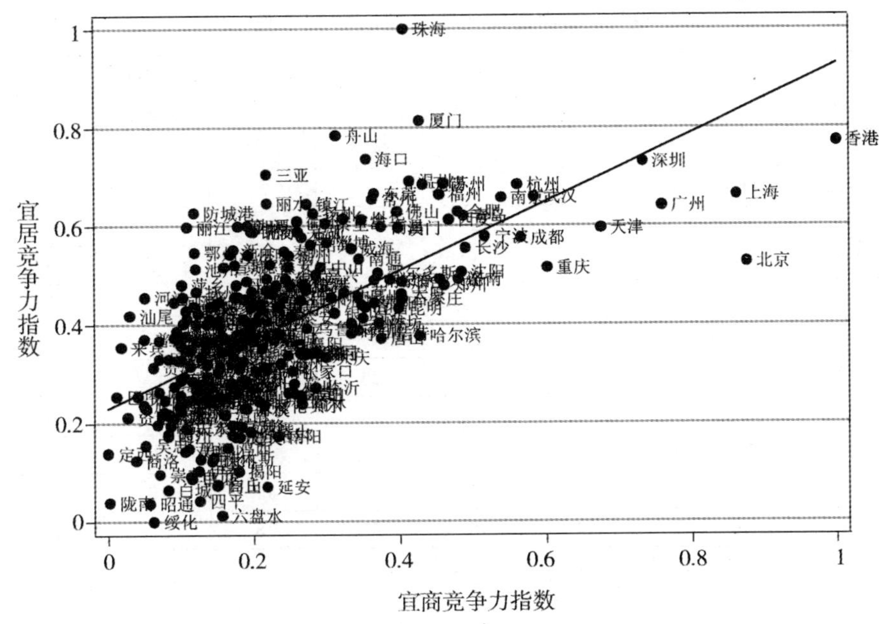

图 2—2　中国城市宜居竞争力与宜商竞争力指数

注：横轴为宜商竞争力指数，纵轴为宜居竞争力指数。

资料来源：中国社会科学院城市与竞争力指数数据库。

（三）可持续竞争力指数现状

2015 年可持续竞争力指数的十强城市分别为：香港、上海、北京、深圳、澳门、广州、杭州、苏州、南京和青岛（见表 2—3、图 2—3）。与 2014 年相比，青岛取代厦门进入可持续竞争力十强城市之列，深圳延续了近年来的良好势头，超越澳门跻身可持续竞争力十强城市第四位。虽然香港的综合经济竞争力被深圳赶超，但是相对于内地城市而言，香港的可持续竞争力优势仍然十分明显。在可持续竞争力的六大分项里，香港的和谐城市、生态城市和全域城市三大指标均位居榜首。与综合经济竞争力十强城市分布较为相似，可持续竞争力十强仍然主要集中在珠三角、长三角和环渤海地区。在“十三五”开局阶段和今后一个相当长的时期，上述三大城市群将继续担当中国城市转型发展的火车头。

表 2—3　　**2015 年中国城市可持续竞争力十强**

城市	可持续竞争力		知识城市竞争力	和谐城市竞争力	生态城市竞争力	文化城市竞争力	全域城市竞争力	信息城市竞争力
	指数	排名	排名	排名	排名	排名	排名	排名
香港	1.000	1	11	1	1	2	1	4
上海	0.888	2	3	6	38	1	6	2
北京	0.860	3	1	4	102	3	4	5
深圳	0.849	4	2	3	24	16	3	3
澳门	0.801	5	39	2	5	4	2	17
广州	0.795	6	5	13	23	7	8	1
杭州	0.729	7	7	24	21	8	9	6
苏州	0.701	8	8	9	128	5	7	19
南京	0.679	9	4	21	120	11	10	10
青岛	0.659	10	24	10	39	18	23	13

资料来源：中国社会科学院城市与竞争力指数数据库。

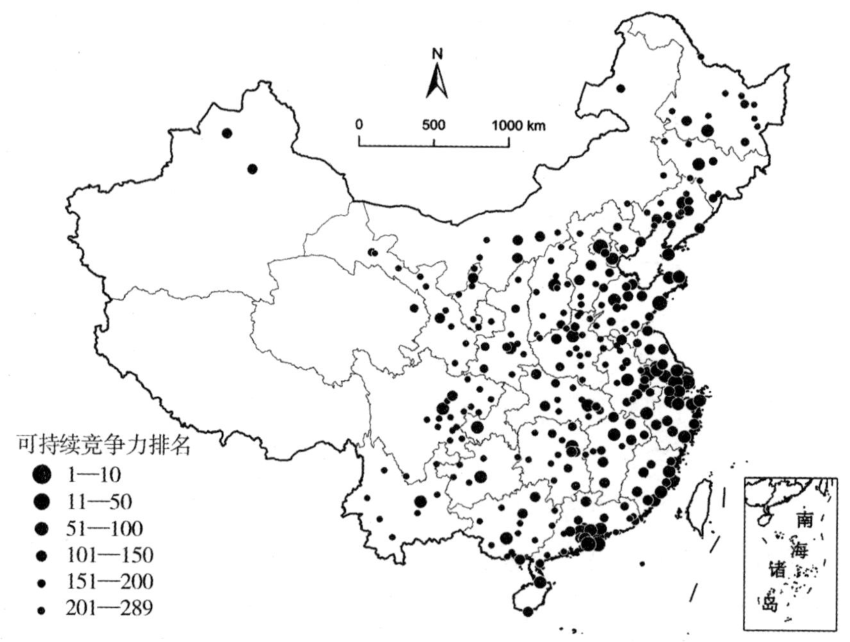

图 2—3　2015 年 289 个城市可持续竞争力排名

注：单位为“位次”，“•”越大代表可持续竞争力排名越高。

资料来源：中国社会科学院城市与竞争力指数数据库。

（四）城市竞争力的区域格局

从全国六大区域的综合经济竞争力指数分布来看，东南地区[①]和环渤海地区的城市均值高于全国平均水平，而中部地区、东北地区、西南地区和西北地区则低于全国平均水平。从各区域的综合经济竞争力变异系数来看，东南地区和环渤海地区的变异系数最高，而西北地区的变异系数最低（见表2—4）。也就是说，均值水平越高的区域变异系数也越大。此外，各大区域内部的综合经济竞争力变异系数均小于全国城市间的变异系数，由此可以看出，中国城市综合经济竞争力的区域差距要大于区内城市之间的差距。

从全国各大区域的城市可持续竞争力均值比较来看，东南地区和环渤海地区要高于全国平均水平，其他区域排序依次为东北地区、中部地区、西北地区和西南地区。与综合经济竞争力的区域格局不同的是，均值水平最低的西南地区，其城市可持续竞争力变异系数却高居全国六大区域之首，并高于全国城市的可持续竞争力变异系数。其他区域的可持续竞争力变异系数排序依次为西北地区、环渤海地区、东北地区、东南地区和中部地区（见表2—4）。

表2—4　2015年六大区域综合经济竞争力和可持续竞争力指数

区域范围	变量	城市数目	均值	标准差	变异系数	最小值	最大值
环渤海地区	综合经济竞争力	30	0.148	0.103	0.696	0.058	0.488
	可持续竞争力	30	0.374	0.154	0.411	0.178	0.860
中部地区	综合经济竞争力	80	0.083	0.048	0.584	0.035	0.350
	可持续竞争力	80	0.296	0.109	0.369	0.108	0.650
西北地区	综合经济竞争力	39	0.062	0.035	0.570	0.025	0.197
	可持续竞争力	39	0.254	0.121	0.477	0.082	0.557

① 为了便于竞争力的区域比较，本章将香港、澳门归于东南地区。

续表

区域范围	变 量	城市数目	均 值	标准差	变异系数	最小值	最大值
东北地区	综合经济竞争力	34	0.081	0.052	0.648	0.028	0.257
	可持续竞争力	34	0.306	0.116	0.380	0.101	0.634
东南地区	综合经济竞争力	57	0.195	0.196	1.005	0.047	1.000
	可持续竞争力	57	0.479	0.179	0.374	0.200	1.000
西南地区	综合经济竞争力	49	0.070	0.048	0.681	0.031	0.313
	可持续竞争力	49	0.238	0.147	0.617	0.000	0.635

资料来源：中国社会科学院城市与竞争力指数数据库。

值得注意的是，不论是综合经济竞争力还是可持续竞争力，区域中心城市的表现与区域整体的表现显著正相关。香港、澳门、北京、上海、广州、深圳、天津等中心城市的辐射带动作用显著提升了东南地区和环渤海地区的整体竞争力，而东北地区、中部地区、西南地区和西北地区的整体表现低于全国城市平均水平，则与其区域性中心城市的辐射带动能力减弱有很大关系（见图2—4）。值得一提的是，大连、沈阳等区域性中心城市以及东北地区的整体竞争力下滑必须引起足够重视。与去年相比，大连的综合经济竞争力和可持续竞争力分别下降1位和5位，沈阳虽然综合经济竞争力与去年持平，但可持续竞争力却下滑5个位次。

（五）城市竞争力的纵向比较

自2012年以来，中国城市综合经济竞争力平均水平由0.088稳步上升至2014年的0.112，但在2015年小幅回落至0.108。从综合经济竞争力的变异系数来看，2015年延续了近四年来的稳步下降趋势，进一步回落至1.044，这表明中国城市之间的综合经济竞争力差异在逐步缩小。与此同时，中国城市的可持续竞争力均值在近四年间出现了先下降后上升的变化趋势，其变异系数则经历了一个先扩大后缩小的过程（见表2—5）。总体而言，中国城市的转型发展之路虽然任务艰巨，但经过十八大以来的一系列改革探索，在综合经济竞争力和可持续竞争力方面已经呈现出逐步向好的发展势头。

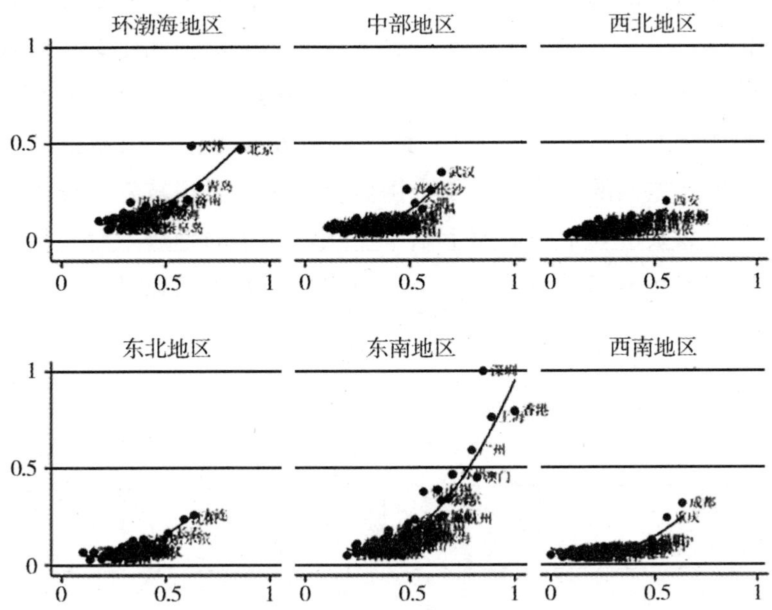

图 2—4　中国城市综合经济竞争力与可持续竞争力区域格局

注：横轴为可持续竞争力指数，纵轴为综合经济竞争力指数。

资料来源：中国社会科学院城市与竞争力指数数据库。

表 2—5　　2012—2015 年中国城市竞争力的变化趋势

	变 量	城市数目	均 值	标准差	变异系数	最小值	最大值
2015 年	综合经济竞争力	294	0. 108	0. 113	1. 044	0. 025	1. 000
	可持续竞争力	289	0. 326	0. 162	0. 497	0. 000	1. 000
2014 年	综合经济竞争力	294	0. 112	0. 119	1. 066	0. 024	1. 000
	可持续竞争力	289	0. 304	0. 159	0. 522	0. 000	1. 000
2013 年	综合经济竞争力	294	0. 103	0. 115	1. 113	0. 022	1. 000
	可持续竞争力	289	0. 303	0. 152	0. 502	0. 000	1. 000
2012 年	综合经济竞争力	293	0. 088	0. 099	1. 131	0. 023	1. 000
	可持续竞争力	287	0. 393	0. 136	0. 345	0. 080	0. 980

资料来源：中国社会科学院城市与竞争力指数数据库。

从具体的指标来看，虽然近几年来中国城市竞争力的整体表现出现了收敛趋势，但从具体分项竞争力状况以及排名前列和排名靠后的城市之间差距仍有进一步扩大的趋势。从2015年综合经济竞争力和可持续竞争力的核密度曲线分布（见图2—5）可以看出，中国城市的核密度曲线明显出现左偏的态势，表明中国城市竞争力表现较好的城市数目较少，绝大多数城市处于中等偏下水平。从近几年的趋势来看，排名最靠前的十个城市和排名最靠后的十个城市之间的差距还在进一步扩大。

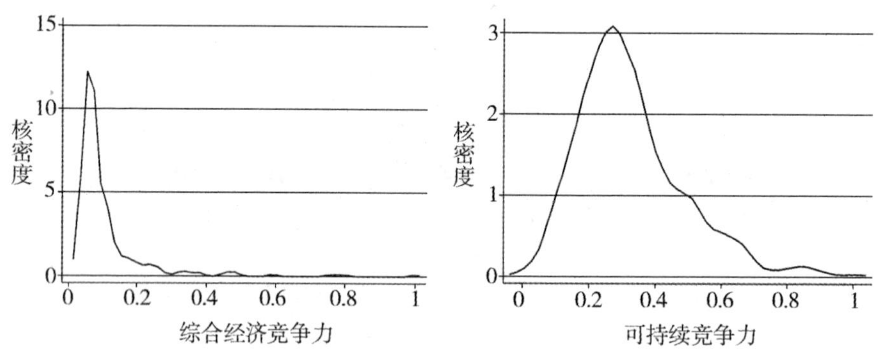

图2—5 中国城市综合经济竞争力与可持续竞争力核密度曲线

注：横轴为综合经济竞争力和可持续竞争力指数，纵轴为核密度。

资料来源：中国社会科学院城市与竞争力指数数据库。

（六）城市竞争力的空间变化趋势

2015年，中国城市的综合经济竞争力和可持续竞争力指数仍然延续了近两年出现的倒“S”型和正“U”型空间变化趋势。在与最近海港距离500公里范围内，中国城市的综合经济竞争力指数呈现出单调递减的趋势；在与最近海港距离500公里至1000公里范围内，城市的综合经济竞争力指数则呈现出小幅回升的态势；当与最近海港距离超过1000公里的第二峰值后，城市的综合经济竞争力指数则转为单调递减。综合经济竞争力的这种倒“S”型规律，与藤田昌久等人提出的若干经典理论是一致的。与综合经济竞争力的空间变化规律不同，2015年中国城市的可持续竞争力指数则呈现出先单调递减后单调递增的正“U”型空间变化趋势，城市可持续竞争力的“洼地”区域出现在与最近海港距离约 1000 公里左右（见图 2—6）。总体而言，沿海地区的城市综合经济竞争力和可持续竞争力水平要显著高于内陆地区。

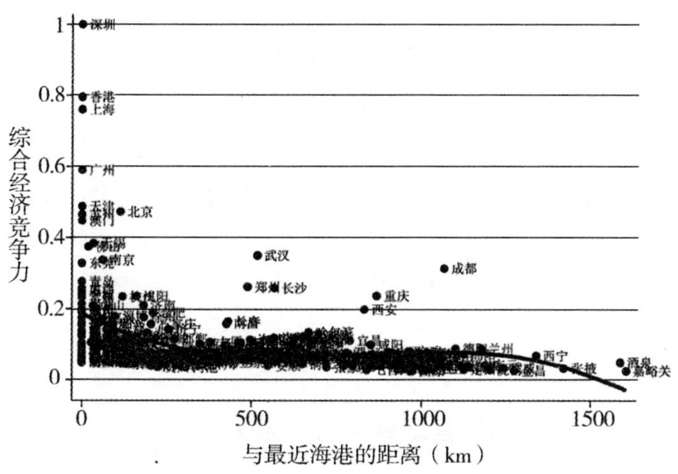

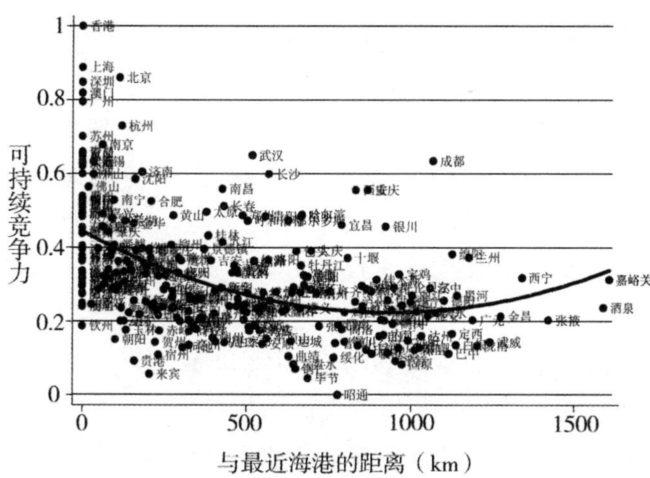

图 2—6　2015 年中国城市竞争力的空间分布规律

注：个别城市由于数据所限或与海港距离较远等原因，未在图中进行标记。

资料来源：中国社会科学院城市与竞争力指数数据库。

二 问题与挑战

“十二五”时期，我国常住人口城镇化率以年均 1.23 个百分点的速度快速提高，已经跨越了传统意义上由量变增到质变的 50%临界点。与经济发展到一定阶段而出现“经济新常态”一样，中国城镇化也正经历着由工业化阶段的结构性加速向城镇化阶段的结构性减速的转型。长期以来，以要素投入和规模扩张为主要驱动方式的传统城镇化模式已难以为继，中国城市竞争力的提升以及转型发展问题正面临前所未有的严峻挑战。

（一）城市竞争力格局呈现四大分化趋势，人口流向成为竞争力新风向标

21 世纪以来特别是“十二五”时期，中国城市竞争力格局出现了四种分化趋势：第一，行政级别导致的分化，主要体现为特别行政区、直辖市、副省级城市、省会城市与一般地级市之间的城市竞争力差异，行政级别高的城市在资源的吸纳能力上要显著高于一般城市。第二，地理区位导致的分化，大量的生产要素和资源集中在东部地区，沿海城市和内地城市之间在综合经济竞争力和可持续竞争力方面差异明显。第三，高速铁路等大型基础设施导致的分化。以“十二五”期间的高速铁路为例，通高铁的城市相对于未通高铁的城市，在综合经济竞争力和可持续竞争力指标上分别要高 70%和 50%以上。第四，人口流向导致的分化。特别是在近年来劳动年龄人口达到顶峰、人口红利逐步丧失的背景下，对外来人口的吸引力成为中国城市竞争力差异的一个主要风向标。通过将各城市的常住人口减去户籍人口，再与 2015 年中国城市竞争力进行拟合可以发现，人口流入地城市的综合经济竞争力和可持续竞争力要显著高于人口流出地城市，并且这种分化现象有进一步加剧的态势（见图 2—7）。

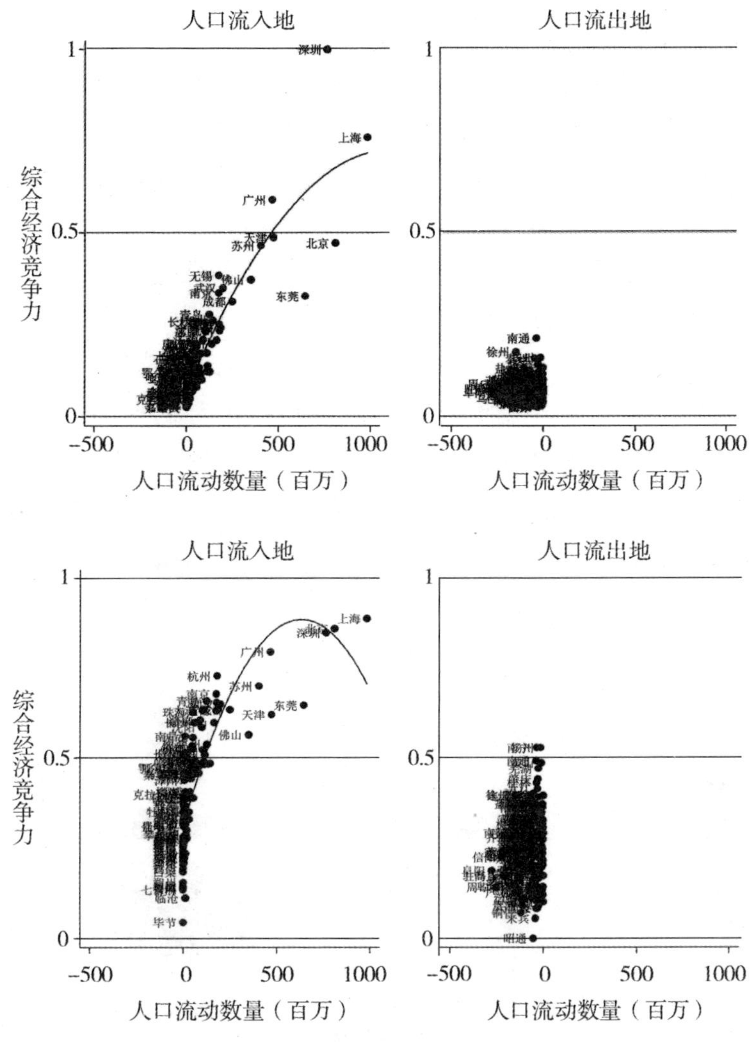

图 2—7　人口流向与中国城市竞争力分化

资料来源：中国社会科学院城市与竞争力指数数据库。

（二）内地城市转型发展任重而道远，转型指标普遍滞后于港澳地区

通过综合考察内地及港澳地区 289 个城市的综合效率指标（即地均 GDP）、节能减排指标（包括单位 GDP 的能耗、单位 GDP 的水耗、空气质量、单位 GDP 二氧化硫排放量、地表水水质等）和创新驱动指标

（包括知识需求、知识投入、知识产出、知识经济等）的四象限矩阵图可以发现，除了香港、澳门始终位于第一象限以外，内地城市全部位于第二、第三、第四象限，且位于第三、第四象限的城市居多。特别是在综合效率和节能减排方面，内地城市几乎全面滞后于香港和澳门。即便是近年来在转型发展方面做得较为突出的深圳，在创新驱动方面有超越港澳之势，但是在综合效率以及节能减排上仍有不小差距（见图 2—8）。中国内地城市在转型发展之路上，普遍面临着"高端蚕食、低端挤压"的两难困境。一方面，来自发达国家和跨国公司的技术和价值链锁定，使得高附加值、低碳环保的技术跨国转移面临障碍；另一方面，来自东南亚地区和其他"金砖国家"、"薄荷四国"的劳动力成本和政策优势，正在日益瓜分中国沿海地区的国际代工市场。因此，面对与日俱增的节能减排和环保压力，许多长三角、珠三角和环渤海城市正面临转型发展的阵痛期。

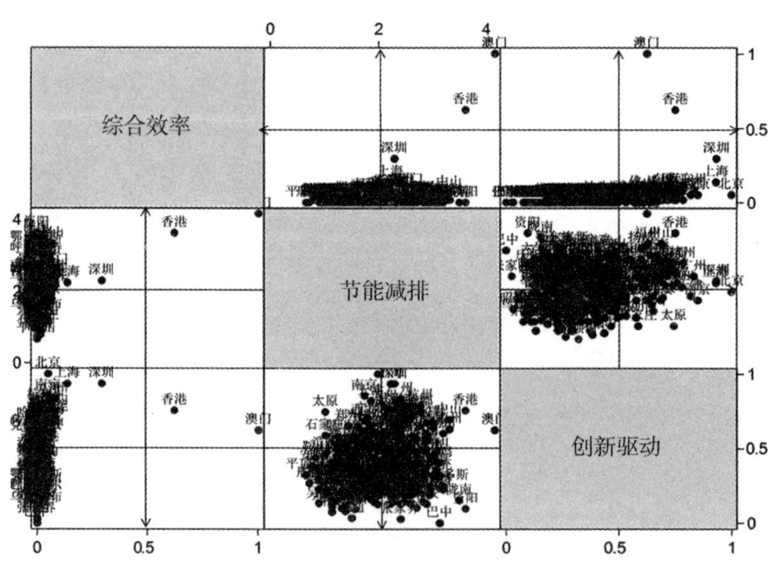

图 2—8 中国城市转型发展格局

资料来源：中国社会科学院城市与竞争力指数数据库。

（三）人口集聚带来城市过度扩张，“城市病”呈现上升态势

在城镇化的快速推进过程中，由于人口的过度集聚以及城市基础设施和管理水平的滞后，交通拥堵、犯罪率高、空气污染、房价高企、健康缺失等“城市病”现象在不同等级规模的城市相继上演（见图2—9）。主要表现为：第一，由于城市中心区人口过度集聚，形成钟摆式交通格局并导致交通拥堵严重，城市居民日常交通耗时过多，城市居民对交通基础设施和管理水平评价较低。第二，刑事案件率与城市规模呈现出一定程度的正相关，并在近年内呈现上升态势，对城市居民的社会安全感产生了显著的负面影响。第三，虽然经过前两年的重拳治理，全国地级以上城市的空气质量持续好转，但京津冀地区空气PM 2.5仍超标严重，特别是在采暖季和超强厄尔尼诺的影响下，北方城市尤其是京津冀及周边地区空气重污染事件仍频繁发生，并且在长三角和京津冀地区大气污染呈现出复合型特征。第四，许多超大城市和特大城市普遍面临着房价收入比过高和人均居住面积不足的问题，特别是低收入阶层和夹心层的住房可支付能力严重不足。第五，不同规模的城市也普遍面临着人均医院卫生院床位数不足的问题，看病难、看病贵成为影响城市居民健康状况和幸福感的一个主要障碍。

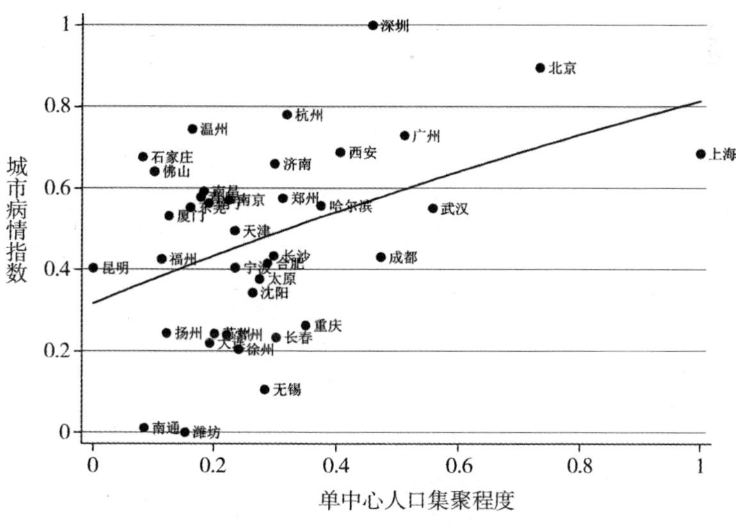

图2—9　单中心人口过度集聚与“城市病”

资料来源：中国社会科学院城市与竞争力指数数据库。

(四) 居住环境成为“宜居城市”短板，“宜商城市”建设整体水平下滑

根据 2015 年宜居城市竞争力五个指标维度的得分均值排序，依次为社会环境、市政设施、生态环境、人口素质和居住环境。其中，由房价收入比、居民消费购物场所数以及人均住房面积综合反映的城市居住环境的得分最低，表明城市高企的住房价格及房价收入比、总体偏低的人均住房面积等已经对城市居住环境产生不容忽视的影响，并严重制约着城市宜居水平的提高。通过比较近三年宜商城市竞争力指数可以发现，受经济新常态的影响，无论是宜商城市竞争力的得分均值还是中位数都持续走低，我国城市的整体水平均呈现出下滑的趋势。特别值得警惕的是，2014 年与 2013 年相比，均值和中位数分别下降了 5.78%和 4.67%。而 2015 年与 2014 年相比，降幅进一步扩大至 22.34%和 24.08%。此外，由于排在前面的少数几个大城市拉高了宜商城市竞争力的均值，而大多数内地城市宜商水平的真实下降情况远比均值数据呈现的整体水平更为严峻。因此，进一步完善城市居住环境建设、重新激发城市商业活力，是加强宜居城市和宜商城市建设的重要而紧迫的任务。

(五) 可持续竞争力呈现出固化态势，城市间“马太效应”凸显

在创新驱动的知识城市建设方面，2015 年排名前十的城市科研经费支出占总支出的 37.88%，前 20 强城市占比高达 49.94%。也就是说剩下的 269 个城市科研经费支出与前 20 强城市相当。与此同时，专利指数的 61.25%集中在前 10 强城市，高科技进出口总额的 77%都集中在前 10 强城市。在公平包容的和谐城市建设方面，人口净流入占本地常住人口比值越高的城市，其户籍进入的门槛越高。反映城市治理水平的行政化透明指数和城市政府对老百姓需求关注度指数，部分大城市由于信息化水平比较高，政府政务公开的透明度和对老百姓需求的反映性都比较高，而在大量的中西部地区的中小城市，整个政府的管理方式还基本上以传统方式为主。在环境友好的生态城市建设方面，排名前 10 位的城市在近三年来均值下降幅度不十分明显，但排名后 10 位城市的得分均值则从 2013 年的 0.0932 下降到 2015 年的 0.0382，降幅高达 2/3左右。在多元一本的文化城市建设方面，部分城市由于自身缺乏一

定的历史文化积淀，同时城市综合经济竞争力较低，制约着文化产业与文化基础建设的发展，落后城市的文化建设步伐较缓慢，与先进城市的差距不断拉大，在短时间内难以实现大幅度的收敛。在城乡一体的全域城市建设方面，总体得分呈现出东、中、西和南北梯度分布态势，区域间分化严重。东南地区城市的全域城市竞争力指数均值较高，为 0.4021；西南地区最低，均值为 0.1515。在交流便捷的信息城市建设方面，从近三年的信息化城市的四个主要指标（客体贸易、主体交流、信息交流、物质交流）的前 10 名的城市的对比分析可以看出，除信息交流这项指标前 10 名的城市变化较大外，其他三个指标前 10 名的城市变化不大。综合来看，可持续竞争力呈现出固化态势，城市间在分项竞争力指标上“马太效应”明显。

（六）城市关键领域改革仍较为滞后，困扰城乡发展的制度性障碍有待破除

第一，由于二元户籍制度严重限制了农村劳动力向城市的自由流动，导致了工农、城乡关系对立恶化，阻碍了社会良性运行，制约了城市化和现代化的进程。由户籍制度延伸出来的教育制度、劳动保障制度和养老保险制度、就业制度等一系列制度安排的城乡差异，使得农村居民和城镇居民因为户籍的不同而享有完全不同的权益。第二，由于农地产权模糊，所有权主体界定不清，内容不完整，阻碍了农地承包权的合理流动，制约了我国农地市场化的进程，也使大量农业劳动力不能完全从农业生产中脱离出来而向外快速转移，也无法实现土地资源的资产化和资本化，为农民转移出农村提供原始的资金积累。第三，国家在基础设施和科教文卫等公共服务设施投入上，实施重点城市倾向的政策，由此带来区域之间和城乡之间在基础设施和公共服务等各方面的差距不断扩大。第四，促进区域协调发展的政策机制乏力。东部沿海地区和大城市，因经济发达具有较好的财税收入，行政级别较高的城市在整个财税体系中也处于有利的地位，因此这些城市政府的财政投入和社会保障程度较高。中西部地区的城市和行政级别低的中小城市一方面本身经济能力有限，另一方面还要把有限的税收按照比例交给上级城市，造成本级政府财政负担过重。这些制度性障碍客观上造成了中国城市竞争力的分

化与固化格局，在下一轮改革中必须对这些领域加以重点关注。

三 案例与启示

（一）以人为本的宜居城市：走“现代宜居”道路，营造生活品质之都

1. 维也纳

重视宜居社会环境和人文环境的有机统一。维也纳市内建有便捷高效的公共交通系统，居民一般只需花上 30 分钟就可到达工作地点，完美地实现了工作与家庭生活两不误。将治污减排视为原则而非理念，其能源部门更加注重在提供能源的同时做到零污染或污染净化，确保让每个人能呼吸新鲜空气。以人为本的理念与原则几乎渗入到城市管理服务的各个环节，市内无障碍设施完善，残障人士出行无压力。注重文化传承与创新，建筑风格注重经典流传。行走在维也纳，一种古典大气而又现代时尚的感觉油然而生，文化元素与城市建设有机结合，音乐、绘画等文化元素增加了维也纳城市的宜居品质和发展内涵。

2. 珠海

始终坚持生态优先和绿色发展理念，将宜居目标融入城市规划、建设和管理的多个环节。从 1980 年至今，珠海历次的总体规划都较好地利用了天然的山海分割，坚持和发扬组团式的布局。高标准、高起点的城市规划及基础设施把城市各组团连成有机的整体，使城市既有良好的整体性，又有优美的城市形象和宜人的人居环境。全力推动教育、医疗、就业等体制机制改革，在全国率先实施中小学 12 年免费教育，率先建立全民医疗保障制度，着力完善覆盖城乡的公共服务体系，构建低污染、低消耗、附加值高、竞争力强的产业体系。

（二）创业至上的宜商城市：走“自由规范”道路，牢固树立市场理念

1. 东京

以铁路、公路、航空和海运为基础，组成四通八达的立体交通网络

连接日本和世界主要城市，并在较为完善的基础设施条件下，找准自身优势并以此为核心全方位发展；围绕国际金融中心的地位，优化制度环境为企业运作提供多种支持；重视对中小创业企业的经营支持，包括商务性支援、创业者支援、新产品和新技术支持、知识产权支持等；重视人才培养和科技创新，空间邻近使东京的企业能够更容易接触大量高科技人才和高技能劳动力，为企业的持续发展和科技创新提供有利的条件。

2. 上海

明确提出“建设成为全国行政效率最高、行政透明度最高、行政收费最少的行政区之一”的工作目标，并不断创新政府信息公开的形式，在全国率先推出实名认证的政务微博。通过自贸区建设深化经济制度改革，包括：为行政审批制度改革提供有利契机，通过开放倒逼改革；为人民币自由兑换的制度探索搭建试验平台，成为中国货币金融开放的前沿阵地；带动区域发展，打造总部经济战略高地；在全市推进企业设立并联审批工作，并放宽企业登记条件，使得新设企业保持了较高的增长速度。

（三）创新驱动的知识城市：走“创新发展”道路，确保城市“引领未来”

1. 新加坡

明确提出“环球城市”战略，认为当自身的知识经济发展到较为成熟阶段、国内无法在空间上继续拓展的时候，就可以考虑将发展和管理知识经济的战略理念输出到海外实现延伸发展；通过多元文化融合加快全球知识联系，形成了适应社会发展需要的知识学习型社会；继续强力推行国家研究—创新—创业战略，通过第五个科技五年计划把新加坡R&D总支出提高到占GDP的3.5%等综合措施。

2. 苏州

出台了支持力度较大的系列配套政策，如加大政府科技投入，项目资金配套，新建的国家级、省级重点实验室与工程技术中心等资金补助政策，产学研联合体的研发经费补助，初创型科技企业的资金扶持及研发和办公用房的租金补助，高层次创新创业领军人才的资助政策等。引入相关大学的优势学科和研究院，为实现经济发展模式由劳动密集型、资本密集型向知识密集型、技术密集型转变提供了强大的技术支持和人才支撑。

（四）公平包容的和谐城市：走“和谐共享”道路，共建社会公平正义

1. 东京

作为世界上人口最多的城市之一，整个社会运行有序和谐，安全度比较高。除了与本地居民较高的文化素质和教育水平有关外，整个城市建立了从市政府到基层社区的安全防控体系，运作机制统一有效，调高了应对突发事件的效率。东京市在社会安全方面建立了完整的法律法规管理体系，具有充足的物资储备和齐全的设施，注重集中管理和部门协同相结合，发挥政府的主导作用，强调官民合作。

2. 深圳

针对本市外来人口比例比较大的特点，通过“以房管人”解决了流动人口服务管理难的问题，为推行各种改革和服务提供了基础信息。深圳市通过推行居住证制度，通过科学化、民主化、法制化的手段为外来人口改善了生活环境，将个人就业、社保、信用等信息纳入居住证管理，实现“一卡多能、一卡通用”。同时，通过积分制落户政策，有效地消化了存量人口入户问题，缓解了人口倒挂现象。

（五）环境友好的生态城市：走“绿色发展”道路，维护城市自然之美

1. 堪培拉

以“田园城市”思想来规划城市。堪培拉从开始规划到后期城市建设，100 多年的时间里一直都严格按照规划执行，几乎没有任何随意更改和建设。同时，在城市建设中对土地、湿地、水面等的保护非常严格，对各种不同情况都出台了单独的专项措施或法律。例如，对历史建筑要单独挂牌进行保护，禁止对历史建筑随意破坏；在公园内进行任何建设项目都要进行环境的论证，防止环境破坏的产生；出台专门针对防治水土流失和污染的法律，在主城区内不允许建设任何可能带来污染的

工厂。

2. 南宁

始终坚持“生态立市”，在城市规划、城市建设、老城改造等各个方面，始终围绕生态保护、绿色城市为核心推进和开展各项工作，生态立市也始终得到城市各级领导、企业和居民的关注和支持。通过深入实施“中国绿城”提升工程，开展“海绵城市”建设试点等工作，进一步提升本地绿色资源的数量和品质。通过城市精品线路、城市立交、城市重要门户、公园景区、重要景点等的提升工程，增加城市绿地面积，建设城市绿道、城市景观廊道等，使得城市的绿化面积大幅增加。

（六）多元一本的文化城市：走“守土开放”道路，打造独具特色的城市名片

1. 香港

政府通过拨款或资助形式，对文化体育设施大量投入，新建了一大批规模宏大的文娱、体育及文化基础设施，还有市政局管辖下的社区文化中心及各大型的博物馆、区域市政局图书馆等；异常丰富的娱乐文化，节日庆典、民俗风情、宗教礼仪、美味佳肴等都正在形象地展示着香港文化的各种魅力；在城市风貌上，香港的城市规划十分合理，处处体现人与自然的和谐、现代经济与环境保护的相得益彰；多元文化和包容性吸引了大量年轻人才，强大的文化生命力在促进经济发展和就业岗位增多的同时，有利于城市的可持续发展。

2. 南京

坚持历史文化名城保护整体观，按照城市整体格局风貌、历史文化保护区和文化古迹三个层次，串联整合各类历史文化资源，形成点线面城有机统一的历史文化空间网络。借力国家级赛事和节庆活动促进历史与现代、本土与国际的融合，重视文化旅游开发，提升南京历史文化名城的知名度和整体形象。同时，依托文化资源和人才资源双重优势，大力发展以传统文化为内容、以科技创意为支撑的各类创意产业，让传统文化资源绽放新的生命力。

（七）城乡一体的全域城市：走“融合发展”道路，打破城乡二元结构

1. 杜塞尔多夫

强调城市发展的目的是为了人，人不分高低贵贱，地不分三六九等，因此城市的发展应尽量满足人们不同的个性追求和价值需求；强调市民参与城市规划，从方案的编制、修改到确定，每个环节都是在公众的广泛参与下展开；财政资金的分配，是根据人头数量平均拨付，关键是突出社会公平；在进行经济结构转型的基础上，非常注重城乡联动发展，农民享有一切城市居民的权利，没有明显的城乡差别。德语中 Dorf 是村庄之义，因此有人戏称杜塞尔多夫是“欧洲最大的村庄”。

2. 东莞

坚持以新型城镇化为统揽，不断优化城市布局，坚持完善城镇功能，大力促进镇村协调发展，特别是要以水乡特色发展经济区为试点，推动“行政区经济”向“经济区经济”转型。东莞只用了十年时间就完成了乡村城市化、城市功能由分散到聚集的过程。在转型升级的过程中，充分利用与港澳台高端合作的优势，加速产业转型，发展高端服务业，升级传统制造业，吸引更多的新莞人在东莞安居乐业。积极稳妥推动教育、医疗、社保等公共服务逐步向新莞人覆盖，不断缩小与户籍居民的差距，增强新移民对东莞的归属感。

（八）开放便捷的信息城市：走“互联互通”道路，推动城市智慧化发展

1. 阿姆斯特丹

通过启动 West Orange 和 Geuzenveld 两个节能智慧化技术项目，降低二氧化碳排放量和能量消耗。在阿姆斯特丹港口的 73 个靠岸电站中配备了 154 个电源接入口，便于游船与货船充电，利用清洁能源发电取代原先污染较大的燃油发动机。为了节省能源，启动了智能大厦项目，在未给大厦的办公和住宿功能带来负面影响的前提下，将能源消耗减小到最低程度，同时在大楼能源使用的具体数据分析的基础上，使电力系统更有效地运行。为建设可持续公共空间，启动了气候街道项目，有效缓解了乌特勒支大街的拥堵。

2. 广州

在物质联系交流上，依托广交会和东、北、南的交通枢纽布局，着力打造国际商贸中心；在信息交流上，注重信息技术的发展应用，市辖区基本实现了光纤普及，并建立了宽带数据、交互式视频等业务平台，南沙、天河等智慧城市基础设施建设及无线城市、云计算数据中心等重点工程是广州在信息基础设施上的战略先行；通过信息技术发展将传统产业改造升级，并通过信息产业的战略发展布局，推动产业向高端化、低碳化方向发展；制定了一系列优惠政策，发挥信息主导产业的引导作用，大力发展云计算、物联网、数字新环保、新能源、新材料等产业，加快推进科技与创新应用的结合。

四　年度主题——新引擎：多中心群网化城市体系

作为人口规模庞大、国土面积辽阔的典型巨型国家，中国正处在城市化加快推进阶段，大规模人口在城乡、区域之间流动转移，许多原有城市快速成长，新的城市不断出现，中国的城市体系正发生着深刻的变革，城市分化、城市病等新现象、新问题也愈加凸显。以 2006—2014 年为例，全国城区人口在 100 万以上的城市数量由 59 个增加到 69 个，增幅为 16.95%；城区人口规模由 16868.96 万人增加到 20606.33 万人，增长了 22.16%。与此同时，在中国城镇化率已突破 50%、城乡人口结构分布出现逆转的快速城镇化过程中，随着大规模人口在城乡和地区间的转移流动，中国中小城市和小城镇的数量以及人口规模也将发生重要的变化。一些发展条件较好、吸引力较强的中小城市和小城镇的规模也将不断扩大；而一些发展条件差、吸引力弱的中心城市和小城镇或将出现数量缩减、规模萎缩。在此背景下，大城市人口不断集聚、密度不断增加，住房、交通、医疗等资源的竞争日趋激烈，由此引发许多大城市中心城区人口超出其合理水平，交通拥挤等城市病问题正在凸显。

从世界城镇化的基本规律和中国城市体系变化的长期趋势来看，未来中国将出现一个组织上集群化、规模上哑铃型、结构上多中心、联系上网络化的城市体系。经由全面的实证分析发现，在城市组织上，中国已经出现了一个城市群体系，而且城市群规模—位序关系正在向齐普夫法则描述的状态靠近；在规模分布上，中国已初步显现出大城市和小城市（镇）“两头大”、中等城市“中间小”的“哑铃型”规模体系，而且竞争力普遍较强的城市和小城镇多分布于城市群之内，城市群已经成为中国经济增长和规模红利的源泉；在空间结构上，中国全域空间上已经出现了以上海、北京和广州为中心的多中心城市群空间结构，部分城市群内部还具有多中心的空间特征。但由于受到经济发展、基础设施和制度政策等因素的影响，中国大城市内部的多中心结构普遍缺失，城市病愈演愈烈；尽管顶级城市间功能分工和网络化已经浮现，但低级别城市间的等级化联系特征明显，城市网络化联系远未形成。未来，为了更好顺应城市化的客观规律、满足国家转型的迫切需要，规划和构建中国城市体系应确立“经济竞争力强、社会凝聚力强、环境永续力强”三个目标价值，形成“多中心、网络化、集群化、哑铃型”四项目标任务，采取重点发展城市群体系、放开对大城市的限制、因地制宜区别发展小城镇、构建多尺度的多中心以及促进城市空间和功能体系的网络化等五项路径措施，推进建立一个经济竞争力、社会凝聚力、环境永续力强的多中心群网化城市体系，支撑中国现代化和民族复兴。

五　趋势与展望

2015 年中国经济增速进一步回落至 25 年来的最低水平。与此同时，时隔 37 年后中央再次召开城市工作会议，为未来中国的城镇化模式和城市发展转型之路描绘了更加宏伟的蓝图。用“经济新常态”的发展思维来重新审视 2015 年的城镇化轨迹，我们不难发现，新型城镇化本身已不仅仅是社会转型过程的一部分，也将是未来中国应对转型发展诸多挑战的重要战略措施。在这个改革发展的关键时点召开中央城市工作会议，是中国城市发展进入一个新阶段的标志。如何加快推进新型城镇化并提高城市发展质量，成为当前中国改革发展进程中亟须解决的首要问题。伴随着中央在“十三五”开局之年的顶层设计和科学决策部署，可以预期的是，中国城市发展将会迎来一个相当长的机会窗口期。

第一，要素配置结构的差异化和创新驱动的国家战略为中国城市的产业技术升级提供了线性与非线性两种模式。改革开放 30 多年以来的经济高速发展所积累的资本和技术基础、门类齐全的产业体系以及区域空间的差异化，为当下中国构造了一个自东向西、从高收入后工业化经济到低收入农业经济形态的连续谱（林毅夫，2012），两种机会窗口所需的要素配置条件在东、中、西三大区域内分别独立存在。在高端要素集聚的东部地区和特大城市，由于经过 30 多年的高速发展，在交通基础设施、通信和信息化以及能源设施等方面发展迅速，而其所依托的整个中国的消费能力、规模、水平总体大幅度提升，已经成为规模不断扩大、结构不断提升、市场不断成长的全球性市场。因此，中国东部城市应围绕新兴产业和前沿技术实行先发优势、自主创新及赶超战略，并按照大国雁阵模式逐步向中西部城市转移传统产业，实现价值链的攀升和区域价值链的有效对接，进而实现创新驱动经济的高级发展；在劳动力成本优势相对凸显的中西部城市，选择后发优势、模仿创新及追赶策略，且根据线性演化和非线性演化相结合的协同模式来实现产业与技术的链式升级，形成一个与国家创新驱动战略相匹配的中国城市体系。

第二，中国城乡统筹改革领域仍然蕴含着潜在的改革红利。虽然当前中国的发展阶段呈现出潜在增长率下降和人口红利消失的趋势，但是在区域之间、城乡之间、行业之间和不同所有制之间仍然存在巨大的改革红利。要突破这种流转障碍应以推进区域一体化、城乡一体化和要素自由流动为突破口，实现基础设施与公共服务的有效对接，形成以工促农、以城带乡、工农互惠、城乡一体的新型工农、城乡关系。具体而言主要体现在：在户籍制度改革方面，不仅要在中小城市层面有效展开和灵活推进，而且要重视外来人口最为集中的大城市和特大城市，有必要按照人口城乡迁移的现实趋势有重点地在户籍政策上选择“居住证制度”、“积分入户”等多样化的户籍政策，逐步弱化大城市的户籍限制；在土地制度方面，要着重培育公平、公正及公开的农村土地产权交易市场和次级市场，通过赋予农民交易使用权，完善农村的土地产权，激活农民土地资产，推进土地资产股权化、农民股东化、权益民主化；在财税体制和投融资机制改革方面，要创新金融服务并逐步放开市场准入，建立多元化、可持续的城镇化资金保障机制，加快推进房地产税、土地税、资源税、环境税，并以此为基础建立健全城市财税体系。

第三，中国城市体系将会迎来空间结构调整的契机。未来中国将形成由城市带、城市群、巨型城市、超大城市、特大城市、大城市、中等城市、小城市、小城镇、居民点协调发展的空间格局。随着大城市发展，不断增强的集聚和扩散效应使其与周边城市的联系加强，生产要素不断向大城市及其周边的特定区域聚集，逐步发展为城市密集、相互分工、互补、交流和竞争的城市群，成为我国人口和经济活动的主要平台。2015 年中央城市工作会议还明确提出，“要优化提升东部城市群，在中西部地区培育发展一批城市群、区域性中心城市，促进边疆中心城市、口岸城市联动发展，让中西部地区广大群众在家门口也能分享城镇化成果”。所以，在“十三五”时期，同城化、集群化、网络化将是城市空间体系建设的重点，以城市群为基础的交通网络建设和公共服务对接，在城市空间体系的重构中将会发挥巨大基础作用和导向作用。“一带一路”建设、京津冀协同发展、长江经济带建设等战略，也将逐步形成紧凑集约、高效绿色发展的城市群空间布局和功能体系定位。

第四，中国城市政府管理职能的科学化和规范化。行政审批制度的改革是转变政府职能的突破口，是打造中国经济升级版的重要保障。在简政放权和市场化改革趋势下，要按照“负面清单”“管理市场”、“正面清单”约束政府的改革思路，政府管理职能要逐步向经济调节、社会管理和公共服务方面转变，真正行使市场经济条件下的市场调控和管理职能，通过行政立法的手段建立城市管理法制体系，重点建立包括环境卫生、文化、城市规划、园林绿化及市政设施等方面的行政许可、行政处罚及强制措施，强化城市管理法制的细密性，形成系统、全面、相互衔接的法规框架，并配备多层级的城市管理法制体系的监督系统。同时，将企业的生存经营权和投资决策权交由企业行使，社会可以自我调节和管理的职能要交由社会组织或群众，从而真正实现政企、政社分开，增强城市社会的自治能力。

第二部分

主题报告

第三章　新引擎：多中心群网化城市体系

倪鹏飞　丁如曦　王雨飞
张洋子　周晓波　李　冕

一　问题提出

从全世界范围看，随着国家工业化的不断推进和收入水平的逐步提高，大量劳动力从低就业、低产出的农业部门和农村地区不断转向高就业、高产出的非农产业部门和城市地区，是一国城市化加快推进的核心内容和重要表现，展现了由传统农业社会迈向城市时代不可逾越的历史进程。在此过程中，国家城市体系发生着深刻的变迁。中国在改革开放后30多年的快速经济增长过程中，也出现了劳动力就业和城乡人口空间分布结构的巨大变化，大量的农村剩余劳动力不断进入城市，进而逐渐导致中国城镇化进程加速。统计数据显示（见图3—1），中国城镇化率由1978年17.92%稳步提升至1995年的29.04%，年均提高0.65个百分点。1996年后，中国步入到城镇化的加快发展期，城镇人口由37304万人增加到2014年的74916万人，扩大了1倍多，城镇化率由30.48%上升到2014年的54.77%，年均提高约1.34个百分点。其间，2011年城镇化率首次突破50%，达到51.27%，城乡人口结构发生逆转。在当前中国城镇化加速发展期，伴随着国家交通状况的不断改善，以及大规模人口在城乡和区域之间的流动转移，中国的经济空间正在经历重塑，城市体系正在发生深刻的变化。

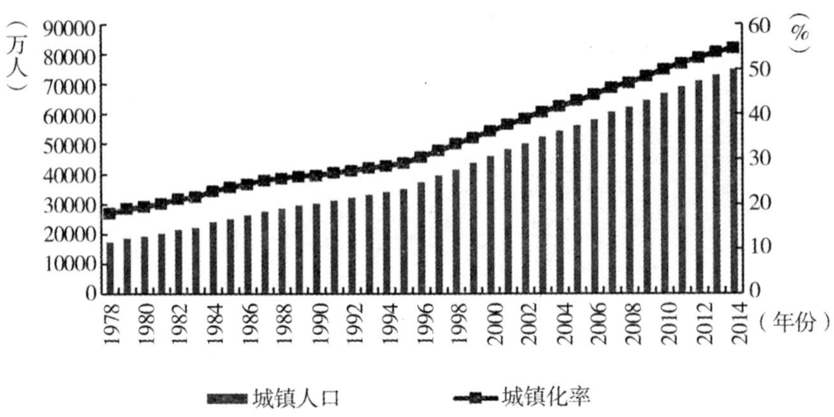

图 3—1 改革开放以来中国城镇人口及城镇化率变动

资料来源：国家统计局。

作为世界上人口数量庞大的典型巨型国家，在城镇化加速期，许多原有城市快速成长，新的城市不断产生，城市集群化发展也逐步浮现。中国大城市的数量将会越来越多，规模将变得越来越大。以 2006—2014 年为例，全国城区人口在 100 万以上的城市数量由 59 个增加到 69 个，增幅为 16.95%；城区人口规模由 16868.96 万人增加到 20606.33 万人，增长了 22.16%。与此同时，在中国城镇化率已突破 50%、城乡人口结构分布出现逆转的快速城镇化过程中，随着大规模人口在城乡和地区间的转移流动，中国中小城市和小城镇的数量以及人口规模也将发生重要的变化。一些发展条件较好、吸引力较强条的中小城市和小城镇的规模也将不断扩大；一些发展条件差、吸引力弱的中心城市和小城镇或将出现数量缩减、规模萎缩。中国城市分化还远未结束。在此背景下，大城市人口不断集聚、密度不断增加，住房、交通、医疗等资源的竞争日趋激烈，由此引发许多大城市中心城区人口超出其合理水平，交通拥挤等“城市病”问题正在凸显。

（一）中国“城市病”愈演愈烈

“城市病”指的是大城市人口过度集聚带来的一系列社会问题。城市超过一定规模会导致负外部性增加，引发“城市病”。当城市化率达到50%后，将进入“城市病”集中爆发期，主要表现为交通拥堵、房价过高、环境污染、看病难等问题。英、美、法等发达国家先后经历过严重的城市病。工业革命发源地英国，最早出现“城市病”，表现为严重的交通拥挤、环境恶化，伦敦曾有“雾都”之称。美国走的是自由放任式城市化，表现为过度郊区化，纽约等大都市土地资源紧张。法国表现为交通拥堵、贫富差距严重，其首都巴黎交通十分堵塞，社会冲突不断。伴随着经济发展和城市化加速，发展中国家“城市病”也日益严重。20世纪中叶，拉美地区出现了“过度城市化”，圣保罗等城市环境污染、资源短缺现象严重。印度则表现为贫民窟问题，孟买60%的人口居住在城市1/10面积的贫民窟中。

中国作为世界上人口数量庞大的发展中国家，1978年改革开放以后，伴随着工业化的推进，中国的城市化进程不断推进，近年来呈现加快发展态势。2011年城镇化率已超过50%，预计到2020年，中国城镇化水平将超过60%。依据国际经验判断，中国已经进入到“城市病”的多发、爆发期。大城市交通拥堵、环境恶化等“城市病”愈演愈烈，并呈现出向中小城市蔓延的态势，面临着因“城市病”愈演愈烈而陷入“城市化陷阱”的威胁。

（二）单中心大城市城市病比较分析

通过构建“城市病”指标体系，并利用统计数据，对全国38个主要大城市的“城市病”进行了测度。结果显示（见表3—1），深圳、北京、广州、上海等四个一线城市均排在“城市病”指数的前十位，其中深圳市的“城市病”指数值最高，表明其“城市病”最为严重。单项（房价、交通、环境）得分较低的温州、济南、石家庄也进入前十名，前十名城市“城市病”指数均值为0.751，远高于全国38个大城市的平均值（0.476）。除了南通、潍坊、无锡等个别大城市的“城市病”指数值相对较低外，其余大城市均不同程度上患上了“城市病”。

表 3—1 2015 年 38 个大城市“城市病”指数总排名

排名	城市	指数	排名	城市	指数	排名	城市	指数
1	深圳市	1.000	14	青岛市	0.572	27	沈阳市	0.377
2	北京市	0.898	15	南昌市	0.564	28	合肥市	0.343
3	杭州市	0.781	16	东莞市	0.557	29	大连市	0.263
4	温州市	0.746	17	南宁市	0.554	30	苏州市	0.244
5	广州市	0.730	18	厦门市	0.551	31	长春市	0.243
6	济南市	0.689	19	南京市	0.531	32	常州市	0.240
7	上海市	0.686	20	天津市	0.495	33	徐州市	0.234
8	西安市	0.676	21	昆明市	0.433	34	扬州市	0.220
9	佛山市	0.660	22	成都市	0.431	35	重庆市	0.204
10	石家庄市	0.641	23	长沙市	0.426	36	无锡市	0.105
11	哈尔滨市	0.593	24	福州市	0.415	37	潍坊市	0.011
12	郑州市	0.579	25	太原市	0.405	38	南通市	0.000
13	武汉市	0.576	26	宁波市	0.403			

资料来源：中国社会科学院城市与竞争力指数数据库。

1. 交通：越来越拥堵

随着城镇化进程的加快，城市交通越来越繁忙，并变得愈加拥堵。一方面，中国已成为全球汽车拥有量第二的国家，2015 年新注册登记的汽车达 2385 万辆，保有量净增 1781 万辆，均为历史最高水平；另一方面，城市布局问题依然存在，人口过度聚集在主城区，郊区道路建设滞后，公共交通仍需提高，这势必造成拥堵的日益严重。数据显示（见表 3—2），全国各大城市交通普遍拥堵，交通拥堵得分均值为 1.74。北京、济南、哈尔滨、杭州、大连、广州、上海、深圳等跻身中国十大交通拥堵城市，其中，北京市的堵车问题最为严重，高峰平均车速 22.61 公里/小时，自由流动车速 46.89 公里/小时，意味着北京上班族高峰时段用时是畅通时段的近 2 倍，拥堵成本排在全国之首。济南、哈尔滨、杭州、大连四大二线城市超过广州、上海、深圳，位居年度拥堵榜单前五名。

表 3—2　　交通拥堵指数前十名大城市

排名	城市	指数	交通拥堵得分
1	北京市	1.000	2.056
2	济南市	0.972	2.039
3	哈尔滨市	0.889	1.989
4	杭州市	0.881	1.984
5	大连市	0.754	1.907
6	广州市	0.717	1.885
7	上海市	0.688	1.867
8	深圳市	0.681	1.863
9	青岛市	0.661	1.851
10	重庆市	0.651	1.845

资料来源：中国社会科学院城市与竞争力指数数据库。

将交通拥堵指数与城市中心区人口数对应，并绘制二者的散点图（见图 3—2）。可以发现，交通拥堵指数与城市中心区人口数存在显著的正相关关系，相关系数高达 0.5。表明中心城区人口集聚量大的城市，其交通拥堵程度也相对较高。

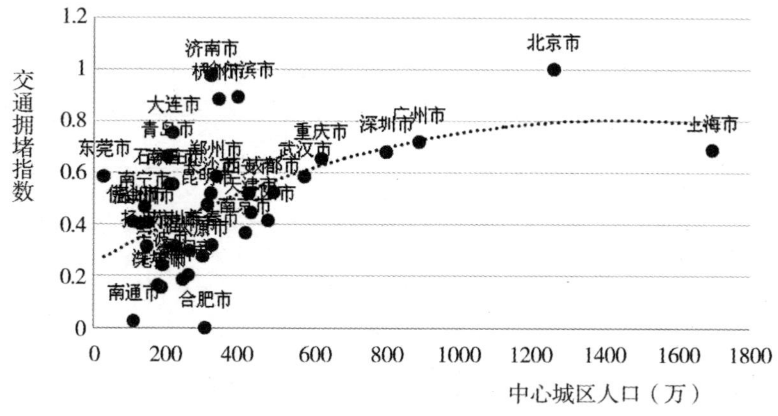

图 3—2　交通拥堵指数与城市中心区人口数散点图

资料来源：中国社会科学院城市与竞争力指数数据库。

2. 环境：日益恶化

近年来，京津冀、华南、成渝地区多个城市出现严重的雾霾天气，城市环境恶化，严重危害城市居民的身体健康。数据显示（见表 3—3），全国大城市空气质量堪忧，空气污染指数均值为 4.44。十大空气污染城市依次为：石家庄、济南、西安、郑州、天津、北京、太原、沈阳、成都、潍坊。石家庄市排名第一，指数高达 8.72。整体来看，环渤海地区大城市空气污染最为严重，八个样本城市中，有六个排进空气污染指数前十位，其 PM 2.5 和 PM10 年平均浓度均超标，城市环境形势严峻。

表 3—3 空气污染指数前十名大城市

排名	城市	指数	空气污染得分
1	石家庄市	1.000	8.72
2	济南市	0.671	6.66
3	西安市	0.569	6.02
4	郑州市	0.549	5.89
5	天津市	0.509	5.64
6	北京市	0.448	5.26
7	太原市	0.442	5.22
8	沈阳市	0.421	5.09
9	成都市	0.419	5.08
10	潍坊市	0.407	5.00

资料来源：中国社会科学院城市与竞争力指数数据库。

3. 住房：压力越来越大

当前我国大城市土地、住房等资源竞争日益加剧，住房总体紧张，“房奴”现象严重。数据显示（见表 3—4），大城市住房紧张问题明显，房价高企并严重超出了普通居民的收入水平。38 个大城市房价收入比均值为 8.81，超过合理区间的有 29 个。住房价格收入比的前十名城市依次为：温州、北京、深圳、杭州、福州、厦门、东莞、上海、西安、苏州。整体看，房价收入比较高的大城市多分布于人口稠密的东部沿海地区。其中，温州房价收入比高达17.563，约为均值的2倍，与北京（14.872）、深圳（14.479）一道成为中国房价收入比最高的三个城市。

表3—4　　房价收入比指数前十名大城市

排名	城市	指数	房价收入比
1	温州市	1.000	17.563
2	北京市	0.801	14.872
3	深圳市	0.772	14.479
4	杭州市	0.582	11.912
5	福州市	0.562	11.646
6	厦门市	0.554	11.54
7	东莞市	0.51	10.95
8	上海市	0.493	10.723
9	西安市	0.421	9.744
10	苏州市	0.407	9.558

资料来源：中国社会科学院城市与竞争力指数数据库。

将指房价收入比指数与城市中心区人口数对应发现，房价收入比与城市中心区人口数之间存在较为明显的正相关关系（见图3—3），说明城市中心区人口规模大、密度高的城市，房价收入比相对较高。

4. 医疗：设施严重短缺

当前，大城市医疗设施严重短缺，居民看病难问题越来越突出，不仅降低了医疗服务效率，还损害医患关系。居民的健康受到严重威胁，肺病、肝病、传染病等疾病多发。全国38个大城市数据显示，医疗设施短缺、看病难问题严重，平均床位数仅为36.8个/万人。医院、卫生院床位紧张的前十大城市分别为南京、南昌、深圳、广州、石家庄、南

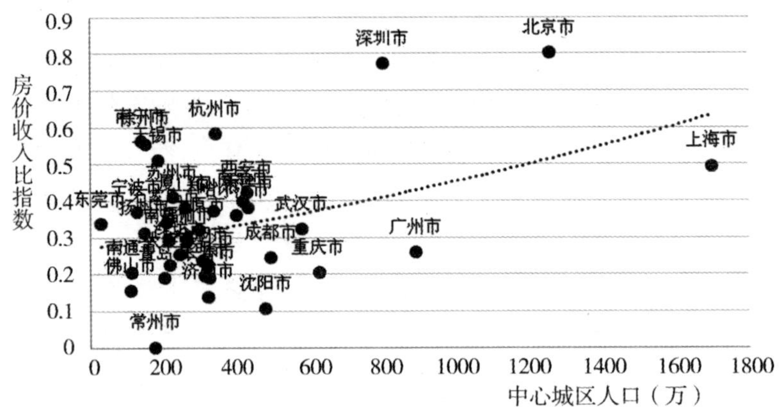

图 3—3　房价收入比指数与城市中心区人口数散点图

资料来源：中国社会科学院城市与竞争力指数数据库。

宁、合肥、青岛、西安和上海。其中，南京、深圳、广州等特大、超大城市由于城市规模大，腹地人口数量多，平均每万人分别只享有 23.058 个、25.553 个、25.977 个床位。南昌、石家庄、南宁、合肥等城市，虽然人口规模相对较低，但医疗资源不足，也跻身前十，大城市居民健康正在受到威胁（见表 3—5）。

表 3—5　　医院、卫生院人均床位指数前十名城市

排名	城市	指数	万人床位数（个）
1	南京市	1.000	23.058
2	南昌市	0.959	24.381
3	深圳市	0.923	25.553
4	广州市	0.910	25.977
5	石家庄市	0.884	26.816
6	南宁市	0.873	27.170
7	合肥市	0.857	27.668
8	青岛市	0.824	28.726
9	西安市	0.811	29.170
10	上海市	0.787	29.945

资料来源：中国社会科学院城市与竞争力指数数据库。

5. 安全：形势比较严峻

在城市化加快推进、大量人口不断向城市集聚的过程中，大城市正面临着公共安全问题，犯罪人口的基数不断扩大。在城市商业区、城乡接合部、车站、宾馆、酒店、娱乐场所等，存在着容易导致犯罪的消极因素，容易引起治安问题。同时，火灾、爆炸、生产事故等事件也对居民的人身财产造成了严重威胁。从全国38个城市比较来看，深圳、佛山、东莞、广州、温州、宁波、昆明、厦门、上海、杭州等位于中国刑事犯罪相对较高的十大城市行列，前十名中珠三角和长三角地区城市各占四席，且珠三角地区城市占据前四名。其中，人口规模较大、人口流动性强的深圳市和佛山市刑事犯罪率相对较高，分别为0.2212%和0.2070%，安全形势比较严峻（见表3—6）。

表3—6　**刑事案件率指数前十名城市**

排名	城市	指数	刑事案件率（%）
1	深圳市	1.000	0.2212
2	佛山市	0.928	0.2070
3	东莞市	0.663	0.1548
4	广州市	0.662	0.1547
5	温州市	0.616	0.1456
6	宁波市	0.543	0.1313
7	昆明市	0.540	0.1306
8	厦门市	0.478	0.1184
9	上海市	0.456	0.1142
10	杭州市	0.456	0.1141

资料来源：中国社会科学院城市与竞争力指数数据库。

（三）人口单中心过度聚集是导致城市病的重要原因

聚集是城市最基本的特征，人口与产业的聚集带来正外部经济，但是城市人口过度向中心城区聚集，超出了合理水平，就会导致负外部性增加。过度膨胀将给人们生活、生产、出行、居住、环境造成不便。国际经验显示，城市最优人口密度为每平方公里约 1 万人（Henderson，2006）。结合我国发展阶段和实际情况，本书采用特大、超大城市中心区人口不超过 500 万，大城市中心区人口不超过 300 万作为最优规模标准。人口超过最优规模后将形成人口膨胀问题，并导致交通阻塞、资源短缺、住房紧张、环境破坏、安全事故频发等一系列经济社会问题，不仅影响城市居住环境，还将严重降低居民的幸福感。这些问题与人口规模、结构、分布及人口管理密切相关，全国 38 个大城市数据显示，共有 15 个大城市中心城区超过最优规模。上海、北京、武汉、广州、成都、深圳、西安、哈尔滨、重庆、杭州是中国人口膨胀相对严重的前十大城市（见表 3—7）。其中，上海和北京高居前两位，中心城区人口分别约为 1697.05 万人和 1258.38 万人，分别是最优中心城区人口规模的 3.59 倍和 2.52 倍。

表 3—7　　人口单中心膨胀指数

排名	城市	指数	中心城区人口数（万人）
1	上海市	1.000	1697.05
2	北京市	0.734	1258.38
3	武汉市	0.558	581.15
4	广州市	0.511	891.33
5	成都市	0.473	496.86
6	深圳市	0.458	803.79
7	西安市	0.406	430.80
8	哈尔滨市	0.375	400.10
9	重庆市	0.351	626.37
10	杭州市	0.319	344.72

资料来源：中国社会科学院城市与竞争力指数数据库。

进一步，将“城市病”指数与城市中心区人口数对应，并绘制二者的散点图（见图 3—4）。可以发现，“城市病”程度与城市中心区人口数存在明显正相关关系，相关系数达到 0.45。说明中心城区人口膨胀严重的城市，整体而言“城市病”也较为严重，如北京、深圳、广州、上海等。而中心城区人口规模适当的南通、大连、徐州、苏州等，“城市病”程度相对较低。大城市人口膨胀成为导致“城市病”的重要原因。

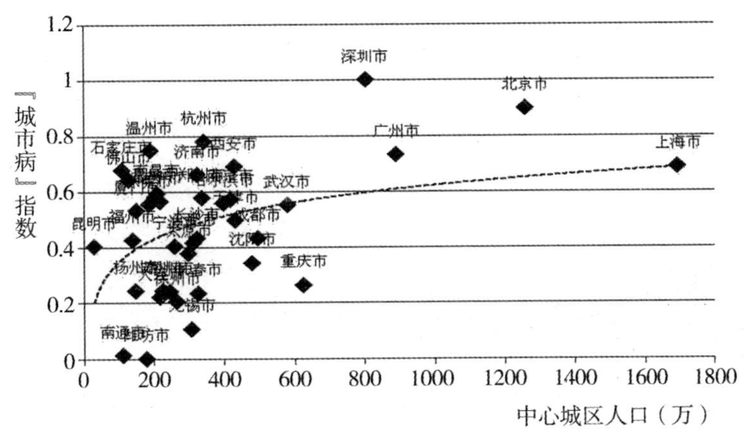

图 3—4　“城市病”指数与城区人口规模的关系

资料来源：中国社会科学院城市与竞争力指数数据库。

中国城镇化进程加快推进的浪潮带来了中国历史上规模最大的人口迁移，由于大城市一般拥有聚集人口的基础设施和功能服务条件，同时正外部经济还远未释放，将继续吸引和集聚人口，而一些吸引力较弱的中小城市（镇）或将萎缩，中国城市间分化远未结束。然而，巨型国家大量人口向大城市不断集聚一方面导致大城市中心区容易超出合理规模，“城市病”愈演愈烈；另一方面许多中小城市、小城镇和农村地区变得越来越凋敝，出现了双输局面，这不仅直接威胁着中国城镇化的持续健康推进，而且对国民经济和社会发展构成了严峻挑战，这种双输局面的背后实质上涉及的是一个城市体系问题。在此背景下，系统审视、把握中国城镇化加快推进过程中的新现象、新问题与新趋势，顺应发展规律，制定新的国家城市体系规划，进而构建一个经济更有竞争力、社会更有凝聚力和环境更具有永续力的城市体系，对于促进中国巨型国家经济均衡协调发展、社会和谐稳定以及实现民族复兴具有重大意义。

二 经验与文献

（一）国际经验

在全世界不同国家城市发展及城市体系形成与演变过程中，个性与共性特征并存，尤其是城市规模体系、结构体系、组织体系和联系体系方面存在的普遍趋势、基本特征及发展经验，对于研究中国的城市发展和城市体系的形成与演变具有重要的启发和借鉴意义。

1. 城市规模体系

纵观国外发达国家与发展中国家城市规模体系的演变历史，并结合现阶段各国城市规模体系发展程度可以发现：总体上，随着国家城市化率的不断提升，大城市的人口比例越来越高（见图 3—5）。另外，发达国家和发展中国家城市规模体系呈现出明显不同。发达国家尤其是欧洲的小城市普遍较多，城市规模相对均衡；而发展中国家城市规模差异非常大，少数几个大城市集聚了全国相当一部分人口，城市首位度非常高，城市之间规模分化非常严重。欠发达国家大城市在迅速地发展，其人口规模的不断增长使这些欠发达国家大城市的规模已经接近发达国家的大城市规模，而且这些大城市的规模还在不断膨胀，并不断吸收国家更多的要素资源。

城市化发展过程中城市规模体系的变化除了具有相似之处，在不同地区也出现了一定的特色。在欧洲，除伦敦、伊斯坦布尔、莫斯科等巨型城市外，其大部分城市规模均偏小，紧凑性较强，这主要是因为欧洲城市化起步较早，2000 年以前欧洲的城市化率就已经接近 80%，其大部分城市均为中心型城市，人口过百万的城市只有 35 座。在北美，由于受人口密度和发展区位的特点的影响，其人口主要分布在东部和西部沿海地区，这就导致其城市规模体系存在城市规模较大、分布松散的特点。20 世纪 60 年代，美国有 38. 7%的人口生活在总人口超过 100 万的大城市，而这一比重一直在上升，2014 年生活在总人口超过 100 万的大城市的人口占全国总人口的 45. 2%。美国人口超过 100 万的城市数量也比欧洲其他发达国家多。在东亚，其城市规模大小分化较为严重，

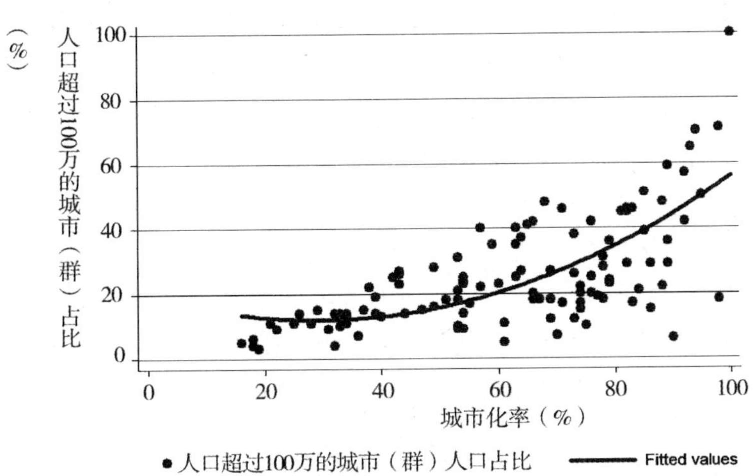

图 3—5　人口超过 100 万的城市地区的全国人口占比与城市化率的经验关系

资料来源：根据世界银行数据整理绘制。

有东京、北京、上海等全球范围内的巨型城市，但该地区人口总量不足 100 万人的中小型城市也较多。其中，2014 年日本有 57%的人生活在总人口超过 500 万的超大城市，其余 43%的人口则广泛分布在其他中小型城市。同样，非洲和南美与东亚城市规模体系分布有共同的特点。

总体而言，城市规模与工业化进程和地区生活习惯有密切关系，其在工业化各阶段表现出不同的特点和规律：在工业化初期阶段，城市规模普遍较小，分布较为分散；在工业化中期阶段，个别城市规模开始急剧增长，形成大城市带领小城市的规模格局；在工业化后期阶段，城市规模均衡发展，形成城市规模偏小且紧凑的格局。

2. 城市结构体系

从国际经验看，随着经济和科技发展，城市呈现大型化趋势，不同国家、区域、城市内部城市结构虽各具特色，但是大多先后从单中心向多中心发展。从发达国家来看，在美国，其全国层面上有华盛顿首都、纽约金融中心、洛杉矶影视文化中心、芝加哥工商业中心、底特律汽车工业中心、西雅图飞机航空工业中心、波士顿高等教育等多中心结构。同时，中大西洋地区的费城、纽约城、匹兹堡，太平洋海岸区的西雅图、波特兰、旧金山、洛杉矶，上密西西比河谷地区的底特律、芝加哥、辛辛那提、克利夫兰，还构成了美国的区域性多中心城市空间结构。在法国，1965 年，巴黎在区域规划中首次提出建设新城，由“单中心”向“多中心”发展。沿着城区的外围地区，巴黎建设了马恩拉瓦莱等五座新城。新城并不脱离巴黎独立发展，而是与市区互为补充，构成多中心的城市体系。而且巴黎的新城各具特色，避免同质化竞争，其公交化率达到 85%，比老城还要高，五条轻轨与巴黎老城紧密连接，居民能在工作、生活和医疗休闲方面享有与巴黎老城同等的水平，已成为巴黎大区新的增长中心。在新加坡，也曾采用单中心同心圆的空间结构。1953 年开始，新加坡重新确定了葡萄串式的空间结构发展模式，在沿南海岸环岛建设了 47 个新镇，而且各城区由快速有轨交通相互连接。在日本，东京为解决中心区人口过度集聚问题，1956 年制定了《城市改建法》，将东京城由原有单中心转变为由中心区、新宿、池袋和涩谷共同组成的多中心结构，并促进城市中心职能分散化。比较而言，转变较为滞后的单中心城市纽约则承受着巨大压力，长期摊大饼式扩散，造成纽约严重的“城市病”，为此纽约正致力于向多中心城市结构转变。

3. 城市组织体系

从全球范围看，城市组织体系经历了由单个城市向大都市区、都市连绵带和城市群的发展演变过程。纵观世界发达地区城镇化进程的推进，既不是个别城市群的“一城独大”，也不是多数城市群的“简单均衡”，而是通过多层次梯度演进的城市群规模体系格局的发展来推动。根据城市群中各城市规模和功能的不同，城市集群化组合又可以分为两种形式：一是单中心城市群，即以某个大城市为核心，逐步向外扩展，在其周围形成若干中小城镇的团状群组；二是多中心城市群，即由若干座规模相仿的城市为中心，组成多核心带状或块状的城市群。随着社会经济的发展，城市化程度也越来越高，城市群在国家中地位越来越重要，不仅数量增加迅速，规模也逐渐扩大，其经济总量占国家经济总量的份额大（见图 3—6）。同时城市群呈现出空间结构复杂化、产业结构分化等特点，并且随着竞争更加激烈，导致在一些地方更高层次的大城市集群区开始出现。

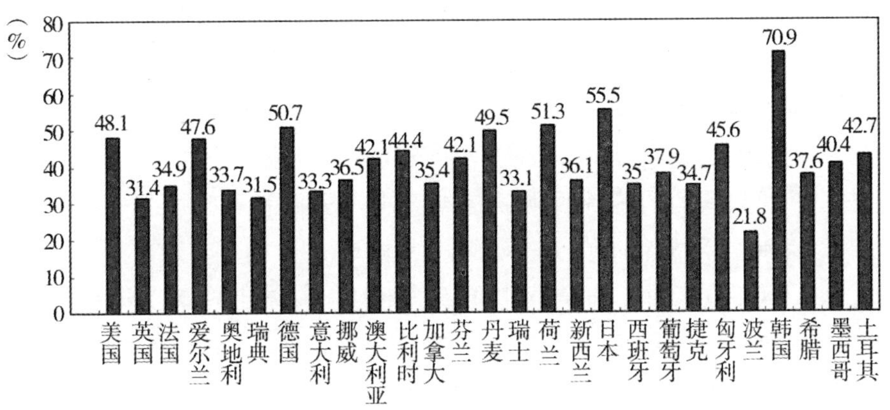

图 3—6　OECD 城市群 GDP 占所在国 GDP 总量的比重

注：OECD 城市群 GDP 是通过对一国的各个城市群 GDP 进行加总获得的。

资料来源：OECD Territorial Reviews：Competitive Cities in the Global Economy.

以美国为例，作为全球城市化水平最高的国家之一，美国在城市群发展方面大致经历了三个阶段：第一阶段是从 1850 年到 1945 年，第一次工业革命使得城市成为以制造业为主的经济活动中心，在纽约、芝加哥、洛杉矶等大城市中聚集了大量的人口和产业活动，在空间上表现为城镇的集聚，美国城市群开始出现。第二阶段是二战以后到 20 世纪 70 年代，以大都市区为代表的城市群成为美国城市发展的主流。随着交通通信的发展，太平洋沿岸的波士顿、纽约、费城、华盛顿等和北美五大湖沿岸城市相互连接，最后发展为跨越数州的都市圈。第三阶段是从 20 世纪 70 年代至今，城市群的发展趋缓，在空间上表现为城镇的扩散，整个区域城市化水平达到均衡状态，城市群外延式扩展受到限制。美国城市化水平在突破 70%后，洛杉矶、纽约等大都市开始突破单核发展模式，城市空间从单一中心结构向多中心结构演变。目前“城市群”在美国分为两个档次：大城市群和大都市区。大城市群的功能是带动全国经济发展，大都市区的功能是带动地区经济发展。美国主要有东北部大西洋沿岸城市群、北美五大湖城市群和洛杉矶大都市区。美国东北部城市群是最为典型的核心带动发展模式，即纽约居于绝对核心地位，其他核心城市如波士顿、巴尔的摩、费城等城市都有各自的优势产业，并形成了与纽约错位发展的格局。北美五大湖城市群是齐头并进的城市群发展模式，以芝加哥为代表的多个中心城市在功能上各有所长、互相依存，形成齐头并进的城市群发展特征。洛杉矶大都市区属于多中心格局大都市区发展模式，洛杉矶城市布局是以组团模式发展起来的，打破了市区和郊区的传统规则，是典型的同核城市群。

4. 城市联系体系

从国际经验来看，在全球化和信息化时代，城市体系正在由等级化逐渐走向网络化，形成分工协作、密切联系、水平而非层级的网络体系。城市体系的网络化联系包括两个含义：一是从功能意义上讲多中心的城市功能是有差别的，随着多中心的发展以及伴随而来的专业化生产，各城市在功能上由垂直的关系变成了垂直和水平兼有、互补和协调并存的关系；二是从网络体系的空间形态来看，存在从点向线，再向网发展的演进过程。

在北美，美国的城市体系大致经历了三个发展阶段：19 世纪以前为大城市时期，20 世纪前半叶为城市带时期，20 世纪中期至今为大城市区时期。在第一阶段大城市时期强调城市的规模等级，大城市依靠规模优势控制、领导腹地小城镇，但大城市之间的联系并不发达。第二阶段的城市带时期，在空间上表现为连绵不断的城市群，如东北大西洋沿岸的“波士华”城市带以及五大湖南岸城市带，大城市与其周围小城市的联系更加紧密，形成生产活动横向关联的带状系统，但从功能上讲，当时的城市带主要还是制造业带。第三阶段的大城市区则是在城市带的基础上融合而成，在地域上形成连片的城市区域，目前美国已经形成八个大城市区。与城市带相比，大城市区的规模更大、功能更加综合、联系更加紧密，大城市已不再像早期那样“身兼数职”，中小城市则多为专门化的工商业节点，城市之间形成分工协作的网络系统。中心城市与中小城市之间的功能联系有两种基本类型：一种是中心城市的功能扩散型，从而形成同行业地域间协作；另一种是互补型，即中心城市与节点城市的功能互补。

在欧洲，目前也出现了八个多中心巨型城市地区（Mega - city Region，MCR），分别是英格兰东南部地区、荷兰兰斯塔德地区、比利时中部地区、莱茵—鲁尔地区、莱茵—美茵地区、瑞士北部地区、巴黎地区和大都柏林地区，这些巨型城市地区均呈现出明显的网络特征。兰斯塔德地区是其中的代表，阿姆斯特丹、鹿特丹、海牙和乌得勒支这四个荷兰最大的城市形成网络中的主要节点，周围还有众多专业化特点明显的中小城镇，城市之间职能分工明确，并基于发达的基础设施和管理协调网络密切联系，形成了相对独立又彼此关联的网络系统。然而，也需要认识到网络化并非完全取代等级，而是在网络中整合等级，并且城市在网络中所处的地位主要取决于其所承担的城市功能而非规模等级。

（二）文献

中国城市分化加剧进行，以及大城市患上严重的“城市病”等，实质上是伴随着城镇化加快推进中城市体系发生深刻变化而出现的。分析、研究、规划、构建中国的城市体系必须梳理并遵从基本发展规律。

1. 城市体系

围绕着解释“生产和消费活动为什么集聚于一系列规模有别的城市区域，而非均匀地分布于空间之中”这一核心问题，学术界对城市体系进行了长期的研究，集中体现在四大理论上：一是传统城市经济学理论（Mills，1967；Henderson，1974），指出单中心城市结构向多中心城市体系的演变是空间集聚向心力与拥挤离心力综合较量的结果；二是产业组织理论（Dixit & Stiglitz，1977，1982），该理论揭示了多样化产品需求、差异化生产和专业化分工对城市体系尤其是城市功能体系的形成具有重要的驱动作用；三是新经济地理学理论（Krugman，1991；Fujita et al.，1999），指出报酬递增、运输成本和要素流动之间的相互作用导致了经济空间结构的变化，随着市场潜力的变动，城市（制造业中心）之外的某些区域将会出现新的城市，并在空间演化下形成城市层级体系；四是内生增长理论（Romer，1986；Lucas，1988），认为知识外溢和人力资本积累是城市发展以及不同规模、类型城市形成集群化组织体系的内生动力。实际上，以上研究已经涉及城市空间体系、规模体系、网络体系等内容。在近期的研究中，卢夫和巴泰勒米（Louf & Barthelemy，2013）认为，一个随机的非均衡的城市体系的出现依赖于多中心城市结构源于交通拥挤的假设，城市体系中次中心的数量外生地决定于人口规模以及交通性能等。米歇尔·韦格纳（Michael Wegener，2013）

提出了多中心城市体系的出现实质上是对增长与平等两个冲突目标有效权衡的结论，认为对城市类型的划分影响力最大的是在欧洲空间发展远景中提出来的从欧盟、国家、区域三个维度上考察中心城市的等级，并据此提出中心城市应该符合的七个标准分别是：人口规模、交通（包括空港和港口）、酒店服务、工业总产值、知识（大学）、跨国公司总部、行政职能。总体而言，城市体系的研究经历了从孤立的、单中心城市假设向多中心、网络化城市体系扩展的过程，这也呈现了人口增加和经济发展过程中城市体系形成与演进的一般规律性特征。

2. 城市规模体系

城市规模体系是城市体系中的核心内容，它实质上指的是与城市规模相关的城市等级关系，集中体现为城市首位分布与规模—位序分布两方面内容。其中，对城市首位分布的研究最早可以追溯到美国学者马克·杰斐逊（1939）对首位率的论述，指出首位城市是指一个国家或地区最大的城市，并将首位率作为对国家或区域城市规模分布规律的概括。常使用最大城市与第二大城市人口规模之比或首位城市人口数量占该国人口总数的比例来反映首位分布状况。规模—位序分布描述的则是特定地理区域一个城市（城镇）人口规模与它相对于其他城市的位序之间的实证关系。这一规则首先被奥尔巴赫（Auerbach，1913）提出，之后经斯图尔特（Stewart，1947）和齐普夫（Zipf，1949）普及，因此它通常叫作齐普夫法则（Zipf 's law）。通常通过估计规模—位序关系中的幂指数值来反映特定地理区域的城市规模分布状况。研究发现，城市规模分布受多种因素的影响。沙克（Shaks，1972）指出，规模—位序分布与社会均衡发展相联系，而首位分布是社会不均衡发展造成的，这种不均衡形成于经济发展过程中。因此，城市首位率与经济发展水平实质上是一种倒“U”型关系（Henderson，2002）。塔格佩拉和卡斯卡（Taagepera & Kaskla，2001）在规模—位序法则上拓展构建了国家—城市率的概念，以此考察一国城市的首位分布。研究发现国家人口规模直接决定首位城市的大小，与小国首位分布比较突出相比，人口规模较大的国家的首位因子相对较低。此外，政治上集权的国家，首位分布相对突出（Ades & Glaeser，1995），比如亚洲巨型城市现象背后极高的城市集聚根源在于这些国家的政治和制度的力量造成资源高度集中（Henderson，2002）。可见，一国首位城市究竟有多大以及哪种规模分布更为合理，既是相对的，也是绝对的。相对性体现在与其他城市的比较以及经济发展阶段，绝对性体现在国家人口规模直接决定着首位城市及其他城市规模的大小。

3. 城市结构体系

随着全球城市化进程的加速，“城市病”问题日益凸显。城市资源环境承载能力有一限度，需求超过限度容易引发“城市病”问题。城市发展初期，城市呈现出单中心模式。关于单中心城市结构，阿朗索、亨德森（Alonso、Henderson）等以城市边际收益和边际成本说明最优规模的存在。克鲁格曼和富士田（Krugman、Fujita）等在此基础之上，考虑空间因素，从整个城市群、城市网络角度进行分析。城市的聚集效应（或称正外部效应）和外部成本（或称负外部效应）随着规模差异而不同。由于城市聚集经济的驱动，一些城市的实际规模会大于它的最优规模。亨德森（2006）研究表明，城市的最优人口规模为290万—380万人。随着交通条件的改善，单中心城市格局向多中心城市格局过渡有其必要性：如果居民的通勤都集中在单中心（如CBD区域），那么必然将导致居民的交通成本上升，以及中心地区地租显著上涨，效用下降，将促使居民向其他区域聚集。关于多中心城市结构的研究，弗里德曼（Freedman）从新经济地理学角度提出了空间组织发展单中心向多中心转变的理论依据。斯莫尔（Small，1994）对洛杉矶、芝加哥等城市的多中心结构进行解析，发现洛杉矶的中心数量由1970年的五个增长到1980年的八个。韦格纳（Wegener，2013）研究表明：欧洲网络化的多中心巨型城市结构比单中心结构更有效率、更加均衡，且更持久。

4. 城市联系体系

在全球化浪潮之下，城市已经超越了传统地方空间，城市体系空间结构更为扁平化，城市间的联系更加紧密，也更为多样，城市体系已经由原来的封闭系统转向开放系统。在这样的背景下，以德国地理学家克里斯泰勒（Christaller，1933）的中心地理论为基础的规模等级控制体系已不再适用。泰勒（Taylor，2010）指出，中心地理论将空间划分为城市与腹地，已经无法从全球尺度理解世界城市之间的联系，实际上城市经济的增长离不开城市之间在人才、资金、商品、信息、思想等方面的互动关系。尼尔（Neal，2011）进一步提出城市体系应该从空间规模转向功能关系。前者符合“等级—规模”规律，即城市规模越大中心性就越强；后者则强调城市之间的联系。针对这种转向，尼尔提出了三种通道模式：一是首位城市模式，主要是指等级既高、联系又广泛的大城市；二是离线大都市模式，这类城市规模虽大但缺乏联系，重要性将逐渐下降，比如底特律；三是在线小镇模式，这类城市规模虽小但成为城市网络中的重要节点，能够通过功能互补实现城市地位的提升。坎佩恩（Camagni，1994）将城市网络划分为三种基本类型：一是等级网络（hierarchical network），城市之间仍有主次之分，但并不表现在规模上，而是体现在城市在网络中所承担的功能上；二是互补网络（complementarity network），强调城市体系的专业化分工所形成的功能互补；三是协作网络（synergy network），即功能相似的城市节点通过协作共同获取网络外部性。从以上文献中不难发现，对城市体系的研究正在从城市等级向城市网络转化。有别于强调规模等级和垂直领导关系的传统中心地模式，城市网络更加强调城市之间的合作关系，特别是功能的互补和协作，从而形成水平而非层级性的联系和流动的网络体系。

5. 城市群组织体系

自从1957年戈特曼提出大都市带（Megaloplis）的概念后，与城市群相近的概念也逐渐涌现。如金斯伯格（Ginsburg，1991）提出了大都市伸展区（EMR）的概念，来表达大城市与其周边的城镇组合成为一个高度连接的区域空间结构；霍尔（Hall，1999）提出巨型城市区（MCE）的术语，来描述众多功能性城市围绕着一个或多个更大的中心城市聚集的城市网络体系。尽管上述概念有所区别，但概念背后的内涵均体现了以下几点规律：一是城市群是城市空间组织形态发展的结果；二是突出城市群内部城市的经济社会联系；三是强调城市群内部的一体化发展。事实上，关于城市群及其体系的研究最早可以追溯到中心地理论。1933年，德国地理学者克里斯泰勒首次将区域内的城市群体系统化，他创立的中心地理论是城市群研究的重要基础理论。1955年，法国学者佩鲁提出的“增长极理论”和“点轴发展理论”成为城市群研究的又一理论基础。瑞典学者哈格斯特朗在1968年提出现代空间扩散理论，揭示出空间扩散的多种形式，加深了城市群结构的演化。美国学者克鲁格曼（1996）利用新经济地理学理论提出了“多中心城市结构的空间自组织模型”，从而揭示了城市体系和城市多中心形成的内在机制。国内也有很多学者对城市群做了一系列富有成效的研究，总结起来可以分为城市群概念、城市群确定标准、城市群形成机理、城市群效应、城市群发展阶段以及城市群不同阶段发展模式这六个方面（姚士谋，1992；顾朝林，1999；方创琳，2011；黄征学，2014；张学良，2013；等等）。总体而言，国内外学者对城市群的形成、判定等内容进行了广泛探讨，但关于城市群体系的研究仍然较少。随着中国城市规模向外扩散和城市群组织结构的发展变化，城市群组织及其体系将成为研究中国城市体系中不容忽视的内容。

（三）结论

有关城市体系发展与演变的国际经验为认识、理解和规划国家城市体系提供了重要的参考借鉴。现有关于城市体系及其规模体系、结构体系、联系体系和组织体系等问题的研究，阐释了城市体系形成、发展与演化的一般性特征，在此过程中形成的大量研究成果为分析中国城市体系奠定了重要的理论基础。然而，由于城市体系本身是一个由规模不等、类型与功能不同的城市构成的复杂群体性组织，而且在经济发展水平、人口规模等方面存在差异的国家和地区具有不同表现和特征，已有研究并不能囊括全部这些内容。一方面，现有研究未能把一个多空间层次（国家、城市群、城市内）的城市体系的形成与演变纳入到一个完整的框架中；另一方面，未能将城市体系的规模体系、结构体系、联系体系和组织体系置于统一的理论分析之内，因此也就很难对国家尤其是发展中大国城市体系的形成与演变给出系统的理论解释和判断。

中国拥有大约1/5世界人口和1/15世界陆地面积，是名副其实的巨型国家，而且正处在城镇化加快推进阶段，城市体系正经历复杂而深刻变化。因此，在遵从基本规律的前提下，需要建立一个涵盖集群化、多中心与网络化的城市体系的统一分析框架，以此为规划、构建中国巨型国家经济更具有竞争力、社会更具有凝聚力和环境更具有永续力的城市体系提供理论支持。

三 模型与推论

（一）理论模型

从本质上看，城市体系是在一定空间范围内，以中心城市为核心，各种不同性质、规模和类型的城市相互联系、相互作用的城市群体组织，城市规模体系、空间结构体系、组织体系和联系体系是城市体系的主体。城市体系本身含有多空间尺度、中心性、集群性和联系性等属性。在动力机制上，城市体系形成与演变是在特定自然地理条件和经济社会发展环境下，由家庭、企业和政府部门三大主体的空间互动及经济活动集聚与扩散机制复杂博弈的结果，并从城市内部和城市（大都市区）之间等不同空间尺度上呈现多中心城市体系的演变过程。

1. 城市内部多中心的形成与演变

从较小的空间尺度范围——城市内部看，当市场决定的城市规模超过合理规模后，城市内部的某些区位将出现次中心，城市的多中心便自然形成。同时，城市总人口及其交通等条件决定城市内部多个中心的数量。按照经济学理论，城市内部由单一中心向多中心的演变是集聚力与扩散力推拉、消费者和企业的复杂博弈结果。一方面，随着中心城市人口的增加，集聚净效益随之上升，直至集聚向心力和拥挤离心力在边际平衡后达到最优城市规模；另一方面，在市场力量的驱动下，随着消费者（或劳动者）和生产者的继续进入以致超出最优城市规模，中心城市的拥挤成本凸显，城市中心之外的某些区位的相对吸引力增加，并演变为次级中心，形成多中心体系。

（1）消费者的角度

城市内部空间结构的形成与就业和工资吸引力、人口流动、通勤成本等密切相关。消费者最初向最具有吸引力的区位通勤，并在最大化效用过程中就吸引力与通勤成本之间进行权衡。其中，通勤成本依赖于通勤距离、单位通勤费用以及交通网路对通勤流量的弹性。整个经济系统可以被描述为个体居住在 i 区位，选择到 j 区位工作，并在扣除通勤成本 $C_T(i,\ j)$ 后最大化效用的过程：

$$Z_{ij} = \eta_j - C_T(i, j) = \eta(\omega_j, ps_j) - td_{ij}\left[1 + \left(\frac{T_{ij}}{c}\right)^{\tau}\right]$$

其中，$\eta_j = \eta(\omega_j, ps_j)$ 为区位 j 的吸引力，可以表述为工资 ω_j 和公共服务 ps_j 的函数。τ 反映交通网路对流量的弹性系数，综合体现交通状况对消费者通勤以及城市内部结构的影响。t 为单位距离的通勤成本，d_{ij}为通勤距离。T_{ij} 是 i 和 j 之间单位时间的通勤流量，与人口规模直接相关。c 是交通道路的特定容纳能力，设定为不变的常数。设定 j 表示一系列连续的区位，那么，在一个每增加一个消费者的经济系统的动态演化中，最终出现的次中心的数量（k）为：

$$k \sim \left(\frac{\bar{P}}{P^*}\right)^{\frac{\tau}{\tau+1}}$$

其中，$\bar{P}$ 为第 k 中心的人口平均值，P^* 为临界人口值——城市演变为多中心的人口临界值，可以理解为单中心的最优规模。从理论上看，在特定交通条件下，一旦城市的总人口规模确定，则多中心的数目也将确定。

在具体演变机制上，城市内部多中心演化的本质在于人口的增长，即从一个非常小的单中心城市开始演化，所有的个体将选择最具有吸引力的中心，随着人口规模的扩大和交通状况的改变，城市中心的拥挤程度增加，边际消费者从中获得的净收益下降，同时一些期初具有较小吸引力的地区将变得更具有吸引力，导致新的中心的出现。而整个城市内部多中心结构的继续演变将取决于城市人口规模、交通网路性能等多种因素。

（2）生产者的角度

从生产者的角度看，城市多中心是伴随着人口规模增加、劳动力流动、企业选址及迁移决策调整等出现的。随着经济系统中人口增长，城市中心（非农产业中心）的周边腹地（农业腹地）的边界将向外扩张。

当达到一定程度后，某些企业便开始在城市中心之外的地区（比如某些具有较好发展条件的小城镇等）建立新的工厂，导致新中心的形成。随着时间的推移，经济系统中人口规模的进一步增加又会产生更多的中心，并最终在向心力和离心力的自组织作用下形成多中心层级体系。其演变过程可通过市场潜力参数变动来呈现，对应的市场潜力函数如下：

$$\Omega(j)=\frac{\omega^{M}(j)^{\sigma}}{\omega^{A}(j)^{\sigma}},\ \omega^{M}(j)\equiv w^{M}(j)G(j)^{-\mu}p^{A}(j)^{-(1-\mu)}$$

其中，$\omega^A(j)$ 是区位 j 代表性农业生产者的实际工资率（也是中心城市中非农产业工人的实际工资率），$\omega^M(j)$ 是区位 r 的零利润厂商愿意为工人支付的最高实际工资率。由于 $\omega^A(j)=\omega^M(0)$ ①，所以城市中心的市场潜力为 1，当且仅当 $\Omega(j)\leqslant 1$ 时（对于所有的 j），单中心城市系统是稳定的。但是如果市场潜力曲线的斜率 $d\Omega(0)/dj$ 的值大于 0，则单中心结构绝对无法持续下去，因为在此条件下，离城市中心的某一区域将能支付较高的工资，吸引更多的企业和工人进入。

随着人口规模的继续扩大，经济系统的动态演化将形成多中心体系，如果经济中有大量规模各异和运输成本不同的行业，在竞争的驱动下，各个中心的生产商为了维持一个具有吸引力的工资水平，将进行差别的专业化生产，城市内部将形成规模不等、分工不同和功能互补的网络化多中心层级结构。

(3) 消费者、生产者与政府部门的综合

城市内部多中心的形成蕴含着非常独特的需求和供给条件，消费者、生产者作为重要的市场主体，在消费和生产活动方面的空间决策与相互作用驱动着城市的发展及演变。与此同时，政府作为城市基础设施和公共产品的主要供给者，会对城市内部的空间结构产生影响。就不同情形下政府对城市基础设施补贴的影响来看，如果城市内部所有区位上都得到相同比率的基础设施投资补贴，那么该补贴对城市结构的作用是中性的；如果只给某一处具有特殊功能的区位上提供基础设施补贴，那

① r=0 为城市中心所在的区域，因此 r 也可以理解为到中心城市的距离。

么政策侧重的那类区位的相对通勤成本或生产成本下降，即使在工资水平（ω_j）不变的情况下，边际消费者获得的净收益将增加，该区位吸引力提升，在没有准入限制的情况下，受到侧重的区位规模将会扩展，补贴的影响将人们吸引到该区位上，催生城市的多中心。

综上所述，城市内部多中心的出现是城市人口规模不断增加过程中消费者、企业和政府空间决策和互动行为综合作用的结果，其影响因素主要有人口规模、经济发展、交通状况、空间区位、制度政策等。其中，城市人口总规模决定着城市内部各个中心规模的大小；经济发展水平决定了城市工资收入状况以及由此产生的吸引力差异；交通和空间区位状况影响消费者的通勤选择、城市拥挤程度以及企业生产产品的运输费用等；制度政策因素影响城市的基础设施建设、公共服务水平等，进而造成不同区位吸引力的差异。

2. 国家城市体系的形成与演变

城市内部多中心体系的分析框架可以沿用到更大空间尺度的全国范围，以解释国家城市体系的形成与演变。因为除了两种空间尺度（城市内与国家）大小差异外，其城市体系的内在形成机理的本质特征是相似的。从全域空间范围内看，一个国家可以被看作是由连续的地域单元构成的一个广尺度的面，大都市区（或城市群）可以作为其基本的空间单元，该类空间单元是一个有机的、开放的网络化系统，地域性、人口群聚性、中心性和联系性等构成了其基本特征。其中，中心性体现了大都市区内部有核心（城市）的基本内涵；联系性表现为大都市区各城市间有着密切的社会、经济联系，既包括各种经济要素间的关联，也包括交通、通信等基础设施的互通。

把大都市区在理论上抽象为城市，消费者和生产者在一个更大的空间尺度上分别进行职住决策、生产活动，那么，在城市吸引力差异、城际人口流动和通勤成本等因素的复杂作用下，市场决定大都市区规模超过合理规模，多中心自然形成，整个国家经济系统决定的多个中心的数量（k）可表示为：

$$k \sim \left(\frac{\overline{P_{AC}}}{P_{CA}{}^{*}}\right)^{\frac{\tau}{\tau+1}}$$

其中，$\overline{P_{AC}}$ 为第 k 个中心（大都市区）的人口平均值。P_{CA}^{*} 为大都市区临界人口值，即一个国家由单中心大都市区演变为多中心大都市区的人口临界值，可以认为是大都市区的最优规模值。τ 在此处表示城际交通网路对通勤流量的弹性系数。在具体的形成机制上，国家城市体系多中心结构出现的本质也在于人口规模增加。从最初只有一个城市或大都市区的情形开始，所有的可流动个体将选择最具有吸引力的中心，随着人口规模的增加，拥挤成本上升，边际消费者在中心都市区获得的集聚净收益不断下降，直至为零，而一些起初具有较小吸引力的其他地区将变得更具有吸引力（该地区的生产者能够支付一定水平的工资，同时边际消费者或劳动者能够获得净收益），不断吸引人口，新的中心（都市区）出现并随着人口的增长不断演变。消费者、生产者及公共产品供给者（政府部门）在一个更大地理尺度上的空间决策与互动，将发挥塑造国家城市体系的作用，整个国家城市体系的形成与演变将依赖于人口规模、空间区位、经济发展、基础设施、制度政策等多种因素。尤其是在现有交通条件下，一旦国家的人口总规模确定，各都市区的规模也将确定，即国家总人口及其交通等条件决定中心城市群数量。

在国家多中心城市体系形成与演变的同时，由于需求多样性、不同产品运输成本的差异以及城市间竞争的存在，为了维持一个具有吸引力的工资水平，不同城市的生产者将进行专业化生产和水平分工联系，促成城市尤其是不同大都市区核心城市间职能分工体系的出现，整个国家将形成一个规模上大小不一、功能上差异互补的网络化多中心城市体系。

3. 国家城市首位率和城市规模—位序关系

（1）国家—大都市区首位率与规模—位序分布

国家总人口决定国家大都市区间人口规模—位序分布。在国家城市体系中，规模结构体系是其核心构成部分，它是指层次不同、规模大小不等的大都市区在质和量方面的组合方式，反映了大都市区从大到小的位序与规模的关系。常使用国家—大都市区首位率，即最大都市区的人口数量占全国的比重来衡量首位大都市区的地位。首位率值越高，表明首位大都市区的集聚性地位越突出。参照国家—城市率（Taagepera & Kaskla，2001）的概念及定义，可以通过计算大都市区规模—位序分布对应的幂指数值 n 来反映国家城市体系的首位分布与规模—位序分布，其关系式如下：

$$P = \begin{cases} RP_R \ln(RP_R)\text{，当 } n = 1 \text{ 且对应 } RP_R = P_1 \\ RP_R(P_R^{-1+1/n} - R^{n-1})/(1-n)\text{，当 } n \text{ 为任意值且对应 } R^n P_R = P_1 \end{cases}$$

其中，P 代表国家人口规模，R 表示大都市区的位序，P_R为 R 位序大都市区的人口规模，P_1为首位大都市区的规模。因此，一旦国家规模确定，则首位大都市区及其他都市区的人口规模也将确定。理想状态下的 n 接近于 1，说明大都市区的规模—位序分布符合齐普夫法则。现实中会出现 n 小于 1，n 等于 1，或 n 大于 1 的各种情形。其中，n 大于 1 表明大都市区首位率明显，且 n 越大表明首位大都市区的地位越突出（一种极端的情形为：当 n 为无穷大时表示该国所有人口都集中在一个都市区中）；n 小于 1，则说明大都市区规模分布相对均衡。

（2）大都市区—城市首位率与规模—位序分布

大都市区总人口决定大都市区内人口规模—位序分布。在大都市区的内部，层次不同、规模大小不等的城市在质和量方面的组合方式构成了城市的首位分布及规模—位序分布，它反映了大都市区内城市从大到小的位序与规模的关系，揭示城市体系等级规模分布特征。可以通过计算大都市区—城市首位率，即特定都市区中最大人口规模的城市占该大都市区的人口比重或第一与第二大城市规模比来衡量首位城市的地位，也可以通过估计大都市区内城市规模—位序分布对应的幂指数值 n 来综合反映大都市区城市首位状况及规模—位序分布。n 值的大小体现了大都市区内部城市规模分布的集中程度以及其首位城市地位的高低。

4. 城市规模—位序分布的决定因素

在理想状态下，规模—位序分布对应的幂指数值接近于 1，反映了城市规模分布符合齐普夫法则。但现实中，由于不同国家或地区在人口规模、经济发展阶段等方面的差异，城市规模—位序分布呈现出不同的特点。一般地，除了人口规模外，规模—位序分布（对应的幂指数）受到如下因素的影响：

$$n = f(\text{国家人口}\ P,\ \text{空间区位}\ S,\ \text{经济发展}\ E,\ \text{基础设施}\ T,\ \text{制度政策}\ I) = P^{\alpha}S^{\beta}E^{\chi}T^{\delta}I^{\gamma}$$

其中，α、β、χ、δ、γ 分别表示国家人口、空间区位、经济发展、基础设施和制度政策因素对规模—位序分布的影响程度与大小。在国家人口规模适中、区域发展相对均衡、政府干预较少等理想状态下，国家人口、空间区位、经济发展、基础设施和制度政策对应的幂为 0，此时的 n 值为 1，反映了城市规模分布符合齐普夫法则。

人口规模：特定空间范围内的人口总数，城市首位率及规模—位序分布的首要影响因子。国家人口规模决定大都市区及其大城市的人口规模，大都市区的人口规模决定其内部城市规模—位序分布及城市规模大小。

空间区位：城市所处的地理空间、经济空间的位置，包括临海、临港等区位因素，决定了一国最初随机、非均衡分布的城市中也有规模最大的城市。

经济发展：工业化、城市化、市场化以及全球化发展程度，包括人均产出、产业结构、工资收入等因素。经济发展水平对一个城市首位率的影响具有非线性特征，国际贸易及对外开放能够促进沿海城市、内陆腹地城市规模的扩大。

基础设施：包括城市内部以及地区城市之间交通网路等基础设施的数量及水平。其中，城际快速交通可以压缩时空距离，引起产品运输费用、劳动者通勤时间、通勤成本以及拥挤程度的变动。

制度政策：包括国家政治制度、区域和城市发展政策等。集权或分权政治制度会影响一国资源尤其是公共资源的空间配置，进而引起城市吸引力及人口规模的变动。

（二）研究推论：关于中国城市体系的假设

作为世界上人口数量庞大、国土面积辽阔的巨型国家，中国改革开放近30多年来城镇化进程迅速，区域以及城市内部交通等基础设施不断改进，城市体系发生着深刻的变迁，东部沿海和内陆地区出现了规模不等的城市集群发展现象。城市群的产生标志着中国城市化进程进入了一个崭新的阶段。结合理论模型中揭示的城市发展及城市体系形成演变的一般规律性特征，基于中国巨型国家在人口规模、经济发展、制度政策等方面的特征，本书提出如下的推论：中国的城市体系将是一个城市群体系，它从局域空间尺度上体现为城市群内部的多中心城市体系，从全域空间尺度上体现为巨型国家的哑铃型、集群化、多中心和网络化城市体系（见图3—7）。

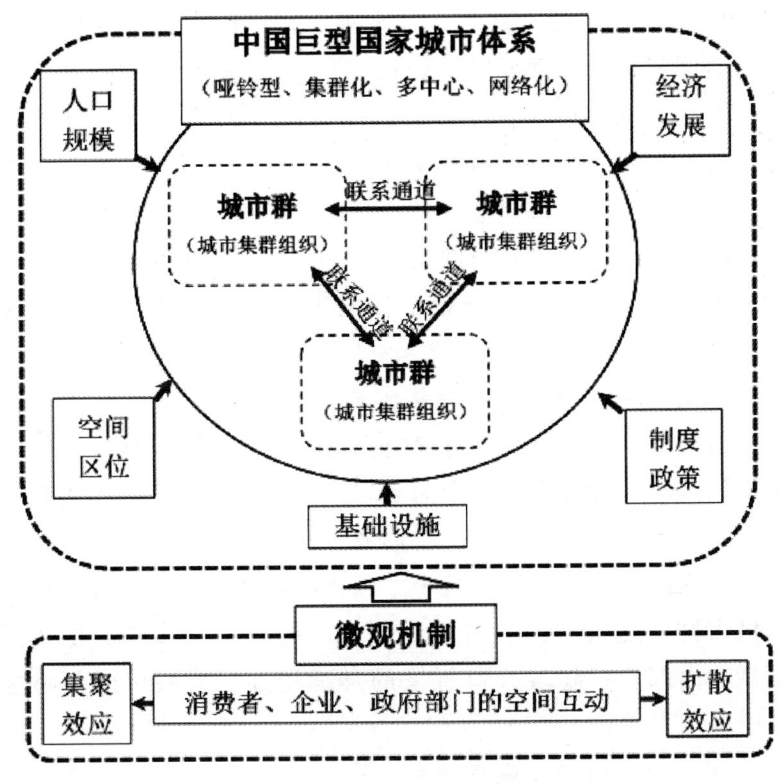

图3—7　中国巨型国家城市体系的总体框架

1. 中国将形成集群化的城市组织体系

结合国家城市首位率和最优规模理论，在现有交通条件下，国家人口规模直接决定其多个中心的数量及人口规模分布。中国庞大的人口数量决定了其基本的城市区域单元将是比单个城市规模更大的城市群（或大都市区）。在国家快速交通网络已经出现的条件下，人流、物流、资金流、信息流等空间流交汇频繁，城市孤立发展格局将被打破，中国巨型国家城市体系将呈现为一个由诸多规模不等的城市群组成的集群化城市组织体系。

2. 中国将形成哑铃型城市规模体系

根据理论模型揭示的经济学含义，中国将形成“两头大、中间小”的哑铃型城市规模体系。第一，根据国家首位率，中国中心城市的人口规模还将增加。第二，根据人口最优规模理论以及国际经验，中国100万人以上的大城市应该保持在一定比例，还将继续增加（除非没有人口储备，否则就会向最优规模发展）。第三，中间位序的中小城市可能会进一步弱化（人口增长较慢）。一方面，经济竞争力强的中小城市将大型化。另一方面，中小城市分化还会继续进行。第四，小城镇将在分化中发展。一方面，城市周边和城市群内的小城市、发达地区、人口密集区的小城镇，将得到更好的发展；另一方面，远离城市和城市群、经济落后、人口稀少地区的小城镇，将消失合并，大批的农村居民点将消失。

3. 中国将形成多中心城市结构体系

结合国家城市首位率和最优规模理论，一个国家或地区的中心的数量取决于该国的人口规模以及交通条件。在中国这样一个土地辽阔、人口规模庞大的典型巨型国家里，将形成一个多尺度的多中心城市结构体系。第一，从国家尺度上看，整个中国将出现多中心的城市群体系；第二，从城市群尺度上看，中国大城市群内将是一个多中心的体系；第三，从城市内部看，随着人口规模的继续增加，大城市内部将呈现多中心。

4. 中国将形成网络化城市联系体系

随着国家工业化水平的提高和城市发展向高级形态的演变，将形成不同城市功能差异、互补的城市联系体系。在城际快速交通网络的建立和地区开放发展过程中，中国将逐步形成网络化的城市联系体系。第一，城市功能网络化，即不同城市间形成水平分工和功能互补；第二，空间联系将从点联系发展到线联系，再发展到点线联系相结合的面联系和网联系，呈现点、线、面、网的多元化空间联系形态。

需要指出的是，理论模型及国际经验皆显示，单靠市场力量驱动下的城市发展通常会超出最优规模而造成“城市病”等严重问题，由于存在市场失灵，实现以上目标，需要更好地发挥政府的作用。

四　实证分析

（一）城市群的实证

1. 中国城市群发展的现状及其变化趋势

结合已有研究和规划内容，并根据城市群发展阶段，本书在中国共识别出 33 个城市群，在剔除了部分潜在城市群等之后，本书从地级及以上城市层面集中考察了剩下的 25 个城市群的规模和结构特点。

分区域从城区人口规模看（见表 3—8），环渤海地区前三位的城市群排序是京津唐城市群、山东半岛城市群以及石家庄城市群；中部地区以中原城市群为首，长株潭城市群和皖江淮城市群位居第二和第三；东南地区前三位的城市群排序是长三角城市群、珠三角城市群、海峡西岸城市群；西南地区最大的城市群是成渝城市群；东北地区的城市群排序是辽中南城市群、哈尔滨城市群、长春城市群；西北地区最大的城市群是关中城市群。从城区面积看，全国有六个较大城市群，其中，东南地区和环渤海地区有两个，西南地区和东北地区各有一个，总体排名依次是长三角城市群、京津唐城市群、珠三角城市群、辽中南城市群、成渝城市群、山东半岛城市群。

全国比较分析发现，无论是市辖区人口还是城区人口占的全国比重均是长三角城市群最大，长三角城市群是我国城市群的龙头老大。从城市群人口在 2006—2014 年的变化看（见表 3—9），东北地区城市群规模萎缩比较严重，东北地区的三大城市群无论是市辖区人口、城区人口占全国比重的变化幅度都呈现下降的趋势，并且排序靠后，这也反映了东北地区的城市群人口外流的形势比较严重。

表 3—8 **中国城市群的基本情况（2014）**

城市群	市区人口（万人）	城区人口（万人）	市区面积（平方公里）	城区面积（平方公里）	区域
京津唐城市群	3697	3041.16	31225	17627.4	环渤海
石家庄城市群	950.1	735.64	4553	1897.35	环渤海
太原城市群	538.9	458.58	6784	1332.83	中部
呼包鄂城市群	382.9	294.51	7903	1346.28	西北
辽中南城市群	1790.9	1639.23	14596	9675.43	东北
长春城市群	713.6	595.75	9632	1200.05	东北
哈尔滨城市群	1179.4	940.17	34233	1636.89	东北
长三角城市群	5770.4	4635.24	38073	19281.81	东南
浙东城市群	349.6	250.46	4225	1746.14	东南
皖江淮城市群	1282.3	774.23	17403	3852.43	中部
海峡西岸城市群	967.2	561.52	8469	2319.74	东南
环鄱阳湖城市群	540.6	452.05	4760	843.53	中部
山东半岛城市群	1734.9	1241.94	22148	8084.27	环渤海
徐州城市群	1470.3	815.79	17347	4330.89	跨区域
中原城市群	1348.5	995.34	4600	1602.09	中部
武汉城市群	1206.7	704.92	13315	2234.71	中部
长株潭城市群	1051.9	841.01	8513	2713.91	中部
珠三角城市群	2971.9	2303.6	20017	9767.28	东南
南宁城市群	585.7	294.47	18060	2435.59	西南
琼海城市群	800.5	308.36	9109	1374.09	跨区域
成渝城市群	3679.6	1947.96	49645	9559.82	西南
黔中城市群	390.2	303.71	4200	1579	西南
关中城市群	1085	646.41	10878	941.3	西北
兰州城市群	540.2	390.55	14926	873.42	西北
银川城市群	311.5	211.6	15846	2060.5	西北

资料来源：中国社会科学院城市与竞争力指数数据库。

表 3—9　城市群市辖区人口、城区人口占全国比重的变化幅度（2006—2014）

单位:%

城市群	市辖区人口变化幅度	城市群	城区人口变化幅度
中原城市群	18.74	长三角城市群	9.24
徐州城市群	13.65	海峡西岸城市群	7.94
长三角城市群	8.45	徐州城市群	7.85
银川城市群	1.81	成渝城市群	6.33
珠三角城市群	0.43	银川城市群	5.76
长株潭城市群	0.04	皖江淮城市群	4.29
皖江淮城市群	0.01	长株潭城市群	2.74
兰州城市群	-0.12	石家庄城市群	2.62
成渝城市群	-0.23	山东半岛城市群	1.06
关中城市群	-0.48	京津唐城市群	-0.33
南宁城市群	-1.65	环鄱阳湖城市群	-1.08
山东半岛城市群	-1.77	武汉城市群	-1.42
海峡西岸城市群	-2.91	太原城市群	-2.06
石家庄城市群	-3.33	南宁城市群	-3.21
呼包鄂城市群	-3.84	关中城市群	-3.35
琼海城市群	-3.97	呼包鄂城市群	-4.50
京津唐城市群	-5.23	哈尔滨城市群	-6.11
环鄱阳湖城市群	-5.30	兰州城市群	-6.29
浙东城市群	-5.85	长春城市群	-8.04
黔中城市群	-5.93	中原城市群	-9.14
太原城市群	-6.42	辽中南城市群	-10.05
辽中南城市群	-6.93	浙东城市群	-11.22
武汉城市群	-9.43	黔中城市群	-16.00
长春城市群	-9.46	琼海城市群	-17.54
哈尔滨城市群	-9.89	珠三角城市群	-17.67

资料来源：中国社会科学院城市与竞争力指数数据库。

2. 中国城市群之间规模—位序分析

依据国家—大都市区规模—位序关系式，通过汇总城市群组成城市的城区人口的数据，本书对全国 25 个城市群 2006 年和 2014 年的城市群规模分布进行了测算。结果发现（见表 3—10），城市群规模分布中的幂指数（n）估计值均大于 1，这表明中国城市群体系内的城市群人口较为分散，高位次城市群人口占比很突出，中小城市群发育较弱。

从 2006 年到 2014 年的城市群规模体系变化来看，幂指数（n）估计值由 2006 年的 1. 1541 下降到 2014 年的 1. 1387，不断向符合齐普夫法则（n=1）的合理状态靠近。这表明中国当前存在着一个城市群体系，而且中小规模城市群相对规模有所扩大（尽管扩大的程度还不是很大），中国城市群体系结构变得越来越合理。

表 3—10 中国城市群规模—位序关系的估计结果

时间	常数项	幂指数估计值	样本城市群个数	Adj. R^2
2014	-2. 0726	1. 1387 * * *	25	0. 9225
2006	-2. 0943	1. 1541 * * *	25	0. 9115

注：* * * 代表 10%的显著性水平。

资料来源：中国社会科学院城市与竞争力指数数据库。

3. 中国城市群内部的城市之间规模—位序分析

根据规模—位序关系可以知道，作为系数的幂指数估计值 n 大于 1，表明城市体系内的城市人口较为分散，表示大城市比齐普夫定律描述的更大，中小城市发育较弱；若 n 值小于 1，表明城市规模分布比齐普夫定律所描述的更为集中，即位次较低的中小城市规模也很大，位次较高的大城市不很突出。

对中国城市群城区人口的计算结果显示（见表 3—11），n 值接近 1 的是：关中城市群、长三角城市群、海峡西岸城市群、兰州城市群、黔中城市群、长春城市群、环鄱阳湖城市群、银川城市群，上述这些城市群基本符合齐普夫法则下的城市规模体系。n 值偏大的是：山东半岛城市群、辽中南城市群、中原城市群、长株潭城市群、皖江淮城市群、徐州城市群、石家庄城市群、哈尔滨城市群、琼海城市群，上述这些城市群中大城市比齐普夫定律描述的更大，中小城市发育非常弱。n 偏小的是：珠三角城市群、京津唐城市群、成渝城市群、浙东城市群、太原城市群、呼包鄂城市群、南宁城市群、武汉城市群，这些城市群中位次较低的中小城市规模也很大，位次较高的大城市相对不是很突出。具体来看，上述城市群内部有两个中心城市，即“双中心”的城市体系结构，第一位城市的规模相对于第二大城市的规模优势不是特别突出。

表 3—11　　中国城市群内部城市规模—位序关系

城市群	2014 年		2006 年	
	lnS_i	Adj. R^2	lnS_i	Adj. R^2
长三角城市群	0.8880***	0.9849	0.8812***	0.9805
珠三角城市群	0.8234***	0.9614	0.6831***	0.8163
京津唐城市群	0.6674***	0.9761	0.6921***	0.9692
山东半岛城市群	1.2770***	0.8440	1.1878***	0.8280
辽中南城市群	1.3082***	0.9547	1.3305***	0.9518
海峡西岸城市群	0.8691***	0.7538	0.9374***	0.8557
中原城市群	1.2571***	0.9462	1.4211***	0.8992
成渝城市群	0.8061***	0.9381	0.8148***	0.9634
关中城市群	0.9193***	0.9506	0.9533***	0.9937
长株潭城市群	1.4559***	0.9462	1.5274***	0.9224
哈尔滨城市群	1.1811***	0.9659	1.1438***	0.9725
长春城市群	1.0317***	0.9670	0.9768***	0.8291
皖江淮城市群	1.3533***	0.9177	1.1252***	0.8889
徐州城市群	1.7652***	0.7928	1.9194***	0.8734
浙东城市群	0.5808***	0.3924	0.6267***	0.2533
琼海城市群	1.1924***	0.6576	1.0376***	0.8808
石家庄城市群	1.2180***	0.7938	1.3117***	0.8157
太原城市群	0.8481***	0.9570	0.8064***	0.9734
环鄱阳湖城市群	1.0983***	0.9167	0..9197***	0.9323

续表

城市群	2014年		2006年	
	lnS_i	Adj. R^2	lnS_i	Adj. R^2
呼包鄂城市群	0.6580***	0.2124	0.7262***	0.3607
银川城市群	1.1381***	0.9418	1.2283***	0.9883
兰州城市群	0.8567***	0.8710	0.8183***	0.9676
南宁城市群	0.8125***	0.9570	0.7513***	0.9641
黔中城市群	0.8561***	0.9038	0.8793***	0.9864
武汉城市群	0.8223***	0.9281	0.7682***	0.9366

注：*、**、***分别代表1%、5%、10%的显著性水平。

资料来源：中国社会科学院城市与竞争力指数数据库。

进一步，通过比较发现，发展比较成熟的城市群其城市体系也比较符合齐普夫法则，但反过来不一定成立。此外，从2006年和2014年的对比来看，绝大多数城市群都朝着齐普夫法则下的城市体系结构收敛。

4. 国家—城市群首位率、城市群—城市首位率分析

(1) 国家—城市群首位率

长三角城市群是中国的首位城市群。通过比较前三大城市群可以发现，长三角的市区人口、城区人口、市区面积、城区面积这四个方面接近是珠三角的2倍，按照城区人口计算的国家城市群—首位率为14.73%，远高于京津唐和珠三角城市群城区人口在全国的占比（见表3—12）。此外，长三角城区人口密度和市区人口密度也都高于珠三角。京津唐城市群的市区人口、城区人口、市区面积、城区面积这四个方面均处于长三角和珠三角之间，但是城区人口密度和市区人口密度均低于长三角和珠三角。

表3—12　　国家—城市群首位率及前三大城市群的比较　　单位：%

城市群	市区人口全国占比	城区人口全国占比	市区面积全国占比	城区面积全国占比
长三角城市群	12.32	14.73	5.51	13.85

续表

城市群	市区人口全国占比	城区人口全国占比	市区面积全国占比	城区面积全国占比
京津唐城市群	7.89	9.66	4.52	12.66
珠三角城市群	6.34	7.32	2.90	7.02

资料来源：中国社会科学院城市与竞争力指数数据库。

（2）城市群—城市首位率分析

中国城市群内部首位城市分布呈现了中间合理值多、两端极端值少的橄榄型结构。通过计算全国25个城市群的城市首位率可以发现（见表3—13），城区人口首位率高于60%的城市群有京津唐城市群、太原城市群、武汉城市群、南宁城市群、黔中城市群、关中城市群，这些城市群大部分位于中西部地区，过高的城区人口首位率表明该城市群内的第一大城市过于庞大（从前两大城市的人口规模比值上也可以看出），中小城市发育不足。城区人口首位率低于30%的城市群有辽中南城市群、皖江淮城市群、山东半岛城市群、徐州城市群，这表明上述城市群的城区人口首位率偏低，城市群内部的第一大城市的发展规模和对城市群的发展带动作用明显不足，城市群的首位城市作用与贡献度偏低，中小城市发育相对较强。剩余城市群的城区人口首位率均处于30%—60%内，基本处于合理和比较合理的范围，即城市群内的城市规模体系呈现相对稳定的梯度发展格局。

表3—13　　城市群—城市首位率及前两大城市人口比

单位：%

城市群	城市群—城市首位率	前两大城市人口比
京津唐城市群	61.13	2.89
石家庄城市群	35.68	2.38
太原城市群	65.86	5.21
呼包鄂城市群	48.11	1.11

续表

城市群	城市群—城市首位率	前两大城市人口比
辽中南城市群	28. 49	1. 53
长春城市群	53. 47	2. 52
哈尔滨城市群	43. 00	3. 57
长三角城市群	52. 33	4. 24
浙东城市群	55. 02	1. 42
皖江淮城市群	26. 01	1. 90
海峡西岸城市群	34. 59	1. 17
环鄱阳湖城市群	50. 32	3. 60
山东半岛城市群	26. 20	1. 09
徐州城市群	20. 82	1. 03
中原城市群	36. 53	1. 79
武汉城市群	67. 27	5. 64
长株潭城市群	38. 00	2. 99
珠三角城市群	46. 79	1. 97
南宁城市群	68. 72	5. 72
琼海城市群	31. 94	1. 11
成渝城市群	49. 65	2. 05
黔中城市群	64. 36	2. 50
关中城市群	61. 63	4. 59
兰州城市群	47. 44	1. 56
银川城市群	50. 26	2. 35

资料来源：中国社会科学院城市与竞争力指数数据库。

（二）多中心的实证

1. 大城市的多中心

现实考察发现，中国大城市大仍多为单中心结构，多中心结构尚未形成。近年来，国内主要大城市在总体规划中均提出建设多中心空间结构的目标。国家发改委城市和小城镇改革发展中心于 2013 年对辽宁等 12 个省区进行调研发现，12 个省会城市均提出建设新城新区，144 个地级市中的 133 个和 161 个县级市中的 67 个也相继开展新城新区建设计划。许多城市采取政府驻地外迁等方法，引导人口向外围副中心集聚。然而，实际效果却并不理想，市中心建设成本继续增大，郊区新城规模集聚效应仍难以发挥，面临着沦为卧城的危险。

选取一些重点城市来看，北京是典型的单中心同心圆形态，城市规模不断扩张，形成了共七环的布局，其“多中心”规划实施 10 年，但摊大饼现象却有增无减（见图 3—8）。成都围绕天府广场形成了共六环的布局。广州则围绕越秀区，呈内外环两层分布，广州珠江新城建设更是加重了城市布局混乱局面，引发巨大争议。上海呈扇形分布，但中心区仍集中在人民广场、外滩—陆家嘴等核心区域，徐家汇、江湾等副中心仍处于萌芽阶段。对比来看，苏州市不仅市区内部正在形成多中心（见图 3—9），所辖张家港市、昆山市、常熟市等区域经济强县也统筹组团，各具特色。东莞则以 28 个具有综合服务能力的镇为依托，多点开花。多中心、网络化的城市格局使两座城市焕发出新生命力。

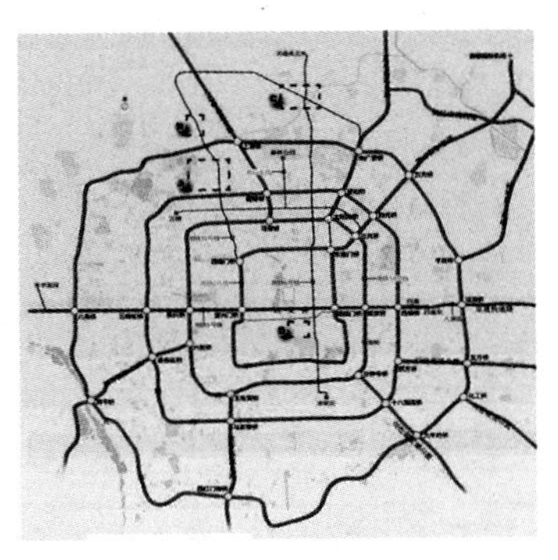

图 3—8　北京城区“摊大饼”式同心圆格局

图 3—9　苏州城区多中心组团格局

资料来源：互联网。

2. 城市群的多中心

人口规模是确定一个城市群体系单中心、多中心的决定因素。目前，中国各城市群单中心、多中心结构并存。考虑各城市群规模以及包含城市数量，分析时将黔中城市群等六个规模较小城市群剔除。将城市群内部首位率的思想推广到次位城市、第三位城市，计算群内各城市城区人口占其所在群城区人口的比重，结果表明（见表3—14）：皖江淮城市群的多中心性最强，具有三个副中心。石家庄、哈尔滨城市群具有两个副中心，多中心性较强。海峡西岸、山东半岛、徐州城市群则存在显著的“双中心”特征。辽中南、成渝、珠三角、京津唐分别具有一个副中心。剩余七个城市群未来向多中心转变的潜力较大。

表3—14　主要城市群中心城市的分布情况　单位：%

城市群	城区人口首位率	副中心及人口占比	其余城市人口平均占比
京津唐城市群	北京-61.13	天津-21.14	2.95
石家庄城市群	石家庄-35.68	邯郸-20.39、保定-15.04	10
太原城市群	太原-65.86	——	8.5
辽中南城市群	沈阳-28.49	大连-18.57	5.29
长春城市群	长春-53.47	——	11.62
哈尔滨城市群	哈尔滨-43.00	齐齐哈尔-11.72、大庆-11.49	5.67
长三角城市群	上海-52.33	南京-12.3 杭州-6.15	2.5
皖江淮城市群	合肥-26.01	芜湖-13.2、淮南-13.7、蚌埠-10.3	4.62
海峡西岸城市群	福州-34.59	厦门-29.5	8.75
环鄱阳湖城市群	南昌-50.32	——	10.06
山东半岛城市群	青岛-26.20	济南-24	7.11
徐州城市群	临沂-20.82	徐州-20.32	9.82
中原城市群	郑州-36.53	洛阳-20.4	6.66

续表

城市群	城区人口首位率	副中心及人口占比	其余城市人口平均占比
武汉城市群	武汉-67.27	——	8.25
长株潭城市群	长沙-38.00	——	8.85
珠三角城市群	深圳-46.79	广州-24	7.1
成渝城市群	重庆-49.65	成都-24.44	2.89
关中城市群	西安-61.63	——	9.75

资料来源：中国社会科学院城市与竞争力指数数据库。

3. 国家的多中心

中国国家的多中心已经形成。长三角、京津唐、珠三角是国家三大中心城市群，上海、北京、广州则是全国中心城市。通过城市群城区人口占全国所有城市城区人口的比重（见表3—15）可以看出：长三角、京津唐、珠三角具有显著优势，成为我国三大中心。从发展趋势来看，长三角城市群首要地位继续上升，珠三角人口略有下降（见表3—16）。

表3—15　城市群内城区人口占全国城区人口的比重（2014）　单位：%

城市群	城区人口占比	城市群	城区人口占比
长三角城市群	14.73	海峡西岸城市群	1.78
成渝城市群	6.19	长春城市群	1.89
京津唐城市群	9.66	石家庄城市群	2.34
珠三角城市群	7.32	琼海城市群	0.98
辽中南城市群	5.21	南宁城市群	0.94
山东半岛城市群	3.95	兰州城市群	1.24
徐州城市群	2.59	环鄱阳湖城市群	1.44
中原城市群	3.16	太原城市群	1.46
皖江淮城市群	2.46	黔中城市群	0.96

续表

城市群	城区人口占比	城市群	城区人口占比
哈尔滨城市群	2.99	浙东城市群	0.80
关中城市群	2.05	呼包鄂城市群	0.94
长株潭城市群	2.67	银川城市群	0.67
武汉城市群	2.24		

资料来源：中国社会科学院城市与竞争力指数数据库。

表 3—16　三大城市群城区人口占全国城区人口的比重变化（2006—2014）

单位：%

城区人口	2014	2006	变化幅度
长三角城市群	14.73	13.48	9.24
京津唐城市群	9.66	9.69	-0.33
珠三角城市群	7.32	8.89	-17.67

资料来源：中国社会科学院城市与竞争力指数数据库。

作为中国国家中心城市，上海市地处南北交通中心，辐射范围覆盖全国。将全国 287 个城市的城区人口和各自到上海市的地理距离拟合散点图发现，随着到上海市距离的增加，城区人口并没有随之呈线性减少，而是接近新经济地理学中市场潜力曲线"∽"形分布（见图 3—10），从而证实了我国国家多中心结构的存在。图 3—10 中"∽"曲线第二个波峰凸起部分，分布的大城市有北京、广州、深圳、重庆、西安等。

以上分析表明，中国城市群的国家多中心已经存在，但大城市内部的多中心尚未形成。究其原因，从制度政策方面来看，受行政干预、财政投入、公共设施分配的影响，大城市的教育、医疗、公共卫生等资源集中在中心地区，多中心布局滞后。从交通等基础设施方面来看，城市外围居民职住分离严重，加上中心城交通管制，跨区域的远距离通勤增加了居民的交通成本。从经济发展方面来看，城市商业重心、就业岗位多集中在市中心，外围郊区多以房地产业拉动为主，就业岗位不足，内

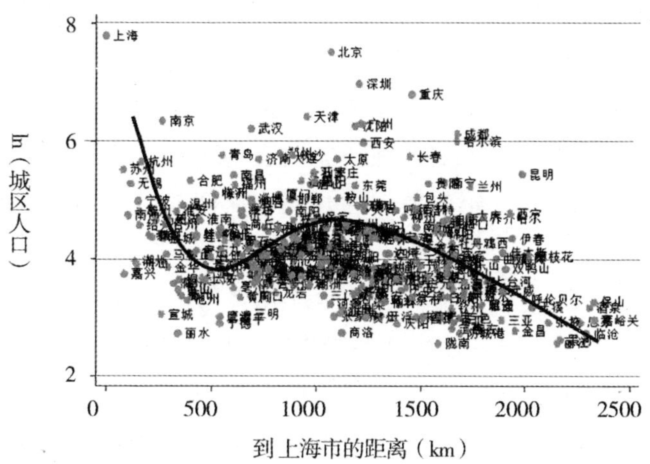

图 3—10　城市人口规模与到上海市距离的“∽”关系

资料来源：中国社会科学院城市与竞争力指数数据库。

在发展动力不强。同时，居民由于日常生活、工作原因，已长期集聚在市中心，短时间内难有迁移动力。

目前，城市“摊大饼式”的弊端已日益显现。不可逆的“单中心+环线”建设使交通压力难以缓解，上班人流向市中心拥挤，下班时又从市中心往外涌，从而加剧了交通拥堵。一些城市结构和布局不合理，居民区和工厂区比邻相间造成安全隐患，如最近发生的天津滨海新区爆炸事件就是典型案例。因人口布局缺乏预见性的规划，环境、基础设施承载力严重不足，市中心污染严重、房价高企，资源浪费、看病难等“城市病”问题也日益明显。

（三）网络化的实证

通过实证分析发现，中国城市的网络体系远未形成，总体上目前仍然以规模等级体系为主；城市规模越小、级别越低，等级化特征越明显，而顶级城市间已经开始表现出职能分工的网络化特征。

在对中国城市体系的考察中，重点关注制造业、金融业和科学技术三项重要的城市功能，以地级及以上城市为样本，选取城区常住人口、制造业从业人数、金融业从业人数、科学技术与互联网从业人数等指标，通过阈值法进行标准化，构建城市规模指数、制造业指数、金融业指数、科技指数，研究城市人口规模以及三类主要城市功能之间的关系。如果这三项功能均与城市规模相关，说明中国的城市体系依然以等级规模为主，城市规模越大则各项功能的表现越好；反之，则说明城市功能开始分化，具有了一定的差异性，城市之间的分工网络可能正在逐渐形成。

通过考察各项城市功能指数与人口规模之间的关系可以发现（见图3—11、图3—12、图3—13），人口规模与制造业指数、金融业指数、科技指数的估计系数分别达到1.031、0.913、0.770，且均通过了1%的显著性水平，这说明制造业、金融业、科学技术这三项重要的城市功能与人口规模之间均存在高度的正相关关系。由此可见，各项重要功能更容易集聚在规模更大的城市，中国城市的网络体系还远未形成，城市体系仍然具有明显的规模等级特征。

进一步，对不同规模的城市进行分组考察，将样本城市划分为三组：第一组为城区常住人口在100万以上的城市，包括68个超大城市、特大城市和大城市；第二组为城区常住人口在50万到100万之间的89个中等城市；第三组为城区常住人口在50万以下的129个小城市。分组考察的结果显示（见表3—17），对于制造业和金融业，从第一组到第三组随着城市规模的降低，人口规模对于城市功能的影响系数逐渐提升；科学技术虽然与制造业、金融业相反，但这主要是因为科技产业的发展需要大量的资金、人才投入，小城市在这方面的基础比较薄弱。由此可见，相对于大城市，中小城市的规模等级体系更为明显，即城市规模越小、级别越低，等级化特征越突出。

表3—17　　不同组别的城市功能与人口规模关系

	样本量	制造业	金融业	科学技术
100万以上	68	0.867***	0.925***	0.823***
50万—100万	89	2.314***	0.974***	0.270***
50万以下	129	2.962***	1.082***	0.255***

注：***代表10%的显著性水平。

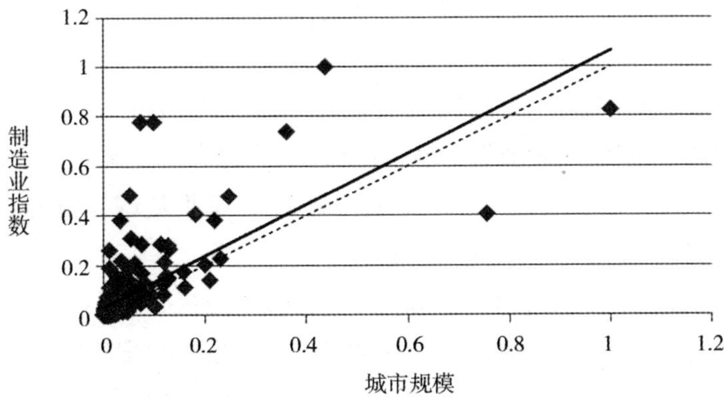

图 3—11　制造业指数与城市规模的关系

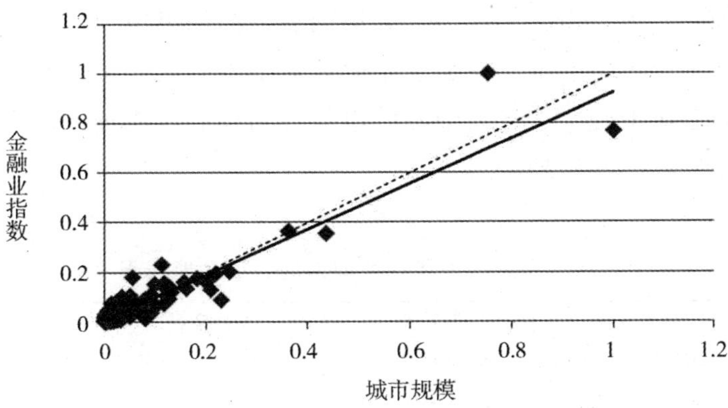

图 3—12　金融业指数与城市规模的关系

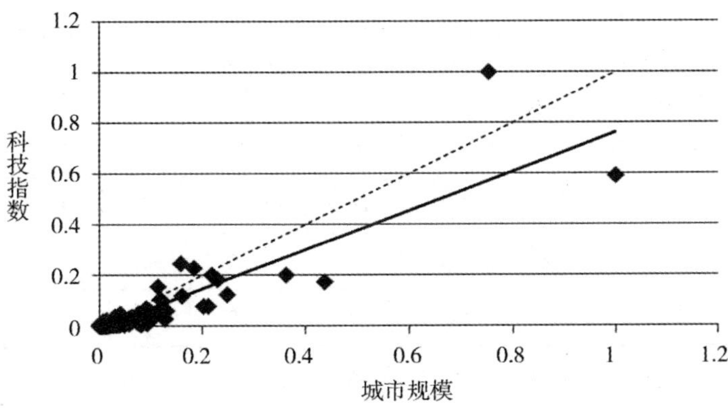

图 3—13　科技指数与城市规模的关系

资料来源：中国社会科学院城市与竞争力指数数据库。

然而，顶级城市的功能已经开始表现出一定的差异性，逐渐出现了职能分工的发展趋势（见表 3—18）。以京沪深这三个城区常住人口超过 1000 万的超大城市为例，这三大城市都是国家中心城市，在制造、金融、科技等方面的表现都位于全国前列，但也有所差异。上海是中国的经济中心，近代开埠以来就具备了良好的工商业基础，近年来金融、商贸、航运逐渐成为主要的城市功能形态，从制造、金融、科技三项表现来看，上海均位列全国第二，是多元化的国家经济中心；北京作为国家首都进入了后工业化发展阶段，制造业仅仅排在全国第九位，主要是依托首都功能的金融、商贸、研发等高端服务业，金融和科技均为全国第一，是国家的金融和科技创新中心；深圳虽然在金融、科技方面与北京、上海还有一定差距，但制造业优势明显，涌现出华为、中兴、比亚迪等一大批有影响力的本土制造业企业和众多外向型中小企业，成为国家重要的制造业中心。这三大中心城市具有明显的功能互补性，表现出多中心、差异化的发展趋势。

表 3—18　　全国八个超大城市和特大城市的各项功能表现

	城市规模		制造业		金融业		科技	
	指数	排名	指数	排名	指数	排名	指数	排名
上海市	1.000	1	0.827	2	0.767	2	0.591	2
北京市	0.754	2	0.404	9	1.000	1	1.000	1
深圳市	0.437	3	1.000	1	0.356	4	0.172	8
重庆市	0.363	4	0.741	5	0.365	3	0.200	5
天津市	0.248	5	0.478	7	0.204	6	0.121	10
南京市	0.231	6	0.228	18	0.087	25	0.182	7
广州市	0.219	7	0.384	10	0.192	7	0.197	6
沈阳市	0.210	8	0.141	33	0.130	17	0.076	14

资料来源：中国社会科学院城市与竞争力指数数据库。

此外，在倒“U”规律的作用下，顶级城市可以发挥经济外溢效应与其他城市更好地展开合作。以中国城市的制造业与金融业两大功能为例，二者之间的关系表现为倒“U”型曲线关系（见图3—14），即在顶级城市转型升级过程中，金融等生产性服务业开始能够促进制造业发展，但进入更高水平后在离心力作用下制造业逐渐向其他城市外迁，顶级城市进一步发挥金融等功能对生产型城市提供服务。这时，顶级城市与一般城市之间开始出现了双向联系，虽然依然有主次之分，但这主要体现在功能上，使得城市体系的分工协作更加完善。

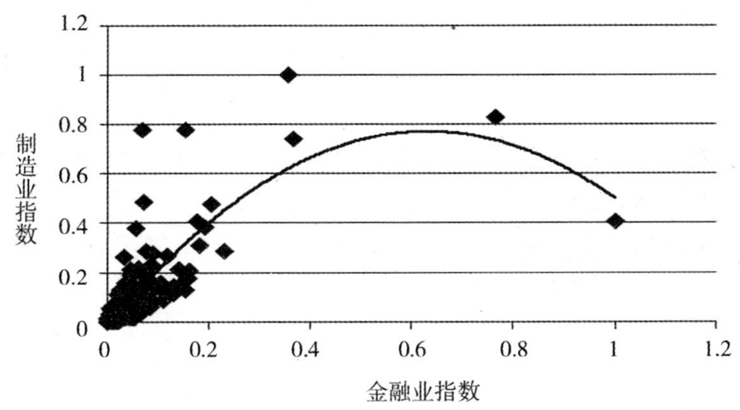

图3—14　制造业指数与金融业指数的关系

资料来源：中国社会科学院城市与竞争力指数数据库。

综上所述，虽然中国的顶级城市间已经开始出现职能分工，但总体来看，中国目前的城市体系依然主要表现为等级化而非网络化，这是由于受到多种原因的共同影响而形成的：一是产业发展的原因。我国产业结构单一和产业层次较低导致了城市体系的产业同质和联系弱化，政府的产业定位追求城市本身的“大而全”，城市间的竞争大于合作，大城市往往在竞争中胜出，加剧了规模等级体系。二是体制机制的原因，中国城市发展中行政力量的重要性常常超过了市场因素，在地方政府主导地方经济的发展框架下，城市和区域发展是以行政边界为限，处于不同行政区划内的城市很难被纳入一个完整的城市体系，造成城市之间联系的割裂。三是交通体系的原因，新中国成立后区域交通长期以主要的铁路干线和沿江、沿海通道，支撑起“点轴”状城市体系，近年来随着高速公路和高速铁路的建设，交通体系的快速化、网络化可能带来中国城市体系的深刻变化，但目前的交通网络主要集中在东部地区，覆盖全域的快速化交通网络尚未形成。

（四）规模体系实证

1. 城市规模哑铃型分析

在当前中国城镇化加快推进阶段，大中小城市间分化加剧进行，城市规模体系总体上呈现出“两头大、中间小”的哑铃型特征。表现为：城区人口规模超过 100 万的大城市、特大城市和超大城市的人口规模不断扩大，占全国人口的比重也逐步上升；城区人口规模在 50 万以下的小城市以及全国小城镇人口规模及占比也相对较大；城区人口规模在 50 万—100 万的中等城市的人口规模及在全国人口中的占比皆低于 100 万以上大城市和 50 万以下小城市（见图 3—15）。

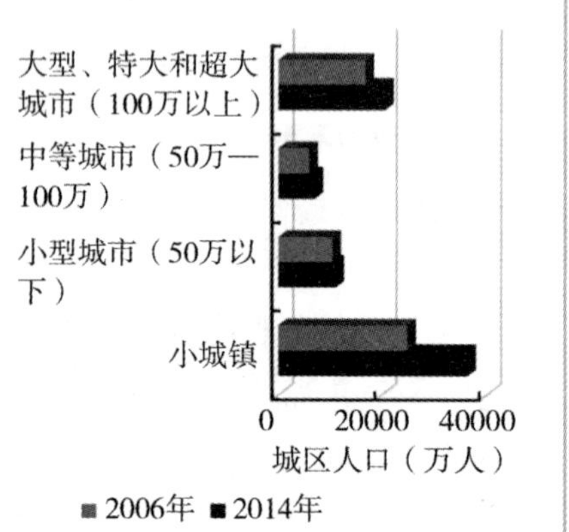

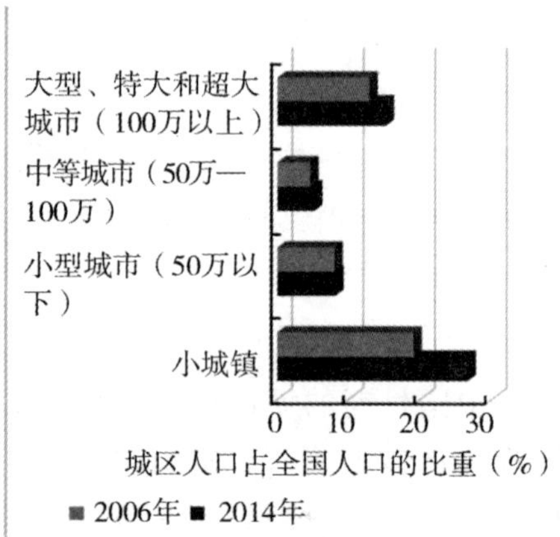

图 3—15　中国城市规模体系的哑铃型结构

注：小城镇城区人口（城镇人口）按照全国城镇人口数减去全国县级及以上城市城区人口数估算得到。

在不同类型城市人口占比上，2006 年城区人口在 100 万以上、50 万—100 万、50 万以下的城市、小城镇人口比重为 28. 94 : 10. 24 : 17. 92 : 42. 89，经过近年来城市分化的加剧进行，到 2014 年，这一比例演变为27.51：9.25：14.74：48.51。尽管不同规模城市和小城镇人口占比略有调整，但总体上“两头大、中间小”的哑铃型结构仍然非常明显。

然而，在全国城市规模出现哑铃型结构的过程中，存在城市数量总体偏少的问题。中国自城镇化率突破30%进入快速城镇化阶段以来，全国真正的城市数量并没有随着城镇人口的增加而增加，甚至近年来还出现了总量萎缩（见图3—16），县级及以上城市数量由1997年的668个缩减到2014年653个。也就是说，中国总人口接近14亿，但是目前真正成为城市的才有600多个。一些小城镇的人口规模尽管已经达到10万人甚至超出了部分小城市，但由于体制机制原因，其难以进入真正的城市的行列。进一步优化中国城市的规模体系，亟须推动具备条件的县和小城镇有序合理地设置为小城市，以扩大中国的城市数量。

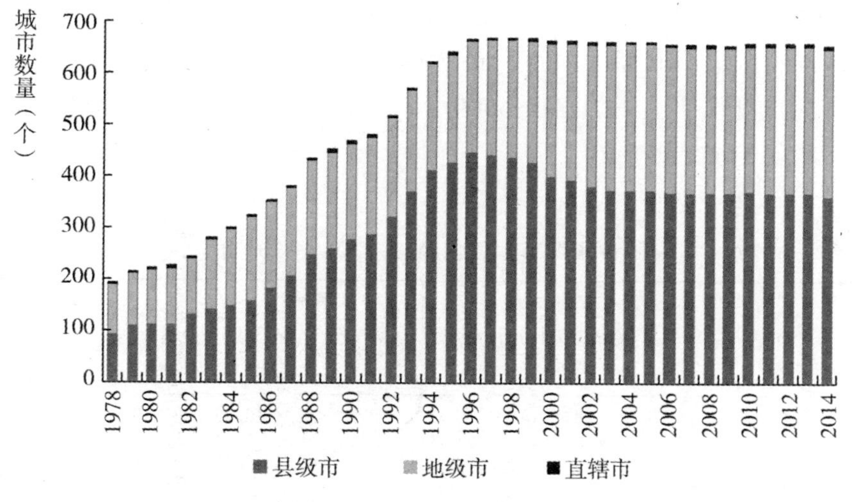

图3—16　全国城市数量变动

资料来源：中国社会科学院城市与竞争力指数数据库。

2. 中国城市大型化分析

（1）全国城市总体上呈现出大型化趋势，但大城市人口比重仍然较低

城市的大型化是一国快速城镇化阶段的重要特征。按照国际经验判

断，随着一国城市化水平的提高，人口超过 100 万以上的城市地区的国家人口百分比会不断上升，在城市化率超过 50%后，这一比重的上升要更快，反映城市大型化趋势要更为突出。中国 2014 年的城镇化率为 54.77%，处在城市化加快推进阶段，不同城市特别是大城市的规模还将进一步扩大。目前中国城市总体上也呈现出大型化的趋势。

2006—2014 年，中国城区人口在 100 万以上的城市数量由 59 个增加到 69 个，增幅为 16.95%；城区人口总规模由 16868.96 万人增加到 20606.33 万人，增长了 22.16%，表明中国中等城市正在缓慢向大城市演变，大城市则在向更大的城市演变。在 100 万以上的大城市中（见表 3—19），城区人口规模在 100 万—300 万的城市数目由 2006 年的 46 个变动到 2014 年 50 个，增加了 4 个；而城区人口在 300 万—500 万城市的大型化趋势更快，由 2006 年的 6 个增加到 2014 年的 12 个，数目增长了 1 倍，相应地，其城区人口规模由 3067.68 万人增加到 2014 年的 4519.25 万人，人口增长幅度达 47.32%；对于城区人口规模在 500 万以上的特大城市和超大城市，虽然城市总个数保持未变（共计 7 个），但其人口规模明显增加，由 6609.19 万人增加到 2014 年的 8093.35 万人，增幅为 22.46%。

表 3—19 **中国城市大型化趋向（2006—2014）**

<table>
<tr><th colspan="2" rowspan="2">城市类型</th><th rowspan="2">按城区人口规模分类</th><th colspan="2">2006 年</th><th colspan="2">2014 年</th></tr>
<tr><th>城市数（个）</th><th>城区人口（万人）</th><th>城市数（个）</th><th>城区人口（万人）</th></tr>
<tr><td colspan="2">超大城市</td><td>超过 1000 万</td><td>2</td><td>3148.08</td><td>3</td><td>5362.57</td></tr>
<tr><td colspan="2">特大城市</td><td>500 万—1000 万</td><td>5</td><td>3461.11</td><td>4</td><td>2730.78</td></tr>
<tr><td rowspan="2">大城市</td><td>Ⅰ型大城市</td><td>300 万—500 万</td><td>6</td><td>3067.68</td><td>12</td><td>4519.25</td></tr>
<tr><td>Ⅱ型大城市</td><td>100 万—300 万</td><td>46</td><td>7827.24</td><td>50</td><td>7993.73</td></tr>
<tr><td colspan="2">中等城市</td><td>50 万—100 万</td><td>85</td><td>5970.57</td><td>96</td><td>6929.05</td></tr>
<tr><td rowspan="2">小城市</td><td>Ⅰ型小城市</td><td>20 万—50 万</td><td>218</td><td>6661.74</td><td>252</td><td>7885.77</td></tr>
<tr><td>Ⅱ型小城市</td><td>20 万以下</td><td>293</td><td>3787.41</td><td>241</td><td>3155.35</td></tr>
<tr><td colspan="3">合计</td><td>655</td><td>33923.83</td><td>658</td><td>38576.50</td></tr>
</table>

资料来源：中国社会科学院城市与竞争力指数数据库。

目前，中国虽然已经有上海、北京、深圳等三个城区人口超过1000万的超大城市，以及天津、南京、广州等数个城区人口规模超过500万的特大城市，但是全国只有15%的城区人口生活在城区人口规模超过100万的大城市中，仅有5.91%的城区人口生活在人口规模超过500万的特大城市和超大城市。即使按照世界银行的数据，目前中国也只有23%的人生活在总人口超过100万的大城市，而在美国和日本这一比例分别达到45%和65%。就巨型国家庞大的总人口以及国际发展经验判断，中国大城市的规模总体上仍然较小，少数城市规模大，多数城市比较小。

（2）居民收入水平与腹地人口规模是城市规模扩大的主要影响因素

为了进一步考察中国城市规模的影响因素并定量识别其影响程度，本书利用全国地级及以上城市的数据进行了回归估计。结果显示（见表3—20），收入水平、经济发展、基础设施（公共服务）、制度政策以及腹地人口等因素对中国城市城区人口规模皆具有重要影响，同时影响程度还存在明显的差异。其中，居民人均可支配收入和腹地人口规模的影响最为突出，说明在我国工业化和城市化加快推进过程中，较高的收入水平始终是城市大型化的重要吸引力，腹地人口规模直接决定着城市不断变大的潜在能力。此外，城市行政级别及公共资源对城市规模的影响也比较明显，行政级别相对较高、公共资源较多（比如高等学校数量多）的城市，城区人口规模普遍较大，其根本原因在于较高的行政级别往往代表着较大的行政职权以及较强的公共资源配置能力，直辖市、副省级城市等行政等级较高的大城市借此优势不断集聚人口，而许多行政等级较低、基础设施和公共服务水平较差的中小城市吸引力明显不足。

表3—20　中国地级及以上城市城区人口规模的影响因素及估计系数

被解释变量：城区人口（对数）	
城镇居民人均可支配收入（对数）	0.431（2.46）**
人均实际利用外资额（千元/人）	0.081（3.13）***
腹地人口规模（对数）	0.438（9.25）***

续表

被解释变量：城区人口（对数）	
城市行政级别	0.257（2.54）***
高等院校数量（所）	0.018（4.44）***
城市绿化覆盖率（%）	0.009（2.42）***
常数项	-3.656（-2.1）**
可决系数	0.7206
F 统计量	123.08***
样本个数	285

注：括号中的数值为 t 统计量，***、**、* 表示在 1%、5%和 10%的显著性水平下显著。城市行政级别变量设定为 4、3、2 和 1，直辖市为 4，副省级城市和计划单列市为 3，其余省会城市为 2，地级市为 1，数值大小代表了行政级别的高低。

总之，城市的大型化是中国这个巨型国家快速城市化阶段的一种趋势，也是城市规模体系形成与演变过程中普遍规律性特征的呈现。任何不合乎发展规律的限制城市人口政策，或者未能充分地提供公共服务，不仅会造成经济效率的损失，还将影响社会公平。

3. 地级及以上城市的分布比较

地级及以上城市是中国城市的构成主体，人口规模超过 100 万的大城市、特大城市和超大城市几乎全部属于该种类型城市。从全国地级以城市的分布比较来看，呈现出如下两大特征。

第一，地级及以上城市多分布于城市群之中，而且城市群之内和城市群之外的城市间经济竞争力存在明显差异，城市群之内的城市的综合经济竞争力水平普遍高于群外城市。从图 3—17 来看，城市群内的核心城市基本包括了中国所有区域内最具城市竞争力的城市，而同一地区未被纳入相应城市群的城市其城市竞争力普遍都比较低。数据计算结果显示，分布于城市群之内的中国地级及以上城市的综合经济竞争力指数均值为 0.128，群外的城市为 0.064，前者是后者的 2 倍，这也表明了城市群是中国经济增长与规模红利的源泉。

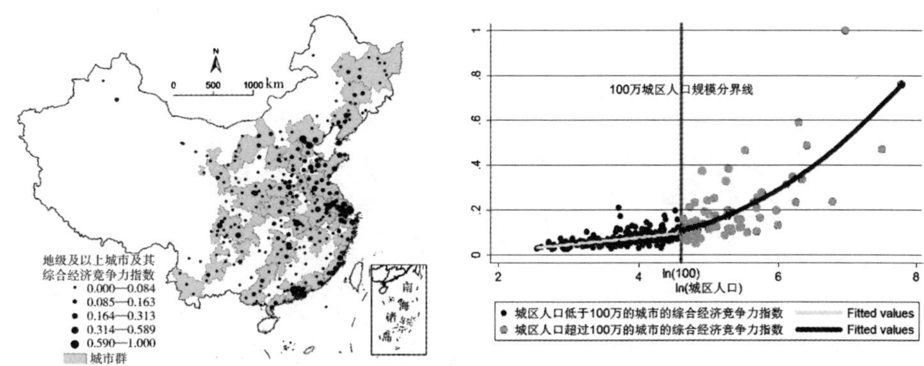

图 3—17　中国地级及以上城市及其人口规模与综合经济竞争力关系

注：拉萨市数据暂缺。

第二，地级及以上城市的人口规模与综合经济竞争力存在显著的正相关关系。人口规模越大的城市，综合经济竞争力水平往往越高，而且与人口规模 100 万以下的中小城市相比，城区人口规模超过 100 万的大城市的人口规模与综合经济竞争力的拟合曲线要更为陡峭（见图 3—17 右半部分），表明大城市更有助于发挥规模经济，更有利于创造经济竞争力。因此，继续发挥地级及以上大城市的集聚作用和规模经济，既是城市化加快推进的客观需要，也是创造经济效率的重要手段。

4. 县（市）与小城镇的分布比较

(1) 全国县（市）分布的情况分析

本书选取县域非农人口数、二三产业增加值、中小学生在校生人数、居民储蓄占地区生产总值的比重计算了中国 2013 年 1944 个县（市）的竞争力，并将全部县（市）进行排名，得到中国竞争力最优的 100 个县、101—200 名竞争力较优的县、201—500 名竞争力优良的县、501—1000 名竞争力一般的县、1001 名以后竞争力较差的县。结合前文论述的中国 29 个城市群和区域中心城市的分布情况，笔者将县域竞争力按以上五个等级在中国地图中进行标注（见图 3—18）。将竞争力排名前 1000 的县（市）称为全国重点县，从重点县的分布可以观察到如下规律。

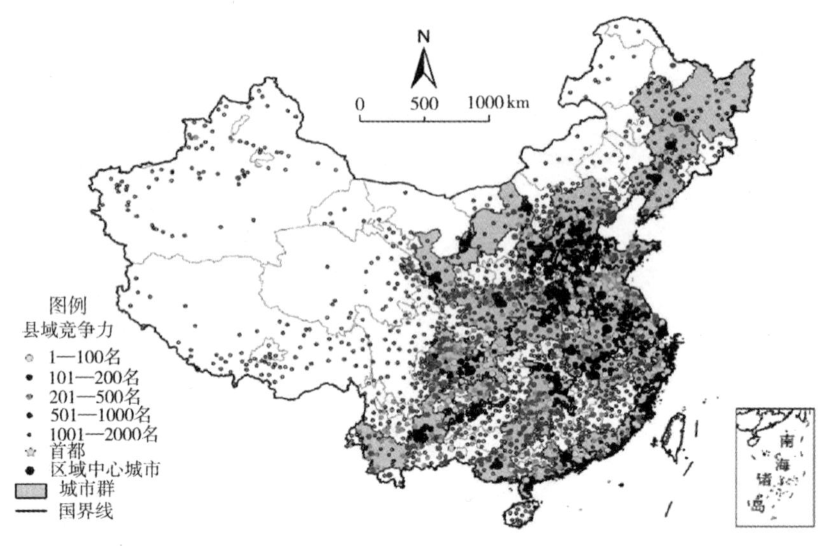

图 3—18 中国县域竞争力分布

资料来源：中国社会科学院城市与竞争力指数数据库。

首先，城市群内和城市群外县域经济的发展程度不同。重点县在城市群内分布，相对落后的县在城市群外分布。城市群在一定的区域范围内以大城市为中心，集聚若干城市，具有多中心、多层次、集群化和网络化的分布特点，县（市）依托城市群分布能够分享城市群经济，通过城市群内部交通线连接，同时也具备了集群化和网络化的特点。在城市群以外的广大地区，重点县（市）极少，主要集中在竞争力排名1000以后的县（市），整体水平较城市群地区相去甚远。

其次，重点县围绕区域中心城市的周边分布。全国县域竞争力排名前100和前200的县（市）都在区域中心城市周边集聚，中心城市对要素资源和信息技术的吸引是县和镇经济发展的主要推动力。另外，中心城市的主城区在发展的过程中受到土地资源的限制，一方面促使产业的升级，另一方面也会对企业进行调整并向周边县（市）扩散和外迁，给县域经济的发展带来更多机遇。

最后，发展程度越高的城市群重点县（市）的分布越集中。竞争力排名靠前的重点县（市）主要集聚在长三角、珠三角和京津唐三个国家级中心城市群的腹地范围内，这三大城市群的县域经济整体水平都很高，百强县集中分布，经济发展程度较高的县（市）能够达到甚至超越中西部地区的地级城市的经济发展水平。另外，在山东半岛城市群、东部沿海地区城市群、中原城市群和成渝城市群的腹地范围也分布着大量的重点县（市），然而，在东北地区的三个城市群、西部呼包鄂城市群、黔中城市群、兰州城市群、滇中城市群等区域分布的重点县（市）相对较少，多数县（市）的竞争力排名都是1000名以后的落后县（市）。

（2）全国小城镇分布的情况分析

为了刻画全国小城镇的发展程度与城市群、中心城市分布的关系，本书将共计18072个小城镇（去掉未建市地区小城镇）匹配到所属城市、省份、城市群和区域中，结合小城镇数量与非农产业从业人员数据进行分析，有如下规律。

第一，从全国总量上看，城市群内小城镇的密度和非农产业从业人数均大于城市群外。全国29个城市群拥有小城镇共计12472个，占全国总量的69%（见图3—19），结合城市群的土地规模得到城市群内和城市群外小城镇的分布密度，发现城市群内小城镇的密度显著高于城市群外。城市群内小城镇非农产业从业人员共计1.84亿人，占全国2.33亿从业人员的78.97%。城市群内部的小城镇非农产业发展非常集中，经济结构更加合理。

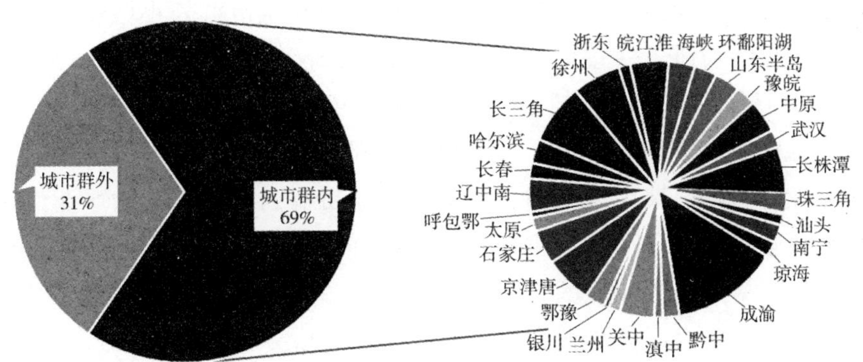

图3—19　全国小城镇在城市群内、外分布情况

资料来源：中国社会科学院城市与竞争力指数数据库。

第二，从全国均值上看，非农产业从业人数和产业结构在城市群内、外出现明显分化。城市群内小城镇的非农产业从业人员以及非农从业人员占常住人口的比重均高于城市群外的小城镇，而且高于全国均值情况（见表3—21）。城市群内小城镇发展整体比较好，借助城市群经济溢出带动了群内小城镇的发展，而城市群外的小城镇普遍较差。同时，城市群内小城镇的变异系数均高于城市群外，可以判断城市群内部因为城市群发展的程度不同，城市群之间的分化也比较严重。

表3—21　城市群内外小城镇非农产业从业人数及比重的统计描述

小城镇	非农产业从业人员（人）		非农从业人员占常住人口比重（%）
	均值	变异系数	
全国情况	12931	1.434	32.335
城市群内	14649	1.456	33.965
城市群外	9614	1.102	28.333

资料来源：中国社会科学院城市与竞争力指数数据库。

第三，从省域均值看，城市群内小城镇非农产业发展程度均高于城市群外。从非农产业的从业人数可以看出一个地区的非农产业规模，揭示地区产业结构的合理性、经济发展的活跃性。按全国省（区）行政规划，我们分别计算了每个省域的城市群内和城市群外小城镇非农产业从业人数的均值，并按城市群内均值从低到高排序（见图3—20）。图3—20的横轴是每个省份城市群的名称，可以清楚地看到无论是整体经济发展程度较好的珠三角、长三角等东部地区城市群还是经济发展程度较为落后的西部地区城市群，每个省份城市群内小城镇非农产业的从业人数明显多于城市群外的小城镇。城市群内与城市群外小城镇非农产业发展程度差异最为明显的是珠三角、长三角、汕头、海峡西岸、皖江淮等城市群，群内群外小城镇发展程度大相径庭，群内小城镇远远超越城市群外。

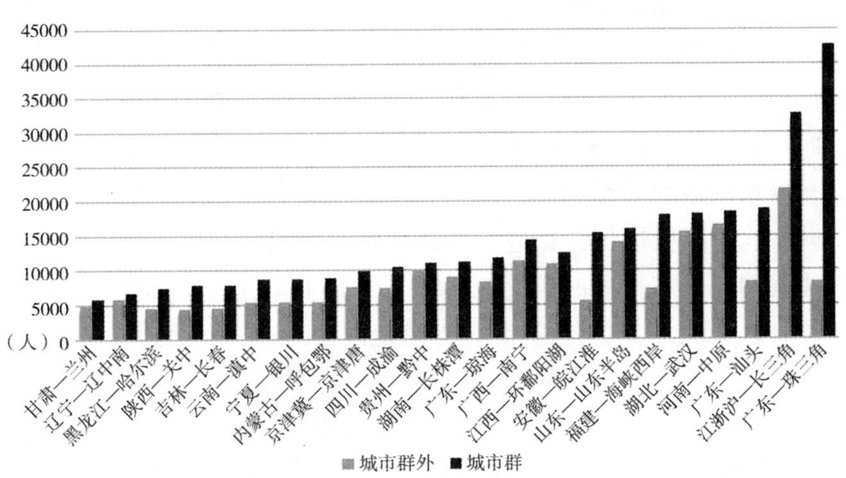

图 3—20　各省城市群内外小城镇非农产业从业人口均值对比

资料来源：中国社会科学院城市与竞争力指数数据库。

以上城市群内外以及不同发展程度城市群之间小城镇发展程度出现分化的原因，主要集中在空间区位、基础设施（公共服务）、产业结构、制度政策和腹地人口规模的差异上。与分布于城市群之外的小城镇相比，城市群之内的小城市之所以发展较好，城市群创造的规模经济红利及其较强的经济竞争力溢出发挥了不可替代的作用。

五　结论与对策

城镇化浪潮带来了中国这个巨型国家历史上最大规模的人口迁移，在中国进入城镇化加快推进阶段，国家城市体系正在发生深刻的变化。研究发现，在城市组织上，中国已经出现了一个城市群体系，而且城市群规模—位序关系正在向齐普夫法则描述的理想状态靠近；在规模分布上，中国已初步显现出大城市和小城市（镇）“两头大”、中等城市“中间小”的“哑铃型”规模体系，而且竞争力普遍较强的城市和小城镇多分布于城市群之内，城市群已经成为中国经济增长和规模红利的源泉；在空间结构上，中国全域空间上已经出现了以上海、北京和广州为中心的多中心城市群空间结构，部分城市群内部也具有多中心城市的空间特征。但由于受到经济发展、基础设施和制度政策等因素的影响，中国大城市内部的多中心结构普遍缺失，“城市病”愈演愈烈；尽管顶级城市间功能分工和网络化已经浮现，但低级别城市间的等级化联系特征明显，城市网络化联系远未形成。

当前，中国城镇化已经进入关键性发展阶段，新常态下中国经济面临结构调整和转型升级的历史性任务，随着中国进入城市世纪，巨型国家经济、社会和环境的健康和可持续发展必须以完善的城市体系为支撑。为了更好顺应城市化的客观规律、满足国家转型的迫切需要、发掘发展新动力与新红利，规划和构建中国城市体系应确立“经济竞争力强、社会凝聚力强、环境永续力强”三个目标价值，形成“多中心、网络化、集群化、哑铃型”四项目标任务，采取重点发展城市群体系、放开对大城市的限制、因地制宜区别发展小城镇、构建多尺度的多中心以及促进城市空间和功能体系的网络化等五项路径措施，推进建立一个经济竞争力、社会凝聚力、环境永续力强的多中心群网化城市体系，支撑中国现代化和民族复兴。

（一）三个目标价值

顺应发展规律是规划城市体系的根本立足点。城市体系实质上涉及的是人口分布与产业的体系。人口向就业机会集中、劳动生产率高、收入吸引力强的城市特别是大城市迁移是经济规律的内在使然。人口与产业的集聚和联系能够创造规模经济，并促进规模红利的共享，这也是一个普遍的规律。因此，任何违背经济规律制造新的公共服务不均等、将人口限制于中小城市（镇）等做法不仅将直接造成经济增长等效率的损失，还会严重影响社会公平，降低资源环境的利用效率。为了更好顺应城市化的客观规律、满足巨型国家转型的迫切需要、开拓城市体系支撑国家发展新格局，规划和构建中国的城市体系必须要从经济、社会和环境层面确立目标价值。

1. 经济竞争力强

该目标价值是指城市体系要具备较强的创造经济价值、获取经济租金的能力的要求，从竞争力的产出方面体现城市体系中城市集群化组织更多、更高效、更快地创造价值，获取经济租金，从而不断为国民提供福利。

2. 社会凝聚力强

该目标价值要求城市体系要满足公平性目标原则，符合凝聚社会力量、缩小地区差距、共享发展成果、促进社会转型的目标要求，进而能够让不同城市和地区获得公平的发展机会，更好地实现协调发展，促进社会和谐稳定。

3. 环境永续力强

该目标价值从环境维度上体现城市体系的构建要具备较强的环境永续发展能力，要求经济发展与社会进步要以自然资源的永续利用和良好的生态环境为基础。城市体系的规划要在兼顾效率和公平的过程中保护环境，可持续地促进经济发展和社会进步。

（二）四项目标任务

顺应发展规律，基于“经济竞争力强、社会凝聚力强、环境永续力强”三个目标价值，规划和构建中国未来的城市体系需要在城市体系的结构、联系、组织与规模方面确立四项目标任务。

1. 城市结构：从单中心向多中心转变

改变单中心城市体系设计，建立多中心城市体系，在多个空间尺度上从单中心向多中心转变。在城市内部，推进大城市空间结构从单中心向多中心转变；在城市群内，从核心城市独大向多中心协调发展转变；在全国范围，构建以多个中心城市群为支撑的国家城市体系。

2. 城市联系：从等级化到网络化转变

改变经按城市人口规模设计等级化的城市体系，建立功能互补的网络化的城市体系。在城市功能联系上，需要从行政隶属、垂直性等级联系，逐步向网络化水平联系转变；在城市空间联系上，需要从以点联系、线联系为主导向点线结合、面网延伸转变，从联系通道单向与非对称向双向、多样化转变，使城市间在金融、科技、制造等功能上形成互补性分工合作，以此获得更大整体效益，推动城市体系经济竞争力和社会凝聚力不断增强。

3. 城市组织：从孤立城市体系向城市群体系转变

改变全国笼统提出大中小城市（镇）协调发展的方针，将这一方针具体到城市群的发展。一方面，通过构筑广泛的联系通道使原先孤立的城市或城镇逐步融入城市群组织体系中，形成不同规模、类型城市间有机联系系统，获得更大的整体性组织效应；另一方面，提升已有城市群的内聚力和外联度，从而达到城市与区域高效互动、综合发展的目的。

4. 城市规模：从塔尖型向哑铃型转变

按照经济竞争力强、社会凝聚力强和环境永续力强的目标价值，未来中国城市规模体系的构建需要确立从塔尖型向哑铃型转变的目标任务。一方面，放开大型及以上城市的人口限制，将限制大城市的人口规模方针改为限定城市中心区人口规模的方针，中心区人口超出最优规模应配合市场决定的规律，建立多个中心和次中心；另一方面，改变过去笼统提出全面发展小城镇的做法，改为在城市群内全面发展小城镇，让大量环境承载力较强、经济竞争力较大的小城市、小城镇不断发展壮大，以带动城乡协调发展。

实施这四项转型任务：第一，可以迸发出经济的新动能、使经济增长速度在不进行政策刺激的情况下，实现更快的增长，初步估计十大城市群可以保持8%的增长，从而更好的确保国家宏观经济6.5%以上的增长。第二，可以进一步缩小地区差距，提升社会公平度。第三，可以进一步消除城市病，改善生态环境。

（三）未来城市（群）体系演变的总体设计

按照城市化发展的趋势和规律，我们预计当城市化率达到75%左右时，中国人口及经济社会活动在空间上的流动将达到相对稳定状态，国家的城市体系也将基本稳定。这个时间大概是到2040年左右，所以我们设计的是2040年左右的城市（群）体系。课题组在去年的研究（中国城市竞争力报告No. 13的主题报告）基础上，并根据前文的理论框架，以全国287个地级及以上城市为样本（不包括港澳台地区和拉萨市），将代表城市未来潜力的可持续竞争力与代表城市未来规模的腹地人口相结合，建立城市之间的引力模型①，推演中国的城市体系。

首先，中国的城市体系是一个开放的系统，是全球城市体系的一部分。GaWC 的世界城市网络联系度是反映世界城市体系的一个重要工具，表 3—22 显示的中国内地的顶尖城市在全球城市体系中的地位和关系，这与中国的城市体系将衔接融合。从表 3—22 的计算结果看，中国的香港、上海和北京三座城市列入全球排名前十位。再次，计算每个城市与国内其他地级及以上城市空间联系强度的总和，获得每个城市的国内对外经济联系总量（计算结果省略）。最后，将城市国内空间联系度与表 3—22 相结合确定区域中心城市，并进行全国城市体系的梳理和设计，过程如下。

表 3—22 全球城市体系下的世界与中国顶级城市对外联系度及排名

城市	链接总值	指数	中国内地城市排名	全球排名
伦敦	123464	1.000	—	1
纽约	116336	0.942	—	2
香港	96081	0.778	—	3
巴黎	89060	0.721	—	4
新加坡	83064	0.673	—	5
东京	80119	0.649	—	6
上海	79171	0.641	1	7
北京	76569	0.620	2	10
广州	48076	0.389	3	53
深圳	29878	0.242	4	121
天津	23171	0.188	5	162
成都	20403	0.165	6	186
青岛	19949	0.162	7	193
杭州	18302	0.148	8	212
南京	17934	0.145	9	217
重庆	17924	0.145	10	218
大连	16998	0.138	11	235
厦门	15831	0.128	12	248
武汉	14558	0.118	13	273

① 受文章篇幅限制，正文中省略了引力模型的构建和计算过程，如有需要请与课题组联系。

续表

城市	链接总值	指数	中国内地城市排名	全球排名
西安	12899	0. 104	14	293
济南	10909	0. 088	15	318
苏州	10865	0. 088	16	320
福州	10322	0. 084	17	326
昆明	9618	0. 078	18	335
沈阳	8977	0. 073	19	344
长沙	7668	0. 062	20	363

注：具体计算方法见《全球城市竞争力报告（2013）》。

资料来源：中国社会科学院城市与竞争力指数数据库。

总体上按邻近原则，从地级市开始经过次区域、区域和全国四个尺度进行“自下而上”逐级归并①。由地级市这一尺度确定的最大空间联系城市对（连接线两端的城市）如图 3—21 所示。

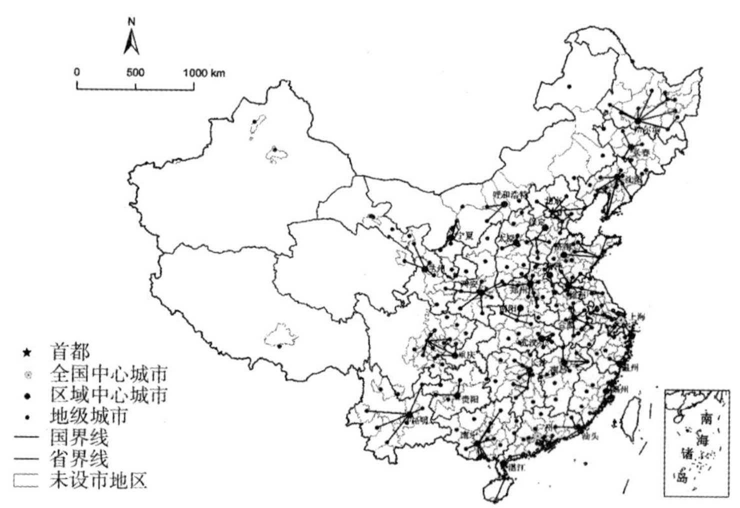

图 3—21　中国地级及以上城市最大空间联系

资料来源：中国社会科学院城市与竞争力指数数据库。

① “自上而下”逐级归并（以地级市尺度为例）指将城市空间联系总量由高到低排列，从排名靠后的城市开始，找到与之空间联系最密切的城市，形成隶属关系并进行归并，直到将所有城市归并到中心城市为止。报告只体现城市综合（规模）体系的归并过程，制造、金融、科技和文化功能体系不体现归并过程。

根据图 3—21 所示的最大空间联系城市对，对发生最大联系的城市区域进行归并，保留中心城市，将空间联系总量较低的城市归入中心城市，并作为中心城市的经济腹地即次区域，如图 3—22 所示。

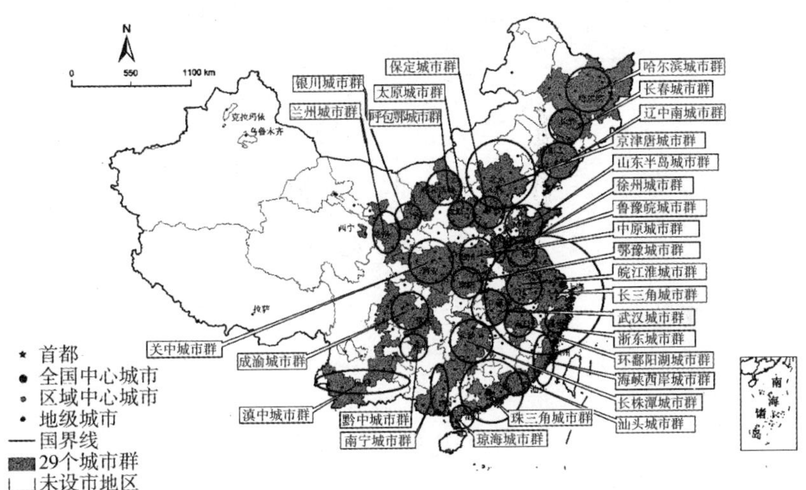

图 3—22　全国 29 个城市群的腹地范围与区域次中心城市分布

资料来源：中国社会科学院城市与竞争力指数数据库。

将每个次区域视为一个城市，精确计算次区域的对外联系总量（具体过程省略），按照国家的七大地理分区（东北、西北、华北、华中、华东、华南、西南），进行次区域的归并。每个区域都以规模最大的次区域作为区域的中心，最后确定了每个区域的经济腹地范围，并得到七个区域中心城市，分别为：上海、北京、广州、郑州、重庆、沈阳和西安（见图 3—23）。

重复以上过程对七大区域再次归并，得到三个中心城市上海、北京和广州全国层面的腹地范围（见图 3—24）。

以上对城市体系的梳理和设计既考虑到国内城市联系度，又考虑了 GaWC 的世界城市网络联系度，而且两者基本是一致的。基于前文的理论基础和统计数据推导出来这一体系即为中国未来的城市体系，根据这一体系的特点，我们建议构建哑铃型、集群化、多中心、网络化的城市体系。

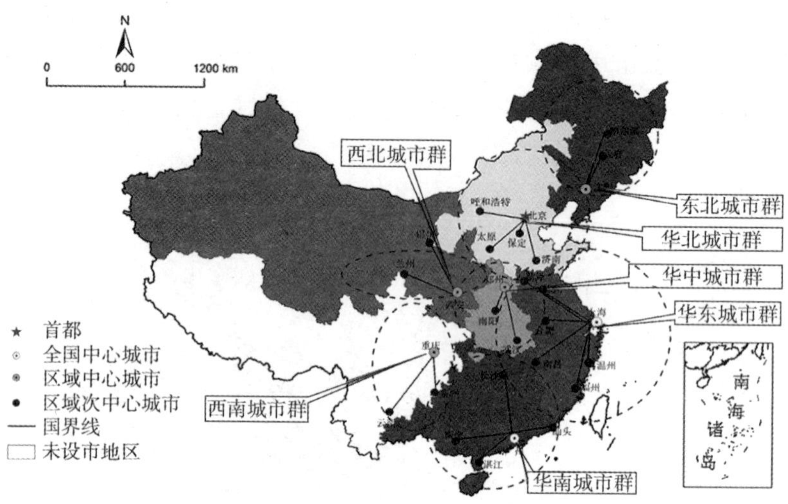

图 3—23 全国七大区域范围与区域中心城市分布

注：受数据限制，未成立地级市的地区没有纳入七大区域范围。

资料来源：中国社会科学院城市与竞争力指数数据库。

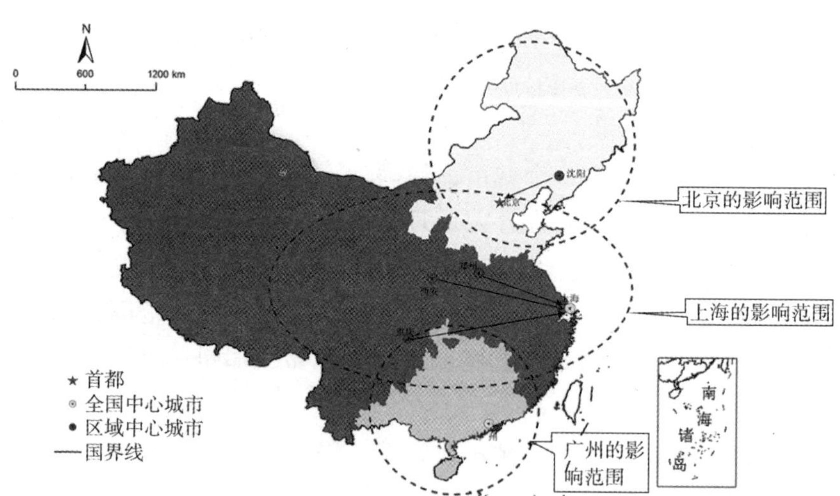

图 3—24 全国三大中心城市的空间腹地范围

资料来源：中国社会科学院城市与竞争力指数数据库。

1. 构建哑铃型的规模体系：三十百千万

随着中国城镇化的加快推进以及城乡与区域人口分布结构的不断调

整，城市（镇）分化还将继续进行。在中国迈向城镇化率为75%（2040年左右）的发展阶段中，小城镇、县级市、地级市、副省级及以上城市将不断发展演变。小城镇：大城市周边、城市群内的小城镇将得到更好的发展，许多远离大城市和城市群的小城镇将合并重组，大批的农村居民点将消失。现有小城镇（20401个）大体将呈现三种分化趋势：大约2%的小城镇（约为400个）将逐步符合设市条件并发展演变成为新的中小城市；50%的小城镇（约有10000个）人口规模在现有基础上还会继续扩大上升；剩余48%的小城镇中将出现部分维持现状、部分萎缩衰退或消失的情形。县级市：部分竞争力较强的县级中小城市的规模将进一步扩大，部分竞争力较差的县级市将维持现状或规模萎缩。在现有县级市（361个）中，大约有5%的县级市（约18个）将发展成为城区人口规模超过100万的大城市，剩余95%的县级市（约343）将维持在中等或小城市的规模水平上。地级市：部分发展较好的地级市规模进一步扩大，部分地级市规模缓慢扩大或维持现状。在现有地级市（273个）中，约30%（80个左右）竞争力较强的地级市将发展为大城市或规模更大的大城市，其余地级市（约190个）将保持中等城市或小城市的规模。副省级及以上城市：城区人口规模将随着中国城镇化率的提高及城市大型化趋势而扩大，在现有副省级和直辖市（19个）中，将演变形成3个作为国家中心的人口规模更大的超大城市，以及大约10个作为区域中心的特大城市。

遵从发展规律，顺应演变趋势，以此构建以"3个超大城市、10个特大城市、100个大型城市、1000个中小城市和10000个小城镇"（简称"三十百千万"体系）为支撑，以大型及以上城市、小城市（镇）为较大"两端"、以中等城市为较小"中间"的哑铃型规模体系。

构建以大型及以上城市为主体的哑铃型规模体系的"顶端"。按照国际经验推算，城市化水平达到75%时人口规模超过100万的城市在国家城市人口中的占比将接近33%，若未来中国总人口规模维持在约14亿水平，则近3.5亿（14×75%×33%）城镇人口应生活于人口规模超过100万的大型及以上城市中，其中3个超大城市和10个特大城市大约集聚1.5亿人（按照超大城市平均人口规模为2500万人、特大城市平均为750万人算），100个大城市大约集聚2亿城镇人口（按大城市平均人口规模约为 200 万算）。哑铃型规模体系“顶端”的大型及以上城市将发挥集聚人口、创造和分享规模红利的重要作用。

构建以中等城市为主体的哑铃型规模体系的“中间”。在由一些地级市、绝大多数县级市和部分小城镇演变形成的 1000 个中小城市中，城区人口规模在 100 万—50 万的中等城市将集聚大约 2 亿的全国城镇人口（按照 250 个中等城市及中等城市平均为 80 万城区人口规模推算），约占全国城镇人口的 19%。该类型中等城市是中国未来城市（群）规模体系中的重要中间部分。

构建以小城市（镇）为主体的哑铃型规模体系的“底端”。由地级市、县级市和小城镇分化、发展而形成的小城市（城区人口规模小于 50 万）将集聚大约 1.5 亿的全国城镇人口（按照 750 个小城市以及每个小城市平均 20 万人推算），同时，发展较好的 1000 个小城镇以及剩余小城镇将集聚大约 3.5 亿的城镇人口（其中 10000 个发展较好的小城镇按照 2.5 万人平均人口规模计算），小城市及小城镇的全国城镇人口占比将达到 48%。该类小城市（镇）是未来中国城市哑铃型规模体系中的坚实底端。

经由城市哑铃型规模体系的构建，在中国城镇化率达到 75% 水平时，形成全国人口的“四个四分之一”（25%）分别分布于大型及以上城市、中小城市、小城镇、乡村，全国城镇人口的“三个三分之一”（约 33%）分别分布于大型及以上城市、中小城市和小城镇的总体空间布局。

2. 构建集群化的组织体系：1 网 5 带 30 群

由城市体系的设计过程可以发现，中国城市体系的主体其实是城市群体系，由地级市尺度归并得到的多个次区域就是城市群。因此，结合课题组去年的研究成果，我们提出构建一网五带 30 群的组织体系。即：以东中部一体化的城市网络为中心，以东北、西北西线，西南和南线为外围，并以 30 个城市群为主体的集群化组织体系。如图 3—22 所示，最终确定了 29 个城市群，由 29 个中心城市和 180 个地级城市组成，剩余 78 个城市不在城市群范围内，每个城市群具体包含的城市见表 3—23。城市群覆盖的城市越多，中心城市之间联系度越高，说明城市之间越具备城市群体系的特点，用城市群体系研究国家城市体系越准确。根据图 3—21 至图 3—24 展示的城市体系的梳理过程，未来应该构建集群化的城市组织体系。

表 3—23　　　　全国 29 个城市群归并结果

全国中心城市	区域中心城市	城市群中心城市	地级城市
上海	上海	杭州、南京	杭州、嘉兴、湖州、绍兴、宁波、舟山、南京、扬州、常州、泰州、镇江、无锡、南通、苏州、金华、衢州
		徐州	宿迁、连云港、宿州、淮北、济宁、枣庄、临沂、淮安、盐城
		合肥	马鞍山、滁州、芜湖、铜陵、安庆、池州、宣城、六安、蚌埠、淮南
		福州	泉州、漳州、厦门、宁德、莆田
		南昌	景德镇、九江、鹰潭、上饶、抚州
		温州	丽水、台州
		菏泽	商丘、亳州、濮阳
	郑州	洛阳	新乡、平顶山、焦作、许昌、开封、漯河、驻马店、三门峡
		武汉	黄冈、黄石、孝感、咸宁、鄂州
		南阳	襄阳、十堰、随州
	西安	咸阳	渭南、宝鸡、铜川、运城、天水、汉中、安康、商洛
		兰州	定西、白银、武威、西宁
		银川	吴忠、中卫、石嘴山、乌海
	重庆	成都	南充、绵阳、乐山、德阳、眉山、内江、遂宁、资阳、广安
		贵阳	遵义、六盘水
		昆明	曲靖、玉溪、保山、普洱、临沧、昭通

续表

全国中心城市	区域中心城市	城市群中心城市	地级城市
北京	北京	天津	唐山、沧州、张家口、秦皇岛、廊坊、承德
		呼和浩特	包头、鄂尔多斯
		太原	忻州、晋中、吕梁
		济南	青岛、潍坊、烟台、淄博、威海、东营、日照
		保定	石家庄、衡水、邢台、邯郸、阳泉
	沈阳	大连	鞍山、抚顺、本溪、丹东、营口、铁岭、盘锦、辽阳、锦州、阜新
		哈尔滨	齐齐哈尔、绥化、牡丹江、大庆、鸡西、双鸭山、鹤岗、七台河、伊春、佳木斯
		长春	吉林、四平、松原、辽源
广州	广州	深圳	佛山、江门、惠州、肇庆、珠海、东莞、中山
		长沙	株洲、湘潭、邵阳、衡阳、益阳市、娄底、常德、永州
		湛江	茂名、阳江 海口、三亚
		汕头	揭阳、潮州、梅州、河源、汕尾
		南宁	北海、防城港、钦州、崇左、柳州、桂林、来宾

资料来源：中国社会科学院城市与竞争力指数数据库。

构建区域的集群化城市体系。区域的集群化体系包括华北、东北、西北、华中、华东、华南、西南七个区域，每个区域又由不同的城市群构成。华北以北京为中心，包括京津唐、呼包鄂、保定、山东半岛以及太原五个城市群。东北以沈阳为中心，包括哈尔滨、长春、辽中南三个城市群。西北以西安为中心，包括关中、兰州和银川三个城市群。华中以郑州为中心，包括中原、武汉和鄂皖三个城市群。华东以上海为中心，包括长三角、徐州、皖江淮、环鄱阳湖、浙东、海峡西岸以及豫皖七个城市群。华南以广州为中心，包括珠三角、长株潭、琼海、汕头和南宁四个城市群。西南以重庆为中心包括川渝、黔中和滇中三个城市群（如图 3—23 所示）。

构建全国的集群化城市体系。全国集群化体系包括三个中心城市群，即以上海为中心的长三角城市群、以北京为中心的京津唐城市群和以广州为中心的珠三角城市群，这三个城市群同时又形成了“群中有群”的结构。从图 3—24 可以发现，中国空间联系总量最大的三个城市群中上海的影响范围最大，上海作为全国的中心城市影响不限于长三角城市群范围内的十几个城市，而是逐渐向西延伸，辐射苏、浙、皖并与中原城市群、长江中游城市群、川渝城市群向连，甚至对西北地区的关中城市群、西南地区的滇中和黔中城市群都有辐射作用。北京作为全国中心城市主要辐射华北和东北地区，广州的影响范围主要在东南地区，相对上海和北京而言辐射范围相对有限。

3. 构建多中心的结构体系：四尺度多中心

构建大型及以上城市的多中心结构体系。根据前文的预测结果，一方面未来全国超大城市、特大城市和大城市的数量还会继续增加，另一方面，超大城市、特大城市和大城市的基础设施比较完善，城市经济社会发展程度较高，人口向这些城市流动和集中的趋势不可阻挡，其城区人口规模还会继续扩大。在超大城市、特大城市和大城市城区人口规模不断扩大的趋势下，为降低城市病爆发的危险，建设经济更具竞争力、社会更具凝聚力和环境更具永续力的健康城市，需要在超大城市、特大城市和大城市内部构筑多中心的结构体系。我们初步设想：按照城区每平方公里 1 万人的最优规模估计，假设城市内部一个中心区的半径是 10 公里计算，每个中心的最优人口规模应该在 300 万左右。通过多中心组团式设计构建城市内部的多中心结构体系来优化大型城市的持续、健康发展，以解决大城市负外部性和城市病的问题。

构建城市群的多中心结构体系。长三角城市群由上海、杭州和南京组成了城市群的多中心体系，形成了“群下有群”的体系结构。珠三角市群以广州、深圳组成了多中心体系。京津唐城市群以北京和天津共同组成了多中心体系。成渝城市群以重庆和成都组成了多中心体系。海峡西岸城市群以福州和厦门组成了多中心体系。中原城市群以郑州和洛阳组成了多中心体系。辽中南城市群以沈阳和大连组成了多中心体系。山东半岛城市群以济南和青岛组成了多中心体系。关中城市群以西安和咸阳组成了多中心体系。还有一些城市群经过成长会在未来的城市群体系中发挥更重要的作用。如以南阳为中心的鄂豫、以菏泽为中心的鲁豫皖、呼包鄂、浙东、黔中、滇中、环鄱阳、南宁、兰州、汕头、琼海、银川、太原和保定城市群，现阶段已经具备了城市群经济的形态，未来将不断成长走向成熟。

构建区域的多中心结构体系。分别以上海、北京、广州、郑州、重庆、西安和沈阳为中心城市的七大区域也形成了区域层面的多中心体系。同时，每个区域都包含多个城市群，每个城市群的中心城市与区域中心城市又形成了区域内部的多中心的城市体系。从空间区域来看，华北地区的多中心城市体系由区域中心城市北京，与城市群中心城市天津、呼和浩特、太原、济南、保定、南阳组成。华中地区由区域中心郑州，与城市群中心城市洛阳、武汉、南阳组成。华东地区由区域中心上海，与城市群中心杭州、南京、合肥、福州、南昌、温州、菏泽组成。华南地区由区域中心广州，与城市群中心深圳、长沙、湛江、汕头、南宁组成。东北地区由区域中心沈阳，与城市群中心哈尔滨、长春、大连组成。西北地区由区域中心西安，与城市群中心咸阳、兰州、银川组成。西南地区由区域中心重庆，与城市群中心成都、贵阳、昆明组成。

构建国家的多中心结构体系。具体表现为以三大中心城市群为空间单元的多中心体系，即以上海、北京、广州作为城市群中心城市的长三角、京津唐和珠三角城市群形成了国家层面的多中心体系。同时，以三大城市为中心，以三大城市群为依托，除未设市的地区因数据缺失无法获取计算结果外，其辐射范围覆盖了全国。

4. 构建网络化的功能体系：金融、文化、科技、制造等多功能网络化体系

中国城市的网络化体系也是多尺度、复杂的、垂直联系和水平联系交织的多功能的网络体系，即包括城市、城市群、区域、全国之间的水平和垂直联系的网络，这里只介绍城市群、区域、全国层面的水平联系网络。我们分别设计了表征城市制造、金融、科技与文化功能的指标体系①，并用引力模型分别测算了地级及以上城市不同功能的吸引力指数。将城市的制造、金融、科技、文化功能嵌入到前文设计的由城市、

① 具体指标体系省略，如有需要请与课题组联系。

城市群、区域和全国层面组成的城市体系（为了避免混淆，我们可以将其理解为城市的综合规模体系）中，得出了中国城市未来的网络化功能体系。表3—24列出了制造、金融、科技和文化功能的指数及前20名城市排名情况。

表3—24　　　　四项功能城市可达性排名前20的城市

排名	制造功能		金融功能		科技功能		文化功能	
	城市	指数	城市	指数	城市	指数	城市	指数
1	东莞	1.000	上海	1.000	北京	1.000	北京	1.000
2	苏州	0.962	北京	0.916	上海	0.988	上海	0.952
3	广州	0.931	深圳	0.760	南京	0.596	苏州	0.800
4	上海	0.836	广州	0.661	广州	0.585	西安	0.794
5	佛山	0.834	苏州	0.578	苏州	0.562	武汉	0.781
6	深圳	0.807	天津	0.485	杭州	0.481	杭州	0.760
7	无锡	0.793	杭州	0.453	天津	0.480	南京	0.753
8	南京	0.744	无锡	0.417	深圳	0.473	济南	0.658
9	杭州	0.733	南京	0.390	无锡	0.464	广州	0.648
10	天津	0.731	武汉	0.388	武汉	0.423	绍兴	0.642
11	北京	0.731	宁波	0.337	常州	0.393	郑州	0.611
12	合肥	0.707	济南	0.322	合肥	0.354	洛阳	0.571
13	武汉	0.700	长沙	0.311	佛山	0.322	天津	0.551
14	郑州	0.656	西安	0.296	济南	0.311	镇江	0.547
15	常州	0.652	佛山	0.289	镇江	0.310	无锡	0.538
16	济南	0.649	合肥	0.281	郑州	0.305	长沙	0.509
17	镇江	0.648	厦门	0.258	长沙	0.295	扬州	0.492
18	长沙	0.619	郑州	0.245	宁波	0.287	安阳	0.488
19	徐州	0.611	青岛	0.243	西安	0.284	南昌	0.484
20	宁波	0.584	成都	0.236	嘉兴	0.266	佛山	0.467

资料来源：中国社会科学院城市与竞争力指数数据库。

从中国四大功能城市排名可以看出很多城市集多种功能于一身，这里取每个城市的四项功能中排名最靠前的功能作为城市的功能定位。按照前文城市体系的设计，城市群、区域和全国层面的制造、金融、科技和文化中心如图 3—25 所示，由此，形成了城市群、区域、全国层面的水平联系网络。

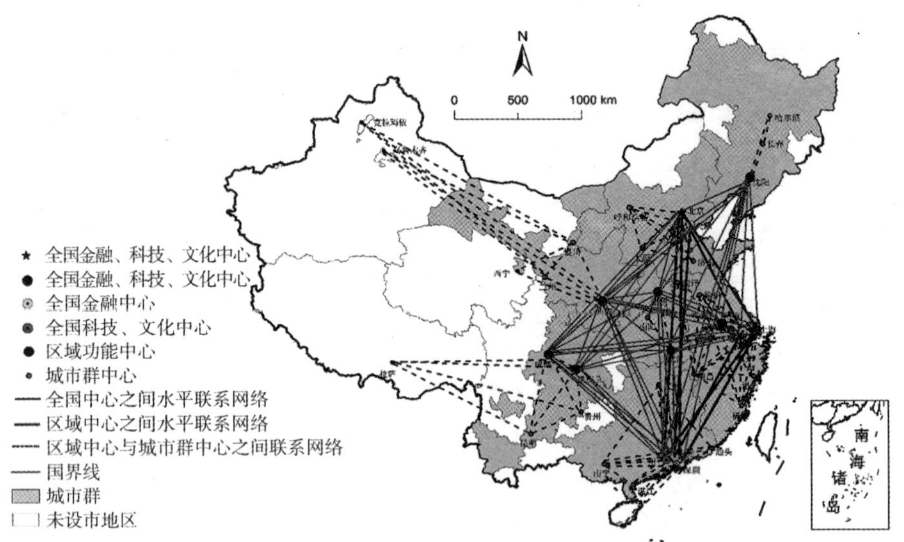

图 3—25　全国与区域层面的四大功能中心空间联系网络

资料来源：中国社会科学院城市与竞争力指数数据库。

构建全国中心的功能体系网络化结构。前文城市体系的设计结果显示城市体系的全国中心是长三角、珠三角和京津冀三个城市群。结合制造、金融、科技和文化功能中心的测算结果，对应三大城市群，全国的制造中心是东莞、苏州和天津；全国的金融中心是上海、北京和深圳；全国的科技中心是北京、上海和广州；全国的科技中心也是北京、上海和广州。制造、金融、科技和文化全国中心之间的水平联系构成了全国中心层面的功能体系网络化结构，如图 3—25 中的红色实线连接形成的网络所示。

构建区域中心的功能体系网络化结构。前文城市体系的设计结果显示城市体系包括七大区域，每个区域又由不同的城市群组成。结合制造、金融、科技和文化功能中心的测算结果，对应七大区域，形成了东北地区以沈阳为区域功能中心并与长春、哈尔滨两个城市群中心相联系的区域功能体系网络化结构；西北地区以西安为区域功能中心并与银川、兰州两个城市群中心相联系的区域功能体系网络化结构；华北地区北京和天津为区域功能中心并与呼和浩特、太原、保定、济南4个城市群中心相联系的区域功能体系网络化结构；华中地区以郑州和武汉为区域功能中心并与南阳城市群中心相联系的区域功能体系网络化结构；华东地区以上海、苏州、南京为区域功能中心并与菏泽、徐州、杭州、合肥、南昌、温州、福州7个城市群中心相联系的区域功能体系网络化结构；华南地区以广州、东莞、深圳为区域功能中心并与湛江、汕头、长沙、南宁4个城市群中心相联系的区域功能体系网络化结构；西南地区以重庆和成都为区域功能中心并与昆明、贵阳两个城市群中心相联系的区域功能体系网络化结构。由此形成了区域中心城市之间的水平联系的功能网络和区域内部城市群之间水平联系的功能网络。

构建城市群内的功能体系网络化结构。发展成熟的城市群内部也会出现多个城市群中心，不同的中心具有不同的功能，因此，又形成了城市群内部的功能体系网络化结构，最为明显的就是长三角、珠三角和京津唐三大城市群。长三角城市群的制造中心是苏州，金融、科技和文化中心是上海；珠三角城市群的制造中心是东莞，金融中心是深圳，科技和文化中心是广州；京津唐城市群的制造中心是天津，金融、科技和文化中心是北京。不同城市的功能组合构成了城市群内部的功能网络。

（四）五项路径措施

1. 重点发展城市群体系化发展战略，形成城市群分工合作和专业化联系以创造新红利

城市群既是城市和区域经济演进的必然产物，也是实现区际区内良性分工和合作的重要手段。作为既能分享正外部性，又能克服负外部性的城市集群化组织，城市群在提高经济竞争力、社会集聚力和环境永续力方面具有突出的优势，未来城市群必将成为我国生产力布局新的增长点，城市与区域发展中最具活力和潜力的动力源，因此加快形成多梯度集群化、多节点网络化的城市群体系是开发中国经济增长和发展红利源

泉、优化中国经济格局、缩小地区差距的重要途径。一方面，把城市群作为规划构建中国城市体系的重要内容，通过发展城市群来真正实现群内大中小城市（镇）的协调发展。改变个别城市群“一城独大”布局，通过构筑城市群内部多层次梯度演进的城市规模体系格局，来推动实现中心城市和中小城市的优势互补，提高经济社会效益和资源环境综合利用水平。另一方面，形成城市群之间分工合作和专业化联系，推动构建以北京、上海、广州等城市群核心城市合作性职能分工格局，以促成协调有序的城市群体系，把发展和释放城市群体系的正外部性、深化城市群分工合作和专业化联系作为提升中国城市体系经济竞争力、社会凝聚力和环境永续力的重要手段。

2. 实施大城市放开发展战略，以多中心布局创造、释放和共享规模经济红利

大城市是经济增长的高地，具有创造更强经济竞争力的规模优势，有利于提高劳动生产率及居民收入水平，其集聚、辐射力强，土地利用效率高，环境效益较高，规模经济优势突出，这是全世界都适用的普遍规律。同时，在中国巨型国家城市化加快推进过程中，城市大型化也是不可避免的规律性趋势。因此，构建中国经济竞争力强国家城市体系，需要采取有效措施放开对大城市的限制同时构筑大城市内部的多中心布局，以继续创造、释放、共享规模经济红利。第一，改变过去限制城市规模的做法，通过户籍制度改革适度、稳妥放开一、二线城市的人口限制，同时辅之以大城市内部多中心规划和布局措施，让大城市不断向与国家人口规模和城市化发展水平相匹配的最优规模靠近；第二，鼓励城市群内有条件的大中城市扩大规模，在合理规划下引导发展成为规模更优的城市，以在分享城市群规模经济的同时，创造更大的规模经济红利；第三，强化大城市规划与管理，通过提高城市规划的前瞻性和科学性引领大城市健康、可持续发展，同时完善大城市基础设施和公共服务的供给结构，构建快速、便捷的城市通勤系统，以弱化拥挤效应对大城市规模经济的抵消。

3. 实施小城镇差别化发展战略，让小城镇依托大城市共享外部经济，降低规模不经济

小城镇只有依托城市群才能得以快速发展，反过来，小城镇的发展

也会成为大城市发展的重要推动力量。在城市群内部全面发展小城镇更为合理，城市群经济发展程度高、政府公共财政实力雄厚，基础设施和公共服务的投资和使用效率高，全面发展小城镇可以实现规模经济。另外，在城市群内部全面发展城镇经济不仅可以更加充分地分享城市群外部经济，还能解决大城市的负外部性问题，缓解大城市日益严重的“城市病”，反过来带动大城市的经济增长。小城镇的全面建设最终会实现城市群、大城市经济竞争力的提升，缩小城区与县区的经济差距，提高社会凝聚力，减轻大城市生态环境压力，强化环境永续力。鉴于城市群以外的地区，地级城市分布较为分散而且地处国家落后地区，人口规模较小，政府财政收入有限，全面发展小城镇会带来规模不经济，也无法实现网络化发展，造成小城镇孤立无援、发展滞后等问题。城市群外小城镇的建设与发展更应该抓住重点，在经济实力相对较好的地级城市周边培育和支持重点城镇的建设，同时，考虑国家安全和民族团结的现实需要，对边境地区、特殊资源区、少数民族聚居区的小城市、集镇、村寨、口岸等实施“点状开发、适度平衡”的发展战略。

4. 实施多尺度的多中心城市发展战略，释放、共享正外部性，克服负外部性

多尺度的多中心结构有助于提升城市体系的社会凝聚力和环境永续力。克服人口过度集聚的负外部性，落实建设多中心空间结构的目标，是当前我国发展的迫切要求。多中心结构形成的重点在于对城市群副中心、城市内部副中心、新城的建设，关键是做到副中心职住均衡和功能融合。第一，加快公共服务均等化，基础设施一体化。加强副中心科、教、文、卫、市政、市容建设，增加更多的就业岗位。强化职住均衡和多功能融合。第二，加强城市群间和城市内部各中心之间的快速轨道、桥梁、码头建设，推动多中心交通一体化。第三，推动城市群副中心、城市副中心与主中心形成联动发展，形态上多中心，功能上一体化。第四，加大对新中心的财政支持。多中心格局不可能一蹴而就，城市发展是经济规律和政策共同作用的结果，多中心战略要遵循城市发展规律，也需要政府的积极引导作用，在实施中需要统筹全局和周密计划。

5. 实施空间与功能的网络化发展战略

顺应中国城市体系发展的客观趋势，促进城市体系由垂直性等级联

系逐步向网络化水平联系转变，是提升城市体系经济竞争力、社会凝聚力和环境永续力的重要途径。因此，未来需要在功能网络和空间网络上推动城市体系的网络化。第一，发展城市功能网络，分享范围经济。城市网络更加强调城市体系的整体功能，必须进一步加强城市优化功能联系，避免“大而全”的同质竞争，通过专业化分工形成功能互补，通过节点之间的协作实现价值呈几何级数增长的网络外部性，使城市体系之间在制造、金融、科技等功能上展开分工合作。联系方式也从单向、非对称、通道单一向多向、通道多样化转变，使任何节点都能通过多向选择融入区域分工体系，从而发挥网络效应，分享范围经济，提升中国城市体系整体的经济竞争力。第二，发展城市空间网络，促进区域均衡协调发展。以区域共享、共融、共赢为理念，立足于区域整体效益，一方面在体制机制上实现从地方政府的单一型治理到区域整体的网络化治理，另一方面推动交通体系的网络化、快速化，特别是要引导东部的快速化网络体系向中西部扩展，形成互联互通的网络化格局，推动中国城市体系实现“由点向线、再向网”演进，分享经济外溢和网络外部性，促进区域经济协调发展，支撑巨型国家的转型升级和民族复兴。

附录：

1. “大城市病”指数构建

为了定量分析和比较中国“大城市病”问题，研究城市规模与“城市病”的关系，本书基于“城市病”的主要表现，选择指标体系，构建城市病指数。

（1）指标体系

交通——交通拥堵指数。交通是影响人们生活质量的重要因素。交通拥堵指数采用高德地图交通数据，用量化方法衡量道路交通运行拥堵程度，在此用于比较城市间交通状况方面的差别。

环境——空气质量指数。空气是人们赖以生存的必备条件。空气质量指数采用环保部 74 城市空气质量报告数据，定量描述空气质量状况。在此用于比较城市间生态环境状况方面的差别。

房价——房价收入比指数。住房是人们生活的必要场所。房价收入比是每户住房总价与每户家庭年总收入的比值，在此用于比较城市间居住条件方面的差别。

安全——刑事案件率指数。安全是人们生活的重要保障。刑事案件率是指检察院批准逮捕人数占该市常住人口的比重。在此用于比较城市间安全条件方面的差别。

健康——人均床位指数。健康是人们生活的重要前提。人均床位数是城市人口每人享有的医院、卫生院床位数量。在此用于比较城市间为人们提供基本医疗条件方面的差别。

（2）合成方法

由于城市病指标数据的量纲不同，应对数据进行无量纲化处理。主要采取阈值法进行处理，阈值法的计算公式为：

$$X_i = \frac{(x_i - x_{Min})}{(x_{Max} - x_{Min})}$$

其中，X_i 为 x_i 转换后的值，x_i 为原始值，x_{Max} 为最大样本值，x_{Min} 为最小样本值。

“城市病”指数的构建方法是非线性加权综合法。所谓非线性加权综合法（或“乘法”合成法）是指应用非线性模型 $g = \prod x_j^{w_j}$ 来进行综合评价的。式中，w_j 为权重系数，$x_j \geqslant 1$。运用非线性加权综合法进行城市竞争力计量，能够更全面、科学地反映综合指标值。

（3）样本筛选

按照城区人口规模以及最新的城市分类标准，从全国城市中筛选出38个大城市样本（见附表）。

附表　　38个样本大城市按规模分类

城市规模	人口总数标准（城区常住人口）	城市名
超大城市	1000万以上	上海市、北京市、深圳市
特大城市	500万—1000万	重庆市、天津市、南京市、广州市、沈阳市

续表

城市规模	人口总数标准（城区常住人口）	城市名
Ⅰ型大城市	300万—500万	武汉市、成都市、哈尔滨市、西安市、郑州市、青岛市、长沙市、长春市、大连市
Ⅱ型大城市	100万—300万	济南市、太原市、杭州市、苏州市、石家庄市、昆明市、南昌市、合肥市、南宁市、无锡市、福州市、东莞市、徐州市、厦门市、宁波市、温州市、佛山市、扬州市、南通市、潍坊市、常州市

主要参考文献：

倪鹏飞：《中国城市竞争力报告 No. 13》，社会科学文献出版社 2014 年版。

方创琳：《中国城市群形成发育的新格局及新趋向》，《地理科学》2011 年第 9 期。

陈钊、陆铭：《首位城市该多大？——国家规模、全球化和城市化的影响》，《学术月刊》2014 年第 5 期。

Rémi L，Marc B.，"Modeling the polycentric transition of cities"，*Physical Review Letters*，Vol. 111，No. 19，2013.

Wegener M.，*Polycentric Europe：more Efficient，more Equitable and more Sustainable?* Working paper，2013.

Henderson J. V.，"Urbanization in Developing Countries"，*World Bank Research Observer*，Vol. 17，No. 1，2002.

第三部分

城市竞争力分项报告

第四章　中国宜居城市竞争力报告

——迈向以人为本的宜居城市

丁如曦*

宜居是人类对城市生活的基本追求，也是城市发展的重要目标。城市建设只有满足了文明进步、安全健康、生态良好、社会和谐、生活舒心、出行便捷等宜居要求，才能提升居民对城市生活的满意度和幸福感，才能不断吸引和汇聚人才，推动城市的可持续发展。近年来，随着全国工业化和城镇化进程的加快推进，中国城市在硬件提升、设施完善等方面取得了显著成效，但城市交通拥挤、环境污染、高房价、生态恶化等一系列问题却变得更加严重，城市居民的生活品质与居住环境受到不少影响，尤其是空气污染等频繁出现对宜居城市建设形成了巨大的挑战。环保部公布的《74 城市空气质量检测报告》显示，2015 年 12 月，74 个城市细颗粒物（PM2.5）、可吸入颗粒物（PM10）、二氧化硫（SO_2）、二氧化氮（NO_2）、一氧化碳（CO）和臭氧（O_3）等六项污染物浓度平均达标天数比例为 55.6%。其中，除了厦门、福州等七个城市的达标天数比例为 100%，东莞、中山、珠海、重庆、宁波等 28 个城市达标天数比例在 50%以上之外，保定、邯郸、济南等其余 39 个城市达标天数比例均不足 50%。城市空气污染超标天数中以 PM 2.5 为首要污染物的天数最多，尤其是京津冀区域环境空气 PM 2.5 浓度超标较重。频繁发生的空气污染不仅直接威胁居民的身心健康，还对城市宜居造成极为不利的影响，从长期来看更会削弱城市的吸引力和可持续发展能力。在此严峻现实下，改善城市环境质量、提升城市宜居品质已经显得极为重

* 丁如曦，经济学博士，中国社会科学院财经战略研究院博士后，研究方向：城市与房地产经济。

要。2015 年 12 月 20 日召开的中央城市工作会议上，明确指出要“提高城市发展宜居性”，并把“建设和谐宜居城市”作为城市发展的主要目标。建设以人为本的宜居城市正在成为新时期提升城市品质与内涵的重要内容和目标方向。

一　格局

（一）特征

1. *总体特征：宜居竞争力整体较弱，且逐年下滑，分化加剧*

综合近几年的宜居城市竞争力得分结果来看，中国城市宜居水平整体得分相对较低。2015 年 289 个城市宜居竞争力得分均值为 0. 384，中位数城市得分为 0. 377，有 152 个城市的宜居竞争力水平低于平均值，宜居竞争力总体较弱。从分析来看，宜居竞争力水平较高的城市的数量较少，且其得分遥遥领先，使得其他城市的得分相对较低，并将均值拉到了中位数之上。

从近三年比较看，我国城市宜居竞争力整体水平还存在下滑趋势。2014 年 289 个城市的宜居竞争力指数均值为 0. 435，比 2013 年的均值（0. 454）低出了 0. 019。2015 年宜居竞争力整体水平进一步下降，比 2014 年低出了 0. 051。从宜居竞争力指数中位数连续下滑的变动趋势上，也可以看到这一特征（见表 4—1）。此外，中国 289 个城市宜居竞争力得分的变异系数、基尼系数和泰尔指数值在近三年皆逐年上升，说明宜居竞争力水平的城市间差异正在逐步扩大，呈现出空间分化加剧态势。中国宜居城市建设已经显得极为必要和迫切。

表 4—1　近几年报告中城市宜居竞争力指数情况

年份	样本数	均值	中位数	标准差	变异系数	基尼系数	泰尔指数
2013	289	0. 454	0. 437	0. 159	0. 350	0. 196	0. 063
2014	289	0. 435	0. 413	0. 169	0. 389	0. 218	0. 079
2015	289	0. 384	0. 377	0. 164	0. 426	0. 239	0. 098

资料来源：中国社会科学院城市与竞争力研究中心数据库。

2. 全国十强：珠海依旧保持最佳，厦门舟山跃进前三

2015年，在中国289个城市的宜居竞争力排名中（见表4—2），珠海、厦门、舟山、香港、海口、深圳、三亚、温州、苏州和无锡位居前十。从前十名城市的分布看，长三角地区有四市入选，占比较高；珠三角地区有三个城市入围；海南省的海口市和三亚市双双位列全国宜居十强。从具体指数得分看，前十强差距相对较大，珠海一枝独秀特点突出，并与后九名城市的差距明显。指数在0.8—0.9区间的城市只有厦门，0.8以下的城市占据全国十强的4/5。此外，从连续三年全国十强城市的比较看，珠海一直位居全国十强的座首，厦门和舟山两市宜居竞争力排名提升，首次进入全国前三，而2013年和2014年分别保持全国第二名和第三名的香港、海口两市则移位至全国第四名、第五名。

表4—2　　连续三年宜居竞争力排名全国前十的城市

排名	2013年	2014年	2015年（指数）
1	珠海	珠海	珠海（1.000）
2	香港	香港	厦门（0.813）
3	海口	海口	舟山（0.784）
4	三亚	厦门	香港（0.772）
5	厦门	深圳	海口（0.736）
6	深圳	三亚	深圳（0.730）
7	舟山	舟山	三亚（0.705）
8	无锡	无锡	温州（0.692）
9	杭州	杭州	苏州（0.686）
10	上海	苏州	无锡（0.685）

资料来源：中国社会科学院城市与竞争力指数数据库。

3. 区域格局：阶梯状分布特征明显，港澳东南领先、东北西北垫底

从不同区域来看，中国城市宜居竞争力呈现出东强西弱、南高北低的分布格局。2015年，东北、中部、西部和东北地区四大地带城市宜居竞争力指数均值为0.491、0.390、0.318和0.265（见表4—3），空

间上逐次递减。从变异系数反映的区域内部宜居竞争力差异程度来看，中部和东部地区内部整体上比较均衡，而西部和东北地区内部城市间差异较大，尤其是东北地区宜居竞争力的城际差别最为突出，其变异系数高达 0.532。

表 4—3　　　　四大地带宜居竞争力指数的统计描述

地区	城市数量	平均值	标准差	变异系数	最小值	最大值
东部地区	87	0.491	0.158	0.321	0.102	1.000
中部地区	80	0.390	0.113	0.289	0.073	0.659
西部地区	88	0.318	0.153	0.480	0.011	0.736
东北地区	34	0.265	0.141	0.532	0.000	0.506

资料来源：中国社会科学院城市与竞争力指数数据库。

进一步，分七大区域把竞争力均值进行排列，从大到小依次是：港澳、东南、环渤海、中部、西南、西北和东北。宜居竞争力得分显示，各区域明显地分为三大阶梯：第一阶梯是港澳和东南地区，两区域平均值分别是 0.684 和 0.530；第二阶梯是环渤海、中部和西南地区，分别是 0.408、0.390 和 0.348，其中环渤海和中部地区城市宜居竞争力得分非常接近，且都高于 289 个城市的平均水平（0.384）；第三阶梯是西北和东北地区，得分落在 0.30—0.25 之间，这两地区的宜居竞争力在全国七大区域中处于垫底的位置（见表 4—4）。

表 4—4　　　　七大区域宜居竞争力指数描述

阶梯	地区	城市数量	平均值	标准差	变异系数	基尼系数	最小值	最大值
第一阶梯	港澳	2	0.684	0.125	0.182	0.064	0.596	0.772
	东南	55	0.530	0.159	0.300	0.165	0.102	1.000
第二阶梯	环渤海	30	0.408	0.118	0.289	0.162	0.230	0.620
	中部	80	0.390	0.113	0.289	0.161	0.073	0.659
	西南	49	0.348	0.164	0.470	0.262	0.011	0.736

续表

阶梯	地区	城市数量	平均值	标准差	变异系数	基尼系数	最小值	最大值
第三阶梯	西北	39	0.280	0.130	0.465	0.257	0.038	0.613
	东北	34	0.265	0.141	0.532	0.300	0.000	0.506

资料来源：中国社会科学院城市与竞争力指数数据库。

把289个城市宜居竞争力指数可视化到中国地图上，还可以直观地发现：东部沿海地区具有较高宜居竞争力的城市在空间上集聚分布特征明显，比如表征较高宜居竞争力水平的较大圆状黑点在珠江三角洲地区、长江三角洲地区密集扎堆。而内陆地区只有个别城市宜居竞争力水平相对较高，其余城市普遍较低，城市间差距明显，并呈现点状分布格局（见图4—1）。

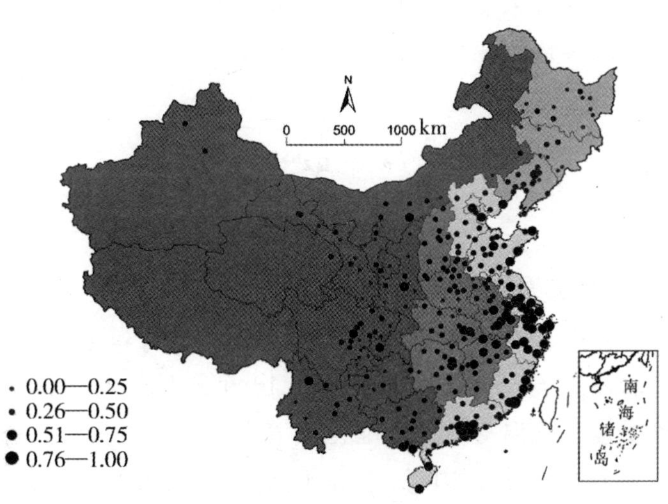

图4—1　中国城市宜居竞争力得分状况的空间分布

资料来源：中国社会科学院城市与竞争力研究中心数据库。

（二）阶段

迈向以人为本的宜居城市一般需要经历起步阶段、爬坡阶段和建成阶段。从中国城市宜居竞争力的特征上不难发现，城市宜居竞争力总体水平较弱，近年来还出现了下滑态势，表明当前我国宜居城市建设整体上处于起步阶段。从不同地区来看，个别城市宜居竞争力相对较强，但多数城市宜居竞争力得分较低，地区间差异较大，分化加剧进行，说明大部分城市宜居建设处在起步阶段，部分处在爬坡阶段，个别城市已迈向建成阶段。

事实上，改革开放后，伴随着工业化进程的持续推进，城镇化发展取得长足的进步，2011 年中国城镇化率首次突破 50%，表明中国已进入城镇化发展的关键阶段。但由于城镇化滞后于工业化、土地城镇化快于人口城镇化，以及资源环境约束的日益趋紧，城市建设和发展正面临着越来越突出的挑战，人口膨胀、交通拥挤等“城市病”不断加重，居民对高质量城市居住环境的诉求更加强烈。坚持质量与速度并重，走以人为核心、集约、智能、绿色、低碳的新型城镇化道路已经成为中国城镇化发展的基本诉求与目标原则，促进城市社会环境、居住环境、生态环境和市政设施等不断优化和完善，着力提升城市的宜居品质已经成为当前及未来中国城市建设与发展的重要内容。

二 聚焦

（一）空气质量单项指标选择的理由

宜居竞争力指标体系包括五个维度，分别是人口素质、社会环境、生态环境、居住环境、市政设施，涵盖 14 个指标。其中，生态环境维度包括空气质量、气温舒适度和绿化覆盖率（见表 4—5）。每一个指标都对宜居竞争力产生重要影响，但在不同时期不同阶段，每个指标的影响程度不尽相同。随着我国经济社会的快速发展，以煤炭为主的能源消耗大幅攀升，城市机动车保有量也快速增加，经济发达地区氮氧化物（NOx）和挥发性有机物（VOCs）排放量显著增长，臭氧（O_3）和细颗粒物（PM 2.5）污染加剧，雾霾等现象频繁发生，中国城市发展过程中的空气污染问题正在凸显。由于空气污染是一种复杂的现象，在特定时间和地点空气污染物浓度受到许多因素影响。因此，选取一个综合反映空气质量的指标进行分析，对于科学认识不同城市的空气质量及生态环境状况、全面推动建设以人为本的宜居城市具有重要意义。

作为反映城市生态环境状况的核心指标，空气质量指数是依据空气中多种污染物浓度的高低，并按照一定的标准来综合判断空气质量的优劣。目前，国内通用的空气质量定级标准是环保部颁发的《环境空气质量标准》（GB 3095—2012），并从 2013 年开始连续对京津冀、长三角、珠三角等重点区域和直辖市、省会城市、计划单列市等 74 个城市开展空气质量新标准监测，定期公布环境空气质量综合指数（AQI），即综合考虑了 SO_2、NO_2、PM 10、PM 2.5、CO、O_3等六项污染物污染程度的城市环境空气质量综合状况的无量纲指数。该综合指数数值越大表明综合污染程度越重。本书选取该空气质量综合指标，计算了年内月度均值，并采用标准化处理方法及逆向转换，构建了空气质量指数（该指数值越大，表明空气质量越优），重点以全国 73 个（未包括拉萨市）城市为样本，对空气质量进行全方位分析，并对该指标可能展现的规律性特征进行探索。

表 4—5　　宜居城市竞争力指标体系：生态环境

一级指标	二级指标	指标内涵
生态环境	空气质量	综合反映空气质量的优劣状况，空气质量越好，对城市优良生态环境的贡献就越大
	气温舒适度	反映宜人气候或适宜性气候气温状况，气温舒适度越高，表明生态环境和宜居状况越好
	绿化覆盖率	衡量城市居住区绿化覆盖状况，绿化覆盖率越高，表明居住生态环境越优化

资料来源：中国社会科学院城市与竞争力研究中心数据库。

（二）整体特征：总体得分处于中上，两端间分化突出

从数据结果来看（见表 4—6），全国 73 个样本城市全年空气质量指数均值为 0.637，有一半以上的城市得分在平均水平之上，有 26 个城市得分在平均水平以下。说明样本城市空气质量的总体得分处于之上水平。从空气质量得分比较上看，变异系数为 0.305，基尼系数为 0.157，空气质量得分后十名城市的均值为 0.244，前十名城市均值为

0. 870，前者不及后者的 1/3。表明不同城市空气质量优劣差异较大，两端间分化明显，得分较低城市的空气污染形势更为严峻。

表 4—6 城市空气质量状况

城市个数	平均值	标准差	变异系数	基尼系数	中位数
73	0. 637	0. 194	0. 305	0. 157	0. 678

资料来源：中国社会科学院城市与竞争力研究中心数据库。

（三）十强分布：海口位居第一，入围城市广东最多

在空气质量单项指标上，2015 年前十位的城市分别是海口、福州、舟山、惠州、珠海、厦门、丽水、深圳、昆明、贵阳和中山。其中，海口排在第一位，浙江丽水与广东深圳并列第七。从空间分布来看，前十强城市皆属于秦岭—淮河以南的南方地区，说明中国城市空气质量的差异具有明显的地带性。其中广东省有四座城市入围，为空气质量排名前十中城市最多的省区。浙江和福建各有两座城市位居前十。从十强城市的得分来看，总体在 0. 8—1. 0 之间，且城市间得分差距不大（见表 4—7），说明这些位居前列的城市空气质量状况相当。

表 4—7 城市空气质量排名前十的城市

排名	城市	所属省区	所属地区	空气质量指数
1	海口	海南	西南	1. 000
2	福州	福建	东南	0. 924
3	舟山	浙江	东南	0. 921
4	惠州	广东	东南	0. 860
5	珠海	广东	东南	0. 853
6	厦门	福建	东南	0. 852
7	丽水	浙江	东南	0. 834
7	深圳	广东	东南	0. 834
8	昆明	云南	西南	0. 815
9	贵阳	贵州	西南	0. 809
10	中山	广东	东南	0. 802

资料来源：中国社会科学院城市与竞争力研究中心数据库。

（四）区域格局：东南、西南地区领先，环渤海地区垫底

从区域格局来看，空气质量单项指标排序依次为：西南、东南、东北、西北、中部和环渤海（见表4—8）。其中，东南、西南地区领先于其他区域，反映了两地区城市空气质量优势明显；东北、西北和中部地区得分分别为0.640、0.595和0.583，西北和中部地区城市空气质量表现差别不大；而环渤海地区明显拖了后腿，得分仅为0.395，在各区域中垫底，其主要原因在于该地区地理上两面环山、不利于污染物扩散的客观条件以及发展了大量的高能耗重工业。这也反映了环渤海地区空气污染形势严峻、优化生态环境的任务迫切。

表4—8　　分区域城市空气质量得分情况

区　域	城市个数	平均值	标准差	变异系数	最小值	最大值
环渤海	15	0.395	0.249	0.629	0.000	0.790
中　部	6	0.583	0.105	0.180	0.419	0.680
西　北	6	0.595	0.111	0.187	0.399	0.690
东　北	4	0.640	0.100	0.157	0.536	0.777
东　南	36	0.732	0.085	0.117	0.595	0.924
西　南	6	0.771	0.151	0.196	0.537	1.000

资料来源：中国社会科学院城市与竞争力研究中心数据库。

进一步，从不同城市空气质量综合指数（AQI）的空间分布上还可以发现（见图4—2）：空气质量“优—优”与“劣—劣”城市集聚分布特征明显。其中，珠江三角洲地区和长江三角洲地区空气质量表现较优的城市较多，并在空间上集中聚集分布。而京津冀地区除了张家口、承德等个别空气质量状况较好外，其余城市空气污染较重，尤其是空气质量较差、污染相对严重的邢台、石家庄、保定、邯郸、唐山等城市扎堆分布于该区域。由此得到的启示是，城市空气污染的治理是一项系统性工程，需要有统一协调的区域性城际合作框架。

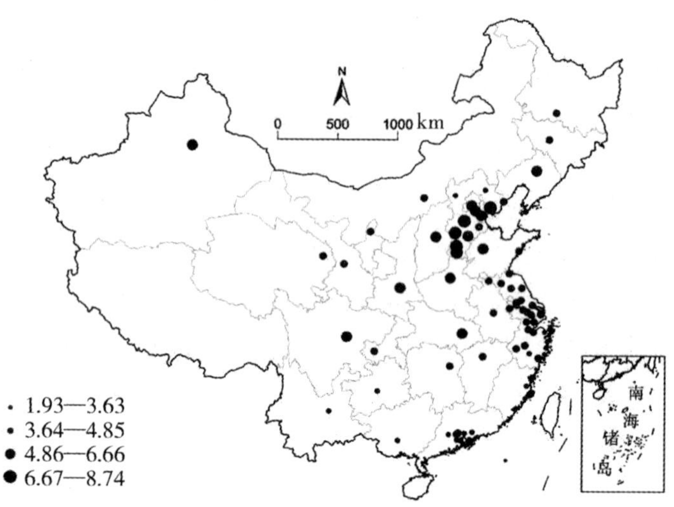

图 4—2 城市空气质量综合指数（AQI）空间分布

注：此处使用环保部公布的空气质量综合指数的年内月度均值数据，该数据值越大，表明综合污染程度越重，空气质量越差。

资料来源：根据环保部空气质量检测报告整理绘制。

（五）城市空气质量与宜居竞争力呈正相关关系

之所以选取空气质量进行重点分析，是因为从指标含义上看，空气质量与城市生态环境的关系非常密切。同时，从实际数据来看，空气质量的优劣程度与宜居竞争力水平之间也存在一定的关联性：空气质量得分与宜居竞争力得分呈现出较为明显的正向相关关系（见图 4—3），即空气质量相对较好的城市，整体而言其宜居竞争力水平相对较高。比如，珠海、厦门、舟山、海口等城市之所以在中国宜居城市竞争力排行榜中稳居前列，其良好的空气质量发挥了重要的支撑作用。而诸如空气质量得分较低的邢台、保定等城市，其城市宜居性明显受到了空气污染、环境恶化的制约。上述关系对我国宜居城市建设具有非常重要的启示意义。当前我国宜居城市建设，尤其是环渤海和西北地区要重视对城市空气污染的治理，一旦城市空气质量提高，城市的生态环境以及宜居竞争力也将会得到相应的改善。

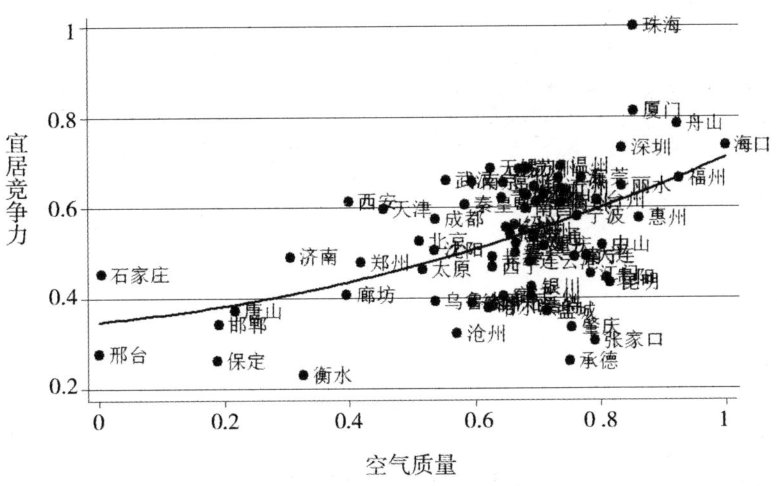

图 4—3　空气质量与宜居竞争力的关系

资料来源：中国社会科学院城市与竞争力研究中心数据库。

（六）空气质量与城市人口规模存在弱“U”型关系

空气质量的影响因素具有多元性和复杂性，既有先天自然地理环境，也有后天人为的作用，其中人口因素对空气质量的影响不容忽视。通过观察样本城市空气质量指数与城市人口规模散点图（见图 4—4）发现，二者存在弱“U”型相关关系。即随着城市人口规模的增加，城市空气质量出现了下降，然而，随着人口规模的进一步扩大，城市空气质量又开始缓慢提升。这一弱“U”型相关关系呈现了中国不同人口规模城市的空气质量差异状况，人口规模较小或人口规模较大但发展水平较高的城市的环境质量表现一般要优于其他城市。这对中国城市发展具有重要的启发，长期内推动和谐宜居城市的建设，要考虑资源环境承载水平之上的人口容纳能力。不然，一味地扩大城市规模，短期内只会加剧空气污染、环境恶化、人口膨胀等“城市病”问题。

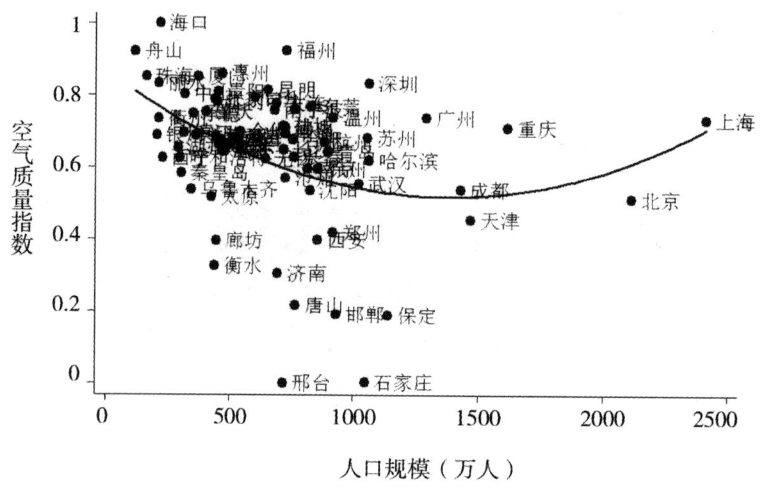

图 4—4　城市空气质量与人口规模的关系

资料来源：中国社会科学院城市与竞争力研究中心数据库。

三　现象

（一）地级及以上城市宜居竞争力指数呈近似正态分布

从全国地级及以上城市宜居竞争力指数的分布直方图上看（见图4—5 左半部分），总体接近正态分布。其中宜居竞争力指数在 0.80 之上的城市有 2 个，0.60—0.79 之间的城市有 29 个，0.40—0.59 的城市有 100 个，0.2—0.39 之间的城市达 123 个，有 35 个城市的宜居竞争力得分在 0.19 以下。从城市宜居竞争力指数的核密度分布图（见图4—5 右半部分）上可以进一步观察到我国城市宜居竞争力的分布规律：频数分布的高峰向左偏移，长尾向右侧微微延伸。其中，城市宜居竞争力指数集中分布在 0.25—0.55 的区间里，多数城市指数落在了 0.6 以下，只有小部分城市指数超过了 0.6，且 0.8 以上区间还出现了局部空缺。表明我国多数城市的宜居竞争力处于“中下”水平，整体宜居竞争力相对较弱。

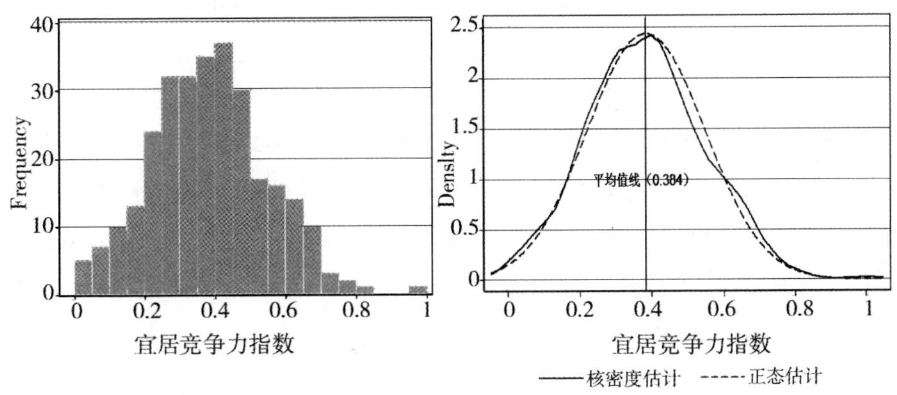

图 4—5　中国地级及以上城市宜居竞争力指数分布直方图与核密度图

资料来源：中国社会科学院城市与竞争力研究中心数据库。

（二）宜居水平按城市行政级别阶梯状递减

计算最近三年不同行政等级城市的宜居竞争力得分后发现，中国城市宜居水平呈现出按照城市行政级别由高到低的阶梯状递减分布规律（见表 4—9）：具有最高行政等级的直辖市和特别行政区以 0.671 的宜居竞争力得分高居第一层级；副省级城市和计划单列城市、除了副省级以外的省会城市分别以 0.635 和 0.527 的宜居竞争力得分位居第二、第三层级；行政等级最低的地级市的竞争力的得分仅为 0.399，与直辖市及特别行政区城市宜居竞争力得分相差达 0.272。由于中国的城市具有明显有别的行政等级，不同行政等级城市在公共资源配置等方面权限存在差异，尤其是具有较高行政等级城市通常集中医疗、教育等大量优质资源，使得城市的宜居水平出现了按照行政级别由高到低的阶梯状差异。

表 4—9　　不同行政等级城市宜居竞争力得分

城市行政级别	2013—2015 年宜居竞争力得分（平均值）
直辖市与特别行政区	0.671
副省级城市与计划单列市	0.635
除了副省级以外的省会城市	0.527
地级市	0.399

资料来源：中国社会科学院城市与竞争力研究中心数据库。

（三）宜居竞争力与住房价格存在倒"U"型关系

住房价格作为居住环境中的构成主体，对城市宜居竞争力具有重要影响。较为合理的住房价格及房价收入比会对创业者和高端人才具有较大吸引力，而过高的房价将恶化城市居住环境，削弱宜居竞争力。将近三年全国地级及以上城市宜居竞争力指数与商品住宅平均销售价格对应（此处去掉香港和澳门这两个异常高值），并绘制二者的散点图可以发现，城市宜居竞争力水平与住房价格存在明显的倒"U"型关系：宜居竞争力随着住房价格的上升出现了先递增后递减的变动特征（见图4—6）。这说明当住房价格水平处于合理区间内时，城市宜居竞争力与房价具有正相关关系，但当住房价格高到超出合理的区间后，便对城市宜居竞争力的提升产生明显抑制作用。而且与2013年和2014年相比，2015年中国城市宜居竞争力指数与住房价格的倒"U"型关系拟合曲线沿着X轴（住房价格轴）总体向右下方移动，这表明高房价对我国城市宜居竞争力的抑制、削弱作用还在加强。因此，促进过高房价城市的住房价格水平合理回归和平稳运行，对于改善其宜居环境、提升宜居竞争力具有重要意义。

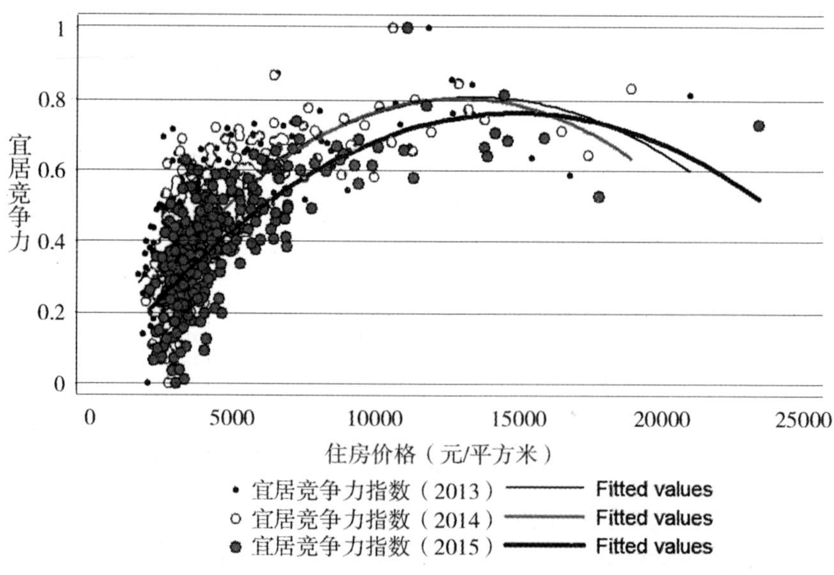

图4—6 宜居竞争力指数与商品住宅平均销售价格的散点图

资料来源：中国社会科学院城市与竞争力研究中心数据库。

（四）区域城市宜居均衡水平与发展水平正相关

与区域经济发展的收敛性相一致，区域城市宜居均衡水平与其发展水平存在正相关关系。用区域宜居竞争力指数得分的均值作为宜居发展水平的测度，用地区城市宜居竞争力指数得分的基尼系数（或变异系数）衡量其空间非均衡程度。通过中国七大地区数据的分析发现，二者存在反向相关关系（见图4—7）：区域内城市宜居竞争力水平越高，其非均衡程度越低（均衡性水平就越高），即宜居竞争力得分越高的区域，其城市之间的宜居得分越收敛。宜居城市均衡水平与发展水平呈现高度正相关关系，一个区域宜居水平越高，则区域内部各城市宜居得分差距越小。

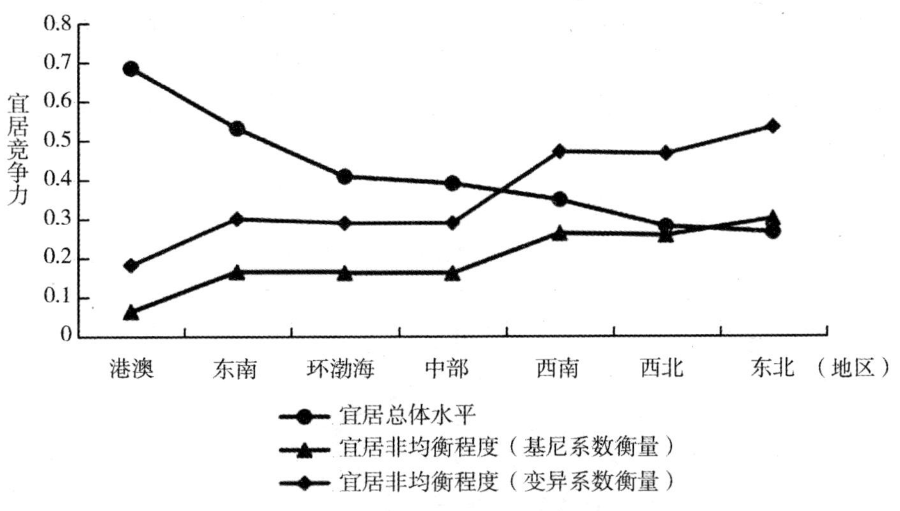

图4—7　区域城市宜居均衡水平与其发展水平的关系

资料来源：中国社会科学院城市与竞争力研究中心数据库。

四　问题

（一）居住环境短板对城市宜居水平的制约明显

作为人口高密度集聚的区域空间单元，城市的居住环境构成了城市宜居建设中的重要内容。近年来，随着中国工业化和城镇化进程的加快以及住房市场化改革的深入推进，居民收入水平不断提高和购房支付能力逐步提升，居住区购物环境也随着城市设施水平的完善而得到明显优化，人均住房面积总体缓慢增加。但宜居建设中仍然面临居住环境短板制约。

按照2015年城市宜居竞争力五个指标维度均值从大到小排序，依次是社会环境、市政设施、生态环境、人口素质和居住环境。其中，社会环境得分最高，说明城市宜居建设中的社会环境优势相对明显；生态环境的得分居中，表明生态环境对城市宜居的约束作用正在显现，尤其是空气污染等问题正在成为近年城市宜居建设的难点。在五个维度中，由房价收入比、居民消费购物场所数以及人均住房面积综合反映的城市居住环境的得分最低（见图4—8），说明城市高企的住房价格及房价收入比、总体偏低的人均住房面积等已经对城市居住环境产生不容忽视的影响，并严重制约着城市宜居水平的提高，中国城市的居住环境亟待改善。

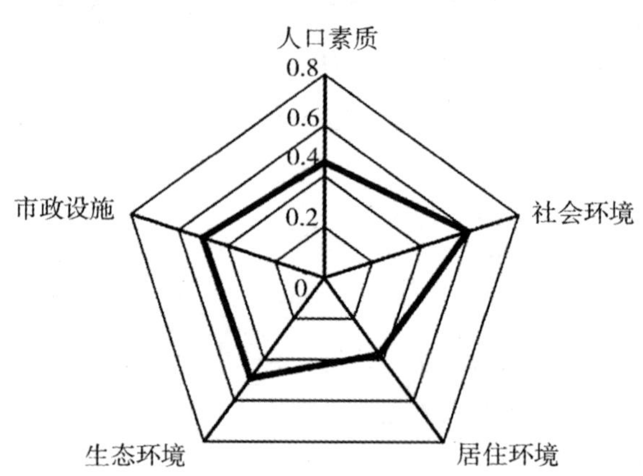

图4—8 2015年宜居竞争力五维度得分情况

资料来源：中国社会科学院城市与竞争力研究中心数据库。

（二）城市发展中规划不足、管理滞后等问题突出

一是城市规划不足。作为城市的未来发展、城市的合理布局和综合

安排城市各项工程建设的综合部署，城市规划是城市建设和管理的重要依据。但中国城市规划、发展中存在多种问题，比如城市规划前瞻性、严肃性、强制性和公开性不够，以致城市建设的协调性、系统系和完整性受到挑战；城市建设节约集约程度不高，资源浪费较大；交通拥堵、公共产品和服务供给总体不足，环境污染等“城市病”蔓延加重等。这些由城市规划不足引起的诸多问题都严重制约中国城市宜居整体水平的提升。

二是城市管理滞后。传统城市建设与管理中，重建设轻管理，重硬件轻软件，重面子轻里子，重眼前轻长远，重经济增长轻经济、社会和生态协调发展。在建设发展过程中，城市先天自然宜居条件的保持和开发，以及后天宜居环境的改善和提升都有赖于政府科学有效的管理以及广大民众的积极参与，但从当前城市发展的实际看，在城市内部交通疏导、人均绿地增加、空气污染治理、住房保障、居住软环境改善等方面的重视程度仍然偏小，投入相对不足。城市管理方面条块关系不协调，法制不健全，政府部门管理层次参差不齐，引导广大民众共同参与城市管理的激励机制普遍缺乏，导致城市后天宜居环境提升缓慢。

（三）影响宜居均衡性的行政约束短期内难以缓解

中国城市宜居竞争力水平按照行政等级由高到低依次递减的内在特征表明了行政因素对中国宜居城市建设有重要影响。由于长期以来城市行政职能及级别差异的存在，直辖市、副省级城市、省会城市与其他一般性地级市在行政职权、税收分配、公共资源供给等方面明显不同，政府通过行政权力对资源配置的过程中也就形成了按行政级别资源从高到低、从多到少的区分，其结果是中国市级行政区之间在就业机会、居住环境、生活便利性、子女入学教育以及家庭就医等方面的公共资源数量和质量上呈现出明显的阶梯状分割格局，使得宜居竞争力水平阶梯状递减，尤其是地级及以下城市宜居水平偏低，影响了全国整体宜居水平的提升。此外，由于城市已有公共资源很难跨区流通配置，再加上行政力主导下的公共资源在地区和城市间不均衡分配，进一步固化了高行政等级城市的优势，加剧了城市间宜居水平的差异。行政因素对中国城市宜居均衡性的约束在短期内难以缓解。

五 经验

（一）案例分析

案例一：中国珠海

珠海市位于广东省南部，地处珠江口与南海交汇之处，海岛众多，海域辽阔，是珠三角城市中海洋面积最大、岛屿最多、海岸线最长的城市，拥有大小岛屿217个，有“百岛之市”的美誉。珠海域内地形地貌多样，有山地、丘陵、平原、滩涂等多种土地类型，山水相间，陆岛相望，形成山、海、城交融，“河涌纵横，开门见水”的独特景观，是全国唯一以整体城市景观入选“全国旅游胜地四十佳”的城市。

作为中国五个经济特区之一，珠海市自1980年特区成立以来，始终坚持生态优先发展理念，将宜居作为城市追求。经过30多年的建设，珠海现已是珠三角生态环境最好、土地开发强度最小、低端产业集聚最少、人口密度和素质最均衡的城市之一，已经发展成为粗具规模的现代化海滨城市。其人居环境优势突出，“国家森林城市”、“国家环保模范城市”、“国家卫生城市”、“国家级生态示范区”、“中国优秀旅游城市”、“中国最具幸福感城市”、“中国和谐名城”等美誉不断展示珠海“宜居”招牌。近三年连续稳坐中国宜居竞争力城市榜首，成为中国建设宜居城市的典范。

从宜居建设实践来看，珠海市有许多值得借鉴的经验和做法。

一是将宜居理念融入城市发展过程。始终坚持“环保优先”的发展策略，将宜居目标融入城市规划、建设和管理的多个环节，为今日珠江西岸的绿色明珠的形成奠定了基础。

二是借助城市规划提升城市宜居品质。从1980年至今，珠海历次的总体规划都较好地利用了天然的山海分割，坚持和发扬组团式的布局。高标准、高起点的城市规划及基础设施把城市各组团连成有机的整体，使城市既有良好的整体性，又有优美的城市形象和宜人的人居环境。

三是建立健全宜居建设的政策体系和制度机制。全力推动教育、医疗、就业等体制机制改革。在全国率先实施中小学12年免费教育，全国率先建立全民医疗保障制度，着力完善覆盖城乡的公共服务体系，构建低污染、低消耗、附加值高、竞争力强的产业体系，推动城市绿色发展。这些为宜居珠海建设提供了保障。

进入新的发展阶段，珠海市正在着力将其打造成“环境宜居与欧美先进国家相媲美”的滨海城市。然而，尽管珠海的宜居性在全国表现优异，但中国宜居城市榜首珠海与欧美宜居城市在经济、社会和环境指标，尤其是文化底蕴挖掘、城市安全系统、公共服务细节等方面存在不少差距。为此，珠海正在拓宽国际视野、发挥自身优势，将通过实施新型城镇化战略与建设国际宜居城市的目标相结合，分阶段循序推进，不断向“生态安全和谐、功能与国际接轨、空间集约高效、设施绿色低碳、生活和谐宜人、管理高效便捷”的国际宜居城市迈进。

案例二：奥地利维也纳

维也纳是奥地利最大的城市和政治中心，位于多瑙河畔，是诸多国际总部以及其他国际机构的驻地。维也纳独特的自然地理条件成就了其城市宜居品质的天然基础。城市东邻开阔的平原地带，东南面是多瑙河草原国家公园，西北、西面和西南面被维也纳森林环绕，森林一直延伸到市区。多瑙河流经维也纳市内，环境优美，景色迷人，素有“多瑙河的女神”之称。

凭借着对传统生活方式的精心保护和慢生活节奏，以及在政治与社会环境、文化与经济、健康与教育、公共服务、交通、休闲、消费品、住宅和城市环境等方面诸多优秀的表现，维也纳连续多次位居世界宜居城市的榜首，成为世界宜居城市的优秀典范。

综合维也纳在宜居建设方面的诸多优异表现，其发展经验大体可以归纳为如下两大方面。

第一，充分利用和发挥城市的先天自然优势，实现人与自然的和谐共生。独特的自然地理条件成就了维也纳宜人的生态环境，森林、绿地、河流等自然景观与人们的居住生活环境和谐共生，人们不用出城就可在城中享受到公园、森林和阿尔卑斯山休闲度假带来的快乐。无论是政府当局还是市民，认为宜人的气候不只是上帝的恩赐，更由于祖祖辈辈对这种恩赐倍加珍爱。早在1852年奥地利就颁布了《森林法》，100余年，沿用至今，始终坚持严格的森林保护等，使优美的自然环境与人们的日常生活完美结合。

第二，重视后天宜居环境的塑造和提升，不断促进宜居社会环境和人文环境的有机统一。一是重视公共服务设施，强调公共出行。市内建有发达、便捷、高效的交通系统，居民可以十分方便地通过选择公共交通系统出行。高效的城市交通网络显著降低了通勤成本，居民一般只需花上30分钟就可到达工作地点，完美地实现了工作与家庭生活两不误。二是严格污染减排。将治污减排视为原则，而非理念，其能源部门更加注重在提供能源的同时做到零污染或污染净化，确保让每个人能呼吸新鲜空气。三是注重环境保护，环保理念渗透到实践中的细小环节之中。比如在公园等公共场所，政府专门配有收狗便便的塑料袋。人们对房前屋后的草地就像对居室内的地毯一样爱惜。四是突出以人为本。维也纳无障碍设施完善，残障人士出行无压力，其以人为本的理念与原则几乎渗透到城市管理服务的各个环节。五是注重文化传承与创新。建筑风格注重经典流传，行走在维也纳，一种古典大气而又现代时尚的感觉油然而生，文化元素与城市建设有机结合，音乐、绘画等文化元素增加了维也纳城市的宜居品质和发展内涵。

（二）城市点评

1. 珠海

中国宜居城市竞争力表现最优的城市，2014年和2015年均位居全国第一。先天资源环境优势和后天坚持不懈的努力共同促进了珠海人与自然和谐共生，生产、生活和生态的协调发展。对于珠海而言，居住环境和市政设施水平全国最优，多数分项指标表现优异，而且万人餐饮购物场所数以及人均道路面积居全国第一。未来宜居城市的建设上，珠海要继续着力关注排水管道密度、千人小学数、人均住房面积等方面的提升。

2. 厦门

在2015年全国宜居城市竞争力排名中跃居全国第二位，替代了2014年排名中的香港位置。其最佳的人居环境源于自然环境优美、生态条件宜人、人文环境优良以及城市管理人性化。在具体指标上，人口素质维度上的大专以上人口比例、社会环境维度中的每万人刑事案件数、生态环境维度上的空气质量和气温舒适度等表现优异，社会环境与居住环境得分甚至优于珠海，未来需要进一步在千人小学数、人均道路面积等方面进行提升。

3. 舟山

2015年全国宜居城市竞争力排名中位列全国第三位，比2014年跃升了四位。以蓝天、碧海、绿岛、金沙、白浪等为主色调的优良生态环境，以历史悠久的海岛风情、享誉国内外的佛教名山成就了舟山的宜居美名。在具体指标上，大专以上人口比例、每万人刑事案件数、房价收入比、空气质量、气温舒适度、排水管道密度等指标在2015年竞争力排名中优势比较明显，千人小学数、人均住房面积、万人餐饮购物场所数、万人拥有医生数等指标有待强化提升。

4. 香港

在2015年全国宜居城市竞争力排名中位列全国第四位。香港以社会廉洁、经济自由及法律制度完备而闻名于世。美丽的临海自然风光、时尚现代的消费娱乐享受、五光十色的商业文明等无不展现着香港这座世界城市的魅力。在具体指标上，人均预期寿命、排水管道密度、绿化覆盖率得分为全国第一，气温舒适度、房价收入比、大专以上人口比例等众多指标优势明显。但近年来香港备受社会治安等问题的困扰，其每万人刑事案件数在2015年宜居竞争力前十名城市中最高，这也是香港宜居竞争力跌出全国前三的重要原因。香港未来宜居水平的提升，重点在社会治安、千人小学数、人均住房面积、人均道路面积等方面。

5. 海口

作为海南省的省会，海口市在2015年全国宜居城市竞争力排名中位列全国第五位。长期以来，注重城市综合质量和文化品格、积极凸显宜居价值和幸福终极追求是海口城市品位魅力的关键。优良的生态环境成为海口在中国宜居竞争力排行榜中排名靠前的主要原因，城市空气质量在中国环境监测总站追踪的 74 个城市中表现最优。未来城市宜居竞争力的提升方向应该重点考虑千人小学数、万人拥有医生数等方面。

6. 深圳

2015 年全国宜居城市竞争力排名中位列全国第六位。城市发展过程中坚持以人为本，不断推进全国文明城市、国家创新型城市、国际花园城市等创建，在环保、生态、绿化、交通多方面为居民提供良好的生活工作环境。在具体指标上，气温舒适度、大专以上人口比例、房价收入比、空气质量等存在较大优势，千人小学数、万人餐饮购物场所数、人均道路面积等指标亟须进一步提升。

7. 三亚

2015 年全国宜居城市竞争力排名中位列全国第七位。作为中国最南部的热带滨海旅游城市，三亚市是中国空气质量最好的城市之一。得益于得天独厚的自然环境和海南“国际旅游岛”的龙头地位，三亚正逐步成长为世界级的旅游休闲度假城市。空气质量、房价收入比、人均预期寿命等指标表现优异，每万人拥有医生数、绿化覆盖率、人均道路面积等指标尚需较大提升。

8. 温州

2015 年全国宜居竞争力排名中位列第八位。域内气候湿润，温度适中，四季分明，自然环境优势明显；经济活力强劲，社会发展与生态文明建设协同推进，国家卫生城市、全国文明城市、国家森林城市、中国优秀旅游城市等诸多殊荣代表着温州宜居环境的不断提升。分项指标中，气温舒适度、排水管道密度等方面表现不俗，千人小学数、万人餐饮购物场所数、人均道路面积等方面提升空间较大。

9. 苏州

苏州具有良好的居住和空间环境、人文社会环境、生态与自然环境和清洁高效的生产环境。在 2015 年全国宜居城市竞争力排名中列第九位，指数为 0.686。在人口素质、市政设施方面表现较好，需要进一步提升在千人小学数、万人餐饮购物场所数、人均道路面积等指标上的表现。

10. 无锡

2015 年全国宜居城市竞争力排名中位列全国第十。无锡具有丰富而优越的自然风光和厚重而悠长的历史文化，城市建设发展定位于“生态宜居”、致力于打造现代化滨水花园城市。在排水管道密度这一反映城市排涝能力和市政设施水平的关键指标上，无锡排名仅次于香港，居内地城市首位。未来需要在人均道路面积、千人小学数、万人餐饮购物场所等指标上进行改善。

六　趋势

（一）城市宜居竞争力提升将变得更为重要和迫切

城市是经济社会发展和人民生产生活的重要载体。随着城市规划建设管理中诸多新问题、新挑战的出现，交通拥挤、环境污染等频繁发生，严重影响到居民健康和正常生活。在此现实背景下，推动以人为本的宜居城市建设既成为破解当前城市发展过程中诸多难题的抓手，也构成了中国新型城镇化的重要内容。2015 年 12 月 20 日召开的中央城市工作会议上，把“宜居城市”和“城市的宜居性”提到了前所未有的战略高度。

在中国经济迈入新常态转型升级发展过程中以及城市建设进入新的阶段后，国家对建设天蓝、地绿、水清的美丽中国以及宜居城市将更加重视，地方政府通过宜居建设提高城市内涵的参与积极性和投入力度也将增加，居民对于健康、安全、舒适等城市宜居品质的需求变得更为强烈。宜居城市建设的外部压力和内部动力并存，未来中国城市宜居竞争力提升将变得愈加重要。

（二）区域间宜居水平短期内不平衡性或将加剧

城市宜居均衡水平与发展水平存在正相关关系是城市建设发展中的一个规律性特征。当前中国城市宜居总体水平较低，空间上的非均衡性还很明显，且呈现逐年扩大趋势，表明宜居竞争力水平在城市之间的差别变得越来越明显。

由于中国地域广袤、地区差异明显的异质性大国特征的存在，地理的非均质性和发展的非均衡性以及城市行政职能的等级性决定了不同城市宜居建设面临的自然环境条件、经济基础以及行政约束不尽相同，地区城市间在市政设施建设、城市规划管理、污染治理投入等方面的差异还将继续存在。尤其是行政因素造成的不同行政等级城市间公共服务设施和水平的阶梯状差异在短期内难以缓解，未来区域间宜居水平的非均衡性或将加剧。

（三）生态与居住环境对宜居城市的作用将愈加突出

城市宜居涉及人口素质、社会环境、居住环境、生态环境和市政设施等五大维度，涵盖空气质量、气温舒适度、绿化覆盖、人均住房面积等十多个方面，宜居城市建设是一项系统性工程。从当前及未来发展趋势来看，随着居民收入水平的提高及消费结构的升级，人们对城市清洁的空气、高绿化覆盖等宜人的生态环境的诉求将变得更为强烈。同时，随着人口结构变迁、“二孩政策”的全面推进，追求多元化、高品质住房及优美居住环境的改善型住房需求将不断释放。广大居民以良好生态环境和居住环境为主的宜居诉求将变得更为强烈。未来，生态环境与宜居环境对宜居城市的作用将愈加突出。

七 对策

理想的宜居城市应该是能使人们享受高品质生活的地方，在这里，鸟儿在湛蓝的天空、洁白的云朵间飞翔，鱼儿在清澈的河流和湖泊中游动，老人在宜人的气候、清新的空气中散步，儿童在干净整洁、绿树成荫的社区中嬉戏，便捷高效的公共交通系统连通城市的每一个角落，人们普遍受到良好教育，享用着安全、营养、美味的食物，拥有健康的体魄，偶有病痛也能及时得到良好的医治，城市政府努力用心经营着城市，以人们的幸福生活为城市发展的最终目的，使得人们学有所教、劳有所得、病有所医、老有所养、住有所居。

对照中国城市，除了个别城市接近理想宜居城市的目标外，绝大多数城市还与理想宜居城市相去甚远。借鉴国内外优秀城市的发展经验，结合中国宜居城市建设进展，未来需要在三大方面着手推进中国城市宜居水平的提升。

（一）以居住环境和生态环境优化为抓手填补城市宜居短板

城市是人类社会的载体。居民定居在城市中，城市的居住生活建设是居民生存生活的基本需求。不断向理想宜居城市迈进，首先必须以居住环境和生态环境优化为抓手填补城市宜居短板。一是推动居住环境的高性能性和高功能性建设，着力构建以政府为主保障困难群体基本住房需求，以市场为主满足居民多层次住房需求的住房供给体系，不断改善居民住房条件，配套推进与居住密切相关的餐饮、购物等场所建设。二是强化城市生态环境污染治理。以空气质量不断提升和绿化覆盖率的稳步提高为量化目标，调整财政支出结构，增加对城市环境污染治理和环境保护的投入，助推优化城市生态环境。

（二）完善地级及以下城市公共设施，提升全国整体宜居水平

中国宜居城市竞争力整体水平较低的一个重要原因在于绝大多数基础设施欠优的地级城市与宜居城市目标相差较远。完善地级及以下城市的基础设施和公共服务水平，提升地级及以下城市的宜居竞争力将是未来提升全国城市整体宜居水平的重要环节。一方面，以公共服务均等化为契机，重点完善地级及以下城市的交通、排水管道等市政设施，提升医疗、教育等公共服务水平，促进全国不同城市人均意义上的公共设施和服务均等化，改善地级及以下城市的宜居状况；另一方面，健全基础设施完善过程中的投入与管理体系，加快制定向小城市倾斜的投资政策以及财政支撑体系，引导产业项目和基础设施建设向地级及以下城市倾斜，提高中小城市的吸引力。

（三）建立健全新时期宜居建设规划与管理的制度机制保障

中国城市发展已经进入了新时期，城市建设与管理的目标和重点开始由人口数量和空间规模扩张向重视城市发展内涵和质量转变，由经济发展向重视社会民生和居民生活质量的提升转变。而新时期城市宜居性

建设与管理目标需要从粗放式管理向精细化和科学化决策转变。因此，未来需要把不断地改善居民的居住环境、塑造人与自然和谐相容的生态环境、建立开放包容安全的社会环境、健全高效完备的市政设施作为城市规划、建设和管理的基本目标。一方面，健全宜居城市规划体系，增加城市规划前瞻性、严肃性、强制性和公开性。通过科学系统的城市规划，严格控制城市空间的无序扩张，引导城市节约集约建设，促进城市的可持续发展。另一方面，健全城市管理机制。围绕新时期城市管理的新要求，改变传统粗放的管理系统，推动宜居建设管理的精细化，建立健全宜居管理的科学决策机制、监督评估机制和社会参与机制。

八 总结

从总体情况来看，中国城市宜居竞争力水平较低，而且从近几年数据结果的演化趋势来看，城市宜居竞争力得分还呈现下滑态势，表明中国宜居城市建设总体处在起步阶段，建设任务重要而迫切。同时，地级及以上城市宜居竞争力指数呈现近似正态分布，且具有宜居水平按照城市行政级别阶梯状递减，宜居竞争力与住房价格存在倒“U”型关系，以及区域城市宜居均衡水平与发展水平正相关等规律性特征。

从区域格局来看，中国城市宜居竞争力呈现出以港澳和东南地区为第一阶梯，以环渤海、中部和西南为第二阶梯，以西北和东北地区为第三阶梯的递减状分布特征，其中港澳、东南领先，东北、西北垫底。而单项指标空气质量则呈现出东南、西南领先、环渤海地区垫底的区域格局，环渤海地区空气污染治理任务艰巨。

从具体城市表现来看，全国宜居竞争力排名上，珠海依旧保持最佳，稳坐榜首，厦门、舟山表现活跃，双双进入全国前三。而香港由于受社会治安等问题的困扰，跌出了 2015 年中国宜居竞争力排行榜的三甲。就空气质量单项指标来看，海口位居全国第一，在全国前十名中广东入围的城市最多，包括惠州、珠海、深圳和中山。从数据背后的关系来看，城市空气质量与宜居竞争力得分正相关，说明空气质量是宜居竞争力的重要影响因素。此外，空气质量与城市人口规模存在弱“U”型关系。

尽管中国城市发展取得了长足的进步，但当前宜居城市建设依然面临多种问题和多重挑战，比如居住环境对城市宜居水平的制约明显，城市发展中规划不足、管理滞后等问题突出，影响宜居均衡性的行政约束短期难以缓解等。在中国城市发展进入新阶段后，城市宜居竞争力提升将会变得更为重要和迫切，区域间宜居水平短期内不平衡性或将加剧，生态与居住环境对宜居城市的作用将变得愈加突出。为此，借鉴国内外优秀城市的发展经验，结合中国宜居城市建设进展，未来需要在三大方面着手推进中国城市宜居水平的提升：一是以居住环境和生态环境优化为抓手填补城市宜居短板；二是完善地级及以下城市公共设施，提升全国整体宜居水平；三是建立健全新时期宜居建设规划与管理的制度机制保障，全力推动中国城市不断向以人为本的宜居城市迈进。

附录：

2015 年中国宜居城市竞争力前 200 名城市

排名	城市	排名	城市	排名	城市	排名	城市
1	珠海	10	无锡	19	镇江	28	金华
2	厦门	11	杭州	20	广州	29	衢州
3	舟山	12	东莞	21	佛山	30	秦皇岛
4	香港	13	福州	22	合肥	31	湘潭
5	海口	14	上海	23	防城港	32	莆田
6	深圳	15	武汉	24	扬州	33	丽江
7	三亚	16	南京	25	青岛	34	南昌
8	温州	17	常州	26	台州	35	天津
9	苏州	18	丽水	27	西安	36	澳门

续表

排名	城市	排名	城市	排名	城市	排名	城市
37	铜陵	62	沈阳	87	荆门	112	常德
38	北海	63	鄂尔多斯	88	上饶	113	银川
39	芜湖	64	嘉兴	89	河池	114	娄底
40	宁波	65	莱芜	90	安庆	115	汕尾
41	惠州	66	大连	91	柳州	116	淮南
42	成都	67	济南	92	江门	117	泰安
43	淄博	68	绵阳	93	石家庄	118	包头
44	绍兴	69	长春	94	蚌埠	119	十堰
45	长沙	70	南宁	95	桂林	120	宁德
46	威海	71	岳阳	96	河源	121	百色
47	新余	72	烟台	97	乌海	122	廊坊
48	泰州	73	萍乡	98	濮阳	123	焦作
49	鄂州	74	株洲	99	贵阳	124	吉安
50	漳州	75	丹东	100	黄山	125	三明
51	日照	76	郑州	101	洛阳	126	潍坊
52	湖州	77	连云港	102	克拉玛依	127	阳泉
53	南通	78	嘉峪关	103	清远	128	兰州
54	北京	79	马鞍山	104	张家界	129	宿迁
55	淮安	80	西宁	105	宜昌	130	乐山
56	景德镇	81	辽阳	106	龙岩	131	梅州
57	九江	82	抚州	107	潮州	132	黄石
58	中山	83	东营	108	晋中	133	玉溪
59	宣城	84	太原	109	昆明	134	乌鲁木齐
60	重庆	85	攀枝花	110	盘锦	135	徐州
61	池州	86	泉州	111	玉林	136	阳江

续表

排名	城市	排名	城市	排名	城市	排名	城市
137	汕头	153	滨州	169	忻州	185	宝鸡
138	南平	154	邵阳	170	钦州	186	沧州
139	呼和浩特	155	葫芦岛	171	酒泉	187	运城
140	宜春	156	漯河	172	邯郸	188	许昌
141	衡阳	157	亳州	173	长治	189	吕梁
142	赣州	158	鹰潭	174	大同	190	新乡
143	铁岭	159	聊城	175	济宁	191	贵港
144	德阳	160	淮北	176	锦州	192	阜阳
145	哈尔滨	161	南充	177	湛江	193	朔州
146	抚顺	162	襄阳	178	枣庄	194	朝阳
147	滁州	163	开封	179	肇庆	195	吉林
148	雅安	164	巴彦淖尔	180	大庆	196	张家口
149	唐山	165	来宾	181	周口	197	德州
150	晋城	166	韶关	182	眉山	198	六安
151	普洱	167	梧州	183	宿州	199	茂名
152	盐城	168	广元	184	鹤壁	200	孝感

第五章　中国宜商城市竞争力报告

——迈向创业至上的宜商城市

毛丰付　白云浩*

城市“宜商竞争力”指的是其适宜各种经济商业活动开展的程度。科特金在《全球城市史》中把城市的功能归结为“神圣、安全和繁荣”，从产业革命之后，商业成为城市首要的功能，商业繁荣也成为城市活力的决定因素。在鼓励企业投资、提倡万众创业的背景下，一个城市在多大程度上适宜经济和商业发展、重视营商环境的打造，不仅是经商投资者在进行城市区位选择时十分关心的问题，也是衡量城市竞争力的重要部分。基于宜商城市的理论框架，笔者延续使用了之前年度构造的六维度、20 个三级指标的宜商竞争力评价体系，并遵循简明性、可量化原则更换了个别指标，从而得到最新年度包括香港、澳门在内的 289 个城市的宜商竞争力得分及排名情况。以下分别从总体指数特征（包括城市排名情况）、区域格局特征、指标维度特征三个方面对中国城市宜商竞争力现状进行分析。

一　格局

（一）总体指数特征

1. 城市宜商整体水平下降，多数城市得分较低

总体来看，2015 年中国城市的宜商竞争力呈现出整体较弱、城市

---

* 毛丰付，浙江工商大学经济学院教授，中国社会科学院财经战略研究院博士后，研究方向：城市经济与住房政策。白云浩，浙江工商大学研究生，研究方向：城市发展与人力资本。

间差距较大的态势。从表 5—1 可以发现，289 个城市的得分均值仅为 0.219，是近三年以来的最低水平，得分低于 0.2 的城市超过半数，说明：整体上看，全国城市的宜商水平在下降；中位数城市得分仅为 0.186，远低于得分均值，这说明超过半数的城市位于宜商均值之下。主要原因是：城市间的发展不平衡导致得分差距明显，少数城市宜商竞争力强劲，分数遥遥领先，从而拉动均值在中位数之上。

表 5—1 289 个城市宜商城市竞争力得分基本描述

样本数	均值	中位数	标准差	最大值	最小值
289	0.219	0.186	0.147	1	0

资料来源：中国社会科学院城市与竞争力指数数据库。

2. 香港重夺榜首，杭州首次入围前十

2015 年，宜商城市竞争力得分的前十名分别是香港、北京、上海、广州、深圳、天津、重庆、武汉、成都、杭州。与 2014 年相比，前十名城市发生了一定的变化。首先是在入围城市方面，杭州成功挤进前十，近三年来首次上榜，而南京则滑落到第 11 位。其次是在排序方面，香港时隔一年后重夺榜首，北京和上海则退居至第 2 位、第 3 位；广州和深圳互换位置，而重庆从去年的第 9 位跃至第 7 位，排在了下降 1 位的武汉和上升 1 位的成都之前。最后是在具体得分方面，香港一马当先，超过第二名和第三名 0.1 分之多，北京和上海差距不大，均高于 0.85 分；之后的广州和深圳处于 0.7—0.8 分档，而天津得分虽低于广深，但超过之后城市不少，随后的四个城市差距不大，在 0.56 分的水平之上。整体来看，前十名的城市集中于区域中心城市，其中以东南区域的宜商竞争力优势最为明显，占据四席；环渤海湾和西南各两席；中部也占有一席（见表 5—2）。

表 5—2 宜商竞争力前十名及其综合排名情况

城市	香港	北京	上海	广州	深圳	天津	重庆	武汉	成都	杭州
区域	港澳台	环渤海	东南	东南	东南	环渤海	西南	中部	西南	东南

续表

城市	香港	北京	上海	广州	深圳	天津	重庆	武汉	成都	杭州
得分	1	0.876	0.862	0.759	0.722	0.675	0.601	0.584	0.566	0.561
排名	1	2	3	4	5	6	7	8	9	10
变化	+2	-1	-1	+1	-1	0	+2	-1	+1	+1

资料来源：中国社会科学院城市与竞争力指数数据库。

3. 两极分化格局进一步加强，后十名集中于西南、西北地区

宜商城市竞争力的后十名在宜商得分方面，各城市得分皆不超过0.05，平均分数仅为0.026，这与前十名的城市得分（平均分为0.722）相比，差距为27.77倍，这体现出我国城市间宜商环境的巨大差距。2015年宜商城市前十位得分与后十位得分的比值为12.35，可以看出宜商城市排名靠前的城市与排名靠后的城市之间差距逐渐扩大。从所属区域上看，后十名城市是普洱、庆阳、贺州、商洛、汕尾、资阳、来宾、巴中、陇南、定西（见表5—3），2014年上榜的商洛、汕尾、资阳、来宾、巴中、陇南2015年依旧位列其中。后十名城市中有九席出自西南、西北，其中西南占五席、西北占四席。由此可见，城市宜商竞争力指数的高低与区域经济发展程度紧密相关。

表5—3 宜商竞争力后十名及其综合排名情况

城市	普洱	庆阳	贺州	商洛	汕尾	资阳	来宾	巴中	陇南	定西
省份	云南	甘肃	广西	陕西	广东	四川	广西	四川	甘肃	甘肃
区域	西南	西北	西南	西北	东南	西南	西南	西南	西北	西北
得分	0.050	0.049	0.040	0.038	0.030	0.027	0.018	0.012	0.002	0
排名	280	281	282	283	284	285	286	287	288	289

资料来源：中国社会科学院城市与竞争力指数数据库。

4. 城市宜商水平呈金字塔式分布，低层级城市数量庞大

2015年的宜商竞争力得分均值远高于中位数，这说明城市间存在分化现象。笔者将宜商竞争力得分按0.2分作为区间，划分为五个层级，表5—4的统计结果显示，处于最高层级（0.8—1）的城市是香

港、北京和上海。介于0.6与0.8之间的城市是广州、深圳、天津和重庆，其中广深为国内公认的一线城市，天津和重庆均为与京沪比肩的直辖市。在0.6至0.4之间的城市有23个，超过0.5分的有五个城市，分别是武汉、成都、杭州、南京和宁波，其他18个为部分省会和东部沿海强市，多个省会城市不在其列。得分0.4—0.2的城市有90个，剩下的169个城市得分处在0.2—0之间。0—0.2和0.2—0.4这两个低层级的城市数量庞大，占比接近样本数的90%，其中尤以得分低于0.2的数量最多。

表5—4 宜商竞争力城市分层情况

得分分级	0—0.2	0.2—0.4	0.4—0.6	0.6—0.8	0.8—1
城市数量	169	90	23	4	3

资料来源：中国社会科学院城市与竞争力指数数据库。

5. 宜商城市等级日渐清晰，π型商业城市格局初显

2015年，宜商指数超过0.5的只有12个城市，相比2014年有22个城市宜商指数超过0.5有较大下降。虽然因为整体经济环境变化，得分情况有所变动，但是各城市所在层级和相对排名比较稳定，反映国内城市商业等级格局逐渐形成。结合近三年国内宜商城市总体排名看，第一层次中的香港、北京和上海是当之无愧的国内一线城市，也是世界大都市的有力竞争者，广州和深圳紧随其后，以上五个城市可以看作宜商城市中的第一集团。天津、重庆、武汉、成都、杭州、南京等六个城市，虽然在近三年的排名略有变动，但是上述城市不仅整体实力较强，而且发展相对均衡，相比其他省会城市和地级市具有比较明显的优势，可以看作宜商城市的第二集团。宜商城市的第三层次主要由两类城市组成：一类是区域中心的省会城市，包括长沙、沈阳、济南、合肥、西安、郑州和福州；另一类是东部沿海地区经济强市（主要的沿海开放的计划单列市），如宁波、青岛、苏州、大连、无锡和厦门。从空间格局上看，上述城市分布形成了沿海的一横和沿长江经济带和沿黄河流域的两竖，整体上构成“π”型的宜商城市格局。

（二）区域格局特征

1. 三大梯队已然形成，区域之间差异明显

表5—5根据七大区域的宜商均值进行排列，从大到小依次是：港澳台、环渤海、东南、东北、中部、西北和西南，表现出东部强于西部、南部优于北部、沿海胜于内陆的整体格局。与2014年度的结果相比，排名发生了一定的变化，东北超过了中部和西北，西北则仅强于西南。从具体得分上看，各区域之间差距明显，依旧呈现三大梯队的阶梯状分布。其中，第一梯队是港澳台区域（仅包括香港和澳门两个城市），得分均值为0.699，由于城市数量少以及经济发达等原因，连续几年保持领先地位；第二梯队是环渤海和东南区域，两区域得分较为接近，分别是0.307和0.296，处于0.3档的水平；第三阶梯为其余四个区域，得分落在0.2之下，以西南分数最低，为0.160。

2. 各区域离散程度较高，存在内部不均质现象

从各区域得分的离散程度看（以变异系数指标来衡量），包括港澳台在内，七大区域的变异系数均超过0.5。变异系数最小的是环渤海区域，为0.518，而系数最大的西南地区高达0.800，这充分表明了各区域的较高离散程度，区域内部的城市宜商竞争力得分存在明显的不均质现象。

将统计对象定位于省级区域时，可以看出：除港澳、四个直辖市以及青海这样仅有一个样本城市的省份外，城市宜商竞争力均值排在前五位的省份分别是浙江、江苏、广东、河北、山东，但其变异系数却不是前五位，广东列第22名、浙江列第10名。均值排在后五位的省份中，陕西的变异系数为0.502，高居第2，离散程度与宜商得分之间并不存在必然的关系。

表5—5 分区域宜商竞争力指数描述

	区域	城市数量	平均值	标准差	变异系数	最大值	最小值
第一阶梯	港澳台	2	0.699	0.426	0.609	1	0.398
第二阶梯	环渤海	30	0.307	0.159	0.518	0.876	0.133
	东南	55	0.296	0.170	0.574	0.862	0.030

续表

	区域	城市数量	平均值	标准差	变异系数	最大值	最小值
第三阶梯	东北	34	0.190	0.108	0.568	0.484	0.062
	中部	80	0.189	0.099	0.524	0.584	0.069
	西北	39	0.181	0.108	0.597	0.467	0
	西南	49	0.160	0.128	0.800	0.601	0.012

资料来源：中国社会科学院城市与竞争力指数数据库。

3. 区域宜商竞争力强弱分明，前后50名城市总体稳定

各区域中前后50名的城市数量是区域宜商竞争力的重要体现，能够充分反映出地区的竞争力强弱。从位列前50名的城市看，香港和澳门均位于其中，占比为100%；其次则是东南区域，有近35%的城市入围，远高于其他几个区域；排在第三的是环渤海区域，超过1/4的城市进入，与2014年数量持平。西北区域是进入数量最少的，仅有三个，相对2014年减少两个，这从侧面表现出西北区域宜商竞争力的减弱。相对于前50名中的极少出现，后50名中则多是西南、西北和中部区域的城市，占到80%，其中尤以西北和西南的比重最高；而港澳台和环渤海湾区域无城市入围，这与2014年情况相一致（见表5—6）。

表5—6　　分区域前后50名宜商城市分布状况

区域	样本数	前50名		后50名	
		个数（个）	占样本比重（%）	个数（个）	占样本比重（%）
港澳台	2	2	100	0	0
环渤海	30	8	26.67	0	0
东南	55	19	34.55	5	9.09
东北	34	4	11.76	5	14.71
中部	80	8	10	12	15
西北	39	3	7.69	12	30.77
西南	49	6	12.24	16	32.65

资料来源：中国社会科学院城市与竞争力指数数据库。

(三) 指标维度特征

1. 六维度指标良莠不齐，主体联系亟须加强

从宜商竞争力六维度的指标均值来看，各维度表现不一（见图 5—1）。其中，“制度环境”维度得分最高，远超其他维度。这一方面源于政府简政放权、提高办事效率，另一方面是因为银行网点数量的增多所带来的便利。与 2014 年度相同，“主体联系”维度得分最低，受到国民经济下行压力的影响以及国内城市与外部的经济交往程度不足，“主体联系”始终没有得到显著的改变。作为城市发展的硬实力，基础设施建设始终被各地政府所看重，而当地要素则体现出城市的劳动力素质、创新能力及投资准备（储蓄）状况，在 2015 年的数据中，这两个维度的均值较 2014 年有所提升，反映出城市在某些方面取得的进步。

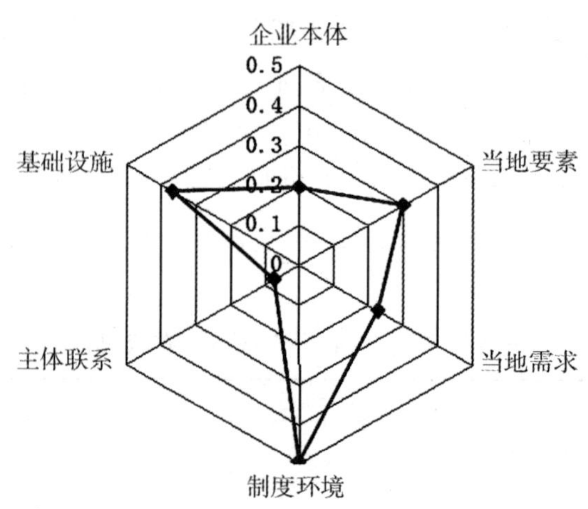

图 5—1 六维度指标得分情况

2. 港澳全方位领先，西北、西南各指标处于均值以下

从表 5—7 可以看出，港澳台区域在六个维度指标上的得分均高于其他区域，且除基础设施方面与第二名差别不大外，其他指标均遥遥领先，呈现出全方位领跑的势头。相对而言，西北和西南两区域整体表现较差，各维度得分均低于平均水平；东北区域虽在当地要素维度较为出

色，但其主体联系和基础设施分数都排在最后一位。

表 5—7　　分区域六维度指标得分情况

区域	企业本体	当地要素	当地需求	制度环境	主体联系	基础设施
港澳台	0.612	0.766	0.520	0.987	0.429	0.503
环渤海	0.224	0.361	0.367	0.529	0.099	0.428
东南	0.205	0.365	0.350	0.537	0.090	0.413
东北	0.187	0.329	0.179	0.471	0.038	0.336
中部	0.195	0.255	0.198	0.485	0.073	0.346
西北	0.159	0.314	0.143	0.461	0.045	0.336
西南	0.175	0.216	0.156	0.470	0.067	0.343
均值	0.194	0.301	0.230	0.495	0.073	0.365

资料来源：中国社会科学院城市与竞争力指数数据库。

3. 基础设施粗具规模，集聚效应差距明显

表 5—8 列出了具体指标的得分情况。总体来看，与城市基础设施联系密切的“硬”指标部分指标表现突出，比如除航空以往，内地城市其他各种交通便利程度均接近和超过香港，城市货运总量指标超过香港，城市商贸销售总量也表现良好，反映了国内城市在基础设施方面的建设粗具规模，成效已经显现。同时，还有一些指标得分很低，低于 0.1 的水平，包括国际商旅人员数、大企业指数、专利指数、城市客运总量、社会消费品零售总额、GDP 规模、银行网点数等。值得注意的是，反映一个城市活力和集聚水平的变量，如国际商旅人员数、大企业指数表现、城市客运总量和银行网点数等，均值不及香港的 10%，说明国内城市多数还停留在“建城”阶段，未来需要更加注重提升反映城市本质的集聚效应，这些指标提示了今后提升城市竞争力的方向和关键点所在。

具体到六维度的各个指标，在企业本体上，大企业指数表现较差，均值仅为 0.030，仅为标杆城市香港的 3.0%；企业增长情况相对较好，均值分别为 0.344，超过了香港的得分，而企业经营情况一般，仅达到了香港的 20.7%；此外，大企业指数的变异系数超过了 3，说明各城市的表现很不平衡。当地要素方面，大专以上人口比例和人均存款余额两

个指标表现不错，均值为0.5，是标杆城市的50%以上；但工资和专利指数得分较低，分别是0.113和0.090，是香港的11.3%和14.2%。当地需求上，GDP规模、社会消费品零售总额两个指标表现较差，均值不到0.1的水平，分别是香港的12.4%和20.0%；限额以上批发零售贸易业商品销售总额的表现相对不错，均值为0.500，是香港的57.6%。在制度环境方面，开办企业便利度指标均值略微变化，由2014年的0.492左右上升到0.498，达到香港的49.8%；银行网点数指标首次被使用，均值仅为0.096，是标杆城市的9.6%；企业税收负担是一个逆指标，经处理后得分较高，是香港的149.0%。主体联系上，各指标表现较差，城市客运总量、国际商旅人员数的得分均值分别为0.064和0.012，是香港的6.9%和1.2%；各城市的货流状况好于客流状况，均值得分已经超过香港。基础设施的各项指标表现良好，铁路和公路便利度均超过香港水平，而航空和海运的便利度也分别达到香港的40.2%和86.5%。

表5—8 分项指标得分情况

	分项指标	均值	标准差	变异系数	香港得分	占比（%）（均值/香港得分）
企业本体	大企业指数	0.030	0.100	3.333	1	3.0
	企业增长指数	0.344	0.141	0.410	0.343	100.3
	企业经营指数	0.207	0.138	0.667	1	20.7
当地要素	工资	0.113	0.076	0.673	1	11.3
	大专以上人口比例	0.500	0.290	0.580	0.986	50.7
	专利指数	0.090	0.125	1.389	0.634	14.2
	人均存款余额	0.500	0.290	0.580	1	50.0
当地需求	GDP规模	0.096	0.136	1.417	0.773	12.4
	社会消费品零售总额	0.094	0.133	1.415	0.470	20.0
	限额以上批发零售贸易业商品销售总额	0.500	0.290	0.580	0.868	57.6

续表

	分项指标	均值	标准差	变异系数	香港得分	占比（%）（均值/香港得分）
制度环境	开办企业便利度	0.498	0.223	0.448	1	49.8
	企业税收负担	0.891	0.085	0.095	0.598	149.0
	银行网点数	0.096	0.120	1.250	1	9.6
主体联系	城市货运总量	0.142	0.140	0.986	0.122	116.4
	城市客运总量	0.064	0.108	1.688	0.922	6.9
	国际商旅人员数	0.012	0.068	5.667	1	1.2
基础设施	公路交通便利程度	0.111	0.098	0.883	0.034	326.5
	铁路交通便利程度	0.148	0.158	1.068	0.139	106.5
	利用海运便利程度	0.835	0.142	0.170	0.965	86.5
	航空交通便利程度	0.367	0.392	1.068	0.913	40.2

资料来源：中国社会科学院城市与竞争力指数数据库。

二　聚焦

笔者设计的宜商竞争力指标体系包括六个维度、20个二级指标，分别是企业本体、当地要素、当地需求、制度环境、主体联系和基础设施。其中，制度环境包括开办企业便利度、企业税收负担、银行网点数三个指标（见表5—9）。制度环境指政府制定的约束经济主体交往、维护社会发展的行为规范，很大程度上代表了政府对商业发展的态度和重视程度，良好的制度可以有效降低交易成本，提高交易效率，减少不平等和歧视，为企业的发展提供保障。银行网点数指标是制度环境维度的重要组成指标，替代了之前几年使用的信贷不良率指标，从而更好地反映城市的金融环境和金融体系的强弱。银行是金融体系的主体，起到金融中介、间接融资、放大信用的作用，是推动城市发展的重要枢纽。银行网点数指标越大，表明城市的金融业越发达，金融体系越完善，为宜商城市发展提供的金融支持也相应更大。以下从总体指标得分情况、区域格局和城市排名等方面对该单项指标做出全方位的分析，并对该指标可能展现出的规律特征进行探索。

表 5—9 宜商城市竞争力指标体系：制度环境

一级指标	二级指标	指标内涵说明
制度环境	开办企业便利度	代表城市中企业开办和经营时的难易程度，便利度越高，对企业的吸引力越强
	企业税收负担	代表企业承担的税负状况，其税收越高，说明该城市的财政收入主要依靠企业税收，不利于企业的长期发展
	银行网点数	代表城市金融业的发达程度，数量越多，表明金融体系越健全，为商业发展提供的支持越多

（一）得分状况：整体不理想，城市间差距大

由于 2015 年第一次使用银行网点数指标，缺少纵向的比较。从 2015 年的数据结果来看，中国城市的银行网点数得分很低，均值低于 0.1，而变异系数却高达 1.25，这说明城市之间的差距非常大（见表 5—10）。从总体水平上看，相比城市宜商竞争力并不高的总体指数，这一单项指标的得分比之还低，在全部指标中处于下等水平，是宜商竞争力指标体系中的降分项。因此基本可以推断，除了少数发达城市和地区中心城市外，中国大部分城市并未建立起完善的金融体系，金融业较为薄弱，无法给予商业发展更多的帮助。

表 5—10 2015 年银行网点数指标得分状况

年份	单项指标	均值	标准差	变异系数
2015	银行网点数	0. 096	0. 120	1. 25

资料来源：中国社会科学院城市与竞争力指数数据库。

（二）区域格局：港澳台遥遥领先，西北区域垫底

从区域格局上看，银行网点数指标得分排序依次是：港澳台、环渤海、东南、西南、中部、东北、西北。其中，港澳台遥遥领先于其他区

域，反映出香港和澳门的金融业发达，金融体系健全，为商业的良好运行提供了诸多便利。环渤海和东南区域得分分别为0.155和0.150，处于第二梯队，虽然强于其他四区域，但与港澳相比依然差距明显。相对而言，西南、中部、东北和西北四区域得分较低，均为低于0.1的水平，其中以西北区域的分数最低，仅为0.045，在各区域中垫底。在区域内部同样存在着离散程度大的特点，西南区域虽然得分均值高于东北、中部和西北区域，但其变异系数达到了惊人的1.519，区域内的几个中心城市拉高了整体水平（见表5—11）。

表5—11　各区域银行网点数情况

区域	城市个数	银行网点数得分均值	标准偏差项	变异系数
港澳台	2	0.711	0.409	0.575
环渤海	30	0.155	0.148	0.955
东南	55	0.150	0.139	0.927
东北	34	0.061	0.060	0.984
中部	80	0.072	0.052	0.722
西北	39	0.045	0.035	0.778
西南	49	0.081	0.123	1.519

资料来源：中国社会科学院城市与竞争力指数数据库。

（三）前十名城市：香港稳居第一，东南区域占据四席

在银行网点数单项指标上，2015年的前十位城市分别是：香港、北京、重庆、上海、广州、成都、天津、深圳、澳门、苏州（见表5—12）。从数据结果来看，香港稳居第一位，国际大都市的繁荣使其金融业高度发达；同属于港澳台区域的澳门也进入前十位，排在第九。环渤海区域有两个城市入围，分别是北京和天津，排在第二位和第七位。同样有两个城市进入前十的是西南区域，重庆更是排在第三位，超过了上海、广州和深圳这几个一线城市，这与其近几年经济的高速发展以及对金融业基础作用的重视密不可分。剩余的四个席位全部被东南区域的城市占据，区域经济的相对发达和大城市的密集可见一斑，其中苏州排在第十位，挤掉了同属长三角地带的杭州和南京，这也为其外资外商引进奠定良好基础。

表 5—12 **2015 年银行网点数的前十名城市**

2016 年报告	香港	北京	重庆	上海	广州	成都	天津	深圳	澳门	苏州
区域	港澳台	环渤海	西南	东南	东南	西南	环渤海	东南	港澳台	东南
得分	1	0. 776	0. 702	0. 687	0. 537	0. 516	0. 462	0. 450	0. 422	0. 408

资料来源：中国社会科学院城市与竞争力指数数据库。

（四）经济体量与银行网点数呈正向线性关系

经济体量与银行网点数存在正向相关性，且线性关系拟合度很高。图 5—2 对全体城市样本进行分析，可以清晰地发现，随着 GDP 规模增大，银行网点数指标持续上升。换句话说，当城市的经济越发达，金融业也就越繁荣，银行数量自然更多。为了进一步验证这一规律的可靠性和稳健性，笔者以 GDP 规模指数 0. 2 为界分为两个样本，分别看二者的关系（见图 5—3）。可以看出，在 GDP 规模指数小于 0. 2 的样本中，除个别样本离散程度比较大外，银行网点数与 GDP 规模基本保持着正向线性关系；在 GDP 指数大于 0. 2 的样本中，二者的正向相关关系更为明显。一般而言，城市金融业的发展状况与经济水平密切相关，相辅相成，只有当城市拥有足够的物质基础和基本条件后，才会吸引各类不同的金融机构落脚城市，提供多样化的服务，进而推动商业快速发展。

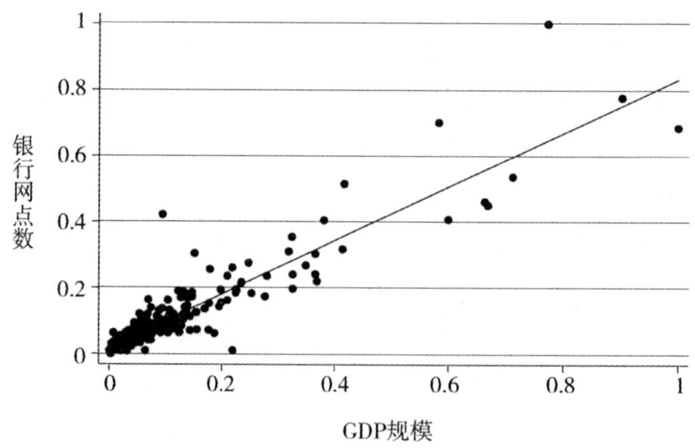

图 5—2 GDP 与银行网点数-1

资料来源：中国社会科学院城市与竞争力指数数据库。

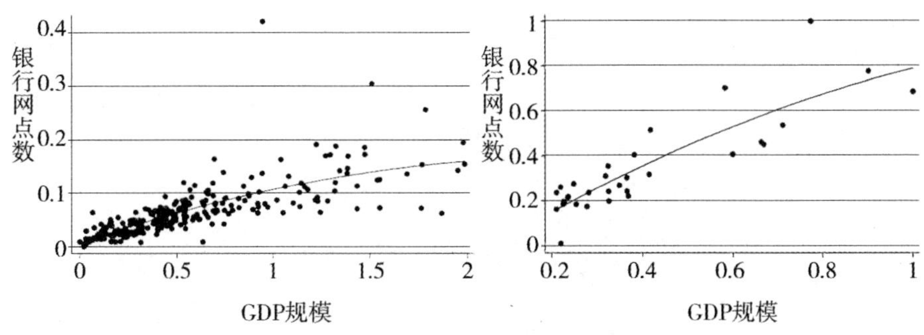

图 5—3　GDP 与银行网点数-2

注：以 GDP 规模 = 0.2 为界限对样本进行了划分。

资料来源：中国社会科学院城市与竞争力指数数据库。

（五）银行网点数指标得分越高，离散程度越低

从数据结果看，银行网点数得分均值越高，省级区域城市间的离散程度就越低。除几个直辖市以及青海这样仅有一个样本城市的省份外，笔者绘制了各省银行网点数得分均值与其离散程度之间的散点图（见图 5—4）。可以看出，二者间呈现出明显的负向相关关系，银行网点数指标得分均值较低的省份，如宁夏、甘肃、黑龙江等，其变异系数越大，代表的城市间的差异也越大；得分较高的省份，如河北、江苏、浙江等，离散程度也相对较低。这实际上反映了该指标的外溢效应，指标得分越高就具有更强的区域外溢性，而得分较低则相反。

三　现象

分析近几年中国城市宜商竞争力的数据结果，可以提炼出以下几点规律。

（一）城市宜商竞争力指数呈左偏态分布，整体水平较低

绘制城市宜商竞争力指数的核密度分布图可以清楚地观察到中国城市宜商的整体水平和城市的大致分布情况。见图 5—5，连续几年的指

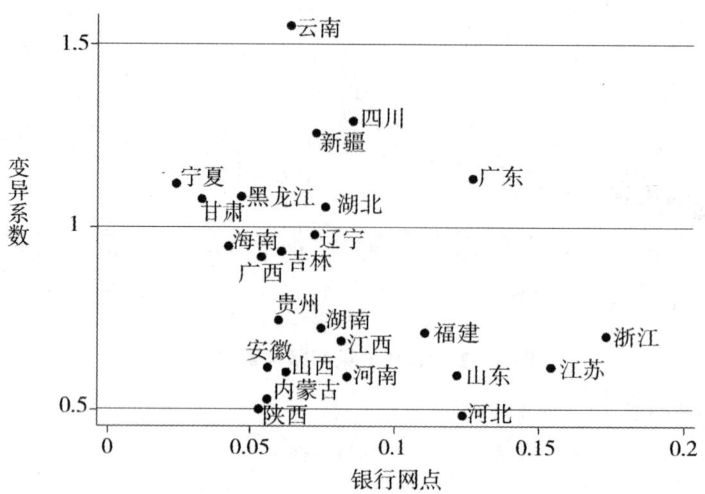

图 5—4 各省银行网点数与变异系数

资料来源：中国社会科学院城市与竞争力指数数据库。

数分布图变化不大，对比发现，城市宜商竞争力基本呈现出相同的规律：分布集中，靠近左端，水平较低。以 2015 年的数据结果来看，中国城市宜商竞争力得分集中分布在 0.1—0.25 的区间里，绝大多数城市的分数低于 0.5，这表明多数城市的宜商竞争力很弱，缺乏商业活力，在招商引资中处于边缘地位。

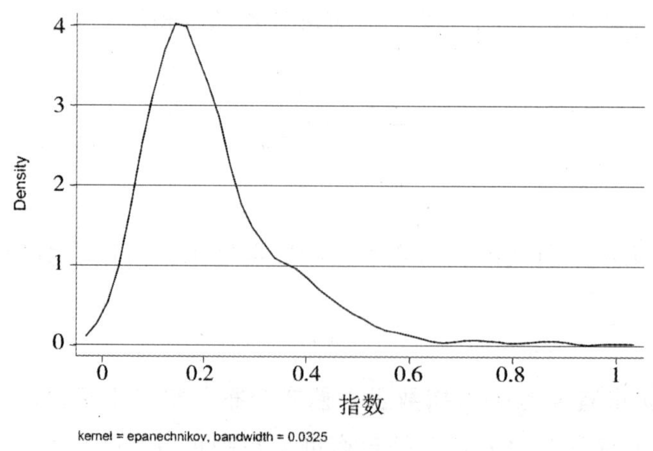

图 5—5 中国宜商城市竞争力指数分布图

（二）城市宜商竞争力大小与行政级别高低关系密切

根据城市的不同行政等级，计算宜商竞争力得分后发现，中国城市宜商水平与行政级别密切相关，总体呈现出按照城市行政级别由高到低逐级递减的分布规律。具体来说，行政等级最高的直辖市和特别行政区得分均值达到 0.735，高居第一层级；15 个副省级城市平均得分为 0.525，形成第二层级；除副省级以外的省会城市的得分没有超过 0.4，与第一、第二层级差距明显，只能列为第三层级；行政级别最低的地级市在宜商竞争力得分上同样最低，仅为 0.179，与第一层级的直辖市和特别行政区相差 0.556（见表 5—13）。可以看出，城市间行政等级的差别是造成宜商竞争力严重分化的重要内在因素，较高的行政级别不仅代表着城市在省际或区域范围内的政治、经济、文化地位，在获取人力资源、资金支持、公共服务方面同样具备先天优势，这使得城市宜商竞争力与行政级别相匹配成为必然现象。

表 5—13　不同行政等级城市宜居竞争力得分

城市行政级别	城市数量	2015 年宜商竞争力得分（平均值）
直辖市与特别行政区	6	0.735
副省级城市	15	0.525
除副省级以外的省会城市	16	0.380
地级市	252	0.179

资料来源：中国社会科学院城市与竞争力指数数据库。

（三）科技创新城市宜商竞争力更强，创新驱动商业发展

自中国实施创新驱动发展战略以来，科技创新逐步成为推动城市前进的重要动力，对城市宜商竞争力的提升同样至关重要。一般来说，科技创新水平越高的城市更加有活力，宜商竞争力也更强，而缺乏创新精神的城市宜商得分相对较弱。为了验证这种规律，笔者绘制了专利指数与城市宜商竞争力指数间的散点图（如图 5—6），发现二者大体呈现正向相关关系。为使分析更具说服力，进一步将宜商竞争力指数高于 0.5 的样本城市去掉，这一关系依然存在。创新是国家持续发展的不竭动

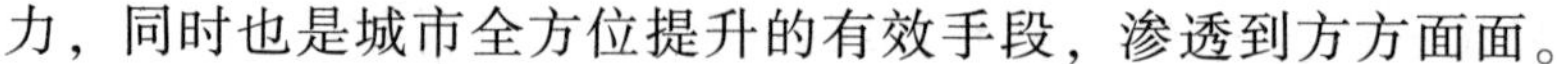

力，同时也是城市全方位提升的有效手段，渗透到方方面面。

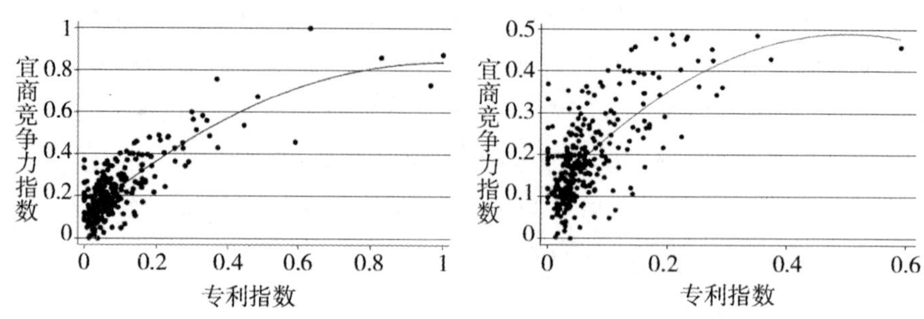

图 5—6　专利指数与城市宜商竞争力指数

注：左图包括了全部样本城市，右图仅包括宜商竞争力指数在 0.5 以下的样本城市。

（四）宜商竞争力指数与开办企业便利度呈正向相关关系

从各区域以及城市层面来看，宜商竞争力指数与开办企业便利度表现出正向相关关系（见图 5—7）。开办企业便利度越高的城市，宜商竞争力指数相对越高；相反，那些开办企业便利度较低的城市，其宜商竞争力指数也普遍偏低。笔者认为，一个城市对待企业的态度可以反映出对商业发展的重视程度，当地区政府愿意为企业的兴办、发展壮大尽可能地提供便利，由参与者转换为服务者或协助者时，整个城市的营商环境自然会获得极大的改善，宜商竞争力走在全国前列。事实上，中央一直在强调简政放权，减少政府对企业的不必要干预，这既要求各地政府转变职能和观念，也显示出对市场和企业的重视。从分析结果来看，许多城市尤其是欠发达的城市，在打造良好的经营环境、为企业提供更好的发展条件方面还做得不够好。

四　问题

对比近几年的数据结果可以发现，中国城市宜商竞争力整体表现较差且一直没有得到改观，甚至呈现逐步下滑的态势。通过进一步分析认为，中国城市在宜商竞争力方面主要存在以下问题。

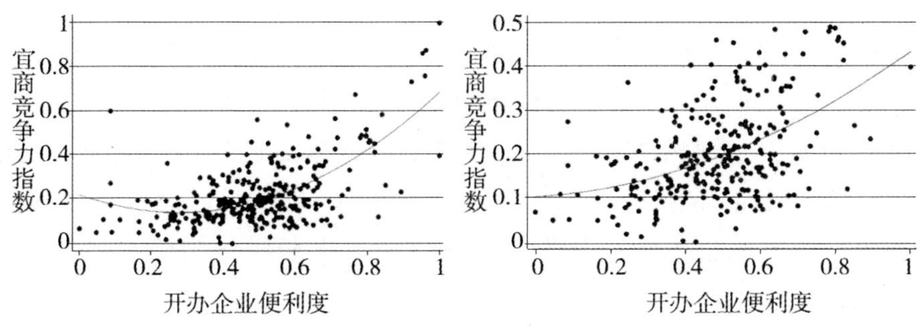

图 5—7　开办企业便利度与城市宜商竞争力指数

注：左图包括了全部样本城市，右图仅包括宜商竞争力指数在 0.5 以下的样本城市。

（一）城市宜商整体水平持续下滑，形势严峻

进一步比较近三年城市宜商竞争力指数，可以清晰地看出，中国城市的整体水平呈下滑的趋势，无论是得分均值还是中位数都持续走低（见表 5—14）。特别值得警惕的是 2015 年的均值和中位数与 2014 年相比有较大程度的下滑，2014 年与 2013 年相比，均值和中位数下降为 5.69% 和 4.67%，2015 年和 2014 年相比，则分别下降了 22.34%，24.08%，下滑态势十分明显，反映城市商业活力加速下降，需要引起重视。结合图 5—5，我们可以更加全面地分析城市的宜商现状，分布图的峰值明显低于得分均值，这说明排在前面的少数大城市拉高了均值，真实的情况远比均值数据呈现出的水平更为严峻。抑制城市商业活力下滑，重新激发城市商业活力，中国城市宜商程度的提升和发展仍然任重而道远。

表 5—14　　　　近三年报告中城市宜商竞争力指数情况

	样本数	均值	中位数	标准差	变异系数
2013 年报告	289	0.299	0.257	0.175	0.585
2014 年报告	289	0.282	0.245	0.162	0.574
2015 年报告	289	0.219	0.186	0.147	0.671

资料来源：中国社会科学院城市与竞争力指数数据库。

（二）空间不平衡现象加剧，阻碍城市整体发展

多年的数据结果都揭示了城市宜商竞争力指数的空间不平衡现象，并持续加剧，呈现出“固化”的态势。中国幅员辽阔，区域间、城市间存在差异性难以避免，然而近些年实施的倾斜性政策并没有使情况得到改善，领先城市不断积累优势，落后城市不断固化劣势，“马太效应”明显。这种不平衡特征不仅拉低了当下及未来宜商竞争力得分，而且使资源始终集中在少数领先城市，降低了资源在城市间的流动性，不利于落后地区实现追赶，也阻碍了各地区的整体发展，对国民经济的健康运行具有负面作用。

（三）各维度发展不协调，城市同质化现象严重

除空间区域发展不平衡外，城市的各维度发展不协调也是宜商得分长期较低的重要原因。在六维度指标体系中，“制度环境”的均值最高（0.495），“基础设施”的得分也不错（0.365），最低的“主体联系”维度仅为0.073，相差5倍以上。这种不协调不单体现在整体数据中，各个城市的具体得分依旧如此，各地政府相近的战略目标使得“长板不长，短板均短”，同质化现象严重。国内城市习惯于模仿，照搬照抄国外城市或领先城市发展模式，没有结合自身实际禀赋条件和优劣势，从而缺乏体现自身宜商特色的核心竞争力。

（四）宜商软实力不足，关系成本影响城市吸引力

近几年，许多城市将招商引资、提升宜商竞争力的重点放在加强基础设施建设方面，城市轨道交通、公路铁路网、机场等工程在如火如荼地进行，硬实力显著提升。与此同时，政府往往忽略了宜商软实力的强化，缺乏规范合理的制度和一以贯之的管理体系，无法从根本上优化商务环境。为了快速取得成效，多采用优惠政策等手段来打造营商环境，虽然在短期内可能吸引到企业落户，但从长期来看存在诸多弊端。首先，部分城市的优惠政策往往只是实现招商引资目标的表面文章，实际操作中难以落实或大打折扣，这降低了政府公信力。其次是政策的变化太快，经常由于领导变更等原因，导致地方政策出现不稳定性，缺乏长

期高效的贯彻落实能力。此外，尽管中央一直推行政府简政放权，但企业在初创审批、经营运营过程中依旧要受到多个部门的掣肘，较高的关系成本增加了企业负担，也影响到城市的商业竞争力。2015 年度的制度环境指标较 2014 年大幅度下滑，部分城市较高的企业赋税负担和较低的开办企业便利度是重要原因。

五　经验

（一）案例分析

国内外典型城市的案例分析是每年的宜商竞争力报告中的重要一部分，从中总结好的做法和经验以便进行学习和推广。2015 年的报告中，国内城市选择上海，国际城市选择日本的东京，这两个城市许多相似点，包括同属亚太地区、经济发达、金融中心等。

上海：改革与创新双动力推进城市发展

上海地处长江入海口，与日本九州岛隔海相望，南邻杭州湾，西与浙江、江苏两省相接，是中国经济、金融、贸易、航运中心。2015 年上海生产总值为 24964.99 亿元，排在国内城市的第一位，人均 GDP 首次突破 10 万元大关，达到 10.31 万元。

从宜商竞争力的角度来看，上海市表现出色，是当之无愧的宜商城市，其城市宜商竞争力已经连续三年排名前三位，与香港、北京位于第一集团之列。上海在六维度指标上均高于国内平均水平，尤其是在当地需求和基础设施维度表现最为抢眼（见图 5—9）。从各细分指标看，上海在 GDP 规模、限额以上批发零售贸易业商品销售总额、海运便利程度和航空交通便利程度四项上是最高分，在大专以上人口比例、社会消费品零售总额、开办企业便利度、城市货运总量等指标上得分超过 0.9（见表 5—15）。

十八届三中全会以来，上海着力深化改革，以改革促发展，加快自贸区建设，打造创新转型新动力，在评价体系中的开办企业便利度以及大专以上人口比例指标上都有所体现。

总结上海在改革和创新方面的经验做法：一是增强政府运作透明度和公信力。上海明确提出“建设成为全国行政效率最高、行政透明度最高、行政收费最少的行政区之一”的工作目标，并不断创新政府信息公开的形式，在全国率先推出实名认证的政务微博“上海发布”。二是通过自贸区建设深化经济制度改革。自贸区是中央政府在经济新常态背景下推动进一步开放的战略设计，也是先行城市上海在新型开放格局下，强化自身优势，提升宜商竞争力的关键举措。在积极引入国际通行的多样化投资方式的同时，充分利用“上海自贸区”这块试验田，逐步减少政府对投资企业的行政干预，进一步扩大投资领域的开放，有效促进投资便利化程度。目前，上海在自贸试验区内撤销了部分外商直接投资的审批，实施了一系列扩大服务业开放的重要措施，探索建立负面清单管理模式，重点深化投资、金融领域的开放创新，推进贸易发展方式转变等。总体来看，上海自贸区建设对上海乃至全国的经济制度改革都起到了积极深远的影响，包括：为行政审批制度改革提供有利契机，通过开放倒逼改革；为人民币自由兑换的制度探索搭建试验平台，成为中国货币金融开放的前沿阵地；带动区域发展，打造总部经济战略高地，以点带面，引领长三角、珠三角、环渤海等沿海地区深化对外开放程度。三是探索公司注册资本登记制度改革。在全市推进企业设立并联审批工作，并放宽企业登记条件，使得新设企业保持了较高的增长速度。四是打造全球科技创新中心。上海不断提高科技创新投入，2013 年全市研究与试验发展经费投入达到 777 亿元，增长 14.3%，专利申请总量也达到了 86450 件。

以改革开放促创新转型，上海依然将改革与创新融合在一起，两翼齐飞，双头并进。在深化经济体制改革、加快推进产业转型升级的大背景下，重视改革的基础性作用，坚持创新驱动发展战略，不仅是城市增强宜商竞争力的有效手段，也是实现城市长期稳定、健康、可持续发展的力量源泉。

图 5—8　上海城市风景图

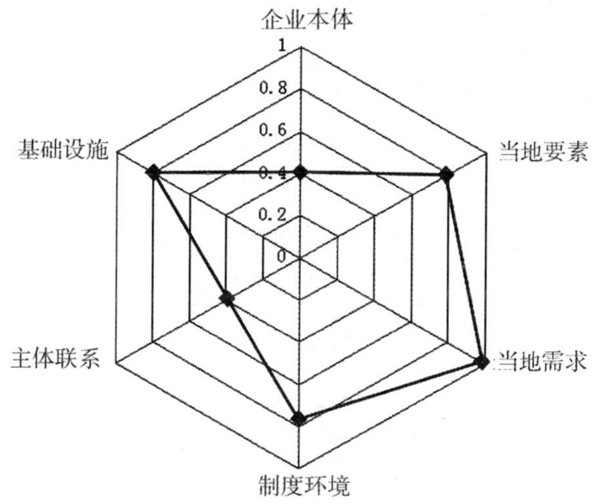

图 5—9　上海六维度指标得分情况

表 5—15　　上海各细分指标得分情况

	分项指标	上海
企业本体	大企业指数	0.699
	企业增长指数	0.379
	企业经营指数	0.134

续表

	分项指标	上海
当地要素	工资	0.362
	大专以上人口比例	0.969
	专利指数	0.829
	人均存款余额	0.986
当地需求	GDP 规模	1
	社会消费品零售总额	0.961
	限额以上批发零售贸易业商品销售总额	1
制度环境	开办企业便利度	0.954
	企业税收负担	0.656
	银行网点数	0.687
主体联系	城市货运总量	0.937
	城市客运总量	0.092
	国际商旅人员数	0.147
基础设施	公路交通便利程度	0.622
	铁路交通便利程度	0.574
	利用海运便利程度	1
	航空交通便利程度	1

资料来源：中国社会科学院城市与竞争力指数数据库。

东京：发挥国际金融中心的优势地位

东京位于日本本州岛关东平原南端，明治维新时期成为日本的首都，并逐渐发展成为日本政治、经济、文化、交通等众多领域的枢纽中心。根据建成区面积、人口以及国民生产总值等指标，东京是亚洲第一大城市，世界第二大城市，全球最大的经济中心之一。在中国社科院城市与竞争力研究中心发布的《全球城市竞争力报告（2011—2012）》中，东京高居第三位。在相应的指标体系中，东京的 GDP 规模、企业本体、当地要素、当地需求、全球联系等指标均排在前十位，而这些指标也是宜商竞争力强弱的重要体现，尤其是在金融体系整合、科技创新与产业发展以及交通建设方面具有独到之处。

东京之所以在宜商竞争力上能够取得相对全方位的优异表现，一是全球首屈一指的科教水平。东京的大学数量占到日本的1/3，就读学生更是占到总数的一半以上；此外，东京大学是世界上最好的十所大学之一，再加上东京工业大学、一桥、庆应义塾、早稻田等院校及实力强大的研究所，空间邻近使东京的企业能够更容易接触大量高科技人才和高技能劳动力，这为企业的持续发展和科技创新提供有利的条件。

二是自由宽松规范的制度环境和政府的多样化支持。以东京大田区为例，政府为企业在生产和交易中提供信息服务、交流场所、牵头合作等多方面支撑。同时，重视对中小创业企业的经营支持，包括商务性支援、创业者支援、新产品和新技术支持、知识产权支持等，为大田制造业的腾飞奠定了坚实的基础。

三是重塑国际金融中心地位。在国际金融危机的冲击下，日本对东京证券交易所与大阪交易所实施了合并，大力推动城市金融资源的优化整合，完善了东京金融中心的功能，不仅使东京资本市场对海外企业上市更具吸引力，也促使东京形成更为开放的金融市场氛围，加快金融中心的创新发展与转型升级，从而进一步强化了东京国际金融中心的影响力、控制力和竞争力。

四是完善的基础设施体系。东京作为日本的海陆空交通枢纽，拥有全球最大的铁路交通体系，每日客流量超过800万；新干线铁路从东京延伸到九州，几乎能到达所有的重要地区。而东京国际机场和成田国际机场将东京与世界连接起来。铁路、公路、航空和海运组成了一个四通八达的交通网，通向全国及世界各地。

综合东京的经验来看，在较为完善的基础设施条件下，找准自身优势并以此为核心全方位发展，围绕国际金融中心的地位，优化制度环境，为企业运作提供多种支持。同时，重视人才培养和科技创新，将本土提升与联系世界各地相结合，从多个方面塑造城市宜商竞争力。

图 5—10 东京城市风景图

（二）城市点评

笔者依照城市行政级别属性，从四个级别中分别选择排名靠前的城市，围绕六维度宜商评价指标予以简单点评。

1. 香港

宜商竞争力超过京沪，重新回到第 1 位。相对较弱的指标维度是当地需求和基础设施，需要进一步强化的指标是企业增长指数、企业经营指数、工资水平、企业税收负担、城市货运总量和公路交通便利程度。

2. 广州

排名第 4 位，宜商指数为 0.759，超过深圳。其在当地需求、制度环境和基础设施维度得分较高，而在主体联系、当地要素和企业本体上略微逊色。需努力提升的指标包括大企业指数、工资水平、专利指数等指标。

3. 武汉

连续多年位居前十，2015 年排第 8 位。基础设施是其优势，铁路交通便利程度在各城市中排在第 1 位，相对较弱的是主体联系和企业本体。具体指标上，大企业指数、企业经营指数、工资、企业税负、公路交通便利程度均有待提升。

4. 长沙

宜商竞争力排名 13，得分为 0.490。多个指标维度在 0.5 以上，但主体联系和企业本体较差，分别为 0.16 和 0.25。需要着重提升的指标是大企业指数、工资水平和公路交通便利程度。

5. 合肥

宜商得分为 0.479，排名 17 位，较 2014 年上升两位，其突出优势指标在于大专以上人口比例以及铁路交通便利程度，需要努力的方向是提升大企业指数、工资、专利指数、银行网点数等。

6. 苏州

排名 20 位，得分为 0.460。与其他城市相比，专利指数是最大优势；此外，企业本体、制度环境、当地需求等维度较为平衡，问题主要体现在基础建设方面，特别是航空交通便利程度与其发展现状不符。

7. 无锡

宜商竞争力排名 23 位，下滑一位。企业负担指标、工资水平以及大专以上人口比例等是其优势指标，而企业本体和基础设施维度较为薄弱，尤其是大企业指数和公路交通便利程度亟须提升。

8. 温州

排名 26 位，得分为 0.414，远高于全国平均得分。城市的制度环境优越，基础设施相对完备，有利于商业发展；不足之处体现在大企业指数、大专人口比例和专利指数较低，这影响到未来高水平竞争的驱动力。

9. 珠海

排名 27 位。其短板在于当地需求不足、制度环境不佳，应尽快改善开办企业便利度、大企业指数、城市货运总量等指标。

10. 烟台

排名 29 位。在航空和海运便利程度、企业税收负担上表现出色，但在铁路便利程度、工资水平、专利指数方面较差，需取长补短。

六　趋势

基于对近三年的城市宜商数据进行观察、比较和分析，笔者做出以下几点趋势判断。

（一）宜商指数均值将继续降低，城市间差距逐步扩大

表5—16列出了近三年基本可比的数据结果，可以看出，中国城市宜商竞争力整体表现疲软，且呈现进一步下滑的态势。从指数均值上看，连续三年逐步降低，尤其是2015年下降最为明显，从0.3左右降到0.219，城市宜商竞争力退步明显。

究其原因，一方面是受累于经济增速放缓，对部分指标如城市货运总量、社会消费品零售总额、企业税收负担等造成一定影响。另一方面源于指标计算方法，少量大城市与多数中小城市间差距的持续扩大造成宜商均值不断降低，且短时间内难以改变。在市场对资源起主导作用的背景下，大城市原先具有的社会财富、发展基础、行政级别等优势会吸引更多的资源集聚，形成“马太效应”，城市间差距将会逐步扩大。未来一段时间内，虽然个别城市的宜商竞争力将随着六维度指标提升而有所增强，但全国城市宜商指数均值的下滑趋势很难改变。

表5—16 近三年报告中城市宜商竞争力指数情况

	样本数	均值	中位数	标准差	变异系数
2013年	289	0.299	0.257	0.175	0.585
2014年	289	0.282	0.245	0.162	0.574
2015年	289	0.219	0.186	0.147	0.671

资料来源：中国社会科学院城市与竞争力指数数据库。

（二）三阶梯式的区域格局难以改变，区域间差距将进一步缩小

表5—17列出了近三年七大区域城市宜商竞争力的得分情况，三阶梯式的区域格局已然形成。第一梯队为港澳台区域，其均值得分遥遥领先于其他区域且其优势地位很难撼动；第二梯队为环渤海和东南区域，其地位已保持多年，指数得分显著高于其余四个区域；第三梯队为东北、西北、中部和西南区域，其内部排名可能时常轮换，但西南地区连续三年垫底，未来形势不容乐观。总体而言，三阶段式的区域格局难以改变，未来更多的变化来自于区域间的差距，尤其是二三梯队之间。2013—2015年，第二梯队的最高得分与第三梯队的最低得分间的分差

分别是 0. 198、0. 165、0. 147，分差呈逐年下降的趋势。在今后几年中，随着国家政策的进一步倾斜，区域间差距还将进一步缩小。

表 5—17　　近三年报告中各区域城市宜商竞争力指数情况

区域	2013 年	2014 年	2015 年
港澳台	0. 759	0. 7	0. 699
环渤海	0. 417	0. 376	0. 307
东南	0. 404	0. 372	0. 296
东北	0. 248	0. 247	0. 190
中部	0. 277	0. 248	0. 189
西北	0. 228	0. 251	0. 181
西南	0. 219	0. 211	0. 160

资料来源：中国社会科学院城市与竞争力指数数据库。

（三）前十名城市地位将基本保持，港、京、沪间竞争仍将继续

表 5—18 列出了近三年城市宜商竞争力前十名的具体排名，可以发现，除 2015 年的杭州顶替南京入围外，其他入围城市均没有发生变化，体现出宜商竞争力领先城市的整体稳定性。未来几年内，前十名城市基本不会发生较大变动，但第六名之后的排序更换也将是大概率事件。相对而言，处于领头地位的香港、北京和上海之间的竞争更为激烈，在 2014 年北京、上海同时超越香港后，香港又在 2015 年重夺榜首位置，随着京沪多方位条件逐步完善，关于榜单头名的竞争也将持续上演。

表 5—18　　近三年报告中城市宜商竞争力前十名的排名情况

排名	1	2	3	4	5	6	7	8	9	10
2013 年	香港	上海	北京	深圳	广州	天津	武汉	南京	重庆	成都
2014 年	北京	上海	香港	深圳	广州	天津	武汉	南京	重庆	成都
2015 年	香港	北京	上海	广州	深圳	天津	重庆	武汉	成都	杭州

资料来源：中国社会科学院城市与竞争力指数数据库。

七　对策

瞄准可持续城市综合竞争力的理想目标，针对中国城市宜商状况存在的问题，笔者提出如下对策建议。

（一）扬长避短，明确强化重点

从近几年数据结果来看，中国城市的各维度指标强弱明显，在制度环境、基础设施以及当地要素上表现较为出色，应以此为基础进一步确立优势。制度环境方面，坚持依法治国理念，集中建立完善的制度体系，提升城市政府的治理能力，深入贯彻中央提出的“简政放权”，强化政府在商业活动中的“服务”、“引导”和“协助”作用，为企业塑造法治和宽松的经营环境。基础设施上，要从区域内部及多区域整体出发，建立完善综合的交通体系，同时在城市轨道交通方面需要不断突破。当地要素上，工资水平和专利指数虽然逐年提升，但变化不大，坚持科技是第一生产力，实施创新驱动战略是必由之路。相对而言，企业本体和主体联系处于劣势地位，尤其是其中的大企业指数、国际商旅人员数和城市客运总量指标亟待强化，应进一步推动企业由小变大、由大变强，规模经济将显著提升竞争力，加强同外部的客运和货运联系也必不可少。从短期看，应集中力量挖掘城市的优势资源，明确短板，针对一项或几项进行重点强化，以点带面持续努力，提升宜商竞争力。

（二）合理定位，挖掘宜商特色

城市同质化严重，战略目标相似度高是长期存在的问题。实际上，城市所处区域及历史背景决定了彼此间禀赋条件差异明显，强弱指标各不相同，不可一味追求全面推进，不必盲目抢占大致相同的所谓宜商高地。合理定位是首要任务，应找准自身的优势和劣势，尤其是对区别于其他城市的特征进行深入挖掘，并以此为基础科学合理地制定符合自身实力的战略规划，逐步探索出一条体现城市特色的宜商之路。未来的宜商城市应逐步趋向各具特色而非千篇一律，城市间形成一种优势互补的格局而非相互竞争，那时再以一套指标体系来衡量所有城市的宜商程度将不再恰当，根据不同城市的自身特点有针对性地综合评价每一个城市的特色宜商程度会更加客观和准确。

（三）深化改革，打造健康环境

全面深化改革是推动经济社会持续发展的根本动力，也是提升城市宜商竞争力、打造健康营商环境的重要源泉。十八届三中全会以来，中央始终将深化改革放在突出位置，各地政府应理顺政府和市场关系，明确该管的是什么，放管结合；同时，进一步减少企业在开办及经营过程中的行政审批事项，提高工作效率，为企业的经营提供更多的便利。强化宜商软实力少不了政策的扶持引导作用，这就要求应保持政策规定的稳定性、接续性和公平性，建立规范合理透明的制度和一以贯之的管理体系，并积极清理明显有违市场公平性的优惠政策，以规则而非关系来指导企业运营。城市政府应始终沿着尊重企业利益、维护市场公平、提供配套服务的思路来打造健康的营商环境，利用自身的财力资源和信息资源为企业的生存、发展和壮大提供最大限度的空间，为企业的长久发展提供良性轨道。

八　总结

从宜商竞争力总体状况看，中国城市宜商竞争力水平普遍偏低，且城市间差距呈逐步扩大趋势。从银行网点数指标看，该指标反映的是城市金融业的发展情况，代表金融环境和金融体系的强弱，该指标越大，表明城市能够得到的金融支持越多，获取的金融服务更加多样化。就2015年的数据结果而言，整体不理想，超过半数城市得分低于0.1的水平；同时，指标的离散程度很高，城市、区域间差异明显，在短时间内很难发生根本性的改变。区域格局方面，港澳台得分遥遥领先，环渤海和东南区域位居二三名，形成第二梯队，这与总体宜商竞争力状况相一致；其余四个区域排在后面，分数均未超过0.1，其中以西北最低，但差距并不大。然而，整体的普遍较差无法掩盖城市间的巨大差距，变异系数达到 1 以上充分说明了这一点。前十名中，香港高居第一，北上广深等一线城市全部入围，东南区域占据四个席位，而重庆位列第三、苏州脱颖而出值得关注。经济体量指标与银行网点数间存在明显的正向线性关系，GDP 规模越大的城市，拥有的银行网点数量越多，只有不断发展经济，才能吸引到更多的企业和资源，从而带动城市进一步前行。从各省情况看，该指标得分均值与城市间离散程度呈负向相关关系，分数较高的省份内部城市间的差异相对较小，而落后省份的城市间离散程度大，反映出外溢效应的存在。

附录：

附表　　各省市宜商竞争力指数情况

省份	得分均值	均值排名	标准差	变异系数	变异系数排名
香港	1	1			
北京	0.778	2			
重庆	0.702	3			
上海	0.687	4			
天津	0.462	5			
澳门	0.422	6			
浙江	0.173	7	0.121	0.702	10
江苏	0.154	8	0.095	0.617	8
广东	0.127	9	0.144	1.133	22
河北	0.124	10	0.060	0.485	1
山东	0.122	11	0.072	0.595	5
福建	0.110	12	0.079	0.711	11
四川	0.086	13	0.110	1.291	24
河南	0.084	14	0.049	0.591	4
江西	0.082	15	0.056	0.688	9
湖北	0.076	16	0.080	1.055	18
湖南	0.075	17	0.054	0.723	12
新疆	0.073	18	0.091	1.257	23

续表

省份	得分均值	均值排名	标准差	变异系数	变异系数排名
辽宁	0.072	19	0.071	0.979	17
云南	0.064	20	0.099	1.552	25
青海	0.063	21			
山西	0.062	22	0.038	0.603	6
吉林	0.061	23	0.057	0.934	15
贵州	0.060	24	0.044	0.745	13
安徽	0.056	25	0.034	0.616	7
内蒙古	0.056	26	0.030	0.530	3
广西	0.054	27	0.049	0.919	14
陕西	0.053	28	0.027	0.502	2
黑龙江	0.047	29	0.051	1.083	20
海南	0.042	30	0.040	0.948	16
甘肃	0.033	31	0.035	1.076	19
宁夏	0.024	32	0.027	1.118	21

第六章　中国知识城市竞争力报告

——迈向创新驱动的知识城市

赵英伟　姜　珅*

中国经济经过三十几年的高速增长，国民收入已经步入了中等收入国家水平，中等收入“陷阱”的难题也随之而来，人工成本上升、人口红利消失、传统产业产能过剩、生态环境约束都迫使中国经济不得不寻求转型，让经济的发展方式由要素驱动向创新驱动转变。现阶段中国经济面临的最大的问题是生产的产品无法满足国民日益多样化的消费偏好，甚至出现了从马桶盖、电饭锅到保温杯这些国内可以充分生产的商品也被旅游者、跨境电商源源不断地从海外搬运回国的奇观。究其内因，是中国长期忽视对普通商品的创新升级研发，片面地认为创新就是开辟新的领域，生产新产品属于高精尖的范畴，缺少“匠人精神”，对立足于本职工作专注专业、沉淀传承、享受过程的重要性认识不足，资本在利益最大化驱使下更多地关注短期利益，造成生产方产能过剩消费方偏好转向海外制造的矛盾，为了更好地解决一问题，中央政府2015年提出了“供给侧改革”，以提高“全要素生产率”成为经济发展的目标，创新驱动发展成为转型期中国的不二选择。国家创新力的培育将是一个复杂而长期的过程，创新不分大小是由存量知识积累、分享、重新组合带来的，在过去的一年里人们对创新驱动发展有了更深的理解，资本追逐的核心也由2014年的万物互联、互联网+向人工智能、无人驾驶转移，智能机器人AlphaGO击败了围棋世界冠军，向世人宣告人工智能攻占了人类智慧最后的“堡垒”，也同时开启了“人工智能时代”。

* 赵英伟，青岛科技大学经济学博士，研究方向：城市与房地产金融，2011起连续参与《中国城市竞争力报告》的撰写，中国社会科学院城市与竞争力研究中心项目组核心成员。姜珅，青岛科技大学硕士研究生，研究方向：应用经济学，中国社会科学院城市与竞争力中心项目组成员。

万众创业的激情在经济转型期传统经济凋零的阵痛下，创业者开始沉思、积淀如何匠心独运地打磨“未来”、创新或许并不容易，成功者必然是幸运的，他们要感谢孕育这一切的“沃土”——城市。在中国经济总体发展速度放缓后，知识资本的载体——“城市”在创新驱动发展中又出现了怎么样的变化，是否能逆风飞扬创造出新的增长点，如何直面发展中困难，最终都将在本章进行详细解读。

一 格局

（一）特征

1. 总体特征：知识竞争力均值创出新高，城市间的差异系数收敛

通过对2013—2015年度中国289城市的知识竞争力均值的对比发现：2015年度的均值为0.359，高于2014年度、2015年度的0.312、0.266（见图6—1），并创出知识城市竞争力报告以来的新高。同时城市间指数的差异系数也出现了收敛，2015年度为0.490，远低于2014的0.578、2013年的0.606。中国知识竞争力均值的提高是对现阶段城市发展方式改变的佐证，知识太投入的增加提高了知识经济在经济发展中比重，知识的外溢、共享缩小了城市间知识竞争力的差异，也进一步明确了今后城市转型的方向。

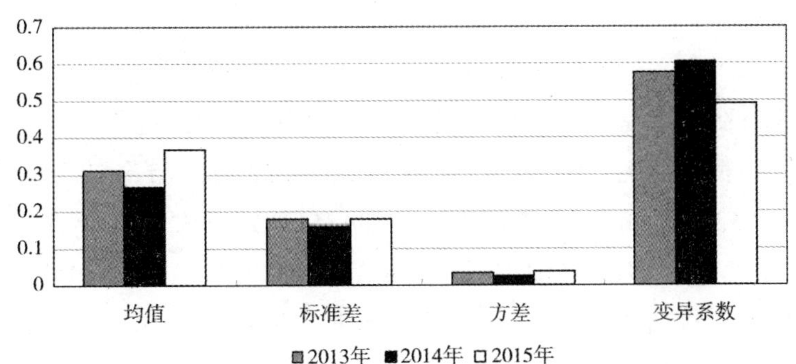

图6—1 2013—2015年度289个城市知识竞争力指数相关变化

资料来源：中国社会科学院城市与竞争力中心数据库。

2. 分项指标：知识投入翻倍，知识经济快增

知识城市竞争力是由四分项指标组成，别是知识需求、知识投入、知识产出、知识经济四个部分。如图 6—2 所示，2015 年度最引人注目的是知识投入的翻倍增长，由 2013 年度、2014 年度的 0.2 左右翻倍增至 0.492，比前两年增加巨大。与之相对应的知识经济也有了一定进步，由 2013 年的 0.279 增加至 0.382。知识产出的增加比较小，走势平缓，由此可见知识产出的增加不是一朝一夕能够实现的，必须从战略上长期着眼才能获得本质的突破。

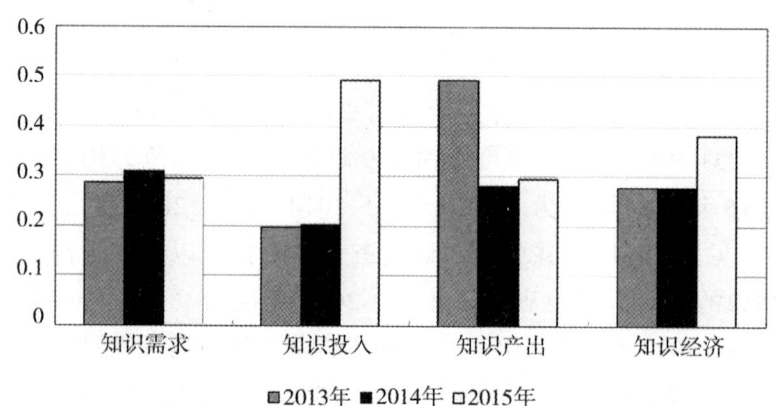

图 6—2 2013—2015 年度知识竞争力分项均值变化

资料来源：中国社会科学院城市与竞争力中心数据库。

3. 三级指标：科研经费每年递增，财政占比增加稳定

科研经费支出是衡量知识需求水平的重要指标，近年来我国科研经费支出每年都稳定定增长（见图 6—3），2013—2015 年度 289 城市均值分别为 55359 万元、66171 万元、78435 万元，占财政收入的比例也由 2013 年度的 10%稳定增加至 2014 年度、2015 年度的 24%左右。可见中国城市在科研上投资的力度逐年加大并且持续稳定，长此以往必将提高城市知识竞争力的总体水平。

4. 十强城市：整体均值新高，“北深上南”强者恒强，苏州惊艳入前十

2015 年度知识城市竞争力前十强的城市分别是：北京、深圳、上

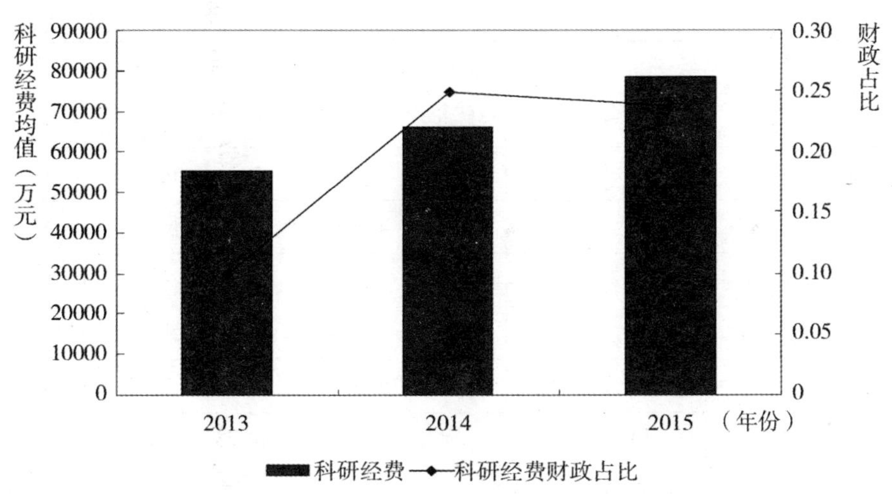

图 6—3　2014—2016 年度科研经费均值及财政占比

资料来源：中国社会科学院城市与竞争力中心数据库。

海、南京、广州、天津、杭州、苏州、武汉、大连，其中北京已经连续三年蝉联第一，深圳超越上海成为最大看点，代表着我国城市知识竞争力格局的变化。二线城市开始有实力冲击榜首，南京以其深厚的文化底蕴和科技实力稳定在前五位。2015 年的前十强整体实体提高很快，均值 0. 852，首次进入 0. 8—1 的最强水平（见表 6—1），代表着我国的十强城市的知识竞争力不再是低水平的选拔，而是整体进入了竞争力最强的行列，2014 年度之前很少有城市能超越这一水平。四线城市的苏州表现惊艳，成功跻身前十强，知识经济比重的提高是主要的推动力。

表 6—1　　2013—2015 年度知识竞争力十强城市

2015 年			2014 年			2013 年		
排名	城市	指数	排名	城市	指数	排名	城市	指数
1	北京	1. 000	1	北京	1. 000	1	北京	1. 000
2	深圳	0. 934	2	上海	0. 797	2	上海	0. 816
3	上海	0. 933	3	深圳	0. 773	3	南京	0. 741
4	南京	0. 852	4	南京	0. 700	4	香港	0. 765

续表

2015年			2014年			2013年		
排名	城市	指数	排名	城市	指数	排名	城市	指数
5	广州	0.833	5	广州	0.686	5	杭州	0.741
6	天津	0.820	6	杭州	0.669	6	广州	0.742
7	杭州	0.788	7	武汉	0.648	7	深圳	0.714
8	苏州	0.782	8	天津	0.643	8	武汉	0.713
9	武汉	0.762	9	大连	0.609	9	天津	0.668
10	大连	0.759	10	长沙	0.586	10	大连	0.646
均值		0.846			0.711			0.754

资料来源：中国社会科学院城市与竞争力中心数据库。

（二）区域格局

中国城市知识竞争力极化现象严重，大量的知识资本和资源聚集于东南沿海地带，向其他区域的外溢不足、区域的失衡严重地影响了中国知识竞争力整体的提高。

1. 旧格局虽没有打破，内部差异却呈现收敛，东南地区挺进中等水平

2015年度中国城市的知识竞争力在区域格局上还保持着以前的格局（见图6—4）——港澳领跑，东南紧随其后，中国内地东南沿海地区领先的势头便没有减弱，反而进一步得到强化。西南、西北、东北地区的变异系数都超过了0.5，说明西北、西南、东北区域内部的差异较大。可喜的是，通过对比发现各区域内部的差异系数都出现了收敛，说明区域内部的知识互联、共享有一定的提高。

另外有均值对比来看（见表6—2），东南为0.508，初次超过0.5，进入竞争力中等水平。其区域内部的变异系数为0.392，没有明显变化，说明东南区域内部也出现了分化，个别好的城市指数的提高拉高了整体的均值。

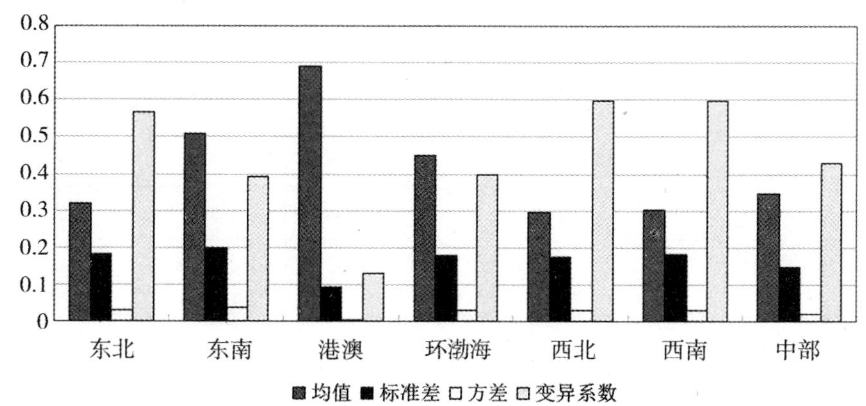

图 6—4　2015 年度七大区域知识竞争力指数

资料来源：中国社会科学院城市与竞争力中心数据库。

表 6—2　　2013—2015 年度七大区域均值对比

年度	区域	均值	标准差	方差	变异系数
2013	东北	0. 283	0. 165	0. 026	0. 581
2014		0. 243	0. 144	0. 020	0. 592
2015		0. 320	0. 182	0. 032	0. 566
2013	东南	0. 449	0. 169	0. 028	0. 377
2014		0. 382	0. 167	0. 027	0. 437
2015		0. 508	0. 199	0. 039	0. 392
2013	港澳台	0. 626	0. 174	0. 015	0. 277
2014		0. 513	0. 058	0. 002	0. 113
2015		0. 689	0. 091	0. 004	0. 132
2013	环渤海	0. 420	0. 172	0. 028	0. 409
2014		0. 337	0. 179	0. 031	0. 532
2015		0. 449	0. 179	0. 031	0. 399

续表

年度	区域	均值	标准差	方差	变异系数
2013	西北	0. 241	0. 155	0. 023	0. 643
2014		0. 221	0. 134	0. 017	0. 606
2015		0. 295	0. 176	0. 030	0. 598
2013	西南	0. 213	0. 165	0. 027	0. 777
2014		0. 195	0. 140	0. 019	0. 721
2015		0. 304	0. 182	0. 032	0. 598
2013	中部	0. 278	0. 136	0. 018	0. 491
2014		0. 228	0. 125	0. 015	0. 548
2015		0. 348	0. 149	0. 020	0. 429

资料来源：中国社会科学院城市与竞争力中心数据库。

2. 一、二线城市均值接近，三线城市之间差异最小，四线城市潜力无限

城市的级别越高，人才、知识的储备就越雄厚，知识竞争力也就越强。从 2015 年度排名上看，一、二线城市的变化不大，一线城市有 3 所、二线城市有 6 所进入了最具竞争力城市，与上年度持平。最新变化在均值上（见表 6—3），一、二线城市均值各自为 0. 790、0. 752，出现了极度接近的现象，说明中国的二线城市的知识竞争力水平迅速地接近一线城市，今后将会向一线城市发起挑战，一线城市面临压力。另外发现中国三线城市之间的差异较小，排名基本都分布于 11—100 之间，没有出现特别出色的城市，标准差 0. 062、方差 0. 004、差异系数 0. 097 都说明三线城市的知识竞争力水平趋同。中国四线城市居多，城市间的差异巨大，变异系数为 0. 463，虽较往年好了很多，但是依旧比较严峻。四线城市巨大的基数也代表了城市的发展潜力，如苏州进入十强城市给众多的四线城市树立了榜样，本书将详细地研究其发展规律，第五部分案例分析将给予重点关注。

表 6—3　　2013—2015 年度按城市级别分析竞争力指数

年度	城市级别	均值	标准差	方差	变异系数
2013	一线	0.722	0.181	0.027	0.250
2014		0.653	0.212	0.037	0.324
2015		0.790	0.159	0.021	0.201
2013	二线	0.672	0.057	0.003	0.085
2014		0.602	0.078	0.006	0.130
2015		0.752	0.075	0.005	0.099
2013	三线	0.540	0.066	0.004	0.122
2014		0.478	0.060	0.003	0.126
2015		0.638	0.062	0.004	0.097
2013	四线	0.268	0.139	0.019	0.521
2014		0.224	0.116	0.013	0.517
2015		0.322	0.149	0.022	0.463

资料来源：中国社会科学院城市与竞争力中心数据库。

二　聚焦

论文是人类智慧的结晶，常用来指进行各个学术领域的研究和成果，它既是讨论研究成果的手段，又是通过描述创新科研成果进行交流的工具。在知识城市竞争力指标体系中，论文指数属于知识产出（见表6—4）。论文发表数是知识产出的重要指标，代表了城市知识创新在理论上的深度。创新起源于梦想，成功于理论的推理、逻辑分析和总结归纳，论文数量是城市科技创新的“软实力”，是代表着城市创新力的重要指标之一。

表 6—4　　创新驱动的知识城市竞争力指标体系

一级指标	二级指标含义	二级指标
创新驱动的知识城市	知识需求	科技经费支出额占财政收入比重
		人均教育支出
		每百人公共图书馆藏书
	知识投入	中等以上学生占全部学生比重
		大学指数
	知识产地	专利指数
		论文发表数
	知识经济	每百万人金融、计算机服务和科学研究从业人数
		高科技产品进出口总额

（一）总体特征：中国论文指数平稳，平均数逐年微增

2013—2015 年度中国城市竞争力知识指数的分析可以发现（见图 6—5），论文的发表数比较平稳，三年间指数都在 0.500 左右。从具体发表数量每年增加缓慢，2015 年度 4343 篇，比上年度增长 3.94%。

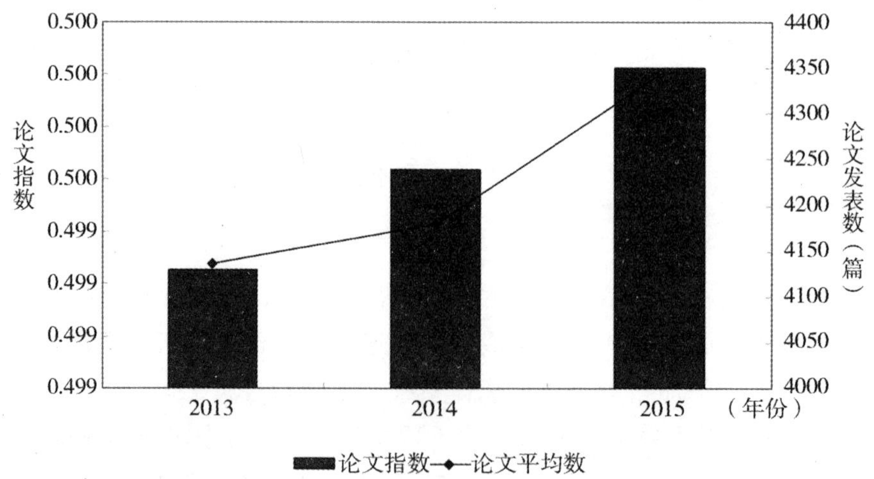

图 6—5　2013—2015 年度 289 城市论文、发表数及指数均值

（二）前十强：排名极为稳定，北上南长期三甲

2015 年度的论文指数和 2014 年完全一样，北京、上海、南京、广州、武汉、成都、杭州、香港、长沙、重庆，没有争议地再次进入了前十强（见表 6—5）。由此可以说明，中国城市的知识产出表现稳定，集中在教育资源丰富的大城市里。这一格局在今后也很难打破。

表 6—5　2013—2015 年度论文指数前十强　单位：篇

2013 年度		2014 年度		2015 年度	
城市	论文数	城市	论文数	城市	论文数
北京	201321	北京	203813	北京	213290
上海	105746	上海	106826	上海	110752
南京	72693	南京	73089	南京	74983
广州	60879	广州	61306	广州	63239
武汉	52711	武汉	53099	武汉	55197
成都	40600	成都	40878	成都	42320
杭州	38802	杭州	39177	杭州	40490
长沙	35109	香港	36064	香港	39942
重庆	33404	长沙	35284	长沙	36177
香港	32941	重庆	33601	重庆	34467

（三）城市级别：一、二线城市均值接近，三线城市间差异最小，四线城市指数低下

2015 年度的论文指数按照城市级别（见表 6—6），一线城市的均值 0. 790，与二线城市 0. 752 的均值极为接近，基本在一个水平。三线城市间的差异最小，没出现特别差的城市。四线城市的均值明显很低，只相当于三线城市的 50%左右，严重拉大了论文指数的城市差异。另外，四线城市之间的差异系数为 0. 463，呈现分化状态。

表 6—6　　2015 年度不同级别城市论文指数分析

城市级别	指数均值	标准差	方差	差异系数
一线	0. 790	0. 159	0. 021	0. 201
二线	0. 752	0. 075	0. 005	0. 099
三线	0. 638	0. 062	0. 004	0. 097
四线	0. 322	0. 149	0. 022	0. 463

4. 区域格局：东部沿海地区指数领先，西部地区指标低且分化严重

2015 年度的论文指数按照区域来（见表 6—7），与中国竞争力指数的格局基本相似。东部沿海领先（港澳 0. 689、东南 0. 499、环渤海 0. 449），西部地区比较差（西北 0. 295、西南 0. 304），内部差异系数同样为 0. 598。论文指数区域格局也表现出西部地区需要鼓励科研投入，加强理论研究。

表 6—7　　2015 年度区域城市论文指数分析

区域	指数均值	标准差	方差	差异系数
东北	0. 320	0. 148	0. 032	0. 461
东南	0. 499	0. 199	0. 049	0. 399
港澳	0. 689	0. 091	0. 004	0. 132
环渤海	0. 449	0. 179	0. 001	0. 399
西北	0. 295	0. 176	0. 026	0. 598
西南	0. 304	0. 182	0. 033	0. 598
中部	0. 343	0. 149	0. 022	0. 434

三　现象

（一）中国城市知识竞争力整体水偏低，呈不等边三角形分布

通过对 2015 年度中国城市知识竞争力指数的分析发现，中国知识竞争力的整体均值偏低（见图 6—6），0—0.2 的城市有 52 个、0.2—0.4 的城市有 126 个，0.4—0.6 的城市有 63 个，0.6—0.8 的城市有 42 个，0.8—1 的城市有 6 个，总体呈不等边三角形状，中位数是 0.330。左侧知识竞争力低于 0.4 的城市占比 61%；右侧城市占比 39%，随着均值的不断上升而逐渐减少。从形态上看中国很多城市的知识竞争力水平很低，仅有极少数城市具备创新驱动力，说明中国城市知识竞争力的提高还任重道远，转型艰难。

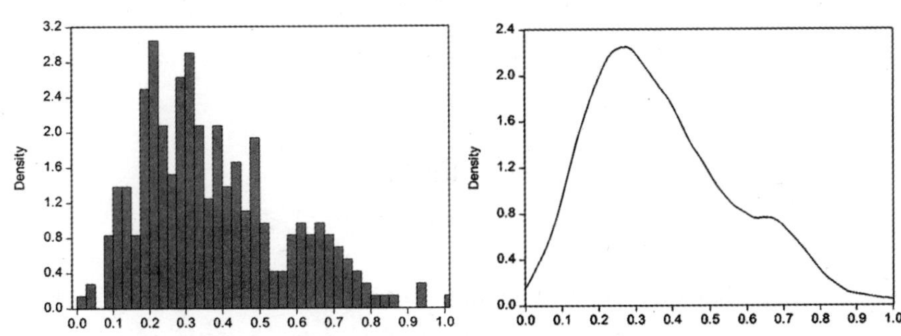

图 6—6　2015 年度中国 289 城市知识竞争力分布

资料来源：中国社会科学院城市与竞争力中心数据库。

（二）知识竞争力指数与人均 GDP 的匹配度不高

通常知识竞争力越高的城市其经济产出也应该较高（见图 6—7），中国城市的知识竞争力与人均 GDP 产出的匹配度不高，总体上没有呈现出知识竞争力指数较高的城市的 GDP 产出也高的正相关分布。与之相对应知识竞争力较低的城市其 GDP 产值也有较高的城市，尤其是资源城市的大庆、东营、鄂尔多斯等城市人均 GDP 产出较高。这一现象

从另一角度说明知识经济在中国城市经济中的比重较低，知识资本的转化率有待于进一步提高。

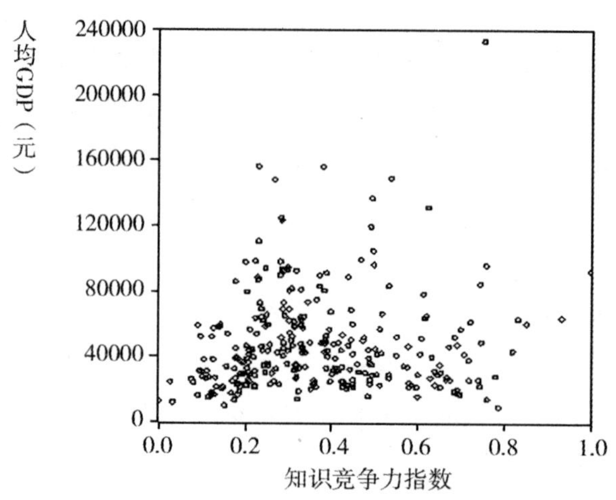

图 6—7 2015 年度中国 289 城市知识竞争力与人均 GDP

资料来源：中国社会科学院城市与竞争力中心数据库。

四 问题

本书通过对 2013—2015 年度知识竞争力指数变化的观测发现，中国城市依然存在着知识竞争力均值较低、城市间的差异巨大、多数城市知识产出指数过低、核心城市对区域内城市的知识外溢不足等问题。

（一）众多城市知识竞争力低下，不足以推动国家实现经济转型

2105 年度的知识竞争力指数均值为 0.359，虽然比 2014 年有了不少进步，但是依旧较低的，61%城市的知识竞争力指数低于 0.4，城市经济的转型需要不断地孕育出新的经济增长点，如果缺少创新推动很难实现这一目标。众多知识竞争力低下的城市将会阻碍中国经济整体的转型，如何让众多知识竞争力后进城市提高其知识存量、加强知识的联系实、现知识竞争力提高是现阶段城市创新驱动必须解决的前提条件。

（二）城市科研经费支出差异拉大，50%集中于前20强城市

虽然中国科研经费支出的绝对额和财政收入占比在稳步提高，但是现阶段中国知识需求仍然很低，其原因在于科研经费支出的不均衡。不同城市间的差异不断被拉大，2013年度科研经费支出的差异系数为0.303、2014年度为0.321、2015年度为0.332，呈现出逐年拉大的趋势。另外，由绝对值来看，2015年度前10强城市的科研经费支出占总支出的37.88%、前20强城市占比高达49.94%，也就是说剩下的269个城市科研经费支出等于前20强的支出，这一点也可以验证为什么中国61%的城市知识竞争力低于0.4。

（三）知识产出进步缓慢，极个别城市强大，大多数城市不尽如人意

知识产出部门的进步缓慢，2014年度、2015年度均值低于0.3，究其原因发现少数城市创新力强大、多数城市不尽如人意。城市专利指数前10名城市占据了总专利的61.25%，论文指数前10名城市占总论文数的9.47%，表现出极为强大的知识产出能力。2015年度专利发明指数低于0.100的城市有217个，让我们不得不去反思为什么多数城市的创新力如此低下，多数城市缺乏创新力已经成为影响中国城市整体创新水平提高的重要原因。

（四）知识经济过度聚集大城市，对区域的城市群的知识外溢不足

2015年度中国城市的知识经济增长明显，相对于2014年度均值增加了29.67%。然而骄人成绩的背后是高科技进出口总额的80%都集中在前10强城市，虽然比2014年的82%有所改善，整体来看依然过高，知识经济的核心城市对周边城市的外溢还有待于进一步加强。

五　经验

2015年度中国的知识城市竞争力取得了不少成绩，但是也存在着诸多问题，因此总结国内外先进经验、对照理想知识城市理论，来研究

中国城市知识竞争力的发展途径就变得十分重要。本书将以 2015 年度进步最大的“苏州”为国内案例，2015 年世界知识城市“新加坡”为国外案例，同时根据城市的规模、行政级别来分别点评具有鲜明特点的 10 个城市。

（一）案例分析

案例一：苏州

苏州既是一座历史悠久的园林城市，又是一座闻名中外的工业城市。近年来，这座城市又在悄然进行着从工业城市向知识城市的战略转型：一方面，以本地的现有高校为基础，着力引进国内若干著名大学到苏州创办大学研究院，依托其科研实力和成果，积极发展高新技术产业，努力建设创新型城市，推动工业城市向知识城市演进；另一方面，依托先进制造业基础，大力发展生产性服务业等知识密集型服务业，打造高新技术产业和知识密集型服务业协同发展的知识城市。“世界文化遗产城市”的美誉充分展现了苏州在知识城市建设上的魅力。

从知识城市建设实践来看，苏州市有许多值得借鉴的经验和做法。

1. 政府着力推进创新型城市建设的良好机遇

苏州市政府在其“十一五”经济社会发展规划和创新型城市建设的决议中，均提出了到2010年“建成省级以上企业技术中心和工程技术研究中心100家，引进国内外研发机构100家，建成一流水平的公共技术服务平台25家，省级以上重点实验室20家，科技中介服务骨干机构50家”的发展目标，并出台了支持力度较大的系列配套政策。截至2007年，苏州市已与全国高等院校、科研院所新建和在建了80个研发中心（研究所），成立了66个工程技术中心，与100多所高校和科研院所开展了1500多项各种形式的产学研合作，为知识城市的崛起奠定了良好基础。

2. 相关大学的优势学科与苏州二次创业机遇具有较好的契合性

目前苏州市已步入工业化转型、城市化加速、经济国际化提升的新阶段。在这个二次创业及建设创新型城市的关键时期，苏州市正经历从工业资源的引进向创新资源的引进转变，从内生增长模式向多方合作的外生增长模式转变，从注重经济发展向经济、社会与环境共赢发展转变，从经济区域化向经济国际化转变的四大发展转型，经济发展模式也将由劳动密集型、资本密集型向知识密集型、技术密集型转变。大学研究院的建立，为实现上述转变提供了有力的契机和强大的支撑。

3. 化解苏州可持续发展的制约瓶颈同样需要大学研究院的强力支撑

苏州市面对经济发展受到的资源和环境的约束，唯有努力增强技术、人才、知识等创新要素的获取能力，以创新要素的供给替代自然资源的不足，转变经济发展方式，才能不断增强发展动力，实现经济、社会与环境的共赢发展。大学研究院的建立，将进一步夯实苏州市可持续发展的基础。

4. 苏州企业对科技创新的需求及承接科技成果的转化能力较强

企业对技术创新的需求是校（院）企合作的感召力，企业对人才的需求是高校发展的引致力。苏州不仅具有丰厚的传统文化优势，而且拥有众多的企业家资源。由此可见，作为全国科技进步先进城市的苏州，已成为名副其实的创新、创业、创优的热土，是各种科技创新要素汇集的理想之地，也为苏州知识城市的崛起奠定了厚实基础。

案例二：新加坡

新加坡是一个花园城市国家，又被称为狮城，是进入东南亚市场的跳板，政治体制实行议会制共和制。新加坡是一个多元文化的移民国家，促进种族和谐是政府治国的核心政策，以稳定的政局、廉洁高效的政府而著称，其经济模式被称作为“国家资本主义”。在《2015 亚太知识竞争力指数》显示中，新加坡位列第二，综合反映了该城市将知识资本转化为经济价值和居民财富的能力。

1. 多元文化融合加快知识联系，“环球城市”战略发展经济腹地

新加坡知识经济的发展离不开吸引跨国公司的进驻，离不开外来资本和技术的支持，但新加坡作为国土面积只有 682.7 平方公里的城市国家，面临着资源有限、市场有限的困境。新加坡本土的企业和资本在外来资本的竞争下，在国内无法获取发展空间。为此，在 21 世纪初，新加坡政府提出了“7 小时内的国家和地区”，作为新加坡通商和经济发展的“腹地”，借此融入世界经济。这个经济腹地包括东盟、中国、印度、韩国、日本、中东、澳大利亚、新西兰等。有了这个广阔的腹地，新加坡政府提出了“新加坡资源无限”、打造“环球城市”等理念。也就是说，新加坡政府认为当自身的知识经济发展到较为成熟阶段、国内无法在空间上继续拓展的时候，就可以考虑将发展和管理知识经济的战略理念输出到海外，实现延伸发展。

2. 形成了适应社会发展需要的知识学习型社会

历年的全球竞争力报告均显示，新加坡在“教育制度质量”排行榜上一直名列世界前几位，新加坡的教育制度在迎合经济体竞争力的需求方面也一直都名列前茅。国际知名咨询公司麦肯锡的报告把它评为世界表现最佳的教育制度之一。

3. 利用自身优势资源进行战略定位

新加坡仅用 40 余年的时间，就实现了从贫穷落后到国富民强

的华丽转身，成为国际社会赞誉并学习的楷模。在整个发展中，共实现了四大战略，分别是：国家绿化战略、经济全球化战略、产业高端化战略以及无中生有战略。尤其第三个战略，进 21 新世纪，新加坡不断研究新的发展概念和趋势，保持新的竞争优势。一是发展知识密集型产业。二是打造东南亚区域中心。将新加坡作为一个全面的商业中心推向国际市场，积极吸引现代服务业领域的国际性服务公司，巩固和打造世界贸易、海港转运、航空、会议、教育、医疗保健、金融理财、司法仲裁等若干区域中心。

4. 充分利用知识资本，提高科技成果转化率

新加坡建设以知识为基础、创新为驱动国家所做的努力，尤其是受世界金融危机冲击的 2010 年间所出台的重大举措。在第四个科技五年计划结束、第五个科技五年计划即将启动的关键时刻，新加坡总结了前五年推动科技进步的成就，决定采取增加 R&D 投入，到 2015 年把新加坡 R&D 总支出提高到占 GDP 的 3.5%等综合措施，并继续强力推行国家研究—创新—创业战略。

5. 坚持绿色发展，大量吸引外来人才

新加坡素有“花园城市”的美名。近期，又宣布一个“绿色路线图”，要在未来 10 年里，把“花园城市”打造成“城市花园”。这将成为国家新的名片，吸引更多高级人才来此安家落户，新加坡大刀阔斧地推进“绿色城市”建设。当局不仅建造了数以千计的公屋楼群，而且在从机场到市中心的迎宾大道两旁栽种树木和灌木丛。当时，政府意在吸引外国投资，尤其是在制造业领域。当外国投资者来到这个国家，看到精心栽种的树木和绿树成荫的公园，会觉得它拥有良好的管理能力，人民安居乐业，社会安全稳定。如此，极大地丰富了其人力资源库，为城市科技创新今后的发展提供了可持续的人才储备。

（二）城市点评

1. 北京

北京作为我国知识竞争力最强大的城市已经连续四年成为榜首，作为“首都”的北京其知识竞争力各项指标都很强大，传统优势在于别的城市难以望其项背的名校林立、科研人才聚集、文化创新力强且相关产业发达等方面。2015 年度的北京在此基础上再次出现了创新力的升华，专利指数首次成功问鼎，大学指数、技术科研人员占比成为科技创新的原动力。希望北京在保持专利创新优势的同时加快科研成果的转化速度。

2. 深圳

几年来深圳作为典型城市已经多次上榜，深圳高科技创业企业聚集的现象已经成为全国城市效仿的典型。深圳短暂城市历史让其少了文化的积淀过程，多出了学习新知识的热情，其人均教育支出、百人公共图书占有量一直全国领先，全社会的学习热情促使企业科研经费支出、专利指数、高科技产品进出口长期占据前三名，但是 2014—2015 年房价的暴涨会不会影响深圳的创新力成为报告今后追踪的重点，不希望“深圳创业不如深圳买房”的传言成真。

3. 南京

金陵六朝古都的南京，在知识竞争力上表现出异乎寻常的稳定，一直保持着全国前五的水平，其深厚的文化底蕴让人可以沉下心来安静地读书，悠悠的岁月里南京学子们、老师们静水深流地完成了他们的知识创新，在知识投入、论文发表数上稳定排在全国第二。希望南京在知识经济转化上能更进一步，实现产学研的有机结合。

4. 中山

中山是国家历史文化名城，有“华侨之乡”的美誉，地处我国最发达的经济省份广东。中山华侨较多，接受新生事物快，对外联系广泛，当地对教育比较重视，其知识竞争力指数长期在地级市的前五名，知识需求旺盛，在地级市排名前列，知识经济也相对较好，高科技产品进出口稳步增加。

5. 太原

中国西北的历史文化名城，又称并州，国内有看汉朝文化去“三晋”之说。长期历史文化的渊源让太原的知识竞争力稳步提高，2013—2015 年度排名由全国的第 22 名提升至 2015 年度的第 14 名，在省会城市中排名第一，其中知识投入指标每年稳步递增。高校、科研机构、军工产业聚集使其知识产出也有序增加。

6. 长沙

长沙作为历史文化名城、古今兵家必争之地，现如今成为我国工程机械制造业之都，诞生了三一重工、中联重科、山河智能等一大批工程机械龙头企业。知识投入一直是长沙的优势指标，高科技产品进出口也是其强项，2014 年度长沙进入我国最具知识竞争力城市 10 强。然而随着中国经济的转型，对传统机械需要的减少，2015 年度长沙滑落到第 16 名。

7. 珠海

珠海是我国开放最早的经济特区之一，改革开放以来由一个沿海小县城一跃成为我国改革开放的桥头堡，与海外经济贸易的交流活跃。珠海的知识竞争力在地级市中表现优异，2015 年度全国排名第 15 名，2014 年第 11 名，属于名列前茅的地级城市，在地级市级别中知识经济发达，高科技产品出口表现最好，专利指数有待于进一步提高。

8. 芜湖

芜湖历史悠久，地处中原“吴楚名区”，是国务院批准的沿江开放重点城市，与合肥并称为安徽双核心城市。三年来芜湖的知识竞争力快速上升，由 2013 年度的第 53 名，上升至 2015 年度的第 23 名，与合肥只相差三名，实现了真正意义上的安徽双核。三年间芜湖进步最大的是知识经济分项，另外知识投入也持续增加，最引人注目的是科研经费支出占比全国榜首。

9. 无锡

无锡处于长江三角洲核心区，又被称为“太湖明珠”，是中国国家历史名城，同时又是中国民族工业的摇篮。无锡在地级市中排名前列，2015 年全国排名第 26 名，在地级市中排名第 6 名，无锡的知识产出、知识经济在地级市中排名前 10 名。

10. 桂林

桂林世界著名旅游城市，有“山水甲天下”的美称。最近几年桂林的知识竞争力提升很快，2015 年度首次进入全国 50 强行列，微电子、医药、汽车是其支柱产业。近年来高科技产品进出口提高较快，知识投入也逐年稳步增加。

六　对策

本书针对 2015 年度中国 289 个城市的知识竞争力指数的深度分析发现的问题，结合案例城市、典型城市的成功经验，重新回顾搭建理想知识城市理论，从实际出发提出以下几点政策建议。

（一）均衡城市间科研经费的支出，从财税减免入手鼓励科研经费的支出

适度全国统筹度，向地级研究机构、地方大学提供经费支持，改变核心城市科研经费支出独大的问题，对财政收入低的城市定向按照适龄人口数量提供教育经费，实现国民教育经费均等化。调整企业税务制度，加快科研投入的摊销，在财政上鼓励企业科研创新。

（二）建立全国性的科技专利转让系统，加快科技转化、技术外溢的速度

我国的科技成果大量产生于核心城市，核心城市的技术进步向周边区域城市的外溢不足，信息非对称是造成这一问题的主要原因。通过建立全国性的科学专利转让系统会加快技术转让、外溢的速度，实现现有技术的合理运用。

（三）降低知识、科技的学习成本，加快大学、科研机构图书、研究成果的公共阅览，满足知识需求

现阶段城市的学习成本太高，公益性教育机构严重不足，低收入家庭、偏远城市无力提供全面的知识、文化教育。如不降低学习成本，中国的人口优势将很难得到发挥，寒门学子将再难出头。因此，拆掉学校、研究机构的“围墙”就显得更为迫切。

（四）提倡“匠人精神”创新由小事入手，从实际出发避免假大空的创新政策

提高国民专业技术人员待遇，尊重专业技术人员，鼓励专业精神，调整迷信学历、片面强调外语、职称的评价体系，打破唯学历主义对技术研发的束缚，脚踏实地地制定创新、创业激励措施，避免玩概念、喊口号的浮夸政策、面子政策。

（五）把握世界科技潮流，加大投入培育“人工智能、虚拟现实（VR）、无人驾驶”三大科技领域的新兴产业

2016 年是人工智能元年，必须把握这一历史机遇，加大资金投入、扶持力度，紧跟新的科技潮流，做到不掉队，伺机弯道超车。随着中国人口红利的消失，单纯劳动力短缺问题的解决必须依靠科技进步，机器人、无人机、无人驾驶技术将为中国实现由人口红利向人力资本红利转移提供技术支撑，避免出现掉队后又奋起追赶的被动局面。

综上所述，通过对 2015 年度中国 289 个城市知识竞争力的实证分析与研究可见，中国城市的知识竞争力还处于发展的初级阶段，必须以案例城市为榜样，结合本地实际情况积极探索提高知识竞争力的新路径。城市转型虽艰难，但是却让城市具有了可持续发展的源泉。

第七章　中国和谐城市竞争力报告

——迈向公平包容的和谐城市

刘金伟*

一　现状

（一）现状：总体水平偏低，未来趋势向好

和谐城市是中国新型城镇化追求的最终目标，也是中国和谐社会建设的落脚点，为适应新形势发展的需要，2013 年课题组开始把和谐城市竞争力作为中国城市竞争力的重要组成部分。从近几年中国和谐城市竞争力的变化来看，总体水平与前几年相比，得到一定提升。中国和谐城市竞争力综合得分从 2012 年的 2.52 上升到 2015 年的 3.90（见表 7—1）。未来随着中国新型城镇化战略的逐渐深入和国家对民生社会事业投入的不断加大，中国和谐城市竞争力的总趋势将向发达国家的城市靠近，总体水平不断提升。

表 7—1　　2012—2015 年中国和谐城市竞争力综合得分情况

年份	城市数	极小值	极大值	均值	标准差
2012	289	0.62	5.68	2.52	0.78

---

* 刘金伟，管理学博士，北京工业大学人文社会科学学院副教授，社会调查研究中心副主任，首都社会建设与社会管理协同创新中心副秘书长，北京哲学社会科学研究基地北京社会管理研究基地秘书长。主要研究领域：社会建设与社会管理、城市社会学等。2013 年以来参与《中国城市竞争力报告》的撰稿工作。

续表

年份	城市数	极小值	极大值	均值	标准差
2013	289	1.76	7.28	3.63	0.77
2014	289	2.41	7.26	3.95	0.69
2015	289	2.62	6.88	3.90	0.60

资料来源：中国社会科学院城市与竞争力指数数据库。

从目前发展阶段来看，如果以香港、澳门等发达城市为比较对象，中国和谐城市竞争力整体水平还比较低，除了沿海少数发达城市外，基本上处于中等偏下的水平，中国和谐城市建设还有很长的路要走。笔者按照每个城市和谐竞争力综合得分，把所有被评估城市分成五级：0—0.2 分为“很差”、0.201—0.4 分为“差”、0.401—0.6 分为“一般”、0.601—0.8 分为“好”、0.801—1 分为“很好”。从 289 个城市得分情况来看，划在“好”和“很好”的城市只有 6 个，占所有被评估城市的 2%（见表 7—2）。绝大多数城市处在一般以下水平，进一步说明了中国和谐城市竞争力总体水平偏下的现状。

表 7—2　　2015 年中国和谐城市竞争力级别划分

类别	频率（个）	百分比
很差	69	23.9
差	150	51.9
一般	64	22.1
好	5	1.7
很好	1	0.3
合计	289	100

资料来源：中国社会科学院城市与竞争力指数数据库。

（二）特点：分化严重，城市级别越高的城市和谐度越好

从中国和谐城市竞争力的排名来看，2015 年中国内地排名前十的城市中除了山东的威海市以外，其他城市均属于一线城市和二线发达城市。排名前四位的深圳、北京和上海市属于超大城市，武汉市属于特大

城市。从近三年排名的变化来看，在一线城市中深圳市从 2013 年的第二位上升为第一位；北京市从 2013 年的第六位上升为第二位；上海市从 2013 年的第十位上升为第四位（见表 7—3）。而前几年排名靠前的一些二线城市，2015 年的排名均出现了一定程度的滑落。

表 7—3　2013—2015 年中国内地区和谐城市竞争力排名前十城市变化

城市	2015 年排名	2014 年排名	2013 年排名
深圳	1	6	2
北京	2	5	6
武汉	3	13	9
上海	4	9	10
厦门	5	3	1
宁波	6	4	4
苏州	7	8	19
青岛	8	12	5
大连	9	7	3
威海	10	30	58

资料来源：中国社会科学院城市与竞争力指数数据库。

从不同级别城市的综合得分来看，香港、澳门、北京、上海、天津、广州、深圳七个一线城市和谐竞争力平均得分为 5. 57，武汉、成都、苏州等 31 个二线城市的平均得分为 4. 71，57 个三线城市的平均得分为 4. 13，175 个四线城市的平均得分为 3. 77，19 个五线城市的平均得分为 3. 31（见表 7—4）。说明等级越高的城市和谐程度越高，特别是一线城市与其他级别的城市相比，具有非常明显的优势。

表 7—4　2015 年不同级别的城市和谐竞争力综合得分情况

城市级别	均值	个案数	标准差
一线城市	5. 57	7	0. 89
二线城市	4. 71	31	0. 57

续表

城市级别	均值	个案数	标准差
三线城市	4.13	57	0.52
四线城市	3.77	175	0.55
五线城市	3.31	19	0.38
总计	3.95	289	0.69

资料来源：中国社会科学院城市与竞争力指数数据库。

（三）格局：东、中、西差距显著，东北地区下滑严重

从区域格局来看，和谐城市竞争力东、中、西部地区的差距仍然十分明显，除了港澳台地区，中国内地和谐程度最高的是东南沿海地区，其次是环渤海地区。东北地区是我国国有企业集中的地区，原有的基础较好，居民的社会保障水平较高，但近几年由于东北地区经济衰落，和谐竞争力出现了下降，需要引起重点关注。西北和西南地区虽然总体水平较低，但呈现稳定的上升趋势（见表7—5）。

表7—5 2013—2015年中国和谐城市竞争力区域比较

区域变量	2015年	2014年	2013年
港澳台	6.28	6.56	6.58
东南	4.19	4.24	3.95
环渤海	4.03	4.14	3.91
东北	4.01	4.17	3.81
中部	3.86	3.95	3.69
西北	3.73	3.71	3.12
西南	3.49	3.47	3.16
总计	3.90	3.95	3.63

资料来源：中国社会科学院城市与竞争力指数数据库。

二 聚焦

20 世纪 80 年代以前户籍是划分农村人口和城市人口的重要标示，由于户籍制度背后附带的社会权利和福利待遇存在差别，户籍是造成城乡差别的制度性因素。80 年代中后期随着农村劳动力大量进入城市务工经商，很多人在职业和生活方式上已经与城市接轨，但在身份上仍然是农民，在享受城市基本公共服务和福利待遇上与城市居民存在很大差异，这是造成中国社会公平性较差，社会和谐度不高的重要原因。因此，从户籍制度入手，分析不同城市之间由于户籍制度造成的公平性差别，是了解不同区域、类型城市和谐竞争力差别的重要依据。户籍制度与非户籍制度的公平性指标根据各地方政府关于户籍开放的条件及不同户籍身份的居民在享受基本公共服务等方面的差别进行打分、综合计算而来。

（一）户籍与非户籍居民之间的公平性较差

中国是世界上少数实行户籍制度的国家，由于户籍造成的居民之间的差别不仅体现在经济领域，更体现在社会领域，特别是在劳动就业、社会保障、教育、医疗、住房等公共服务领域，没有户籍的那部分常住人口实际上成为城市的“二等公民”，很难融入当地社会，这给中国的新型城镇化战略的实施带来很大挑战。从户籍与非户籍居民之间公平性指数得分来看，最高的是香港、澳门和内地的宿迁、湖州、四平、松原、沈阳等城市，得分为 1452 分；所有城市的平均分值是 785 分。如果以没有实行户籍制度的城市香港和澳门作为标杆，内地城市户籍与非户籍居民之间的公平性总体还比较差。

（二）城市级别越高户籍与非户籍之间的公平性越差

2014 年 7 月 24 日国务院下发了《国务院关于进一步推进户籍制度改革的意见》（国发〔2014〕25 号），对不同类型城市的落户条件进行了具体规定。对于超大城市与特点城市人口规模实行总量上严格控制，落户门槛要求很高；对于大城市提出适度控制人口规模，因地制宜，有选择性进入；对于中等城市逐步扩大人口规模，有序全面放开落户限制。从实际情况来看，户籍居民与非户籍居民之间的公平性与城市的级别存在密切关系。北京、上海、深圳、广州和天津五个一线城市，对户籍的限制最严格，户籍与非户籍之间的公平性也最差，户籍与非户籍之间公平性平均得分为 737.40，北京、上海两个超大城市户籍与非户籍之间的公平性分别排在第 167 位和第 168 位。排名靠前的都是人口规模较小的四线、五线城市（见表 7—6）。

表 7—6　　不同等级城市户籍与非户籍之间公平性比较

城市级别	均值	个案数	标准差
一线城市	737.40	5	6.15
二线城市	759.62	29	17.86
三线城市	760.10	49	20.33
四线城市	794.78	96	139.09
五线城市	765.43	7	23.84
总计	777.52	186	102.19

资料来源：中国社会科学院城市与竞争力指数数据库。

（三）中、西部户籍与非户籍公平性较好，东部沿海地区较差

户籍公平性程度除了跟城市的规模、功能定位有很大关系外，跟城市所在的区域有着非常紧密的关系。根据得分，户籍公平程度最低的是以北京、天津为代表的环渤海地区，户籍政策公平程度的平均分值为 756.64；其次是以上海、广州和深圳为代表的东南沿海地区，户籍公平程度的平均分值为 758.92；再次为西南地区，户籍公平程度的平均分值为 770.63。户籍公平程度最高的地区是中部地区、西北地区和东北地区（见表 7—7）。总起来看，东部沿海发达地区城市对入户条件要求比较高，而这些地方也正是外来人口流入数量比较多的地区；中西部地区城市对入户条件的要求相对比较低，这些地区主要是外来人口流出地，虽然也吸纳了大量本地农村人口进城，但人口压力相对比较小。

表 7—7　　不同等级城市户籍与非户籍之间公平性比较

区域变量	均值	个案数	标准差
环渤海	756. 64	28	18. 93
东北	831. 30	20	212. 98
中部	780. 06	52	96. 94
东南	758. 92	39	18. 42
西南	770. 63	24	21. 69
西北	789. 13	23	146. 08
总计	777. 52	186	102. 19

资料来源：中国社会科学院城市与竞争力指数数据库。

三　经验

（一）排名前十城市和谐竞争力评价

1. 北京市和谐竞争力评价

2015 年北京市在内地和谐城市竞争力中排名第二位。北京作为全国的政治中心，社会安全度比较高，每万人交通火灾死亡人数为 0. 44 人，在全国排名第六位；其次北京保障程度较高，公共财政投入力度大，社会福利和社会事业发达，北京社会保障程度得分为 18277，排在第五名；政府公共财政在医疗、就业和社会保障领域人均投入得分为 0. 404，排名第五位；北京由于中产阶层的比例较高，不同阶层之间的公平性较好，阶层之间公平性得分为 0. 91，排名第一位；但由于北京人口压力比较大，户籍的开放度和公平性不高，户籍公平性得分为 738，在全国排名第 167 位。在政府管理方面，北京市行政透明度信息公开指数为 0. 72，在全国排名第 47 位，有进一步提升的空间；但在群众需求的关注度上北京市做得比较好，指数得分为 0. 93，在全国排名第二位（见表 7—8、图 7—1）。

表 7—8　　北京市和谐城市竞争力分项指标得分

行政透明度信息公开指数	群众需求关注度互动交流指数	户籍与非户籍公平性政策得分	阶层公平性得分	人均医疗社会保障就业支出得分	社会保障程度得分	万人检察院批准逮捕嫌疑人数	每万人交通火灾死亡人数
0.72	0.93	738	0.91	0.404	18277	7.61	0.44

资料来源：中国社会科学院城市与竞争力指数数据库。

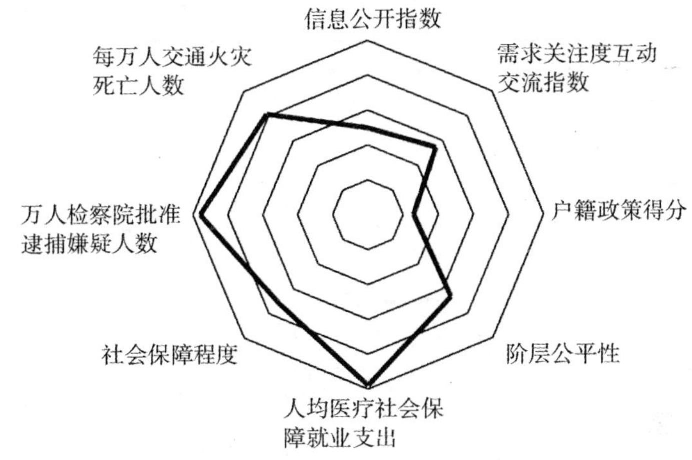

图 7—1　北京市和谐竞争力分指标得分雷达图

资料来源：中国社会科学院城市与竞争力指数数据库。

2. 深圳市和谐竞争力评价

深圳作为中国沿海开放城市，是中国经济发展最活跃、最开放的地方，也是外来人口聚集度最高的城市之一。2015 年深圳在中国内地和谐竞争力排名第一位，是中国内地最和谐的城市。从各分项指标来看，深圳市行政透明度信息公开指数得分为 0.74，排在第 26 位；群众需求关注度互动交流指数得分为 0.88，排在第 7 位；户籍与非户籍居民之间政策公平性得分为 732，排在第 181 位；不同阶层之间公平性得分为 0.82，排在第 7 位；人均医疗社会保障就业政府财政支出得分为 0.62，排在第4位；社会保障程度得分为25257，排在第1位；万人检察院批准逮捕嫌疑人数为22.12，排在第274位；每万人交通火灾死亡人数0.53，排在第267位（见表7—9、图7—2）。

表7—9 深圳市和谐城市竞争力分项指标得分

行政透明度信息公开指数	群众需求关注度互动交流指数	户籍与非户籍公平性政策得分	阶层公平性得分	人均医疗社会保障就业支出得分	社会保障程度得分	万人检察院批准逮捕嫌疑人数	每万人交通火灾死亡人数
0.74	0.88	732	0.82	0.62	25257	22.12	0.53

资料来源：中国社会科学院城市与竞争力指数数据库。

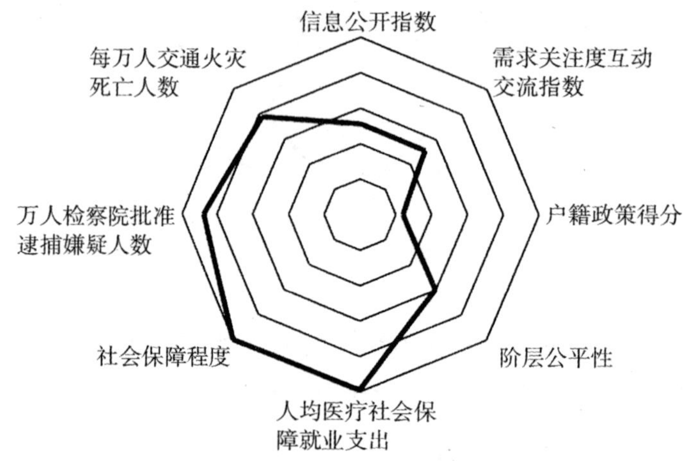

图7—2 深圳市和谐竞争力分指标得分雷达图

资料来源：中国社会科学院城市与竞争力指数数据库。

3. 厦门市和谐竞争力评价

厦门市是我国沿海开放城市，2015年在中国内地和谐城市竞争力排名中排在第五位。从厦门市各项指标的表现来看，反映政府治理水平的行政透明度信息公开指数和群众需求关注度互动交流指数的得分为0.72和0.60，分别排在第43位和第123位；在社会公平性上，反映户籍与非户籍居民享受政策的公平性和不同阶层之间公平性的指数得分为753和0.80，分别排在第116位和第9位；反映社会保障水平的人均医疗社会保障就业支出和社会保障程度得分为0.31和15780，分别排在第9位和第14位；反映社会安全程度的万人检察院批准逮捕嫌疑人数和每万人交通火灾死亡人数得分为11.84和0.50，分别排在第250位和第265位（见表7—10、图7—3）。

表7—10　厦门市和谐城市竞争力分项指标得分

行政透明度信息公开指数	群众需求关注度互动交流指数	户籍与非户籍公平性政策得分	阶层公平性得分	人均医疗社会保障就业支出得分	社会保障程度得分	万人检察院批准逮捕嫌疑人数	每万人交通火灾死亡人数
0.72	0.60	753	0.80	0.31	15780	11.84	0.50

资料来源：中国社会科学院城市与竞争力指数数据库。

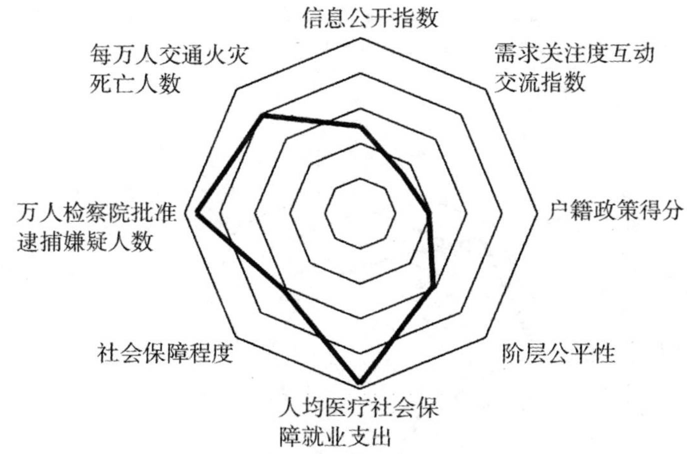

图7—3　厦门市和谐竞争力分指标得分雷达图

资料来源：中国社会科学院城市与竞争力指数数据库。

4. 武汉市和谐竞争力评价

武汉市是我国中部中心城市，也中国特大城市之一。2015年武汉市和谐城市竞争力在中国内地城市中排名第三位，是和谐竞争力上升最快的城市。从和谐竞争力各方面的表现来看，反映政府治理水平的行政透明度信息公开指数和群众需求关注度互动交流指数得分为 0.71 和 0.83，分别排在第 50 位和第 12 位；从社会公平程度来看，户籍与非户籍居民公平性政策得分为 789，阶层之间的公平性得分为 0.76，分别排在第 14 位和第 11 位；反映社会保障水平的人均医疗卫生社会保障就业支出得分为 0.27，社会保障程度得分为 11683，分别排在第 17 位和第 39 位；反映社会安全程度的万人检察院批准逮捕嫌疑人数为 10.90，每万人交通事故火灾死亡人数为 0.24，分别排在第 241 位和第 204 位（见表 7—11、图 7—4）。

表 7—11　　武汉市和谐城市竞争力分项指标得分

行政透明度信息公开指数	群众需求关注度互动交流指数	户籍与非户籍公平性政策得分	阶层公平性得分	人均医疗社会保障就业支出得分	社会保障程度得分	万人检察院批准逮捕嫌疑人数	每万人交通火灾死亡人数
0.71	0.83	789	0.76	0.27	11683	10.90	0.24

资料来源：中国社会科学院城市与竞争力指数数据库。

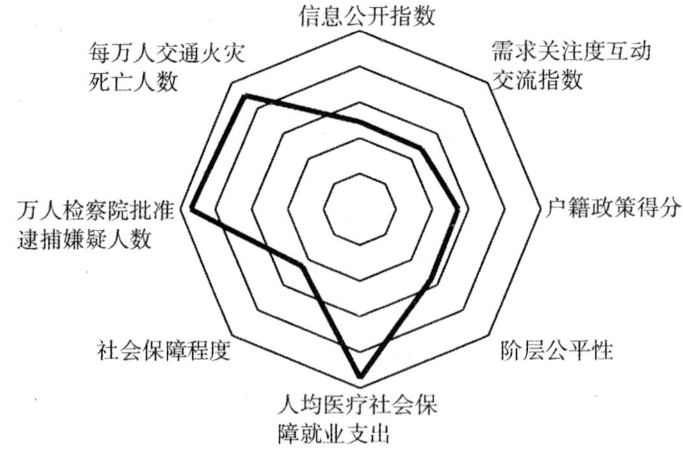

图 7—4　武汉市和谐竞争力分指标得分雷达图

资料来源：中国社会科学院城市与竞争力指数数据库。

5. 上海市和谐竞争力评价

上海市是中国第一大城市，是中国的经济、金融、贸易中心，上海市在2015年和谐竞争力排名中排在第四位，上升势头非常强劲。从各方面的表现来看，体现政府治理水平的行政透明度信息公开指数为0.78，群众需求关注度互动交流指数为0.90，分别排在第8位和第6位；反映社会公平性的户籍与非户籍公平性政策得分为738，阶层之间公平性得分为0.76，分别排在第168位和第14位；从上海市社会保障水平来看，人均医疗社会保障就业支出得分为0.45，社会保障程度得分为14671，分别排在第6位和第18位；从上海市社会安全程度来看，万人检察院批准逮捕嫌疑人数为11.42，每万人交通火灾死亡人数为0.44，分别排在第245位和第260位（见表7—12、图7—5）。

表7—12　上海市和谐城市竞争力分项指标得分

行政透明度信息公开指数	群众需求关注度互动交流指数	户籍与非户籍公平性政策得分	阶层公平性得分	人均医疗社会保障就业支出得分	社会保障程度得分	万人检察院批准逮捕嫌疑人数	每万人交通火灾死亡人数
0.78	0.90	738	0.76	0.45	14671	11.42	0.44

资料来源：中国社会科学院城市与竞争力指数数据库。

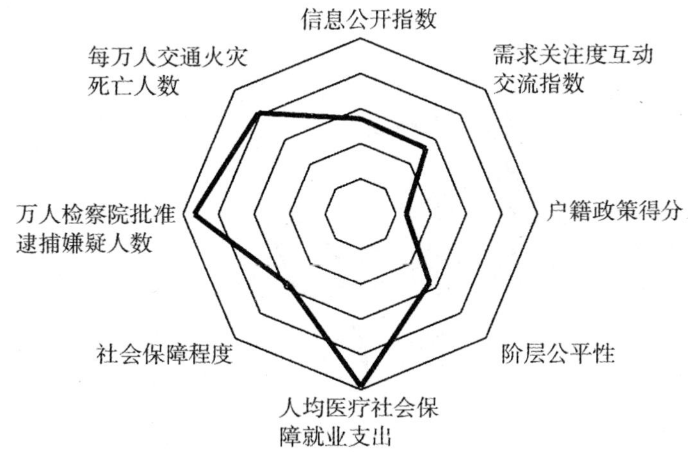

图7—5　上海市和谐竞争力分指标得分雷达图

资料来源：中国社会科学院城市与竞争力指数数据库。

6. 宁波市和谐竞争力评价

宁波市是中国副省级沿海开放城市，2015 年宁波市和谐竞争力水平排在中国内地城市第六位。从宁波市和谐竞争力各分项指数的得分来看，宁波市行政透明度信息公开指数得分为 0.68，群众需求关注度互动交流指数为 0.73，分别排在第 85 位和第 49 位；从社会的公平程度来看，户籍与非户籍公平性政策得分为 762，阶层之间公平性得分为 0.40，分别排在第 90 位和第 103 位；从宁波市社会保障水平来看，人均医疗卫生社会保障就业支出得分为 0.28，社会保障程度得分为 19715，分别排在第 14 位和第 1 位；从社会安全程度来看，宁波市万人检察院批准逮捕嫌疑人数为 13.13，每万人交通火灾死亡人数为 0.37，分别排在第 256 位和第 251 位（见表 7—13、图 7—6）。

表 7—13 宁波市和谐城市竞争力分项指标得分

行政透明度信息公开指数	群众需求关注度互动交流指数	户籍与非户籍公平性政策得分	阶层公平性得分	人均医疗社会保障就业支出得分	社会保障程度得分	万人检察院批准逮捕嫌疑人数	每万人交通火灾死亡人数
0.68	0.73	762	0.40	0.28	19715	13.13	0.37

资料来源：中国社会科学院城市与竞争力指数数据库。

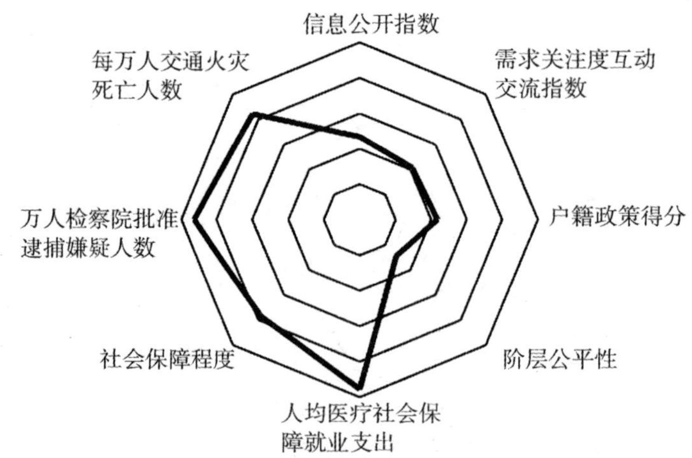

图 7—6 宁波市和谐竞争力分指标得分雷达图

资料来源：中国社会科学院城市与竞争力指数数据库。

7. 青岛市和谐竞争力评价

青岛市是中国沿海经济开放城市，2015 年城市和谐竞争力水平排在内地城市第 8 位。从宁波市和谐竞争力各项指标的得分来看，青岛市政府治理水平指数得分较高，政府行政透明度信息公开指数得分为 0. 80，政府对群众需求关注度互动交流指数得分为 0. 92，分别排在第 5 位和第 3 位；在社会公平方面，户籍与非户籍公平性政策得分为 744，不同阶层之间公平性得分为 0. 88，分别排在第 135 位和第 4 位；从青岛市社会保障水平来看，人均医疗社会保障就业支出得分为 0. 15，社会保障程度得分为 13641，分别排在第 109 位和第 23 位；在社会安全水平方面，青岛市万人检察院批准逮捕嫌疑人数为 9. 65，每万人交通火灾死亡人数为 0. 12，分别排在第 224 位和第 118 位（见表 7—14、图 7—7）。

表 7—14　　宁波市和谐城市竞争力分项指标得分

行政透明度信息公开指数	群众需求关注度互动交流指数	户籍与非户籍公平性政策得分	阶层公平性得分	人均医疗社会保障就业支出得分	社会保障程度得分	万人检察院批准逮捕嫌疑人数	每万人交通火灾死亡人数
0. 80	0. 92	744	0. 88	0. 15	13641	9. 65	0. 12

资料来源：中国社会科学院城市与竞争力指数数据库。

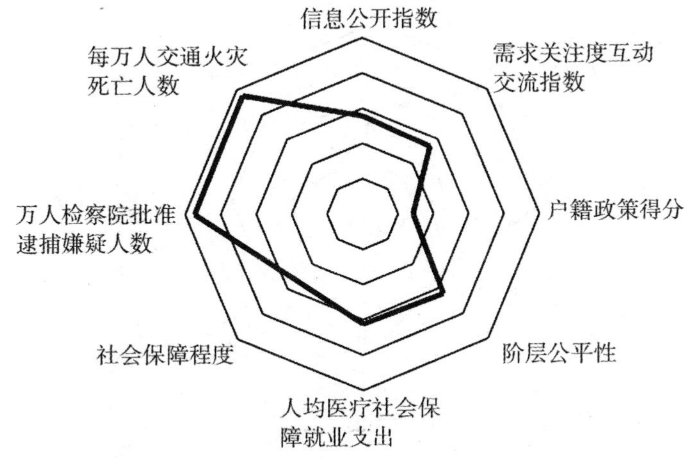

图 7—7　青岛市和谐竞争力分指标得分雷达图

资料来源：中国社会科学院城市与竞争力指数数据库。

8. 威海市和谐竞争力评价

威海市是山东省沿海开放城市，2015 年和谐城市竞争力在中国内地城市中排在第十位。从威海市各分项指标的表现来看，体现政府治理水平的行政透明度信息公开指数和政府对群众需求关注度互动交流指数得分为 0. 73 和 0. 51，排在第 34 位和第 170 位；体现社会公平的户籍与非户籍居民之间公平性政策得分为 768 分，不同阶层之间公平性得分为 0. 72 分，分别排在第 80 位和第 22 位；从威海市社会保障水平来看，人均医疗社会保障就业支出得分为 0. 18，反映社会保障覆盖面的社会保障程度得分为 14094，分别排在第 53 位和 21 位；从社会安全度来看，威海市万人检察院批准逮捕嫌疑人数为 6. 45，每万人交通火灾死亡人数为 0. 23，分别排在第 158 位和第 196 位（见表 7—15、图 7—8）。

表 7—15 威海市和谐城市竞争力分项指标得分

行政透明度信息公开指数	群众需求关注度互动交流指数	户籍与非户籍公平性政策得分	阶层公平性得分	人均医疗社会保障就业支出得分	社会保障程度得分	万人检察院批准逮捕嫌疑人数	每万人交通火灾死亡人数
0. 73	0. 51	768	0. 72	0. 18	14094	6. 45	0. 23

资料来源：中国社会科学院城市与竞争力指数数据库。

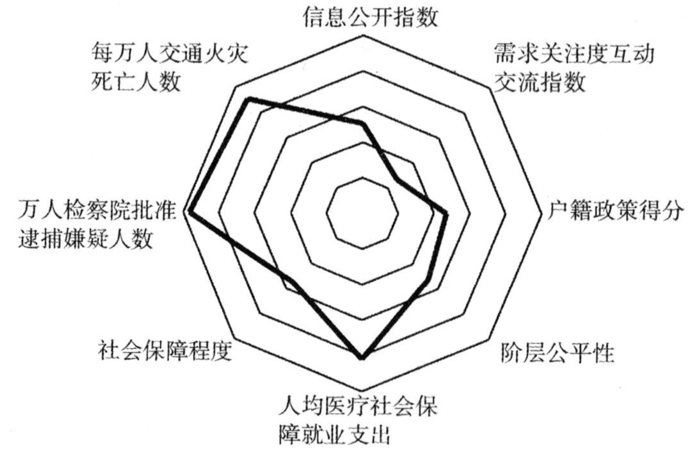

图 7—8 威海市和谐竞争力分指标得分雷达图

资料来源：中国社会科学院城市与竞争力指数数据库。

9. 大连市和谐竞争力评价

大连市是中国东北沿海开放城市，2015 年在中国内地和谐竞争力中排名第九位。在分项指标中，反映政府治理水平的行政透明度信息公开指数为 0.59，政府对群众需求关注度互动交流指数为 0.63，分别排在第 203 位和第 104 位；从社会公平程度来看，户籍与非户籍公平性政策得分为 738，不同阶层之间公平性得分为 0.62，分别排在第 173 和第 35 位；从社会保障水平来看，大连市人均医疗社会保障就业支出得分为 0.30，社会保障程度得分为 19446 分，分别排在第 10 位和第 4 位；从社会安全度指标来看，每万人检察院批准逮捕嫌疑人数为 5.98，每万人交通火灾死亡人数为 0.24 人，分别排在第 141 位和第 201 位（见表 7—16、图 7—9）。

表 7—16　大连市和谐城市竞争力分项指标得分

行政透明度信息公开指数	群众需求关注度互动交流指数	户籍与非户籍公平性政策得分	阶层公平性得分	人均医疗社会保障就业支出得分	社会保障程度得分	万人检察院批准逮捕嫌疑人数	每万人交通火灾死亡人数
0.59	0.63	738	0.62	0.30	19446	5.98	0.24

资料来源：中国社会科学院城市与竞争力指数数据库。

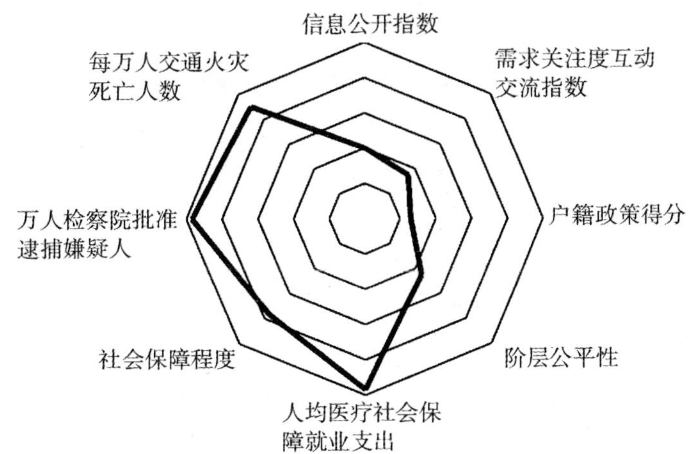

图 7—9　大连市和谐竞争力分指标得分雷达图

资料来源：中国社会科学院城市与竞争力指数数据库。

四 案例分析

深圳市——开放包容的和谐之都

2015年深圳市在和谐竞争力中排在第1位，深圳市由30多年前的一个小渔村，发展成为现代化的国际性大都市，这与来自全国各地的外来人口有着密切的关系。深圳市是中国外来人口最多的城市，2014年深圳常住人口达到1077.89万人，其中非户籍的外来人口745.68万人，占69.2%，因此深圳被称为“移民城市”。与其他一些城市相比，外来人口在深圳融合得比较好，能够与当地人和谐相处，他们在为深圳发展做出贡献的同时，也赢得了深圳的尊重，享受了深圳经济社会发展所带来的成果，其成功经验值得其他城市借鉴。

主要措施如下。

一是“以房管人”创新流动人口服务管理模式。

在很多城市流动人口为当地经济发展做出了很大贡献，但是也给当地社会稳定和谐带来困扰。同时，当地政府在为流动人口服务时，获取基本的人口信息成为一大难题。深圳市为解决这一难题创造了“以房管人、以房服务人”的流动人口服务管理新模式。针对外来人口流动性、复杂性特点，2007年深圳市开始对全市的房屋统一编码，推行“一户一码”管理。针对不同的房屋类型因地制宜，推行“物业式”、“单位自管式”、“院区围合式”、“旅业式”、“散居包片式”等五种管理模式。按照“以房管人，人房共管”的原则，开发建立了全市流动人口和出租屋信息管理系统，将采集登记的实有人口信息及时传送公安等相关部门，通过搭建流动人口和出租屋基础信息大数据库，不仅实现了与相关职能部门信息互通共享，而且为老百姓提供了一站式、一卡通等便民服务。打造了“用静态的房屋管理动态的人”的深圳流动人口管理新模式。

二是以居住证为载体推进基本公共服务均等化。

由于户籍制度的影响，中国对外来人口实行经济上接纳、社会上排斥的制度，外来人口在享受基本公共服务上与本地人存在很大差距。深圳市从2008年开始推行居住证制度，淡化户籍观念，突出服务理念。只要外来人口在深圳具有合法稳定的职业、参加任何一种社会保险达到一年、具有合法稳定的住所（含租赁），并且按规定进行登记，就可以享受与当地户籍人口一样的社保、子女教育等一系列服务。并且拓展居住证在商业、金融、就医、就学、出境入境等领域的服务功能，将个人就业、社保、信用等信息纳入居住证管理，实现“一卡多能、一卡通用”。通过居住证制度，外来人口基本上解决了在深圳工作生活的需求，更好地融入深圳社会。

三是以积分制为依据推进户籍制度改革。

深圳市又通过积分制在流动人口和户籍人口之间建立了一个不断扩大的常态化通道。在具体的入户条件上，规定凡具有高中以上学历，身体健康，年龄在18—48岁之间，已在深圳市办理居住证并缴纳社会保险，未违反人口和计生法律、法规和有关政策等的外来人口，均可向人力资源部门提出积分入户申请，无数量指标限制。同时，降低了应届毕业生落户门槛，取消了农业户籍引进限制，扩大了个人身份申办范围，招工调工一律通过积分入户。对于达到一定分值、符合积分入户条件的人员，即刻准予入户；对于暂不符合条件的人员，通过明确的政策引导，使他们形成合理、明确的入户预期。在积分入户政策实施过程中，引入公益服务、诚信记录和荣誉奖励机制。外来务工人员入户评价机制从原来的“条件制”、“门槛制”变为“综合评价制”。大幅增加居住条件的含金量，大幅提高居住年限分值。据统计，自实施积分入户制度以来，深圳市已通过积分入户新增户籍人员近30万名，其中大部分为长期在深务工人员，有效地消化了存量人口入户问题，缓解了人口倒挂现象。

启示：深圳市针对本市外来人口比例比较大的特点，通过“以房管人”解决了流动人口服务管理难的问题，为推行各种改革和服务提供了基础信息。深圳市通过推行居住证制度，通过科学化、民主化、法制化的手段为外来人口改善了生活环境。同时，通过积分制落户，解决了深圳市长期的人口倒挂问题。当前，中国正处于城镇化加速发展阶段，如何通过制度和方法创新，不断推动外来人口有序融入城市，是我国在城镇化进程中必须高度重视和研究解决的共同课题。作为改革开放先行地区，深圳市进行了积极的探索和尝试，提供了有益借鉴。

日本东京——世界上最安全的城市

东京是日本的首都，亚洲第一大城市，世界第二大城市，也是世界最大的经济中心之一。根据英国“经济学人”发布的最新“安全城市指数”排名，2015 年东京在数字化安全、医疗保障、基础设施和人身安全等方面的综合评比领先于其他大城市，全球安全城市排名位居第一。自 20 世纪 60 年代以来，日本出现了长达 30 年的经济高速增长期，日本东京在经济高速增长和城市化的快速进程中，摆脱了很多国家出现的经济增长和犯罪率同步增长的怪圈，创造了世界奇迹。日本东京社会的长期稳定与其社会结构和城市政府的治理水平有着直接的关系。

一是内紧外松的户籍管理制度。

任何城市如果对外来人口或移民没有很好的管理措施，就会给社会造成动荡。东京对人口流动或迁移有着严格的信息登记制度，一旦有案件发生，很容易能够找到线索。日本的户籍分为“本地籍”和“住民票”，本地籍相当于中国的籍贯，而“住民票”与中国户籍的功能类似。它是以每个人的居住地为基础设立，登记有姓名、性别、年龄等信息。“住民票”是每个人进行政治选举、接受义务教育、纳税、缴纳和领取社会保障金的凭证。外来人口在进入东京后要在两周之内到当地政府办理迁入登记。近几年东京市政府把每个人的信息通过网络连接起来，实现了信息共享。该项制度不仅有利于人口的有序流动，而且通过该项制度把外来人口和东京市各级政府联系了起来，增强了外来人口的归属感。

二是完备的应急机制。

日本东京是世界上地震多发的城市之一，东京市在应对自然灾害的过程中，形成了一套行之有效的应急管理机制。在体制上形成了以东京都政府为主的一元化管理模式，遇到紧急情况东京都知事直接协调各部分工作，改变了过去以部门为主的应急管理方式。强调多部门之间的协调，设置综合防灾局，消防、警察、民国自卫队等10个部门联合办公，保证第一时间各部门之间各尽其职、分工合作。东京城市应急管理体系有完备的法律体系和地方条例作为支撑。同时东京都政府为应对紧急事件发生，平时准备有充足的物资和资金。根据法律东京都每年要将前三年地方普通税收额平均值的千分之五作为灾害救助基金进行累积。另外，东京应急管理的基础设施比较完备，城市的每个区域或重点场所都设有应急避难场所，并且经常组织居民进行演练，避免灾难到来时混乱发生。

三是建立严密的基层治安防控体系。

东京市基层有着非常严密的社会治安网络防控体系，东京市基层的治安机构被称为交番或驻在所，类似中国的派出所。交番主要设置在人口密集的十字路口，驻在所主要在犯罪多发的居民区。其主要职能包括巡逻、警戒、巡回访问和联络、市民咨询与遗失物受理等。交番或驻在所的设施和装备由警察厅统一配备，平时根据区域、人口流动和治安状况在点和点之间常规巡逻，处理社会治安事件。通过基层健全的治安网络体系，东京市保证了基层社会的稳定。

四是注重官民协同，发挥民间组织的作用。

在社会治理方面东京市政府非常注重与社区的“协同”，推动当地居民与政府一起为自己区域的社会安全负责。比如在东京市各区均非常重视区民、町内会等地域团体与政府防灾与防止犯罪等部门之间的协同和合作。町内会是日本历史最悠久的民间自治组织，内设有防犯部，进行相对独立的社区违法犯罪的防控工作。本社区发生违法犯罪活动时可以自己采取行动进行制止，同时配合警察部门对违法犯罪活动进行处理。

启示：日本东京作为世界上人口最多的城市之一，整个社会运行有序和谐，安全度比较高。除了与本地居民较高的文化素质和教育水平有关外，整个城市建立了从市政府到基层社区的安全防控体系，运作机制统一有效，调高了应对突发事件的效率。东京市在社会安全方面建立了完整的法律法规管理体系，具有充足的物资储备和齐全的设施，注重集中管理和部门协同相结合，发挥政府的主导作用，强调官民合作。东京市在城市治理和保障社会安全方面的很多措施值得中国一些大城市学习借鉴。

五 问题及对策

（一）外来人口的城市融入存在困难，必须通过户籍制度改革，解决社会公平问题

从80年代中后期国家逐渐放开农村劳动力进城务工算起，已经过去了30多年的时间，农民工主力军已经从“第一代”变成了“第二代”，从个别的人口流动变成了家庭迁移，很多新生代农民工已经在城市购房置业。但由于户籍制度存在，外来人口在就业、住房、教育、医疗等领域受到排斥，不能融入当地社会，成为城市的“二等公民”，造成非常严重的社会不公平现象。在和谐城市竞争力各项指标的构成中，户籍与非户籍居民之间的公平性表现得比较差。特别是环渤海和东南沿海地区的经济发达城市，入户的门槛仍然很高。尽管国家在不同时期均提出户籍制度改革的措施，但实际很难推行和实施。

已有的研究表明，东部经济发达地区的大城市之所以坚持户籍管制，一个重要的原因是户籍管制可以提高中心城市人均收入增长速度，让户籍拥有者成为既得利益者。从经济的角度来看，东部经济发达城市户籍制度管制的放松，依靠其自身去推动缺少内在的动力，流动人口给所在城市带来的外部效应，使其有强烈拒绝改革的动机。必须从国家的层面上和法律层面上去推动地方加快推进户籍制度改革。

外来人口的大量流入必定会给本地城市资源、环境、生活带来各种压力，城市政府在提供公共服务、维护社会秩序等方面面临的压力也比较大。一般来说，人口净迁入越大的城市，越倾向于设置较高的入户门槛以防止人口过量地涌入。从实际情况来看，苏州、厦门、青岛等人口压力比较大的城市，其户籍门槛比西部的一些特大城市如重庆、成都、武汉等高得多。从所有被评估城市户籍开放程度得分与本市人口净流入的关系来看，两者有着非常高的相关关系，也就是说人口净流入占本地

常住人口比值越高的城市，其户籍进入的门槛越高。人口过度集中会带来一系列社会问题，国家要从战略的高度对整个区域产业进行规划，通过产业的布局和调整，引导人口向中西部地区城市转移，达到人口的区域均衡。

（二）城市治理水平较低，社会安全问题需要引起注意

在急剧的社会转型中，中国进入了城市化的加速发展时期，城市规模迅速扩大。同时，在全球化和信息化的背景下，城市的流动性、复杂性加大，城市居民的需求不断提高，这给城市管理带来很大挑战。中国当代的城市管理，在很大程度上是沿袭了中国古代城市传统管理的思想与模式，城市既是行政管理中心，又是经济中心和文化中心。城市是一个典型的单位型管理体系的“科层体”，以传统行政管理模式来推动现代城市化的发展，在很多领域具有不适应性，甚至无法作为。例如，在反映城市治理水平的行政化透明指数和城市政府对老百姓需求关注度指数上，一些大城市由于信息化水平比较高，政府政务公开的透明度和对老百姓需求的反应性都比较高；而在大量的中西部地区的中小城市，整个政府的管理方式还基本上是传统方式（见表7—17）。

表7—17　不同级别城市政府行政透明度和群众需求关注度指数均值比较

城市级别	行政透明度信息公开指数	群众需求关注度互动交流指数
一线城市	0.91	0.88
二线城市	0.68	0.67
三线城市	0.65	0.57
四线城市	0.59	0.53
五线城市	0.46	0.33
总计	0.61	0.55

资料来源：中国社会科学院城市与竞争力指数数据库。

但是从城市的安全性来看正好相反，大城市特别是一线大城市，城市的安全性又差于中西部的中小城市。例如，一线城市万人检察院批准逮捕嫌疑人数平均数值是47.50，是五线城市的9倍多；每万人交通火

灾死亡人数一线城市的平均数是 0.48，是五线城市的 2 倍。大城市和特大城市无论是万人检察院批准逮捕嫌疑人数还是万人交通火灾死亡人数都比中小城市高得多（见表 7—18）。

表 7—18　不同级别城市万人检察院批准逮捕嫌疑人数和交通事故火灾死亡人数均值比较

城市级别	万人检察院批准逮捕嫌疑人数	万人交通火灾死亡人数
一线城市	47.50	0.48
二线城市	10.01	0.33
三线城市	9.89	0.27
四线城市	7.00	0.16
五线城市	5.20	0.24
总计	8.76	0.21

资料来源：中国社会科学院城市与竞争力指数数据库。

因此，对于中西部地区的中小城市而言，未来要加快从传统城市治理模式向现代城市治理模式转型，更快地跟上全球化和信息化的步伐，推进政务公开和信息的透明度。利用现代信息手段了解老百姓的需求，对老百姓的需求做出及时反应。对于东部大城市和特大城市而言，要学习借鉴国外大城市治理的经验，面对复杂多变的现代城市社会，推进治理体系和能力的现代化，通过体制机制创新，解决城市社会治理面临的难题，提高城市的安全度，让城市居民对城市的发展更具有信心，安全感和归属感更强。

（三）政府公共投入统筹范围太窄，要强化中央政府在基本公共服务上的责任

1994 年中国实行分税制改革以后，地方政府是本地公共事务的主要承担者，也就是说一个地方的教育、医疗、社会保障和社会福利等公共事业主要由地方政府负责。东部沿海地区城市或者大城市，因经济发达具有较好的财税收入，行政级别较高的城市在整个财税体系中也处于有利的地位，因此这些城市政府的财政投入和社会保障程度较高。中西

部地区的城市和行政级别低的中小城市一方面本身经济能力有限，另一方面还要把有限的税收按照比例交给上级城市，造成本级政府负担过重。从数据来看，一线城市政府在医疗社会保障就业的人均财政支出最高，而其他类型的城市支出较低；从社会保障程度来看，也是级别越高的城市社会保障程度越高，如一线城市的社会保障程度是五线城市的4倍多（见表7—19）。

表7—19　不同级别城市政府人均公共财政支出与社会保障程度比较

城市级别	人均医疗社会保障就业支出得分	社会保障程度得分
一线城市	0.57	15870.55
二线城市	0.18	11008.53
三线城市	0.14	8710.19
四线城市	0.14	6092.50
五线城市	0.15	3842.17
总计	0.15	7225.01

资料来源：中国社会科学院城市与竞争力指数数据库。

另外，由于地方政府是本地公共事务的承担主体，在缺少中央财政转移的情况下，地方政府为了维护本地居民的利益，缺少为外来人口提供基本公共服务的动力。目前切实可行的办法是中央政府通过全国“一盘棋”的机制，通过法律和制度大力推进基本公共服务的均等化，无论外来人口还是本地人口只要在本地生活达到一定时间，就可以享受到相同的基本公共服务，从而填平外地人口与本地人口的福利差。国家在一些关系到国计民生的基本社会福利和社会保障上，通过税收提高统筹的层次，降低地方政府的责任和权限。一些基本公共服务和社会保障可以考虑全国统筹，建立类似欧洲国家的基本福利制度，使生活在不同类别、不同区域城市的居民能够无差别地享受基本公共服务和社会保障待遇，从而提高整个社会的公平性。

第八章　中国生态竞争力报告

——迈向环境友好的生态城市

魏劭琨[*]

2016年是“十三五”的开局之年。中共中央提出在“十三五”时期要牢固树立“创新、协调、绿色、开放、共享”的发展理念，要坚持节约资源和保护环境的基本国策，坚持可持续发展，坚定走生产发展、生活富裕、生态良好的文明发展道路。这是对新时期中国生态城市建设提出的新的目标和要求。其中，绿色发展理念贯彻到城市建设和管理领域则表现为实现城市发展方式的转变，建设生态良好、资源节约的城市生产和生活。

改革开放30多年的发展，中国在经济领域已经取得了巨大的成就，但是随之而来的是对自然资源的破坏、生态环境的恶化，人们在充分享受物质生活高度发展的同时，也越来越受到雾霾、水污染、垃圾围城等各种生态恶化给生活带来的不利。在未来中国发展过程中，要转变过去粗放的生产方式和城市发展方式，在生产、生活中要充分尊重自然规律、经济发展规律和城市发展规律，要在生产、生活的同时实现资源的节约集约利用、生态环境的合理保护开发，最终要实现生产、生活、生态之间的关系充分协调。

---

* 魏劭琨，男，河北省石家庄人，2012年毕业于中国社科院研究生院，金融学博士，现工作于国家发展改革委员会城市和小城镇改革发展中心。主要研究方向：城市竞争力、城镇化、房地产宏观调控等。

一　格局

（一）全国：总体水平依旧较低，中间集中趋势强化

通过对中国城市的生态竞争力进行分析，可以发现存在以下一些基本特征。

第一，中国城市的生态竞争力总体水平依旧相对较低。2013—2015年，中国城市的生态竞争力的均值都在0.41—0.46之间，整体水平相对较低；同样，近三年全国城市的生态竞争力的中位数也都保持在0.41—0.46之间（见表8—1）。2015年，全国城市的生态竞争力在均值以下的城市数量和在均值以上的城市数量大致相同，分别为143个城市和146个城市，而低于0.5水平的城市数量则达到197个，这也反映出中国城市在生态城市建设方面仍然是绝大多数城市生态竞争力低下。从总体来看，中国城市的生态竞争力依旧处在低水平的初始阶段，未来中国在城市的生态建设方面还有很长的路要走。

表8—1　　2013—2015年中国城市生态竞争力总体水平对比

	2015年	2014年	2013年
均值	0.4126	0.4561	0.4522
标准差	0.1931	0.1994	0.1982
方差	0.0373	0.0397	0.0393
变异系数	0.4682	0.4371	0.4382
中位数	0.4139	0.4598	0.4512

资料来源：中国社会科学院城市与竞争力指数数据库。

第二，2015年全国城市的生态竞争力“两头少、中间多”的分部格局进一步强化。从离散程度来看，2013—2015年，城市生态竞争力的标准差都在0.2以下，方差都在0.04以下，说明所有城市的偏离程度较小，这意味着大多数城市都分布在均值和中位数附近。2013、2014两年的生态竞争力的分部就已经呈现出“两头少、中间多”的分

部格局，2015 年依旧呈现为这一分布格局，而且向中间集聚的趋势更加明显。从具体不同分值的城市生态竞争力分布来看，2015 年在 0.8—1 之间的城市和 0.7—0.8 之间的城市占比合计只有 6.2%左右，在 0.3—0.6 之间的城市占比合计达到 65.41%，在 0.3 以下的城市占比为 28.37%。与 2014 年相比，2015 年中国城市的生态竞争力分布在 0.3—0.7 之间的城市占比增加了 4.82 个百分点（见表 8—2）。综合来看，2015 年，中国城市生态竞争力向中间集聚的趋势进一步增强。

表 8—2　　2014 年、2015 年中国城市生态竞争力分布格局

指数	0.8—1	0.7—0.8	0.6—0.7	0.5—0.6	0.4—0.5	0.3—0.4	0.2—0.3	0—0.2
2015 年城市数量（个）	6	12	36	38	59	56	35	47
占比（%）	2.08	4.15	12.46	13.15	20.42	19.38	12.11	16.26
2014 年城市数量（个）	10	25	29	42	48	44	47	24
占比（%）	3.72	9.29	10.78	15.61	17.84	16.36	17.47	8.92

资料来源：中国社会科学院城市与竞争力指数数据库。

（二）2015 年城市生态竞争力格局

1. 十强分布：香港依旧一枝独秀，内地城市变中有稳

2015 年中国城市生态竞争力前 10 名的城市分别为香港、鄂尔多斯、黄山、十堰、澳门、南宁、大连、北海、丽水和宜昌。这 10 个城市的分布呈现以下特征（见表 8—3）。

（1）地域上依旧呈现分散状态。10 个城市分布在九个省（区、市），其中广西有南宁和北海两个城市。在地区分布上，中部地区有三个，西南地区和港澳台地区各有两个城市，其余东北、东南、西北地区各有一个城市，环渤海地区则没有城市进入前 10 名。

（2）排名相对较为稳定。在前 10 名的城市中，前七个城市在最近三年的生态城市竞争力中始终排在每年的前 10 名里，最后三位的北海、

丽水和宜昌也能排在 2014 年、2015 年的 30 名左右。这反映出，生态竞争力优秀的城市比较稳定，年度间变化不大。

（3）生态竞争力好的城市其可持续竞争力并不一定好。从前 10 名城市的生态竞争力与可持续竞争力的对比可以看出，香港、澳门和大连这三个城市不仅生态竞争力排名较高，在可持续发展方面也排在全国前列，这一规律已经为过去三年的实践所验证。除此之外，其余七个城市的可持续竞争力都较低，这意味着绝对多数的内地城市还没有将生态的优势转化为城市可持续发展的动力。

表 8—3　　2015 年生态竞争力前 10 名情况

城市	省份	地区	环境友好的生态城市		可持续竞争力	
			指数	排名	指数	排名
香港	香港	港澳台	1	1	1	1
鄂尔多斯	内蒙古	西北	0. 9277	2	0. 4726	52
黄山	安徽	中部	0. 8929	3	0. 4864	45
十堰	湖北	中部	0. 8380	4	0. 3717	86
澳门	澳门	港澳台	0. 8344	5	0. 8006	5
南宁	广西	西南	0. 8193	6	0. 5283	33
大连	辽宁	东北	0. 7550	7	0. 6341	16
北海	广西	西南	0. 7485	8	0. 3633	95
丽水	浙江	东南	0. 7441	9	0. 4025	69
宜昌	湖北	中部	0. 7302	10	0. 4613	55

资料来源：中国社会科学院城市与竞争力指数数据库。

2. 区域分布：东南、西南并列最优，生态环境福建最美

按照生态竞争力指数将所有 289 个样本城市进行分组，前 50 名为最具竞争力，51—100 名为较具竞争力，101—150 名为中等偏上水平，151—200 名为中等偏下水平，201—250 名为水平较差，250 名以后为水平最差。

东南地区和西南地区是我国生态竞争力水平最好的地区，而环渤海地区和西北地区则是生态最差的地区。从具体各地情况来看，东南地区

在最具生态竞争力的城市共有 16 个，比 2014 年多 1 个，较具竞争力和中等偏上分别有 15 个、14 个城市，三者合计占东南地区城市总数的 81.8%，这意味着东南地区绝大多数的城市都在生态竞争力全国前 150 内。西南地区最具生态竞争力的城市数量为 9 个，比 2014 年增加 1 个，较具竞争力和中等偏上城市分别有 6 个和 14 个，三者合计占中部地区城市数量的 59.2%。中部地区、西北地区、环渤海地区、东北地区在中等偏上以上的城市数量占各自地区城市总数的 46.25%、33.33%、33.33%、41.18%（见表 8—4）。

表 8—4　　　　2015 年中国城市生态竞争力区域分布

水平	中部	西南	西北	环渤海	东南	东北	港澳
最具竞争力	14	9	3	3	16	3	2
较具竞争力	14	6	6	3	15	6	0
中等偏上	9	14	4	4	14	5	0
中等偏下	14	4	10	6	8	8	0
水平较差	17	11	7	5	2	8	0
水平最差	12	5	9	9	0	4	0

资料来源：中国社会科学院城市与竞争力指数数据库。

从各省城市生态竞争力水平对比来看，水平最高的是香港和澳门，分别为 1、0.83，比全国其他城市要高出很多，遥遥领先；接下来是上海和福建，在 0.6—0.7 之间，这一区间的省市数量比 2015 年减少了重庆、江西和海南三个；在 0.5—0.6 之间的有重庆、海南、江西、广东和湖北五个省区；在 0.4—0.5 之间的有新疆、湖南、浙江、北京、江苏、四川、吉林、安徽、广西、内蒙古和天津 11 个省区；在 0.3—0.4 之间的有黑龙江、陕西、云南、山东、甘肃五个省区；在 0.2 以下的有辽宁、河北、河南、贵州、青海、宁夏和山西七个省区，其中山西省的生态竞争力水平最低，只有 0.131（见图 8—1）。

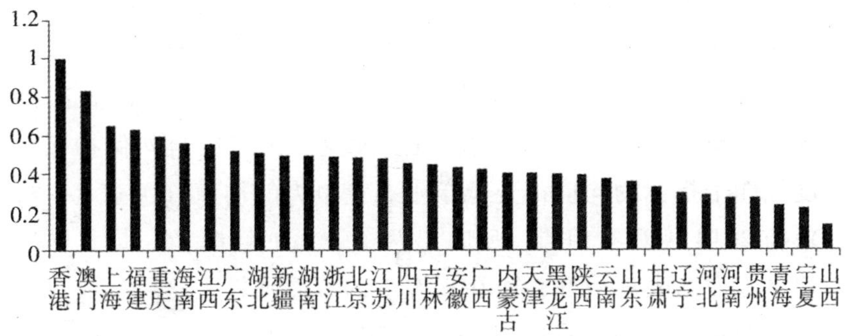

图 8—1　2015 年各省城市生态竞争力水平

资料来源：中国社会科学院城市与竞争力指数数据库。

从最具生态竞争力城市的省份分布来看，福建省有六个城市生态最优，接下来分别是广东、湖北和江西，分别有五个城市，这四个省份进入最优生态竞争力的城市数量与 2014 年、2015 年保持一致，这说明这四个省份的城市在生态保持方面较为稳定，生态环境一致较好。接下来分别是四川，有四个城市，广西和浙江分别有三个城市，安徽和山东分别有两个城市，澳门、甘肃、海南、河北等 15 个省区分别各只有一个城市进入最优生态竞争力行列（见图 8—2）。

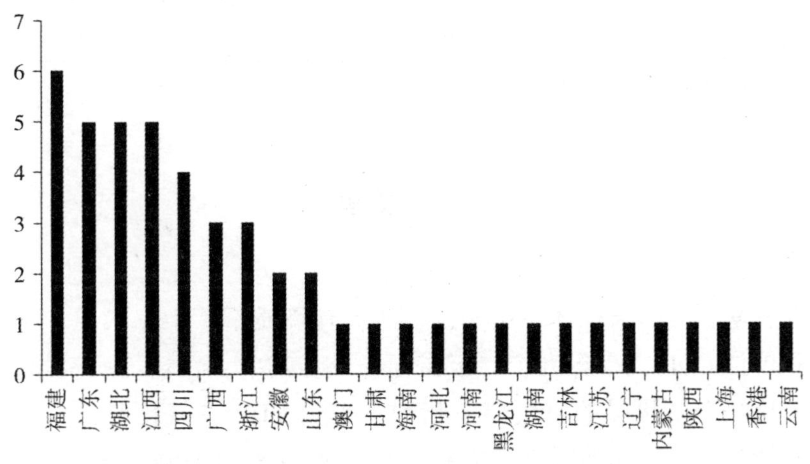

图 8—2　2015 年最具生态竞争力城市的省份分布

资料来源：中国社会科学院城市与竞争力指数数据库。

3. 分项指标：环境质量表现优秀，资源节约严重滞后

从各分项指标来看，均值高于生态竞争力的指标有空气质量、单位 GDP 二氧化硫排放量、地表水水质、人均绿地面积和旅游景区指数五个指标，而单位 GDP 耗水、单位 GDP 耗电、国家级自然保护区、降水丰沛度等四个指标的均值都要低于生态竞争力的均值（见表 8—5）。这一现象与 2014 年基本相同，反映出两个方面的情况：一是我国城市在环境质量方面的表现稍好，而在资源节约方面则较为落后，成为影响中国城市生态竞争力的关键所在；二是 2014—2015 年中国城市在生态竞争力提升方面的作为极为有限，在各项指标方面并没有带来明显的变化和效果。

表 8—5 生态竞争力分项指标对比

	资源节约		环境质量			生态状况			
	单位 GDP 耗水	单位 GDP 耗电	空气质量	单位 GDP 二氧化硫排放量	地表水水质	人均绿地面积	国家级自然保护区	旅游景区指数	降水丰沛度
均值	0. 208	0. 266	0. 609	0. 500	0. 494	0. 500	0. 133	0. 462	0. 346
标准差	0. 134	0. 157	0. 152	0. 290	0. 366	0. 290	0. 171	0. 313	0. 209
方差	0. 018	0. 025	0. 023	0. 084	0. 134	0. 084	0. 029	0. 098	0. 044
中位数	0. 180	0. 238	0. 660	0. 500	0. 333	0. 500	0. 074	0. 465	0. 287

资料来源：中国社会科学院城市与竞争力指数数据库。

二 聚焦

生态竞争力的指标体系由资源节约、环境质量、生态状况三个一级指标和单位 GDP 耗水等九个二级指标构成。其中，在环境质量指标中，分别由反映空气状况的空气质量指数、单位 GDP 二氧化硫排放量和反映水质情况的地表水水质三个指标组成（见表 8—6）。

地表水水质是反映各地、各流域（包括江河湖泊、水库等）水质（包括水温、污染、营养等）情况的指标。由国家环境保护部根据《地

表水环境质量评价办法（试行）》（环办〔2011〕22号文件）等方法来进行评价和观测，将地表水水质分为Ⅰ类、Ⅱ类、Ⅲ类、Ⅳ类、Ⅴ类共计五大类。其中，Ⅰ类、Ⅱ类、Ⅲ类为可直接饮用用水。整体来看，地表水水质越高的，说明水质污染越少；水质标准越低的，说明水域污染越严重。

表8—6　　生态城市竞争力指标体系

环境友好的生态城市	资源节约	单位GDP耗电
		单位GDP耗水
	环境质量	空气质量
		单位GDP二氧化硫排放量
		地表水水质
	生态状况	人均绿地面积
		4A级以上旅游景区数量
		国家级自然保护区数量
		降水丰沛度

资料来源：中国社会科学院城市与竞争力指数数据库。

从2015年生态城市竞争力中地表水水质的情况来看，全国289个城市地表水水质的均值为0.494，比生态竞争力的均值要高，这说明，地表水水质的水平要比生态竞争力略高。但是，从中位数的情况来看，地表水水质的中位数仅有0.333，比均值低0.161，而生态竞争力的中位数与均值基本相等，这反映出地表水水质这一指标的分布较为离散，因此，其变异系数高达0.740。也就是比较符合实际（见表8—7）。

表8—7　　2015年地表水水质与生态竞争力总体情况对比

	均值	标准差	方差	变异系数	中位数
地表水水质	0.494	0.366	0.134	0.740	0.333
生态竞争力	0.413	0.193	0.037	0.468	0.414

资料来源：中国社会科学院城市与竞争力指数数据库。

从地表水水质各城市的具体情况来看，承德、乌海等 71 个城市的水质为最优，从这 71 个城市的区域分布来看，中部地区数量最多，占水质最好城市数量的近 1/3；其次是西南地区，也有 19 个城市，占比超过 1/4；接下来依次是西北地区、东南地区，东北地区和环渤海地区水质最优城市的数量分别为两个。

地表水水质最差的城市有 47 个。其中，环渤海地区城市数量最多，有 13 个，说明环渤海地区城市水质情况较差；接下来分别是中部地区和西北地区，分别有 12 个和 10 个城市；西南地区和东北地区分别有 4 个和 8 个城市；东南地区没有城市的地表水水质最差（见表 8—8）。

表 8—8　各地区地表水水质最优最差情况对比

	地表水水质最优		地表水水质最差	
	数量（个）	比例（%）	数量（个）	比例（%）
东北	2	2.82	8	17.02
东南	12	16.90	0	0
环渤海	2	2.82	13	27.66
西北	13	18.31	10	21.28
西南	19	26.76	4	8.51
中部	23	32.39	12	25.53
总数	71	—	47	—

资料来源：中国社会科学院城市与竞争力指数数据库。

从各地区地表水水质指数的对比来看，可以发现，整体上西南地区地表水水质情况最好，西南地区地表水水质的均值高达 0.626，在六大地区中位居前列。接下来是东南地区、中部地区和西北地区，均值都在 0.5 以上。而地表水水质最差的是环渤海地区和东北地区，均值分别为 0.228、0.392。从均值和中位数的对比来看，差值最大的是中部地区，接下来是环渤海地区、东北地区和东南地区，这四个地区的地表水水质均值均高于中位数，说明这几个地区城市的地表水水质整体水平是以均值以下为主；而西北地区和西南地区的均值都要低于中位数，这意味着这两个地区的城市中地表水水质以高于均值的水平为主。此外，从变异系数的情况来看，各地区城市地表水水质指数的变异系数都较大，其中最大的是环渤海地区，说明该地区城市的地表水水质情况最离散，东北地区、西北地区和中部地区的离散系数也都在 0.7 以上（见表 8—9）。

表 8—9　　各地区地表水水质情况对比

	东北	东南	港澳	环渤海	西北	西南	中部
均值	0.392	0.533	0.667	0.228	0.538	0.626	0.504
标准差	0.296	0.308	0.000	0.285	0.423	0.356	0.385
方差	0.087	0.095	0.000	0.081	0.179	0.127	0.148
变异系数	0.754	0.578	0.000	1.252	0.786	0.569	0.764
中位数	0.333	0.500	0.667	0.167	0.667	0.667	0.333

资料来源：中国社会科学院城市与竞争力指数数据库。

三　现象

通过对 2013—2015 年三年间中国城市的生态竞争力及相关数据的分析，可以发展中国城市的生态竞争力建设中存在着如下的规律。

（一）不同阶段生态竞争力的提升对可持续竞争力的影响程度不同：生态竞争力水平越高，其对可持续竞争力的影响就越大

通过对 2013—2015 年三年来生态竞争力指数与可持续竞争力指数的对比，可以发现，中国城市的生态竞争力与可持续竞争力之间存在着较为显著的正向线性关系，即随着生态竞争力的提高，可持续竞争力也逐步提高（见图 8—3）。

同时，需要指出的是，生态竞争力与可持续竞争力之间呈现二次型

的拟合曲线，曲线的拐点位于生态竞争力均值附近。在均值的左侧，随着生态竞争力的提高，可持续竞争力提升较为缓慢；在均值的右侧，随着生态竞争力的提高，可持续竞争力提高较快。这就意味着在达到一定水平之前，生态竞争力的提升是处于一种积累的阶段，一旦超过一定临界点，生态竞争力提升对该城市的影响就会较为迅速地表现出来。

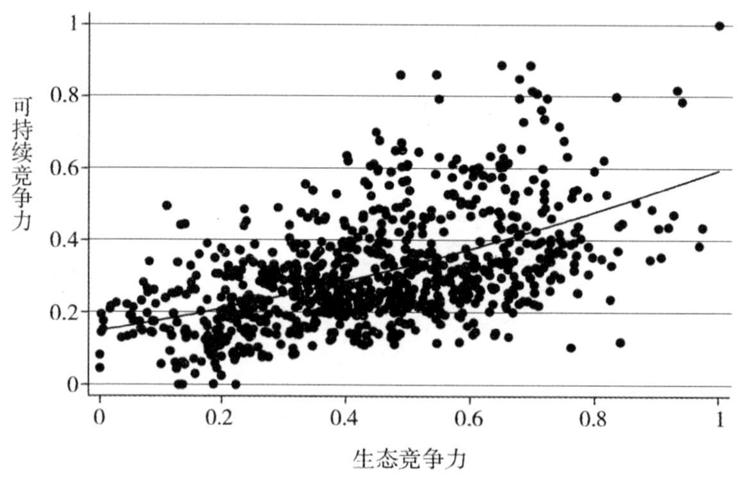

图 8—3 2013—2015 年生态竞争力指数与可持续竞争力指数散点图

资料来源：中国社会科学院城市与竞争力指数数据库。

（二）全国城市的生态竞争力指数呈现近似正态分布

从全国城市的生态竞争力指数的分布直方图上看（见图 8—4），总体接近正态分布。其中生态竞争力指数在 0. 80—1 之间的城市有 6 个，0. 60—0. 79 之间的城市有 48 个，0. 40—0. 59 的城市有 97 个，0. 2—0. 39 之间的城市达 91 个，有 47 个生态城市竞争力得分在 0. 2 以下。从城市生态竞争力指数的核密度分布图上可以进一步观察到中国城市的生态竞争力的分布规律：频数分布的高峰基本处在中线的偏左方向，长尾向右侧微微延伸。其中，城市生态竞争力指数集中分布在 0. 3—0. 6 之间的区间里，只有小部分城市指数超过了 0. 8。这表明中国大多数城市的生态竞争力处于“中下”水平。

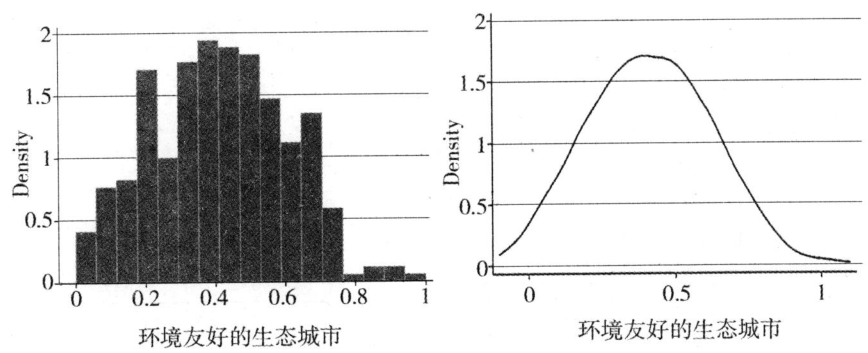

图 8—4　全国城市生态竞争力指数的直方图与核密度图

资料来源：中国社会科学院城市与竞争力指数数据库。

（三）空气质量依旧是影响生态竞争力的关键指标

对 2013—2015 年生态竞争力指数与各分项指标进行回归分析，可以发现各指标与生态竞争力之间存在着非常显著的线性关系，R^2分别为 0.8、0.79、0.81。按照系数的大小对各指标的重要程度进行排序，可以发现各年的顺序是完全一致的，依次是：空气质量、国家级自然保护区、地表水水质、旅游景区指数、人均绿地面积、单位 GDP 耗电、降水丰沛度、单位 GDP 耗水、单位 GDP 二氧化硫排放量（见表 8—10）。

这其中，需要重点强调的是，空气质量对于生态竞争力的影响程度连续三年都是最强的，这意味着，当前我国城市在生态领域的建设，首推空气质量的保障。这也非常符合当前我国生态环境发展的现实。目前，雾霾等一系列空气恶化现象在我国各地表现得越来越明显，空气恶化的区域面积越来越大，对全国居民生活、企业生产以及自然环境破坏等的负面影响越来越强。

表 8—10　2013—2015 年生态城市竞争力与各分项指标相关系数

指标	2015 年	2014 年	2013 年
单位 GDP 耗水	5.31 * 10-5	5.47 * 10-5	5.61 * 10-5
单位 GDP 耗电	6.87 * 10-3	6.86 * 10-3	7.79 * 10-3
空气质量	0.278	0.292	0.268

续表

指标	2015 年	2014 年	2013 年
单位 GDP 二氧化硫排放量	6.67 * 10-8	3.01 * 10-7	3.79 * 19-7
地表水水质	0.035	0.036	0.035
人均绿地面积	0.0016	0.0018	0.0018
国家级自然保护区	0.228	0.233	0.248
旅游景区指数	0.022	0.023	0.022
降水丰沛度	8.59 * 10-5	8.38 * 10-5	1.29 * 10-4

资料来源：中国社会科学院城市与竞争力指数数据库。

(四) 高等级城市的生态环境更优

从不同级别城市的生态竞争力数据来看，高级别的城市的生态竞争力指数更高。以均值为例，2015 年中国一线城市的生态竞争力均值为 0.623，而二线城市的均值只有 0.519，三线城市的均值最低，只有 0.393。一线城市的平均生态竞争力指数接近三线城市的 2 倍左右。而且，一线城市和二线城市的生态竞争力均值均高于全国水平，而三线城市的均值要低于全国均值 0.02（见图 8—5）。这一现象说明，从全国整体来看，级别更高、经济更发达的城市的生态竞争力相对更优。

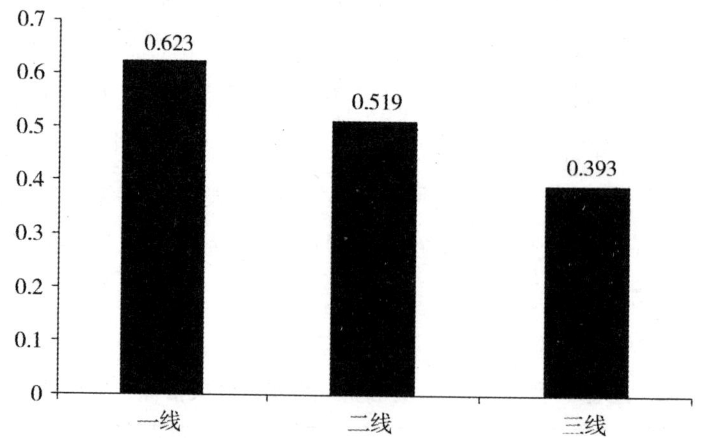

图 8—5 2015 年一二三线城市生态竞争力均值对比

资料来源：中国社会科学院城市与竞争力指数数据库。

四　问题

当前，中国城市的生态竞争力还存在以下一些问题。

（一）2015 年中国城市的生态竞争力下滑明显

相比于前两年，2015 年的生态竞争力明显下滑。从均值来看，2015 年中国城市生态竞争力的均值为 0.4126，比 2013 年、2014 年分别下降了 0.0306、0.0435；同时，中位数也有所下滑（见表 8—1）。这说明，2015 年，我国城市的整体生态状况发生了恶化。这值得警惕。

这一恶化表现为几乎所有城市的生态竞争力都出现下降，其中要值得注意的是排名靠后的城市生态竞争力恶化更为严重。例如，前 10 名城市的均值在三年里下降并不大，但后 10 名城市的均值则从 2013 年的 0.0932 下降到 2015 年的 0.0382，下降了 59%（见表 8—11）。

表 8—11　2013—2015 年生态竞争力前 10 名与后 10 名均值变化

	2015 年	2014 年	2013 年
前 10 名	0.8290	0.8290	0.8457
后 10 名	0.0382	0.0382	0.0932
比例	21.72	21.72	9.06

资料来源：中国社会科学院城市与竞争力指数数据库。

从具体城市来看，在所选的 289 个城市中，2015 年生态竞争力指数与 2014 年相比，上升的只有 28 个城市，2 个城市持平，下降的城市数量高达 259 个。在下降的城市中，下降幅度超过 0.1 的有 24 个城市，其中武威、邯郸和陇南下降最快，分别下降 0.279、0.198、0.18。

（二）空气质量恶化成为 2015 年中国城市生态竞争力恶化的最主要指标

在导致 2015 年中国城市整体生态竞争力下降的各因素中，空气质量进一步恶化是最关键的指标。从各分项指标的情况来看，其余指标的均值均比 2014 年略有提高，但是空气质量这一指标比 2014 年的均值下降了 0. 001（见表 8—12），方差和标准差都有所增加，这意味着空气质量这一指标 2015 年从整体上不仅比 2014 年有所下降，离散程度也有所增大。

表 8—12　　2014 年、2015 年各分项指标均值对比

	资源节约		环境质量			生态状况			
	单位 GDP 耗水	单位 GDP 耗电	空气质量	单位 GDP 二氧化硫排放量	地表水水质	人均绿地面积	国家级自然保护区	旅游景区指数	降水丰沛度
2015 年	0. 208	0. 266	0. 609	0. 5	0. 494	0. 5	0. 133	0. 462	0. 346
2014 年	0. 18	0. 18	0. 61	0. 5	0. 49	0. 5	0. 13	0. 46	0. 32

资料来源：中国社会科学院城市与竞争力指数数据库。

（三）生态竞争力对可持续竞争力的作用有所下滑

从生态竞争力与可持续竞争力指数的对比来看，2014 年和 2015 年生态竞争力都要明显高于可持续竞争力。这反映出，在可持续竞争力体系中，生态竞争力的水平相对较高，对提升可持续竞争力具有明显的拉动作用。但是 2015 年中国城市的可持续竞争力比 2014 年上升了 0. 0219，而生态竞争力则下降了 0. 0435（见表 8—13），这就导致了生态竞争力对可持续竞争力的提升作用在 2015 年发生了明显的减弱。

表 8—13　2014—2015 年中国城市生态竞争力与可持续竞争力对比

	生态竞争力 2015	可持续竞争力 2015	生态竞争力 2014	可持续竞争力 2014
均值	0. 4126	0. 3258	0. 4561	0. 3039
标准差	0. 1931	0. 1616	0. 1994	0. 1588
方差	0. 0373	0. 0261	0. 0397	0. 0252
中位数	0. 4139	0. 2923	0. 4598	0. 2749

资料来源：中国社会科学院城市与竞争力指数数据库。

五　经验

（一）案例分析

案例一：国内城市：南宁

南宁市是广西壮族自治区的首府，是北部湾经济区核心城市、国家“一带一路”战略重要节点城市和中国西南中南地区开放发展的战略支点。在生态城市建设方面，南宁一直都是一个较好的典范。南宁素有“中国绿城”的美誉，曾获得过“联合国人居奖”，也是2015年国家住房和城乡建设部公布的“国家生态园林城市”。2015年，在全国城市生态竞争力方面，南宁市更是位列第六位。南宁市在生态城市建设中重点提升城市“绿色”，具体做法主要有以下几个方面。

1.“追绿”要持之以恒、一以贯之

南宁市绿色城市的建设历程要追溯到20世纪90年代。1997年，南宁市就获得了“国家园林城市”的称号，之后南宁市将“生态立市、绿色发展”作为城市建设发展的方向，始终坚持下来。这项工作就一直坚持了将近20年。2008年，南宁市印发了《南宁市关于创建国家生态园林城市的实施意见》，明确提出将创建国家生态园林城市作为今后发展的重要目标。2012年7月，南宁市再次印发了《南宁市创建国家生态园林城市工作方案》和《关于成立南宁市创建国家生态园林城市总指挥部的通知》，提出创建国家生态园林城市是南宁市向更高层次、更高目标迈进，实现城市建设可持续发展的必然要求。一直到2015年12月，南宁市入选首批国家生态园林城市命名公示名单。在将近20年的时间里，南宁市始终坚持“生态立市”，在城市规划、城市建设、老城改造等各个方面，始终以生态保护、绿色城市为核心推进和开展各项工作。同时，生态立市也始终得到城市各级领导、企业和居民的关注和支持。

2. 围绕现有山水资源，打造本地特色的“绿城”

南宁市本身的自然生态资源就较多，已经初步形成了“一江、两库、六环、十八内河”的水系架构，同时由于地处亚热带，气候潮湿炎热、植被丰富。在现有绿色资源基础上，南宁是通过深入实施“中国绿城”提升工程，开展“海绵城市”建设试点等工作，进一步提升本地绿色资源的数量和品质。经过多年发展，南宁已经拥有29个国家3A级以上旅游景区，其中5A级景区1个、4A级景区16个和3A级景区12个，以及一批全国、广西工农业旅游示范点及乡村旅游区，有温泉、森林、江湖、国际高尔夫球场等旅游休闲资源。例如，有被誉为“城市绿肺”的5A级旅游景区青秀山，有“中华特色养生名山”称号的桂中最高峰大明山，有“世界最大药园”的广西药用植物园，有4A级温泉养生景区嘉和城温泉、九曲湾温泉等。绿色生态资源的建设既没有破坏原有的自然生态，又极大地提升了南宁市的整体生态资源。

3. 以提升城市绿化率为抓手，让“中国绿城”更加名副其实

在南宁城市建设的深入推进过程中，城市绿化一直都是南宁市的一个重点。“十二五”期间，南宁市先后投资60多亿元，通过城市精品线路、城市立交、城市重要门户、公园景区、重要景点等的提升工程，增加城市绿地面积，建设城市绿道、城市景观廊道等，使得城市的绿化面积大幅增加。截止到2014年，南宁市绿地面积为10461.44公顷，全市建成区绿地率为36.69%、绿化覆盖率为42.65%。不仅提前完成“十二五”的规划目标，在全国城市中也是位居前列。

4. 以生态乡村建设为契机，推动绿色市域全覆盖

南宁市在美丽乡村建设、城乡统筹等工作中，也将绿色生态建设作为重点内容，通过开展乡村“三化改造”和“生态乡村”建设等专项活动，以村屯周围增绿、道路两旁增绿、房前屋后增绿为重点，大力营造护村林、护路林、护宅林，建设休闲林区、生态小区，建设乡村绿道等。不仅很大程度上提升了南宁市农村的整体绿化水平，助推了南宁市的生态立市工作；同时，也通过农村生态建设，带动了农村地区旅游、休闲等产业的发展，各种乡村游、农家

乐等提高了农民的收入水平。

案例二：国际城市：堪培拉

堪培拉是澳大利亚的首都，位于澳大利亚东南部，辖区面积2395平方公里，50%以上的面积为国家公园或保留地，城区面积805.6平方公里，人口大约36.8万。堪培拉是一个比较年轻的城市，从1913年才开始规划建设，1927年成为澳大利亚联邦政府的首都。堪培拉是世界上园林化程度最高的城市之一，城市467.25平方公里占城区总面积的58%，人均绿地面积70多平方公里，全城树木苍翠，鲜花四季盛开，被誉为“大洋洲的花园城市”，世界十大“绿都”之一。堪培拉之所以具有良好的生态环境，不仅与其自然环境有关，也与其在城市规划、建设中的若干措施密切相关。

1. 以“田园城市”思想来规划城市

19世纪末20世纪初，霍华德的田园城市理论开始被介绍到澳大利亚。1917年，在阿德莱德召开了澳大利亚第一次有关田园城市问题的会议。受田园城市理论的影响，在堪培拉规划建设初期，规划师格里芬就完全采用了“田园城市”的思想，在设计方案中，格里芬大胆地提出了一座和自然融合的城市的构思：整个城市以国会山为圆心，1.5公里为半径，从北向东往南顺时针方向的环城路为一个半圆弧形、国王大街为边，构成一个扇形，扇形内有宽而直的市道使扇形区分为若干块几何图案，每块图案便是整齐的街区。街区内又有许多的道路纵横交错，最狭窄的小巷也为双车道，车辆可以开到每家门口。在堪培拉的地图上，可以很轻松地找到霍华德花园城市的元素，核心、放射线、同心圆、扇区等。整个城市以国会山和格里芬湖为依托，政府机关、商贸市场、居民区、科教文卫区等布局协调合理、方便舒适，很好地实现了城市功能与自然生态的有机统一。

2. 以水为轴，彰显城市活力

在城市规划初始，格里芬就提出在莫朗格洛河上修筑水坝，以形成广阔的湖面作为城市的水轴，后来这一湖被命名为格里芬湖。从实际效果来看，这条水轴从黑山开始向东南延伸，使得整个城市与水相互映衬。后来随着城市逐步发展，格里芬湖成为堪培拉的内湖，位于城市中心地区，将整个堪培拉分成南北两个部分。依托格里芬湖，堪培拉市又逐步修建了喷射式喷泉——库克船长喷泉，水柱可以高达 137 米，成为世界第一的喷泉。库克船长喷泉也就成为堪培拉市的象征，甚至有人说“如果不去看库克船长喷泉，就不能说到过堪培拉”。

3. 重视绿化

堪培拉之所以能有很高的绿化率，是因为其在规划和建设中都非常重视对绿化的建设。一是重视大面积造林。堪培拉市建设以来，人工种植并成活的树木高达 1200 万株，极大地增加了城市的绿化率。二是在城区注重公园等绿地设施，在城市中心就有 10 多个公园，市民出门走路十分钟左右就可以到达一处公园。三是街道注重绿化，在主要街道两旁都是三排并列的树木，在空地上基本上都覆盖草坪。四是重视社区绿化。每个小区规模不大，4000 人左右就组成一个小区，在每个小区都有单独的园林体系。政府颁布政策，对每一个新建的住宅都由政府提供 40 丛灌木和 10 株树木。在小区内，各家各户都有绿色篱笆和精巧的小花园。庭院绿化成为整个城市绿化工程不可分割的组成部分。

4. 严格的法制保障

堪培拉从开始规划到后期的建设、修改，100 多年的时间里一直都严格按照规划执行，几乎没有任何随意更改和建设。同时，在城市建设中对土地、湿地、水面等的保护非常严格，对各种不同情况出台了单独的专项的措施或法律。例如，对历史建筑要单独挂牌进行保护，禁止对历史建筑随意破坏；在公园内进行任何建设项目都要进行环境的论证，防止环境破坏的产生；出台专门针对防治水土流失和污染的法律，在主城区内不允许建设任何可能带来污染的工厂。在严格的法律和规划制度的保障下，堪培拉的生态环境得到非常好的保护，在堪培拉的街道上看不到垃圾和尘土，也看不到随意排放的浓烟和污水。

（二）城市点评

1. 香港

2015 年全国城市生态竞争力中排在第一位，连续三年排在全国第一，是毫无争议的最优生态城市。从资源节约的角度来看，香港在生产效率方面表现非常出色，单位 GDP 耗水（11）和单位 GDP 耗电（6）都要高于内地绝大多数城市，而且表现稳定，与 2014 年没有变化；在环境质量方面，香港的空气质量（12）、单位 GDP 二氧化硫排放量（4）也都排在全国前列；在生态状况方面，人均绿地面积（12）、旅游景区指数（29）、降水丰沛度（2）等也在全国排在前列；在地表水水质（82）方面，香港还有待于进一步提升，这一问题在过去两年里同样一直存在。

2. 鄂尔多斯

2015 年在全国城市的生态竞争力中排在第二位。其中，在资源节约方面，鄂尔多斯的单位 GDP 耗水（4）和单位 GDP 耗电（8）表现都不错，都在全国城市中排在前列；在生态状况方面，国家级自然保护区（13）、旅游景区指数（22）、人均绿地面积（6）等方面也都能排在全国前列。此外，在环境质量指标中的空气质量（22）表现也不错。但是，鄂尔多斯有两项指标表现较差，影响了整体的生态竞争力，分别是单位 GDP 二氧化硫排放量（219）、降水丰沛度（199）。

3. 黄山

2015 年生态竞争力排在第三位，仅次于香港和鄂尔多斯，是内地最好的生态城市之一。特别是黄山在环境质量和生态状况方面表现都较好，其中，空气质量（12）、单位 GDP 二氧化硫排放量（17）、人均绿地面积（2）、旅游景区指数（6）、降水丰沛度（39）等都排在全国前列。需要值得注意的是，黄山市的资源节约还有待提升，2015 年单位 GDP 耗水仅排在第 205 位，比 2014 年下滑了 5 位。

4. 十堰

十堰市在 2015 年生态竞争力中排在全国第四位。整体来看，十堰市在个别指标方面排名靠前，如空气质量（12）、地表水水质（1）、人均绿地面积（3）、国家级自然保护区（16），但是并没有形成在某一领域的专项优势。此外，在资源节约方面，单位 GDP 耗水（188）有待提升，降水丰沛度（204）也是影响其生态竞争力的重要因素。

5. 南宁

2015 年生态竞争力排在全国第六位，相比于 2014 年提高了一位，是省会城市里排名最高的。其中，单位 GDP 耗电（55）、单位二氧化硫排放量（40）、地表水水质（1）、人均绿地面积（8）等方面表现优秀，说明南宁在资源节约和环境质量方面做得较好。但是其单位 GDP 耗水（248）、旅游景区指数（121）等方面还需要进一步改进。

6. 大连

2015 年生态竞争力排名第七位。大连的生态优势在于：生产方式相对低碳，单位 GDP 耗水（49）和单位 GDP 耗电（60）和内地大部分城市相比比较低碳和环保；生态状况较好，人均绿地面积（58）、国家级自然保护区（7）、旅游景区指数（29）等方面表现出色。环境质量方面则成为拉低大连生态竞争力的主要因素，特别是地表水水质（135）轻度污染严重影响了生态质量，这一问题在 2014 年也同样存在。

7. 北海

北海市在 2015 年生态竞争力中排在全国第八位。具体来看，北海市在资源节约和环境质量方面表现相对较好，其中，单位 GDP 耗水（59）和单位 GDP 耗电（57）整体表现较好，在内地城市中属于相对较为平衡的城市，空气质量（12）、地表水水质（1）等也都表现不错。但是，北海市在人均绿地面积（107）、旅游景区指数（206）等两项关键指标上排名较后。

8. 南昌

2015 年生态竞争力排在第 11 位。其中，空气质量（12）、单位 GDP 二氧化硫排放量（46）、地表水水质（1）等表现优秀，说明南昌环境质量和生态状况具有优势，但是在资源节约方面还有待进一步提高。其中，单位 GDP 耗水仅排在第 237 位，单位 GDP 耗电也只排在 93 位。

9. 厦门

厦门市在 2015 年生态竞争力中排在第 22 位。从各指标来看，厦门在环境质量和生态状况两个领域表现相对不错。其中，空气质量排在全国第一，单位 GDP 二氧化硫排放量（16）、人均绿地面积（57）、降水丰沛度（41）等也都表现不错。但是在资源节约方面还有待进一步提升，单位 GDP 耗水仅排在第 140 位，单位 GDP 耗电也只有第 95 位。

10. 上海

2015 年生态竞争力排在全国城市的第 38 位，是直辖市中排名最高的城市。从各指标的情况来看，上海市也只是在一些指标上排名靠前，但没有能够形成在某一领域的优势，如空气质量（12）、单位 GDP 二氧化硫排放量（19）、人均绿地面积（38）、旅游景区指数（4）等都排名靠前。但是，上海也存在一些短板，如资源节约方面的单位 GDP 耗水（182）、单位 GDP 耗电（91），以及地表水水质（200）等都成为影响上海整体生态竞争力的因素。

六　对策

（一）加强对生态城市建设的重视和落实

当前虽然生态恶化问题已经成为全国普遍现象，很多城市也都采取了一些措施，但整体来看，进展缓慢，效果不明显，特别是 2015 年度生态问题还进一步恶化。未来中国各级政府要强化对生态环境的重视，在各地政府工作中要采取切实可行的措施，保证生态改善工程落到实处，加强生态联动，做好生态问题应急方案，加强全民生态安全意识等，真正让生态保护工作落到实处。

（二）空气质量是当前一个阶段提升生态城市竞争力水平的关键指标

连续多年的雾霾天气已经成为全国各地最头疼的生态问题，特别是 2015 年度生态竞争力恶化的头号问题就是空气质量的恶化。近期内，全国各地要特别重视对空气质量改善工作，要采取切实有效的措施，短期内降低空气中污染物的排放和比例。不同城市要采取差别化手段，通过控制落后产能、减少车辆运行、打通城市风道、增加绿色建筑比例等手段切实降低空气中 PM 2.5、二氧化硫颗粒等的数量，提升空气质量。

（三）构建全国或区域生态建设方案

国家要出台专门针对生态城市的整体规划，实现生态城市建设全国布局，生态城市规划要与经济社会发展规划、国土规划等相衔接，实现生态、经济、土地等规划的“多规合一”。住建部要根据经济社会发展转型的需要适时调整生态市县的指标体系和标准。各省要在全国生态布局的前提下，制订本省、本地区的生态建设方案，合理划分各地市、县在生态建设中的任务。

（四）加大西北、东北和环渤海地区的生态建设

要出台专门针对生态薄弱、生态恶化地区的生态建设方案，尽快提高这些地区的生态竞争力。国家要制订财政转移方案，加大对西北、东北和环渤海地区生态基础设施的建设和支持力度。相关省份也要加大对生态建设的力度，通过加大财政支出、引进先进技术、提高森林覆盖率等方式尽快提升生态薄弱地区的生态状况。

第九章 中国文化城市竞争力报告

——迈向多元一本的文化城市

王雨飞[*]

现代城市的可持续发展离不开人才的汇聚，而文化是人才凝聚力与创造力的源泉。一个有魅力的城市应该是一个允许各种文化碰撞、交融、交相辉映的地方，在这里，社会的文化是自由的开放的，世界各地的人们会聚在这里，在工作与生活中创造价值，同时为这个城市注入新鲜的文化元素。各具特色的建筑和种类繁多的文化艺术场所成为展示各类元素的舞台，众多保存完好的历史文化遗产展示着城市厚重的历史，构成城市独特的记忆。多样的文化为创意产业的蓬勃发展提供了强劲的动力，完善的公共文化设施与服务为人们提供良好的文化活动条件，文化事业繁荣发达。

一 格局

（一）整体态势：文化竞争力有所提升，但整体偏低，城市之间差异较大

从表 9—1 可以看出，2015 年中国文化城市竞争力指数均值为 0. 234，标准差为 0. 158，变异系数为 0. 678，城市文化竞争力水平较 2014 年有小幅提高，但尚未追赶上 2013 年的平均水平，城市文化竞争力水平整体偏低。从变异系数看城市间文化竞争力的差异可以发现，

---

* 王雨飞，管理学博士，中国社会科学院财经战略研究院博士后，研究方向：区域经济与城市经济。

2015 年全国文化竞争力指数变异系数虽较 2014 年有所降低，但仍高于 2013 年，城市间文化竞争力差异较大。在 289 个样本城市中，2015 年仅有 18 个城市的文化指数超过 0.5，有 168 个城市位于全国文化竞争力指数均值以下，比例高达 57.44%，与 2014 年相比整体水平有所提升，但与 2013 年的水平仍存在一定的距离，2013 年文化指数超过 0.5 的城市有 24 个。此外，文化竞争力均值较中位数 0.198，当前文化竞争力的平均水平主要靠高文化竞争力水平的拉动。中国文化城市竞争力指数分布表现为两极分化较严重，少数城市聚集着大量的文化资源，在国内外享有较高的知名度。中国文化城市竞争力总体水平的提升有赖于 0.5—0.2 指数段的 123 座城市文化竞争力的提高程度，尚有 148 座城市的文化竞争力指数低于 0.2，可见中国现阶段城市文化水平提升发展形势依然严峻。

表 9—1　　2013—2015 年文化城市竞争力指数

变量	年份	样本数	平均值	标准差	变异系数	指数超过 0.5 的城市数量	低于平均值的城市数量	中位数
文化指数	2015	289	0.234	0.158	0.678	18	168	0.198
	2014	289	0.228	0.159	0.697	15	175	0.194
	2013	289	0.266	0.152	0.572	24	168	0.228

资料来源：中国社会科学院城市与竞争力指数数据库。

（二）全国十强：沪港京三甲依旧，上海稳居榜首

根据数据库的测算，在 2015 年多元文化城市综合排名中，三甲的排名与 2014 年的排名相同，上海稳居榜首，香港与北京依旧排行第二、第三。从地区分布看，在排名前十的城市中，东南地区依旧是占比较高的地区，占据了四个席位，港澳地区与西南地区各占据了两个席位，环渤海湾和中部地区各占了一个席位。基于区位的优势及与外界交流的便利性，港澳地区和东南沿海地区较中西部地区而言文化发展程度、开放程度更高，因而城市文化竞争力排名更靠前。上海以高分的绝对优势稳居首位，香港、北京、澳门、苏州的表现也非常出众，说明这些城市具

有较高的文化开放程度和多元化程度。西南地区的“双雄”重庆市和成都市分别列第六位和第十位，成绩突出。遗憾的是东北和西北地区无一城市入选全国十强，城市文化开放程度普遍不高（见表9—2）。

表9—2　　2013—2015年文化城市竞争力排名前十的城市

排名	2013年	2014年	2015年（指数）
1	香港	上海	上海（1）
2	上海	香港	香港（0.961）
3	北京	北京	北京（0.880）
4	广州	澳门	澳门（0.726）
5	澳门	苏州	苏州（0.703）
6	杭州	广州	重庆（0.683）
7	武汉	重庆	广州（0.680）
8	苏州	杭州	杭州（0.602）
9	西安	成都	武汉（0.598）
10	南京	西安	成都（0.582）

资料来源：中国社会科学院城市与竞争力指数数据库。

（三）百强分布：浙江进入百强比例最高，苏晋冀成为文化大省

2015年全国文化竞争力百强城市的省域分布见表9—3。从各省占百强城市数量看，基本上各年变动不大，浙江、江苏、广东、山西、河北、山东数量最多。从各省入选百强城市占本省城市数量的比例看，浙江省2015年取得突破性进步，11个样本城市都入选了百强城市，城市占比高达100%。江苏省入选百强城市的数量与浙江省不相上下，但因为江苏省城市数量较浙江省多，因此占比稍逊。湖南、黑龙江、四川、湖北和甘肃几个省份地级城市数量较多但入选全国百强的城市只有1—2个城市，入选占比极低，这些省份从行政区域面积及人口规模上看都是较大的省份，但城市的文化底蕴与文化竞争力存在着较大的差距。

表9—3还可以看到各省文化竞争力的均值和变异系数。考虑到指

标的特性笔者将直辖市与只包含一个样本城市的省份去掉，可以获悉浙江省、海南省和江苏省分别位列 2015 年份文化竞争力省域排名三甲，其余排在前 10 名的省份有山西、陕西、福建、河北、山东、广东和辽宁省。贵州和广西两个省份的均值低于 0.15，同时也远远低于全国均值，文化城市建设任重而道远。

省内变异系数反映了省内城市文化建设的差异情况。从变异系数看，城市文化发展较为均衡的省份主要有海南、河北、浙江、新疆、山西、辽宁、吉林，其变异系数较低，远远低于全国城市的变异系数。而广西、云南、贵州、四川和宁夏的城市文化发展整体均衡性不高，其省内变异系数非常高，省内仅有省会或个别文化基础较好的城市的排名较靠前，其余多数城市的文化建设比较落后。

表 9—3　　2015 年文化城市竞争力排名前 100 位省份分布

省份（城市数量）	百强数量（个）	百强占全省比例（%）	省内均值	省内变异系数
浙江（11）	11	100	0. 397	0. 281
海南（2）	2	100	0. 354	0. 241
江苏（13）	10	76. 92	0. 351	0. 484
山西（11）	6	54. 55	0. 299	0. 321
陕西（10）	4	40	0. 27	0. 463
福建（9）	4	44. 44	0. 268	0. 439
河北（11）	6	54. 55	0. 265	0. 278
山东（17）	6	35. 29	0. 26	0. 518
广东（21）	8	38. 10	0. 251	0. 681
辽宁（14）	3	21. 43	0. 233	0. 346
新疆（2）	1	50	0. 225	0. 309
湖北（12）	2	16. 67	0. 211	0. 636
内蒙古（9）	3	33. 33	0. 207	0. 503

续表

省份（城市数量）	百强数量（个）	百强占全省比例（%）	省内均值	省内变异系数
江西（11）	3	27.27	0.204	0.544
河南（17）	5	29.41	0.197	0.596
吉林（8）	2	25	0.193	0.344
黑龙江（12）	1	8.33	0.189	0.468
安徽（16）	4	25	0.182	0.642
宁夏（5）	1	20	0.173	0.771
甘肃（12）	2	16.67	0.164	0.601
云南（8）	3	37.5	0.159	1.072
湖南（13）	1	7.69	0.156	0.659
四川（18）	1	5.56	0.155	0.82
广西（14）	4	28.57	0.126	1.109
贵州（6）	1	16.67	0.121	0.842

资料来源：中国社会科学院城市与竞争力指数数据库。

（四）区域分布：文化竞争力东南最强，晋冀鲁表现突出

图9—1是根据2015年全国289个地级以上城市的文化竞争力排名情况绘制的地图，通过地图的绘制可以更为清晰地分析中国文化城市竞争力的总体格局。从总体布局上看，文化竞争力较高的城市基本较为密集地分布在我国长三角、珠三角及环渤海地区，只有极少数的文化竞争力较高的城市零星地分布在东北、中部尤其是西南和西北地区。从地区上看，从沿海向内陆城市的文化竞争力呈降低的趋势，从图9—1中可以明显看出中国文化竞争力较强的城市集中分布在东南（包括港澳）和晋冀鲁地区，东南地区以广东省为主。广东省作为改革开放的先驱，经济发展水平较高，文化开放程度较高，文化多元性指数较高。晋冀鲁地区地处黄河流域，分布有较多文化古城及重要城市，历史文化指数与文化产业指数较高。

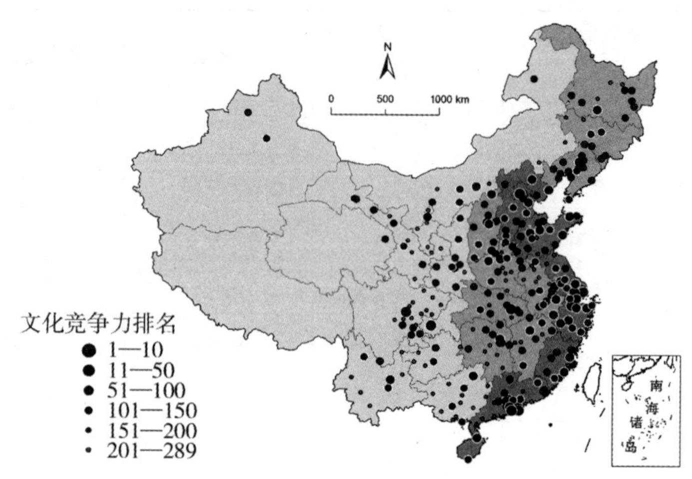

图 9—1 2015 年 289 个地级以上城市文化竞争力排名

注：图例中单位为位次，位次越小代表文化竞争力排名越高。

资料来源：中国社会科学院城市与竞争力指数数据库。

由表 9—4 可见，2015 年文化城市竞争力指数区域的排名依次为港澳、东南、环渤海、东北、西北、中部、西南，其中港澳、东南、环渤海、东北及西南地区的排名与 2014 年保持一致，西北地区排名有所上升，中部地区排名相应有所靠后。从均值看，港澳、东南及环渤海地区的均值高于全国水平，东北、西北及中部地区接近全国平均水平，西南地区略低于全国平均水平。从变异系数看，西南地区城市文化水平差距远超全国平均的文化水平差距，东南、环渤海、西北及中部地区城市文化差距水平稍低于全国平均水平，港澳及东北地区城市文化差距水平较低。从各区域文化城市竞争力最大值看，东南地区竞争力最大的城市上海同时也是 2015 年全国文化竞争力最高的城市，港澳、环渤海、中部、西南地区文化竞争力指数最高的城市同时也是全国文化竞争力指数排名前十的城市，东北地区文化竞争力指数最高的城市沈阳位列全国第 22 名，在各区域首位城市中的排名较为靠后。

表 9—4　　2015 年文化城市竞争力指数区域分析

区域	样本数	均值	变异系数	最大值		
				城市	指数	全国排名
港澳	2	0.843	0.197	香港	0.961	2
东南	55	0.320	0.575	上海	1	1
环渤海	30	0.292	0.560	北京	0.880	3
东北	34	0.208	0.389	沈阳	0.473	22
西北	39	0.208	0.541	西安	0.551	12
中部	80	0.204	0.578	武汉	0.598	9
西南	49	0.162	0.962	重庆	0.683	6
全国平均	289	0.234	0.678	上海	1	1

资料来源：中国社会科学院城市与竞争力指数数据库。

二　聚焦

（一）非物质文化指数

非物质文化遗产首先表现为非物质性，其以非物质形态存在。其次表现为一种文化，其是与群众生活密切相关的、世代相承的传统文化表现形式。最后表现为一种遗产。非物质文化遗产包括口头传统、传统表演艺术、民俗活动、礼仪和节庆、有关自然界和宇宙的民间传统知识和实践、传统手工艺技能及与以上表现形式相关的文化，其最大的特点是依托于人而存在，靠人的身口相传来实现文化的传承。中国是目前世界上拥有非物质文化遗产数量最多的国家。

（二）非物质文化遗产对文化竞争力的影响与意义

一个城市文化的多元一本程度是衡量城市文化竞争力的一级指标。一级指标之下包含着“历史文化、现代文化、文化多元性及文化产业”四个二级指标。其中现代文化指标的细化指标包括“现代文化艺术指数及每万人剧场、影剧院数量”，这一部分指标在一定程度上可以反映政府在城市文化建设方面职能的体现；文化多元性指标的细化指标包括“城市国际知名度和语言多国性指数”，这一部分指标代表着城市发生文化碰撞与融合，激发新思想、新观念的水平；文化产业指标的细化指标包括“每百万人文化、体育和娱乐业从业人数及外国入境旅游人数”，这一部分指标反映了城市文化价值转化为经济价值，形成社会财富积累的能力；历史文化指标的细化指标包括“历史文化名镇名村、历史文化指数和非物质文化指数”，城市的历史文化遗产是一个城市最深刻的记忆，它是影响城市文化竞争力的深层因素。衡量城市文化竞争力的指标中，“现代文化、文化多元性及文化产业”指标都可以通过加强城市现代文化建设提高指标的整体水平，但历史文化指标需要通过不断的传承才能得到强化与提高，同时历史文化指标对城市文化建设的作用亦较其他指标有所不同，尤其是其细化指标“非物质文化指数”。非物质文化遗产的传承依托人的身口相传来实现，在这一传承的过程中，非物质文化遗产将文化的基因深深印刻在传承者的观念、语言与行为中，以人为本，与人融为一体，使得这一指标更具有活性。一个城市的历史文化基础是城市文化建设的土壤，肥沃的土壤往往能使耕作达到事半功倍的效果。

（三）非物质文化遗产指数的格局

从表 9—5 可以看到，2015 年中国城市非物质文化指数均值为 0. 137，城市非物质文化遗产数量偏少，指数标准差为 0. 169，变异系数为 1. 236，城市间非物质文化遗产水平差异较大。在 289 个样本城市中，仅有 13 个城市的非物质文化指数超过 0. 5，有 204 个城市位于全国文化竞争力指数均值以下，比例高达 70. 59%。城市非物质文化指数均值较中位数（0. 074）高，当前城市非物质文化遗产水平主要靠高非物质文化遗产水平的拉动，中国非物质文化指数分布表现为两极分化较明显。

表 9—5　　2015 年城市非物质文化指数

变量	年份	样本数	平均值	标准差	变异系数	指数超过 0. 5 的城市数量	低于平均值的城市数量	中位数
非物质文化指数	2015	289	0. 137	0. 169	1. 236	13	204	0. 074

资料来源：中国社会科学院城市与竞争力指数数据库。

根据数据库的测算，在2015年城市非物质文化指数排名中，上海稳居榜首，北京与香港排行第二、第三。上海是一个海纳百川的城市，它有很强的包容性，上海的很多非物质文化遗产来自其他的地区或省市，传入上海后经过较长时间的运作和演变形成了具有上海鲜明特色和地方风格的“海派”艺术。同时，上海对非物质文化遗产的保护工作十分重视，2001年国际博协亚太地区第七届代表大会在上海召开，该会议形成了关于非物质文化遗产保护的《上海宣言》，上海受《上海宣言》的鼓励，一直积极进行非物质文化遗产的保护。北京作为第一个被批准为国家历史文化名城的城市，其自身保存着丰富的具有重大历史文化价值的文化遗产，同时其为保护非物质文化遗产做出了极大的努力，不仅认真梳理北京非物质文化遗产，积极培养继承人，还组织大批专家就保护问题进行论证等。香港虽然一直以“快”闻名，但香港的一些原居民的生活与工作无不延续着许多百年的民俗文化。此外，大量来港移民同时也带去了他们的地方风俗与习惯，这让香港的文化更多元化。

将城市的非物质文化遗产指数进行排名并在地图上标注（见图9—2），可以看到前100名的城市多数集中在中原和长江中下游地带。这些地区历史上是人口聚集的城市，留下了丰富的非物质文化遗产，并且得到了较好的传承与保护。东北和西部地区历史上就是国家的边疆地区，不是全国的经济重心，而且多数是游牧民族栖息之地，非物质文化遗产数量较少。

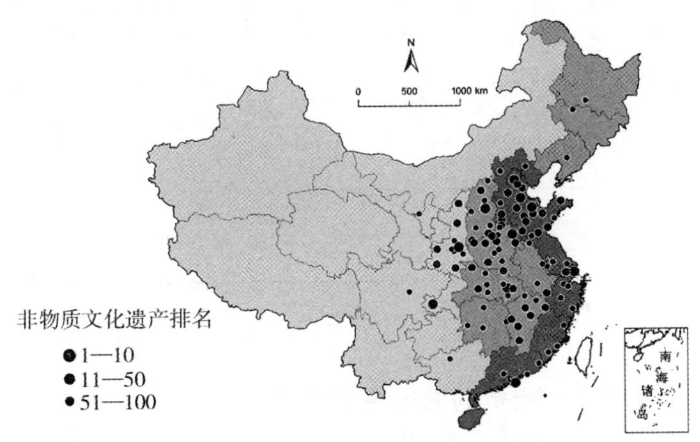

图9—2　非物质文化指数排名前100名的城市分布

资料来源：中国社会科学院城市与竞争力指数数据库。

由表 9—6 可见，2015 年城市非物质文化指数区域的排名依次为港澳、环渤海、中部、西北、东南、西南和东北。从均值看，港澳、环渤海及中部地区均值高于全国平均水平，西部与东南地区接近全国平均水平，西南及东北地区略低于全国平均水平。从变异系数看，西南、西北及东南地区城市非物质文化差异程度高于全国平均水平，港澳及东北地区城市非物质文化差异程度略低于全国平均水平，环渤海及中部地区城市非物质文化差异程度较低。从百强城市占该地区样本城市数的比例看，环渤海地区百强城市占样本城市 80%，远超其他地区；其次是中部及港澳地区占比分别为 57.5% 与 50%；东北地区占比最低，仅为 5.88%。从各区域非物质文化指数最大值看，东南地区非物质文化指数最高的城市上海同时也是 2015 年全国非物质文化指数最高的城市，港澳、环渤海、西北、中部及西南地区城市非物质文化指数最高的城市同时也是全国城市非物质文化指数排名前十的城市，东北地区城市非物质文化指数最高的城市鞍山位列全国第 81 名，排名较为靠后。

表 9—6　　2015 年城市非物质文化指数区域情况

区域	样本数	均值	变异系数	百强城市数量	最大值		
					城市	指数	全国排名
港澳	2	0.507	1.168	1	香港	0.926	3
环渤海	30	0.312	0.689	24	北京	0.971	2
中部	80	0.182	0.813	46	武汉	0.588	7
西北	39	0.119	1.422	9	渭南	0.603	6
东南	55	0.107	1.332	15	上海	1	1
西南	49	0.051	1.953	3	重庆	0.676	5
东北	34	0.044	0.960	2	鞍山	0.147	81

资料来源：中国社会科学院城市与竞争力指数数据库。

（四）非物质文化指数的城市等级分析

表 9—7 对中国一线、二线及三线城市非物质文化指数进行了简要分析。从表 9—7 中可以看到，一线城市非物质文化指数均值为 0.522，远高于全国平均水平同时高于 0.5，中位数 0.537 远高于全国平均水平

同时高于0.5，但其标准差为0.536，大于全国平均的0.137，可见一线城市非物质文化指数差异较大，其均值主要靠北京和上海的均值拉高。二线城市非物质文化指数均值为0.149，略高于全国平均水平但低于0.5，中位数0.103略高于全国平均水平但低于0.5，其标准差0.143低于全国平均水平，可见二线城市内部非物质文化指数差异较全国平均水平低。三线城市非物质文化指数均值为0.159，略高于全国平均水平但低于0.5，中位数0.103略高于全国平均水平但低于0.5，其标准差0.159接近全国平均水平，可见三线城市内部非物质文化指数差异与全国平均水平相近。综上，一线城市非物质文化指数总体水平较高，但其内部差异亦偏大；二线及三线城市非物质文化指数总体水平与全国水平相近，总体偏低，其内部差异亦接近全国平均水平，二线及三线城市非物质文化指数总体上形成了低水平的均衡。

表9—7　　2015年一线、二线、三线城市非物质文化指数分析

变量	城市类型	样本数	平均值	标准差	变异系数	指数超过0.5的城市数量	低于平均值的城市数量	中位数
非物质文化指数	一线城市	4	0.522	0.536	1.027	2	2	0.537
	二线城市	37	0.149	0.143	0.962	1	22	0.103
	三线城市	61	0.159	0.159	1	3	38	0.103
	全国平均	289	0.137	0.169	1.236	13	204	0.074

资料来源：中国社会科学院城市与竞争力指数数据库。

由表9—8可以看到一线、二线、三线城市内部非物质文化指数的差异程度，一线城市非物质文化指数最高值是最低值的66.67倍。二线城市非物质文化指数内部差异较一线城市及三线城市低，内部发展较均衡，但从表9—4的分析中我们看到，这种均衡是一种低水平的均衡。三线城市非物质文化指数内部差异介于一线城市与二线城市之间，但其总体水平亦偏低。

表 9—8　2015 年一线、二线、三线城市非物质文化指数内部关系分析

变量	城市类型	样本数	平均值	最高值	最低值	最高与最低值的比值
非物质文化指数	一线城市	4	0.522	1	0.015	66.67
	二线城市	37	0.149	0.544	0	*
	三线城市	61	0.159	0.691	0	*
	全国平均	289	0.137	1	0	*

资料来源：中国社会科学院城市与竞争力指数数据库。

从表 9—9 可以发现，一线、二线、三线城市内部排名差距较为悬殊，主要表现为排名最高的城市远超排名最低的城市，一线城市中排名第一的上海其非物质文化指数是排名倒数第二的广州的 9.7 倍，是排名倒数第一的深圳的 66.7 倍；排名第二的北京其非物质文化指数是排名倒数第二的广州的 9.4 倍，是排名倒数第一的深圳的 64.7 倍。二线城市中排名倒数的除了最后一名包头的非物质文化指数为 0 外，其他城市的非物质文化指数相等；排名前五的城市中，第三、第四及第五名非物质文化指数相同。排名第一的潍坊其非物质文化指数是排名倒数的四个城市的指数的 36.3 倍，排名第二的洛阳其非物质文化指数是排名倒数的四个城市的指数的 27.5 倍，排名第三的烟台、第四的郑州及第五的苏州其非物质文化指数是排名倒数的四个城市的指数的 26.5 倍。三线城市中排名倒数的除了倒数两名其非物质文化指数为 0 外，其他三个城市的非物质文化指数相同。排名第一的沧州其非物质文化指数是排名倒数的三个城市的指数的 46.1 倍，排名第二的滨州其非物质文化指数是排名倒数的三个城市的指数的 38.3 倍，排名第三的济宁其非物质文化指数是排名倒数的三个城市的指数的 34.3 倍，排名第四的宜昌其非物质文化指数是排名倒数的三个城市的指数的 32.3 倍，排名第五的榆林其非物质文化指数是排名倒数的三个城市的指数的 28.4 倍。

表 9—9 2015 年一线、二线、三线城市非物质文化指数内部排名

城市类型	指数最高的城市	均值	指数最低的城市	均值
一线城市	上海	1	广州	0.103
	北京	0.971	深圳	0.015
二线城市	潍坊	0.544	威海	0.015
	洛阳	0.412	呼和浩特	0.015
	烟台	0.397	珠海	0.015
	郑州	0.397	桂林	0.015
	苏州	0.397	包头	0
三线城市	沧州	0.691	湘潭	0.015
	滨州	0.574	银川	0.015
	济宁	0.515	揭阳	0.015
	宜昌	0.485	乌鲁木齐	0
	榆林	0.426	海口	0

资料来源：中国社会科学院城市与竞争力指数数据库。

（五）总结

通过以上的分析可以发现，首先目前中国非物质文化指数总体水平偏低，全国均值仅为 0.137；其次从布局上看，非物质文化指数较高的城市主要是文化底蕴较强、城市开放程度较高的城市，包括港澳地区及环渤海地区；最后城市间非物质文化指数分化严重，非物质文化指数高的城市与非物质文化指数低的城市间差异悬殊，两极分化较为严重。非物质文化遗产是一个民族的精神、历史、文化的载体与延续，有效保护与开发非物质文化资源有助于实现文化的多元性，丰富精神财富。非物质文化遗产由于其特有的“非物质”性，使得对其的保护工作难度大大增加，当前中国在非物质文化遗产的保护工作中还存在很多的不足，应加大对非物质文化遗产的保护与开发力度。

三 现象

(一) 城市文化竞争力偏离正态分布并与城市等级明显相关

从文化城市竞争力指数的核密度分布图（见图9—3左），可以观察到中国文化城市竞争力的分布规律：频数分布的高峰向左偏移，长尾向右侧延伸。文化竞争力的直方图显示（见图9—3右）中国文化城市竞争力指数集中分布在0.1—0.3的区间里，多数城市指数落在了0.5以下，只有一少部分城市指数超过了0.5，表明多数城市的文化竞争力处于“中下”水平。与2014年文化城市竞争力相比，2015年中国文化竞争力整体水平稍有好转，全国均值由2014年的0.228上升到0.234，但与2013年均值0.266相比还是下降较多，反映在图9—3中核密度函数的峰值与2013年相比向左移动。另外，核密度分布图还揭示了一个重要信息，即2013年在指数0.5附近出现了一个次高峰，说明存在一定的城市其文化竞争力指数在0.5左右，而2014年和2015年这个次高峰几乎不存在了。因此，文化城市竞争力连续两年整体在退步。

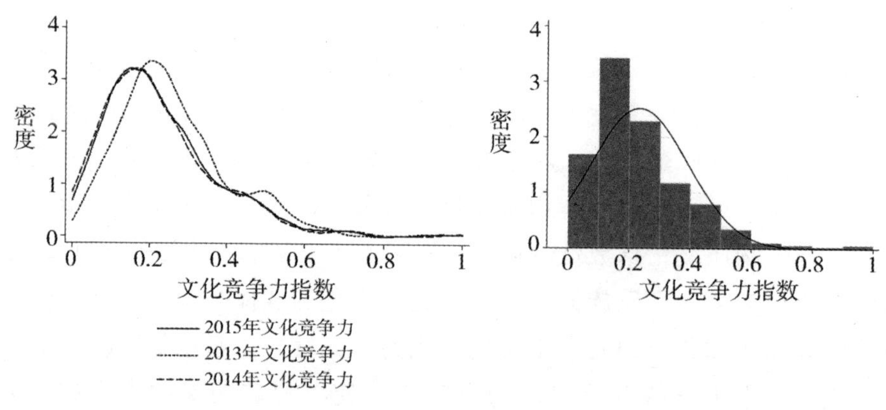

图9—3 文化城市竞争力指数分布核密度图与直方图

资料来源：中国社会科学院城市与竞争力指数数据库。

通过计算最近三年不同行政等级城市的文化竞争力得分后发现，文化竞争力的强弱与城市的行政等级有直接关系，城市行政等级越高城市的文化竞争力越突出（见表9—10）。具有最高行政等级的直辖市与特别行政区以0.797的文化竞争力得分高居第一层级；副省级城市和计划单列城市、除了副省级以外的省会城市分别以0.498和0.375的文化竞争力得分位居第二、第三层级；行政等级最低的地级市的竞争力得分仅为0.196，与直辖市与特别行政区城市文化竞争力得分相差达0.601。城市的文化竞争力一方面强调城市的历史文化底蕴，另一方面更重要的是体现城市现代文化气息，城市的行政等级越高，城市汇聚的资源要素越集中，城市的职能越广泛，如北京、上海、广州等城市集制造、科技、金融于一身，因此，会推动现代文化产业的发展。

表9—10　　2015年不同行政等级城市文化竞争力得分

城市行政等级	文化竞争力得分
直辖市与特别行政区	0.797
副省级城市与计划单列市	0.498
除了副省级以外的省会城市	0.375
地级市	0.196

资料来源：中国社会科学院城市与竞争力指数数据库。

（二）城市经济发展与城市文化建设存在显著正相关关系

对城市文化竞争力与城市综合经济竞争力进行相关分析可以发现，289个样本城市中，城市的经济发展水平与城市文化建设之间存在显著的正相关关系，如图9—4所示。城市的综合经济竞争力越强，经济基础越好，城市居民对文化建设的要求越高，同时一定的经济基础也是文化产业的产生与发展的重要支撑，从而促进文化产业的发展。当然，也存在一些城市过于注重经济增长而忽视城市文化内涵的建设，还有一些城市因为建城历史相对较短，历史文化底蕴薄弱。

香港、澳门、上海、广州、北京、南京、苏州等城市经济建设与文化建设的关系表现为两者协调发展，经济发达，城市文化竞争力高。相反，深圳、无锡、东莞、大连、厦门等城市的文化建设与经济建设协调性不高。以深圳为例，2015 年深圳综合经济竞争力继续超越香港，稳居第一，然而深圳的文化竞争力却只排到了第 16 名，两者差距悬殊。原因可以解释为，改革开放以来中国有相当一部分城市借助自身的地理优势和国家的支持政策率先获得了较快的发展，然而这些城市在历史上并不是人口集聚的城市，其文化底蕴有限，历史文化指数较低，加上改革开放氛围下城市发展更注重经济建设，导致文化产业发展有限，文化多元性不足，因而文化竞争力较弱。

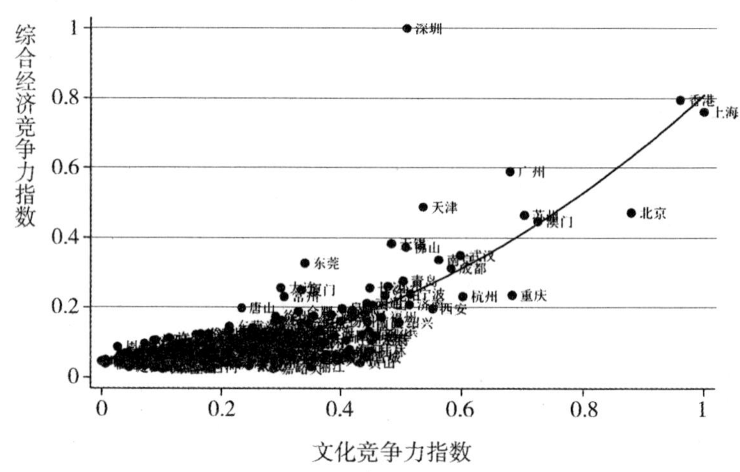

图 9—4　城市综合经济竞争力与文化竞争力相关关系拟合图

资料来源：中国社会科学院城市与竞争力指数数据库。

（三）城市人文积淀深厚让城市发展更加宜居

将 2015 年城市的文化竞争力指数与宜居竞争力指数做散点图（见图 9—5)，可以发现文化竞争力指数与宜居竞争力指数有非常显著的相关关系。一般而言，城市的文化竞争力指数越高，城市的宜居环境越好。文化是一座城市的灵魂，也是一座城市的名片，更是城市个性的表达，深厚的城市文化内涵体现了一个城市的软实力。对于塑造宜居城市而言，相比对城市空气、水源等环境改善更难的是对城市文化内涵的挖掘与提升，城市历史文化底蕴越深厚，现代文化气息越浓烈，越能留给城市丰富的宜居发展空间。因此，打造宜居城市需要充分认识文化的力量和魅力，个性鲜明的城市文化品位能为宜居城市的建设增添更多灵气和色彩。

我国沿海城市经济发展普遍较好，城市化率较高，人均收入也普遍高出内地城市，沿海城市的文化产业相对发达，现代文化指数也比较高。另外，沿海城市的气候和生态环境也相对较好，对国际投资、国际会展和国际入境旅游具有较大的吸引力，文化多元性指数也比较高。因此，沿海城市的文化竞争力指数较高，多数内地城市文化竞争力指数偏低。随着距海距离的增加，西部地区一些城市的文化竞争力却凸显出来，如西安、重庆、成都、银川、丽江、兰州、乌鲁木齐等广大西部内陆城市的文化竞争力指数普遍较高，这些城市虽然经济实力相对没有沿海城市雄厚，现代文化指数稍逊于沿海，但在历史上却是繁华城市，高历史文化指数提升了城市的文化竞争力。

从图 9—5 可以发现如北京、上海、重庆、澳门等城市的文化竞争力指数高于宜居指数，这些城市在历史上也都是文化名城，有着丰富的历史文化资源，同时，城市的综合经济实力都比较强，城市经济发展水平也比较高，现代文化产业发展程度也比较高，文化竞争力领先全国，文化软实力为城市的宜居环境加分。情况相反的是珠海、深圳、厦门、海口，这些城市的宜居竞争力高于城市文化竞争力得分，与北京、上海这样的文化大市相比，这些城市在文化底蕴上确实存在较大差距，而且这种差距不是一朝一夕能够弥补的。因此，这些城市凭借良好的宜居环境，应该从文化产业方面探索新的模式和新的方向，比如“文化+宜居”、“文化+科技”、“文化+金融”等发展模式，以各自优势带动城市文化建设，并形成具有城市自身发展特色的文化风格。

（四）文化产业依托经济实力作用于文化竞争力

历史文化积淀是影响城市文化竞争力的重要因素之一，一般来说，历史文化积淀较厚重的城市其文化竞争力会相对较高。此外，现代文化产业的发展作为现代城市文化建设的重要组成部分也会对城市的文化竞争力产生一定的影响，有效把握现代文化产业的发展契机有助于许多新兴城市实现对历史文化古城的追赶。近年来，文化建设的发展对经济社

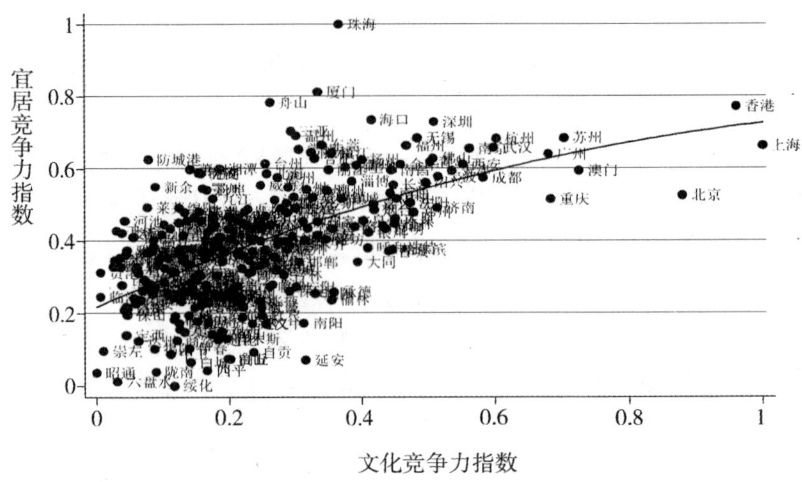

图 9—5　中国文化城市竞争力与宜居城市竞争力的相关关系

注：个别城市由于数据所限或距海距离较远等原因，未在图中进行标记。

资料来源：中国社会科学院城市与竞争力指数数据库。

会建设的作用越加显著，西方国家甚至将文化产业作为引领国家产业创新和发展的重要力量。文化产业作为一种具有特殊形态的新兴产业，其对人们的生产生活正产生着越来越大的影响，中国对文化产业的重视程度也在不断地提高。

图 9—6 分析了文化产业规模、城市经济实力与文化竞争力之间的相关关系。由图 9—6 可知，整体来看，中国城市文化产业规模与文化竞争力之间的关系呈正相关，文化产业规模越大，文化竞争力越强，但从图 9—6 中可以看到这种趋势并不是十分明显。由图 9—6 还可以看出，综合经济竞争力制约着城市文化产业规模对文化竞争力的提升作用，只有较强的综合经济竞争力才能更好地推动城市文化产业规模对文化竞争力的提升，当城市的综合经济竞争力较弱时，文化产业规模虽然大但效率低下。从图 9—6 中气泡的大小可以看出，中国当前大多数城市文化竞争力的提升受到文化产业规模小、城市综合经济竞争力有限的限制。

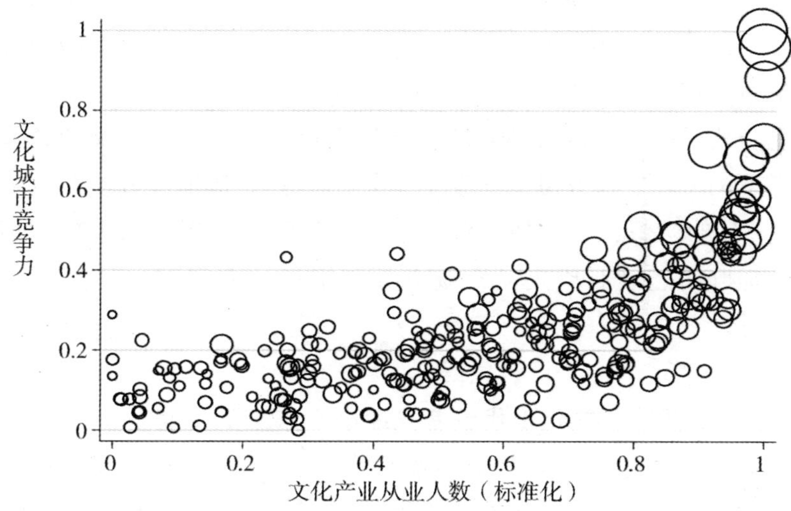

图 9—6　文化产业规模与文化城市竞争力的相关关系

注：图中的“○”代表每个样本城市，“○”的大小与样本城市的综合经济竞争力成正比，即城市综合经济实力越强，“○”越大，反之“○”越小。

资料来源：中国社会科学院城市与竞争力指数数据库。

四　趋势

通过几年的数据分析，笔者对未来文化城市竞争力的变化趋势做出以下判断。

（一）城市间差距短时期难收敛，文化指数均值有所提高

通过比较近几年文化竞争力的基本数据可以发现，中国文化城市竞争力整体水平有所提高，主要表现为文化竞争力指数均值有所提高。结合文化竞争力指数的变异系数可知，文化竞争力的进步得益于城市间差距的缩小，2015 年文化竞争力指数变异系数较 2014 年有所下降，但从数据中可知，这一下降幅度十分有限，即城市间由于历史条件、资源禀赋、发展基础、行政级别、经济水平等方面的差距，短时间内难以实现大幅度的收敛。全国城市的文化竞争力指数的提高也十分有限。

当前影响全国文化竞争力指数提升的主要是城市间文化竞争力的两极分化，一部分城市由于自身缺乏一定的历史文化积淀，同时城市综合经济竞争力较低，制约着文化产业与文化基础建设的发展，落后城市的文化建设步伐较缓慢，与先进城市的差距不断拉大。但随着文化建设成为中国当下的主题，文化建设成为各方的关注点，政府亦逐步改变先前“轻文重商”的思想，不断加大对城市文化建设的重视。未来中国城市文化水平提升的速度有望提高，城市分布格局亦有望朝“橄榄型”健康城市迈进。

（二）东西部地区文化现代性差异缩小，东北下滑值得关注

在全国城市文化竞争力差距小幅缩小的背景下，2015 年东中西部文化竞争力的差距较 2014 年有所缩小，尤其是排名在前 10 位的城市中，除了香港、澳门和两个直辖市外，其余的六个城市中东南地区城市有三个入榜，中部地区城市有一个入榜，西部地区城市有两个入榜，这主要受中部及西部地区获得的各种外部优惠政策和内生性动力的影响。优惠政策上得益于新常态下“一带一路”与“互联网+”热潮，尤其是覆盖新疆、青海、广西、云南等西部城市的丝绸之路经济带的建设为西部地区经济建设及文化建设带来了同等的发展机会，借助优惠政策，西部地区充分利用自身丰富的文化资源及独特的少数民族文化资源，大力发展文化产业，提高了西部地区城市文化竞争力水平，缩小了东西部文化竞争力差距。

此外，东北地区城市的文化竞争力状况不容乐观，34 个城市中仅有两个城市的排名进入前 50 名，分别是辽宁省的省会沈阳（第 22 名）和黑龙江省的省会哈尔滨（第 29 名），沈阳比 2014 年的第 21 名稍有退步，哈尔滨比 2014 年的第 34 名稍有进步但尚未赶上 2013 年的第 16 名。其余东北地区绝大多数城市排名都偏靠后。

五　经验

文化城市竞争力排名前十的城市包括四个指数区间，0.8 以上的包

括上海、香港、北京，0.7—0.8 的是澳门和苏州，0.6—0.7 的是重庆、广州和杭州，武汉和成都在 0.5—0.6 区间内。以下是本章围绕文化城市竞争力指标予以的简单点评。

上海：十里绮罗外滩烟，东方巴黎百度春

2015 年上海继续保持 2014 年取得的好成绩，稳居文化城市竞争力的全国第一。以魔都为代名词的上海是一座极具现代化而又不失中国传统特色的海派文化都市。上海将古典和现代完美地结合在了一起，它风姿绰约，是全国最具包容性的国际大都市。夜幕降临，霓虹闪耀，夜上海粉墨登场，让人追忆 20 世纪二三十年代老上海的旧梦，而现代摩登的都市生活又把人带回了 21 世纪的现代文明。先天历史条件和资源环境优势的天生丽质和后天的持续辉煌让上海在文化底蕴与现代文明上超过了香港。传统文化与现代文化交相辉映且具备经济推力的“大文化”为上海增添了浓郁的文化氛围。对于上海而言，非物质文化指数指标创造了全国第一。

香港：历史变幻沧海桑田，今日风采浪漫依然

“东方之珠”香港在 2015 年全国文化城市竞争力排名中列全国第二位。历史上，香港文化是东西方两种文化的互相碰撞、渗透、交融，传统的民族文化是香港的根，同时又深受殖民主义和自由资本主义文化的影响，具有多元的文化特征。新中国成立以后，香港文化在新的特定的时空条件下，走上独特的发展道路。香港 50 年代的工业化和六七十年代的经济腾飞，都极大地推动了香港文化的发展。1997 年回归以后，香港依旧保持着社会廉洁、治安优良、经济自由及法律制度完备的世界领先位置，这些都是让香港形成自由开放、融合中西、商业都市型的多元混合文化体系的制度保障。在文化指标上，语言多国性指数和外国入境游人数创造了两项第一。

北京：三千年皇城文化，后现代一路狂奔

北京是六朝古都，是世界闻名的历史古城和文化名城，这里荟

萃了中国灿烂的文化艺术，留下了许多名胜古迹和人文景观，有着博大精深的文化底蕴，处处彰显着不同时代的辉煌。新中国成立以后，对北京的古代建筑和人文习俗保存非常完整。北京作为国家首都，是全国的政治、经济、交通和文化中心，是走在世界前列的著名都市，鳞次栉比的现代化建筑和现代艺术人文氛围，使古老的北京焕发出更加生机勃勃的神采。北京在 2015 年文化城市竞争力中排名第三，其中历史文化指数和文化产业发展都很有竞争力。需要注意的是，北京拥有大量的常住人口，现代文化艺术场所的人均值有些偏低，影响了北京的文化竞争力排名。

澳门：血脉相连拥子入怀，中西合璧焕发青春

素有“东方蒙地卡罗”之称的澳门在 2015 年全国文化城市竞争力排名中列全国第四位。1553 年，葡萄牙人取得澳门居住权，1887 年葡萄牙人正式通过外交文书占领澳门并将此辟为殖民地，直到 20 世纪末中国政府才恢复对澳门行使主权。经过 400 多年欧洲文明的洗礼，东西方文化的融合共存使澳门成为一个风貌独特的城市，留下了大量的历史文化遗迹。值得注意的是，澳门历史城区作为一个整体于 2005 年正式成为联合国世界文化遗产。澳门是一个国际自由港，是世界人口密度最高的地区之一，也是世界四大赌城之一。其著名的轻工业、旅游业、酒店业和娱乐场使澳门长盛不衰。澳门的文体、娱乐业从业人数在全国名列第一位，现代文化艺术指数也相当突出。

苏州：粉墙黛瓦中的人间烟火，霓虹绚丽下的江南名城

苏州建城距今已 2500 多年，目前仍坐落在春秋时代的位置上，平江、山塘历史街区分别被评为中国历史文化名街和中国最受欢迎的旅游历史文化名街。苏州以“小桥流水、粉墙黛瓦、史迹名园”为独特的风貌，是全国首批 24 个历史文化名城之一。古老的苏州古城像个“容器”，贮存了太多的文化元素，也形成独有的文化性格，苏州人久居幽深小巷，养成了与小巷一样极有弹性、藏拙内敛的习性。当代的苏州生存空间发生了巨大变化，当高楼大厦、高架

轨交代替了低矮屋檐、小桥雨巷，当悠悠的苏州水汇聚到江河湖海，苏州的城市文化心态也在经历一次次的重塑。2015年苏州的文化竞争力排名第五位，是排名最靠前的地级城市，实力提升赢来的是城市心态的包容与坦然，苏州正在表现出与现代化大都市相称的人文情怀。

重庆：红岩历史重情重义，革故鼎新百舸争流

山城重庆在2015年全国文化城市竞争力排名中列全国第六位，是中西部地区排名第一位的城市。重庆，简称巴和渝，是长江上游最富有鲜明个性的民族文化之一的巴渝文化的发源地，还有近现代特色的民族文化、移民文化、三峡文化、陪都文化、都市文化。重庆的历史文化名镇、名村是全国地级以上城市中数量最多的，足以证明重庆拥有着丰厚的历史文化底蕴。重庆是一个拥有无限魅力的城市，古老的文明、人文、地理、风景独领风骚，魅力无限而奇特迷人；现代的政治文明、经济文明、文化文明更是迅速崛起，历史痕迹与当代风采交相辉映，共同缔造了一个性情浓烈的现代化城市。

广州：南越千年往事耐回味，岭南精神敢为天下先

2015年广州文化竞争力排名第七位，是位次最靠前的省会城市。广州是国家历史文化名城，从秦朝开始，广州一直是郡治、州治、府治的行政中心。2000多年来一直都是华南地区的政治、军事、经济、文化和科教中心。广州又是岭南文化的分支——广府文化的发源地和兴盛地之一。广州同时也是中国近现代革命的策源地，著名的三元里人民抗英斗争、黄花岗起义、广州起义均发生在广州。孙中山曾在广州创办黄埔军校，三次建立临时政权。毛泽东曾在这里创办农民运动讲习所，培养了大批革命骨干力量。鲁迅、郭沫若、郁达夫、彭湃、马思聪等也曾来广州传播先进文化。温和、包容、自由、平等、平民，是广州的城市精神，这座城市有着最不排外的本地居民，他们尊重外地人的成功，在这里任何方言都不会遭到恶意嘲笑，这座城市充满着现代与活力，却也留存着强烈的传统气息。

杭州：良渚文化引向文明，信息科技引领未来

“忆江南，最忆是杭州”，国内文化名城杭州在2015年全国文化城市竞争力排名中位列全国第八。杭州是著名的旅游城市，以风景秀丽著称。与苏州并称“苏杭”，素有“上有天堂，下有苏杭”的美誉。市内人文古迹众多，西湖景区周边有大量的自然及人文景观遗迹。杭州是吴越文化的发源地之一，历史文化积淀深厚。其中主要代表性的独特文化有良渚文化、丝绸文化、茶文化，以及流传下来的许多故事传说成为杭州文化的代表。杭州以“品质生活之城”为生活和城市特色文化诉求，注重传统市井街巷与现代生活的自然过渡，形成了独特的“钱塘繁华”和“休闲雅致”的外部文化认识，以此带动了城市文化竞争力的提升。

武汉：码头文化敢于创新，怀江纳湖兼收并蓄

水城武汉在2015年文化城市竞争力中排名第九位。武汉是有着3000多年文明传承史的古城，文化底蕴深厚，武汉的历史和文化多物化在山川湖泊之中。武汉有展示着殷商时期制造业的巅峰水平的殷商青铜器皿，有木兰巾帼不让须眉的木兰文化，还有萦绕于斯的黄鹤文化、佛教文化。武汉以“勇立潮头、敢为人先、崇尚文明、兼收并蓄”作为该城市的城市精神。武汉人是码头上培养出来的，码头的创新文化使得这个城市在历史上就敢于创新，不拘泥于传统儒家文化，乐于接受新思想，敢想敢做，这也让武汉这个城市勇夺了多个“第一”，如辛亥革命第一枪、万里长江第一桥等。

成都：蜀中江南云卷云舒，人文底蕴沁人心脾

蓉城成都在2015年文化城市竞争力中排名第十位，是继重庆之后的第二座西部城市。“万里桥西一草堂，百花潭水即沧浪。”1200多年前，大诗人杜甫用这样的诗句留下对成都的温润记忆，也让成都诸如百花潭、草堂等历史文化韵味十足的地名传承至今，让成都成为中国最秀丽雅致的城市。今天的成都是西南地区重要的

中心城市，成都在城镇化建设快速前行的同时更加重视传统文化的传承与保护，城市的生态和文态建设进一步提升了城市形象，成为国际形象最佳的中国城市之一。

第十章　中国全域城市竞争力报告

——迈向城乡一体的全域城市

蔡书凯*

中国仍呈现着显著的城乡二元结构形态。在某些特定时期、特定区域，城乡经济发展的“失衡”程度甚至趋于加剧。表征在城市层面即为城市区域内城区和乡村的在经济、文化、社会发展等各个层面的断裂，显然，这与理想城市的目标相去甚远，与建立以城市为蓝图的城乡一体的新社会结构形态相背离。

一般而言，全域城市化包括以下四个维度：一是在城市的宏观层面，城乡居民的收入水平、生活环境、劳动生产率、生活方式趋同，城乡功能互促互补、协同发展，形成城市为蓝图的社会形态；二是在城市的主体层面，市民和村民能够共享改革发展成果，分享社会发展权益，平等参与社会治理，彰显社会公平与权益平等；三是在城市的自然形态层面，城区更具城市温度，农村更具乡土气息，在“看得见山、望得见水、记得住乡愁”中，保持城乡多彩形态的和谐共存和完美对接；四是在城市的微观层面，城乡生产要素自由流动、合理配置。

毫无疑问，中国广阔地域上数以千计的城市，在经济大潮的涤荡下，在地方政府的奋力实践中，演绎了全域城市发展的多维精彩实践，构建了中国梦的坚实基础，也为我们观察全域城市发展提供了绝佳的素材和完美样本。

---

* 蔡书凯，管理学博士，安徽工程大学副教授，中国社会科学院财经战略研究院应用经济学博士后。

一　格局

为衡量中国城市全域城市发展状态，我们从居民收入、公共服务、公共设施和结构转换等维度选取指标，对中国287个地级以上城市进行了仔细测度和细致分析。结果发现：中国城市全域城市建设一直在稳步推进，在经历全域城市初现阶段后，整体进入全域城市快速发展阶段；全域城市建设在城市间呈现极度的不平衡性，与经济发展呈现高度的关联性，短期内区域城市竞争力得分的金字塔形、层次性、梯度性分布特征难以改变，但区域内城市间差距趋向收敛。

（一）总体：均值离0.5差距太远，全域城市发展呈金字塔型分布

全国289个城市的全域城市竞争力平均得分为0.2680，其中大陆城市的平均得分为0.2629，均值与0.5差距太大。缘于中国城市的发展历史和所处的发展阶段，在287个地级以上城市中，大多数城市的全域城市发展水平较低。城乡要素互动水平较低，忽视农村孤立发展城市的局面在多数城市依然存在，城乡之间缺乏有效、科学、合理的统一规划，城乡网络体系仍在构建之中，城乡隔离现象严重，城乡公共服务、基础设施等方面的差距明显，城乡差距较大，城市化进程难以满足工业化进程要求。

从全国地级及以上城市全域城市竞争力指数的分布直方图上看（见图10—1左半部分），总体接近正态分布。有263个城市的全域城市得分位于0.5以下，124个城市的得分位于0.5以上，说明整体上看，多数全域城市的得分较低。从图10—1中更可以看出，仅有4个城市的得分大于0.8，分别为深圳、北京、东莞、上海；7个城市的得分位于0.601—0.8之间，分别为苏州、广州、杭州、南京、无锡、乌鲁木齐、珠海；33个城市的得分位于0.401—0.6之间。这一点从全域城市竞争力指数的核密度分布图上可以观察得更清晰（见图10—1右半部分）：频数分布的高峰向左偏移，长尾向右侧微微延伸。其中，城市宜居竞争力指数集中分布在0.15—0.45的区间里，84.67%的城市得分在0.4以

下，表明我国多数城市的全域城市竞争力处于“中下”水平。

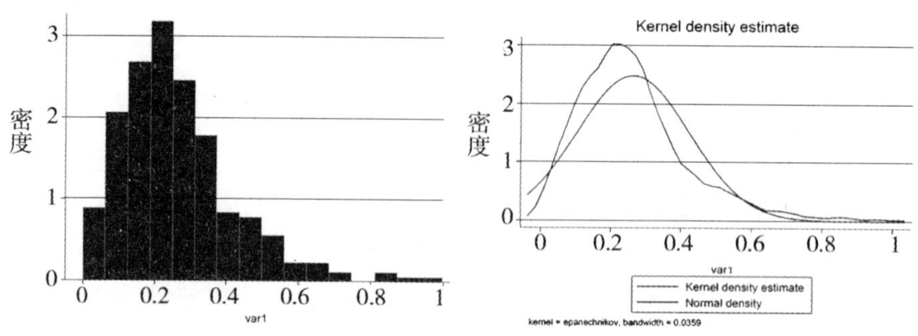

图 10—1　全域城市竞争力指数分布直方图与核密度图

资料来源：中国社会科学院城市与竞争力研究中心数据库。

从城市等级的角度来看，5 个一线城市的得分均值最高，为 0. 7963，31 个二线城市的得分均值为 0. 4700，57 个三线城市的得分均值为 0. 3252，194 个四线城市的得分均值为 0. 1978。全域城市发展程度与城市等级呈明显的层次性（见图 10—2）。考虑到不同等级城市的数量、大部分城市的得分居于全国城市得分均值以下，176 个大陆城市位于均值以下，111 个大陆城市位于均值以上，说明中国城市全域城市发展呈金字塔形分布。

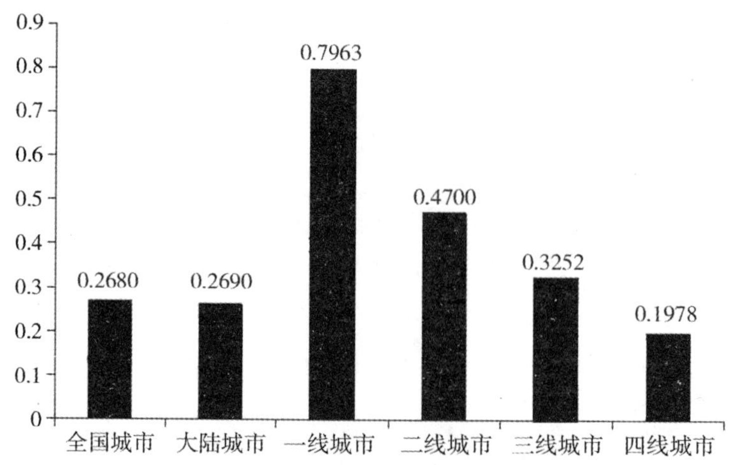

图 10—2　分等级城市全域城市得分

资料来源：中国社会科学院城市与竞争力研究中心数据库。

在 2015 年全域城市竞争力排名前 15 位的大陆城市中，除北京位于环渤海区域、乌鲁木齐和克拉玛依位于西北地区，其他全部来自东南地区。排名前 50 位的大陆城市中，东南地区占了 25 席；在 287 个内陆城市中，排名 200 位之后的城市中，东南地区只占 1 席，东南地区排名最差的城市宁德也占据第 219 位；排名后 10 位的城市中，西部地区则占了 8 席，另外 2 席位于中部城市。

同时，部分城市区域城市呈现极强的竞争力。部分东南沿海城市和大城市率先实践，奋力突破城乡二元结构瓶颈，在全域城市化方面取得了较好的表现，并呈现出极强的竞争力。如果以港澳作为标杆，中国部分东南沿海城市、主要大城市与港澳的差距已经比较接近。

分省来看，全域城市竞争力排名靠前的为北京、上海和新疆，得分最低的省份为云南、贵州和广西（见图 10—3）。

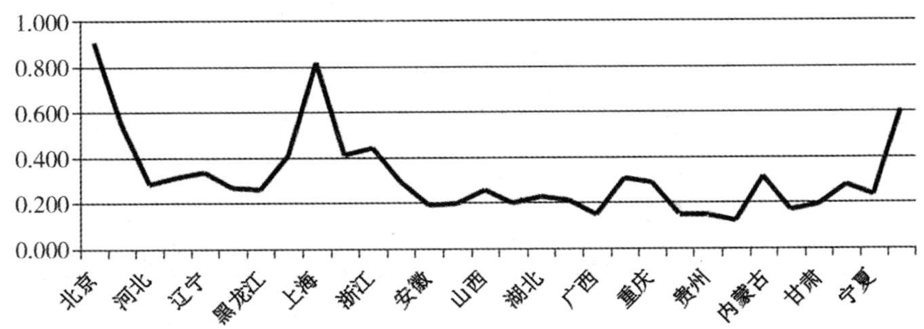

图 10—3　分省全域城市竞争力得分

资料来源：中国社会科学院城市与竞争力研究中心数据库。

（二）格局：区域间全域城市发展梯度呈现，城市间分化严重

从区域来看，全域城市得分呈现东、中、西和南北梯度分布，区域间分化严重。东南地区城市的全域城市竞争力指数均值较高，为 0.4021；西南地区最低，均值为 0.1515。东、中、西部城市在全域城市竞争力方面差距明显；南北城市在全域城市竞争力方面差距也比较显著（见表 10—1）。

表 10—1　　2015 年中国城市全域城市竞争力区域比较

地区（城市数）	1—50名	51—100名	101—150名	151—200名	201—250名	251—289名	全域城市竞争力指数均值
东北（34）	3	14	10	4	2	1	0. 2914
环渤海（30）	8	7	5	8	2	0	0. 3280
西北（39）	7	5	5	2	13	7	0. 2415
中部（80）	4	11	13	21	20	11	0. 2093
西南（49）	1	5	5	6	12	20	0. 1515
东南（55）	25	8	12	9	1	0	0. 4021
全国（287）	48	50	50	50	50	39	0. 2629

注：香港、澳门分列第一和第二。

资料来源：中国社会科学院城市与竞争力研究中心数据库。

从各个城市来看，城市间分化严重。2015 年全域城市化可持续竞争力综合排名前 10 位的城市为：香港、澳门、深圳、北京、东莞、上海、苏州、广州、杭州、南京，与 2014 年相比，排名前 10 位的城市名单没有变化，但城市间的位次有小幅变化。其中，上海被北京和东莞超越，后移 2 位，杭州和南京互换位次；排名前 10 位的城市全域城市化竞争力得分均值为 0. 7669，排名后 10 位的城市全域城市化竞争力得分均值为 0. 0353，为其 21 倍多；全域城市化可持续竞争力最好（排名前 50 位的城市）的城市得分均值为 0. 5354，排名前 100 位的城市得分均值为 0. 4316，而排名 250 位以后的城市得分均值为 0. 0769，说明城市之间在全域城市发展方面存在很大差异（见图 10—4）。

从一、二、三线城市来看，各类城市分化严重。近三年，只有一线城市位于 0. 5 以上，二、三、四线城市的均值均低于 0. 5。一线城市全域城市得分为四线城市的 4. 026 倍，城市之间极度不平衡。但一、二线城市的得分均值均在不断提升，说明一、二线城市的全域城市建设一直在稳步推进。三、四线城市的得分均值则和全国的态势保持一致，得分在波动中提高。

一、二、三线城市表现均优于全国均值。从各类城市与全国的得分

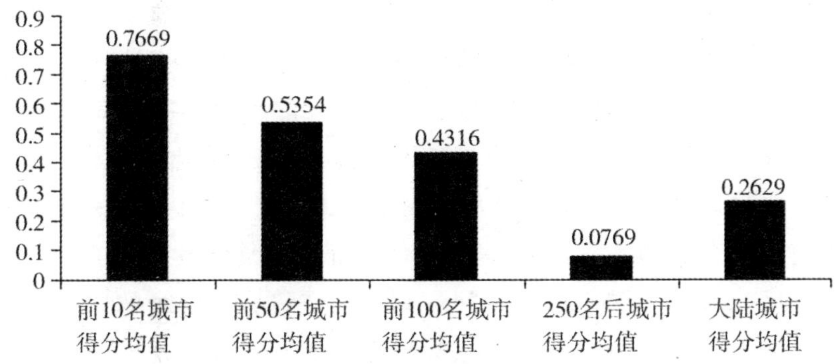

图 10—4　不同城市得分均值

资料来源：中国社会科学院城市与竞争力研究中心数据库。

均值比较结果来看，近三年，一、二、三线城市全域城市得分均值均高于全国均值，四线城市得分均值一直低于全国均值，且与全国均值差距在不断拉大（见表 10—2）。

表 10—2　近三年各线城市得分均值

年份	一线	二线	三线	四线	大陆
2015	0. 7963	0. 4700	0. 3252	0. 1978	0. 2629
2014	0. 7576	0. 4091	0. 2846	0. 1803	0. 2358
2013	0. 6846	0. 3958	0. 2870	0. 1846	0. 2365

资料来源：中国社会科学院城市与竞争力研究中心数据库。

从一、二、三线城市内部来看，各类城市之间也存在较大的差距。一线城市：2015 年，得分最高的为 0. 9985，最低的为 0. 5450；2014 年，得分最高的为 0. 9985，得分最低的为 0. 5453；2013 年，得分最高的为 0. 9982，得分最低的为 0. 4400。二线城市：2015 年，得分最高的为 0. 8297，得分最低的为 0. 2861；2014 年，得分最高的为 0. 8043，得分最低的为 0. 2579；2013 年，得分最高的为 0. 7652，得分最低的为 0. 2503。三线城市：2015 年，得分最高的为 0. 6291，得分最低的为

0.0866；2014年，得分最高的为0.5680，得分最低的为0.0889；2013年，得分最高的为0.5943，得分最低的为0.1084（见图10—5）。从图10—5中可以看出各类城市之间也存在较大的差距，尤其是二、三线城市之间在全域城市建设方面呈现较大的差距。这可能是因为一线城市以大城市集聚区为主，中心城区具备了反哺农业、农村、农民的经济实力和辐射带动全域城乡一体发展的能力；而二线城市多出现了主城区主导的核心区和城市外围边缘区之间的割裂；三线城市本身的中心城区相对分散、影响力相对较弱，亦无法为建设全域城市提供足够的影响范围。

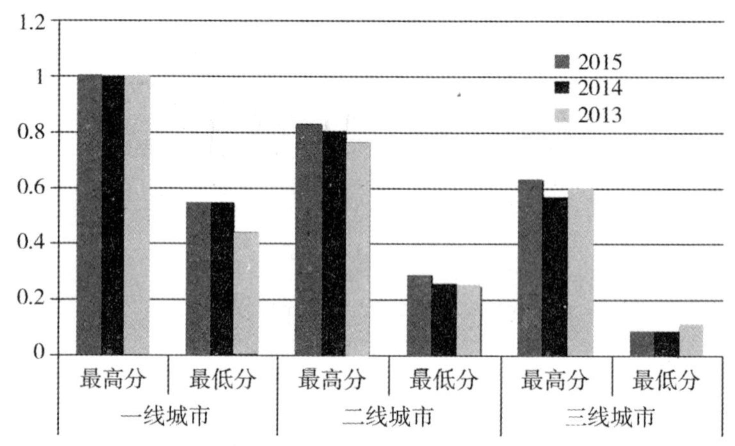

图10—5 各类城市近三年最高分和最低分

资料来源：中国社会科学院城市与竞争力研究中心数据库。

（三）阶段：整体进入全域城市快速发展阶段

理论上讲，可以将改革开放后中国全域城市发展的状况细分为四个阶段：（1）全域城市萌芽阶段。在这一阶段，一个城市的城区和乡村在经济、社会等方面基本处于相互隔离状态。（2）全域城市初现阶段。在这一阶段，一个城市的城区和乡村在经济方面实现了一定程度的互动发展，生产要素不完全是从农村向城市的单向流动，部分生产要素开始由城市向农村流动。（3）全域城市快速发展阶段。这一阶段，城市的第二、三产业有了很好的发展，已经具备工业反哺农业、城市带动农村发展的实力。城乡各种要素如人才、信息、资金和技术等的交流进一步深化。（4）全域城市成熟阶段。在这一阶段，城乡开始均衡发展，城乡之间形成合理的分工，农村区域的基础设施、公共服务生活方式、社会管理等向城市看齐，城乡经济社会实现高度融合，城乡一体的全域城市走向成熟。

具体来说，基于相关文献（诺瑟姆，1975；钱纳里，1986；李璐颖，2013；白志礼和欧阳敏，2010），全域城市各阶段的具体指标和划分标准如表 10—3 所示。

表 10—3　　全域发展各阶段的基本指数

	萌芽阶段	初现阶段	快速发展阶段	成熟阶段	中国
城镇化率（%）	30 以下	30—50	50—70	70 以上	52.57
城乡收入比	1.5—2.5	2.5—4	1.5—2.5	1.1—1.5	3.10
人均 GDP（美元）	1400 以下	1400—3500	3500—10500	10500 以上	6164
产业结构（%）	40 以上	22—40	10—22	10 以下	10.1

注：2012 年美元和中国人均 GDP 按照 2012 年 12 月 31 日人民币汇率换算。

资料来源：中国社会科学院城市与竞争力研究中心数据库。

从表 10—3 的相关数据可以判断，城镇化率、人均 GDP 和产业结构等指标已经迈过初现阶段的门槛，进入全域城市快速发展阶段；而城乡收入比指标相比较其他指标来说，相对落后，目前仍然处于全域城市初现阶段。因此，中国全域城市发展总体上处于从初现阶段向快速发展阶段的转换阶段。

（四）趋势：全国全域城市差距整体收敛，区域内部差距在波动中扩大

从近三年的全国城市全域城市得分的变异系数来看，整体上呈逐年缩小趋势，说明全国各区域板块城市间全域城市发展的差异程度在逐渐缩小。具体从各个区域来看，东南地区内部城市间的差距在波动中下降，东北地区、环渤海地区、西北地区、中部地区和西南地区内部城市之间的区域城市竞争力则在波动中逐渐扩大（见表 10—4）。

表 10—4 区域全域城市得分的变异系数

年份	全国	东北	环渤海	西北	中部	西南	东南
2013	0.6205	0.2853	0.4435	0.6191	0.4557	0.6672	0.4917
2014	0.6121	0.2788	0.4800	0.6161	0.4435	0.6077	0.5021
2015	0.6118	0.2831	0.4755	0.6443	0.4862	0.7155	0.4892

资料来源：中国社会科学院城市与竞争力研究中心数据库。

二　聚焦

（一）重点分析城乡人均支出比的原因

1. 城乡人均支出比是影响全域城市竞争力的最主要因素

城乡人均支出比是城乡二元消费结构问题的主要表现形式，城乡人均支出比集中体现了一个城市城乡居民的生活、福利差距。城市居民的消费已经呈现发展型和享受型倾向，而农村居民的生存型消费比重依然很高。其背后的根本原因是城乡收入差距，集中反映了城市与农村区域的差距。如何均衡城乡人均支出是建设全域城市面临的主要阻碍，也是城乡一体全域城市发展态势的集中体现。如果进一步考虑到区域城乡间社会公共品供给在数量、质量、品种和属性等方面的差异，将城市居民享受的住房、医疗、教育、交通及公共服务计算在内，城乡居民的实际福利差距会更大。从 2015 年 287 个城市城乡人均支出比和全域城市竞争力指数的相关性来看，Pearson 相关系数达到了 0.7892（P = 0.0000），说明两者之间存在非常强的相关关系。

2. 城乡人均支出比的含义

城乡人均支出比反映了城乡居民收入的差距。尽管近几年农村居民人均可支配收入增速超过城镇居民人均可支配收入，但是由于城乡居民的收入及其增长的不平衡性，城镇居民的人均可支配收入一直高于农村居民的人均可支配收入。国家统计局数据显示，2015 年城镇居民人均可支配收入为 31195 元，比上年增长 8.2%，扣除价格因素实际增长 6.6%；农村居民人均可支配收入为 11422 元，比上年增长 8.9%，扣除价格因素实际增长 7.5%。城乡居民人均收入倍差为 2.73，比上年缩小

0.02。全国居民人均可支配收入中位数为19281元，比上年名义增长9.7%（国家统计局，2016）。人均可支配收入较低的现实从根本上限制了农村居民消费支出能力的提升，使得城乡人均支出比保持在高位。

城乡人均支出比也反映了城乡社会保障和公共服务等方面的差距。由于历史原因，城镇居民从社会保障和公共服务方面的受益远远超过农村居民，农村居民享受到的社会福利远远低于城镇居民。所以，即使在收入水平相等的情况下，由于城乡社会保障和公共服务等方面的差距，农村居民在考虑到教育、医疗、住房和养老等方面未来的支出时，对未来消费支出的预期远大于城市居民，农村居民必然减少即期消费支出并且增加储蓄，使得城乡人均支出比失衡。

城乡人均支出比也说明城乡居民所处的消费环境差别大。城乡居民在消费的物质基础条件方面也存在很大的差距，在电力网络、通信网络、道路网络、零售网点和售后服务网点等方面，农村的消费环境相对于城市而言要差很多，商品的售后服务网点也主要集中在城镇，农村居民在消费同样的商品或服务时，可能要支付更多的渠道费用或购买价格。城乡居民在精神意识消费环境方面也存在差距，信贷消费主要针对城镇居民，城镇居民在消费维权意识、维权知识和维权渠道等方面具备更多的优势，这些都限制了城乡支出比。

（二）整体状况：整体得分较低且多数城市位于均值以下，城乡人均支出差额大的城市多为发达城市

整体上看，中国城市城乡人均支出比得分处于较低水平，大陆城市的均值为0.1545；各个城市之间差距较大，位于平均值以下的城市为180个，也就是只有107个城市位于平均值以上。

如表10—5所示，2015年中国城市城乡人均支出比指数均值为0.1545，标准差为0.1452，表明城市城乡人均支出比指数水平整体较低，城市间差异较大。其中，在该年度有180个城市位于中国城市城乡人均支出比指数均值以下，仅有107个城市位于均值之上，且城乡人均支出比指数均值远低于中位数0.1204。这说明中国城市城乡人均支出比指数除少部分城市表现较好外，多数城市城乡人均支出比竞争力得分较低，呈金字塔形分布。但一般的研究认为“橄榄形”状态是理想的

稳定状态。假定城乡人均支出比分布的理想目标也是橄榄形分布形状，即呈现“中间大，两头小”的分布形状，那么现实情况就说明中国城市城乡人均支出比的改善和发展仍任重而道远。

表 10—5　　2015 年中国城市城乡人均支出比指数

变量	样本数	平均值	标准差	最小值	最大值	位于平均值以下城市数量	中位数
城乡人均支出比指数	287	0. 1545	0. 1452	0	0. 8155	180	0. 1204

资料来源：中国社会科学院城市与竞争力研究中心数据库。

2015 年，城乡人均支出差额最大的十座城市为广州、包头、鄂尔多斯、东莞、厦门、佛山、上海、惠州、珠海、烟台（见表 10—6）。与 2015 年相比，广州、东莞、厦门、佛山、珠海等城市依旧榜上有名。10 座城市的城乡支出差额均值为 16029 元，可以看出为较高水平上的差距。其农村居民人均支出达 10329 元，城市人均支出达 26358 元。同年，全国居民的城乡收入差距为 8617 元，其中农村居民人均支出为 6791 元，城市人均支出为 15408 元。

表 10—6　　近两年城乡人均支出绝对值差距最大的 10 座城市　　单位：元

城市	广州	呼和浩特	东莞	厦门	佛山	长春	通辽	西安	沈阳	珠海
2015 年	21469	16251	16248	15636	15615	15131	15101	15068	15056	14715
城市	广州	包头	鄂尔多斯	东莞	厦门	佛山	上海	惠州	珠海	烟台
2014 年	19525	14706	17096	15180	14770	14706	14157	13993	13984	13712

资料来源：中国社会科学院城市与竞争力研究中心数据库。

（三）区域表现：东南最好，西北最弱

从城乡人均支出比得分排名前十位的城市来看，东南地区表现最好。除排名第十位的北京市位于环渤海地区，其他城市均位于东南地

区，分别为深圳、东莞、苏州、杭州、无锡、嘉兴、舟山、宁波、常州（见图 10—6）。

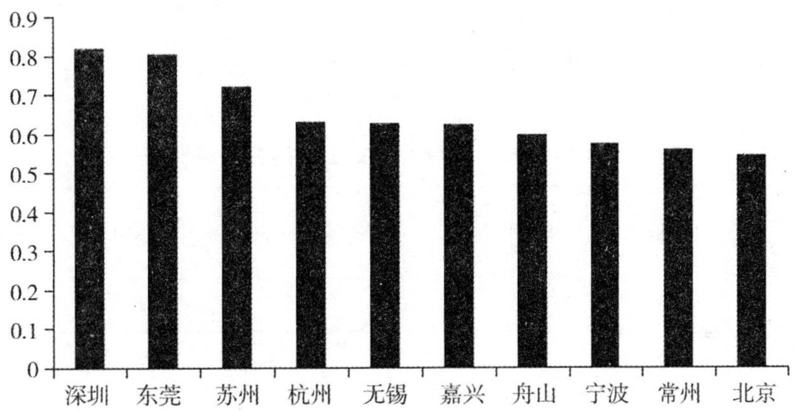

图 10—6　城乡支出比得分排名前十的城市

资料来源：中国社会科学院城市与竞争力研究中心数据库。

从各区域的城乡人均支出比得分来看，东南地区城市得分最高，平均为 0. 3368；西南地区得分最低，平均为 0. 0746（见图 10—7）。

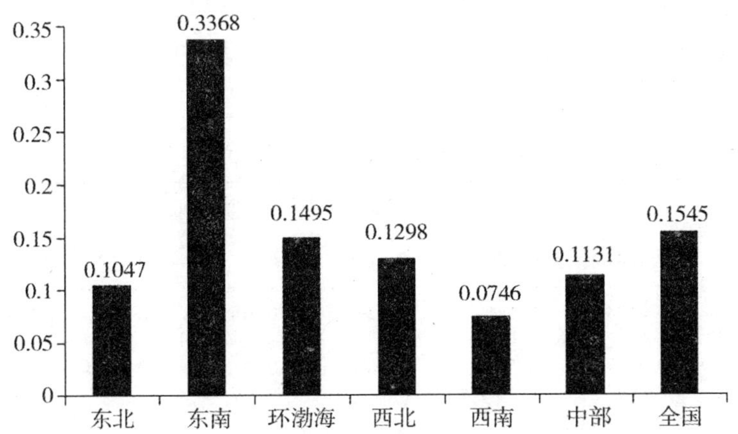

图 10—7　分区域城乡收入比得分

资料来源：中国社会科学院城市与竞争力研究中心数据库。

在 2015 年城乡人均支出比得分排名前 50 的城市中，东南地区占据了 31 席，超过了 60%；而在排名 150 名以后的城市中，则看不到东南地区城市的影子。在排名 250 位以后的城市中，西南地区占据了 12 席，占比为 32.43%。在排名前 50 的城市中，看不到东北地区城市的踪影，说明东北地区城市表现亦不佳（见表 10—7）。

表 10—7　　2015 年中国城市城乡人均支出比得分区域比较

地区（城市数）	1—50 名	51—100 名	101—150 名	151—200 名	201—250 名	251—289 名
东北（34）	0	8	6	12	4	4
环渤海（30）	5	5	5	4	9	2
西北（39）	6	9	5	4	7	8
中部（80）	6	10	22	13	18	11
西南（49）	2	2	4	17	12	12
东南（55）	31	16	8	0	0	0
全国（287）	50	50	50	50	50	37

从变异系数来看，东南城市间的城乡人均支出比差距最小，而环渤海地区城市间的城乡人均支出比差距最大（见表 10—8）。

表 10—8　　分区域城乡人均支出比得分

	东北	东南	环渤海	西北	西南	中部
均值	0.1047	0.3369	0.1495	0.1298	0.0746	0.1131
方差	0.0624	0.1866	0.1292	0.1042	0.0607	0.0842
变异系数	0.5957	0.5538	0.8644	0.8027	0.8144	0.7445

资料来源：中国社会科学院城市与竞争力研究中心数据库。

从城乡人均支出的具体数值来看，东南地区的城市居民人均消费支出最高，为 20424.22 元/年，然后是环渤海地区，为 16783.93 元/年，西南地区最低，为 14697.16 元/年；东南地区的农村居民人均消费支出最高，为 10269.2 元/年，西南地区最低，为 5681.07 元/年，然后是中部地区，为 6340.18 元/年（见表 10—9）。

表 10—9　　分区域的城乡人均支出情况

区域	城乡	均值	最大值	最小值	样本数
东北	城	15822.53	23516	11376	34
	乡	6399.05	8871	3279	34
东南	城	20424.22	33251	12232	55
	乡	10269.2	26728	6595	55
环渤海	城	16783.93	22771	11010	30
	乡	7097.53	13085	4224	30
西北	城	15857.87	25248	8818	39
	乡	6966.85	12980	4123	39
西南	城	14697.16	20243	10696	49
	乡	5681.07	8481	3899	49
中部	城	14783.73	22369	10433	80
	乡	6340.18	11586	3795	80
全国	城	16327.99	33251	8818	287
	乡	7175.89	26728	3279	287

资料来源：中国社会科学院城市与竞争力研究中心数据库。

（四）分省看，北京、上海、天津表现最好

分省来看，城乡收入比得分依次为北京、上海、天津、浙江、江苏、广东、新疆、福建、青海、内蒙古、湖南、宁夏、湖北、山东、辽宁、河北、河南、山西、甘肃、黑龙江、吉林、陕西、云南、贵州、广西、四川、安徽、江西、海南、重庆（见图 10—8）。

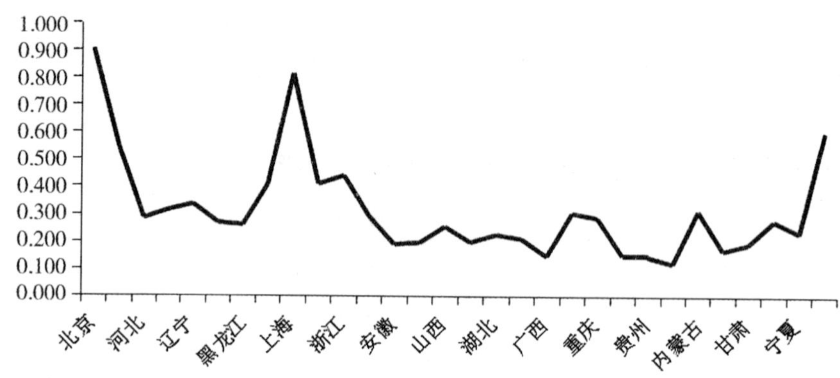

图 10—8 分省的城乡人均支出比得分

资料来源：中国社会科学院城市与竞争力研究中心数据库。

从变异系数来看，区域内差距最大的省份分别为云南、甘肃和四川，区域内最为均衡的省份为福建、湖北和广西（见图 10—9）。

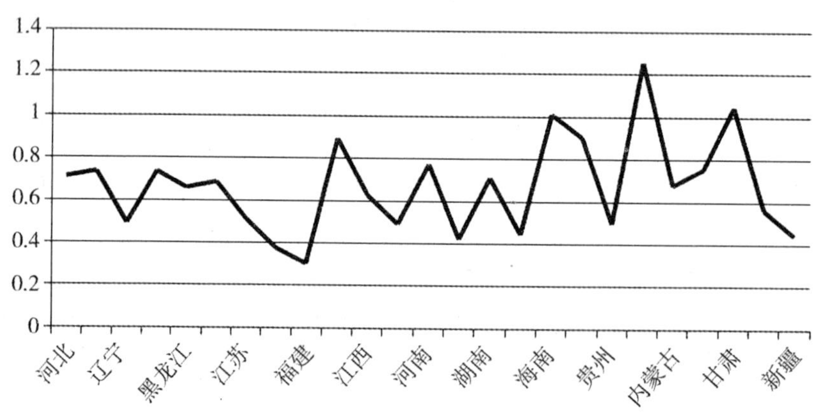

图 10—9 分省城乡支出比得分的变异系数

资料来源：中国社会科学院城市与竞争力研究中心数据库。

（五）从行政级别来看，城乡人均支出比得分与城市级别关联度高

从城市行政级别上看该项指标的比较情况，城乡人均支出比得分与城市级别有较高的关联度。城市行政级别越高，则城乡人均支出比竞争力得分越高。具体来看，直辖市的城乡人均支出比竞争力得分均值为0.3730，副省级城市的城乡人均支出比竞争力得分均值为0.2969，一线城市的城乡人均支出比竞争力得分均值为0.4920，二线城市的城乡人均支出比竞争力得分均值为0.2869，三线城市的城乡人均支出比竞争力得分均值为0.2143，而占中国城市主体的四线城市城乡人均支出比竞争力得分均值仅为0.1070（见表10—10）。

表10—10　　按城市级别的分类

区域	直辖市	副省级城市	一线城市	二线城市	三线城市	四线城市
得分均值	0.3730	0.2969	0.4920	0.2869	0.2143	0.1070
城市人均消费支出	21862	23719	15107	9647	8127	6262
农村人均消费支出	10534	10982	26569	21639	18074	14702

资料来源：中国社会科学院城市与竞争力研究中心数据库。

三　现象

（一）城乡收入差距是建设全域城市的最大阻碍

城乡收入差距既是当前我国收入差距问题的主要表现形式，同时也是建设全域城市面临的最大阻碍。城乡收入差距产生了一系列深层次的经济和社会问题，成为制约中国经济社会和谐发展的瓶颈。从城乡收入比来看，城乡收入比在2002年达到3.11∶1；2007年和2009年达到最大值3.33∶1；2010年之后在国家一系列扶持农业政策的作用下，农民收入增长速度超过城镇居民，城乡收入比趋于缩小，但仍然保持在高位。同时，考虑到区域城乡间社会公共品供给在数量、质量、品种和属性等方面的差异，城乡收入的实际差距将更大。如果将城市居民享受的住房、医疗、教育、交通及公共服务计算在内，并剔除农民纯收入中不可计算的实物部分，城乡收入差距可能会更大。

本章通过计算泰尔指数来衡量城乡收入差距。泰尔指数不仅考虑到城乡居民绝对收入的变化，而且还考虑到对应的城乡人口结构的变化。

从城乡收入差距与全域城市竞争力指数的相关系数来看，城乡收入差距与全域城市竞争力得分高度相关，相关系数为-0.6308，并在1%的水平上显著（见表10—11）。

表10—11 城乡收入差距与全域城市竞争力指数的相关关系

项目		泰尔指数	全域城市竞争力指数
泰尔指数	Pearson 相关性	1	-0.6308
	显著性（双侧）		0.000
	N	287	287
全域城市竞争力指数	Pearson 相关性	-0.6308	1
	显著性（双侧）	0.000	
	N	287	287

资料来源：中国社会科学院城市与竞争力研究中心数据库。

（二）区域全域城市均衡水平与经济发展水平高度正相关

中国城市不仅在内部存在严重的城乡差距，城市之间也存在严重的非均衡性。我们以省为单位计算了其变异系数，发现全域城市得分和其变异系数的相关系数为-0.6664（P=0.003），说明全域城市得分越高的省份，其省份内部城市之间的全域城市得分越收敛，全域城市均衡水平与经济发展水平呈现高度正相关关系。一个省份的全域城市发展越好，则省份内部各城市全域城市得分差距越小（见图10—10）。

四 问题

（一）市场机制尚未完全发挥作用

虽然随着国家对城乡一体发展和三农问题的重视，各城市对建设全

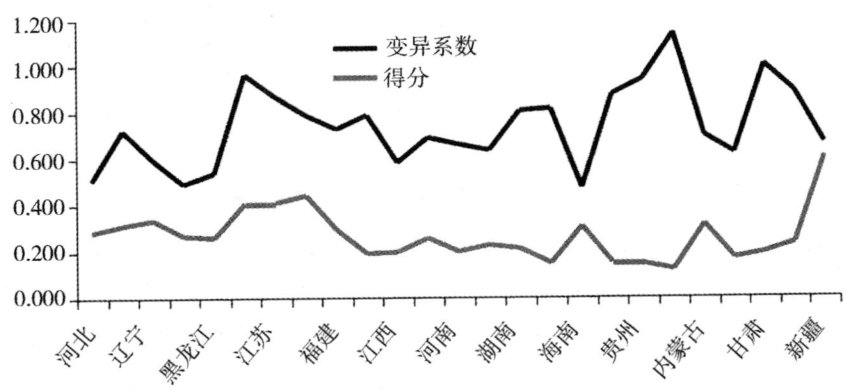

图 10—10　分省的全域城市得分与变异系数

资料来源：中国社会科学院城市与竞争力研究中心数据库。

域城市的关注度逐渐提高，但由于体制机制的约束，中国城乡要素市场人为分割，要素流动受到行政力量的阻隔，要素所有权和使用权不能顺利实现，城乡居民拥有的生产要素数量以及要素本身的报酬率存在显著差异，农村区域的要素无法完全自由流动到城市，农业和农村也无法通过自身的发展自发吸引城市先进要素流入农村、农业，市场机制的集聚扩散作用无法得到有效发挥。同时，政府提供公共服务促进社会公平与市场有效配置资源提高效率的结合度不高，尚未构成一种互相融合、优势互补的合力来共同促进城乡一体发展，突出表现在城乡收入差距不断扩大。

（二）农业相对工业和服务业具有某些先天的“产业缺陷”

这集中表现在三个方面：第一，在生产方面，以农业为代表的传统部门需要长久的自然力作用，农业承受了自然风险与市场风险的双重威胁。第二，农产品的需求弹性很小。由于恩格尔定律的存在，经济发展可能会使农业面对一个不会扩张的市场环境。第三，在交易方面，农业生产具有周期性和季节性，导致农业生产者难以对农产品的市场价格变动作出快速有效的反应。第四，中国农业一直面临着人多地少的约束。

（三）各种人为制度的负面影响短期内难以消除

首先，二元的户籍制度的长期存在。二元户籍制度严重限制了农村劳动力向城市的自由流动，导致了工农、城乡关系对立恶化，阻碍了社会良性运行，制约了城市化和现代化的进程。由户籍制度延伸出来的教育制度、劳动保障制度和养老保险制度、就业制度等一系列制度安排的城乡差异，使得农村居民和城镇居民因为户籍的不同而享有完全不同的权益。其次，土地制度的缺陷。由于农地产权模糊，所有权主体界定不清，内容不完整，阻碍了农地承包权的合理流动，制约了我国农地市场化的进程，也使大量农业劳动力不能完全从农业生产中脱离出来而向外快速转移，也无法实现土地资源的资产化和资本化，为农民转移出农村提供原始的资金积累。最后，城乡投入机制的差异。国家在基础设施和科教文卫等公共服务设施的投入上，实施城市倾向的政策，农村却在一定程度上主要依靠自我积累，由此带来城乡在基础设施和公共服务设施等各方面的差距不断扩大。

五　经验

（一）芜湖：城乡公共服务日益均等，城乡发展融为一体

1. 表现

2008 年 4 月 16 日，经省政府同意，芜湖市成为安徽省城乡一体化综合配套改革试验区。依托江南水乡得天独厚的自然环境，芜湖市因地制宜，加大投入，坚持城乡统筹，以城带乡，推进新农村建设；以产城一体、“三化同步”的发展思路，加快农业现代化建设进程。全市城乡空间布局和产业布局进一步优化，实现了错位竞争共同发展。2013 年城乡收入比为 2.52∶1，低于全国平均水平。在 289 个地级及以上城市中，全域城市化得分位居第 74 位，高于省会合肥市。

2. 原因

芜湖市坚定不移地将城乡一体化与工业化、城市化有机结合起来，与建设社会主义新农村结合起来，大力实施城乡产业、规划、基础设

施、社会事业、就业和保障、生态环境等“六个一体化”。

(1) 强化城乡一体的意识。芜湖市委、市政府切实改变“城乡分治”的传统观念和做法，2009年就召开了全市统筹城乡动员大会，2010年又以一号文件的形式下发了关于加快城市化进程的实施意见，大力宣传城乡一体发展，使城乡一体、统筹发展成为全市广大干部群众的共识，成为各级各部门的自觉行动。

(2) 强化中心城市的辐射带动能力。芜湖市把城市化作为撬动经济社会发展的杠杆，以城市化提升工业化，带动城乡一体化。在明确划分中心城市、副中心城市、中心镇的功能定位和产业发展重点的基础上，做大做强中心城市；以经济技术开发区、高新技术开发区为带动，努力提高县区经济开发区、中心镇产业集中区的配套跟进能力；建设一批经济强县、经济强镇，不断增强中心城市的集聚和辐射功能。

(3) 强化城乡规划的调控功能。从市域整体出发，以城市总体规划为引领，完善中心城市、副中心城市、中心镇和社区（居民点）四级结构的城乡一体规划体系，完善土地利用、产业发展、基础设施、社会事业等专项规划。在全市范围统一规划布局重大产业发展项目、重大公用事业项目、重大社会发展项目，引导工业向园区集中、人口向社区（居民点）集中、劳动力向第二、三产业转移。

(4) 强化资金保障。建立多元化的投入机制，芜湖市积极加强项目对接，争取更多资金支持。协调金融部门，加大对基础农业、村镇建设、农产品加工等方面的信贷支持力度。创新招商方式，引进规模较大的核心企业，打造新的产业集群。扩大招商领域，鼓励资本进入农村水利、市政、文化、卫生、旅游、教育、环保、能源等领域。

3. 做法

（1）重视规划引领，推进产业集中，促进农业工业化。芜湖市高度重视规划的引领作用，把城乡一体化规划作为首要工作，从全市域的角度，按照组团式空间布局要求，编制覆盖市、县、乡、村四级城乡一体化发展规划，坚持城乡一体、市域统筹、和谐发展，将 1.1 万个分散农民居住点改为 1000 个左右的农村新型居住点。

（2）推进城乡产业一体化。芜湖市坚定不移地推进工业强市战略，大力培育发展主导产业、首位产业和新兴产业，打造现代产业集群，扩大产业规模，提升产业层次和能级。确立了以信息化带动工业化，加快发展机械装备、汽车零部件、新能源、电子电器四大主导产业，并提出了一系列量化指标。在促进产业发展方面出台了一系列政策措施，促进城乡产业一体化发展。

（3）发展都市型现代农业，促进农业产业化。芜湖市依托城市的辐射，积极调整农业产业结构，大力发展都市型现代农业，促进城乡产业协调发展。重点建设优质稻米、生态高效畜禽、名特优新水产、高档苗木花卉、绿色蔬菜与食用菌、特种经果林与中药材、生态休闲观光旅游 7 大主导产业。

（4）实施“万村千乡”市场工程，促进农村商品流通现代化。坚持以政府为主导、以企业为主体、以市场为导向、以效益为中心的原则，构建完善的现代农村商品流通体系。推进县城配送中心和镇级店建设，形成以配送中心为龙头、镇级店为骨干、村级店为基础的农村商品经营网络，实现每个行政村都有一家日用消费品连锁店和一家农资连锁店，打造工业品下乡、农产品进城的双向大流通格局。

（5）发展农村社会事业，促进城乡公共服务均等化。推动公共资源向农村倾斜。优化农村中小学布局调整，实现高中段教育向主城区、副中心城市、中心镇集聚，小学和幼儿园向社区（居民点）集聚。提高农村职业教育水平和规模，大力培养新型农民。加快三县图书馆的改、扩建，加大对农村公路、公交、供水等基础设施项目的投入力度，不断改善农村生产生活条件，推进城乡基础设施一体化。

（6）因地制宜地开展城乡一体化试验。芜湖市积极推进南陵大浦、鸠江城东新区综合配套改革试点，在项目安排、资金分配、国债投放、国家政策性贷款、金融信贷等方面向试点地区倾斜。其中，大浦试验区按照“政府引导、企业运作、村企共建、政策创新、产业推动”的思路，引进鲁班集团东源新农村开发股份有限公司投资建设，累计完成投资10亿多元，已初具规模，被批准为“全国农业旅游示范点”。

4. *启示*

（1）以组织协调机构为平台，强力推动城乡规划方案的制定和实施。为有效推进城乡一体化建设，芜湖市不仅编制了总体规划和土地利用等专项规划，以及城乡一体化发展的实施方案、年度工作计划，而且成立了城乡一体化综合配套改革领导小组或办公室，具体负责城乡综合配套改革工作的统筹规划、综合协调、推进指导、督查考核，形成了部门协助、上下联动的工作机制。

（2）以开发园区为载体，有效带动城乡产业整合发展。为加快推进工业化，带动农业产业化，促进城乡产业整合发展，芜湖市坚持“工业强县富民”和“以城带乡，以城融乡”，打破行政区划界限，积极支持开发区、工业园区和县域、乡镇工业聚集区合作发展，加快产业集聚，提高开发园区的经济规模和辐射能力，从而形成增长极，有效带动农业及农村经济的繁荣，促进了县域经济的快速发展。

（3）以“三集中”为路径，加快推进新农村建设步伐。一方面加速了农民向工人和市民的转化，带动了城镇基础设施的建设，加快了城镇化进程；另一方面，提高农村耕地的规模化和集约化程度，带动了新农村建设，促进了城乡基础设施的一体化。

（4）以民生工程为抓手，全面实施公共服务均等化。各市根据财力，以民生工程为抓手，按照轻重缓急，有条不紊地推进城乡公共服务均等化。

（5）以体制改革为动力，积极促进要素资源的合理配置。各试点市以改革为动力，积极推进财政、金融、土地、户籍等制度改革，逐步增强乡村自主发展及与城市对接的能力，不断促进城乡一体化。

（二）首尔：城市效应不断外溢、城乡一体发展

1. 表现

首尔是韩国的首都，占韩国国土面积的 0.6%，GDP 占韩国的 21%，行政区内人口 1000 多万人。20 世纪 50 年代，朝鲜战争结束后，首尔的社会经济呈现明显的二元结构特征，城乡收入差距不断扩大，农业发展非常落后。从 20 世纪 60 年代开始，韩国开始实施出口导向型发展战略，经过数十年的不懈努力，韩国的人均 GDP 从 1960 年的不到 80 美元，提高到 2013 年的 25051 美元，首都更是率先快速实现了农业现代化，完成了城乡发展一体化的任务，实现了城乡经济社会全面、协调、可持续发展。

2. 做法

（1）实施“新村工厂”计划。20 世纪 70 年代，首尔的工业发展水平不断提升，但与之相比，广大农村地区经济发展仍不太理想。在此背景下，韩国政府正式发起了“新村运动”。“新村工厂”是“新村运动”的重要组成部分，即在广大的农村地区开办各类工厂企业，采取的具体方法就是由城市的工业向周边的农村延伸拓展。在此过程中，韩国

各地方政府不断加大对农村地区基础设施的投资。与此同时，韩国政府开始大力发展劳动密集型产业和技术密集型产业，这些产业吸纳了大量的农村剩余劳动力。韩国经过多年“新村工厂”计划的实施，带来了韩国农业现代化从量变走向质变。

（2）推进“农村工业园区”计划。1983 年，韩国政府正式出台了“农村工业园区”计划，选择面积较小的农村地区就地发展农村工业。“农村工业园区”一般选择人口较少的郡、市等行政区域发展，园区占地 10 公顷以下，一般可以集中 20 家企业布局，解决 3000 名农民就业。

（3）转向新型工业化发展道路。20 世纪 70 年代后，韩国政府重点强化小城镇发展与建设，大幅改善农村居民生活居住环境，同时加强对农民的教育普及。此外，政府还不断推进农村信息化建设，投资设立了许多信息服务网点，向农村工业企业提供大量的技术、管理、市场等信息。进入 20 世纪 80 年代后，韩国政府在广大农村地区围绕其工业发展特点开始转变和调整产业结构，对原有企业进行机械化改造的同时，开始鼓励引进和发展新兴产业。随后的 90 年代，政府开始鼓励广大农村地区发展第三产业，通过一些国家级的服务机构，大幅提升农民的福利水平。进入 21 世纪后，政府确定了农村走新型工业化道路的方针，引导和鼓励农村地区发展科技含量较高的现代农业。

3. *启示*

（1）坚持农业和工业协调发展。首尔在工业化初期，即 20 世纪 60 年代末，当城乡及工农差距刚开始出现拉大趋势时，即开展了大规模的“新村运动”，改变了农村发展滞后的局面。韩国农业现代化的实现过程是与其国内的工业化和城镇化同步推进的，并不是等到工业化完成后，才去发展农业。

（2）强大的工业基础对经济发展至关重要。首尔工业和农业发展的案例表面，工业和非农产业的发展，一方面可以为农村大量剩余劳动力的转移提供就业机会；另一方面，工业的发展也可以为农业发展提供大量的生产资料，并为农业向更高层次转型发展提供有力支撑。

（3）农业发展应坚持国家的适度干预。在不同的发展阶段，韩国和首尔政府采取了灵活适度的干预政策，通过制订计划、出台政策、农业立法等形式对农业发展进行适度干预，从而促进了城市和乡村、工业和农业的协调发展，实现了城乡发展一体化。

（4）积极实施工业反哺农业政策。考察韩国和首尔农业的发展历史，可以看出，若没有政府强大的支持政策，城乡发展一体化进程也不会推进得如此顺利。实际上，在工业化初期为了快速发展工业，韩国和首尔政府也实施了对农业的剥夺政策，从而导致了农业发展的滞后与萎缩，但随后，韩国政府快速认识到了问题的严重性而及时调整了有关政策，在20世纪60年代中期以后多次实施了对农业的反哺政策，促进了农业与工业的协调发展，最终实现了城乡发展一体化。

（三）城市点评

1. 香港：国际商贸中心，城乡一体均衡

香港是一座高度繁荣的国际大都市，是仅次于纽约和伦敦的全球第三大金融中心，与美国纽约、英国伦敦并称“纽伦港”，在世界享有极高声誉。香港是中西方文化交融之地，也是国际和亚太地区重要的航运枢纽和最具竞争力的城市之一，连续21年经济自由度指数位居世界首位。2013—2015年香港的全域城市竞争力始终排名第一，全域城市一体化发展完善，全域城市竞争力指数均值高达0.99，接近理想水平，城乡收入差距不断缩小，产业结构合理。香港经济以服务业为主，与服务贸易有关的主要行业包括旅游和旅游业、与贸易相关的服务、运输服务、金融和银行服务及专业服务。香港有85.3%的人从事服务行业，城乡公共服务均等，基本实现城乡基础设施一体化。

2. 深圳：创新产业之都，城乡完全一体

深圳是中国改革开放以来所建立的第一个经济特区，是中国改革开放的窗口，已发展成为有一定影响力的国际化城市，创造了举世瞩目的“深圳速度”，同时享有“设计之都”、“钢琴之城”、“创客之城”等美誉。在2015年中国社会科学院城市与竞争力指数数据库中的全域城市竞争力指标得分排名中名列第三位。

深圳经济整体上实现了以农业为主向以服务业、工业为主的转变。形成以第二、三产业为主导的产业结构，第三产业比重持续提升，2013年，第三产业增加值占GDP比重达56.6%。农村人口占总人口的比重也下降到30%以下。产业结构日趋合理。深圳市在我国率先进行了农村管理体制的城市化改革，成为我国首个没有农村的城市，实现了城乡一体化。深圳市将农村市政基础设施逐步统一纳入城市管理体系中，极大地改善了农村基础设施状况，基本实现了城乡服务均等化和城乡基础设施一体化。

3. 广州：都会区空间不断拓展，城乡协调有序

广州是广佛都市圈、粤港澳都市圈、珠三角都市圈的核心城市。在2015年中国社会科学院城市与竞争力指数数据库中的全域城市竞争力指标得分排名中名列第八位。广州拥有的高度富集的社会资源，如高素质的居民、完善的医疗卫生服务、丰富的教育资源、发达的商业及良好的公共基础设施等都对广州的全域城市竞争力产生了较大的影响。广州在城市扩展、经济转型升级过程中，积极稳妥推动“城中村”改造、新农村建设等工程，都会区空间不断拓展，在全国率先进行村庄规划新模式探索。总体上来说，广州的竞争力地位比较靠前，也相对稳定。

4. 乌鲁木齐：丝路经济带核心节点，城乡同步发展

乌鲁木齐是中国大陆现代化高速发展的新兴城市。高度集中的政治地位、宗教地位、资源地位、交通枢纽地位，超广的地域辐射面积，这些都促使乌鲁木齐拥有强大的综合实力，成为西部核心城市。乌鲁木齐是第二座亚欧大陆桥经济带，中国西部重要的经济中心。乌鲁木齐毗邻中亚各国，自古以来就是沟通东西商贸的重要枢纽，对中亚地区具有较强的辐射作用。在2015年中国社会科学院城市与竞争力指数数据库中的全域城市竞争力指标得分排名中名列第十四位。2013年实现地区生产总值（GDP）2400亿元，三次产业分别拉动经济增长0.3个、4.7个和10.0个百分点；三次产业结构比例为1.1：38.8：60.1，产业结构日益合理。“十二五”期间，乌鲁木齐每年将加大投入用于农村公路建设，基本实现农村公路干线和主干乡道的全面改造，使农村公路建设的问题得到基本解决，城乡基本服务均等化不断实现。但是城乡之间的收入差距呈日益扩大的趋势，1990年，新疆城乡居民人均收入差距为630元，城乡收入比为1.92：1。到2010年，人均收入差距扩大为9001元，收入比已达到2.94：1，说明缩小城乡差距有待提高。由于受

到城乡二元制度、经济发展差异、自身禀赋等各种元素的影响，新疆农村居民的收入增长速度远远落后于城镇居民，这极大地限制了全域城市的发展进程。

5. 长沙：历史文化底蕴深厚，城乡统筹趋向一体

长沙，国家历史文化名城、国家综合配套改革试验区之一，国家级两化融合试验区之一，国家“十二五”规划确定的重点开发区域，南中国综合性交通枢纽；长沙市现为湖南省的省会，是湖南省政治、经济、文化、交通、科技、金融、信息中心，是中国中西部地区最具竞争力的城市，是中国南方重要的中心城市。长沙综合竞争力居全国前列，2014 年长沙市地区生产总值约为 7810 亿元人民币，比 2013 年增长 10.5%，增速居全国省会城市第 3 位。在 2016 年中国社会科学院城市与竞争力指数数据库中的全域城市竞争力指标得分排名中名列第二十一位。

2013 年长沙市实现地区生产总值为 7153.13 亿元，比上年增加 753.22 亿元，总量突破 7000 亿元大关，同比增长 12.0%。从结构上看，服务业对经济社会发展的支撑和带动作用增强，第三产业增加值同比增长 12.1%，说明产业结构进一步优化，产业结构合理化程度不断加强。全年城乡居民人均可支配收入分别为 33662 元和 19712 元，同比分别增长 10.5%和 12.6%，说明城乡收入差距进一步缩小，城乡经济协调发展。2013 年全市三次产业结构比例为 4.1：55.1：40.8，非农产业占 GDP 的比重由 2005 年的 93.6%提升至 2013 年的 95.9%，长沙的全域城市竞争力指标得分会在以后持续提高。

6. 东莞：港澳门户新兴都市，城乡一体快速融合

依托优越的地理位置，东莞市充分接受来自港澳台的经济辐射，充分把握承接港澳台产业转移的先机，大规模地承接国际产业转移，创造了世人瞩目的“东莞奇迹”。东莞市牺牲多年的发展速度，始终坚持“科技东莞”工程和“人才东莞”工程，打造新兴增长极，巩固积极向好的转型升级的态势，催生转型升级的“拐点”，实现了产业结构“实现脱胎换骨的变化”。在 2015 年中国社会科学院城市与竞争力指数数据库中的全域城市竞争力指标得分排名中名列第五位。

东莞城镇化之路发展得非常快，只用了十年时间便完成了乡村城市

化、由分散到聚集的过程。目前东莞城乡一体化水平很高，各项指标大体都有所进步，基本做到了均衡发展；在转型升级的过程中，还充分利用与港澳台高端合作的优势，加速产业转型，发展高端服务业，升级传统制造业，吸引更多的新莞人在东莞安居乐业。东莞排名靠前，主要是有两大项目争分，一是东莞重视文化建设，图书馆建设工作做得非常好，每百人公共图书馆藏书量名列前茅，仅次于深圳；二是东莞重视教育，人均教育支出在全国地级市中也是第一。

7. 苏州：苏南模式集体经济强大，城乡一体发展样本

苏州根植于苏南模式，近年来工业化和城市化快速推进，第三产业蓬勃发展，城乡居民收入均显著高于全国平均水平，为工业反哺农业、城市带动农村提供了坚实的基础，为实现城乡一体的全域城市化提供了现实可能性。在 2015 年中国社会科学院城市与竞争力指数数据库中的全域城市竞争力指标得分排名中名列第七位。

苏州经济整体上实现了以农业为主向以工业为主的转变。形成以第二、三产业为主导的产业结构，2010 年三次产业之比为 2∶57∶41。农村人口占总人口的比重也下降到 30%。经济的迅速发展带来财政实力的不断增强，为构建城乡一体的全域城市提供了资金基础。2011 年苏州地区 GDP 达到 10500 亿元，地方一般预算收入达 1100 亿元。在苏州农村地区，工业成为乡镇经济主导产业，平均约占乡镇经济总量的 60%以上；村集体经济实力强大，2011 年村集体总收入超过 60 亿元。乡村集体经济的发展为农村的基础设施和公共服务产品的提供奠定了物质基础。这些都为工业反哺农业、城市带动农村提供了坚实的基础，为实现城乡一体的全域城市化提供了现实可能性。

8. 无锡：太湖明珠，城乡一体理想境界

无锡市位于长江三角洲平原腹地，江苏南部，太湖流域的交通中枢，京杭大运河从中穿过。2014 年，无锡城镇常住居民人均可支配收入为 41731 元，农村常住居民人均可支配收入为 22266 元，城乡居民收入比由 2013 年的 1.90∶1 缩小为 1.87∶1。农村常住居民收入增长快于城镇常住居民，城乡居民收入差距进一步缩小，第三产业比重持续升高。2011 年，无锡市各级卫生部门以率先基本实现现代化为目标，推进医药卫生体制改革，坚持科学发展，促进全市各项卫生工作全面均衡

发展，城乡居民健康水平进一步提高，人均基本公共卫生服务经费 32.79 元，服务项目达标率 100%。这些都为无锡全域城市竞争力的稳步提高打下基础。

9. 珠海：百岛之市，城乡公共服务完美一体

珠海是中国最早实行对外开放政策的四个经济特区之一，陆地面积 1701 平方米。在 2013 年中国城市可持续发展指数报告中珠海综合排名全国第一。在 2015 年中国社会科学院城市与竞争力指数数据库中的全域城市竞争力指标得分排名中名列第十三位。

2014 年珠海经济发展呈现稳步升温的良好态势，产业结构进一步优化，全市三次产业结构比为 2.6∶50.6∶46.8；城乡一体化的医保模式打破了城乡二元分割，逐步实现了全覆盖，2012 年 9 月，珠海计划用 5 年时间，全面推进幸福村居建设，打造更加富裕、更加美丽、更加和谐、更加幸福的珠海特色村居，以此为抓手破解城乡一体化发展难题。2015 年年初，珠海农村的人居环境、公共文化设施、规划建设都逐步向城市看齐，209 个村居共修建了 655 座省级标准垃圾房，杜绝了“垃圾围村”的现象。另外，全市已完成 209 个村居的污水处理总体规划，64 个村已并入市级污水管网，道路硬底化等基础设施建设也逐步在村居铺开。目前，通过政府采购已搭建 5 个公共服务平台，为村民引入妇女之家、平安社区、就业辅导、青少年教育等多种服务，使村民享受到更好的服务。

此外，通过对农村经济、土地、公共服务供给的多个领域进行系统探索，珠海有望在制度上突破城乡发展的制约，这些举措正在加强珠海全域城市的竞争力。

10. 佛山：制造之都，城乡产业发展融合互补

佛山位于广东省中部，地处珠三角腹地，中国先进制造业基地，广东重要的制造业中心，是“广佛都市圈”、“广佛肇经济圈”、“珠三角经济圈”的重要组成部分，在广东省经济发展中处于领先地位。在 2015 年中国社会科学院城市与竞争力指数数据库中的全域城市竞争力指标得分排名中名列第十六位。

2013 年，全市实现地区生产总值 7010.17 亿元，三次产业结构比例为 2.0∶61.9∶36.1，第三产业比重持续提高，产业结构不断合理优

化。全市财政资金投入146亿元，重点支持公共卫生、就业保障、城乡最低生活保障、医疗保障、社会福利及救济等与群众基本生活、生存密切相关的社会保障事业发展，取得了一定成效，进一步实现了公共服务均等化。2013年佛山城镇居民人均可支配收入为38040元，增长10%；农村居民人均纯收入为17503元，增长11.6%，说明城乡收入差距逐步缩小，全域城市建设不断推进。

六　趋势

（一）全域城市建设将整体进入加速期

从全域城市建设的基础来看，经过多年的累积，中国经济发展进入新阶段，全域城市建设也将进入加速期。城乡区域之间的联系日趋紧密，中心—外围互动日趋明显，极化—涓滴效应进入后期，城市对农村区域的涓滴效应超过极化效应，城市与农村的中心—外围的边界日趋模糊，全域城市建设进入加速期。

从全域城市建设的动力来看，来源日趋多样，建设发展手段日渐丰富，政策回旋余地更大。在新农村建设的深入推进下，农村基础设施不断改善、社会事业全面进步，居住条件和生活环境显著提升，农村呈现出新面貌；在户籍制度、土地流转制度以及公共服务均等化等方面积累了丰富的经验，农村人口逐步转移和现代农业建设稳步推进；相比较普通农民工，新生代农民工对现代城市就业和生活的适应能力更强，成为未来城镇化的主力军。同时，新型城镇化的重点转向人口城镇化必然拉动城乡一体发展；人口结构变化和服务业的发展将推动劳动者尤其是农民工的工资提高；农村土地制度改革将进一步激活农村土地要素市场；食品消费结构加快转型升级拓展了优质生态农产品市场，互联网和现代物流的发展赋予农业更多当代商业色彩，农业生产“转方式、调结构、增效益”面临重大机遇。

从全域城市建设的外部环境来看，政策空间区域宽松。中国已经步入后工业化时代，在工业化早期，为加速资本积累，政府普遍会通过工农产品价格剪刀差、农业征税等方式汲取农业剩余，在推动农业增长的同时，抑制农村社会和政治发展。但在工业化进行到一定阶段后，将会存在一个经济与社会政策、政治发展逐步转向并走向城乡一体发展的过程，农业政策逐步由歧视剥夺向支持补贴转型过渡，对农业的取予渐趋平衡，农村区域发展面临的政策环境趋缓。

从各城市的全域城市建设得分来看，近三年全国大陆城市全域城市得分均值整体上呈上升趋势（见图 10—11）。由此不难推断出，全域城市建设已经进入整体加速发展阶段。中国未来全域城市建设，将在点与面相结合的基础上，逐步向纵深化方向发展。

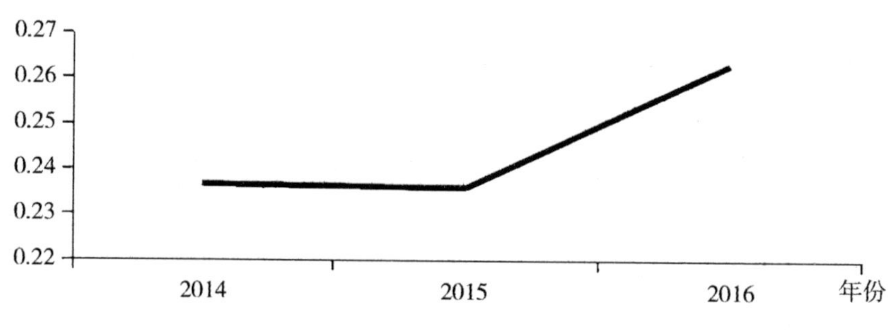

图 10—11　近三年大陆城市全域城市得分均值

（二）区域之间短期内不平衡性将加剧

由于中国的大国特征，各区域之间在经济社会发展水平、资源禀赋等方面都存在显著差异，短期内，全域城市建设在区域之间发展的不平衡性将进一步加剧。对大部分中西部省份来说，首先通过单点单核的发展，然后才是“点核连通”形成由点到面的全面全域城市建设。通过做大做强中心城市的非均衡发展，形成区域中心和示范效应。在这个过程中，随着国家城市群战略的逐步推进，长江经济带、“一带一路”规划落地，沿线城市将获得更多的发展机会。

同时，在部分经济发达的地区和城市，全域城市建设的动力转换已经取得显著效果。开始有部分工业企业通过与农业产业资源组建新型产业链和产业集群，向农业领域进行产业、资本、技术和生产方式的转移、注入、渗透和重组再造，也即通过“工业反哺农业”的产业运动过程，实现对传统农业、农村、农户的现代化改造。发达的互联网和物流网，实现了由物理性的空间距离转变为时间距离，推动经济资源快速集聚集中，赋予农业、农村生产要素更多的商业色彩，通过新的产业链、产业集群、产业圈和巨大的产业能量，带动区域经济一体发展，促进了全域城市的建设。而部分落后的城市，在培育出新的生产力和地区新增长极方面困难重重，全域城市建设步伐缓慢。农村基础设施投入仍然满足不了农村经济社会发展的需要；公共养老、医疗服务仍然处于较低水平；由于城乡劳动生产率的差异、制度的惯性和农村主体能力的限制，生产要素流动仍然呈现农村向城市的单向流动为主。

七　对策

全域城市的建设是一个复杂长期的过程，很难一蹴而就。针对建设城乡一体全域城市过程中的各种困境，我们既要遵循经济社会发展规律，又要针对各地的具体情境积极有为，加强顶层设计、突出重点、顺势而为，综合考虑新型城镇化、农业现代化、农业产业升级、农民工市民化、农村社会发展等诸多因素，加快城乡融合发展，推动资源要素的自由流动，从而建立一个适应时代要求、内生创新的城乡融合发展路径。

（一）政策顺应全域城市建设的动力转换

经济新常态下，建设全域城市的旧动力趋于衰竭，新的动力则不断涌现，城乡一体发展能否实现再平衡，取决于动力转换更替的速度。这就必须要有政策积极有效响应，从而推动全域城市建设。例如，加强农村区域互联网基础设施建设和快递业务发展，转变农业发展方式以加快生态农业发展，挖掘农业的多功能价值发展乡村旅游，推动资本下乡，强力推进全面扶贫等。

（二）改革构筑全域城市建设的制度基础

全域城市建设涉及一些基本的社会经济制度，如土地制度、户籍制度、社会保障制度等，必须积极稳妥有效地探索，以推进这些制度改革，系统响应全域城市建设对制度的需求。必须综合考虑农业产业升级、农民工进城安居、农村长远发展等诸多因素，加快推动农村改革，从根本上打破城乡二元结构，推动资源要素的自由流动，从而实现“农业产业化、农民职业化、农村社区化”。

（三）分类突破全域城市建设的核心命题

根据各个城市的经济、社会发展水平，分类推进全域城市建设。对部分一线城市、中心城市和东南地区，城市经济、工业经济已经成熟，具备了带动农村、农业、农民发展的能力。这类城市的核心命题是全面破解城乡二元制度，实行城乡合治，以城市社会的治理方式来治理整个区域。而中国大部分城市都面临农业、农村、农民发展滞后的现实，同时城市经济、工业经济自身不强，农业弱质、农民弱势、农村落后的格局在大多数城市将长期存续。这类城市的核心命题是发展城市经济、工业经济和实现农业现代化，构筑城乡一体发展经济基础。

八 总结

（一）城乡支出呈现区域不均衡

整体来看，中国城市不仅在城市内部存在城乡消费支出差距，城市相互之间也存在显著的消费支出差距。三、四线城市相比较一、二线城市，由于经济总量较小，城镇产业体系不健全，城市自身集聚和扩散能力较弱，经济发展缺乏内在活力和带动农村区域发展的能力。农村区域农业现代化水平较低，农村主体能力滞后，农业生产率严重滞后于非农产业生产率，导致三、四线城市的城乡消费支出落后于一、二线城市。

（二）城乡支出差距的焦点是农民支出水平较低

城乡支出差距的焦点是中国农民的支出水平相对较低，进一步来说，农民支出水平较低是由于农民的收入水平较低所导致的。由于中国农村居民收入结构单一，主要以农业收入为主，财产性收入较少；而城市居民则有多种收入来源，收入水平远远高于农村；同时，由于集聚效应的存在，优势发展资源向城市单向集中，生产要素更多呈现从农村向城市的流动。因此，中国的城乡收入差距更多的是一系列城乡分割政策倾斜的结果，是城乡二元经济结构的产物和最集中表征。因此，增加农民收入需要一系列政策的调整与协同。如何提高农民消费水平、增加农民收入是未来建设全域城市的重点和难点。

第十一章　中国信息城市竞争力报告

——迈向开放便捷的信息城市

刘　艺*

信息是社会联系与发展的基础纽带，随着社会的发展进步，追求城市交流的便捷与智能化越来越成为各个国家城市建设的目标。从社会发展的视野来看，信息化和经济全球化深度融合、互动发展，利用先进的信息技术武装城市，实现城市智慧式管理和运行，进而提高城市的发展水平，不仅可以促进城市的交流与发展，而且可以带动整个社会的和谐与可持续成长。建设信息城市是适应世界经济一体化发展，融入全球信息化潮流的需要，已成为当今世界城市发展不可逆转的历史潮流。国内外许多地区已经展开信息城市，并取得了一系列成果，如新加坡的“智慧国计划”、韩国的“U-City 计划”等。我国在 20 世纪 90 年代就启动了以金关、金卡和金税为代表的重大信息化应用工程；十五届五中全会把信息化提到了国家战略的高度；十六大作出了以信息化带动工业化、以工业化促进信息化、走新型工业化道路的战略部署；十八大更是明确提出，坚持走中国特色新型工业化、信息化、城镇化、农业现代化道路，推动信息化和工业化深度融合、工业化和城镇化良性互动、城镇化和农业现代化相互协调，促进工业化、信息化、城镇化、农业现代化同步发展。经过数十年的发展，我国城市在信息基础设施、硬件提升、信息工业发展等方面取得了显著成效，涌现出了智慧北京、智慧上海、智慧广州等一系列世界领先的新型信息城市。但随着城市化的不断发展，城市病问题也日益严峻，城市交通拥挤、环境污染、高房价、生态恶化

---

* 刘艺，中国人民公安大学讲师，清华大学博士后，2013 年起连续参与《中国城市竞争力报告》的撰稿。主要研究方向：大数据与决策支持等。

等一系列问题越来越严重，运用信息手段促进城市发展、为城市减负，提高信息城市竞争力，将是未来解决城市发展难题、实现城市可持续发展的有效途径。

一　格局

（一）整体情况：中低等水平、提升缓慢

2015 年中国信息城市竞争力指数均值为 0.423，标准差为 0.191，城市的信息化指数仍处于中低水平，城市间竞争力差异很大。2015 年信息化指数低于平均值的城市有 156 个（见表 11—1），占样本城市比例的 54%，均值高于中位数 0.410，竞争力较低的城市占相当大一部分，信息化水平较高的城市带动了整体平均值的增加，拉高了总体平均分。

同时，从最近连续三年信息化指数的对比可以看出，全国整体信息化指数水平从 2013 年的 0.419 到 2015 年的 0.423，信息化竞争力水平提升发展变化不大。

表 11—1　连续三年中国城市信息化指数

年份	变量	样本数	平均值	标准差	最小值	最大值	低于平均值的城市数量	中位数
2013	信息化指数	289	0.419	0.189	0	1	155	0.395
2014	信息化指数	289	0.435	0.193	0	1	156	0.417
2015	信息化指数	289	0.423	0.191	0	1	156	0.410

资料来源：中国社会科学院城市与竞争力指数数据库。

从低于平均值的城市数量来看，近三年低于信息化指数平均值的城市数量变化不大，信息化指数标准差变化不大，不同城市间的信息化水平差异几乎无变化。

（二）城市排名：竞争力集中在发达城市圈，排名前十的城市较稳定

在2015年中国信息城市竞争力排名中，排前10位的是：广州、上海、深圳、香港、北京、杭州、宁波、东莞、厦门、南京（见表11—2），广州第一位。前10名的城市皆集中在以北、上、广、深为中心的京津、长三角和珠三角一线发达城市圈。从近三年排名前十的城市来看，上海、广州、香港、深圳、北京一直位于前五，后五名的城市也相对比较稳定，杭州、南京、东莞和宁波四个城市一直位于前10名。另外，一个城市有所变化，2013年和2014年是天津，2015年是厦门，但都集中在一线发达城市圈。

表11—2　　连续三年信息城市竞争力排名前十的城市

排名	2013年	2014年	2015年
1	深圳	广州	广州
2	上海	上海	上海
3	广州	香港	深圳
4	香港	深圳	香港
5	北京	北京	北京
6	南京	杭州	杭州
7	宁波	南京	宁波
8	杭州	东莞	东莞
9	天津	宁波	厦门
10	东莞	天津	南京

资料来源：中国社会科学院城市与竞争力指数数据库。

（三）行政级别：一线城市高居前列，各线城市信息化水平呈阶梯式降低

按照如下标准对我国一、二、三、四线城市进行划分：一线城市是指包括香港和澳门在内的直辖市，二线城市是指计划单列市和副省级城

市，三线城市是指除副省级以外的省会城市，其他研究城市为四线城市。

一、二、三、四线城市的平均得分分别为 0.901、0.713、0.535、0.370（见表 11—3），各线城市信息化水平呈阶梯式降低，而我国所有城市的信息化指数的平均值为 0.423，说明四线城市的城市信息化平均水平落后于我国城市化平均水平，这与一、二、三、四线城市信息化水平排名趋势相同。从表 11—3 中的标准差可以看出各线城市间信息化水平，一、二、三线城市内部间差距较小，四线城市间差距最大。

从样本数量来看，四线城市所占比例高达 87.20%，这就严重拉低了我国城市信息化水平。从各线城市的信息化指数的最小值和最大值来看，一线城市的最大值与最小值比值相对较小，标准差也相对较小，说明一线城市信息化水平普遍较高，城市间水平差距较小；四线城市的最大值与最小值相差较大，这也是四线城市标准差相对较大的原因，说明四线城市间差距较大；二、三线城市的标准差与一线城市相差无几，说明其城市间信息化水平有一定差距，但递减趋势不是特别明显。

表 11—3　　各线城市信息化水平分析

城市	样本数	均值	标准差	最小值	最大值	最大/最小
一线	7	0.901	0.089	0.755	1	1.325
二线	30	0.713	0.089	0.507	0.876	1.728
三线	9	0.535	0.092	0.431	0.730	1.694
四线	243	0.370	0.147	0	0.795	—

资料来源：中国社会科学院城市与竞争力指数数据库。

对比连续三年来一、二、三、四各线城市的信息化指数的均值可以看出（见图 11—1），从 2013 年到 2014 年我国整体信息化水平均呈现提高的趋势；但到 2015 年，我国只有一线城市的信息化水平明显提高，而二、三、四线城市均有所降低，尤其二、三线城市降低趋势明显。

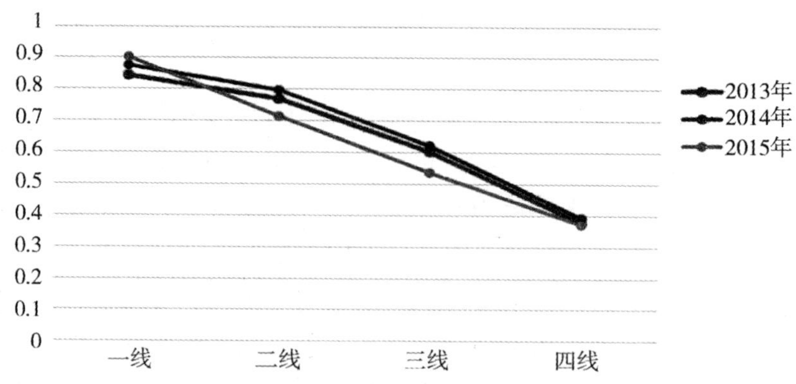

图 11—1 连续三年各线城市信息竞争力指数分析（平均值）

资料来源：中国社会科学院城市与竞争力指数数据库。

（四）格局比较：东南沿海领跑，中部、东北、西南、西北落后

在空间布局上，2015 年我国的信息城市竞争力依旧呈现出东高西低、南高北低的态势。信息城市竞争力空间分布如图 11—2 所示（其中颜色的深浅代表信息城市得分的高低），颜色比较深的区域基本集中在东南方向的沿海城市。

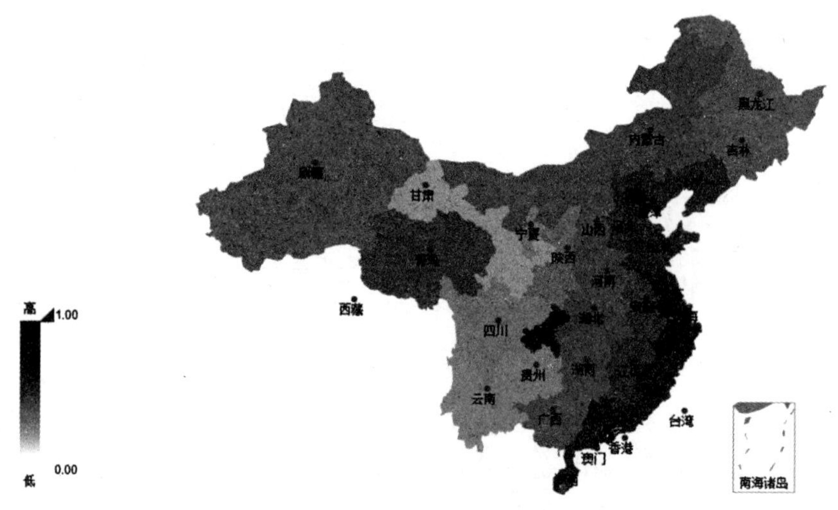

图 11—2 各省信息城市竞争力

注：2014 年信息城市竞争力，颜色从浅到深，竞争力得分越来越高。

资料来源：中国社会科学院城市与竞争力指数数据库。

在区域比较上，按照港澳、东南、环渤海、中部、东北、西北、西南区域来划分我国行政区图。2015 年的信息城市竞争力指数区域排名依次为港澳、环渤海、东南、中部、东北、西南、西北。

从分值上看，除却港澳台均值得分 0.837，东南、环渤海、中部、东北、西南、西北得分平均值分别为 0.604、0.526、0.405、0.399、0.303、0.280，说明各个区域的信息城市竞争力指数仍然处在建设发展的初级阶段（见表 11—4）。对比我国所有城市的信息化指数的平均值 0.423，我国中部、东北、西南、西北这四个区域的信息化水平均低于均值，说明我国信息化水平较低的城市依然占大多数。其中，东南区域无论从均值还是最小值和最大值来看，均位于前列；而西北区域则相对较低。从各区域的最大值与最小值的比值可以看出，西南区域和东北区域的比值较大，环渤海、东南和中部区域的比值相对较小，说明信息化水平较高的区域内部，城市的信息化水平较集中；相反，信息化水平较低的区域内部，城市的信息化水平较分散，差距较大。

从各区域的标准差可以看出，西南区域的标准差相对最大，说明这个区域的城市间的差距比较大，发展相对不均衡；相反，中部地区的标准差较低，说明该区域发展较均衡，各城市信息化水平整体较低。除此之外，港澳台区域的标准差也较低，说明香港和澳门发展较为均衡，信息化水平整体都较高。

表 11—4　　2015 年信息城市竞争力指数区域分析

区域	样本数	均值	标准差	最小值	最大值	最大/最小
环渤海	30	0.526	0.147	0.227	0.893	3.934
东南	55	0.604	0.163	0.312	1.000	3.205
中部	80	0.405	0.119	0.214	0.763	3.565
东北	34	0.399	0.157	0.092	0.706	7.674
西南	49	0.303	0.180	0.074	0.727	9.824
西北	39	0.280	0.157	0.000	0.588	—
港澳台	2	0.837	0.117	0.755	0.920	1.219

资料来源：中国社会科学院城市与竞争力指数数据库。

在前 100 席排名的省份分布上，2015 年排名前 100 的城市分布如图 11—3 所示。除了港澳台和直辖市城市外，排名第一的是广东，有 15 个城市入选，位于沿海的江苏和浙江有超 10 个城市入选，都很有竞争力。山东、辽宁、江西、福建和河北均有超过 5 个城市进入前 100。贵州、黑龙江、湖北、吉林、山西、陕西、四川、新疆、云南、宁夏只有 1 个城市进入前 100，且多数位于中西部。

图 11—3　2015 年信息城市竞争力排名前 100 的省份分布

资料来源：中国社会科学院城市与竞争力指数数据库。

（五）结构分布：结构分布不均，水平较低城市居多，分化较大

根据城市信息竞争力指数绘制了城市竞争力分布图，如图 11—4。从图中可以看出，2015 年信息城市竞争力结构分布不均，信息竞争力较强的城市基本上集中在东南区域，西部地区信息竞争力较弱，分化较大。

从表 11—5 中可以看出，水平较低城市居多，信息竞争力指数低于 0.6 的城市高达 80%，我国城市信息化水平的提升主要需要依靠这绝大部分水平较低的城市。

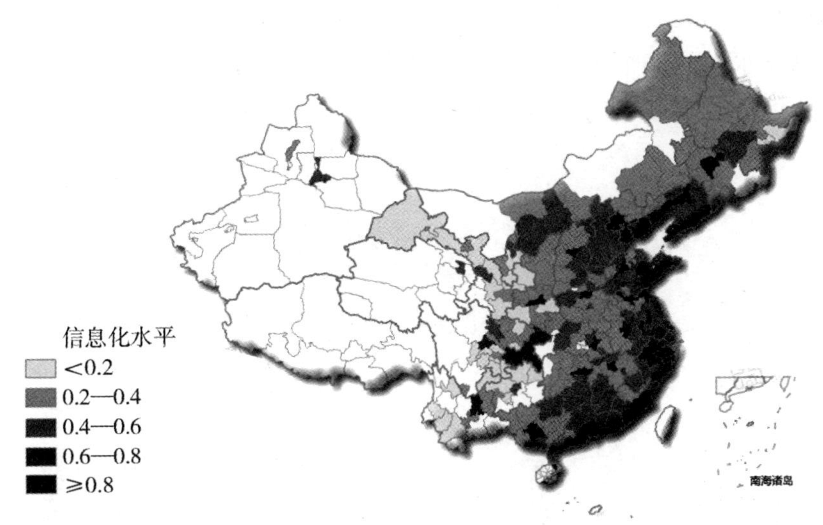

图 11—4　2015 年城市信息竞争力分布

资料来源：中国社会科学院城市与竞争力指数数据库。

表 11—5　　2015 年信息城市竞争力分布

城市分级	0—0. 2	0. 201—0. 4	0. 401—0. 6	0. 601—0. 8	0. 801—1
城市数量	32	107	98	41	11

资料来源：中国社会科学院城市与竞争力指数数据库。

二　聚焦

（一）选择单项指标——千人国际互联网用户数的理由

信息城市竞争力体系包括四个维度，分别是客体贸易、主体交流、信息交流和物质交流，涵盖 10 个指标（见图 11—5）。通过前面的分析可知，这些指标均对信息城市的竞争力有一定影响，但是每个指标的影响程度不尽相同，信息交流对信息竞争力的影响最为突出，其包括千人国际互联网用户数和千人移动电话年末用户数。近年来，随着我国信息化水平和各种网络技术的提高，网络技术得到了较为迅速的发展，与移动电话存在和发展了很多年截然相反。因此，互联网的使用成了衡量城市信息化水平的一个重要的因素，选取千人国际互联网用户数作为单项指标能综合反映城市的信息化水平。

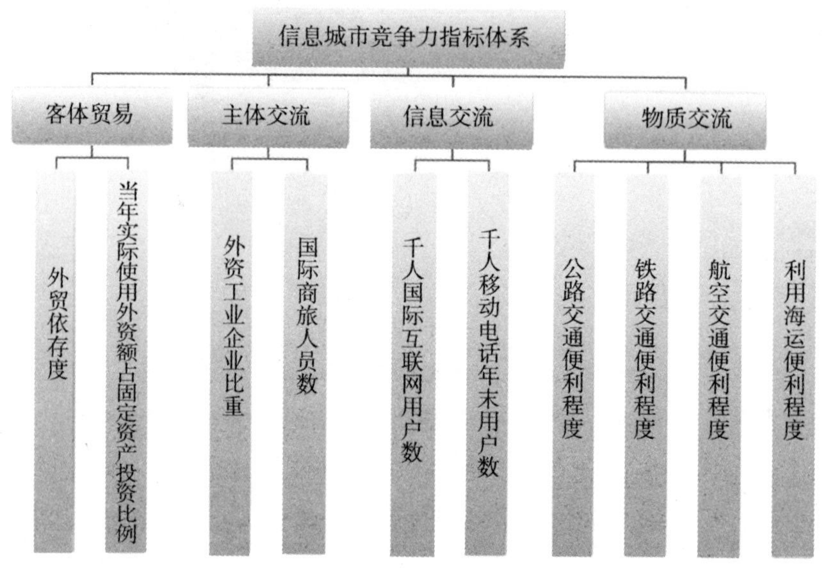

图 11—5 城市的信息竞争力指标体系

从信息竞争力水平与千人国际互联网用户数的拟合分析结果可看出（见图 11—6），信息竞争力水平与千人国际互联网用户数存在显著的正相关关系，当某城市千人国际互联网用户数增加时，城市的竞争力水平能得到显著的提高。这也可以说明选取千人国际互联网用户数作为单项指标反映城市的信息化水平是可行的。

（二）整体特征：总体水平较低，两端分化严重

从数据结果来看（见表 11—6），全国 289 个样本城市千人国际互联网用户数指数均值为 0.162，总体处于较低水平，但有一半以上的城市得分在平均水平之上，有 136 个城市得分在平均水平以下，且中位数在平均值之上。从最大值和最小值来看，有千人国际互联网用户数较高的城市，也有千人国际互联网用户数几乎为 0 的城市。千人国际互联网

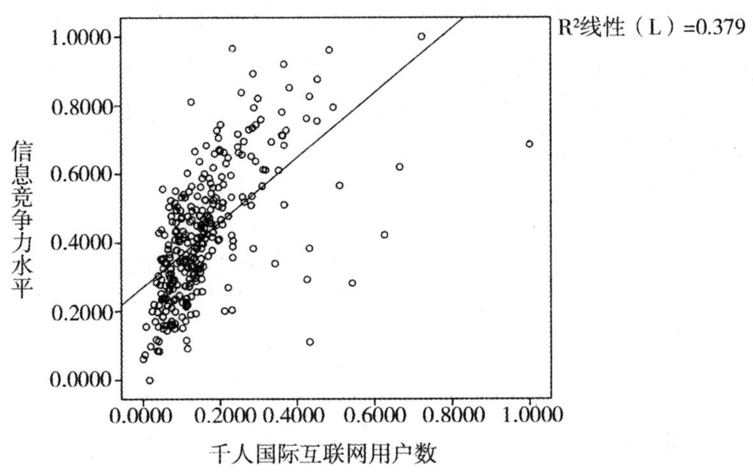

图 11—6 信息竞争力水平与千人国际互联网用户数的关系

资料来源：中国社会科学院城市与竞争力指数数据库。

用户数得分后十名城市的均值为 0.020，前十名城市均值为 0.595，前者不及后者的 1/25，可见两端分化极为严重。这表明不同城市千人国际互联网用户数差异较大，两端间分化严重，得分较低的城市的千人国际互联网使用形势更为严峻。

表 11—6 千人国际互联网用户数状况

城市个数	平均值	标准差	最小值	最大值	中位数	低于平均值的城市个数
289	0. 162	0. 125	0	1	0. 130	136

资料来源：中国社会科学院城市与竞争力指数数据库。

（三）十强分布：广西位居第一，广东入围城市最多

在千人国际互联网用户数单项指标上，2015 年排名前十位的城市分别是南宁、广州、潍坊、三门峡、伊春、莆田、珠海、深圳、杭州和澳门。从空间分布来看，各个区域均有分布，说明千人国际互联网用户数没有明显的地域性。其中广东省有三个城市入围，为千人国际互联网用户数排名前十的城市入围最多的省。从各城市所属几线城市的分布来

看，分别有3个一线城市、2个二线城市和5个四线城市入围，没有三线城市入围。从十强城市的得分来看，总体在0.452—1.0之间，范围分布较广，且城市间得分差距较大（见表11—7）。除了南宁得分为1外，在0.8—1.0之间无其他城市，说明这些位居前列的城市千人国际互联网用户数状况差别仍较大。

表11—7　　千人国际互联网用户数排名前十的城市

排名	城市	所属省	所属区域	所属行政级别	千人国际互联网用户数指数
1	南宁	广西	西南	二线	1
2	广州	广东	东南	一线	0.723
3	潍坊	山东	环渤海	四线	0.666
4	三门峡	河南	中部	四线	0.626
5	伊春	黑龙江	东北	四线	0.543
6	莆田	福建	东南	四线	0.511
7	珠海	广东	东南	四线	0.495
8	深圳	广东	东南	一线	0.485
9	杭州	浙江	东南	二线	0.454
10	澳门	澳门	港澳台	一线	0.452

资料来源：中国社会科学院城市与竞争力指数数据库。

（四）行政级别：一线城市领先，四线城市垫底

从行政级别来看，千人国际互联网用户数单项指标排序依次为：一、二、三、四线（见表11—8），即千人国际互联网用户数单项得分按行政级别呈阶梯式递减。其中，一、二线城市领先于三、四线城市，反映了这两级别的城市千人国际互联网用户数方面优势明显。一线城市的平均值高于中位数，说明一线城市中千人国际互联网用户数单项得分较高的城市较多，从而拉高了整体的平均值；而二线城市的平均值低于

中位数，说明二线城市中千人国际互联网用户数单项得分较低的城市较多，从而拉低了整体的平均值。三线城市的平均值与中位数相差较小。四线城市中千人国际互联网用户数单项得分最大值较高，但得分较低的城市较多，从而拉低了整体的平均值。这也反映了四线城市互联网用户数较少，形势严峻，提高信息化水平的任务迫切。

表 11—8　千人国际互联网用户数分行政级别得分情况

行政级别	城市个数	平均值	标准差	最小值	最大值	中位数
一线	7	0.3815	0.1954	0.1253	0.7227	0.3661
二线	30	0.3058	0.1571	0.1351	1.0000	0.2701
三线	9	0.2050	0.0574	0.0990	0.2806	0.2061
四线	243	0.1368	0.0100	0.0000	0.7770	0.1153

资料来源：中国社会科学院城市与竞争力指数数据库。

三　现象

（一）信息城市竞争力与信息交流存在线性关系

信息交流作为信息城市竞争力的主要影响因素，对城市的竞争力具有重要影响。加强信息交流能提高信息城市的竞争力；相反，减少信息交流将削弱信息城市的竞争力。根据 2015 年的信息交流分值与信息城市竞争力相对应绘制二者的散点图（见图 11—7）可以发现，信息城市竞争力与信息交流存在显著的线性关系，信息城市竞争力随着信息交流指数的上升而上升，说明通过加强城市的信息交流能大大提高信息城市的竞争力。

（二）水平较低的中西部城市的信息竞争力水平更容易上升和下降

对信息城市排名上升速度进行分析，与 2014 年相比，2015 年中国信息城市排名上升比较快的前 5 位城市为：巴彦淖尔、赤峰、伊春、滨

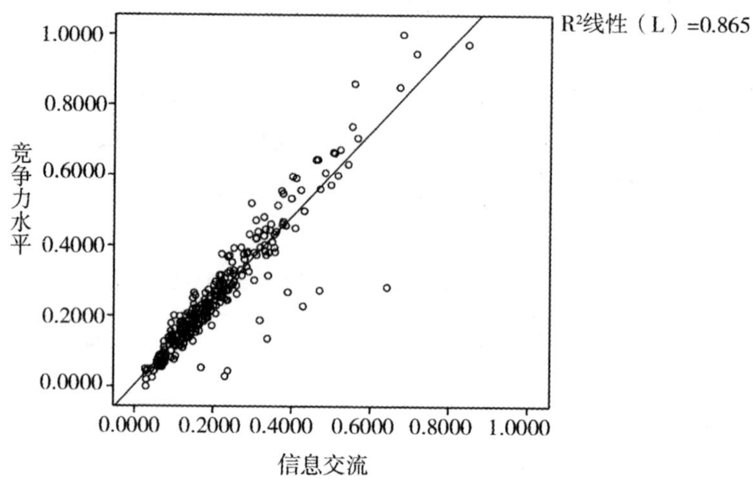

图 11—7 城市信息竞争力与信息交流的关系

资料来源：中国社会科学院城市与竞争力指数数据库。

州、克拉玛依，分别上升了 36、26、21、20、19 位（见图 11—8）。这几个城市都位于我国中西部，在排名中也都处于中下游水平。

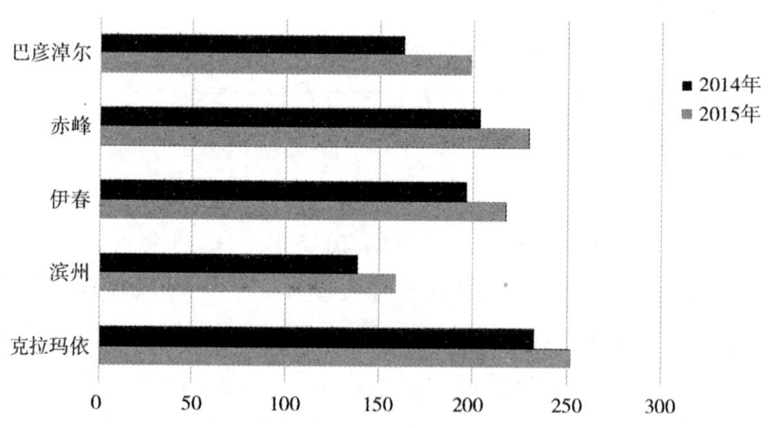

图 11—8 信息竞争力排名上升最快的前 5 位城市

资料来源：中国社会科学院城市与竞争力指数数据库。

对信息城市排名下降速度进行分析，与 2014 年相比，2015 年中国信息城市排名下降比较快的前5位城市为：乌海、三门峡、抚顺、四平、阜阳，分别下降了47、34、28、25、23位，也都属于中西部城市（见图11—9）。

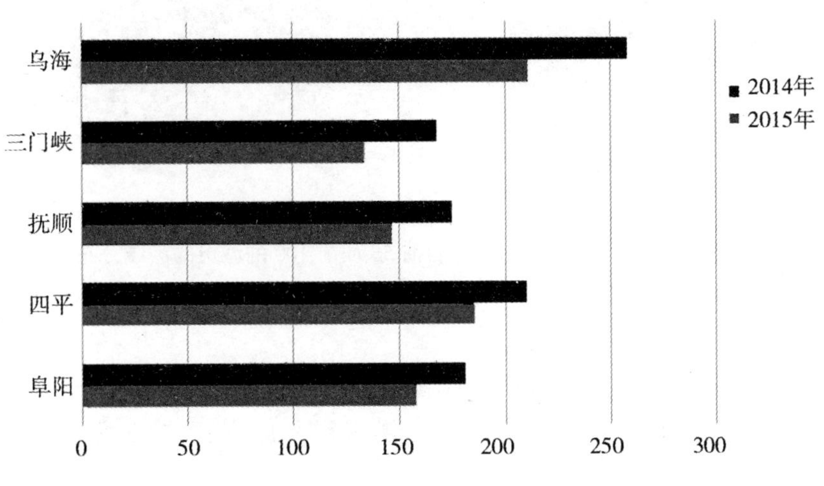

图11—9　信息竞争力排名下降最快的前5位城市

资料来源：中国社会科学院城市与竞争力指数数据库。

（三）东南沿海区域占据城市信息化水平的半壁江山

由于沿海的交通便利和经济发展，信息城市的竞争力排名总体上表现出沿海高于内地的态势。尤其是东南沿海，目前在我国先进信息技术的发展中一直处于引领地位，除港澳台外，排名前10的东南沿海占据7席，排名前50的东南沿海占据25席，排名前100的东南沿海占据42席，占据信息城市数量的半壁江山（见图11—10）。而西北、东北地区，由于地理位置和经济基础等因素的影响，在近几年的信息城市先进竞争力中，一直处于落后地位。

四　问题

通过前面的实证分析与对比可以看出，近年来我国信息城市整体

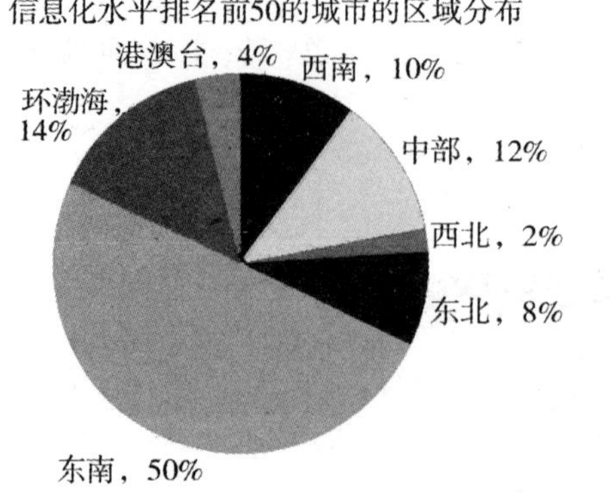

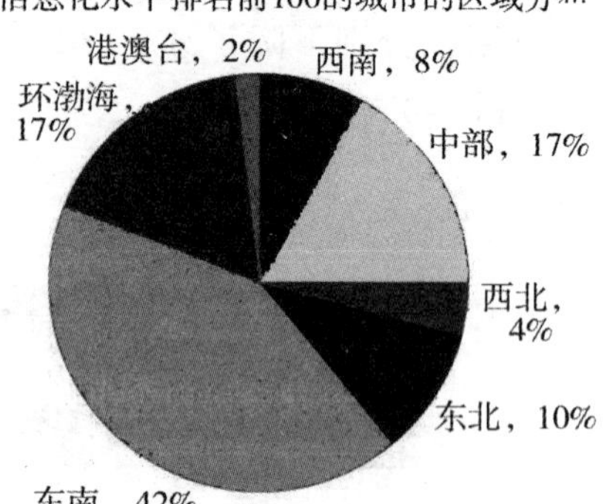

图 11—10 信息化水平排名前 50 和前 100 的城市的区域分布

资料来源：中国社会科学院城市与竞争力指数数据库。

建设水平变化不大，上升趋势不明显，仍未达到理想水平，不同城市间信息竞争力的差别逐渐增大。总体来说，原因主要表现在以下几个方面：

（一）对外交流较好，航空、商旅相对薄弱

在信息城市竞争力的客体贸易、主体交流、信息与物质交流分项指标的测评上，2015 年中国的信息城市竞争力得分如表 11—9 所示。从主客体的贸易、交流上看，外贸交流在城市的对外发展中占有很大的比重，外资投入在城市的生产、建设中发挥着巨大的作用。

城市基础设施建设是城市信息建设的前提，然而，信息化城市的建设需要投入大量的资金进行一系列基础设施的建设，如互联网、通信设施、交通设施等，这些基础设施的建设将促进我国城市的信息化城市竞争力。从我国信息化水平的主要分项指标的比较（见表 11—9）可以看出，我国当前在航空、商旅方面相对薄弱，连续三年的航空指数是 0.083、0.086 和 0.085，近三年的国际商旅指数是 0.017、0.013 和 0.012，说明航空和商旅投入依旧是我国信息化水平的薄弱环节，任务相当艰巨。从物质交流和信息交流上看，我国的信息基础设施目前还稍逊于交通基础设施的发展，信息基础设施的建设并没有有效地同步城市的发展脚步（信息交流指数平均值为 0.207，物质交流指数平均值为

0.386)。在交通交流上，由于地理位置和经济发展水平的差异，水、陆、空全方位的基础设施建设也存在很大不同，航空交通便利程度处于十分薄弱的地位，2015 年我国航空交通便利指数的均值只有 0.085 (满分为 1)。

从连续三年主要分项指标的得分比较可以看出，近三年来，除了国际商旅人员数、千人国际互联网用户数和千人移动电话年末用户数这三项指标有所变化外，其他各项指标的信息化水平的均值与标准差基本无变化或变化极小。另外，近三年航运和国际商旅两个分项得分均较低，说明这两个分项是我国信息化水平的薄弱环节。

表 11—9　　连续三年主要分项指标得分情况比较

指标	分项	年份	均值	标准差
客体贸易	外贸依存度	2013	0.500	0.290
		2014	0.500	0.290
		2015	0.500	0.290
	当年实际使用外资额占固定资产投资比例	2013	0.499	0.292
		2014	0.499	0.292
		2015	0.499	0.291
主体交流	外资工业企业比重	2013	0.500	0.290
		2014	0.500	0.290
		2015	0.500	0.290
	国际商旅人员数	2013	0.017	0.084
		2014	0.013	0.071
		2015	0.012	0.068
信息交流	千人国际互联网用户数	2013	0.136	0.120
		2014	0.160	0.129
		2015	0.162	0.125
	千人移动电话年末用户数	2013	0.314	0.163
		2014	0.295	0.161
		2015	0.252	0.171

续表

指标	分项	年份	均值	标准差
物质交流	公路交通便利程度	2013	0.471	0.296
		2014	0.472	0.297
		2015	0.472	0.296
	铁路交通便利程度	2013	0.481	0.297
		2014	0.485	0.296
		2015	0.487	0.295
	航空交通便利程度	2013	0.083	0.144
		2014	0.086	0.146
		2015	0.085	0.143
	利用海运便利程度	2013	0.500	0.290
		2014	0.500	0.290
		2015	0.500	0.290

资料来源：中国社会科学院城市与竞争力指数数据库。

（二）优势分布不均，一线城市优势较多，四线城市最少

从每年的信息化指数的均值来看，尽管我国城市的信息化水平在提高，但是在空间上却出现空间集聚，东高西低、南高北低，不同区域差异较明显，信息化水平较高的城市集中在东南沿海城市，中部、东北、西南、西北几个区域相对落后。

在分项指标竞争力的测评上，由图 11—11 可以看出，在外资引进、外资投入、国际商旅、国际互联网及航空交通便利方面（分指标 1、2、3、4、5、9），一、二、三、四线城市逐线降低，即一线城市各项分指标竞争力最大，四线城市竞争力最小。各线城市在与国际交流与交融方面，逐级降低；在移动电话用户数量和公路交通便利方面（指标 6、7），二、三线城市竞争力水平超过一线城市，各线城市竞争力排名为：二线城市、三线城市、一线城市、四线城市；在铁路交通便利方面，各线城市竞争力排名为：二线城市、一线城市、三线城市、四线城市；在海运便利程度方面，一、二线城市竞争力仍然位居前列，但四线城市相对三线城市表现出更大的优势。从分指标竞争力整体看来，各线城市都

有分项竞争力优势，但一线城市整体竞争力优势较多，四线城市最少，这也是各线城市总体信息化水平产生差异的原因。

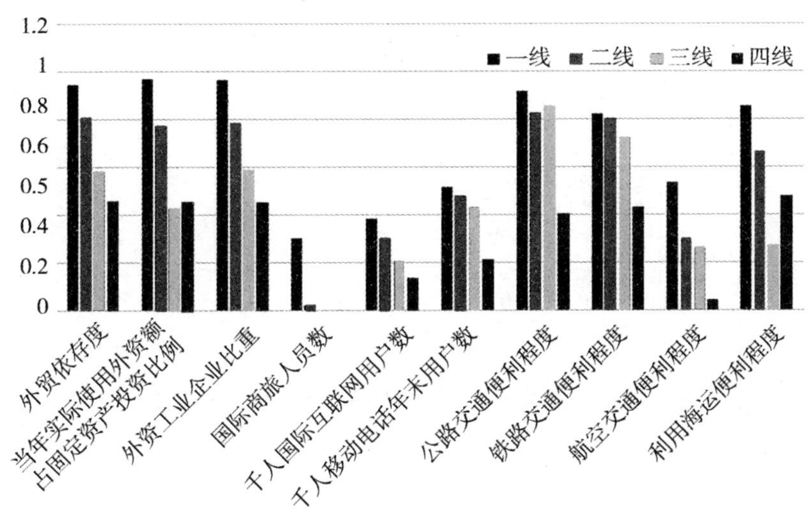

图 11—11　各线城市信息化水平分项指标竞争力比较

资料来源：中国社会科学院城市与竞争力指数数据库。

(三) 外商的直接投资是城市信息化水平变化的关键因素

通过信息竞争力水平与外商的直接投资的关系（见图 11—12）可以看出，信息竞争力水平与外商的直接投资存在显著的正相关关系，因此，外商的直接投资促进了城市信息化水平的快速提高，一些相对落后的城市由于自身的条件不足，就必须依靠投资来拉动当地发展。

但是，外商投资也带来了副作用，一旦外商的直接投资减少，城市的信息化水平就会快速下降，这必将成为我国信息化水平发展道路上的一颗不定时炸弹，对我国自身信息化水平的发展相当不利。因此，招商引资需要分阶段实施，如在信息化水平较弱的时候可以依靠招商引资，并逐步降低对外商的依赖，打造自己的特色品牌。

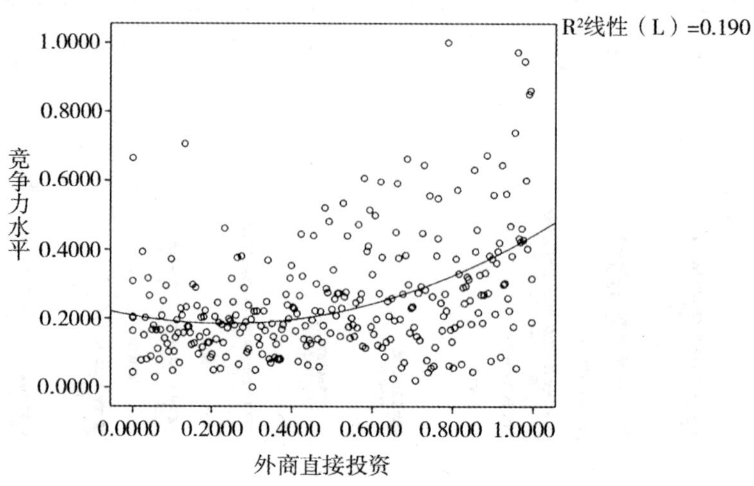

图 11—12 信息竞争力水平与外商直接投资的关系

资料来源：中国社会科学院城市与竞争力指数数据库。

五 经验

（一）典型案例

除了对我国信息城市竞争力进行测评外，我们也挑选了在世界范围信息城市建设发展情况相对较为良好的国际和国内典型城市范本进行实际案例分析，国际选择了日本的首都——东京，国内选择了我国的特区城市——香港。这一选择旨在通过案例城市经验的挖掘分析，为我国各个城市的信息化建设提供有益的借鉴和启示。

案例一：东京

东京是日本的首都，是亚洲第一大城市，也是世界第一大城市，全球最大的经济中心之一。东京是一座现代化的国际城市，下辖 23 个特别区、27 个市、5 个町、8 个村以及伊豆群岛和小笠原群岛，总面积 2155 平方公里，总人口 1400 万人，是世界上人口最多的城市之一。日本是充满现代气息的国际化大都市。无论是物联网、IPv6、云计算等先进科技的引入，还是低碳节能、信息化推进、宽带升级等国家战略的实践，东京都成为日本乃至全世界的信息化典范。

自2001年起，日本先后制定了e-Japan、u-Japan、i-Japan等战略，以期从国家层面推动信息化实施。相应地，东京于2000年4月提出了“东京信息化计划”报告，内容包括生活与经济信息化、行政与公共事务信息化、教育与文化信息化、保健医疗与福利信息化。2007年，东京市政府及国土交通省发起和倡导了移动观光与射频识别（Radio Frequency IDentification，RFID）导游的“东京无所不在计划”。根据新发布的《东京愿景2020》，东京将在未来创建智慧城市。

1. 泛在的ID识别技术

“东京无所不在计划”采用泛在的ID识别技术，将东京市内所设场所及物品赋予唯一的固有识别码，由后台系统自动识别，用户通过移动装置读取实体位置或物体上的资讯标签，将真实世界的资讯或内容进行数字化处理后与虚拟现实空间结合，以获取便捷、个性化的资讯服务。该计划于2007—2010年先后在银座、新宿等地购物区进行了成功的RFID导游项目部署。其中，“东京银座购物区试验计划”（以下简称“银座计划”）范围涵盖其地面商场及地下街道，并可提供英、日、韩、繁体中文、简体中文五种不同语言操作。整个银座区域内设置上万个RFID标签，系统平台可将道路方向、商店折扣及餐厅菜单等资讯，用信号台传送到游客或消费者的手持式接收器上，手持接收器配有3.5寸OLED触摸屏，具备RFID识别、红外线扫描、429 MHz无线传输、Wi-Fi及蓝牙传输功能。

2. 信息化商业

除了可以实时接收以上资讯，游客还可以通过手机扫描二维码，获取包含商店资讯、地图路线、观光资讯、设施导游等在内的旅游信息。只要手持此类移动装置，游客无论想找哪家名店喝茶或哪家精品店购物，都能快速获得资讯。如当步行经过某家商店前面所架设的无线标签，游客即能收到当前该区域商店的促销计划或餐厅的菜单等资料，同时也可标示出游客所在的位置，并可提供临近公共交通搭乘的方式和线路等，达到无所不在的购物乐趣。

3. 信息化生活

由于 2007 年的“银座计划”成效显著，2009 年 2—3 月和 2009 年 10 月至 2010 年 3 月，东京市政府实行了第二、三阶段试验计划，将新宿及银座地区的资讯服务进行了充分整合。新宿地区信息平台使用东京都市政摩天大楼瞭望台的全景影像，提供资讯、周边设施导游及地铁、公交线路导游，而“自动无线支援方案”则帮助残疾人士搜寻无障碍路线，为其提供了舒适、安全、放心的服务。

4. 信息化设施建设

日本注重信息化立法和 IT 策略的制定，积极采取推进信息化发展的战略和政策措施，先后制定了“信息通信政策大纲”、“IT 国家基本战略”、“IT 新改革战略”等政策，信息化战略从 e-Japan 到 u-Japan 再到 i-Japan，有着明确的发展轨迹，并强调技术创新。“东京无所不在计划”作为东京智慧城市的承载项目，其特点是面向用户，网络无所不在、无时不有，无论在何时何地使用，也无论使用模式是固定的还是移动的、是有线的还是无线的，都能为用户提供完善、丰富的宽带上网手段，提供永远在线的宽带服务。

案例二：香港

香港地处中国华南，珠江口东侧，北隔深圳河与广东深圳相接，西与澳门隔海相望，南临中国南海。香港是仅次于纽约和伦敦的全球第三大金融中心，也是亚洲重要的金融、服务和航运中心，以廉洁的政府、良好的治安、自由的经济体系以及完善的法制闻名于世，有“东方之珠”、“美食天堂”和“购物天堂”等美誉。2015 年，香港凭借其优越的地理位置和良好的对外贸易环境等优势，在我国所有城市的信息化城市竞争力排名中位列第四位，近年来一直稳居前五位，并且始终保持着稳步向前发展的趋势。在分类指标中，客体贸易和主体交流两个指标都位居第一，但其在信息交流和物质交流方面还不太完善，需进一步发展。另外，港澳台区域在七大区域（环渤海域、东南、中部、东北、西南、西北和港澳台）中一直排名第一的香港作为仅有的港澳台区域的两个代表城市之一，肩负着保持港澳台区域排名靠前的重任。

香港在信息化城市的建设中，付出了很大的努力。香港特别行政区政府在1998年首次发表“数码21新纪元资讯科技策略”（以下简称“数码21策略”），阐明了其目标：香港要在全球网络相连的世界里，发展成为领先的数码城市。“数码21策略”是香港信息科技发展的蓝图，分别在2001年、2004年及2008年重编，紧贴科技发展。该策略包括五个重点工作范畴：①推动数码经济；②推广先进科技并鼓励创新；③将香港发展为科技合作及贸易的枢纽；④促进新一代公共服务；⑤建立数码共融的知识型社会。在最新的2013版“数码21策略”中，香港政府提出了“智慧香港，智优生活”的愿景。

“数码21策略”已于2008年完成。科技创新发展方面，香港于2012年4月成立了云端运算服务和标准专家小组，以推动香港采用和发展云端运算。另外，香港还积极落实“政府云端运算策略”，计划在未来五年投资2.42亿元构建政府云端平台。

1. 电子政府

电子政府方面，自政府一站式入门网站的个人化平台“我的政府一站通”在2010年12月推出以来，账户数目持续增长，截至2012年12月已增至125 000个。为扩展服务覆盖范围和提升服务水平，香港于2012年12月推出了新一代政府“Wi-Fi无线上网计划”（以下简称“Wi-Fi通”）。目前，约有400个政府场地提供“Wi-Fi通”服务，让市民免费无线上网。

2. 数码经济

数码经济方面，为提升香港的整体竞争力，政府自2004年起推行不同计划，鼓励中小企业善用信息及通信科技增加效率和生产力。至今已完成20个项目，包括电子商务应用程序、网站和培训，约17000名来自各行各业中小企业的从业人员已从中受惠。

3. 数码生活

数码共融方面，推出“智醒长者嘉许计划”、“无障碍网页嘉许计划”等，协助长者和残疾人士等弱势社群应用信息及通信科技；推出“一家一网 e 学习”上网学习支持计划，以协助低收入家庭学生在家上网学习。据统计，2012 年香港约有 80.3%的家庭拥有个人计算机，78.6%家庭的个人计算机接入互联网。

4. 信息化建设

“数码 21 策略”对五个重点工作范畴确定了期望达到的成果，并且就每项期望可达到的成果制定了主要的表现指标，如移动电话渗透率，家庭拥有个人计算机和使用宽带上网的普及程度，以电子方式进行交易的机构的百分比，政府及私营机构安装无线网络热点的数量，电子政府服务的数量，香港政府一站通浏览人次、信息及通信科技的从业人员数等，用以评估目标达成的程度、显示有关进度、找出不足之处，并就资源分配做出指引。同时，按最新情况调整所推行的计划，从而确保能满足社会不断转变的信息需要。

（二）城市点评

不同的城市信息化建设模式、发展速度均不一样，有的一直处于国家领先地位，有的排名上升，有的排名下降，有的长期保持，因此我们需要研究它们的发展过程，分析其原因，从而为自身的信息化建设提供参考与经验指导。其中，直辖市（包括香港和澳门）以上海为例，计划单列市和副省级城市以深圳和青岛为例，省会城市（除副省级以外）以苏州和银川为例，地级市（5 个）以无锡、佛山、宜昌、威海和洛阳为例。

1. 上海

上海（Shanghai），中华人民共和国直辖市，中国国家中心城市，中国的经济、金融、贸易、航运中心，首批沿海开放城市。地处长江入海口，隔东中国海与日本九州岛相望，南濒杭州湾，西与江苏、浙江两省相接。上海是中国的经济、交通、科技、工业、金融、会展和航运中心之一。在交通方面，上海已形成由铁路、水路、公路、航空、轨道 5 种运输方式组成的，具有超大规模的综合交通运输网络。上海港是中国最大的枢纽港之一，共有 35 个客运站，长途班线达 1611 条，可抵达全国 14 个省市的 660 个地区。上海拥有 15 条轨道交通系统，包括地铁、轻轨和磁悬浮线等，营业里程 600 余公里，居全国前列，已形成初步的网络格局。上海凭借其有力的地形和优厚的条件奠定了其在物质交流排名第一、客体贸易排名第五、主体交流排名第四的基础，并使其虽在信息交流未能位居前十，依旧能保持其信息化水平稳居第二的地位。

2. 深圳

深圳，广东省副省级市，中国国家区域中心城市，国际花园城市，中国四大一线城市之一。地处广东省南部，珠江三角洲东岸，与香港一水之隔，东临大亚湾和大鹏湾，西濒珠江口和伶仃洋，南边深圳河与香港相连，北部与东莞、惠州接壤。深圳作为计划单列市和副省级城市的代表，连续三年在我国所有城市的信息化城市竞争力排名中位居前五，尤其是 2013 年，深圳在所有城市中名列第一，发展的势头很足。除物质交流排名前十外，其他三个指标（客体贸易、主体交流和信息交流）一直排名前三，各方面全面发展奠定了其在整体排名领先的地位，发展的潜力与空间依然很大。

3. 青岛

青岛位于中国北方海岸线的中部，因其优越的地理位置和城市发展的兴起，其在交通、建筑、通信、教育和科研等方面占据重要地位。青岛在 2013 年、2014 年、2015 年连续三年的信息城市竞争力排名中分别位居第十一、十二、十三名，信息化水平领先的地位值得肯定，但从其发展趋势来看，近年来其发展速度有所降低，排名稍有下滑，这点需要引起重视，以稳定其领先的地位。

4. 苏州

苏州位于江苏省东南部，长江三角洲中部，东临上海，南接浙江，西抱太湖，北依长江。优越的地理位置奠定了其除副省级省会城市中的重要地位，尤其在客体贸易方面，在 2014 年分项排名中位居第六，仅次于香港、深圳等贸易中心。从整体排名来看，在 2013 年和 2014 年的信息城市竞争力评比中，苏州连续两年排名第十五位，能在日新月异的竞争环境中一直保持领先说明了其强大的实力和巨大的发展潜力。

5. 银川

银川是宁夏回族自治区的首府，是全区军事、政治、经济、文化科研、交通和金融商业中心，以发展轻纺工业为主，机械、化工、建材工业协调发展的综合性工业城市。地处中国西北地区宁夏平原中部，西倚贺兰山、东临黄河，是发展中的区域性中心城市。2013 年、2014 年、2015 年三年排名分别为第 100、102、98 名，处于信息化水平中等的城市，排名一直在 100 名上下波动，与苏州相比差距较大，发展的潜力和空间很大。

6. 无锡

无锡市位于长江三角洲平原腹地，江苏南部，太湖流域的交通中枢，京杭大运河从中穿过。无锡北倚长江，南濒太湖，东接苏州，西连常州，构成苏锡常都市圈。如此优越的地理位置为其信息化城市建设提供了优越的条件，其在 2013 年、2014 年、2015 年的信息化城市竞争力评比中的排名分别为第 14、19、24 名，虽然连续三年位居信息化水平的前列，但是其排名呈现明显下滑趋势，而且下滑幅度较大，需要引起无锡政府的广泛关注，来进一步巩固其领先地位。

7. 佛山

佛山是广东省省辖市，位于广东省中部，地处珠三角腹地，东接广州，南邻香港、澳门，如今已发展为中国先进制造业基地、广东重要的制造业中心，与广州地缘相连、历史相承、文化同源，是“广佛都市圈”、“广佛肇经济圈”、“珠三角经济圈”的重要组成部分，在广东省经济发展中处于领先地位。佛山凭借其信息建设的较大投入，在千人国际互联网用户数上跻身前十，也奠定了其在信息交流分项指标排名第八的地位。从整体排名来看，佛山在 2013 年、2014 年、2015 年的信息化城市竞争力评比中的排名分别为第 29、21、22 名，在信息化中上等水平城市中排名上升速度如此之快实属不易，由此可见其发展之迅速、发展潜力之大，在地级市城市中一直处于领先地位。

8. 宜昌

宜昌市，湖北省地级市，位于湖北西南部，长江中游，古称夷陵。宜昌在 2013 年、2014 年、2015 年的信息化城市竞争力评比中的排名分别为第 119、110、113 名，一直处于信息化城市的中等水平，而且近几年排名还有所波动，需要进一步努力，大力发展自身特色，来提高其信息化水平。

9. 威海

威海，中国山东省地级市，位于山东半岛东端，北、东、南三面濒临黄海，北与辽东半岛相对，东与朝鲜半岛隔海相望，西与山东烟台接壤。威海在2013年、2014年、2015年的信息化城市竞争力评比中的排名分别为第63、56、60名，由此可以看出威海在信息化城市建设中所做的巨大努力，是值得其他城市学习与借鉴的。

10. 洛阳

洛阳位于河南西部、黄河中游，是国务院首批公布的历史文化名城，也是中部地区重要的工业城市。洛阳近三年来信息化水平处于下滑趋势，其在2013年、2014年、2015年的信息化城市竞争力评比中的排名分别为第76、91、73名，排名先下降后上升，且波动幅度较大，需要深究排名波动的原因，以期将信息化城市竞争力回归到之前的地位。

六　趋势

从2013年、2014年、2015年我国信息城市的发展可以看出，我国近年来信息化城市竞争力发展呈现以下发展趋势：

（一）信息城市竞争力水平变化不大

目前我国信息城市整体建设现状发展缓慢，从2013年、2014年、2015年连续三年的数据可以看出，总体的信息化水平变化不大，全国整体信息化指数水平从2013年的0.419到2015年的0.423，说明全国整体信息化水平变化很小，发展缓慢。区域上，环渤海域、东南、中部、东北、西南、西北和港澳台区域的排名近三年变化不大，尤其是中部、东北、西南三个区域相对稳定。

（二）信息城市竞争力空间更加集聚

东高西低、南高北低，不同区域差异较明显，已经成了我国信息化水平发展的一个重要趋势。信息化水平较高的城市集中在东南沿海城市，中部、东北、西南、西北几个区域相对落后，说明我国信息化水平出现明显的空间集聚现象。

（三）各城市发展差异化显著

信息城市建设各方面的主观和客观因素导致了信息化水平发展的不均衡。当前，我国城市信息化指数的概率密度分布继续右移，其概率分布逐渐向右倾斜，一些信息化发展水平较高的城市发展较快，而信息化水平相对落后的城市发展相当缓慢，造成了不同城市发展极不均衡，差距越来越明显。

七　对策

基于前面的实证分析结果，并针对我国信息化城市发展存在的问题，可以总结出提高我国信息化城市竞争力的一些对策建议：

（一）全面认知“信息化城市”的深刻内涵，做好顶层规划设计

深刻认识“信息城市”的内涵是大力发展我国城市信息化水平的前提。从目前各城市的发展趋势来看，很多城市对“信息化城市”的理解存在一定的误区，它们在重视互联网等设施的建设的时候却忽略了其他方面的发展，如贸易、交通、旅游业等，因此导致信息化水平依然得不到很快的提高。另外，信息化城市的建设对国家的政策有较强的依赖性，因此从国家层面制定信息化城市的规划对全面有序发展我国信息化城市的建设显得尤为重要。

（二）建立符合信息化城市建设的管理体系

信息化城市的建设是一个上至国家、下至普通民众的全面发展的过程，因此需要广大民众的广泛参与，加强与民众的互动，以获取民众的广泛支持与参与度。同时，也需要建立一定的鼓励机制，来提高不同城市的建设效率与建设质量。国家应更加重视中西部城市的信息化建设，逐步缩小与沿海城市间的差距。目前，我国不同城市信息化建设已经呈现发展不均衡现象，差距越来越大，这很不利于我国整体信息化水平的提升，因此国家在进行信息化城市建设的规划设计时，需要重点考虑信

息化水平相对落后的城市，以缩短其与沿海等信息化水平较高城市间的差距。

（三）建立城市间的沟通与交流机制，实现全国各城市共同发展

目前，我国城市的信息化水平在不断发展，尤其是信息化建设较好的城市，它们虽然自身发展相当迅速，但是我国信息化水平相对落后的城市依然占绝大多数，要想提高我国城市的整体信息化城市竞争力，重点是要提高这些占有较大比例的相对落后的城市，因此需要建立信息化建设较快的城市与相对落后城市间的沟通与交流机制，来实现有利条件的共享、优秀资源的共用、历史经验的分享、人才交流、优势互补和共同发展。

（四）结合自身特色，打造自己的品牌，注重可持续发展

各城市的信息化城市建设需要建立一套符合自身实际的方法与策略，不能盲目地接受外来经验。在深入研究本地信息化城市建设的特征与需求的基础上，制定符合自身实际的信息化城市建设方案。并充分挖掘自身的有利资源，形成自己的特色和品牌，这样也易于该地区的信息化城市建设的可持续发展。

（五）着重进行信息化建设，适当注重招商引资

前面实证分析的结果表明，我国信息化城市建设在航空和商旅两个方面相对薄弱，这成了我国信息化城市建设的绊脚石。另外，这两个方面进一步发展的空间还很大，因此，各城市在其他方面稳步发展的同时，需要更加注重这两个方面的建设，这样将更加有利于提高我国整体的信息化水平。一些信息化水平相对落后的城市因缺乏有利条件与可利用资源，导致其信息化发展缓慢。另外，通过前面的实证分析可知，这些城市信息化城市竞争力排名很大程度上取决于外商的直接投资，因此，它们在不断挖掘自身的有利资源的同时，需要更加注重招商引资，吸引外商投资，来提高其信息化水平。

八 总结

从总体情况来看，我国信息城市竞争力水平较低。从近几年数据的演化趋势来看，信息城市竞争力变化不大，发展很慢，说明我国城市信息化水平建设力度不够。同时，信息城市竞争力还存在竞争力分布不均、东南沿海区域占据城市信息化水平的半壁江山、水平按照城市行政级别阶梯状递减、水平较低的中西部城市的信息竞争力更容易上升和下降、信息交流与发展水平正相关等规律性特征。

从区域格局来看，2015 年我国的信息城市竞争力依旧呈现出东高西低、南高北低的态势，信息化水平较高的区域基本集中在东南方向的沿海城市。2015 年的信息城市竞争力指数区域排名依次为港澳、环渤海、东南、中部、东北、西南、西北。在前 100 席排名的省份分布上，除了港澳和直辖市城市外，排名第一的是广东 15 席，位于沿海的江苏和浙江也均有超 10 个城市入选。

尽管我国信息城市发展已取得了一些进步，但依旧存在很多问题。从各分项指标来看，我国对外开放交流较好，但是城市基础设施建设水平较薄弱，任务相当艰巨。在外资引进、外资投入、国际商旅、国际互联网及航空交通便利方面，一、二、三、四线城市逐线降低，特别是在国际商旅方面，三、四线城市的竞争力几乎为 0。信息竞争力水平与外商的直接投资存在显著的正相关关系，因此，外商的直接投资促进了城市信息化水平的快速提高，一些相对落后的城市由于自身条件不足，就必须依靠投资来拉动当地发展，但这对我国自身信息化水平的发展相当不利。

面对这些问题和挑战，我国需要全面认知“信息化城市”的深刻内涵，做好顶层设计，为全面提高信息竞争力水平提供战略支持。各城市依据当地特色、打造自己的品牌，建立符合当地发展的信息城市建设的管理模式，并从基础建设抓起，适当地依靠招商引资，提升整体的信息化水平，缩小不同城市间的差距，全力推动全国的信息化建设。

附表：

2015 年中国信息城市竞争力排名前 100 位的城市

排名	城市名称									
1—10	广州	上海	深圳	香港	北京	杭州	宁波	东莞	厦门	南京
11—20	天津	珠海	青岛	西安	武汉	福州	澳门	大连	苏州	济南
21—30	海口	佛山	成都	无锡	太原	重庆	沈阳	惠州	嘉兴	南宁
31—40	中山	长春	郑州	江门	烟台	合肥	秦皇岛	南昌	锦州	常州
41—50	泉州	昆明	温州	连云港	长沙	潍坊	扬州	绍兴	湖州	金华
51—60	徐州	日照	贵阳	镇江	呼和浩特	芜湖	南通	漳州	莆田	威海
61—70	赣州	哈尔滨	石家庄	汕头	肇庆	河源	九江	营口	淮安	鹰潭
71—80	台州	铜陵	洛阳	保定	蚌埠	唐山	韶关	辽阳	丹东	沧州
81—90	东营	三亚	吉安	本溪	鞍山	舟山	乌鲁木齐	淄博	临沂	湛江
91—100	钦州	银川	龙岩	新乡	株洲	梅州	清远	衡水	包头	衢州

第四部分

区域报告

第十二章　中国（东南地区）城市竞争力报告

邹琳华　夏　炎*

一　中国城市竞争力（广东）报告

广东省综合经济竞争力稳居全国前列。可持续竞争力也处于全国较好水平，但名次近几年略有下降。省内多个城市的综合经济竞争力表现极为突出。不足之处在于省内区域发展不平衡，板块间发展差异较大。作为加工制造业大省、中国改革开放的发源地，尽管广东省在产业转型升级方面面临较大压力，但由于近年来善于利用先发优势，加大产业科技创新投入力度，积极扶持高端产业，淘汰和升级落后产业，产业结构调整初见成效。未来通过充分利用先发优势，以科技创新驱动、高端服务业带动、粤港澳全面合作和建设珠三角一流城市群带等为抓手，推动产业结构不断升级，城市竞争力优势有望得到继续保持。

2015 年广东省省情信息如表 12—1 所示。

表 12—1　　　　2015 年广东省省情信息

土地面积	17.97 万平方公里	
常住人口	10849 万人	
城镇人口占常住人口比重	68.71%	

---

* 邹琳华，经济学博士，就职于中国社科院财经战略研究院。夏炎，中国社会科学院研究生院博士研究生。本章报告广东、福建、江苏部分由邹琳华撰写，上海、浙江部分由夏炎撰写。

续表

GDP 总量及增长率	72812.55 亿元，8%	
一、二、三产业占 GDP 比重	4.6%、44.6%、50.8%	

资料来源：2015 年广东省国民经济和社会发展统计公报。

2014 年和 2015 年广东省城市综合经济竞争力排名如图 12—1 所示。

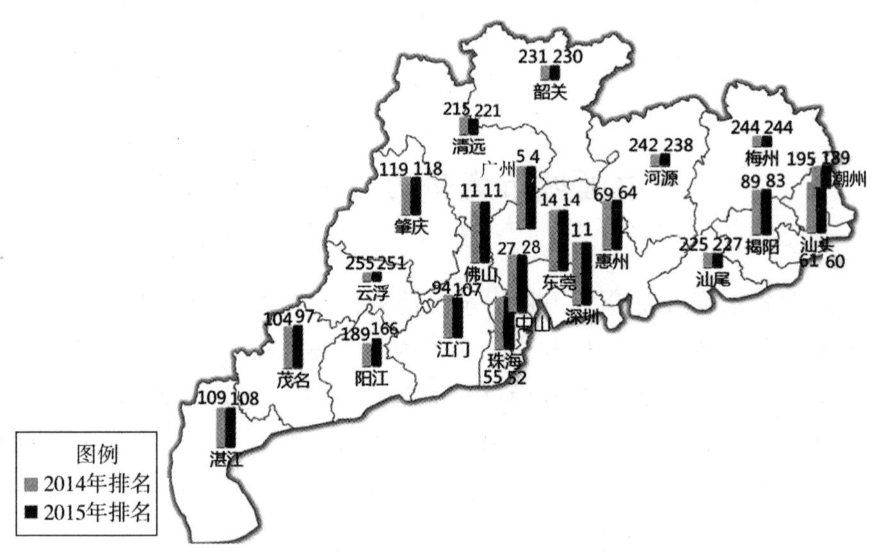

图 12—1 2014 年和 2015 年广东省城市综合经济竞争力排名

资料来源：中国社会科学院城市与竞争力指数数据库。

2014 年和 2015 年广东省城市可持续竞争力排名如图 12—2 所示。

（一）现状与优势

总体概况：广东省曾是中国经济改革开放的前沿，各种先进经济理念的策源地，同时也是中国经济强省之一。珠三角城市群是具有世界影响力的城市群带，也是我国三个最大的城市群带之一。近年来，广东省着力稳增长、促改革、调结构，已经取得一定成效。经济增速开始回升，GDP 增长率从 2014 年的 7.8%提升至 2015 年的 8%；产业结构不断优化，三次产业比例从 2014 年的 4.7 : 46.2 : 49.1 到 2015 年的

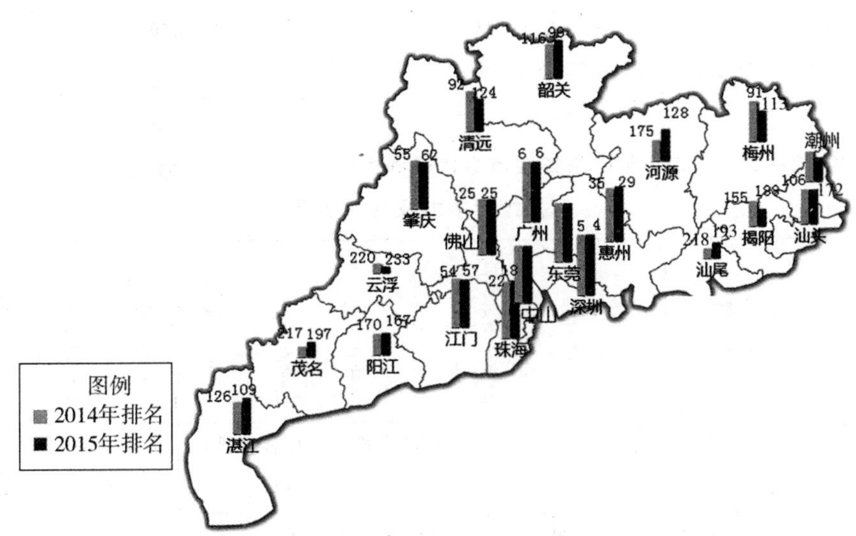

图 12—2　2014 年和 2015 年广东省城市可持续竞争力排名

资料来源：中国社会科学院城市与竞争力指数数据库。

4.6∶44.6∶50.8，第三产业比重已经超过第二产业，居省域经济主导地位。但省内发展极不平衡，珠三角地区作为我国最发达的区域之一，其区域生产总值占全省的 79.2%，比 2014 年提高 0.3 个百分点，而粤东西北区域生产总值仅占全省的 20.8%。总体来看，广东省作为我国改革开放的最前沿，具有其先发优势，珠三角城市的经济竞争力与可持续竞争力均表现突出。尽管受经济转型升级压力的影响较大，使广东省经济增速暂时受到一定制约，但借助其经济实力、创新能力、持续的转型升级努力以及毗邻现代服务业中心香港的优势，广东省未来有望在全国率先转型成功，继续保持其作为中国经济增长重要一极的地位。

现状格局：2015 年度广东省综合经济竞争力指数均值为 0.181，在全国各省区（除西藏）中排名第 9 位（见表 12—2）。其中深圳、广州、佛山、东莞和中山分别排在全国第 1 位、第 4 位、第 11 位、第 14 位和第 28 位，均处于全国综合经济竞争力最好的城市之列；但也有清远、汕尾、韶关、河源、梅州、云浮 6 个城市排名在 200 位之外，居全国表现最差行列。2015 年度广东省可持续竞争力指数均值为 0.428，在全国各省区（除西藏）中排名第 12 位；广东省宜居城市竞争力指数均值为

0.464，排全国各省区（除西藏）第13位；广东省宜商城市竞争力指数均值为0.248，排全国各省区（除西藏）第14位。

表12—2　2015年广东省城市综合经济竞争力、宜居、宜商、可持续竞争力及其分项排名

	综合经济竞争力		可持续竞争力		宜居城市竞争力	宜商城市竞争力	知识城市竞争力	和谐城市竞争力	生态城市竞争力	文化城市竞争力	全域城市竞争力	信息城市竞争力
城市	指数	排名	指数	排名	排名	排名	排名	排名	排名	排名	排名	排名
广州	0.590	4	0.795	6	20	4	5	13	23	7	8	1
韶关	0.056	230	0.357	99	166	113	101	243	47	178	131	77
深圳	1.000	1	0.849	4	6	5	2	3	24	16	3	3
珠海	0.133	52	0.628	18	1	27	14	25	65	48	13	12
汕头	0.124	60	0.332	112	137	143	108	158	219	159	61	64
佛山	0.373	11	0.565	25	21	33	43	50	139	17	16	22
江门	0.093	107	0.457	57	92	94	64	57	96	132	48	34
湛江	0.093	108	0.337	109	177	91	146	139	75	207	136	90
茂名	0.097	97	0.241	197	199	200	238	120	141	261	134	201
肇庆	0.084	118	0.442	62	179	207	84	99	20	113	83	65
惠州	0.122	64	0.539	29	41	76	69	14	19	89	41	28
梅州	0.049	244	0.316	131	131	215	243	226	67	90	148	96
汕尾	0.056	227	0.242	193	115	284	245	264	132	241	165	124
河源	0.050	238	0.319	128	96	257	174	170	89	240	144	66
阳江	0.069	166	0.274	167	136	254	171	157	142	249	139	146
清远	0.058	221	0.322	124	103	223	242	118	88	139	113	97
东莞	0.328	14	0.648	13	12	41	18	35	87	56	5	8
中山	0.208	28	0.599	22	58	62	22	37	52	25	20	31
潮州	0.064	189	0.278	161	107	218	181	261	167	109	99	122
揭阳	0.105	83	0.247	188	277	150	228	268	111	247	142	112
云浮	0.047	251	0.200	233	254	258	255	240	187	277	138	157

续表

城市	综合经济竞争力		可持续竞争力		宜居城市竞争力	宜商城市竞争力	知识城市竞争力	和谐城市竞争力	生态城市竞争力	文化城市竞争力	全域城市竞争力	信息城市竞争力
	指数	排名	指数	排名	排名	排名	排名	排名	排名	排名	排名	排名
指数均值	0.181	9	0.428	12	0.464	0.248	0.435	0.335	0.517	0.251	0.406	0.596
指数方差	0.053	26	0.036	25	0.038	0.038	0.056	0.025	0.015	0.029	0.051	0.035
变异系数	1.279	26	0.443	20	0.421	0.789	0.542	0.476	0.234	0.681	0.555	0.314

资料来源：中国社会科学院城市与竞争力指数数据库。

广东省城市竞争力总体上呈现以下特征：

第一，综合经济竞争力总体水平稳居全国前列，但省内板块间竞争力水平差异较大。2015 年度广东省综合经济竞争力在全国排名第 9 位，与 2013 年和 2014 年保持一致，稳定在全国上游水平。综合经济竞争力指数变异系数为 1.279，居全国第 26 位，近三年保持不变，表明省内板块间的经济发展水平与竞争力差异较大状况基本没有变化。

第二，可持续竞争力排名有所下降，但仍处于全国较好水平。2015 年度广东省可持续竞争力在全国排名第 12 位，居全国中上游水平，但比 2014 年下降 1 位，比 2012 年的第 9 位排名下降 3 位，多数城市可持续竞争力全国排名有所下降。可持续竞争力指数变异系数为 0.443，位列全国第 20 位，表明省内可持续竞争力差距较大。其中居省内第一的深圳和第二的广州分别位列全国可持续竞争力第 4 位和第 6 位，居省内最末的汕尾、茂名和云浮三市分别位列全国第 193 位、第 197 位和第 233 位。

第三，宜居城市竞争力均居全国中上游水平，但城市间差距较大。2015 年度广东省宜居城市竞争力指数均值为 0.464，排全国各省区（除西藏）第 13 位，居全国中上游水平；指数方差为 0.038，排全国第 25 位，各城间宜居城市竞争力水平差距较大。其中珠海宜居城市竞争力排全国第 1 位，深圳排全国第 6 位。广东省宜商城市竞争力指数均值为 0. 248，排全国各省区（除西藏）第 14 位，居全国中上游水平；指数方差为 0. 038，排全国第 25 位，城市间宜商城市竞争力差距显著。其中广州宜商城市竞争力排全国第 4 位，深圳排全国第 5 位。

第四，从可持续竞争力分项来看，信息城市竞争力和生态城市竞争力优势明显。广东省城市竞争力八项指标均处于全国较好水平，特别是信息城市竞争力和生态城市竞争力水平较高。相对较弱的是文化城市竞争力。在广东省城市竞争力八项指标之间，各项指数值大体相等，基本上做到了均衡发展。

（二）问题与劣势

一是产业层次较低，外贸依存度高，去库存和产业转移压力巨大。广东省的经济历来主要靠对外贸易驱动，成本提升与世界经济不景气对其影响很大。2015 年全年进出口总额为 63559. 67 亿元（10229. 52 亿美元，下降 5. 0%），比 2014 年下降 3. 9%。其中，出口 39983. 07 亿元（6435. 62 亿美元，比 2014 年下降 0. 4%），比上年增长 0. 8%；进口 23576. 60 亿元（3793. 90 亿美元，比 2014 年下降 11. 9%），比上年下降 10. 8%。工业企业库存呈增加态势，生产经营存在隐忧。广东外贸产业还将面临劳动密集型产业向东南亚、印度等发展中国家和国内欠发达省份转移的挑战，调整结构、转变增长方式的任务十分艰巨。

二是区域发展不平衡现象突出，均衡协调发展面临困难。虽然珠三角城市经济竞争力普遍表现夺目，但粤北及粤西、粤东多数城市经济竞争力仍不甚理想。珠三角地区人均 GDP 早在 2010 年就超过 1 万美元，但粤东、粤西、粤北地区人均 GDP 到目前仍未达到全国平均水平，12 个地级市中只有阳江超过全国平均水平。珠三角城市群的发展，还未能充分带动省内落后县市的发展。

（三）现象与规律

广东省目前正进入一个新的发展瓶颈期。2014 年广东省人均 GDP 达到 63452 元，折合 10330 美元，成为继天津、北京、上海、江苏、浙江、内蒙古等省市之后，又一个人均 GDP 超过 1 万美元的省市。按照国际经验，人均 GDP 迈入 1 万美元是一个重要的门槛，既意味着经济社会发展进入一个新的台阶，也意味着面临新的挑战。在新的阶段转型升级的压力更大，结构调整的难度更高，大城市病更加突出，居民对生态、民生的要求更为迫切。

（四）趋势与展望

2015 年，广东人均 GDP 达到 10838 美元，第三产业比重达到 50.8%，城镇化率达到 68.71%，这些成就表明广东正处于“工业化中期”向“工业化后期”转变阶段，开始进入以信息化带动工业化，以国际化促进市场化，以城市化为载体加快经济转型、社会转型，着力向建成全面小康社会、实现基本现代化的新发展阶段。2015 年，全省科学研究与试验发展（R&D）人员 53.5 万人年（折合全时当量），全省 R&D 经费支出约占 GDP 的 2.5%。高技术制造业增加值为 8172.20 亿元，增长 9.8%；先进制造业增加值 14712.70 亿元，增长 10.0%；现代服务业增加值 22338.12 亿元，增长 11.9%。三次产业结构调整为 4.6∶44.6∶50.8，第三产业占比较上年继续提高 1.7 个百分点。这表明，广东省的结构转型与产业升级正向积极的方向发展。

（五）政策与建议

政策回顾：广东省近年来的发展战略是通过改革创新、先行先试，积极实施扩大内需战略、自主创新战略、人才强省战略、区域协调发展战略、绿色发展战略、和谐共享战略，加快转型升级，建设幸福广东。“十二五”全省人均生产总值实现比 2000 年翻两番，经济发展方式转变取得显著进展，社会软实力显著提升，民生福祉显著改善，科学发展体制机制日益完善。

政策建议：充分利用先发优势、创新优势与粤港澳合作优势，一是强化人才战略，进一步加大科技创新投入力度，以科技创新推进产业转型升级；二是充分利用广东自贸区建设、海上丝绸之路建设和粤港澳高端合作的优势，扩大经济影响力，发展高端服务业，升级传统制造业；三是通过珠三角城市群的交通、通信及社会服务的一体化建设，实现珠三角城市间的一体化、同城化，进一步发挥市场规模优势，将珠三角城市群建设成为世界一流的城市群带。

2015 年广东省城市竞争力雷达图如图 12—3 所示。

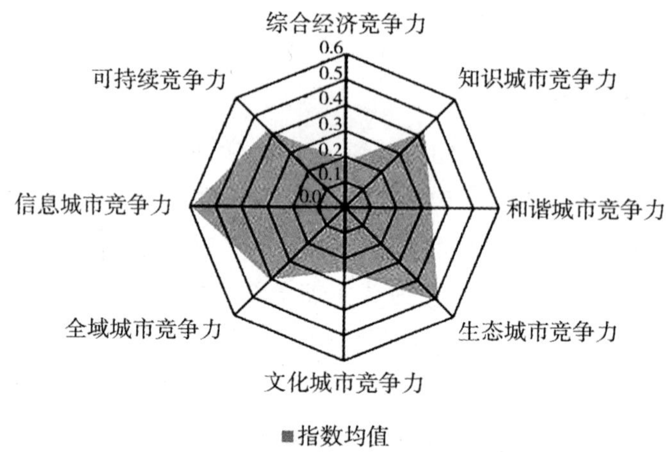

图 12—3 2015 年广东省城市竞争力雷达图

资料来源：中国社会科学院城市与竞争力指数数据库。

二 中国城市竞争力（福建）报告

福建省城市综合经济竞争力水平较高，可持续竞争力排名上升较快，生态城市竞争力优势显著。但近年来产业转型进展缓慢，部分城市发展对房地产的依赖度较大。未来通过抓住技术创新、自贸区建设与闽台融合的契机，提升产业层次，有望获得新的竞争优势，再次实现跨越式发展。

2015 年福建省省情信息如表 12—3 所示。

表 12—3 2015 年福建省省情信息

土地面积	12.4 万平方公里	
常住人口	3839 万人	
城镇人口占常住人口比重	62.6%	

续表

GDP 总量及增长率	25979.82 亿元，9%	
一、二、三产业占 GDP 比重	8.1%、50.9%、41.0%	

数据来源：2015 年福建省国民经济和社会发展统计公报。

2014 年和 2015 年福建省城市综合经济竞争力排名如图 12—4 所示。

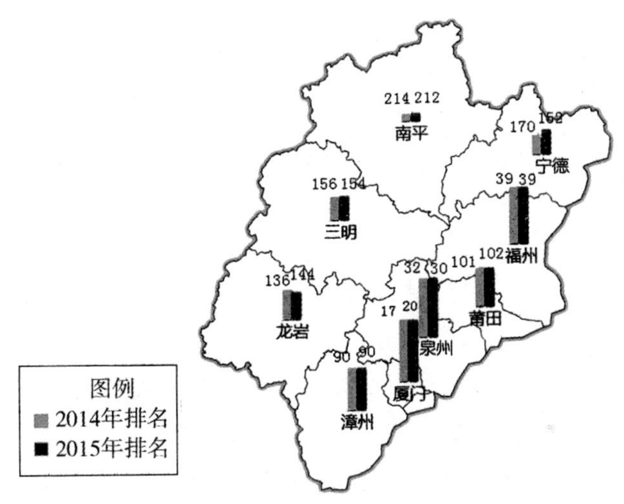

图 12—4　2014 年和 2015 年福建省城市综合经济竞争力排名

2014 年和 2015 年福建省城市可持续竞争力排名如图 12—5 所示。

(一) 现状与优势

总体概况：福建省城市综合经济竞争力总体处于全国中上游水平。城市可持续竞争力水平上升较快，目前已经接近全国上游水平。近年来，福建省经济增速有所放缓，2015 年 GDP 增长率为 9%，比上年下降 0.9 个百分点。产业结构相对稳定，三次产业比例 2014 年为 8.4∶52∶39.6，2015 年为 8.1∶50.9∶41.0，年度变化较小。总体来看，福建虽然有厦门、泉州、福州等城市经济竞争力表现突出，但是海峡西岸城市群尚缺乏规模优势，从而导致其在全国的总体影响力不够大。如

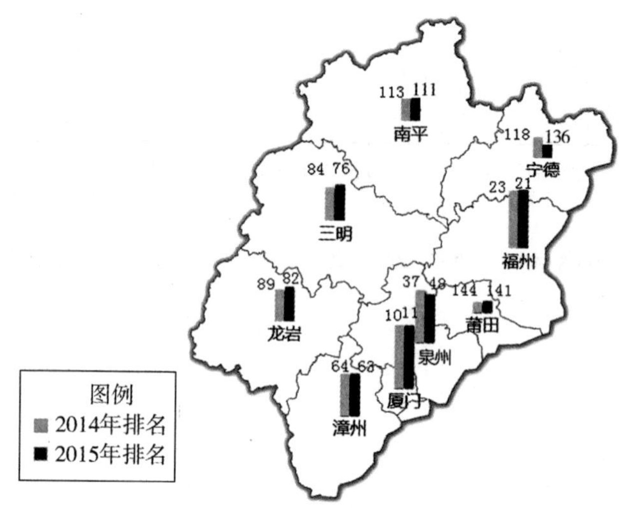

图 12—5 2014 年和 2015 年福建省城市可持续竞争力排名

资料来源：中国社会科学院城市与竞争力指数数据库。

果未来抓住自贸区建设、闽台融合及海上丝绸之路战略等重大机遇，福建省城市竞争力水平仍有望继续提升。

现状格局：2015 年度福建省综合经济竞争力指数均值为 0.121，在全国各省区（除西藏）中排名第 12 位（见表 12—4）。其中厦门、泉州、福州分别排在全国第 20 位、第 30 位和第 39 位，跻身综合经济竞争力最好的城市之列；居省内末位的宁德、三明、南平排在全国第 152 位、第 154 位和第 212 位。2015 年度福建省可持续竞争力指数均值为 0.43154，在全国各省区（除西藏）中排名第 10 位；福建省宜居城市竞争力指数均值为 0.523，排全国各省区（除西藏）第 9 位；福建省宜商城市竞争力指数均值为 0.264，排全国各省区（除西藏）第 12 位。

福建省城市竞争力总体上呈现以下特征：

第一，综合经济竞争力总体稳居中等偏上水平，省内竞争力差距有所收敛。2015 年度福建省综合经济竞争力排名全国第 12 位，近三年保持不变，稳定在全国中等偏上水平。综合经济竞争力指数变异系数为 0.563，居全国第 18 位，且近三年变异系数排位每年上升一位，表明省内城市间的竞争力差距不断缩小。

表 12—4　　2015 年福建省城市综合经济竞争力、宜居、宜商、可持续竞争力及其分项排名

	综合经济竞争力		可持续竞争力		宜居城市竞争力	宜商城市竞争力	知识城市竞争力	和谐城市竞争力	生态城市竞争力	文化城市竞争力	全域城市竞争力	信息城市竞争力
城市	指数	排名	指数	排名	排名	排名	排名	排名	排名	排名	排名	排名
福州	0. 172	39	0. 600	21	13	22	38	34	15	23	44	16
厦门	0. 251	20	0. 656	11	2	24	11	7	22	57	18	9
莆田	0. 095	102	0. 296	141	32	153	154	252	97	204	195	59
三明	0. 071	154	0. 392	76	125	120	96	61	16	175	100	170
泉州	0. 198	30	0. 484	48	86	50	63	126	46	40	73	41
漳州	0. 101	90	0. 438	63	50	170	68	179	27	65	110	58
南平	0. 060	212	0. 335	111	138	96	138	100	74	180	173	117
龙岩	0. 073	144	0. 378	82	106	98	119	105	58	117	158	93
宁德	0. 072	152	0. 304	136	120	193	205	137	45	152	221	154
指数均值	0. 121	12	0. 432	10	0. 523	0. 264	0. 454	0. 350	0. 630	0. 268	0. 291	0. 563
指数方差	0. 005	22	0. 016	17	0. 021	0. 013	0. 026	0. 016	0. 006	0. 014	0. 016	0. 026
变异系数	0. 563	18	0. 295	7	0. 278	0. 438	0. 353	0. 360	0. 120	0. 439	0. 434	0. 284

资料来源：中国社会科学院城市与竞争力指数数据库。

第二，可持续竞争力水平提升较快，总体排名处于全国上游水平。2015 年度福建省可持续竞争力排名居全国第 10 位，水平处于全国上游，比 2012 年的第 12 位上升 2 位。可持续竞争力指数变异系数仅为 0. 295，位列全国第 7 位，表明省内城市可持续竞争力差距较小。其中省内前三的厦门、福州、泉州分别位列全国第 11 位、第 21 位和第 48 位，省内最末的莆田位列全国第 141 位。

第三，宜居城市竞争力水平较高，宜商城市竞争力居全国中上游水平。2015 年度福建省宜居城市竞争力指数均值为 0. 523，排全国各省区

（除西藏）第 9 位，居全国上游水平；指数方差为 0. 021，排全国第 21 位，各城间宜居城市竞争力水平差距较大。其中，厦门宜居城市竞争力排全国第 2 位，福州排全国第 13 位。福建省宜商城市竞争力指数均值为 0. 264，排全国各省区（除西藏）第 12 位，居全国中上游水平；指数方差为 0. 013，排全国第 20 位，城市间宜商城市竞争力差距显著。其中，福州宜商城市竞争力排全国第 22 位，厦门排全国第 24 位。

第四，从可持续竞争力分项来看，生态城市竞争力、信息城市竞争力、知识城市竞争力优势明显。全域城市竞争力、文化城市竞争力相对较弱。生态城市竞争力突出，地表水、大气、生态环境质量保持优良，森林覆盖率达 65. 95%。2015 年万元地区生产总值能耗下降 7. 7%，全省 12 条主要河流整体水质为优，23 个城市空气质量均达到国家环境空气质量二级标准。

（二）问题与劣势

产业转型升级进展缓慢，新的竞争优势尚未形成。三次产业比例由 2012 年的 9. 0 : 52. 2 : 38. 8 调整为 2015 年的 8. 1 : 50. 9 : 41. 0。龙头企业数量偏少，企业创新能力偏弱。部分城市发展对房地产的依赖较大，房地产市场波动对区域经济造成较大冲击。

（三）现象与规律

从产业结构与城市化水平来看，福建省目前仍处于工业化中后期阶段。2015 年，第一、二、三产业增加值分别比上年增长 3. 7%、8. 7% 和 10. 3%，第三产业增加值增速首次高于第二产业，三次产业比例为 8. 1 : 50. 9 : 41. 0，表明第二产业是经济增长的主要支撑。2015 年全年研究与试验发展（R&D）经费支出约 400 亿元，比上年增长 12. 7%，占全省生产总值的 1. 50%。经济发展阶段要求经济增长驱动因素由要素驱动向技术驱动转变。

（四）趋势与展望

2013 年 9 月和 10 月，习主席分别提出建设“新丝绸之路经济带”和“21 世纪海上丝绸之路”的战略构想。2014 年，中央同意设立中国

（福建）自由贸易试验区。到 2015 年，自贸区 186 项重点试验任务已实施 139 项，福建对沿线国家和地区出口增长 5%，新增对外投资增长 2.7 倍，中国—东盟海产品交易所在福州上线运营，中国—东盟海洋合作中心落户厦门。通过深化福建自贸区建设，积极融入“一带一路”战略，加强闽台经济融合，福建城市有望获得新的经济增长点与竞争优势。

（五）战略与政策

战略回顾：通过全面实施国务院支持福建省加快建设海峡西岸经济区的若干意见，以加快转变、跨越发展为主线，以保障和改善民生为立足点，加快推进改革开放，加快推进农业现代化、新型工业化和城镇化，促进对台交流合作，促进社会和谐稳定，推动又好又快发展，大力提升人民群众的幸福指数，“十二五”全省人均地区生产总值赶超东部地区平均水平，提前三年全面建成小康社会。

政策建议：未来福建省城市的发展，应抓住国家新一轮扩大开放重大机遇，充分发挥侨乡优势、生态优势。积极推进自由贸易试验区建设，形成投资贸易便利、金融创新功能突出、服务体系健全、监管高效便捷、法制环境规范的自贸区。发挥华侨、华人作用，建设“海上丝绸之路”核心区，促进与“海上丝绸之路”沿线国家双向投资。发挥闽台合作优势，推动闽台深度融合，推进闽台货物、服务和各类要素自由流动。同时加大科技创新力度，发展高技术制造业与先进制造业，改造升级传统制造业，加快产业升级与结构转型步伐。

2015 年福建省城市竞争力雷达图如图 12—6 所示。

三　中国城市竞争力（江苏）报告

江苏省城市综合经济竞争力与可持续竞争力均稳居全国上游水平。区内南北发展水平差距历来较大，但近年来随着苏北发展步伐加快，有不断缩小的趋势。结构调整步伐加快，产业结构不断优化。未来通过抓住国家新一轮对外开放与区域布局的契机，推广上海自贸区

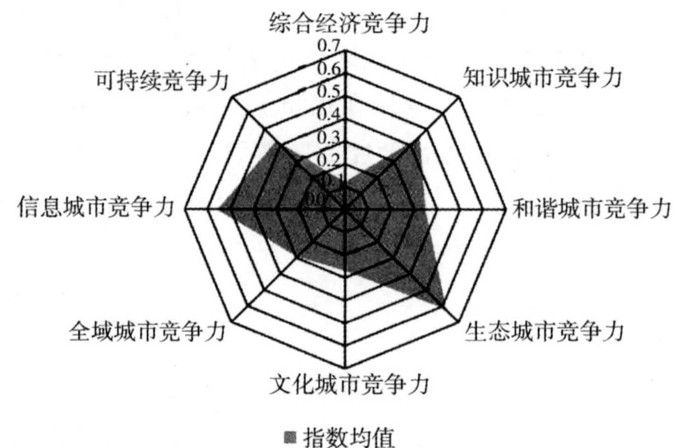

图 12—6 2015 年福建省城市竞争力雷达图

资料来源：中国社会科学院城市与竞争力指数数据库。

经验，与上海共同引领长江经济带，强化长三角区域深度合作，以开放促改革，以创新促发展，有望率先完成产业转型，继续保持第一梯队的竞争优势。

2015 年江苏省省情信息如表 12—5 所示。

表 12—5 2015 年江苏省省情信息

土地面积	10.26 万平方公里	
常住人口	7976.3 万人	
城镇人口占常住人口比重	66.5%	
GDP 总量及增长率	70116.4 亿元，8.5%	
一、二、三产业占 GDP 比重	5.7%、45.7%、48.6%	

数据来源：2015 年江苏省国民经济和社会发展统计公报。

2014 年和 2015 年江苏省城市综合经济竞争力排名如图 12—7 所示。

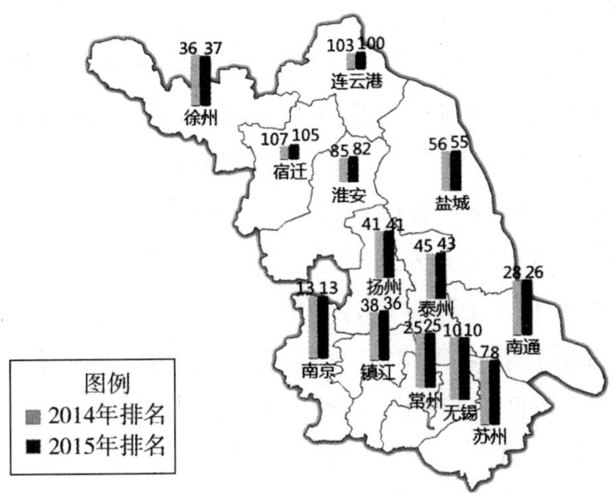

图 12—7　2014 年和 2015 年江苏省城市综合经济竞争力排名

2014 年和 2015 年江苏省城市可持续竞争力排名如图 12—8 所示。

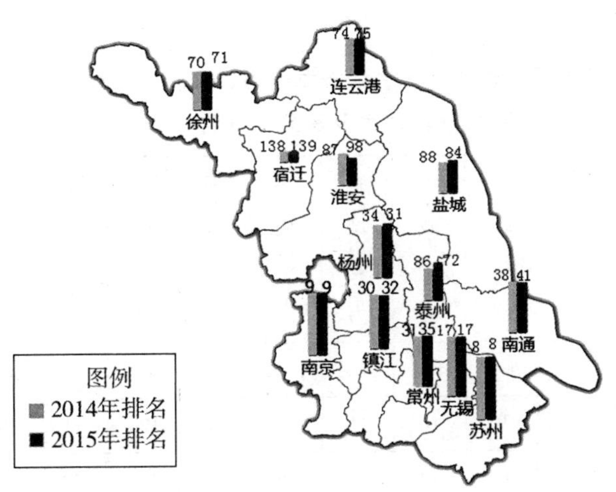

图 12—8　2014 年和 2015 年江苏省城市可持续竞争力排名

（一）现状与优势

总体概况：江苏省是中国最发达、经济实力最强的省份之一。近年来，通过稳增长、促改革、调结构，经济社会发展总体稳定，经济增速由 2014 年的 8.7%微降至 2015 年的 8.5%，三次产业比例由 2014 年的 5.6：47.7：46.7 调整为 2015 年的 5.7：45.7：48.6。总体来说，江苏省各城市综合经济竞争力与可持续竞争力处于全国上游水平，且可持续竞争力排名高于综合经济竞争力。但结构转型升级压力很大，去库存任务重，经济面临下行挑战。省内南北发展差距较大，苏南城市群发展程度高，而苏北城市相对不发达，不过未来差距有望缩小。

现状格局：2015 年度江苏省综合经济竞争力指数均值为 0.209，在全国各省区（除西藏）排名第 8 位（见表 12—6）。其中苏州、无锡、南京、常州、南通、镇江、徐州、扬州、泰州分别排在全国第 8、10、13、25、26、36、37、41、43 位，均跻身综合经济竞争力最好的城市之列；但连云港、宿迁排在全国第 100 位和第 105 位，表现一般。2015 年度江苏省可持续竞争力指数均值为 0.485，在全国各省区（除西藏）中排名第 8 位，比上年下降 1 位；江苏省宜居城市竞争力指数均值为 0.553，排在全国各省区（除西藏）第 7 位；江苏省宜商城市竞争力指数均值为 0.314，排在全国各省区（除西藏）第 8 位。

表 12—6 2015 年江苏省城市综合经济竞争力、宜居、宜商、可持续竞争力及其分项排名

	综合经济竞争力		可持续竞争力		宜居城市竞争力	宜商城市竞争力	知识城市竞争力	和谐城市竞争力	生态城市竞争力	文化城市竞争力	全域城市竞争力	信息城市竞争力
城市	指数	排名	指数	排名	排名	排名	排名	排名	排名	排名	排名	排名
南京	0.337	13	0.679	9	16	11	4	21	120	11	10	10
无锡	0.384	10	0.632	17	10	23	25	17	72	20	11	24
徐州	0.175	37	0.397	71	135	49	60	87	154	80	170	51
常州	0.232	25	0.523	35	17	42	26	31	134	71	25	40
苏州	0.465	8	0.701	8	9	20	8	9	128	5	7	19
南通	0.212	26	0.493	41	53	48	40	40	101	31	88	57

续表

	综合经济竞争力		可持续竞争力		宜居城市竞争力	宜商城市竞争力	知识城市竞争力	和谐城市竞争力	生态城市竞争力	文化城市竞争力	全域城市竞争力	信息城市竞争力
城市	指数	排名	指数	排名	排名	排名	排名	排名	排名	排名	排名	排名
连云港	0.096	100	0.395	75	77	87	62	89	122	210	109	44
淮安	0.105	82	0.362	98	55	102	103	182	127	76	155	69
盐城	0.131	55	0.374	84	152	100	67	94	126	133	117	103
扬州	0.159	41	0.529	31	24	67	44	113	26	41	38	47
镇江	0.175	36	0.529	32	19	70	32	33	69	51	37	54
泰州	0.158	43	0.397	72	48	93	83	45	147	81	91	101
宿迁	0.094	105	0.298	139	129	241	169	68	105	248	160	165
指数均值	0.209	8	0.485	8	0.553	0.314	0.582	0.421	0.482	0.351	0.408	0.602
指数方差	0.014	24	0.016	18	0.013	0.013	0.023	0.008	0.006	0.029	0.035	0.015
变异系数	0.558	17	0.264	6	0.209	0.370	0.261	0.211	0.154	0.484	0.457	0.200

资料来源：中国社会科学院城市与竞争力指数数据库。

江苏省城市竞争力总体上呈现以下特征：

第一，综合经济竞争力总体水平很高，省内差距有所收敛。2015年度江苏省综合经济竞争力位列全国第8位，与2013年和2014年保持一致，稳定在全国上游水平。2015年江苏省综合经济竞争力指数变异系数为0.558，从去年的第18位上升至第17位，表明省内城市间的经济发展水平差异特别是南北差距有所缩小。

第二，可持续竞争力总体水平稳居上游，省内竞争力水平差距较小。2015年度江苏省可持续竞争力位列全国第8位，虽然水平很高，但较上年排位还是下降1位。2015年江苏省可持续竞争力指数变异系数为0.264，位列全国第6位，表明省内可持续竞争力差距很小。其中省内前三的苏州、南京、无锡位列全国第 8 位、第 9 位和第 17 位，省内最末的宿迁位列全国第 139 位。

第三，宜居宜商城市竞争力水平均处全国上游，宜居城市竞争力各城市差距较小。2015 年度江苏省宜居城市竞争力指数均值为 0. 553，排全国各省区（除西藏）第 7 位，居全国上游水平；指数方差为 0. 013，排全国第 14 位，说明各城间宜居城市竞争力水平差距较小。其中苏州宜居城市竞争力排全国第 9 位，无锡排全国第 10 位。江苏省宜商城市竞争力指数均值为 0. 314，排全国各省区（除西藏）第 8 位，居全国中上游水平；指数方差为 0. 013，排全国第 21 位，说明城市间宜商城市竞争力差距显著。其中南京宜商城市竞争力排全国第 11 位，苏州排全国第 20 位。

第四，从可持续竞争力分项来看，知识城市竞争力、信息城市竞争力优势明显。江苏各可持续竞争力分项均处于较好水平，相对来说，知识城市竞争力、信息城市竞争力较强，而文化城市竞争力较弱。

（二）问题与劣势

目前，江苏省所面临的问题主要表现为产能过剩问题突出，去库存与经济结构调整压力较大。受经济发展导向变化、市场需求变动和前期产业布局等因素影响，江苏省钢铁、水泥、平板玻璃、船舶、光伏等行业近年来出现了不同程度的过剩现象，部分行业企业生产经营出现困难。需要通过深化供给侧改革，化解过剩产能和低附加值产能，为未来经济的更快更好发展腾出空间。

（三）现象与规律

江苏省经济社会发展水平较高，2015 年人均 GDP 达 87995 元，比上年增长 8. 3%。城市化率远高于全国平均水平，已经达到 66. 5%。城乡居住水平极大改善，2014 年城镇居民人均居住房屋面积为 44. 2 平方米，农村居民人均居住房屋面积为 56. 8 平方米。综合目前发展状况及一般发展规律可知，未来江苏省有望进入消费主导、创新驱动的发展新阶段。

（四）趋势与展望

未来省内南北发展差距进一步缩小，结构调整步伐将加快。

2015 年苏中、苏北大部分指标增幅继续高于全省平均水平，苏中、苏北经济总量对全省的贡献率达 46.2%，比上年提高 1.4 个百分点。沿海地区实现生产总值 12521.5 亿元，比上年增长 10.1%，对全省经济增长贡献率达 19.4%。未来借助沿海开发、“一带一路”、南北互动等战略，江苏省区域协调发展将得到增强。

江苏省区域创新能力连续六年保持全国第一，2015 年全省科技进步贡献率达 59.0%，比上年提高 1.5 个百分点。全社会研究与发展（R&D）活动经费 1788 亿元，占地区生产总值比重为 2.55%，比上年提高 0.05 个百分点。江苏省未来转型升级步伐将加快，创新发展能力和国际竞争力将进一步增强。

（五）战略与政策

战略回顾：近年来，江苏省大力实施科教与人才强省、创新驱动、城乡发展一体化、经济国际化、区域协调发展、可持续发展战略，以全省综合经济实力、自主创新能力、国际竞争力和可持续发展能力显著增强为目标，提出全面建成更高水平的小康社会，苏南等有条件的地方在巩固全面小康成果基础上率先进入基本现代化，人民群众普遍过上更加宽裕安康的生活。

政策建议：一是抓住国家新一轮扩大开放重大机遇，深入落实国家“一带一路”战略布局，加强与上海自贸区全方位对接互动，推广上海自贸区可复制改革试点经验，将扩大开放与深化改革互动并进，推动内贸和外贸、进口和出口、引进来和走出去有机结合，拓展对内对外开放新空间；二是引领长江经济带建设，深化长三角区域城市联动与合作，与上海及其他长三角城市实现经济一体化和功能互补；三是升级传统制造业，发展先进制造业，以智能制造为突破口，深化两化融合，推进“智慧江苏”建设；四是持续提升区域协调发展水平，借助国家新一轮区域发展布局之契机，实现区域互补、跨江融合、南北联动。

2015 年江苏省城市竞争力雷达图如图 12—9 所示。

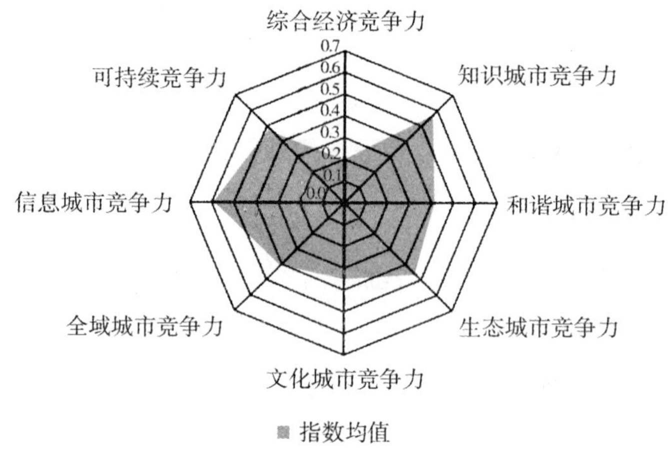

图 12—9 2015 年江苏省城市竞争力雷达图

资料来源：中国社会科学院城市与竞争力指数数据库。

四 中国城市竞争力（浙江）报告

2015 年，面对日趋复杂的发展环境，浙江省主动适应经济发展新常态，打好转型升级组合拳，经济运行保持总体平稳，高开稳走，稳中向好，主要经济指标处于中高速增长合理区间，结构、效益持续向好，民生不断改善，综合经济竞争力和可持续竞争力均稳居全国前列。未来，浙江省应加快结构调整，努力构建现代产业体系；改善供需两侧，确保经济运行在合理区间；坚持绿色发展，保障和改善民生，从而达到经济、社会、环境可持续发展的目标。

2015 年浙江省省情信息如表 12—7 所示。

表 12—7 2015 年浙江省省情信息

土地面积	10.55 万平方公里
常住人口	5539 万人
城镇人口占常住人口比重	64.87%
GDP 总量及增长率	42886.5 亿元，8.0%
一、二、三产业占 GDP 比重	4.3%、45.9%、49.8%

资料来源：2015 年浙江省国民经济和社会发展统计公报。

2014 年和 2015 年浙江省城市综合经济竞争力排名如图 12—10 所示。

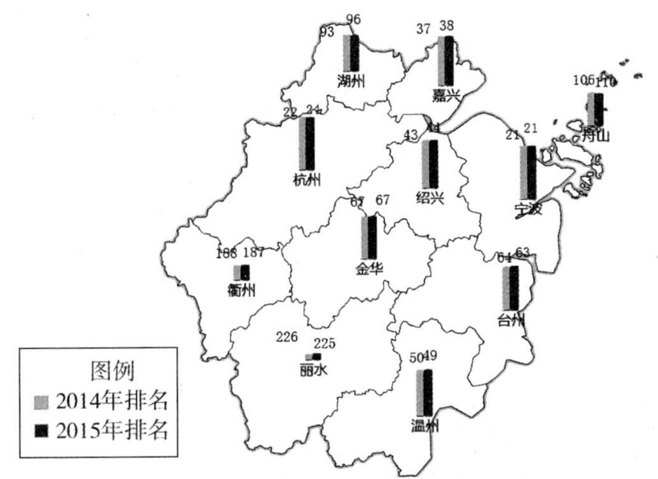

图 12—10　2014 年和 2015 年浙江省城市综合经济竞争力排名

资料来源：中国社会科学院城市与竞争力指数数据库。

2014 年和 2015 年浙江省城市可持续竞争力排名如图 12—10 所示。

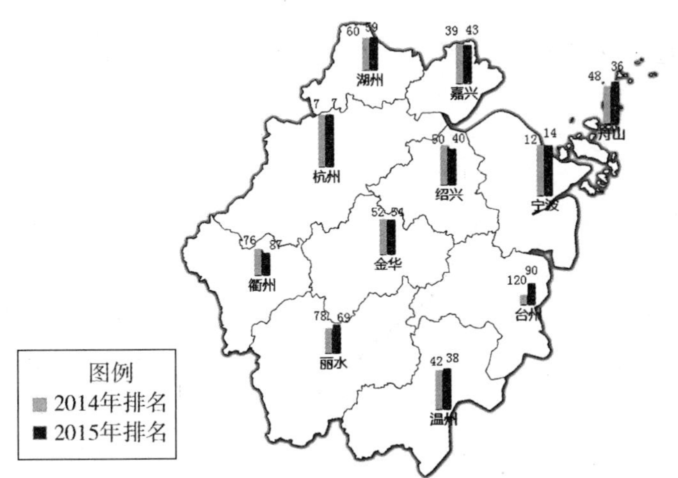

图 12—11　2014 年和 2015 年浙江省城市可持续竞争力排名

资料来源：中国社会科学院城市与竞争力指数数据库。

（一）现状与优势

总体概况：2015 年，浙江经济平稳运行，发展质量趋于优化，转型升级逐步推进。地区生产总值达到 42886 亿元，增长 8%，高于去年、高于全国、高于预期。从产业结构来看，不断优化升级，已由 2012 年度的 4.8∶50.0∶45.2 调整为 2014 年度的 4.3∶45.9∶49.8，第一、二产业所占比重持续下降，第三产业占比持续上升。服务业支撑引领作用明显，服务业增加值达 21347 亿元，增长 11.3%，占 GDP 比重为 49.8%。从需求结构来看，近三年固定资产投资增速连续放缓，分别为 18.1%、16.6%和 13.2%；但重大基础设施、重大产业、生态环保和技术改造投资均实现 20%以上增长；全年社会消费品零售总额发展较为稳定，近三年增速均维持在 11%左右；着力稳定外贸出口，出口总额达到 2767 亿美元，增长 1.2%，增速减缓，但仍占全国出口比重 12%以上，机电、高新技术等高附加值出口产品占出口比重提高到 43.6%，市场采购贸易、跨境电商、外贸综合服务平台等新型外贸方式发展迅速，服务贸易出口额达 284.6 亿美元，增长 16.5%。从要素结构来看，研究和发展经费支出相当于地区生产总值的比例连续三年提高，2015 年 R&D 经费支出 1000 亿元，相当于 GDP 比重达到 2.33%左右，创新动力不断增强。从持续竞争力来看，浙江省处于全国上游行列，除生态城市竞争力有待进一步改善外，其他各项均表现良好。从宜居城市竞争力和宜商城市竞争力来看，浙江省各城市均表现不俗，整体排名靠前。

总体来看，浙江作为东南沿海省份，经济发展呈现出明显的外向型特征。近年来，浙江的经济发展动力已由投资驱动向消费、出口驱动转化，产业创新转型升级特征明显，但在转型过程中实体经济困难较多，有效需求不足与供给不足的矛盾并存，所以应对生态环境和自然资源给予重点关注，走可持续发展之路。

现状格局：2015 年度浙江省综合经济竞争力指数均值为 0.136，在全国除西藏外的省级行政区域中排名第 11 位；可持续竞争力指数均值为 0.493，在全国除西藏外的省级行政区域中排名第 7 位；宜居城市竞争力指数均值为 0.620，各城市排名均在全国前 70；宜商城市竞争力指数均值为 0.342，除丽水排名 107 位外，其余城市排名均在前 100（见表 12—8）。

表 12—8　　2015 年浙江省城市综合经济竞争力、宜居、宜商、可持续竞争力及其分项排名

	综合经济竞争力		可持续竞争力		宜居城市竞争力	宜商城市竞争力	知识城市竞争力	和谐城市竞争力	生态城市竞争力	文化城市竞争力	全域城市竞争力	信息城市竞争力
城市	指数	排名	指数	排名	排名	排名	排名	排名	排名	排名	排名	排名
杭州	0.233	24	0.729	7	11	10	7	24	21	8	9	6
宁波	0.241	21	0.636	14	40	12	20	8	151	14	14	7
温州	0.137	49	0.509	38	8	26	48	39	61	72	45	43
嘉兴	0.173	38	0.491	43	64	65	39	149	210	36	17	29
湖州	0.097	96	0.455	59	52	88	58	73	177	54	32	49
绍兴	0.156	44	0.478	50	44	68	51	140	194	19	26	48
金华	0.119	67	0.465	54	28	47	53	97	164	24	46	50
衢州	0.064	187	0.371	87	29	82	89	102	172	43	157	100
舟山	0.091	110	0.515	36	3	56	54	29	12	96	27	86
台州	0.122	63	0.368	90	26	55	91	259	81	101	79	71
丽水	0.056	225	0.403	69	18	107	88	148	9	63	190	148
指数均值	0.136	11	0.493	7	0.620	0.342	0.566	0.371	0.488	0.397	0.440	0.621
指数方差	0.004	20	0.012	9	0.006	0.012	0.012	0.015	0.029	0.012	0.023	0.021
变异系数	0.453	10	0.221	4	0.128	0.324	0.190	0.334	0.349	0.281	0.346	0.234

资料来源：中国社会科学院城市与竞争力指数数据库。

浙江省城市竞争力总体上呈现以下特征：

第一，综合经济竞争力总体水平较高，省内差距逐步缩小。2015 年浙江省综合经济竞争力排名全国第 11 位，与 2014 年保持一致，稳定在上游水平。其中，宁波、杭州、嘉兴、绍兴和温州五个城市入选最具综合经济竞争力之列，仅有丽水排名200位以外，表现较差。2015年浙江省综合经济竞争力指数变异系数为0.453，与2014年相比，稳定在第10位，表明省内城市间的经济发展水平稳定。

第二，可持续竞争力总体水平稳定在全国上游。2015年浙江省可持续竞争力在全国排名第7位，较2014年上升一位，稳定在全国上游水平。除嘉兴、绍兴和台州三个城市外，浙江省其他城市可持续竞争力排名普遍高于其综合经济竞争力排名。可持续竞争力指数变异系数仅为0.221，位列全国第4位，比2014年上升一位，说明各城市间差距较小。值得一提的是，舟山和台州两个城市的可持续竞争力上升明显，分别上升12位和30位。

第三，从可持续竞争力分项来看，除生态城市竞争力外，其他竞争力均处于全国上游水平。在经济快速发展的同时，浙江在文化、教育、民生保障、交通等各项社会事业的发展方面也是佼佼者。可持续竞争力的五个分项——知识城市竞争力、和谐城市竞争力、文化城市竞争力、全域城市竞争力和信息城市竞争力均处于全国前列。然而在生态城市竞争力这一指标上，除杭州、舟山和丽水外，其他8个城市的生态城市竞争力均位于全国中下游水平，但和2014年的情况相比，仍有明显改善，在经济发展的同时，生态环境也逐渐得到重视。

第四，整体宜居宜商城市竞争力靠前。浙江省在政策扶持、服务制度等方面都积极创新，加快产业结构调整，服务业成为重要支柱，而且在第二产业中，以高新技术产业、战略性新兴产业、信息经济核心制造业为主，增速靠前，成为吸引投资的热点。向文化创意、旅游休闲、电子商务、信息服务与软件业等业务转型的浙江省整体宜商城市竞争力排名靠前。和2014年宜居城市竞争力相比，浙江省所有城市均在全国百强，大部分城市都有上升，其中温州上升较快，挤进前十；舟山上升4名，位列全国第三。虽然在市政规划、生态环境等方面还有所欠缺，但整体宜居竞争力优势明显。

（二）问题与劣势

第一，虽然综合经济竞争力总体水平较高，排在全国第11位，但各城市排名有待提高。城市中排名最高的宁波也仅位列全国第 21 位，省会城市杭州综合经济竞争力排名第 24 位，远远落后于其可持续竞争力排名。未来浙江省经济龙头城市综合经济竞争力排名要力争进前十。

第二，各市综合经济发展不平衡，呈现出沿海高、内陆低的基本态势。纵观浙江全省，相对于其他长三角地区的城市来说，衢州、丽水等浙西南的内陆城市经济发展水平就远不在同一个水平线上。从近三年的综合经济竞争力来看，这两个城市的排名明显落后。

第三，实体经济困难较多，金融领域风险隐患较为突出。总体来说，浙江省 2015 年成绩可喜，但经济发展仍面临着不少困难和问题，实体经济困难较多，负担较重；有效供给不足与需求不足的矛盾并存，金融领域的一些风险隐患仍然比较突出。这些矛盾和问题，既有外部性因素，又有周期性因素，也有结构性和素质性问题，必须客观看待，精准施策，增强信心，奋发有为，关键是要主动适应和引领经济新常态。

（三）现象与规律

浙江省 2015 年全体居民人均可支配收入达 35537 元，比上年增长 8.8%，扣除价格因素增长 7.3%。其中，城镇常住居民和农村常住居民人均可支配收入分别为 43714 元和 21125 元，增长 8.2%和 9%，扣除价格因素分别增长 6.7%和 7.5%。全体居民人均生活消费支出 24117 元，比上年增长 6.9%，扣除价格因素增长 5.4%。其中，城镇常住居民和农村常住居民人均生活消费支出分别为 28661 元和 16108 元，增长 5.2%和 11.1%，扣除价格因素分别增长 3.7%和 9.6%。农村居民可支配收入和生活消费支出增速均高于城镇居民，但因增长基数不同，差距仍逐渐增大，只是扩大的幅度逐渐减小。而其中的衢州、丽水等浙西南的内陆城市和其他城市的差距仍很明显。虽然在产业结构中，第三产业占 GDP 比重持续上升，2015 年达到 49.8%，但二、三产业占比差距不明显，经济结构转型升级的需求仍然很强烈。初步判断，浙江省还处于库兹涅茨曲线左侧的上升期，接近驻点处。随着经济的持续转型升级，收入分配的不断改善，浙江省将跨越库兹涅茨拐点。

（四）趋势与展望

浙江将继续巩固其竞争力的优势地位。纵观近三年的竞争力数据，浙江在综合经济竞争力和可持续竞争力两个方面指标的排名上比较稳定，均处于全国上游水平。虽然制造业危机给浙江经济带来不小的冲击，但浙江外向的经济模式、灵活的经济体制以及良好的创业环境决定了其综合经济竞争力和可持续竞争力仍然保持在一个较高水平上。在中国经济面临转型的新常态背景下，浙江省也需要从传统制造业向电商转型，加快促进经济的转型升级。

（五）政策建议

战略回顾：浙江省在“十二五”规划中提出，要坚持转型发展、创新发展、统筹发展、和谐发展，主要目标包括产业升级实现新突破，城乡区域协调发展实现新突破，生态文明建设实现新突破，创业创新环境实现新突破，保障改善民生实现新突破。从目前发展情况来看，产业升级、创新驱动已逐步成为经济增长的新引擎，经济发展呈现良好态势，但与此同时，城乡区域协调发展、环境资源协调发展和社会民生协调发展还有待不断提升。

政策建议：经济发展模式转变的成效将决定浙江下一步的发展方向。通过转型升级、创新发展来挖掘未来新的经济增长潜力，是浙江需要明确的发展战略。全面落实创新、协调、绿色、开放、共享的发展理念，牢牢抓住发展第一要务不放松，坚持把创新发展作为第一动力，把供给侧结构性改革作为主攻方向，把环境改善、民生保障、社会平安作为发展底线，突出抓好去产能、去库存、去杠杆、降成本、补短板，充分调动企业家、创业创新人才、广大干部的积极性，从而为“十三五”奠定良好的基础。

落实到具体行动，就要从转变政府职能、优化产业结构、降低企业负担、拓宽融资渠道、保护知识产权等方面着手，激发企业创新活力，加快转型升级，形成新常态下的核心竞争力。

2015 年浙江省城市竞争力雷达图如图 12—12 所示。

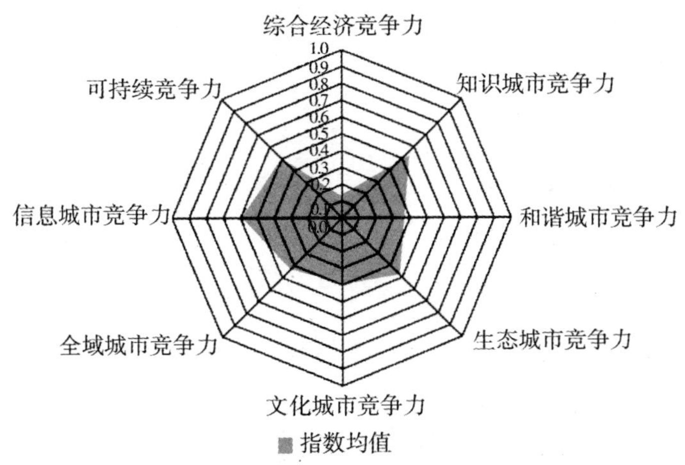

图 12—12　2015 年浙江省城市竞争力雷达图

资料来源：中国社会科学院城市与竞争力指数数据库。

五　中国城市竞争力（上海）报告

近年来，在国内经济下行的大环境下，上海市经济发展在结构调整中加速转型升级，社会发展在改革创新中促进和谐稳定。2015 年，上海市经济增速稳步换挡，产业结构调整加快推进，“四个中心”功能持续提升，自贸试验区改革创新效应不断显现，开放型经济水平不断提高，科技创新中心建设全面启动，创新创业环境不断优化，城乡发展一体化加快推进，就业和社会保障体系不断完善，节能减排取得积极进展，上海经济社会各项发展已步入新常态，转型升级态势凸显，综合经济竞争力稳居全国前三甲，可持续竞争力继续领先。下一步，上海须坚持创新驱动发展、经济转型升级，以提高发展质量和效益为中心，着力加强结构性改革，着力提升城市治理能力，抓落实、降成本、补短板，充分体现创新、协调、绿色、开放、共享五大发展理念，切实把各方面工作着力点引导到提高经济发展质量和效益、改善生态环境和保障社会民生上来。

2015 年上海市市情信息如表 12—9 所示。

表 12—9　　2015 年上海市市情信息

土地面积	6340.5 平方公里
常住人口	2415.27 万人
GDP 总量及增长率	24964.99 亿元，6.9%
一、二、三产业占 GDP 比重	0.4%、31.8%、67.8%
城市、农村居民家庭人均可支配收入及增长率	52962 元，8.4%；23205 元，9.5%

资料来源：2015 年上海市国民经济和社会发展统计公报。

2014 年和 2015 年上海市城市综合经济竞争力排名如图 12—13 所示。

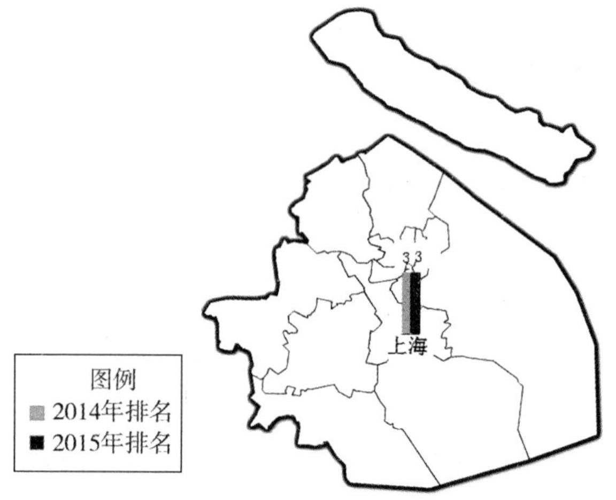

图 12—13　2014 年和 2015 年上海市城市综合经济竞争力排名

资料来源：中国社会科学院城市与竞争力指数数据库。

2014 年和 2015 年上海市城市可持续竞争力排名如图 12—14 所示。

（一）现状与优势

总体概况：2015 年，面对错综复杂的外部环境，上海市按照“四个全面”战略布局，坚决贯彻落实国家稳增长、促改革、调结构、惠民生、防风险一系列重大政策措施。全市上下凝心聚力、攻坚克难，主动适应经济发展新常态，奋力推进创新驱动发展、经济转型升级。全年经

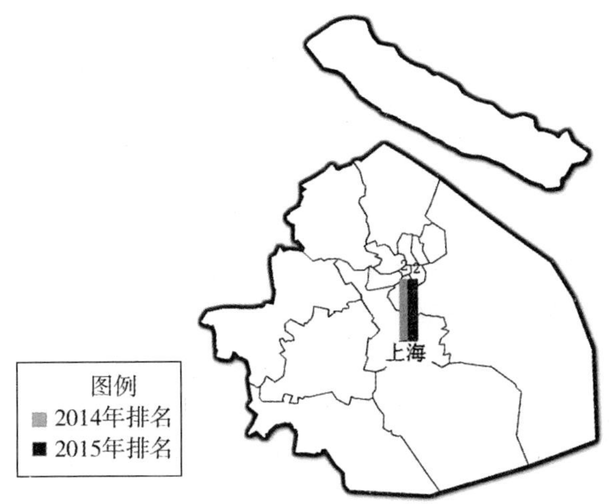

图 12—14　2014 年和 2015 年上海市城市可持续竞争力排名

资料来源：中国社会科学院城市与竞争力指数数据库。

济运行保持在合理区间，基本面总体平稳，转型成效继续显现。从综合经济发展来看，产业结构呈现积极的调整态势，一、二产业所占三次产业比重逐年下降，第三产业所占比重由 2012 年的不足 60%提升至 2015 年的近 67.8%；需求结构方面，2015 年，全市商品销售总额为 93406.57 亿元，比上年增长 6.4%，而固定资产投资总额增长 5.6%，增速比上年回落 0.9 个百分点，外贸出口为 12228.55 亿元，下降 5.3%，需求结构逐步由投资、出口拉动向消费驱动转型；要素结构方面，上海呈现出欣欣向荣的创新局面，2015 年，上海用于研究与试验发展（R&D）经费支出达 925 亿元，相当于全市生产总值的 3.7%，每万人口发明专利拥有量为 29 件，比上年增长 24.5%。从可持续竞争力来看，上海市在全国处于佼佼者行列，除生态城市竞争力有待进一步改善外，其他各项均表现良好。从宜商城市竞争力来看，加大对招商引资的投入，对第三产业投资 5389.91 亿元，较去年增长 11.2%，占全社会固定资产投资总额的比重为 84.8%。虽然第二产业投资下降，但全年战略性新兴产业增加值为 3746.02 亿元，比上年增长 4.5%，占上海市生产总值的比重为 15.0%，对整体经济发展做出了很大贡献。从宜居城市竞争力来看，整体情况良好，但受居住环境和生态环境等因素的制约，还有待提高。

总体来看，上海市位居我国城市发展的领先地位，经济社会发展综合水平较高，经济转型升级势头良好，创新驱动发展已得到深入贯彻，经济增长更多依赖产业结构的优化，可持续发展竞争力较强。整体来说，宜商城市竞争力较高，宜居城市竞争力有上升空间。

现状格局：2015 年度上海市综合经济竞争力指数为 0.761，在全国所有城市中排名在深圳和香港之后，位列第三；可持续竞争力指数为 0.888，在全国各省市及各城市中仅次于香港，屈居第二；宜商城市竞争力指数为 0.862，位居香港和北京之后，列全国第三位；宜居城市竞争力指数为 0.663，相对落后，在全国各省市及各城市中排名第 14 位（见表 12—10）。

表 12—10　　2015 年上海市城市综合经济竞争力、宜居、宜商、可持续竞争力及其分项排名

	综合经济竞争力		可持续竞争力		宜居城市竞争力	宜商城市竞争力	知识城市竞争力	和谐城市竞争力	生态城市竞争力	文化城市竞争力	全域城市竞争力	信息城市竞争力
城市	指数	排名	指数	排名	排名	排名	排名	排名	排名	排名	排名	排名
上海	0.761	3	0.888	2	14	3	3	6	38	1	6	2
指数均值	0.761	2	0.888	2	0.663	0.862	0.933	0.604	0.650	1.000	0.815	0.966

资料来源：中国社会科学院城市与竞争力指数数据库。

上海市城市竞争力总体上呈现以下特征：

第一，综合经济竞争力优势明显。2015 年度上海市综合经济竞争力在全国排名第三位，与 2013 年和 2014 年保持一致，连续三年居于全国前三甲。从综合经济竞争力分项指数来看，上海延续了前两年的优势地位，经济保持了较快的发展速度和较高的发展效率。

第二，可持续竞争力继续领先。2015 年，上海市可持续竞争力在全国排名第二位，与去年持平。近年来，上海经济与社会保持积极的发展态势，就业形势基本稳定，人口结构趋于优化，公共服务逐步提升，社会保障不断完善，显示出良好的可持续发展能力。

第三，可持续竞争力各分项均位居前列，文化竞争力及信息竞争力优势突出。上海作为我国近现代对外开放的重要窗口城市，其文化是古老与现代、传统与时尚、东方与西方等多元文化的交融，具有开放而又自成一体的独特风格。同时，上海也是外国企业来华设点的首选城市，外贸依存度高，城市通信及交通设施发达。

第四，宜商城市竞争力稳居前三，宜居城市竞争力相对落后。近年来，上海加快对工业创新的转型升级，重视人才和科技创新。增加招商引资方面的投资，尤其是在战略新兴产业方面，对整体经济贡献较大。并在年内完成中国（上海）自由贸易试验区扩区，实施范围扩展至120.72平方公里。并深化商事登记制度改革，实施自贸试验区新一轮金融开放创新试点，宜商城市竞争力优势明显。而受居住环境和生态环境等因素的制约，宜居城市竞争力相对落后，较2014年，排名下降三位。

（二）问题与劣势

一是结构调整任务依然艰巨，传统制造业面临较大转型压力，钢铁、石化、装备等重点行业比较优势弱化，战略性新兴产业仍处于培育壮大期，短期内难以弥补传统产业下滑的缺口。服务业持续快速发展的基础仍不牢固，研发设计、科技服务等生产性服务业规模依然较小，健康、文化、旅游等生活性服务业仍有发展潜力。创新引领支撑发展的动力还不强，大众创新、万众创业的生态环境有待进一步完善。

二是实体经济发展仍面临不少困难，受国内外市场需求疲弱影响，2015年本市外贸出口增速为六年来新低，商品销售总额增速明显回落，实体经济面临的困难和压力明显加大。同时，企业经营综合成本刚性上升，小微企业融资难融资贵问题仍较突出，工业生产者出厂价格指数持续下降，制造业企业效益出现下滑，部分企业投资能力和意愿下降。

三是民生改善任务繁重，受经济增速放缓、结构调整加快等因素影响，青年就业、转岗就业、离土农民就业等结构性矛盾仍较突出，居民收入保持较快增长的难度加大。城乡发展不平衡、不协调问题依然存在，推进基本公共服务均等化任务较重。房价上涨压力依然较大，土地和住房供应结构需进一步调整优化。

四是受生态、城市病的短板制约，城市人口综合服务和调控、低效建设用地减量化、生态环境整治等任务依然繁重，在综合交通、城市安全和社会治理等领域还面临不少新情况新问题，需着力加以解决。

（三）现象与规律

从 2015 年上海经济社会的各项发展数据来看，如果仅看 GDP 表现情况（较 2014 年增长 6.9%），上海并非名列前茅。但从综合经济结构、经济质量、社会民生等方面来看，上海的转型升级发展态势已日趋明显，在全国发挥了先锋模范作用。综合各项指标现象来看，上海已经跨过库兹涅茨拐点。

从经济发展结构来看，一是第三产业比重继续提高，2015 年第三产业增加值占全市生产总值的比重达到 67.8%，且增速快于第二产业，已成为经济增长的主心骨，服务业的较快发展难以快速反映在 GDP 上，而更多体现为经济结构和城市功能的优化上。二是居民收入持续增长，从而带动消费水平稳步提高，消费已超过投资和出口，成为需求的主要增长点。

从经济发展质量来看，资源更多地配置到效率更高的战略性新兴产业和现代服务业上来，进一步提高了经济发展的质量和效益。战略性新兴产业制造业增加值占全市生产总值的 15%左右，增长 0.3%，而工业总产值比去年下降 1.6%；2015 年，全市实现金融业增加值 4052.23 亿元，比上年增长 22.9%，信息传输、软件和信息技术服务业增加值 1374.51 亿元，增长 12.0%。

从社会民生情况来看，在经济下行态势下，上海仍保证了就业稳定、物价平稳及居民收入增长。全年新增就业岗位 59.66 万个，与 2013 年和 2014 年基本维持在同一水平；城乡居民收入稳步增长，全年城镇常住居民人均可支配收入 52962 元，增长 8.4%；农村常住居民人均可支配收入 23205 元，增长 9.5%，虽然城乡收入差距还很明显，但是随着转型升级的效应显现，差距将逐步缩小；居民消费价格比上年上涨 2.4%，涨幅比上年回落 0.3 个百分点。

（四）趋势与展望

上海将继续保持综合经济竞争力和可持续竞争力的龙头地位。从近三年的数据观察可知，上海在综合经济竞争力和可持续竞争力两个方面均维持在全国省市前三甲的地位，各分项竞争力指标也表现优异。未来上海的发展，经济增速面临新常态下的稳步调整，其深层次内涵将是对经济增长质量和效率的提升，对创新发展、生态文明和可持续发展的追求。

（五）政策建议

战略回顾："十二五"期间，上海市提出了建设"四个中心"和社会主义现代化国际大都市的奋斗目标，具体包括经济发展质量和效益明显改善，城市创新活力大幅提升，城市服务功能全面增强，城乡居民生活质量和水平明显提高，生态环境不断优化，改革开放取得新的突破，社会主义民主法制更加健全。从上述奋斗目标可以看出，上海所提出的发展战略涵盖经济、社会、生态、城市、居民等多个方面，是多元化、多维度、多标准的战略目标，也是符合新常态环境下的战略目标。

政策建议：按照"五位一体"总体布局和"四个全面"战略布局，牢固树立和贯彻落实创新、协调、绿色、开放、共享的发展理念，深刻认识和主动适应经济发展新常态，坚持稳中求进工作总基调，坚持创新驱动发展、经济转型升级，以提高发展质量和效益为中心。着力加强结构性改革，坚持优化存量、引导增量、主动减量，加快推动产业转型升级和产业融合发展，切实降低企业成本，积极扩大有效供给，夯实实体经济发展根基；坚守"四条底线"倒逼结构调整，大力推进"三高一低"行业和整区域落后产能淘汰，完成首批重点区域环境综合治理任务；深入推进国资国企、科技创新、财税、金融和社保等重点领域改革，努力把改革开放红利转化为经济发展新动能。

具体可从五个方面推进，一是以加快建设具有全球影响力的科技创新中心为着力点，抓紧开展国家系统推进全面创新改革试验，建设张江综合性国家科学中心，大力推进创新发展。二是以促进城乡发展一体化为重点，补好综合交通、公共服务和城市管理等领域短板，加快重点区域建设和发展，持续推进协调发展。三是以落实清洁空气行动计划和水污染防治行动计划为抓手，全面实施第六轮环保三年行动计划，协同推进产业结构调整、低效建设用地减量化和重点区域综合整治，着力推进绿色发展。四是以深化自贸试验区建设为突破口，进一步提升“四个中心”核心功能，全面落实“一带一路”和长江经济带建设等国家战略，深入推进开放发展。五是以切实保障和改善民生为落脚点，大力促进创业就业，创新公共产品和公共服务提供方式，进一步增强基层社会治理能力，全力推进共享发展。

2015 年上海市城市竞争力雷达图如图 12—15 所示。

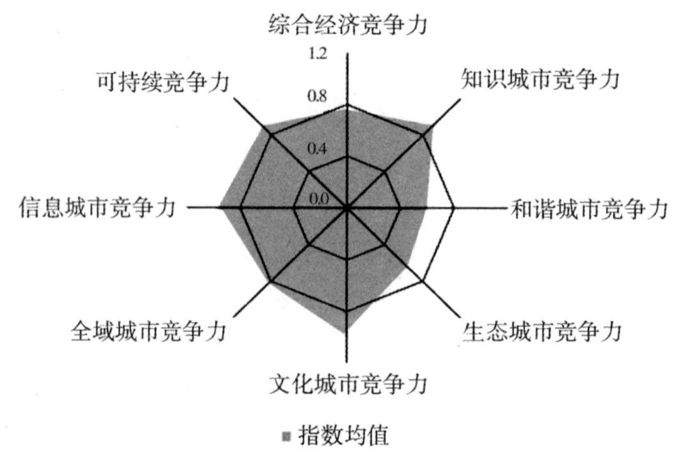

图 12—15 2015 年上海市城市竞争力雷达图

资料来源：中国社会科学院城市与竞争力指数数据库。

第十三章　中国（环渤海地区）城市竞争力报告

杨　杰*

一　中国城市竞争力（北京）报告

2015 年，北京市积极适应新常态，成功应对了经济下行压力。总体来看，北京已经逐步步入创新驱动的知识经济阶段，高水平的生产服务业、高品质的生活服务业、高科技的制造业和其他现代制造业将是推动北京经济发展的主动力。生态形式仍然严峻，成为威胁北京市可持续发展的主要因素。在和谐城市建设方面，北京市也存在一些明显的短板，需要加强。通过京津冀协同发展与有序疏解非首都功能相结合，北京市的“大城市病”有望逐步缓解，并且随着产业结构趋于“高精尖”化，北京市在新常态下经济优势有望进一步提升。

2015 年北京市市情信息如表 13—1 所示。

表 13—1　　　　2015 年北京市市情信息

土地面积	1.641 万平方公里
常住人口	2170.5 万人
城镇人口占常住人口比重	86.5%
GDP 总量及增长率	22968.6 亿元，6.9%
一、二、三产业占 GDP 比重	0.6%、19.6%、79.8%

资料来源：北京市 2015 年暨“十二五”时期国民经济和社会发展统计公报。

* 杨杰，中国社会科学院研究生院经济学博士，研究方向：城市与竞争力。

2014 年和 2015 年京津冀城市综合经济竞争力排名如图 13—1 所示。

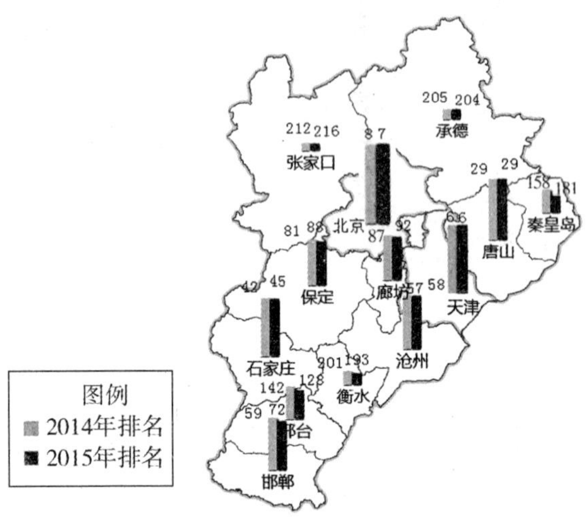

图 13—1　2014 年和 2015 年京津冀城市综合经济竞争力排名

资料来源：中国社会科学院城市与竞争力指数数据库。

2014 年和 2015 年京津冀城市可持续竞争力排名如图 13—2 所示。

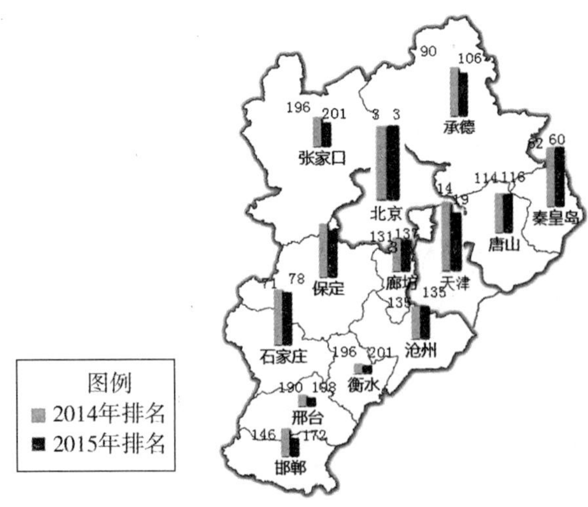

图 13—2　2014 年和 2015 年京津冀城市可持续竞争力排名

资料来源：中国社会科学院城市与竞争力指数数据库。

（一）现状与优势

总体概况：2015 年以来，北京不断适应中国经济发展的新常态，成功应对经济下行压力，经济增长速度达到了 6.9%，与此同时，北京经济增长的质量也在继续提升，经济结构进一步优化。在产业结构方面，第三产业占比进一步提高，由 2014 年的 77.9%提高到 2015 年的 79.8%，生产性服务业和生活性服务业进一步发展，第三产业增加值达到 18302 亿元，较 2014 年增长 8.1%，生活性服务业品质不断提升；在工业方面，高技术制造业和现代制造业也均实现较快增长，增速分别达到 6.7%和 6.3%；在需求结构方面，固定资产投资增速继续大幅下滑，从 2014 年的 7.5%下降至 2015 年的 5.7%，其中农村投资增速达到 13.9%，远高于城镇投资增速 4.9%的水平，基础设施投资中，交通运输投资占比最高，达到 38.0%；在消费方面，网上零售额继续快速增长，达到 2016.9 亿元，比 2014 年增长 40.2%；在要素结构方面，科技创新活跃，2015 年研究与试验发展（R&D）经费支出 1367.5 亿元，比上年增长 7.8%，发明专利申请量和授权量比上年分别增长 13.8%和 51.9%。2015 年度，北京市宜居城市竞争力相比上年度继续下降，至全国第 54 位；宜商城市竞争力也有所下降，从上一年度的第 1 位下降至第 2 位。从可持续竞争力来看，继续位列全国三甲，除生态城市竞争力仅排在全国第 102 名外，其他分项均在全国前五名之内，可持续竞争力总体非常强劲，但短板也非常突出。总体来看，北京已经逐步步入创新驱动的知识经济阶段，高水平的生产服务业、高品质的生活服务业、高科技的制造业和其他现代制造业将是推动北京经济发展的主动力。

现状格局：2015 年度北京市综合经济竞争力指数为 0.472，位列全国第 7 位，在全国除西藏和台湾外的省级行政区域中排名第 4 位，在 4 个直辖市和 2 个特别行政区中也排第 4 位，位居香港、上海和天津之后（见表 13—2）。2015 年度北京市可持续竞争力指数为 0.860，排名全国第 3 位，在全国除西藏和台湾外的省级行政区域中排名第 3 位，在 4 个直辖市和 2 个特别行政区中也排在第 3 位，在香港、上海之后。

表 13—2 2015 年北京市综合经济竞争力、宜居、宜商、可持续竞争力及其分项排名

	综合经济竞争力		可持续竞争力		宜居城市竞争力	宜商城市竞争力	知识城市竞争力	和谐城市竞争力	生态城市竞争力	文化城市竞争力	全域城市竞争力	信息城市竞争力
城市	指数	排名	指数	排名	排名	排名	排名	排名	排名	排名	排名	排名
北京	0.472	7	0.860	3	54	2	1	4	102	3	4	5
指数均值	0.472	4	0.860	3	0.527	0.876	1.000	0.662	0.487	0.880	0.904	0.919

资料来源：中国社会科学院城市与竞争力指数数据库。

北京市城市竞争力总体上呈现以下特征：

第一，综合经济竞争力略有上升，与榜首城市差距有所增大。2015 年度北京市综合经济竞争力排名全国第 7 位，与 2014 年相比上升 1 位，表明北京市的经济发展相对较好地适应了中国经济发展的新常态。但综合经济竞争力指数从 2014 年的 0.482 下降为 0.472，表明北京的综合经济竞争力与榜首的深圳的差距有所增大，反映出北京市对新常态的适应度低于深圳市。

第二，宜居、宜商城市竞争力指数均略有下降，可持续竞争力继续位列三甲，可持续发展能力强劲。2015 年度北京市宜居城市竞争力与宜商城市竞争力均有所下降，可持续竞争力排名为全国第 3 位，与 2014 年度持平，继续位列全国三甲。从可持续竞争力分项来看，知识城市竞争力最为强劲，位列全国第 1 位，是北京市可持续竞争力能够位列三甲的主要因素。

第三，经济社会发展水平较高，总体发展较为均衡。北京城市竞争力的绝大多数方面，在全国范围内均具有强大的优势，经济发展和可持续发展总体，以及可持续发展的科技创新、文化发展等方面均居于全国最高水平之列。2015 年度，除生态城市竞争力外，其余竞争力均在全国前五之列，表明北京经济社会发展总体上较为均衡。

（二）问题与劣势

第一，生态环境恶劣已成发展瓶颈，严重制约可持续发展。生态环境的恶化已经成为制约北京进一步发展的瓶颈，恶劣的生态环境已经迫使一些高端人才离开北京，并成为阻碍另外一些高端人才来到北京的主要障碍。2015 年度，北京市的生态城市可持续竞争力继续下降，在 2014 年度较 2013 年度下降 7 位的基础上，又下降了 3 位，反映出北京的生态恶化局面并未出现明显的改善迹象。

第二，和谐城市建设短板突出。虽然在总体上，北京市的和谐城市竞争力位列全国第 4 位，但其中仍有三个方面的短板非常突出，如果不能得到较好的处理，将来可能会危及北京市总体的和谐城市建设。一是户籍人口与非户籍人口间在社会保障等一系列公共资源的获取上仍存在较大差异，2015 年度北京市户籍人口与非户籍人口之间的公平性在全国排名仅为第 167 位。二是每万人刑事案件数排名仅为第 188 位，反映出社会矛盾较为突出。三是生产和生活安全保障问题明显，2015 年度北京市每万人交通、火灾事故死亡人数排名仅为第 261 位。

（三）现象与规律

竞争力总体优势地位稳固，知识创新优势稳步提升，知识经济引领经济发展明显。近三年来北京在全国范围内，在综合经济竞争力及可持续竞争力的各个方面的排名上，总体保持稳定，绝大多数指标的全国排名均未发生明显的变化，显示出北京市在各项竞争力上的优势地位较为稳固。与此同时，近三年来北京市在知识创新上的优势仍在稳步提升，专利指数排名从 2013 年度的第 3 位上升到 2014 年度的第 2 位，2015 年度进一步提升至全国第 1 位。具体来看，近年来表现为北京市文化创意产业、高技术产业和生产性服务业等知识密集型产业近年来增速均高于 GDP 增速，产值占 GDP 比重均不断增加。其中，文化创意产业增加值占 GDP 比重从 2013 年的 12. 3%增至 2015 年的 13. 4%，高技术产业增加值占 GDP 比重从 6. 8%增至 22. 6%，生产性服务业增加值占 GDP 比重从 50. 3%增至 52. 9%。这显示出北京市经济已经进入知识经济引领发展的阶段，知识经济已成为北京市经济的主要成分。

（四）趋势与展望

第一，京津冀协同发展与有序疏解非首都功能相结合，“大城市病”有望逐步缓解。北京市的“大城市病”的一个主要根源，被认为是具备了太多的非首都功能，从而导致人口在短时间内过度集聚，而同时城市的承载能力却未能同步扩张。因此，在京津冀协同发展的大框架下，有序疏解非首都功能已成为推动京津冀协同发展和缓解北京“大城市病”的有效途径。预期随着这一过程的推进，北京的“大城市病”有望得到逐步缓解。

第二，产业结构趋于“高精尖”化，新常态下经济优势有望进一步提升。北京市的产业结构在不断升级，“高精尖”化趋势明显。2015年，北京市文化创意产业、高技术产业、信息产业和生产性服务业分别实现增加值 3072.3 亿元、5180.8 亿元、3508 亿元和 12160.3 亿元，较 2014 年均实现较大幅度增长，涨幅分别为 8.7%、9.3%、10.6%和 8.6%，占地区生产总值的比重分别达到 13.4%、22.6%、15.3%和 52.9%，较 2014 年也均有所增加。凭借这一产业优势，北京市将能够较好地适应中国经济发展的新常态，在新常态下有望进一步提升在全国范围内的经济优势。

（五）政策建议

政策回顾：2015 年，北京市的政策重点主要集中在以下七个方面：一是总体推进京津冀协同发展，在交通、生态环境、产业结构等方面制定了促进京津冀协同发展政策；二是疏解非首都功能，在政策上明确了一般性制造业和高端制造业中比较优势不突出的生产加工环节等四个疏解的重点领域；三是构建“高精尖”产业结构，出台了一系列引导和促进产业升级的政策；四是环境治理，加强城市环境管理的精细化，出台了一系列管理办法；五是治理交通拥堵，与京津冀协同发展等方面相配合，继续推出促进交通建设和管理的政策；六是改善居住条件，继续实施加大保障房建设和棚户区改造政策，以及住房市场调控政策；七是加强社会保障，进一步完善创业就业、困难人员安置等政策。

政策建议：北京市已有的政策符合北京市的定位与发展趋势，但要促成北京市发展目标的实现，实现北京市的可持续发展，需要进一步加强各方面政策间的统一性和协同性。这样可防止北京市各部门间和各区域政府间的政策出现过度的重叠和冲突，防止出现有利的和容易出成绩的事大家抢着干，重复管理；而困难的事和长期性的事则大家都不管，出现管理真空。这样才能使得各项战略和政策真正落到实处。除要使得现有战略和政策落到实处外，北京市还应进一步构建多中心协同发展的城市结构，不仅京津冀区域内需要协同发展，北京市内的各个区域间也需要通过协同发展来逐步缓解北京市面临的城市病，构建多中心城市，通过各中心间的协同发展来促进整个城市的平衡发展，北京市委、市政府的东迁，仅仅是北京市构建多中心协同发展的一个起点。从政策层面来说，北京市要进一步协调各区域间的发展战略，防止同质化竞争，通过差异化的发展战略，促进各个区域性中心的形成。同时，北京市要根据不同区域的不同战略和定位，给予差别化的政策支持。最后，北京市要继续加强各区域间交通基础设施建设，协同发展是建立在良好的互联互通基础之上的。因此，北京的“十三五”规划，应主要从协同发展出发，外部协同京津冀发展，内部发展和协同各城市中心，为此不仅要加强基础设施的互联互通，更要进一步加强战略与制度的协调。

2015 年北京市城市竞争力雷达图如图 13—3 所示。

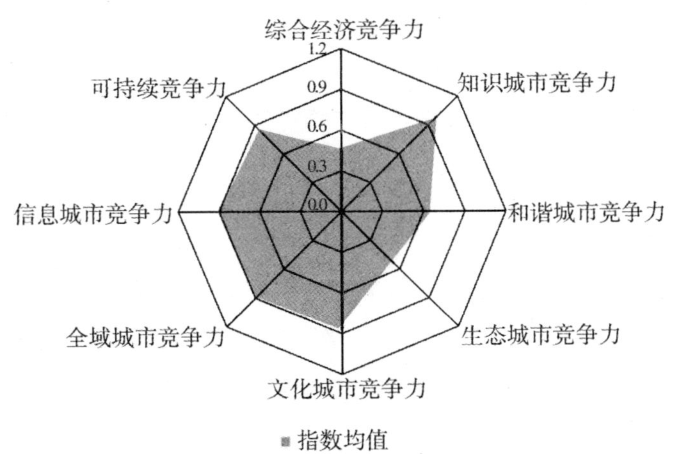

图 13—3　2015 年北京市城市竞争力雷达图

资料来源：中国社会科学院城市与竞争力指数数据库。

二　中国城市竞争力（天津）报告

近年来，天津经济一直保持着较快增长，综合增量竞争力连续两年位列全国首位，知识城市竞争力进一步增强，生态城市竞争力有较大提升。天津的工业化基本完成，已经建立起以制造业为主导的工业体系，正在努力构建以现代制造业为主体的工业经济和以区位优势为基础的开放经济，也希望通过创新为经济社会发展提供进一步的动力。但与此同时，天津也存在可持续竞争力略有下降，生态城市竞争力总体水平仍与经济发展水平严重不符，城市信息化建设发展速度相对较为缓慢等问题。总体来看，天津在京津冀协同发展战略和北京疏解非首都功能的形势下，经济竞争力有望进一步提升，可持续发展能力也有望提升。

2014 年天津市市情信息如表 13—3 所示。

表 13—3　　2014 年天津市市情信息

土地面积	1. 195 万平方公里
常住人口	1516. 81 万人
非农业人口比重	63. 45%
GDP 总量及增长率	15722. 47 亿元，10. 0%
一、二、三产业占 GDP 比重	1. 3%、49. 4%、49. 3%

资料来源：2014 年天津市国民经济和社会发展统计公报。

（一）现状与优势

总体概况：近年来，天津经济一直保持着较快增长。产业结构方面，天津近年来不断致力于产业升级，2014 年航空航天、生物医药等新兴产业增长分别达到 38. 1% 和 17. 0%，装备制造业产值达 9873. 94 亿元，增长 9. 0%，高新技术产业工业总产值达 8503. 36 亿元；需求结构方面，2014 年全社会固定资产投资 11654. 09 亿元，增长 15. 1%，第三产业和优势产业投资比重较高，社会消费品零售总额达 4738. 65 亿元，增长 6. 0%，大众消费增长迅速；要素结构方面，全社会研发经费支出占生产总值比重提高到3%，科技型中小企业数量大幅增加，全年增加达1.48万家，交通基础设施投资达2195.11亿元，交通体系进一步完善。宜居城市竞争力与宜商城市竞争力总体上保持稳定，2015年度与2013年度排名均持平。从可持续竞争力来看，相比2014年度有所下降，生态城市竞争力略有提升，但和谐城市竞争力与全域城市竞争力下降较为明显。总体来看，天津的工业化基本完成，已经建立起以制造业为主导的工业体系，正在努力构建以现代制造业为主体的工业经济和以区位优势为基础的开放经济，与此同时，也希望通过创新为经济社会发展提供进一步的动力。

现状格局：2015年度天津市综合经济竞争力指数为0.488，排名全国第6位，在全国除西藏和台湾外的省级行政区域中排名第3位，均与2014年度持平，在4个直辖市和2个特别行政区中也排在第3位，仅次于香港和上海（见表13—4）。2015年度天津市可持续竞争力指数为0.622，排名全国第19位，在全国除西藏和台湾外的省级行政区域中排名第5位，在4个直辖市和2个特别行政区中仅好于重庆。

表13—4　　2015年天津市综合经济竞争力、宜居、宜商、可持续竞争力及其分项排名

	综合经济竞争力		可持续竞争力		宜居城市竞争力	宜商城市竞争力	知识城市竞争力	和谐城市竞争力	生态城市竞争力	文化城市竞争力	全域城市竞争力	信息城市竞争力
城市	指数	排名	指数	排名	排名	排名	排名	排名	排名	排名	排名	排名
天津	0.488	6	0.622	19	35	6	6	43	150	13	22	11
指数均值	0.488	3	0.622	5	0.596	0.675	0.820	0.442	0.403	0.536	0.545	0.832

资料来源：中国社会科学院城市与竞争力指数数据库。

天津市城市竞争力总体上呈现以下特征：

第一，综合增量竞争力连续两年位列全国首位。天津市经济总量体量大，且近几年一直保持较快增长，表现为其经济的综合增量竞争力在2014年度和2015年度连续两年位居全国首位，这也使得其综合经济竞争力自2014年起，一举超越北京，成为中国北方综合经济竞争力最强的城市。

第二，知识城市竞争力进一步增强。2015年度天津市知识城市竞争力较2014年度上升了2位，居全国第6位。这主要得益于天津在教育投入和知识专利方面的进步。2015年天津在人均教育支出和专利指数两个方面的全国排名，分别较2014年提升了3位和5位，是天津知识城市竞争力提升的主因。

第三，生态城市竞争力有较大提升。与北京相似，生态城市竞争力也一直是天津可持续竞争力的主要短板。2015年度，天津生态城市竞争力排名为第150位，较2014年度大幅提升了9位，是天津城市竞争力中提升位次最多的方面。

（二）问题与劣势

第一，可持续竞争力略有下降。2015年度天津市可持续竞争力较2014年度下降了5位，至全国第19位。这主要是由于和谐城市竞争力、全域城市竞争力和信息城市竞争力的下降，特别是前两者，分别下降了8位和7位，是天津的可持续竞争力下降的主因。

第二，生态城市竞争力总体水平仍与经济发展水平严重不匹配。与天津综合经济竞争力位列北方城市首位的地位严重不匹配的是，天津的生态城市竞争力水平较低，尤其表现在地表水水质、空气质量和人均绿地面积这三个方面，在全国的排名均在200名之后，是天津生态城市竞争力严重落后的主因。

（三）现象与规律

城市信息化建设发展速度相对较为缓慢。近年来，随着天津市经济的迅速增长，天津的信息化建设也一直在不断进步。2014年，天津市的邮电业务总量达到243.64亿元，较上一年增长了14.3%，但在经济生活的信息化方面，进展却相对缓慢。自2013年度起的三年以来，天津市在互联网和移动电话的用户覆盖方面，在全国城市间的相对地位一直处于下降趋势。每千人国际互联网用户数的全国排名，从 2013 年度的第 79 位下降至 2014 年度的第 92 位，2015 年度则为第 151 位。每千人移动电话年末用户数的全国排名，也从 2013 年度的第 88 位，先下降至 2014 年度的第 104 位，再下降至 2015 年度的第 133 位。这显示出，相对于许多其他城市，天津在城市信息化方面的进展较为缓慢。

（四）趋势与展望

第一，在京津冀协同发展战略和北京疏解非首都功能的形势下，经济竞争力有望顶住中国经济新常态下面临的下行压力，获得进一步提升。在京津冀协同发展战略下，北京在逐步疏解其非首都功能，这都为天津进一步提升其经济竞争力提供了良好的条件。一方面，在这一形势下，京津冀之间经济社会发展的协调性会更加增强，有利于各自优势的发挥；另一方面，在某些方面天津面临的来自北京的竞争压力会有所减轻。这两个方面的因素都有利于天津进一步依托自身优势，提升经济竞争力。

第二，可持续发展能力有望提升。与北京相似，生态城市竞争力也是天津可持续竞争力最大的短板，但与北京生态城市竞争力在 2015 年度继续下降的形势不同的是，天津的生态城市竞争力有了较大幅度的提升。因此，在没有重大突发事件干扰，从而可持续竞争力的其他方面不出现显著下降的情况下，随着天津生态城市竞争力的提升，其可持续竞争力也有望获得提升。

（五）政策建议

政策回顾：2015 年，天津在推进科技创新、协同发展、绿色发展、开放发展和共享发展方面均实施了一系列的政策。在创新发展方面，政策着力点主要体现在推动科技创新能力提升、构筑现代新产业体系和引才聚才上；在协同发展方面，主要体现在京津冀协同发展、城乡统筹发展和区域协调发展上；在绿色发展方面，主要体现在生态建设、城市环境建设和强化资源节约和循环利用上；在开放发展方面，主要体现在建设自贸试验区和积极参与“一带一路”建设上；在共享发展方面，主要体现在提升社会保障水平、完善公共服务和强化安全建设上。

政策建议：在经济持续快速发展的形势下，天津应该更加重视对可持续竞争力的建设，在“十三五”规划中应更加强调经济发展质量的提升。这就要求，天津一方面进一步加强对生态建设的投入，促进生态城市竞争力不断提升，从而使得生态环境的恶化不会成为天津经济社会进一步发展的瓶颈，天津港爆炸事件也凸显出了天津在和谐城市建设方面存在隐患，需进一步加强城市在生产生活安全方面的制度建设和管理改进；另一方面，也要重视可持续竞争力的其他方面，如知识城市竞争力和信息城市竞争力等具有一定优势的方面要继续保持优势。此外，天津还要进一步注意到优势方面内部存在的一些瓶颈问题，比如天津的信息城市竞争力虽然在总体上位于全国前列，但其中在信息化方面的指标的排名却表明，天津在信息化发展方面已经相对滞后了，信息化建设已成为天津信息城市竞争力进一步提升的主要瓶颈因素，需要加以重视。总的来说，天津在保持经济的量的增长的同时，也要加强对质的提升，只有通过质的不断提升，才能为量的不断增长提供保障。

2015 年天津市城市竞争力雷达图如图 13—4 所示。

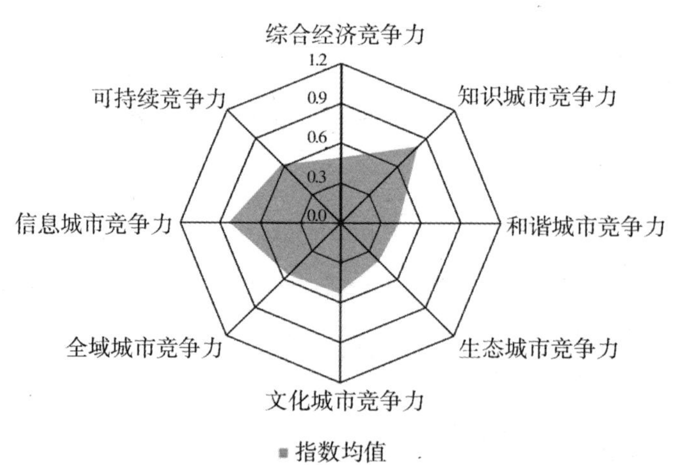

图 13—4 2015 年天津市城市竞争力雷达图

资料来源：中国社会科学院城市与竞争力指数数据库。

三　中国城市竞争力（河北）报告

新常态下，河北省经济发展面临严峻形势，进入了一个转型发展的关键期。总体上看，河北省仍处于要素驱动的发展阶段，且要素驱动的发展方式已经遇到明显的瓶颈，但新的发展驱动力尚未充分显现，面临着较大的转型发展压力，京津冀一体化对河北省是机遇更是挑战。2015年度，河北省综合经济竞争力保持不变，省内差距继续收敛，可持续竞争力总体水平居中，文化城市竞争力具有一定优势，全域城市竞争力有较大提升。而且也存在和谐城市竞争力与生态城市竞争力在总体下降的同时，省内差异不断增大等问题。因此，河北省需要继续以经济增长为首要任务，抓住京津冀协同发展的重大机遇，主动与北京和天津协同发展。

2015 年河北省省情信息如表 13—5 所示。

表 13—5　　2015 年河北省省情信息

土地面积	18.88 万平方公里
常住人口	7424.92 万人
城镇人口占常住人口比重	49.33%（2014 年）
GDP 总量及增长率	29806.1 亿元，6.8%
一、二、三产业占 GDP 比重	11.5%、48.3%、40.2%

资料来源：2015 年河北省国民经济和社会发展统计公报。

（一）现状与优势

总体概况：2015 年，在新常态下，河北省经济发展面临严峻形势，进入了一个转型发展的关键期，主要表现在旧的经济动能已经减弱，但新的经济动能尚未完全形成，以及生态环境问题依然非常严峻等。产业结构方面，第二产业占比仍然接近一半，达到 48.3%，钢铁、水泥、煤炭、平板玻璃等高耗能产业在其中仍占据较大比重，但增加值占规模以上工业比重有所下降；需求结构方面，固定资产投资和社会消费品零售总额继续保持较快增长，分别达到 2. 94 万亿元和 1. 29 万亿元，但固定资产投资增速快于社会消费品零售总额增速；要素结构方面，自 2010 年以来，全省单位 GDP 能耗累计下降 23%，科技创新投入仍然相对不足，占 GDP 比重仍较低。2015 年度，河北省宜居城市竞争力在除西藏和台湾外的省级行政区中排名第 22 位，宜商城市竞争力排名第 13 位。从可持续竞争力来看，河北省大幅落后于同一区域的北京、天津和山东，2015 年在全国除西藏和台湾外的省级行政区中排名第 18 位，文化城市竞争力表现最好，排名第 10 位，生态城市竞争力最差，排名第 27 位。总体上看，河北省仍处于要素驱动的发展阶段，且要素驱动的发展方式已经遇到明显的瓶颈，但新的发展驱动力尚未充分显现，面临着较大的转型发展压力，京津冀一体化对河北省是机遇更是挑战。

现状格局：2015 年度河北省综合经济竞争力指数均值为 0. 319，在全国除西藏和台湾外的省级行政区域中排名第 13 位（见表 13—6）。省内进入全国排名前 50 的城市有唐山和石家庄，分别排名第 29 位和第 45 位；承德、张家口则排在 200 名之外，分别排名第 204 位和第 216 位。2015 年度河北省可持续竞争力指数均值为 0. 328，在全国除西藏和台湾外的省级行政区域中排名第 18 位。

表 13—6　　2015 年河北省城市综合经济竞争力、宜居、宜商、可持续竞争力及其分项排名

	综合经济竞争力		可持续竞争力		宜居城市竞争力	宜商城市竞争力	知识城市竞争力	和谐城市竞争力	生态城市竞争力	文化城市竞争力	全域城市竞争力	信息城市竞争力
城市	指数	排名	指数	排名	排名	排名	排名	排名	排名	排名	排名	排名
石家庄	0. 156	45	0. 390	78	93	28	47	119	256	58	56	63
唐山	0. 198	29	0. 330	116	149	36	92	82	264	118	80	76
秦皇岛	0. 065	181	0. 455	60	30	61	82	70	153	46	51	37

续表

	综合经济竞争力		可持续竞争力		宜居城市竞争力	宜商城市竞争力	知识城市竞争力	和谐城市竞争力	生态城市竞争力	文化城市竞争力	全域城市竞争力	信息城市竞争力
城市	指数	排名	指数	排名	排名	排名	排名	排名	排名	排名	排名	排名
邯郸	0.115	72	0.267	172	172	79	125	212	281	70	112	106
邢台	0.073	142	0.240	198	209	169	190	111	273	136	143	140
保定	0.103	88	0.363	96	218	84	85	220	119	79	118	74
张家口	0.059	216	0.283	157	196	85	162	134	176	157	169	132
承德	0.061	204	0.341	106	220	162	201	81	30	49	159	244
沧州	0.124	58	0.305	135	186	95	207	205	180	92	94	80
廊坊	0.101	92	0.301	137	122	106	66	169	260	153	92	108
衡水	0.061	201	0.237	201	244	141	209	227	221	169	183	98
指数均值	0.319	13	0.328	18	0.348	0.258	0.374	0.290	0.287	0.265	0.282	0.483
指数方差	0.004	14	0.004	3	0.012	0.006	0.015	0.006	0.032	0.005	0.004	0.012
变异系数	0.207	9	0.266	3	0.312	0.298	0.326	0.266	0.621	0.278	0.222	0.226

资料来源：中国社会科学院城市与竞争力指数数据库。

河北省城市竞争力总体上呈现以下特征：

第一，综合经济竞争力保持不变，省内差距继续收敛。2015 年度河北省综合经济竞争力排名全国第 13 位，与 2014 年度持平，稳定在全国中等偏上水平。综合经济竞争力指数变异系数为 0.207，较 2014 年的 0.454 大幅减小，继 2014 年度较 2013 年度减小之后，继续减小，表明省内城市间的经济发展水平在继续收敛。

第二，省内宜居差异持续扩大，宜商差异持续缩小。从 2013 年度至 2015 年度，河北省城市间宜居城市竞争力指数变异系数不断增大，三年依次为 0. 225、0. 234 和 0. 312；而宜商城市竞争力指数变异系数在不断缩小，三年依次为 0. 373、0. 301 和 0. 298。

第三，可持续竞争力总体水平居中，文化城市竞争力具有一定优势。2015 年度河北省可持续竞争力排名全国第 18 位，水平居中。文化城市竞争力在除西藏和台湾外的省级行政区中排名第 10 位，具有一定的相对优势。秦皇岛、承德等 6 个城市的文化城市竞争力位于全国 100 名之内。

第四，全域城市竞争力有较大提升。与 2013 年度相比，2015 年度河北省可持续竞争力的各个分项中，提升幅度最大的是全域城市竞争力，由 2013 年度的第 17 位提升至 2015 年度的第 14 位，表明在过去的三年中，河北省在城乡统筹发展方面取得了一定的进展。

（二）问题与劣势

第一，可持续竞争力连续三年下滑。河北省可持续竞争力在过去的三年中从排名第 15 位，下降至 2014 年度第 17 位，到 2015 年度则进一步下降至第 18 位。从可持续竞争力分项来看，相比于 2013 年度，2015 年度排名下降幅度最大的是和谐城市竞争力，从 2013 年度的第 11 位降至 2015 年度的第 17 位，大幅下降了 6 位，是河北省可持续竞争力下降的主因。

第二，生态城市竞争力进一步弱化。生态城市竞争力一直是河北省的最大短板，2015 年度，河北省的生态城市竞争力不仅未增强，相对 2013 年度，排名反而进一步下降，从第 24 位降至第 26 位，反映出河北省生态环境相对于全国总体水平而言进一步恶化。

（三）现象与规律

和谐城市竞争力与生态城市竞争力在总体下降的同时，省内差异不断增大。2015 年度，河北省的和谐城市竞争力与生态城市竞争力较 2013 年度均有所下降。与此同时，自 2013 年度以来的连续三年，河北省各城市的和谐城市竞争力指数与生态城市竞争力指数的变异系数均不断增大，反映出河北省城市间的差异在不断增大。鉴于河北省在这两个方面表现最好的城市并未在过去三年间出现大幅提升，这也就说明，在这两个方面表现较差的城市相对出现了更大幅度的下滑。

全域城市竞争力在总体提升的同时，省内差异也不断增大。2015年度，河北省的全域城市竞争力较2013年度大幅提升，与此同时，自2013年度以来的连续三年，河北省的全域城市竞争力指数变异系数不断增大，反映出在这一方面河北省城市间的差异在不断增大。鉴于河北省在这方面表现最差的城市的排名也有所提升，说明在这个方面原本表现较好的城市，其提升速度要快于原本表现较差的城市。

（四）趋势与展望

第一，可持续竞争力的连续下滑终将危及综合经济竞争力。根据城市竞争力的理论框架，综合经济竞争力是产出的、当前的、短期的城市竞争力，可持续竞争力是投入的、可持续的、长期的竞争力，可持续竞争力将转化为未来的综合经济竞争力。虽然2015年度河北省的综合经济竞争力排名与2014年度持平，但如任由这一局面继续，其综合经济竞争力排名下滑的局面终将出现。

第二，新常态下转型发展压力巨大，新的经济增长动力尚未显现。河北省的产业发展水平与北京和天津间均存在较大的差距，在京津冀协同发展的战略下，要实现转型发展，相较于北京和天津而言，面临的压力较大。同时，由于已有的高耗能产业负担较重，以及在科技创新等可能产生新的经济增长动力的方面投入不足，使得短期之内，获取新的经济增长动力存在巨大的困难。

第三，京津冀一体化是机遇更是挑战。京津冀一体化是河北省发展的一个机遇，在这一战略下，北京会向河北省和天津释放出一定的资源，同时也会在一些方面减少与河北省和天津的竞争，这都将有利于河北省的经济社会发展。然而，从另一个方面看，河北省在京津冀中处于最弱势地位，尤其是相比于天津也存在不小的差距，在获取北京释放出的资源方面，可能面临天津的激烈竞争。此外，一体化的过程很可能会增加河北省产业转型升级压力，即在承接了北京释放出的相对低端的产业资源的同时，河北省的相对高端的产业则面临来自北京的更大的竞争压力，促使一些高端产业进一步向北京聚集，使得河北省在产业分工方面处于更加不利的地位。如何防止这一局面的出现，将是河北省在京津冀一体化过程中面临的重大挑战。

（五）政策建议

政策回顾：2015 年，河北省的发展政策重点在于化解过剩产能、实施京津冀协同发展与生态建设。其中，化解过剩产能主要在于压缩高耗能行业产能的同时，加快改造传统行业和促进战略性新兴产业和现代服务业的发展，从而将化解过剩产能对经济造成的压力降到最低；实施京津冀协同发展主要在于加强交通的互联和制度的协调，从而使得京津冀成为一个发展的共同体；生态建设主要在于加大对污染的治理力度，推进重污染行业的升级改造。

政策建议：大力发展经济仍是河北省面临的主要问题，河北的“十三五”规划仍应主要围绕经济发展，为河北省的经济在京津冀协同发展中定好位。虽然河北省与北京和天津一样面临着严重的生态环境问题，但由于河北省的经济发展水平总体上大大落后于北京和天津，在新常态下，经济下行的压力也更加巨大，因此，河北省当前面临的首要问题仍是如何保持经济快速增长的问题，而非生态问题。京津冀协同发展是河北省发展的重大机遇，河北省要进一步找准在京津冀协同发展中的定位。河北省的经济发展与北京和天津密切相关，受到二者的重大影响，因此，在发展水平远远落后于这二者的情况下，河北省应主动适应北京和天津的发展，找准自身的发展定位，特别是自身产业发展的定位，主动与北京和天津协同发展。同时，京津冀协同发展也是河北省发展的重大挑战，河北在承接北京释放出的相对低端的产业资源的同时，更要加强对高端产业与北京和天津的协同发展，防止出现高端产业进一步向北京聚集的局面。

2015 年河北省城市竞争力雷达图如图 13—5 所示。

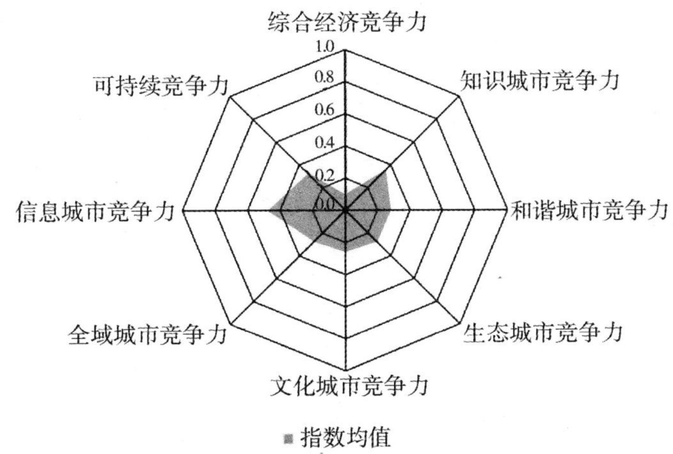

图 13—5　2015 年河北省城市竞争力雷达图

资料来源：中国社会科学院城市与竞争力指数数据库。

四　中国城市竞争力（山东）报告

新常态下，山东经济发展表现出了较好的适应性，2015 年度仍保持实现了 8.0%的增长。总体来看，山东经济发展目前还处于要素驱动阶段，但由于山东经济具有较好的综合条件，具有应对新常态的挑战，实现转型发展的潜力巨大。山东省综合经济竞争力相对稳定，省内差距较小，可持续竞争力处于中等偏上水平，且保持稳定。除生态城市竞争力外，可持续竞争力的其他方面均处于全国中等偏上水平。同时，也存在可持续竞争力分化严重和生态城市竞争力严重落后的问题。总体上看，新常态下，山东总体综合经济竞争力有望进一步增强，省内城市间综合经济竞争力差距则可能趋于扩大。

2015 年山东省省情信息如表 13—7 所示。

表 13—7　　2015 年山东省省情信息

土地面积	15.71 万平方公里
常住人口	9847.16 万人

续表

城镇人口占常住人口比重	57.01%
GDP 总量及增长率	63002.3 亿元，8.0%
一、二、三产业占 GDP 比重	7.9%、46.8%、45.3%

资料来源：2015 年山东省国民经济和社会发展统计公报。

2014 年和 2015 年山东省城市综合经济竞争力排名如图 13—6 所示。

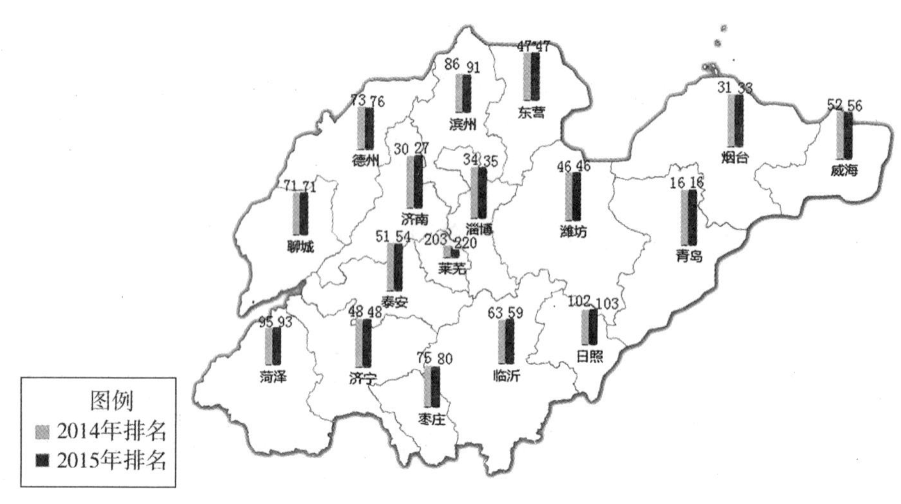

图 13—6　2014 年和 2015 年山东省城市综合经济竞争力排名

资料来源：中国社会科学院城市与竞争力指数数据库。

2014 年和 2015 山东省城市可持续竞争力排名如图 13—7 所示。

（一）现状与优势

总体概况：新常态下，山东经济发展表现出了较好的适应性，2015 年度仍保持实现了 8.0%的增长。产业结构方面，第三产业高速增长，相较 2014 年，第三产业增加值增长了 9.6%，占 GDP 比重进一步从 43.5%增至 45.3%；需求结构方面，投资和消费均继续保持较高增速，

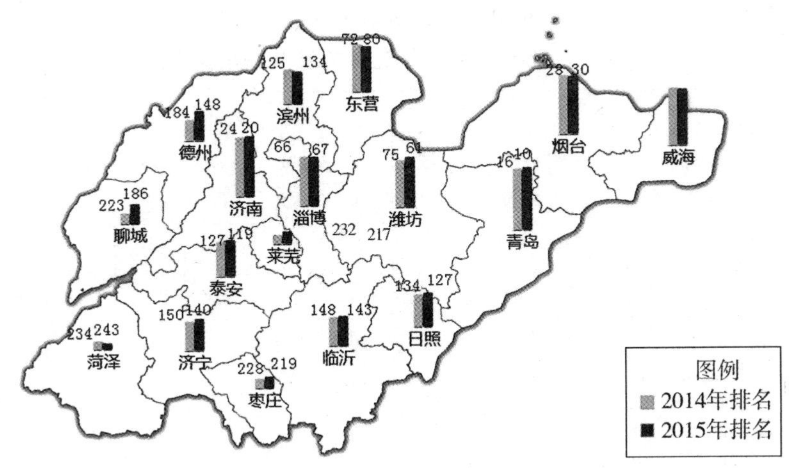

图 13—7　2014 年和 2015 年山东省城市可持续竞争力排名

资料来源：中国社会科学院城市与竞争力指数数据库。

农户外主体固定资产投资达 47381.5 亿元，同比增长 13.9%，社会消费品零售总额达 27761.4 亿元，同比增长 10.6%；要素结构方面，科技创新增长显著，发明专利申请量和授权量较上年分别增长了 20.9% 和 60.2%，技术合同成交金额增长了 26.3%，能耗有所降低，在 72 种重点调查产品中，能耗下降的有 51 种。2015 年度，山东省宜居城市竞争力和宜商城市竞争力在全国除西藏和台湾外的省级行政区中排名分别为第 15 位和第 10 位。从可持续竞争力来看，山东省在全国除西藏和台湾外的省级行政区域中排第 13 位，居于中等偏上水平，与京津冀相同，生态城市竞争力表现也较差。总体来看，山东经济发展目前还处于要素驱动阶段，但由于其经济具有较好的综合条件，具有应对新常态的挑战，实现转型发展的潜力巨大。

现状格局：2015 年度山东省综合经济竞争力指数均值为 0.139，在全国除西藏和台湾外的省级行政区域中排名第 10 位；可持续竞争力指数均值为 0.367，在全国除西藏和台湾外的省级行政区域中排名第 13 位（见表 13—8）。

表 13—8　　2015 年山东省城市综合经济竞争力、宜居、宜商、可持续竞争力及其分项排名

	综合经济竞争力		可持续竞争力		宜居城市竞争力	宜商城市竞争力	知识城市竞争力	和谐城市竞争力	生态城市竞争力	文化城市竞争力	全域城市竞争力	信息城市竞争力
城市	指数	排名	指数	排名	排名	排名	排名	排名	排名	排名	排名	排名
济南	0.209	27	0.605	20	67	16	16	16	98	15	30	20
青岛	0.277	16	0.659	10	25	14	23	10	39	18	23	13
淄博	0.179	35	0.406	67	43	59	59	116	206	45	50	88
枣庄	0.106	80	0.219	219	178	164	159	159	235	243	177	174
东营	0.146	47	0.388	80	83	54	61	122	149	134	60	81
烟台	0.193	33	0.534	30	72	29	77	56	13	35	49	35
潍坊	0.152	46	0.443	61	126	37	56	95	205	55	33	46
济宁	0.142	48	0.296	140	175	63	109	222	198	105	115	145
泰安	0.132	54	0.329	119	117	86	97	131	173	59	193	136
威海	0.130	56	0.499	39	46	52	76	12	54	111	34	60
日照	0.095	103	0.319	127	51	134	163	266	64	173	199	52
莱芜	0.058	220	0.223	217	65	104	170	138	276	258	124	115
临沂	0.124	59	0.293	143	213	64	132	172	202	174	156	89
德州	0.111	76	0.290	148	197	119	120	178	193	187	163	127
聊城	0.115	71	0.249	186	159	123	98	153	266	137	208	160
滨州	0.101	91	0.308	134	153	161	81	84	251	147	76	159
菏泽	0.100	93	0.178	243	216	204	214	192	283	200	212	133
指数均值	0.139	10	0.367	13	0.429	0.283	0.445	0.335	0.357	0.260	0.312	0.516
指数方差	0.003	17	0.019	21	0.012	0.011	0.017	0.016	0.038	0.018	0.016	0.017
变异系数	0.371	5	0.380	13	0.253	0.376	0.296	0.373	0.547	0.518	0.409	0.252

资料来源：中国社会科学院城市与竞争力指数数据库。

山东省城市竞争力总体上呈现以下特征：

第一，综合经济竞争力相对稳定，省内差距较小。2015 年度，山东综合经济竞争力继续保持全国第 10 位。综合经济竞争力指数变异系数为 0.371，在全国除西藏和台湾外的省份中列第 5 位，显示出山东省各城市间在综合经济竞争力方面的差异相对较小。全省仅有日照和莱芜两市的 2015 年度综合经济竞争力排名未进入全国前 100 位，其余 15 个城市排名均在前 100 位。

第二，省内宜居、宜商城市竞争力差异均趋于扩大。从 2013 年度至 2015 年度，山东省城市间宜居城市竞争力和宜商城市竞争力的差异均趋于扩大，其中宜居城市竞争力指数变异系数三年依次为 0.241、0.252 和 0.253，宜商城市竞争力指数变异系数三年依次为 0.299、0.326 和 0.376。

第三，可持续竞争力位于中等偏上水平，且保持稳定。2015 年度，山东可持续竞争力在全国除西藏和台湾外的省级行政区中列第 13 位，处于中等偏上水平。且 2013 年度和 2014 年度可持续竞争力排名分别为第 13 位和第 14 位，连续三年基本保持稳定。

第四，除生态城市竞争力外，可持续竞争力的其他方面均处于全国中等偏上水平。2015 年度，除生态城市竞争力外，山东省的知识城市竞争力、和谐城市竞争力、文化城市竞争力、全域城市竞争力和信息城市竞争力在全国除西藏和台湾外的省级行政区中均排在第 10 位或第 11 位，即均处于中等偏上水平。

（二）问题与劣势

第一，可持续竞争力分化严重。省内各城市间可持续竞争力水平差距较大，可持续竞争力指数变异系数为 0.380，在全国除西藏和台湾外的省份中列第 13 位。可持续竞争力排名在全国前 50 位之内的城市有 4 个，同时排名在 200 位之后的城市也有 3 个。

第二，生态城市竞争力是明显短板。与京津冀相同，生态城市竞争力也是山东可持续竞争力的最大短板。2015 年度，山东省生态城市竞争力在全国除西藏和台湾外的省级行政区中排名第 22 位，处于下等之列，17 个山东城市中，生态城市竞争力全国排名接近或低于 200 位的城市就有 11 个。

（三）现象与规律

与 2013 年度相比，山东省的可持续竞争力的各个方面总体上均有上升。2015 年度，山东省除知识城市竞争力排名仍与 2013 年度相同，在全国除西藏外的省级行政区中保持在第 10 位外，可持续竞争力的其他方面均有提升。其中，和谐城市竞争力提升的幅度最大，从 2013 年度的第 15 位提升至第 10 位；生态城市竞争力也从排名第 26 位升至第 22 位；文化城市竞争力从第 13 位升至第 11 位；全域城市竞争力从第 14 位升至第 11 位；信息城市竞争力从第 12 位升至第 10 位。从中可以看出，新常态下，山东省的可持续竞争力的各个方面总体上均在上升。

（四）趋势与展望

第一，新常态下，总体综合经济竞争力有望进一步增强。鉴于山东省可持续竞争力各个方面的普遍提升，特别是作为最大短板的生态城市竞争力也有明显提升，表明山东省的可持续发展能力不断增强。虽然山东省的可持续竞争力排名并未明显提升，但各个分项普遍提升的状况，反映出了山东经济较好地适应了新常态，可持续发展动力的不断增强，有望逐步转化为综合经济竞争力上的优势。

第二，省内城市间综合经济竞争力差距可能趋于扩大。虽然目前山东省内各城市间经济发展较为均衡，综合经济竞争力指数变异系数居全国第 5 位，但省内城市间的可持续竞争力指数变异系数排名仅为第 13 位，如果这种相对巨大的可持续竞争力间的差距继续保持，最终将会反映在综合经济竞争力之上，从而导致省内城市间综合经济竞争力差距的扩大。

（五）政策建议

政策回顾：近年来，山东着力实施“两区一圈一带”发展战略，促进区域间的协同发展。政策方面，主要着力于推动山东半岛蓝色经济区的现代海洋产业体系建立，推动青岛西海岸新区和蓝色硅谷建设，推动黄河三角洲高效生态经济区的循环经济发展，加快省会城市经济圈一体化进程，增强省会城市的带动作用，促进西部经济隆起带加速崛起，缩小东西部差距等。

政策建议：第一，适应新常态要求，发挥综合优势，加速产业转型升级。在新常态下，山东应发挥自身在知识、和谐、文化、全域及信息方面发展均衡且竞争力均处于全国较高水平的综合优势，一方面不断吸引人才，增强创新能力；另一方面，取长补短，通过创新的发展逐步解决生态环境问题。第二，充分利用区位优势，进一步构建开放经济。山东具有良好的区位条件，地处沿海，连接南北，这一区位优势为山东构建开放经济提供了天然的优势。山东应充分利用这一优势，通过进一步构建开放经济，促进山东经济社会的可持续发展和经济实力的进一步增强。因此，在“十三五”规划中，山东省应重点关注如何发挥综合优势，在创新与开放引领发展方面取得重大进展。

2015年山东省城市竞争力雷达图如图13—8所示。

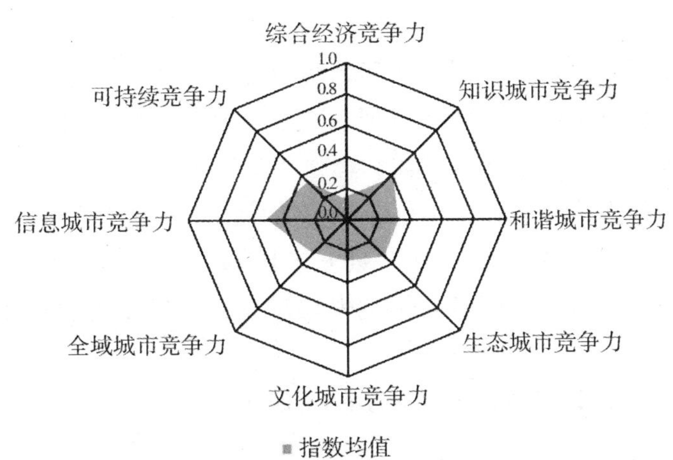

图13—8　2015年山东省城市竞争力雷达图

资料来源：中国社会科学院城市与竞争力指数数据库。

第十四章　中国（东北地区）城市竞争力报告

刘尚超　周晓波*

一　中国城市竞争力（辽宁）报告

近年来，辽宁省综合经济竞争力一直保持全国中等偏上水平，在经济增速下行压力加大、财政收入出现较大幅度下降的情况下，辽宁省虽然经济增量可观，但效率低下的问题制约着其综合经济增长力的发展潜力，因此优化经济结构、转变发展方式成为辽宁经济工作的当务之急。可持续竞争力方面，辽宁省整体同样位于全国中上水平。其信息城市与知识城市竞争力优势明显，但生态城市竞争力水平低下且省内城市间差异巨大。因此需要进一步贯彻“创新、协调、绿色、开放、共享”的五大发展理念，特别是创新和绿色发展理念，以期改善生产生活环境，减少污染。

2015年辽宁省省情信息如表14—1所示。

表14—1　　2015年辽宁省省情信息

土地面积	14.8万平方公里
常住人口	4382.4万人

* 刘尚超，中国社会科学院研究生院博士研究生。周晓波，南开大学经济学院博士研究生。本章报告吉林、辽宁部分由刘尚超撰写，黑龙江部分由周晓波撰写。

续表

城镇人口占常住人口比重	67.35%
GDP 总量及增长率	28743.4 亿元，3.0%
一、二、三产业占 GDP 比重	8.3%、46.6%、45.1%

资料来源：2014 年辽宁省国民经济和社会发展统计公报。

2014 年和 2015 年辽宁省城市综合经济竞争力排名如图 14—1 所示。

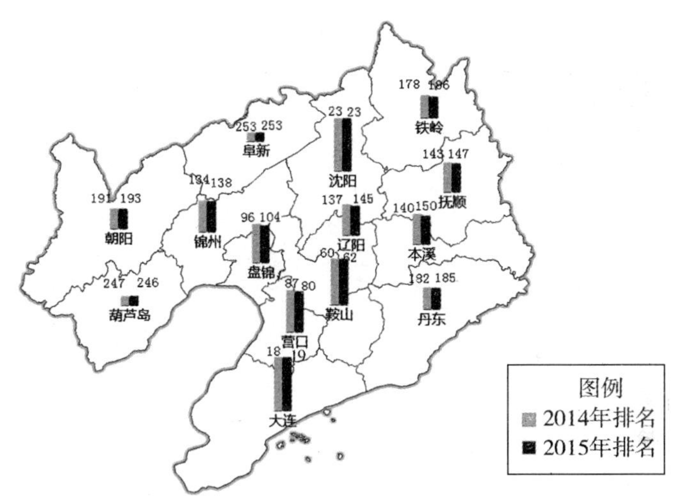

图 14—1　2014 年和 2015 年辽宁省城市综合经济竞争力排名

资料来源：中国社会科学院城市与竞争力指数数据库。

2014 年和 2015 年辽宁省城市可持续竞争力排名如图 14—2 所示。

（一）现状与优势

总体概况：近三年来辽宁省虽然经历了经济增速和财政收入的明显下滑，但就业形势和居民收入仍然保持了较为稳定的增长态势，人民生活水平得到持续改善，社会公共事业不断取得发展进步。产业结构方面，辽宁省的一、二、三产业分别占比 8.3%、46.6%和 45.1%。宜居与宜商竞争力方面，沈阳与大连宜商竞争力均位于全国前列，而宜居竞

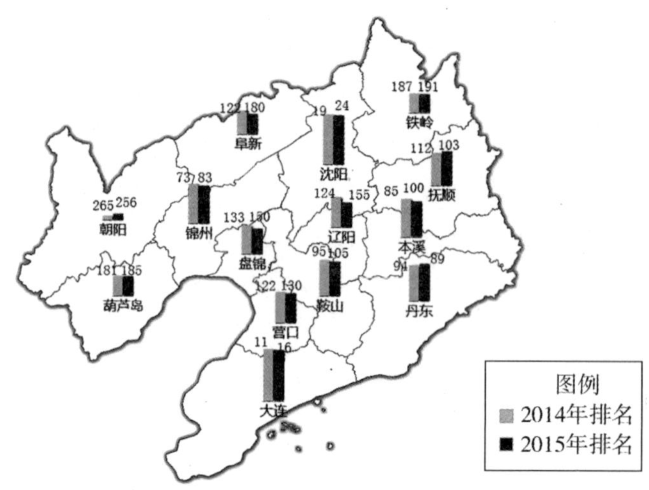

图 14—2 2014 年和 2015 年辽宁省城市可持续竞争力排名

资料来源：中国社会科学院城市与竞争力指数数据库。

争力则相对较弱。辽宁省其他城市的宜居与宜商竞争力大多处于全国中下游水平。辽宁省知识、和谐、生态、文化、全域、信息六个方面可持续竞争力水平发展均衡，其中信息城市与知识城市竞争力表现尤其突出。主要原因是辽宁省内各级政府对教育及科研重视程度较高，多个城市在科技支出占财政收入比重、大学质量、论文发表数量等指标中表现突出。

格局分析：2015 年度辽宁省综合经济竞争力指数为 0.099，位列全国第 14 位，较上年度排名没有变化（见表 14—2）。省内综合经济竞争力较强的大连和沈阳全国排名分别为第 19 位和第 23 位，省内综合经济竞争力垫底的葫芦岛和阜新分别位于全国的第 246 位和第 253 位。与综合经济竞争力类似，辽宁省的可持续竞争力同样处于全国中等偏上水平，居于全国第 15 位。整体来看，辽宁省的综合经济竞争力以及可持续竞争力与上一年度变化不大，稳定在全国中等偏上水平，且省内各城市间差距基本稳定。

表 14—2 2015 年辽宁省城市综合经济竞争力、宜居、宜商、可持续竞争力及其分项排名

	综合经济竞争力		可持续竞争力		宜居城市竞争力	宜商城市竞争力	知识城市竞争力	和谐城市竞争力	生态城市竞争力	文化城市竞争力	全域城市竞争力	信息城市竞争力
城市	指数	排名	指数	排名	排名	排名	排名	排名	排名	排名	排名	排名
沈阳	0.235	23	0.586	24	62	15	17	28	77	22	35	27
大连	0.256	19	0.634	16	66	21	10	11	7	75	31	18
鞍山	0.123	62	0.341	105	207	83	95	22	279	95	75	85
抚顺	0.073	147	0.349	103	146	124	100	30	223	102	63	147
本溪	0.072	150	0.354	100	246	137	160	75	182	131	53	84
丹东	0.065	185	0.369	89	75	155	114	152	133	126	58	79
锦州	0.074	138	0.378	83	176	73	72	67	243	106	107	39
营口	0.104	87	0.317	130	214	122	166	98	232	138	66	68
阜新	0.046	253	0.255	180	229	180	175	49	280	148	119	144
辽阳	0.073	145	0.283	155	81	126	213	85	263	142	70	78
盘锦	0.094	104	0.289	150	110	130	217	184	200	143	43	130
铁岭	0.064	186	0.243	191	143	238	250	225	178	185	101	150
朝阳	0.063	193	0.150	256	194	149	258	238	271	192	206	192
葫芦岛	0.049	246	0.250	185	155	205	195	229	188	168	168	121
指数均值	0.099	14	0.343	15	0.370	0.228	0.370	0.359	0.299	0.233	0.334	0.511
指数方差	0.004	21	0.017	19	0.009	0.012	0.034	0.016	0.036	0.007	0.008	0.015
变异系数	0.658	22	0.377	12	0.256	0.485	0.501	0.348	0.633	0.346	0.261	0.238

(二) 问题与劣势

综合经济竞争力水平较强，但增速下滑严重，经济效率有待提高。

虽然自2016年以来辽宁省整体经济竞争力水平一直保持在全国中上游水平，但2015年辽宁省GDP增速下滑至3%，居于同期全国各省末位，同时财政收入也出现了大幅缩水。辽宁经济在增长和效率方面表现欠佳，一方面是由于生产要素成本上升、工业下行压力加大、有效投资增长乏力等外部因素所致，而归根结底在于辽宁省经济结构以及工业结构欠佳，市场经济活力没有得到充分释放，发展效率还有进一步提升的空间。

文化城市与生态城市竞争力整体相对薄弱，省内城市间生态竞争力差异巨大。虽然辽宁省文体事业发展状况较好，文化多元性和包容度也表现突出，文化艺术场所建设和投入充足，但历史文化底蕴和发掘程度不够，国际城市知名度较低，缺少象征性的城市名片和城市形象。另一方面，辽宁省整体生态竞争力较弱，且城市间生态竞争力水平差异巨大，大连、沈阳等个别城市生态竞争力表现优异，而其他城市如阜新、鞍山等则水平较差。老工业基地背景下资源型城市的粗放增长模式无可避免地会带来生态环境恶化的问题，因此“十三五”规划中“绿色发展、协调发展”的理念还需进一步贯彻落实。

（三）现象与规律

产业结构不甚合理是影响辽宁省综合经济竞争力表现的最主要原因。从综合经济竞争力构成的两个方面来看，辽宁省大多数城市的经济增量竞争力指数排名都高于其经济效率竞争力指数排名。其最主要的原因就是辽宁省经济结构性矛盾突出，一方面是第一产业比重较大，粗放型增长环境成本较高，无可避免地损失了经济效率；另一方面产业内部结构还需进一步优化，辽宁沿海经济带和沈阳经济区的带动效果尚未显现。此外，对外开放程度低、人口老龄化严重、民营企业不活跃等都是制约辽宁省提高经济效益的长期因素。

辽宁省在信息城市与知识城市方面的优势将在未来主导其可持续竞争力的发展，而相对滞后的生态城市竞争力水平则是辽宁省内大多数城市的发展短板。虽然辽宁省作为老工业基地，重工业仍然在经济中占主导作用，但辽宁省对于智慧城市的重视程度已经越来越高，智慧城市试点、信息云平台建设、智慧产业等方面已取得了众多成果。而目前对于多数辽宁城市来说，改善生态环境、提高经济效益是提升可持续竞争力的当务之急。

（四）趋势与展望

未来辽宁省有可能面临工业产值下降、人口结构恶化、财政收入锐减、营商环境难以改善的长期挑战。2015 年度辽宁本溪市财政收入出现了断崖式下跌，公共服务与政府信用面临严峻挑战。与此伴随出现的是工业增加值下降，固定资产投资大幅缩水，房地产行业逐步萧条。虽然本溪在全国甚至辽宁省内均属于中小型城市，其经济规模与人口数量并不一定具有代表性，但东北三省面临着的困境却与本溪市无异。

未来辽宁省经济结构有望逐步优化，地方财政收入趋势可能企稳向好。2015 年以来，辽宁省第一产业增加值增速逐渐趋稳，第二产业增速的降幅收窄企稳，而第三产业增加值的增速则出现了逐季提高。因此不难预见未来通过辽宁省大力推进经济结构优化，其经济发展方式将会逐渐转变，传统工业带动的高污染、高投入的经济有望逐步转型为“一带一路”背景下高端制造业、高新技术产业主导、服务业发展带动的全新增长模式。

（五）战略与政策

2015 年 12 月 31 日，中央政治局审议通过了《关于全面振兴东北地区等老工业基地的若干意见》。会议强调：“抓好新一轮东北老工业基地振兴，重点要在 4 个方面着力。一是着力完善体制机制，要坚决破除体制机制障碍，形成一个同市场完全对接、充满内在活力的体制机制。二是着力推进结构调整，下大气力改变传统产品占大头、‘原’字号‘初’字号产品居多的单一产品结构。三是着力鼓励创新创业，把创新作为东北内生发展动力的主要生成点，激发调动全社会创新创业激情。四是着力保障和改善民生，使发展成果更多更公平惠及全体人民，让人民群众有更多获得感。”

因此结合辽宁省经济增长和财政收入幅度下滑的现状，建议（1）创新投资机制改革，大力鼓励高新技术产业投资，继续扶持服务业可持续增长；（2）构建和谐清正的政商关系，激发民间资本的创新创业活力，提高国有资本的经营效率，破除政府大包大揽决策的传统模式；（3）营造友好的营商环境，通过简化审批手续、完善服务制度等手段进一步吸引国内外投资，在“三大战略”基本格局下构建协同、绿色、可持续的发展愿景。

2015 年辽宁省城市竞争力雷达图如图 14—3 所示。

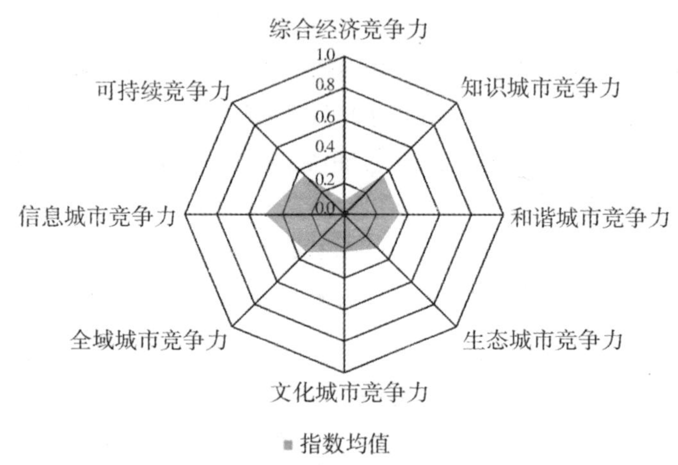

图 14—3　2015 年辽宁省城市竞争力雷达图

资料来源：中国社会科学院城市与竞争力指数数据库。

二　中国城市竞争力（吉林）报告

近三年来吉林省社会经济发展速度稳中放缓，综合经济竞争力排名和可持续竞争力排名均稳定地居于全国中等偏下的位置。除省会城市长春外，其他城市的综合经济竞争力和可持续竞争力普遍低于全国平均水平。建议吉林省利用区位优势和经济后发优势，在结合“五大发展”和“东中西区域发展”的战略下进一步鼓励创新创业，扩大开放，积极探索政策制度和国企改革，促进供需两侧结构优化，以期进一步提升综合经济和可持续竞争力。

2015 年吉林省省情信息如表 14—3 所示。

表 14—3　　2015 年吉林省省情信息

土地面积	18.74 万平方公里
常住人口	2753.3 万人
城镇人口占常住人口比重	55.31%
GDP 总量及增长率	14274.11 亿元，6.5%
一、二、三产业占 GDP 比重	11.2%、51.4%、37.4%

资料来源：2015 年吉林省国民经济和社会发展统计公报。

2014 年和 2015 年吉林省城市综合经济竞争力排名如图 14—4 所示。

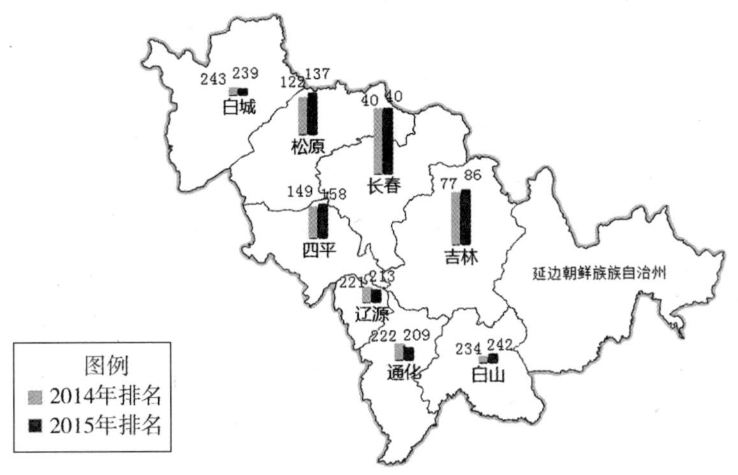

图 14—4　2014 年和 2015 年吉林省城市综合经济竞争力排名

资料来源：中国社会科学院城市与竞争力指数数据库。

2014 年和 2015 年吉林省城市可持续竞争力排名如图 14—5 所示。

（一）现状与格局

总体概况：2014 年至 2015 年以来，吉林省经济增速明显放缓，从之前的高于全国平均水平 3 个百分点左右的高速换挡至低于全国经济增

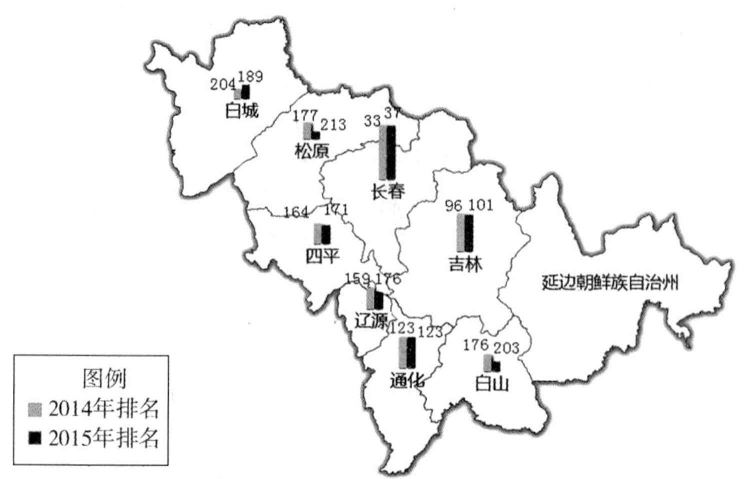

图 14—5 2014 年和 2015 年吉林省城市可持续竞争力排名

资料来源：中国社会科学院城市与竞争力指数数据库。

速的平均水平。在传统产业产能过剩、出口不振、内需不足的外部压力下，吉林省充分发挥了老工业基地、全国商品粮基地和生态科技资源的优势，实现了稳中有进的经济增长，且经济社会多项指标均处于合理区间。产业结构方面，吉林省的一、二、三产业分别占比 11.2%、51.4% 和 37.4%。此外，吉林省宜居竞争力远落后于全国平均水平，宜居城市竞争力最高的省会长春仅排全国第 69 位，其余城市多数分布在 200 位之后的区间（见表 14—4）。宜商竞争力虽表现稍好，但同样具有巨大的提升空间。

格局分析：与其他东北省份类似，吉林省“一强多弱”的基本格局仍未改变，中心城市对周边带动作用不明显，没有形成城市群联动协同发展模式，缺乏有力的区域竞争力增长极。吉林省综合经济竞争力与可持续竞争力均处于全国中下游水平，城市间竞争力水平差距较小，除省会长春一枝独秀外，其余七个地级市的竞争力排名基本在全国 100 位以后。吉林省可持续竞争力分项中生态城市竞争力表现最为突出，省内多个城市人均绿地面积、空气质量等指标位于全国前列。然而良好的生态环境并未有效转化为宜居城市竞争力，省内基础设施和公共服务水平还有待进一步提升。相较之下，吉林省文化竞争力水平同样相对落后。

表 14—4　　2015 年吉林省城市综合经济竞争力、宜居、宜商、可持续竞争力及其分项排名

	综合经济竞争力		可持续竞争力		宜居城市竞争力	宜商城市竞争力	知识城市竞争力	和谐城市竞争力	生态城市竞争力	文化城市竞争力	全域城市竞争力	信息城市竞争力
城市	指数	排名	指数	排名	排名	排名	排名	排名	排名	排名	排名	排名
长春	0. 163	40	0. 511	37	69	34	29	108	29	74	93	32
吉林	0. 104	86	0. 352	101	195	103	99	104	115	86	98	190
四平	0. 070	158	0. 269	171	285	209	172	96	213	172	103	185
辽源	0. 060	213	0. 260	176	248	267	262	106	84	189	116	236
通化	0. 060	209	0. 322	123	273	208	117	92	129	156	87	202
白山	0. 049	242	0. 236	203	281	186	271	151	158	144	85	233
松原	0. 074	137	0. 226	213	238	236	268	146	85	232	214	222
白城	0. 050	239	0. 243	189	284	265	202	48	201	203	188	227
指数均值	0. 079	20	0. 302	20	0. 196	0. 159	0. 303	0. 341	0. 451	0. 193	0. 266	0. 339
指数方差	0. 001	13	0. 009	7	0. 023	0. 010	0. 035	0. 002	0. 016	0. 004	0. 004	0. 021
变异系数	0. 485	14	0. 314	8	0. 780	0. 641	0. 619	0. 128	0. 279	0. 344	0. 223	0. 423

（二）问题与劣势

汽车产业独大的经济结构制约全省综合经济竞争力水平的发展，经济增量与经济效率均有较大提升空间。2015 年长春市 GDP 占吉林省近四成，而汽车产业则占据长春工业增加值的六成以上。作为中国汽车城和吉林省领头羊的长春，面临着汽车市场逐渐饱和与全国工业整体下行的严峻趋势，2015 年规模以上工业企业总产值下滑约 11%，形势不容乐观。另一方面，与东北三省的其他两省相比，吉林省城市数量较少，且城市经济规模相近，都集中分布在中等偏小规模的区间。虽然吉林省生态竞争力表现优异，但污染排放及单位 GDP 能耗等指标并没有低于

全国平均水平，因此经济效率也有待进一步提升。

吉林省可持续竞争力缺乏亮点，虽然生态城市竞争力水平相对较高，但在知识城市、和谐城市、全域城市、信息城市等方面表现一般，文化城市竞争力相对落后。吉林省内城市间整体差异较小，但知识城市竞争力水平较低且差异巨大，除长春外，其余地市级城市知识竞争力水平普遍分布在全国 100—200 余名的区间内。和谐城市竞争力水平相差无几，均处于全国 100 位左右的中上等水平。

（三）现象与规律

外部环境、内部因素等多方面原因制约吉林省综合经济竞争力发展水平。首先是在全国多数重工业产能过剩的外部环境下，吉林刚性的产业结构特征明显，工业利润主要来自汽车和医药两大行业，服务业发展进程缓慢。与此同时，财政收支增长也逐步放缓。而在企业资金短缺、利润缩水的情况下，居民收入差距也开始扩大，城镇单位就业人员薪资落后于全国平均水平。

生态城市竞争力难以带动可持续竞争力，文化城市竞争力是吉林省的短板，但制约其可持续竞争力发展潜力的仍是宜居、宜商竞争力以及信息城市和知识城市竞争力。较低的文化竞争力主要是由于吉林省历史文化指数、城市国际知名度、入境旅游旅客人数等指标数值较低所导致，这些指标均与吉林省的历史文化及地理区位因素相关，所以较难改变。但相对而言，提升知识城市与信息城市可持续竞争力则相对可行，且对综合经济竞争力的带动作用更加明显。

（四）趋势与展望

吉林省会长春综合经济竞争力缺乏有力支撑，前期大力振兴的落后产能存在严重过剩，众多国企亏损严重，传统的工业结构和计划经济思路的影响给吉林省的转型带来巨大挑战。与其他东北省份相比，吉林省体量较小，但区域间发展不均衡、经济结构单一的问题最为严重。因此，在以国有工业企业为支柱的东北省份承受了经济硬着陆的内外压力时，吉林省未来短期内的综合竞争力发展也面临着巨大挑战。

长期来看，经济增速有望降中企稳，转变经济发展方式将会得到有序推进。随着服务业和战略性新兴产业规模增速的提高和民营企业占比逐渐扩大，基础设施投资持续加大，吉林省的综合经济竞争力有望在稳步发展之中实现稳中有进、稳中向好。此外，在“一带一路”战略下，吉林省不断提高开放水平，货运班列、国际海港等项目顺利开展。

可持续竞争力有望逐步提升。在五大发展理念的引领下，吉林省已在知识、和谐、生态、文化、全域、信息城市各方面取得了积极进展，且未来这些领域发展的趋势也比较乐观。拥有自主知识产权的标准动车组时速达到350公里，“吉林一号”商业卫星组的成功发射，西部经济生态区的开发建设等项目都证明了吉林可持续竞争力的持续提升和未来继续稳步发展的潜力。

(五) 战略与政策

目前吉林省已提出的发展战略包括“五大发展”和“东中西区域战略”。五大发展即创新发展、统筹发展、绿色发展、安全发展和开放发展；东中西区域战略即打造东部绿色转型发展区、中部创新转型核心区、西部生态经济区三大主体区域。

目前，吉林省的首要任务是继续深入贯彻落实创新驱动发展战略，重视科技创新和人才培养，发现并培育新的经济增长极。理清政府与市场的关系，转变政府职能，通过简政放权、制度改革等措施优化企业环境，健全中小企业扶持政策，激发民营资本活力。同时在需求端应完善基础设施，进一步加强生态文明建设，促进旅游业等持续健康发展。

2015年吉林省城市竞争力雷达图如图14—6所示。

三 中国城市竞争力（黑龙江）报告

2015年黑龙江省地区生产总值实现15083.7亿元，增长5.7%（见表14—5）。城镇居民人均可支配收入增长7%，农村居民人均可支配收入增长6.1%，城乡人均收入普遍快于经济增速，成为经济衰退中难得的亮点。面对经济下行的复杂形势，2015年黑龙江省主动适应经济发展新常态，着力构建“龙江丝路带”，积极应对大庆油田原油减产、石

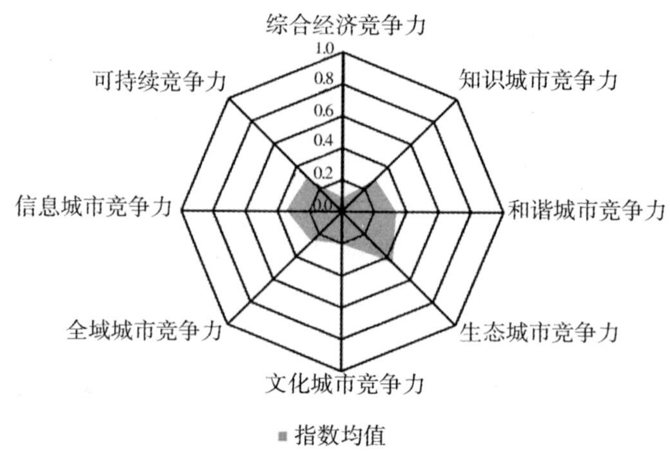

图 14—6　2015 年吉林省城市竞争力雷达图

资料来源：中国社会科学院城市与竞争力指数数据库。

油煤炭资源价格大幅下跌等对经济增长的严峻挑战，在既有国内总需求增长空间又有龙江鲜明供给优势的产业领域发力，推动创新创业，挖掘释放发展潜力，新的增长因素和力量也在不断汇集。

2015 年黑龙江省省情信息如表 14—5 所示。

表 14—5　　2015 年黑龙江省省情信息

土地面积	47.3 万平方公里
常住人口	3835 万人
城镇人口占常住人口比重	57.39%
GDP 总量及增长率	15083.7 亿元，5.7%
一、二、三产业占 GDP 比重	17.5%、31.8%、50.7%

资料来源：2015 年黑龙江省国民经济和社会发展统计公报。

2014 年和 2015 年黑龙江省城市综合竞争力排名如图 14—7 所示。

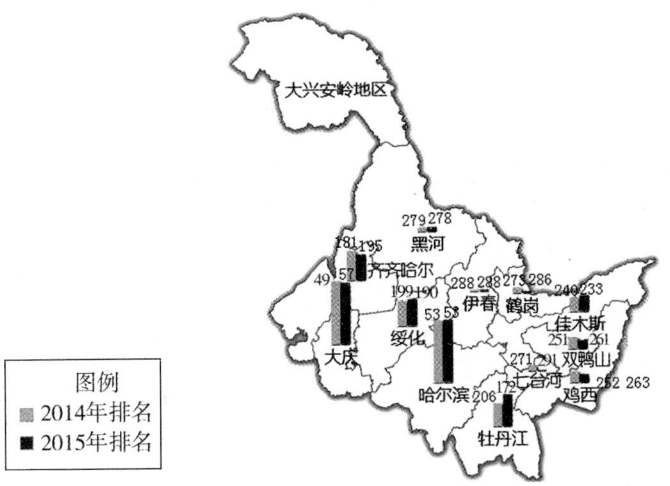

图 14—7　2014 年和 2015 年黑龙江省城市综合竞争力排名

资料来源：中国社会科学院城市与竞争力指数数据库。

2014 年和 2015 年黑龙江省城市可持续竞争力排名如图 14—8 所示。

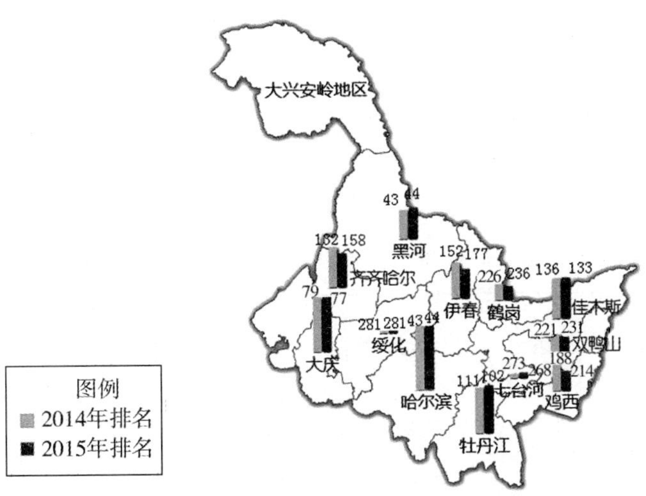

图 14—8　2014 年和 2015 年黑龙江省城市可持续竞争力排名

资料来源：中国社会科学院城市与竞争力指数数据库。

（一）总体与格局

总体概况：全省地区生产总值增长 5.7%。其中，第一产业增长 5.2%，高于全国平均 1.3 个百分点；第二产业由于能源工业负增长 3.7%，导致增速回落，增长 1.4%，低于全国平均 4.6 个百分点；第三产业增长 10.4%，高于全国平均 2.1 个百分点。从综合经济竞争力来看，省内各城市 2015 年排名依次是：哈尔滨、大庆、牡丹江、绥化、齐齐哈尔、佳木斯、双鸭山、鸡西、黑河、鹤岗、伊春、七台河。与 2014 年相比，哈尔滨、牡丹江、绥化的城市竞争力有小幅上升；而齐齐哈尔、佳木斯、七台河的省内排名有小幅下降。从可持续竞争力来看，哈尔滨、大庆进入前 100 位，分列第 44 位、第 77 位，相比 2014 年均有小幅度下降，而牡丹江由去年的第 111 位跌到第 172 位，另外有 7 个城市排名在 200 名之外。

现状格局：2015 年度黑龙江省综合经济竞争力指数均值为 0.060，在全国除西藏外的省级行政区域中排名第 29 位，目前经济发展势头比较差（见表 14—6）。其中哈尔滨、大庆分别排在全国第 53 位和第 57 位，处于综合经济竞争力较好的城市行列；七台河、伊春仅仅排在全国第 291 位和第 288 位，表现最差。2015 年度黑龙江省可持续竞争力指数均值为 0.267，在全国除西藏和台湾外的省级行政区域中排名第 24 位。

表 14—6　黑龙江省城市综合经济竞争力、宜居、宜商、可持续竞争力排名

城市竞争力	综合经济竞争力		可持续竞争力		宜居城市竞争力	宜商城市竞争力
城市	指数	排名	指数	排名	排名	排名
哈尔滨	0.133	53	0.488	44	145	25
齐齐哈尔	0.063	195	0.280	158	262	166
鸡西	0.042	263	0.224	214	268	173
鹤岗	0.030	286	0.193	236	222	249

续表

城市竞争力	综合经济竞争力		可持续竞争力		宜居城市竞争力	宜商城市竞争力
城市	指数	排名	指数	排名	排名	排名
双鸭山	0.043	261	0.202	231	270	239
大庆	0.129	57	0.391	77	180	60
伊春	0.030	288	0.257	177	276	211
佳木斯	0.054	233	0.312	133	272	189
七台河	0.028	291	0.134	268	251	260
牡丹江	0.067	172	0.351	102	236	118
黑河	0.035	278	0.270	169	269	231
绥化	0.064	190	0.101	281	289	274
指数均值	0.060	29	0.267	24	0.189	0.167
指数方差	0.001	11	0.012	11	0.011	0.011
变异系数	0.600	21	0.408	16	0.543	0.625

具体来看，黑龙江省城市竞争力总体上呈现以下特征：

第一，综合经济竞争力总体水平位居下游水平，省内城市差距较大。2015 年度黑龙江省综合经济竞争力排名全国第 29 位，较去年下降 1 位，继续在全国下游水平徘徊。综合经济竞争力指数变异系数为 0.600，全国排名第 21 位，较去年下降 4 位，表明省内城市间的经济发展水平差距有扩大的趋势。

第二，可持续竞争力总体水平位居中上游，省内差距相对稳定。2015 年度黑龙江省可持续竞争力排名全国第 11 位，水平位居全国中上游，较去年相比有较大幅度的上升。可持续竞争力指数变异系数为 0.408，位列全国第 16 名，表明省内各城市间可持续竞争力水平差距相对较大，如该省既有跻身全国第 44 名的哈尔滨，也有排名第 281 名的绥化。

第三，从宜居竞争力来看，黑龙江省内各城市表现较差，均居全国下游水平；从宜商竞争力来看，除了省会哈尔滨和工业城市大庆表现较佳外，其余城市均处于全国中下游水平。

第四，从可持续竞争力分项来看，黑龙江省整体上各竞争力方面离理想城市还有不小的差距（见表14—7）。在创新驱动的知识城市方面，黑龙江省总体处于全国中下游水平，而且城市间差距比较大。在公平包容的和谐城市方面，黑龙江省总体表现一般，但各城市间发展较不均衡。生态城市竞争力方面总体处于较差的水平。文化竞争力除了哈尔滨市外，其他城市均处于全国中等偏下的水平。在城乡一体的全域城市方面，黑龙江省处于全国的中下游水平，但各城市全域竞争力指数之间的状况差距较小。在交流便捷的信息城市方面，黑龙江省也处于全国的下游水平。

表14—7 黑龙江省城市可持续竞争力分项排名

可持续竞争力分项	知识城市竞争力	和谐城市竞争力	生态城市竞争力	文化城市竞争力	全域城市竞争力	信息城市竞争力
城市	排名	排名	排名	排名	排名	排名
哈尔滨	30	59	124	29	78	62
齐齐哈尔	218	80	99	170	166	203
鸡西	280	114	184	151	145	208
鹤岗	221	171	228	215	122	248
双鸭山	278	164	169	167	111	260
大庆	75	54	116	115	57	163
伊春	216	133	92	205	174	218
佳木斯	153	185	73	146	150	155
七台河	277	218	247	197	141	284
牡丹江	104	197	50	150	97	151
黑河	179	193	175	211	67	167
绥化	265	285	224	230	255	255
指数均值	0.275	0.277	0.399	0.189	0.258	0.307
指数方差	0.030	0.011	0.017	0.008	0.005	0.015
变异系数	0.634	0.378	0.330	0.468	0.279	0.402

资料来源：中国社会科学院城市与竞争力指数数据库。

（二）问题与软肋

黑龙江总体经济实力较差，结构性、体制性和市场化程度不高等深层次矛盾仍比较突出。2015 年经济增速回落的主要原因是产业结构不合理，油、煤、粮、木四大传统产业领域集中出现负向拉动。因此，黑龙江省在未来的经济发展中，要以转变经济发展方式为主线，推进具有龙江特色的供给侧结构性改革，提升产业核心竞争力。同时发挥哈尔滨、大庆等城市的增长极作用和哈尔滨新区的政策优势带动全省发展，提高各个城市的综合竞争力。

黑龙江省的可持续竞争力处于全国下游水平，省内各城市之间也存在较大的差距。黑龙江省开放多元的文化城市指数总体排名表现一般，只有哈尔滨进入了全国文化城市竞争力的前列，可见，黑龙江省各城市作为内陆城市，在对外开放方面以及突出自身个性方面远远不足。从信息城市竞争力来看，没有一个城市的信息城市竞争力进入全国前列，只有哈尔滨的信息竞争力进入了全国中等位置，黑龙江省在未来更应重视信息化在城市发展中的作用，不断加强“信息高速公路”的建设。因此，未来黑龙江省在推动经济发展稳步提升的同时，需要不断创新科学发展体制机制，更加注重经济发展的可持续性以及区域经济社会协调发展。

（三）现象与规律

从具体城市来看，产业门类相对齐全的地市增长较快，资源型城市增长回落。伴随着“大众创新、万众创业”的稳步推进和具有龙江鲜明供给优势的产业领域的发力，经济在预期中运行，新的增长因素和力量正进一步汇集。

经济总量大的哈尔滨和大庆工业增速稳步回升，为全省工业稳增长发挥了重要的支撑作用。考虑到哈尔滨和大庆这两个城市有较好的工业基础，在创新驱动城市发展方面有较大的潜力，未来应该更好地发挥哈尔滨和大庆的排头兵示范作用以及区域带动作用。与此同时，用全新体制机制高标准建设哈尔滨新区，做好顶层设计和整体规划，充分发挥哈尔滨新区在全省发展中的带动作用。

最近两年人才流失严重，黑龙江每年流失的人才相当于两个中等以上的县的人口。省内的逊克县约 10 万人，木兰县 26 万的人才，而经济较发达的县级市富锦也仅有 46. 3 万人。为留住人才，某些地市甚至推出了现金补贴等福利和签订长达 5 年以上的合同。应对人才流失，黑龙江省未来要大力推动对事业单位体制进行改革，优化环境，把优秀人才留住。

（四）趋势与展望

2016 年是实施“十三五”规划开局之年，黑龙江省经济发展既面临困难和挑战，也存在诸多有利因素。从不利因素看，全国经济下行压力仍然较大，对黑龙江省仍将产生较大影响；大庆油田原油产量继续调减，油价仍处在低位波动中，煤价、粮价难有回升，传统经济结构难以推动经济持续增长。从有利因素看，一是党中央、国务院高度重视东北地区等老工业基地振兴，中央通过了《关于全面振兴东北地区等老工业基地的若干意见》，国家将继续给予东北振兴政策支持。二是“十二五”期间，全省经济社会发展取得重大成就，经济结构调整取得积极进展，改革开放进一步深化，这一切都为进一步发展奠定了坚实基础。三是在既有国内总需求增长空间又有龙江供给竞争优势的特色产业以及若干高新技术产业等领域存在着重要机遇。

2016 年，黑龙江省经济下行压力依然较大，未来要继续依靠改革增动力、开放拓空间，来提升综合竞争力和可持续竞争力。坚持稳中求进工作总基调，创新实施“五大规划”发展战略，深入推进“龙江丝路带”建设，加快发展十大重点产业，着力加强结构性改革，去产能、去库存、去杠杆、补短板，提高供给侧质量和效率，提高投资有效性，加快培育新的发展动能，改造提升传统比较优势，增强持续增长动力。

（五）战略与政策

战略回顾：2015 年黑龙江省主动适应经济发展新常态，着力构建“龙江丝路带”，积极应对大庆油田原油减产、石油煤炭资源价格大幅下跌等对经济增长的严峻挑战，既借助国家支持，又挖掘内部潜力，在既有国内总需求增长空间又有龙江鲜明供给优势的产业领域发力，推动创新创业，经济在预期中运行，新的增长因素和力量正在不断汇集。

政策建议：在未来发展中，要基于黑龙江省的资源禀赋结构和特殊的沿边地理位置，发挥比较优势；继续拓展传统的资源红利基础，不断挖掘和释放改革和开放的双重红利空间，实现后发优势。通过外部优势要素和高端项目来激活本地内部要素，促进经济结构的调整，用增量来带动存量的优化和升级。具体来说，可以从以下四个方面着手。一是用全新体制机制高标准建设哈尔滨新区，充分发挥哈尔滨市在全省发展中的带动作用。二是夯实现代农业的优势基础，注重一、二、三产业融合，深入推进“两大平原”现代农业综合配套改革。三是深化国企改革，大力发展混合所有制经济，推动驻省央企下属机构与地方合资合作、深度融合，从而实现股权多元化。四是积极推进以对俄合作为重点的全方位对外开放，构建“中蒙俄经济走廊”黑龙江陆海丝绸之路经济带，注重与俄远东地区开发战略对接。

2015年黑龙江省城市竞争力雷达图如图14—9所示。

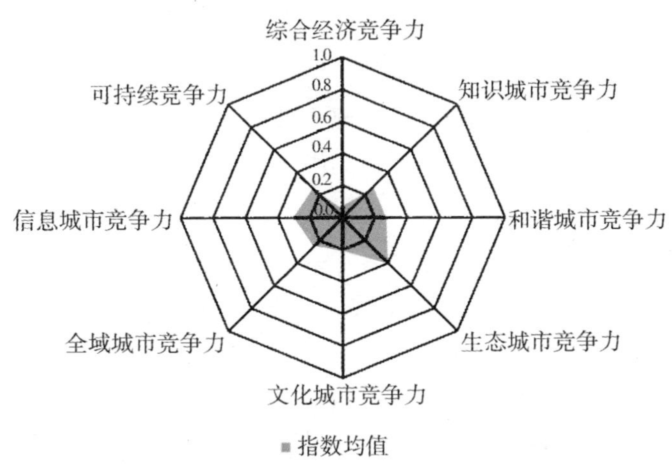

图14—9　2015年黑龙江省城市竞争力雷达图

资料来源：中国社会科学院城市与竞争力指数数据库。

第十五章　中国（中部地区）城市竞争力报告

谢海生　郭　晗*

一　中国城市竞争力（湖北）报告

近三年来，湖北省经济社会发展适应新常态，全面落实“竞进提质、升级增效”总要求，经济社会发展呈现“总量跨越、质效提升、位次前移”的竞进态势。湖北省城市竞争力总体特点：一是武汉“一城独大”，并且这种局面短期内难以改观；二是以宜昌为代表的第二梯队城市潜力无限；三是湖北城市生态环境竞争力优势明显。而全域城市竞争力是湖北可持续竞争力提升的瓶颈。得益于增速的保持和效率的保障，湖北城市综合竞争力稳步提升；湖北可持续竞争力已经扭转了连续下滑的不利局面，并且区域差异呈现收敛趋势。未来，湖北的发展方向是推进区域协调发展，努力促进公共服务均等化和加强基础设施建设水平，提升各城市发展的软硬实力；充分发挥生态大省的优势，保障发展的可持续性。

2015 年湖北省省情信息如表 15—1 所示。

表 15—1　　2015 年湖北省省情信息

土地面积	18.59 万平方公里
常住人口	5851.5 万人

* 谢海生，经济学博士，住房和城乡建设部政策研究中心助理研究员。郭晗，西北大学经济学院博士研究生。本章报告河南、湖北、湖南部分由谢海生撰写，安徽、江西、山西部分由郭晗撰写。

续表

城镇人口占常住人口比重	56.85%
GDP 总量及增长率	29550.19 亿元，8.9%
一、二、三产业占 GDP 比重	11.2%、45.7%、43.1%

资料来源：2015 年湖北省国民经济和社会发展统计公报。

2014 年和 2015 年湖北省城市综合经济竞争力排名如图 15—1 所示。

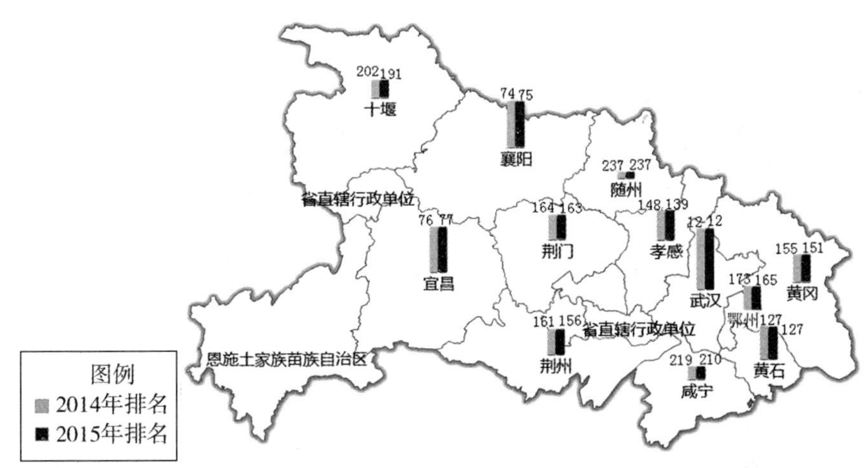

图 15—1 2014 年和 2015 年湖北省城市综合经济竞争力排名

资料来源：中国社会科学院城市与竞争力指数数据库。

2014 年和 2015 年湖北省城市可持续竞争力排名如图 15—2 所示。

（一）现状与优势

总体概况：近三年来，湖北省经济社会发展适应新常态，全面落实“竞进提质、升级增效”总要求，经济社会发展呈现“总量跨越、质效提升、位次前移”的竞进态势。从综合经济发展来看，经济总量不断扩大，由 2013 年的 24791.83 亿元增长到 29550.19 亿元；经济增速有所放缓，从 2013 年的 10.1%下降到 2015 年的 8.9%。湖北产业结构呈现不断优化的局面，服务业所占比重稳步提升，三次产业结构由 2013 年

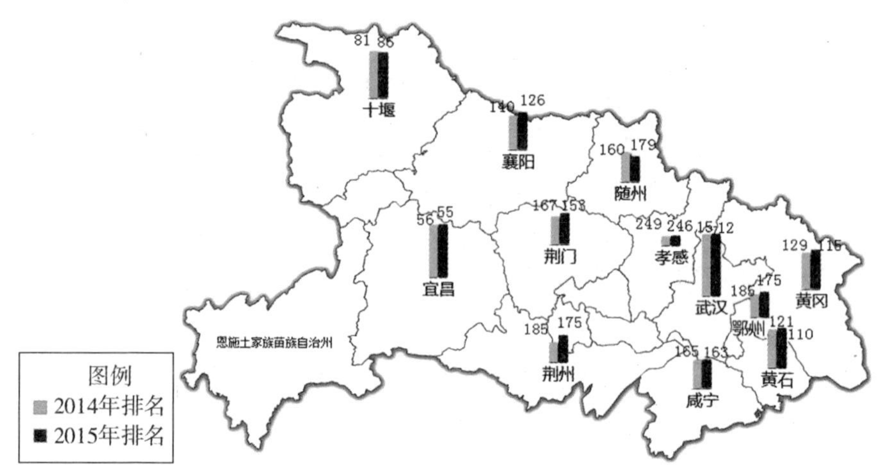

图 15—2 2014 年和 2015 年湖北省城市可持续竞争力排名

资料来源：中国社会科学院城市与竞争力指数数据库。

的 12.2：47.6：40.2 调整为 2015 年的 11.2：45.7：43.1，经济结构愈发合理。需求结构方面，2015 年固定资产投资 28250.48 亿元，投资规模增速持续放缓，近三年分别为 25.8%、20.4%、16.2%。要素结构方面，科技创新对经济的促进作用有所上升，用于研究与发展（R&D）经费支出较上年增长 10%；全年共签订技术合同 22787 项，技术合同成交金额 830.07 亿元，合同金额比上年增长 37.95%。湖北的宜居竞争力和宜商竞争力程度相对较为稳定，在中部地区排名靠前，优势明显。从可持续竞争力来看，生态城市与和谐城市两个方面表现较好，其他分项表现并不突出。总体来看，湖北省当前仍处在“竞进提质、升级增效”的关键期，一方面仍需要保持快速发展势头；另一方面需要关注发展的质量，特别是需要将绿色、可持续的理念融入发展之中，以期建成支点，走在前列，完成率先全面建成小康社会的宏伟目标。

现状格局：2015 年，湖北省综合竞争力指数为 0.098，在全国排名第 15 位，在中部各省排名第一位（见表 15—2）。同时，湖北省城市发展整体上呈现不均衡态势，综合竞争力指数方差和变异系数在中部省份中排名靠后。武汉优势明显，“一城独大”的局面短期来看难以改观。在宜居城市竞争力上，鄂州、荆门在省内表现抢眼，正向武汉靠拢；在宜商城市竞争力上，宜昌、襄阳排名靠前，逐渐形成对武汉的追赶之势。湖北省可持续竞争力指数为0.333，在全国排名第15位，领先其他中部省份。与综合竞争力不同的是，湖北省内城市可持续竞争力水平较为均衡，指数方差和变异系数均较小。

表15—2　　2015年湖北省城市综合竞争力、宜居、宜商、可持续竞争力及其分项排名

	综合经济竞争力		可持续竞争力		宜居城市竞争力	宜商城市竞争力	知识城市竞争力	和谐城市竞争力	生态城市竞争力	文化城市竞争力	全域城市竞争力	信息城市竞争力
城市	指数	排名	指数	排名	排名	排名	排名	排名	排名	排名	排名	排名
武汉	0.350	12	0.650	12	15	8	9	5	108	9	29	15
黄石	0.077	127	0.336	110	132	128	113	47	166	163	137	110
十堰	0.063	191	0.372	86	119	145	126	121	4	155	125	228
宜昌	0.110	77	0.461	55	105	44	65	36	10	64	130	113
襄阳	0.112	75	0.320	126	162	80	134	44	181	127	178	126
鄂州	0.069	165	0.261	175	49	221	191	124	185	182	182	152
荆门	0.070	163	0.287	153	87	160	184	64	137	208	176	175
孝感	0.074	139	0.175	246	200	240	185	277	258	195	237	149
荆州	0.071	156	0.274	168	206	167	94	208	162	176	209	164
黄冈	0.072	151	0.331	115	233	224	139	201	33	145	149	229
咸宁	0.060	210	0.277	163	215	219	156	233	18	257	198	214
随州	0.052	237	0.255	179	261	262	197	279	35	194	207	196
指数均值	0.098	15	0.333	16	0.378	0.206	0.379	0.315	0.509	0.211	0.225	0.400
指数方差	0.007	23	0.015	15	0.019	0.020	0.020	0.028	0.041	0.018	0.008	0.018
变异系数	0.827	25	0.366	11	0.361	0.685	0.372	0.531	0.400	0.636	0.409	0.334

资料来源：中国社会科学院城市与竞争力指数数据库。

湖北省城市竞争力总体上呈现以下特征：

第一，武汉优势明显，“一城独大”的局面短期难以改观。武汉市地区生产总值10069.48亿元，常住人口1033.8亿元，分别占到湖北全省的36.78%和17.78%（2014年统计数据）。武汉不仅是湖北最大的城市，也是中部地区最大的城市。其综合竞争力排在全国所有城市的第12名，可持续竞争力排在第11名，发展的体量和可持续性均优势明显，实为中部城市的翘楚。在综合竞争力方面，湖北只有襄阳和宜昌分别排在第75、77名，其余所有城市均在100名之外，与武汉的差距较大。其他湖北城市在可持续竞争力上差距也较大，难以在短期内实现赶超。

第二，宜昌为代表的第二梯队城市潜力无限。宜昌、襄阳、十堰等城市发展势头良好。在综合竞争力方面，宜昌排在全国第77名，省内仅次于武汉（第12名）和襄阳（第75名）；宜昌和襄阳的综合增量竞争力和综合效率竞争力同比均有所提升。宜昌和十堰发展的可持续性较好，分别排在全国第55名和第88名，紧随武汉之后。此外，湖北省内第二梯队城市的宜居、宜商竞争力与武汉相比差距并不大。“十三五”期间，随着“三峡生态经济合作区”和“三峡综合交通运输体系”两大国家战略的实施，以宜昌为代表的第二梯队城市潜力无限，与省会武汉的差距将逐渐缩小。

第三，生态环境竞争力优势明显。作为千湖之省，境内水系纵横。湖北的12个城市中，有5个城市生态城市竞争力排在全国前100名，十堰和宜昌分别排在第4名和第10名，优势显著（武汉仅排在第108名）。“十三五”期间，打绿色生态牌将是湖北城市实现弯道超车的重要支撑，湖北省内城市也可考虑专注绿色发展，以避免与武汉的同质竞争。

（二）问题与劣势

第一，武汉独占资源，省内城市差异较大。虽然湖北省综合竞争力在全国排名第15位，在中部地区位列第一，但是省内各城市发展的均衡性较差，综合竞争力指数方差和变异系数排名较后，与其他中部省份相比不具优势。同时，武汉作为省会城市，占据了绝对优势，资本、人口（劳动力和市场）、科技等要素都向武汉集聚，2014 年其 GDP 规模更是占到全省的 36.78%。这表现在综合竞争力上就是，武汉为全国第 12 名，而襄阳和宜昌分别排在第 75 名和第 77 名，其余 9 个城市均排在 100 名之外。

第二，全域城市竞争力是可持续竞争力提升的瓶颈。湖北的可持续竞争力表现较好，排在所有省份的第 16 名，难能可贵的是省内城市发展较为均衡，可持续竞争力指数方差和变异系数较小。考察可持续竞争力的各分项发现，其以生态城市竞争力表现最佳：十堰、宜昌分别排在全国的第 4 名和第 10 名，另有三个城市进入全国前 100 名。相比而言，全域城市竞争力成为可持续竞争力提升的瓶颈，表现最好的武汉仅排在全国第 29 名，其余城市均在百名之外，差距明显。未来，走适宜湖北资源禀赋和发展阶段的新型城镇化道路成为必然，这需要降低城乡之间、城市之间公共设施和公共服务均等化水平的差异。

（三）现象与规律

湖北是承东启西，连南接北的交通枢纽。武汉天河机场是中部地区首个 4F 机场，武汉是中国高铁客运专线网主枢纽，中国四大铁路枢纽、六大铁路客运中心。湖北素有千湖之省的别称，省内水道丰富。湖北省的各种交通优势明显，这也是湖北省城市竞争力得以保障、提升的关键之所在。按照湖北的规划目标：依托长江经济带综合立体交通走廊，将形成以武汉国家级流通节点城市为支点，宜昌、襄阳、荆州 3 个全国区域级流通节点城市为支撑的省域流通通道。这是顺应“一带一路”建设的大形势，有助于形成国内市场枢纽、拓展商品集散和资源配置功能，最终巩固和提升国内市场枢纽地位。

以交通枢纽为核心的实质是现代化的交通基础设施体系；在“互联网+”时代，信息技术基础设施升级换代，物联网技术应用，以及与高端知名互联网企业的战略合作将是提升湖北城市综合竞争力的关键。

（四）趋势与展望

得益于增速的保持和效率的保障，湖北城市综合竞争力稳步提升。GDP 的较快增长是城市综合竞争力提升的重要保障。近年来，我国发展步入新常态，各地经济增速放缓尤其明显，2015 年全国 GDP 增速仅为 6.9%。当前湖北的情况是：一方面，多数城市尚处在工业化和城镇化快速发展阶段，需要保持一个较快的经济增速；另一方面，综合效率竞争力也表现俱佳，这对湖北城市的综合竞争力水平提升尤为重要。近三年来，湖北多数城市的综合增量竞争力和综合效率竞争力均有较大幅度提升，这有助于稳步提升湖北城市的综合竞争力水平。

湖北可持续竞争力已经扭转了连续下滑的不利局面，并且区域差异呈现收敛趋势。纵观湖北城市三年来的可持续竞争力水平，竞争力指数已经扭转连续下行趋势，多数城市可持续竞争力排名有所上升；并且省内城市发展差异较小，可持续竞争力整体发展趋势向好。

（五）政策建议

战略回顾：湖北适应经济发展新常态，全面落实“竞进提质、升级增效”总要求，努力践行“绿色决定生死、市场决定取舍、民生决定目的”三维纲要。近年来，加快建设“三基地一枢纽”，着力构建“两横两纵”经济带、长江经济带开放开发、“三峡后续工作规划”、“南水北调工程生态补偿”、武汉城市圈“两型”社会综合配套改革、武汉市综合交通枢纽试点城市、东湖国家自主创新示范区等国家战略实施和重大项目建设，为湖北省经济社会发展提供了有力支撑，为“建成支点、走在前列”的战略目标实现奠定了良好的基础。

政策建议：湖北应抓住国家实施促进中部地区全面崛起、“一带一路”、长江经济带和长江中游城市群建设等战略的重要机遇期，发挥交通区位和内陆开放的高地优势，拓展空间纵深，塑造空间优势。努力促进公共服务均等化和加强基础设施建设水平，提升各城市发展的软硬实力；推进区域协调发展，打破武汉“一城独大”的困局，逐渐缩小省内城市的差距，实现共同发展、共同富裕的目标。具体的措施是区域协同发展，推动襄阳、宜昌国家创新型城市建设，加快推进武汉国家技术转移中部中心及襄阳、宜昌区域技术转移分中心建设。此外，应继续发挥生态大省的优势，保障发展的可持续性。

2015 年湖北省城市竞争力雷达图如图 15—3 所示。

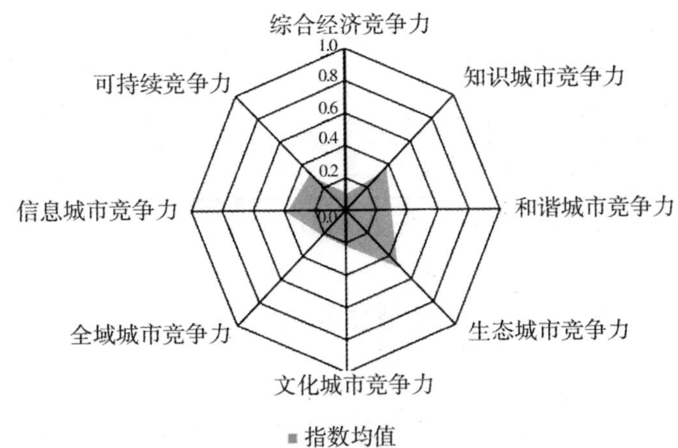

图 15—3　2015 年湖北省城市竞争力雷达图

资料来源：中国社会科学院城市与竞争力指数数据库。

二　中国城市竞争力（湖南）报告

近三年来，湖南省着力促进经济总量、发展质量、人均均量“三量齐升”；坚定“五化同步”新路径，湖南省经济社会发展呈现稳中有进、稳中趋优的良好局面。湖南省城市竞争力总体上呈现以下特征：一方面长株潭地区已成为湖南综合竞争力提升的发动机；另一方面，多数湖南城市可持续竞争力下降有所缓和，长株潭三地逆势提升。总的来看，湖南经济结构和产业结构更趋优化，一批战略性新兴产业做大做强，新的增长动力正在孕育形成，城市竞争力提升后劲可期。同时我们也应看到，虽然湖南城市可持续竞争力有所下滑，但是这种趋势正在减缓，长株潭区域一体化发展有助于城市综合竞争力的持续提升。

2015 年湖南省省情信息如表 15—3 所示。

表 15—3　2015 年湖南省省情信息

土地面积	21.18 万平方公里
常住人口	6783.0 万人

续表

城镇人口占常住人口比重	50.89%
GDP 总量及增长率	29047.2 亿元，8.6%
一、二、三产业占 GDP 比重	11.5%、44.6%、43.9%

资料来源：2015 年湖南省国民经济和社会发展统计公报。

2014 年和 2015 年湖南省城市综合经济竞争力排名如图 15—4 所示。

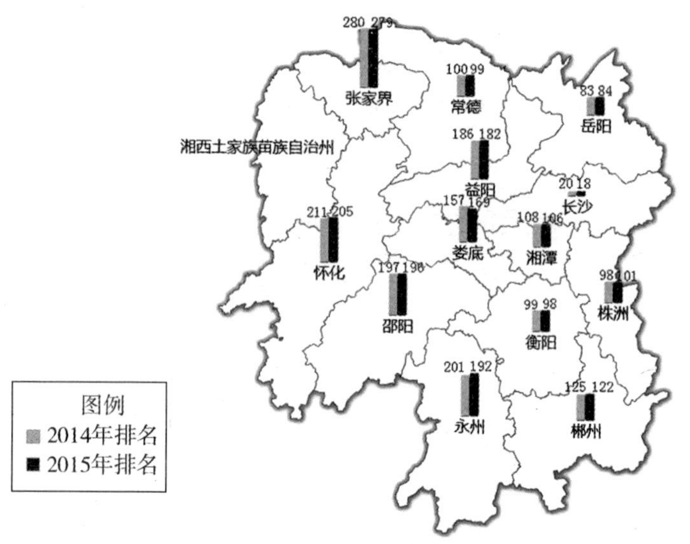

图 15—4　2014 年和 2015 年湖南省城市综合经济竞争力排名

资料来源：中国社会科学院城市与竞争力指数数据库。

2014 年和 2015 年湖南省城市可持续竞争力排名如图 15—5 所示。

（一）现状与优势

总体概况：近三年来，湖南省主动适应、引领经济发展新常态，着力促进经济总量、发展质量、人均均量“三量齐升”；坚定“五化同步”新路径，协同推进新型工业化、信息化、城镇化、农业现代化和绿色化，湖南省经济社会发展呈现稳中有进、稳中趋优的良好局面。从综

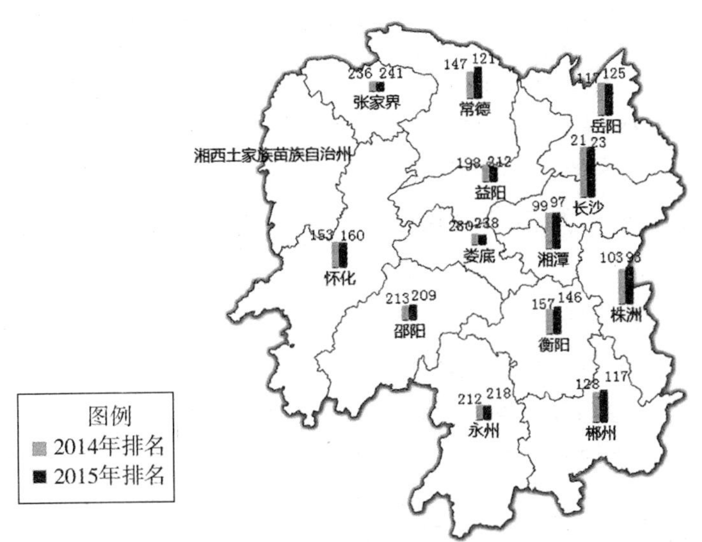

图 15—5　2014 年和 2015 年湖南省城市可持续竞争力排名

资料来源：中国社会科学院城市与竞争力指数数据库。

合经济发展来看，产业结构呈现积极变化，三次产业比例由 2013 年的 12.7∶47.0∶40.3 调整为 2015 年的 11.5∶44.6∶43.9，经济结构进一步优化；需求结构方面，在投资规模降速的大背景下，湖南的固定资产投资额为 25954.3 亿元，增速有所放缓，近三年分别为 26.1%、27.5%、18.2%，但是投资结构进一步优化，民间投资额占全部投资的比重为 65.4%，信息传输、软件和信息技术服务业投资额同比增长 127.5%；要素结构方面，科技创新对经济发展的贡献突出，战略新兴产业继续保持高速增长，占 GDP 比重达到 11.5%。湖南的宜居、宜商竞争力彻底扭转 2014 年度的下滑趋势，省内多数城市的宜居、宜商城市竞争力水平都有着不同程度的提升。从可持续竞争力来看，湖南省仅处于全国的第 21 名，各分项中生态城市竞争力与和谐城市竞争力表现较好；值得关注的是，湖南省内各城市的可持续竞争力差异不大，指数方差和变异系数均排在省份中的第 10 名。总体来看，湖南正处在增速放缓的发展阶段，未来一段时期将继续发挥非公有制经济的活力，依靠科技创新和战略新兴产业的带动，保持中高速的增长。

现状格局：2015 年度湖南省综合经济竞争力指数均值为 0.091，在全国省区市中排名第 17 位（见表 15—4）。湖南的宜居城市竞争力水平继续保持快速提升，省内多数城市排名均有较大前进；在宜商城市竞争力领域，湖南一改 2014 年的颓势，发展较为平稳，并有小幅进步。可持续竞争力水平虽然排在省区市的第 21 名，但是内部城市差异较小，指数方差和变异系数的指标结果均表明可持续竞争力内部发展较为均衡。

表 15—4　　2015 年湖南省城市综合竞争力、宜居、宜商、可持续竞争力及其分项排名

	综合经济竞争力		可持续竞争力		宜居城市竞争力	宜商城市竞争力	知识城市竞争力	和谐城市竞争力	生态城市竞争力	文化城市竞争力	全域城市竞争力	信息城市竞争力
城市	指数	排名	指数	排名	排名	排名	排名	排名	排名	排名	排名	排名
长沙	0.257	18	0.599	23	45	13	15	18	59	28	21	45
株洲	0.096	101	0.364	93	74	74	122	51	118	191	95	95
湘潭	0.094	106	0.362	97	31	135	57	46	190	154	96	137
衡阳	0.096	98	0.291	146	141	132	123	180	157	212	179	102
邵阳	0.063	196	0.229	209	154	252	215	132	94	259	241	215
岳阳	0.104	84	0.322	125	71	136	143	60	80	124	171	219
常德	0.096	99	0.325	121	112	112	141	90	49	171	129	212
张家界	0.035	279	0.187	241	104	192	288	228	60	235	260	216
益阳	0.065	182	0.226	212	230	246	187	125	163	160	239	243
郴州	0.079	122	0.330	117	201	142	145	65	57	260	202	114
永州	0.063	192	0.221	218	205	140	237	237	104	251	262	129
怀化	0.061	205	0.279	160	232	220	196	147	55	179	189	224
娄底	0.069	169	0.189	238	114	212	239	245	152	279	224	180
指数均值	0.091	17	0.302	21	0.401	0.193	0.323	0.325	0.494	0.156	0.209	0.377
指数方差	0.003	18	0.012	10	0.013	0.010	0.029	0.012	0.010	0.011	0.015	0.014
变异系数	0.595	20	0.360	10	0.283	0.531	0.526	0.337	0.201	0.659	0.594	0.312

资料来源：中国社会科学院城市与竞争力指数数据库。

湖南省城市竞争力总体上呈现以下特征：

第一，长株潭地区已成为湖南综合竞争力提升的发动机。长沙、株洲、湘潭三个城市沿湘江呈“品”字形分布，两两相距不足 20 公里，在两型实验区政策的推动下，区域一体化进程快速推进。长沙综合竞争力在省内处于绝对领先地位，综合竞争力排在第 18 名，是长株潭地区的领头羊；株洲、湘潭两地实力相当，综合竞争力分别排在第 101 名和第 106 名，在湖南稳步于第二梯队。三地的发展呈现“一极两翼”的态势。近两年，三地的综合竞争力水平整体快速提升。2015 年，长株潭地区生产总值 12548.3 亿元，占湖南全省的 43.20%；同时，长株潭也是湖南发展速度最快的地区，2015 年地区生产总值增速 9.8%，快于湖南省（8.7%）、大湘西地区（8.6%）和洞庭湖地区（8.7%），长株潭地区已成为湖南综合竞争力提升的发动机。

第二，多数湖南城市可持续竞争力下降有所缓和，长株潭三地逆势提升。湖南省的可持续竞争力指数为 0.302，仅排在全国省区市的第 21 名。三年来，湖南省多数城市的可持续竞争力有所下降，2015 年相对 2014 年仅有 8 个城市可持续竞争力排名退步；2016 年相对 2015 年退步有所缓解，排名退步城市下降为 7 个。与之形成反差的是，长株潭地区的可持续竞争力指数在 2016 年已经完成反转，排名情况相对 2015 年均有大幅提升，分别排在全国第 21 名、第 93 名和第 86 名，城市发展的可持续性得到保障。

（二）问题与劣势

第一，湖南城市综合竞争力整体呈现“东强西弱”格局，发展极不平衡。湖南省城市综合竞争力整体呈现“东强西弱”的格局，省内 13 个城市中：长沙综合竞争力排在全国第 18 名，第二梯队是岳阳（第 84 名）、衡阳（第 98 名）和常德（第 99 名），第三梯队是株洲（第 101 名）、湘潭（第 106 名）、郴州（第 122 名），无一例外均处在湖南东部。2015 年，大湘西地区生产总值为 4896.5 亿元，仅占湖南的 16.86%；与之形成反差的是长株潭三市的地区生产总值占全省的比重高达 43.20%。

第二，文化城市竞争力、全域城市竞争力和信息城市竞争力成为制约可持续竞争力提升的主要因素。湖南的可持续竞争力指数为 0. 302，仅排在全国省区市的第 21 名；并且近三年来，多数湖南城市可持续竞争力排名有所下降。从分项来看，文化城市竞争力、全域城市竞争力和信息城市竞争力成为制约可持续竞争力提升的主要因素。在文化城市竞争力中，长沙一枝独秀，排名在第 28 名，其余 12 个城市平均排名达到 206 名；在全域城市竞争力上，长株潭一体化程度较高，三市分别排在第 21 名、第 95 名和第 96 名，而其他湖南城市均排在百名之外；在信息城市竞争力中，表现最好的长沙也仅排在第 45 名。

（三）现象与规律

经济结构和产业结构更趋优化，湖南城市竞争力提升后劲可期。湖南省 2015 年的三次产业结构进一步优化，三次产业比重达到 43. 9%，较上年提升 1. 7 个百分点。高新技术产业增加值进一步提高，占地区生产总值的比重为 21. 1%；非公有制经济快速增长，增加值为 17316. 4 亿元，增长 9. 2%，占地区生产总值的比重为 59. 6%，主体地位更趋稳固。与此同时，湖南的产业结构再度优化，2015 年战略性新兴产业增加值为 3335. 3 亿元，增长 9. 5%，占 GDP 的比重为 11. 5%。在当前经济新常态的宏观背景下，湖南的固定资产投资进一步增长，2015 年不含农户投资额达到 25954. 3 亿元，比上年增长 18. 2%。其中，民间投资 16977. 9 亿元，占比 65. 4%；非国有投资 18124. 3 亿元，占比 69. 8%。从投资的产业来看，对高新技术产业的投资增长迅速，2015 年对信息传输、软件和信息技术服务业，科学研究和技术服务业增速最快，同比增长高达 127. 5%和 46. 6%。湖南经济结构调整取得明显成效，一批战略性新兴产业做大做强，新的增长动力正在孕育形成。

（四）趋势与展望

湖南可持续竞争力的下滑趋势正在减缓，长株潭区域一体化发展有助于城市综合竞争力的持续提升。城市可持续竞争力是从投入层面衡量城市竞争力，它是可持续的、长期的竞争力，可持续竞争力将会转变为未来的城市综合竞争力。近年来虽然湖南综合竞争力同比下滑，2015 年度报告的可持续竞争力指数为 0. 302，仅排在省区市的第 21 名，并且多数城市可持续竞争力排名都有所退步。但同时也存在很多积极的因素：一是省内城市的可持续竞争力发展较为均衡，考察可持续竞争力的指数方差和变异系数两个关键指标，均排在省区市的第 10 名；二是长株潭地区作为湖南的经济增长极，由于区域一体化和两型实验区建设取得重大进展，可持续竞争力已经扭转连续下滑的趋势，2015 年度相对 2014 年度排名均有所上升；三是从分项来看，湖南城市的和谐城市竞争力和生态城市竞争力优势较为明显，如和谐城市竞争力与生态城市竞争力分别有六七个城市排在全国前 100 名。

（五）政策建议

战略回顾：湖南省大力推进长株潭两型实验区、国家自主创新示范区和湘江新区建设，区域发展协调性不断增强，先后形成长株潭、环洞庭湖、大湘南和大湘西四大区域板块。湖南的重大基础设施建设逐渐完善，“十二五”期间高速公路和高速铁路通车里程分居全国第五位和第一位；在产业结构上，确立了文化产业为支柱产业，在“互联网+”时代，加大对高新技术产业和战略新兴产业的投入，注重文化、人才、科技创新等要素聚集融合，为未来城市综合竞争力的持续发展奠定了基础。

政策建议：坚持协调发展的总基调。统筹推进省内长株潭、环洞庭湖、大湘南和大湘西四大区域板块的协调发展，立足未来湖南的全国现代综合交通枢纽地位，对接“一带一路”、中部崛起和长江经济带建设等国家区域发展战略，进一步优化空间布局、明确产业定位、发挥功能作用。以长株潭一体化模式为契机，促进区域协调发展，最终实现资源高效配置、要素有序自由流动、主体功能约束有效、基本公共服务均等、资源环境可承载的区域协调发展新格局。在可持续竞争力上，充分发挥和谐城市竞争力、生态城市竞争力分项上的优势，通过全域城市竞争力和信息城市竞争力的提升，最终实现城市综合竞争力的可持续发展。

2015 年湖南省城市竞争力雷达图如图 15—6 所示。

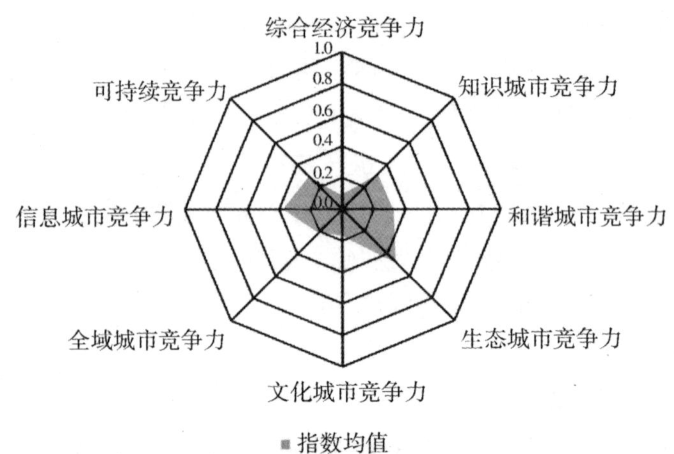

图 15—6 2015 年湖南省城市竞争力雷达图

资料来源：中国社会科学院城市与竞争力指数数据库。

三 中国城市竞争力（河南）报告

近三年来，河南省主动适应和引领经济发展新常态，转型升级取得重大突破，开放改革开创新局面，经济总量稳居全国第五位。河南省城市竞争力总体上呈现以下特征：一是河南城市综合竞争力在中部地区处于领先地位；二是河南省内城市综合竞争力实力较为均衡协调；三是郑州城市综合竞争力稳步提升。同时，也应看到河南城市综合竞争力呈现“西退东进”格局；并且可持续竞争力表现较差，生态环境竞争力成为短板。未来应顺应国家“一带一路”战略，充分发挥郑州航空港经济综合实验区的开放引领作用；不断加快转变经济发展方式，调整产业结构，在资源环境的强约束下，走绿色发展的道路，最终实现“四个河南”的宏伟目标。

2015 年河南省省情信息如表 15—5 所示。

表 15—5　　**2015 年河南省省情信息**

土地面积	16.7 万平方公里
常住人口	9480 万人
城镇人口占常住人口比重	46.85%
GDP 总量及增长率	37010.25 亿元，8.3%
一、二、三产业占 GDP 比重	11.4%、49.1%、39.5%

资料来源：2015 年河南省国民经济和社会发展统计公报。

2014 年和 2015 年河南省城市综合经济竞争力排名如图 15—7 所示。

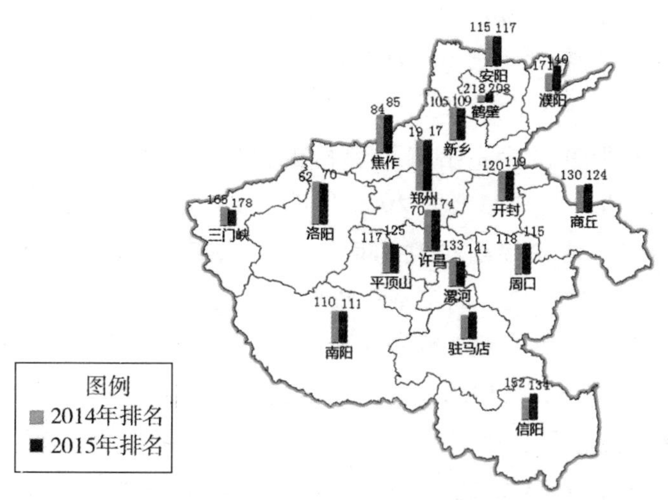

图 15—7　2014 年和 2015 年河南省城市综合经济竞争力排名

资料来源：中国社会科学院城市与竞争力指数数据库。

2014 年和 2015 年河南省城市可持续竞争力排名如图 15—8 所示。

（一）现状与优势

总体概况：近三年来，河南省主动适应和引领经济发展新常态，转型升级取得重大突破，开放改革开创新局面，经济总量稳居全国第五

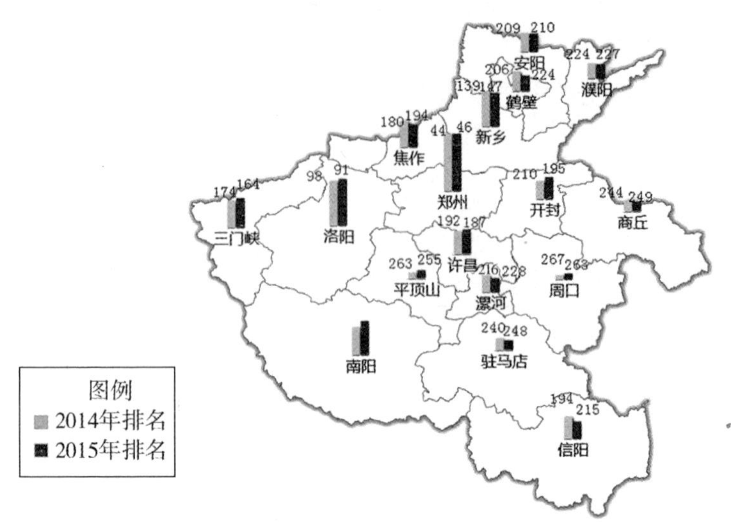

图 15—8　2014 年和 2015 年河南省城市可持续竞争力排名

资料来源：中国社会科学院城市与竞争力指数数据库。

位。从综合经济发展来看，产业结构呈现积极变化，三次产业比例由 2013 年的 12.6：55.4：32.0 调整为 2015 年的 11.4：49.1：39.5，经济由第二产业占据主导地位逐渐过渡到依靠服务业之上；需求结构方面，投资拉动型经济有所收敛，固定资产投资增速连续三年放缓，分别为 22.2%、18.0%、16.5%，投资结构有所改善，第二产业投资增速连续三年放缓，分别为 19.5%、17.1%、10.7%，第三产业投资增速达到 21.8%；要素结构方面，科技创新对经济发展的贡献不足，用于研究与发展（R&D）经费支出仅 440 亿元，占全省生产总值的 1.2%。三年来，河南的宜居城市竞争力有小幅提升，但排名最好的郑州也仅排在第 76 名；宜商竞争力除郑州（第 19 名）、洛阳（第 46 名）和南阳（第 97 名）较具竞争力外，其余城市整体表现较差。从可持续竞争力来看，整体表现较差，处于全国下游水平，生态环境竞争力与和谐城市竞争力是制约河南城市可持续竞争力提升的关键分项。总体来看，河南当前仍处在工业主导的发展阶段，第二产业占据较大比重，在经济结构转型的关键期，既需要经济继续保持中高速的发展，同时又面临资源环境的约束，如何处理好两者的关系是河南城市综合竞争力提升的关键。

现状格局：2015 年度河南省综合经济竞争力指数均值为 0.095，在全国省区市中排名第 16 位（见表 15—6）。其中郑州排在全国所有城市的第 17 位，跻身综合经济竞争力最好的城市之列。2015 年度河南省可持续竞争力指数均值为 0.244，在全国省区市中排名第 27 位。

表 15—6　　2015 年河南省城市综合竞争力、宜居、宜商、可持续竞争力及其分项排名

	综合经济竞争力		可持续竞争力		宜居城市竞争力	宜商城市竞争力	知识城市竞争力	和谐城市竞争力	生态城市竞争力	文化城市竞争力	全域城市竞争力	信息城市竞争力
城市	指数	排名	指数	排名	排名	排名	排名	排名	排名	排名	排名	排名
郑州	0.261	17	0.486	46	76	19	31	63	226	21	47	33
开封	0.083	119	0.241	195	163	245	178	213	233	94	200	181
洛阳	0.118	70	0.366	91	101	46	79	130	214	44	154	73
平顶山	0.078	125	0.152	255	228	172	150	217	287	198	180	240
安阳	0.084	117	0.227	210	211	191	121	207	285	73	167	172
鹤壁	0.060	208	0.209	224	184	253	223	141	241	238	153	168
新乡	0.093	109	0.290	147	190	182	112	166	207	227	147	94
焦作	0.104	85	0.241	194	123	183	127	231	244	140	82	204
濮阳	0.074	140	0.204	227	98	184	204	129	236	158	223	213
许昌	0.113	74	0.247	187	188	201	136	270	161	233	86	179
漯河	0.074	141	0.204	228	156	213	231	168	245	224	227	125
三门峡	0.066	178	0.277	164	202	198	164	136	186	202	132	134
南阳	0.090	111	0.292	145	263	97	128	241	76	68	261	182
商丘	0.078	124	0.172	249	282	187	206	246	268	141	235	171
信阳	0.075	134	0.224	215	235	230	188	288	42	228	268	178
周口	0.086	115	0.141	263	181	271	232	286	148	285	259	221
驻马店	0.076	131	0.173	248	242	251	219	275	179	217	244	210
指数均值	0.095	16	0.244	27	0.313	0.166	0.324	0.207	0.274	0.197	0.197	0.378

续表

	综合经济竞争力		可持续竞争力		宜居城市竞争力	宜商城市竞争力	知识城市竞争力	和谐城市竞争力	生态城市竞争力	文化城市竞争力	全域城市竞争力	信息城市竞争力
城市	指数	排名	指数	排名	排名	排名	排名	排名	排名	排名	排名	排名
指数方差	0.002	15	0.007	5	0.011	0.010	0.013	0.012	0.026	0.014	0.008	0.012
变异系数	0.481	13	0.345	9	0.329	0.593	0.356	0.522	0.593	0.596	0.463	0.288

资料来源：中国社会科学院城市与竞争力指数数据库。

河南省城市竞争力总体上呈现以下特征：

第一，河南城市综合竞争力在中部地区处于领先地位。2015 年度河南省综合竞争力排在全部省区市的第 16 名，仅落后于湖北省（第 15 名），稳居中部地区第一梯队。从城市来看，郑州综合竞争力排在第 17 名，在中部地区也仅落后于武汉（第 12 名）。

第二，河南省内城市综合竞争力实力较为均衡协调。与湖北省武汉的“一城独大”相比，河南省的城市综合竞争力发展较为均衡。河南 17 个地级及以上城市中，郑州（第 17 名）综合竞争力表现最好，表现最差的是三门峡（第 178 名）和鹤壁（第 208 名），并且排名都较 2014 年有所上升。其余 14 个城市综合竞争力排名均匀分布在第 70 名至第 150 名之间。

第三，郑州城市综合竞争力稳步提升。近年来，随着郑州的交通基础设施建设大发展，新郑机场二期等重大项目建成投用，米字形高速铁路网建设全面展开，郑州成为国家级互联网骨干直联点，基础支撑能力显著增强，郑州的综合竞争力排名稳步提升，近三年报告分别取得第 20 名、第 19 名和第 17 名。不仅如此，随着郑汴一体化的推进，开封的发展速度也进一步加快，综合增量竞争力有了较快增长，综合竞争力水平不断攀升，排到第 119 名。

（二）问题与劣势

第一，河南城市综合竞争力呈现“西退东进”格局。从城市综合竞争力来看，豫西城市综合竞争力下滑严重，豫西的三门峡、洛阳、平顶山城市综合竞争力排名均有不同程度的持续下滑，三个城市最近两年累计下滑名次分别是 24 名、7 名和 16 名，而这主要是由于综合增量竞争力下降所导致的。与之形成反差的是，豫东城市综合竞争力排名稳步提升，商丘、开封、周口综合竞争力排名均有不同程度上升，信阳、驻马店表现较为抢眼，分别较 2014 年上升 18 名、13 名。

第二，河南可持续竞争力表现较差，生态环境竞争力成为短板。与综合竞争力指数相比，河南的可持续竞争力指数排名仅排在所有省区市的第 27 名，是中部地区排名垫底的省份。郑州作为省内领头羊也仅排在第 46 名，其余 16 个城市排名均值达到 203 名左右。考察可持续竞争力的各分项发现，生态城市竞争力是制约可持续竞争力的重要短板，郑州仅排在第 226 名。

（三）现象与规律

顺应国家“一带一路”战略，河南逐渐发挥开放型经济优势。河南省 2015 年进出口总额突破 700 亿美元，较 2010 年翻了两番；中国首个国家级航空港经济综合实验区——郑州航空港经济综合实验区引领开放的作用日益彰显，郑州国际物流中心和全球智能终端制造基地初步形成；郑州机场已经开通国际客货运航线 47 条（其中客运 20 条，货运 27 条），覆盖亚、欧、美、澳四大洲。2015 年，郑州航空港经济综合实验区规模以上工业增加值比上年增长 26.0%，实现主营业务收入 2651.88 亿元，增长 26.3%。郑州航空港区成为郑州经济发展的新板块和中原经济区的龙头。此外，郑欧班列运营综合指标居中欧班列首位，郑州跨境贸易电子商务服务试点综合指标居全国试点城市首位。以郑州为代表的河南城市正成为连通境内外、辐射东中西的物流通道枢纽，服务于丝绸之路经济带建设。

（四）趋势与展望

可持续竞争力的发展情况将决定河南城市综合经济竞争力水平。根据城市竞争力的理论框架，综合经济竞争力是产出的、当前的、短期的城市竞争力，可持续竞争力是投入的、可持续的、长期的竞争力，可持续竞争力将转化为未来的综合经济竞争力。随着交通基础设施的大规模投资建设，交通枢纽地位逐渐确立，经济结构逐渐优化，对外开放程度不断增大，河南城市的综合竞争力发展势头良好。同时，可持续竞争力的较大程度下滑必须加以重视，特别是生态城市竞争力的短板必须直面应对，这是“四个河南”和全面建成小康社会的必然要求。

（五）政策建议

战略回顾：近年来，河南的基础设施投资建设得到长足发展，郑州机场二期等重大项目建成投入使用，米字形高速铁路网建设全面展开，实现河南所有县（市）城 20 分钟上高速，郑州成为国家级互联网骨干直联点，基础支撑能力显著增强。河南省积极推行区域协同发展，郑汴一体化不断推进，中原城市群成为国家重点培育发展的城市群之一。河南的开放改革开创新局面，郑州航空港经济综合实验区引领开放的作用日益彰显。

政策建议：河南城市综合竞争力区域差距较大，目前呈现“西退东进”格局，未来的城市发展主要是推动区域一体化，在资源要素向区域中心城市集聚过程中，中心城市要做好带动与辐射，推进城乡协调发展。例如，郑汴一体化过程中要处理好郑州的极化和辐射作用，逐步改变郑州强开封弱的基本格局，推进郑州和开封两城的顺利融合。在可持续竞争力上，应加快转变经济发展方式，不断调整产业结构，在资源环境的强约束下，走绿色发展的道路，不断优化国土空间开发格局、促进资源节约循环高效利用、推进能源革命、加大环境治理力度、加强生态环境建设，最终实现美丽河南的目标。

2015 年河南省城市竞争力雷达图如图 15—9 所示。

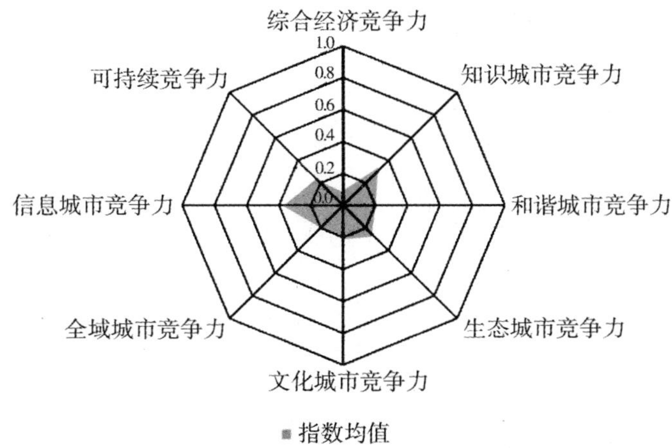

图 15—9　2015 年河南省城市竞争力雷达图

资料来源：中国社会科学院城市与竞争力指数数据库。

四　中国城市竞争力（山西）报告

最近三年来，在全国宏观经济的下行趋势下，山西省作为中国的煤炭之乡，受行业发展减缓的限制，经济发展速度不断放缓，综合经济竞争力处于全国靠后水平；而在可持续竞争力方面，虽然通过经济结构调整使可持续竞争力有所提升，但是形势依然严峻。具体来看，近年来煤炭产业投资减少，但空气污染和资源依赖等现象依然广泛存在，粗放型经济面临多重瓶颈，生态城市竞争力形势严峻。未来要进一步压缩和淘汰落后产能，并以企业为主体加快推进创新驱动。在积极适应和引领新常态的同时，应做好调结构、治污染的特殊任务，实现资源型地区的产业升级和转型，最终实现从要素驱动向创新驱动的增长动力转换。

2015 年山西省省情信息如表 15—7 所示。

表 15—7　　2015 年山西省省情信息

土地面积	15.67 万平方公里
常住人口	3664 万人

续表

城镇人口占常住人口比重	55.03%
GDP 总量及增长率	12802.6 亿元，3.1%
一、二、三产业占 GDP 比重	6.2%、40.8%、53.0%

资料来源：2015 年山西省国民经济和社会发展统计公报。

2014 年和 2015 年山西省城市综合经济竞争力排名如图 15—10 所示。

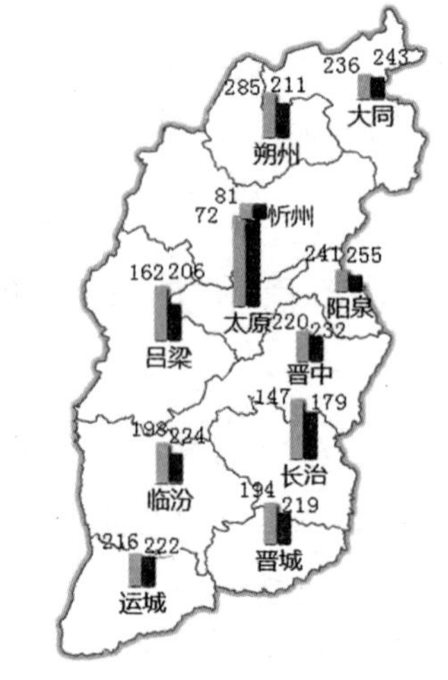

图 15—10　2014 年和 2015 年山西省城市综合经济竞争力排名

资料来源：中国社会科学院城市与竞争力指数数据库。

2014 年和 2015 年山西省城市可持续竞争力排名如图 15—11 所示。

（一）格局与优势

总体概况：近三年来，山西省着力稳增长、调结构、促改革、治污染、惠民生，经济发展缓中趋稳、稳中有进。从综合经济发展来看，产业结构呈现积极变化，三次产业比例由 2014 年的 6.2∶49.7∶44.1 调整为 2015 年的 6.2∶40.8∶53.0，服务业发展态势良好。需求结构方面，投资拉动型经济有所收敛，固定资产投资增速连续三年放缓后出现

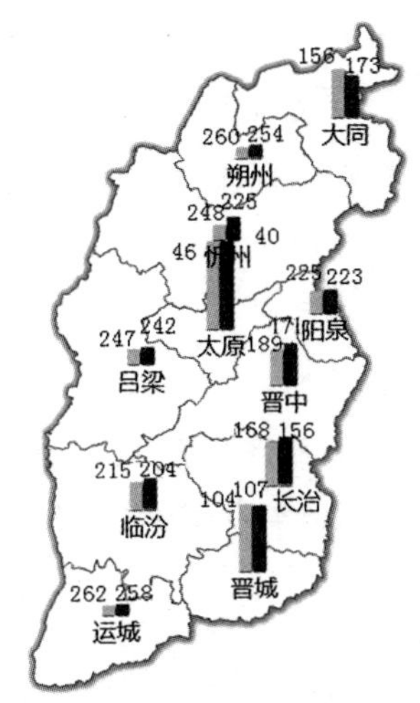

图 15—11　2014 年和 2015 年山西省城市可持续竞争力排名

资料来源：中国社会科学院城市与竞争力指数数据库。

了回升，近四年分别为 24.5%、12.1%、11.5%、14.8%。但投资结构亟须得到进一步改善，2015 年全省工业投资 5283.1 亿元，增长 4.6%。其中，煤炭工业投资 1048.2 亿元，下降 2.8%，非煤产业投资 4235.0 亿元，增长 6.6%；传统产业（煤炭、焦炭、冶金、电力）投资合计 2476.5 亿元，增长 7.8%，非传统产业投资合计 2806.7 亿元，增长 1.9%。要素结构方面，科技创新的质量有所提高，对经济发展的贡献有所改善，但仍显不足，2015 年全年全省专利申请量达 14949 件，下降 4.7%，专利授权量为 9863 件，增长 17.8%。从宜居城市竞争力和宜商城市竞争力来看，山西省宜居城市竞争力处于全国中游水平，宜商城市竞争力大部分处于全国中游水平，少数城市具备优势，总体来看宜居城市竞争力要好于宜商城市竞争力。从可持续竞争力来看，山西省处于全国中游水平，文化城市竞争力表现较好，生态城市竞争力表现不佳，其他分项均表现一般。总体来看，山西目前处于要素驱动的发展阶段，传统发展模式对经济增长已经形成了明显的制约，今后必须主动适应引领新常态，走可持续发展之路，实现稳增长、调结构的发展任务。

现状格局：2015 年山西城市综合经济竞争力均值为 0.060，排在全国第 28 位，相比 2014 年下降一位（见表 15—8）。同时可持续竞争力均值为 0. 252，排在全国第 25 位，相比 2014 年上升一位。总体来看，山西省可持续竞争力和综合经济竞争力发展较差，但从变异系数来看，山西综合经济竞争力变异系数排在第 1 位，可持续竞争力变异系数排在第 14 位，相对 2014 年退步一位。这表明山西省内部各城市之间的可持续竞争力差距有所扩大。

表 15—8　　山西省城市综合经济竞争力、宜居、宜商和可持续竞争力及其分项排名

	综合经济竞争力		可持续竞争力		宜居城市竞争力	宜商城市竞争力	知识城市竞争力	和谐城市竞争力	生态城市竞争力	文化城市竞争力	全域城市竞争力	信息城市竞争力
城市	指数	排名	指数	排名	排名	排名	排名	排名	排名	排名	排名	排名
太原	0. 106	81	0. 496	40	84	30	13	93	272	26	24	25
大同	0. 049	243	0. 263	173	174	66	173	221	277	42	120	119
阳泉	0. 046	255	0. 210	223	127	133	199	209	286	177	65	135
长治	0. 066	179	0. 283	156	173	72	142	27	282	104	128	138
晋城	0. 058	219	0. 339	107	150	138	249	38	222	32	90	107
朔州	0. 060	211	0. 155	254	193	147	284	150	274	123	197	235
晋中	0. 055	232	0. 261	174	108	114	157	232	240	50	185	131
运城	0. 057	222	0. 144	258	187	168	211	258	288	91	161	252
忻州	0. 044	259	0. 205	225	169	171	165	216	234	122	225	245
临汾	0. 057	224	0. 236	204	210	154	135	163	257	98	215	188
吕梁	0. 061	206	0. 185	242	189	229	253	251	242	121	181	194
指数均值	0. 060	28	0. 252	25	0. 357	0. 214	0. 297	0. 266	0. 131	0. 299	0. 255	0. 386
指数方差	0. 0003	1	0. 010	8	0. 003	0. 006	0. 028	0. 014	0. 007	0. 009	0. 012	0. 020
变异系数	0. 278	1	0. 392	14	0. 158	0. 368	0. 565	0. 448	0. 642	0. 321	0. 434	0. 369

资料来源：中国社会科学院城市与竞争力指数数据库。

山西省城市竞争力总体呈现出以下特征：

第一，太原综合发展优势突出，长治、晋城和晋中具备特色优势。太原的综合经济竞争力和可持续竞争力均排在前100位，也分别是山西省唯一进入前100名的城市，在知识城市、文化城市、全域城市和信息城市四个方面均处于全国前30名，相对其他城市而言发展优势明显。而地处山西东南部的长治、晋城和晋中三个城市都属于具备特色优势型城市，其中长治和晋城在和谐城市方面处于前50名，而晋城和晋中在文化城市方面处于前50名，但这三个城市在生态城市和知识城市方面具有一定短板。

第二，宜居环境优势不凸显，宜商环境城市差距较大。从宜居城市竞争力来看，山西省宜居城市竞争力仅有太原处于较好水平，其余城市均处于全国一般水平，临汾表现相对较差。从宜商城市竞争力来看，各城市之间的差距相对较大，省会太原宜商环境优势突出，大同和长治也处于较好水平，但其余城市之间大多处于中游水平，而吕梁则处于全国较差水平。总体来看，山西的宜商环境要好于宜居环境，这一方面说明山西近年来努力改善宜商环境的成果；另一方面也说明了，山西资源消耗和生态环境破坏比较严重，从而影响到其宜居环境的改善和提升。

第三，文化城市竞争力是山西发展的优势。从可持续竞争力的分项来看，山西省的文化城市竞争力较高，太原、大同、晋城和晋中四个城市均处于前50名，而运城和临汾则处于前100名。山西是中国北方文化最发达的地区之一，在历史上曾经产生过深远影响，留下众多文物古迹，这也成为山西除了煤炭等自然资源之外的另一种产业发展的重要资源。文化产业也成为实现山西从人文资源大省向经济强省和文化强省跨越的希望。

第四，知识竞争力和信息竞争力发展不平衡。山西在知识竞争力和信息竞争力方面，都是太原一枝独秀的格局。虽然省会太原在这两个方面优势突出，但其余城市均在100名之后。这说明太原在这两个方面的优势并没有对省内其他城市形成积极影响，没有使知识竞争力和信息竞争力的传播效应和扩散效应得到有效发挥。这也充分说明山西省在知识竞争力和信息竞争力的城市分布格局不平衡。在将来的发展过程中需要进一步发挥太原的科技优势和交通优势，对周边城市可持续竞争力的提高产生积极影响。

（二）问题与软肋

第一，生态环境水平很差，制约了经济发展，出现了生态环境破坏和经济发展乏力的“双输”局面。山西各城市在分项竞争力比较中，生态城市竞争力方面是全部位于220名之后。这说明山西省生态环境水平很差，过低的生态城市竞争力成为制约山西城市可持续竞争力提升的瓶颈。生态环境的破坏和资源扩张性增长模式也成为新常态下山西经济发展的重要制约因素，山西2015年GDP增长率仅为3.1%，与辽宁同时成为中国经济发展下降最严重的省份。

第二，内部发展差距较大，部分城市发展落后。山西各城市间发展差距较大，太原作为省会，其综合经济竞争力和可持续竞争力均处在前100名，但其他城市发展落后，其中阳泉、朔州、运城、忻州、临汾、吕梁六个城市的综合经济竞争力和可持续竞争力均处在200名之后。忻州和吕梁除文化城市竞争力分项外，其余所有分项均处于150名之后。这表明山西除太原之外，还有很多城市发展滞后。

（三）现象与规律

粗放型的资源扩张型增长模式与生态环境保护之间的矛盾尖锐，同时，在化解过剩产能的结构调整过程中，又造成了经济增长的断崖式下降。2015年山西省城市层面的每万人平均绿地面积仅25.16公顷，该指标在全国处于最低的省份之一；在水污染方面，太原、大同、阳泉、朔州和运城五个城市的地表水水质属重度污染。近些年来，山西以煤炭行业等高污染产业为产业支柱，在经济增长的同时对生态环境造成极大破坏，空气质量、地表水水质的不断恶化严重威胁了经济社会可持续发展。除了生态环境水平较差之外，山西近年来GDP增长率迅速下滑，近三年来分别为8.9%、4.9%、3.1%；而山西的可持续竞争力和综合竞争力在全国均处于落后水平。山西作为资源大省所出现的经济下滑正说明了在经济发展的新阶段，必须加快增长模式和增长动力的转型，传统的粗放型资源扩张再不可取。

从全国一般规律来看，传统发展过程中以资源扩张为增长动力的地区大多面临生态环境恶化问题，可持续竞争力和综合经济竞争力的提升都会受到制约。除了山西外，辽宁、宁夏等省份的地表水水质同样出现比较严重的污染，陕西、甘肃等省份的人均绿地面积也较低，这些地区的生态城市竞争力均在全国排名倒数，也都不同程度存在经济增长模式粗放的问题。作为资源扩张型的典型地区，如陕西的榆林，以及黑龙江的大庆等城市，均出现了经济增长速度的迅速下滑。对这些地区来说，应加快产业结构调整，通过实施创新驱动和发展现代服务业，加快实现从粗放增长模式转型为经济与环境协调发展的增长模式。

（四）趋势与展望

山西各城市在文化竞争力方面发展优势相对明显，但生态环境水平很差。在城市格局上，省会太原优势明显，但省内大部分城市的综合经济竞争力和可持续竞争力还处于较差水平。未来山西各城市要继续探索资源型经济转型的路径，实现资源节约型和环境友好型发展。

（五）政策回顾与建议

政策回顾：近年来，山西省提出了按照以煤为基、多元发展的思路，提出统筹做好煤与非煤“两篇大文章”，加快实施“革命兴煤”，大力推进煤炭“六型转变”，加快发展七大非煤产业，全力推动科技创新、金融振兴、民营经济发展“三个突破”，提出通过“七条路径”改造提升传统产业，培育壮大新兴产业，加快发展现代服务业，发展现代产业体系。这是基于山西省根据当前的发展态势所做出的战略部署，也是全省在未来较长时期内的发展方向。但从目前的发展状态来看，山西省生态环境形势依然严峻，需要进一步推进经济结构调整，走资源型地区产业转型的新路，促进经济与环境协调发展。

政策建议：未来各城市发展过程中，总体来说，要以修复生态环境、改善民生、统筹城乡发展为重点，加快产业结构调整，促进经济增长方式转型，推动资源型城市经济发展、生态环境、城市功能和社会支撑的全面转型。在“十三五”规划期内，要在如下方面着力推进经济的转型：一是以“黑色能源绿色发展、高碳能源低碳发展”为原则，推动煤炭行业脱困转型。多措并举化解煤炭过剩产能，推动煤电联营、煤电铝联营、煤化联营、煤焦钢联营，构建煤电用产业链条，促进煤炭清洁高效利用，促进能源产业清洁低碳、安全高效发展，推动现代载能产业绿色发展。二是推进协调发展，着力形成均衡发展格局，通过调整转移支付和实施重点项目等政策措施加大对山西省内落后地区的发展支持，从而实现区域内各城市的协调发展。

2015 年山西省城市竞争力雷达图如图 15—12 所示。

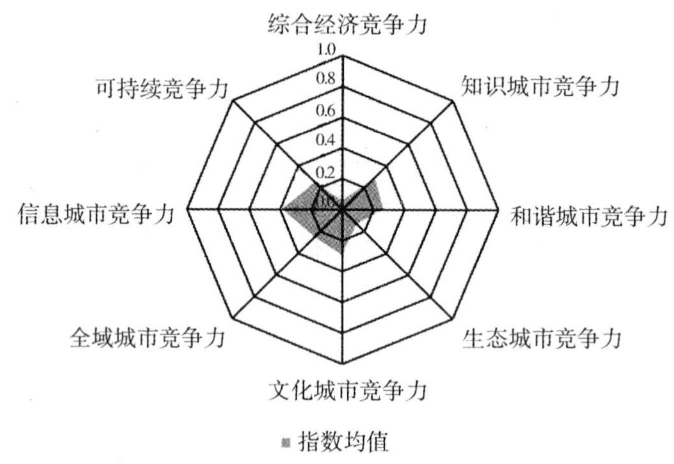

图 15—12　2015 年山西省城市竞争力雷达图

资料来源：中国社会科学院城市与竞争力指数数据库。

五　中国城市竞争力（江西）报告

最近三年来，江西省经济发展速度较快，综合经济竞争力虽然仍处于全国比较落后的水平，但已经出现上升趋势。可持续竞争力处于中等靠前水平，特别是生态城市竞争力及和谐城市竞争力优势明显。但江西省内各个城市发展不均衡，且城乡一体化水平比较低。总体来看，江西省近几年可持续竞争力的不断提升证明，其走出了一条具有江西特色的绿色崛起之路。未来，江西省要通过可持续竞争力的优势促进综合经济竞争力的提升，在“生态江西”的基础上建设“创新江西”和“文化江西”，通过从要素驱动向创新驱动的转变形成经济增长的核心动力。

2015 年江西省省情信息如表 15—9 所示。

表 15—9　　2015 年江西省省情信息

土地面积	16.69 万平方公里
常住人口	4565.63 万人
城镇人口占常住人口比重	51.6%
GDP 总量及增长率	16723.8 亿元，9.1%
一、二、三产业占 GDP 比重	10.6%、50.8%、38.6%

资料来源：2015 年江西省国民经济和社会发展统计公报。

2014 年和 2015 年江西省城市综合经济竞争力排名如图 15—13 所示。

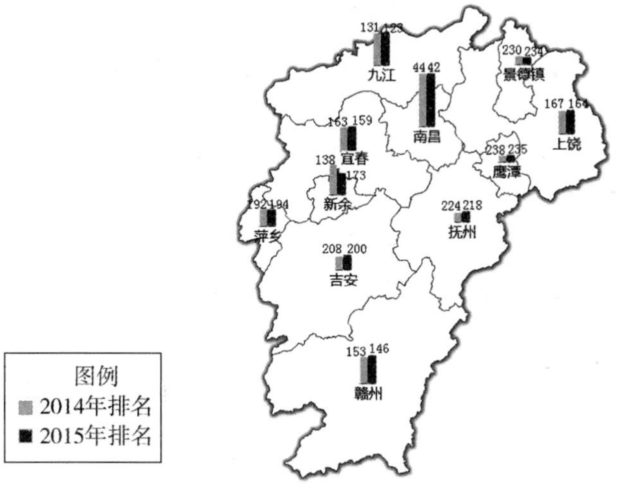

图 15—13　2014 年和 2015 年江西省城市综合经济竞争力排名

资料来源：中国社会科学院城市与竞争力指数数据库。

2014 年和 2015 年江西省城市可持续竞争力排名如图 15—14 所示。

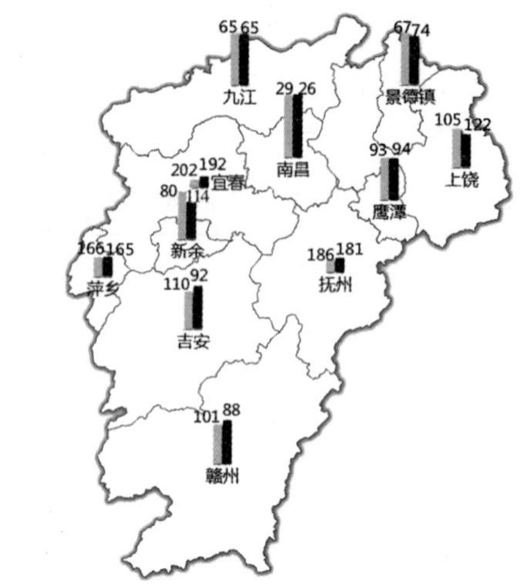

图 15—14　2014 年和 2015 年江西省城市可持续竞争力排名

资料来源：中国社会科学院城市与竞争力指数数据库。

（一）格局与优势

总体概况：近年来，江西省着力稳增长、调结构，经济发展保持稳定。从综合经济发展来看，产业结构呈现积极变化，三次产业比例从 2014 年的 10.7∶52.5∶36.8 调整为 2015 年的 10.6∶50.8∶38.6，服务业发展态势良好。需求结构方面，投资拉动型经济有所收敛，固定资产投资增速连续三年放缓，近三年分别为 19.4%、17.6%、16%；从投资结构来看，2015 年民间投资增长 17.5%，相比 2014 年提升 0.9 个百分点。从宜居城市竞争力和宜商城市竞争力来看，江西省的宜居环境存在明显优势，各城市都处于全国前列或中前水平；而其宜商环境在省内城市间差距较大，除个别城市存在优势外，大部分城市处于相对靠后水平。从可持续竞争力来看，江西省已处于全国中游靠前水平，生态城市竞争力及和谐城市竞争力表现较好，全域城市竞争力表现不佳，其他分项均表现一般。总体来看，江西目前处于要素驱动向创新驱动开始转型的阶段，但在未来发展过程中要注重加强城乡协调发展和促进区域协调发展。

现状格局：2015 年江西城市综合经济竞争力均值为 0.073，排在全国第 23 位，相比 2014 年提升一位（见表 15—10）；而可持续竞争力均值为0.354，排在全国第14位。江西省可持续竞争力明显好于综合经济竞争力，2015年综合经济竞争力在前100名的仅有合肥一个城市，而可持续竞争力排在前100名的有六个城市。从变异系数来看，江西综合经济竞争力变异系数居第6位，相比2014年进步一位；而可持续竞争力变异系数居第5位，相比2014年退步一位。这表明江西省内部各城市之间的综合经济竞争力差距有所缩小，而可持续竞争力有所扩大，但总体来说都处于全国内部差距较小的水平。

表15—10　江西省城市综合经济竞争力、宜居、宜商和可持续竞争力及其分项排名

	综合经济竞争力		可持续竞争力		宜居城市竞争力	宜商城市竞争力	知识城市竞争力	和谐城市竞争力	生态城市竞争力	文化城市竞争力	全域城市竞争力	信息城市竞争力
城市	指数	排名	指数	排名	排名	排名	排名	排名	排名	排名	排名	排名
南昌	0.158	42	0.560	26	34	35	27	62	11	30	81	38
景德镇	0.054	234	0.396	74	56	159	107	107	32	62	121	156
萍乡	0.063	194	0.276	165	73	243	151	86	174	190	162	191
九江	0.078	123	0.414	65	57	89	86	88	25	164	133	67
新余	0.067	173	0.332	114	47	163	137	53	112	245	140	105
鹰潭	0.053	235	0.364	94	158	216	226	20	36	253	152	70
赣州	0.073	146	0.371	88	142	125	90	145	78	83	252	61
吉安	0.062	200	0.364	92	124	188	110	77	86	120	219	83
宜春	0.070	159	0.242	192	140	156	212	112	144	201	250	177
抚州	0.058	218	0.254	181	82	214	148	74	170	199	257	198
上饶	0.069	164	0.325	122	88	242	200	110	17	186	210	153

续表

	综合经济竞争力		可持续竞争力		宜居城市竞争力	宜商城市竞争力	知识城市竞争力	和谐城市竞争力	生态城市竞争力	文化城市竞争力	全域城市竞争力	信息城市竞争力
城市	指数	排名	指数	排名	排名	排名	排名	排名	排名	排名	排名	排名
指数均值	0.073	23	0.354	14	0.465	0.176	0.368	0.374	0.553	0.204	0.195	0.463
指数方差	0.0008	8	0.008	6	0.006	0.006	0.017	0.003	0.019	0.012	0.006	0.013
变异系数	0.398	6	0.250	5	0.165	0.452	0.357	0.148	0.250	0.544	0.386	0.242

资料来源：中国社会科学院城市与竞争力指数数据库。

江西省城市竞争力总体呈现出以下特征：

第一，南昌发展一枝独秀，可持续竞争力具备优势。总体来看，南昌作为江西省的省会，无论是综合经济竞争力还是可持续竞争力都是省内唯一进入前50名的城市，因此发展情况要明显好于其他城市。从综合经济竞争力来看，除南昌外，其余城市都属于中等或较差水平。而从可持续竞争力来看，南昌、景德镇、九江、鹰潭、赣州、吉安六个城市均进入前100名，另外的五个城市也都在200名之内。除宜春外，所有城市的可持续竞争力排名都领先于综合经济竞争力，由此可见，江西可持续竞争力优势比较明显。

第二，宜居环境优势明显，宜商环境省内差距较大。从宜居城市竞争力来看，江西省各城市的宜居环境具备明显优势，省内十个城市中有六个城市都处于全国前100名，其中南昌、新余、景德镇和九江等城市优势突出。从宜商城市竞争力来看，南昌具备明显优势，九江也处于较好水平，但其余城市均处于中间或靠后水平，其中萍乡、上饶、鹰潭、抚州处于较差水平。

第三，生态城市竞争力表现很好，生态优势继续巩固。江西在生态城市竞争力分项中处于全国前列，南昌、景德镇、九江、鹰潭、上饶均处于前50名，赣州、吉安处于50—100名之间，这表明江西生态优势继续巩固提升。近年来，江西省从“山江湖工程”到“生态立省”战略，再到建设鄱阳湖生态经济区，不仅实现了经济社会快速发展，生态优势也不断延续、巩固和提升。从20世纪80年代初期以来，全省森林覆盖率由31.5%上升到63.1%，位居全国前列。

第四，和谐城市竞争力表现较好，在社会建设和社会治理方面取得了成绩。江西在和谐城市竞争力分项具备优势，南昌、萍乡、九江、新余、鹰潭、吉安和抚州均处于前100名，而其余城市也均处在第150名以内，这表明江西在社会建设方面取得较好成绩。近年来，江西通过改进社会治理方式，激发社会组织活力，创新有效预防和化解社会矛盾体制，健全公共安全体系，提升了社会建设和社会治理的整体水平，取得了一定成绩。

（二）问题与软肋

第一，城乡一体化水平较低制约了可持续竞争力提升。江西各城市在分项竞争力比较中，全域城市竞争力方面除南昌处于81位之外，其他所有城市均处在100名之后，其中有5个城市处于200名之后。这说明江西省全域竞争力是其短板，城乡一体化发展水平较低成为制约江西城市可持续竞争力提升的瓶颈。

第二，文化竞争力和知识竞争力相对较差。江西各城市在文化城市竞争力方面和知识竞争力方面比较类似，南昌具备优势，但多数城市表现不佳，特别是鹰潭、宜春、上饶、新余等。从总体情况来看，属于发展相对较差的分项，也说明南昌对其他城市的文化传播和知识扩散相对不足。

（三）现象与规律

良好的生态环境和快速的经济发展可以共存，制约江西未来发展的因素在于创新乏力和科技投入过低，创新驱动是实现江西绿色崛起的必由之路。2015年江西省GDP增长率达到9.1%，在所有省份中处于靠前位置，江西的发展现状正好可以说明，友好的生态环境和快速的经济发展是可以共存的。制约江西未来经济发展的因素并不在于资源和环境，而在于科技创新不足。2015年江西省各城市科技经费占财政收入比重相较于其他省份明显偏低，该指标的均值仅为 1.8%，成为我国科技经费占财政收入比重最低的省份之一。而江西各城市专利申请和授权数量在全国也处于靠后位置，这意味着过低的科技投入和创新乏力使江西省难以从要素驱动向创新驱动转化。近年来，江西省虽然在生态环境方面表现较好，但综合经济竞争力一直落后于可持续竞争力，这主要就是由于在要素禀赋条件变化的情况下，又无法通过创新形成增长的核心动力。因此，未来通过创新驱动实现绿色崛起是江西发展的必由之路。

从全国一般规律来看，科技投入不足的地区普遍会出现创新产出不足，从而导致知识竞争力较低，而综合经济竞争力也较低。通过城市层面的相关性分析发现，城市科技经费支出和专利申请及授权量的相关系数高达 0.9043，和知识竞争力的相关系数为 0.5433，和综合经济竞争力的相关系数高达 0.7297。除江西外，这一指标较低的省份还有甘肃、贵州和云南，这些均为经济落后省份。这就说明，加大科技投入，形成创新驱动的增长模式，是保持长期可持续发展的必由之路。

（四）趋势与展望

江西各城市在社会治理和生态环境改善等方面发展优势相对明显，但城乡一体化水平较低是其发展短板，同时知识竞争力和文化竞争力发展较为不足。在城市格局上，省会南昌发展优势明显，但对周边城市的扩散效应和溢出效应还有所不足。江西作为革命老区，未来的发展还是以绿色发展为主导，充分发挥生态优势，并进一步加强科技投入，加快形成创新驱动的增长动力，促进综合经济竞争力和可持续竞争力提升。

（五）政策回顾与建议

政策回顾：近年来，江西省提出以鄱阳湖生态经济区建设为龙头，加速推进新型工业化，加速推进城镇化，加速推进农业现代化，着力提高生态文明水平，着力提高社会文明程度，着力提高人民群众幸福指数，努力实现科学发展、进位赶超、绿色崛起。但从目前情况来看，虽然生态环境保护较好，社会治理取得一定成效，但经济欠发达地位没有根本改变，并且面临加快发展和加速转型的双重压力，要素成本进入上升期，科技对产业发展和经济增长的贡献还有所不足，产业结构调整升级的内在要求更加迫切。未来需要加快向创新驱动的转换，形成经济增长的核心动力。着力保障改善民生，确保实现“十三五”良好开局，奋力开创“发展升级、小康提速、绿色崛起、实干兴赣”新境界。

政策建议：综上所述，江西存在的关键问题主要在于创新乏力，科技投入不足，导致知识竞争力较差，未能形成创新驱动的增长模式；其次是城乡一体化水平较低。未来各城市发展过程中，要积极适应经济发展新常态，坚持稳中求进工作总基调，以创新驱动增动力，着力加强结构性改革，着力建设生态文明，在“生态江西”的基础上建设“科技江西”和“创新江西”。具体来说，在“十三五”规划期内，要在如下方面着力推进：第一，各城市要充分发挥南昌的带动作用，加大科技投入和创新投入，促进全省知识竞争力的提高，形成创新驱动的增长模式，使江西能够通过科技创新实现生态环境和经济发展的双赢。第二，要进一步统筹城乡经济社会发展，提高城乡一体化水平，进一步提升城市本身的可持续竞争力。第三，以鄱阳湖生态经济区建设为龙头，进一步发挥江西的生态优势，走出一条绿色崛起之路。

2015 年江西省城市竞争力雷达图如图 15—15 所示。

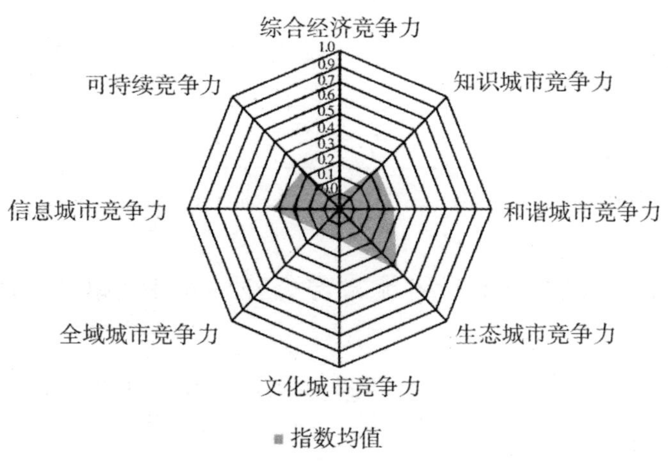

图 15—15　2015 年江西省城市竞争力雷达图

资料来源：中国社会科学院城市与竞争力指数数据库。

六 中国城市竞争力（安徽）报告

最近三年来，安徽省综合经济竞争力处于全国中等靠后水平，但可持续竞争力开始出现提升。总体来看，安徽省生态环境发展较好，社会治理成效显著。但由于省内经济发展不均衡的情况比较明显，同时城乡发展一体化水平较低，从而形成了经济增长动力的制约因素。未来安徽各城市应充分发挥靠近长三角的区域优势，充分发挥合肥和芜湖的带动作用，统筹城乡经济社会发展，以提高经济发展质量和效益为中心，进一步提升城市本身的可持续竞争力和综合经济竞争力。

2015 年安徽省省情信息如表 15—11 所示。

表 15—11　2015 年安徽省省情信息

土地面积	13.96 万平方公里
常住人口	6143.6 万人
城镇人口占常住人口比重	50.5%
GDP 总量及增长率	22005.6 亿元，8.7%
一、二、三产业占 GDP 比重	11.2%、51.5%、37.3%

资料来源：2015 年安徽省国民经济和社会发展统计公报。

2014 年和 2015 年安徽省城市综合经济竞争力排名如图 15—16 所示。

2014 年和 2015 年安徽省城市可持续竞争力排名如图 15—17 所示。

（一）格局与优势

总体概况：近年来，安徽省着力稳增长、调结构，经济发展保持稳定。从综合经济发展来看，产业结构呈现积极变化，三次产业比例从 2014 年的 11.5∶53.7∶34.8 调整为 2015 年的 11.2∶51.5∶37.3，服

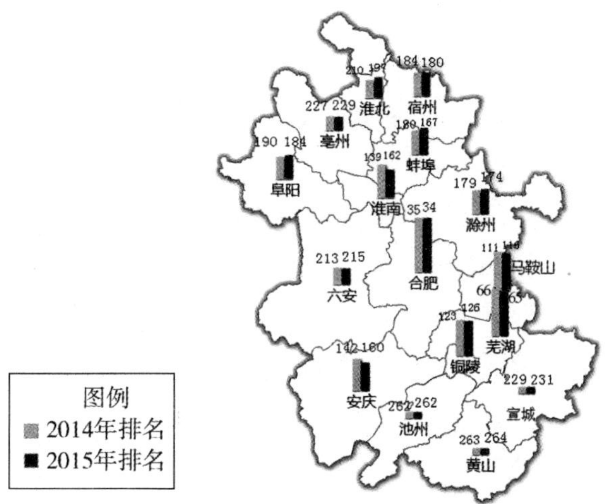

图 15—16　2014 年和 2015 年安徽省城市综合经济竞争力排名

资料来源：中国社会科学院城市与竞争力指数数据库。

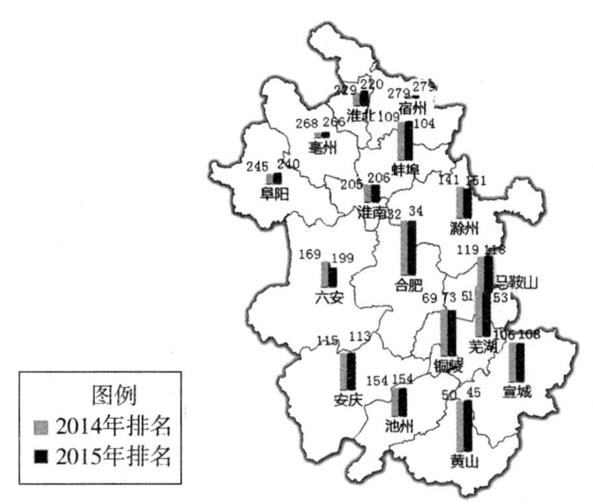

图 15—17　2014 年和 2015 年安徽省城市可持续竞争力排名

资料来源：中国社会科学院城市与竞争力指数数据库。

务业发展态势良好。需求结构方面，投资拉动型经济有所收敛，固定资产投资增速连续三年放缓，近三年分别为 21.2%、16.5%、12.7%。从投资结构来看，建筑业投资增速从 2014 年的 83.4%下降至 2015 年的-14.4%，而信息传输、软件和信息技术服务业增速达到 71.9%。要素结构方面，科技创新对增长的贡献有所提升，2015 年全年用于研究与试验发展（R&D）经费支出 432 亿元，增长 9.8%；相当于全省生产总值的 1.96%，比上年提高 0.07 个百分点。从宜居城市竞争力和宜商城市竞争力来看，安徽省宜居竞争力在全国省份中具备优势，省内各城市宜居竞争力均处于前列或中间水平；而省内各城市的宜商竞争力之间存在较大差距，但总体来看，宜居竞争力要好于宜商竞争力。从可持续竞争力来看，安徽省处于全国中游水平，生态城市竞争力与和谐城市竞争力表现较好，全域城市竞争力表现不佳，其他分项均表现一般。总体来看，安徽目前处于要素驱动向创新驱动开始转型的阶段，但在未来发展过程中要注重加强城乡协调发展和促进区域协调发展。

现状格局：2015 年安徽城市综合经济竞争力均值为 0.075，排在全国第 22 位；可持续竞争力均值为 0.307，排在全国第 19 位，相比 2014 年进步 1 位（见表 15—12）。总体来看，安徽省可持续竞争力要好于综合经济竞争力，2015 年综合经济竞争力在前 100 名的仅有两个城市，而可持续竞争力在前 100 名的有 4 个城市。从变异系数来看，安徽综合经济竞争力和可持续竞争力变异系数排名分别居第 12 位和第 15 位，可持续竞争力变异系数相比 2014 年进步 1 位。这表明安徽省在可持续竞争力有所提升的情况下，内部各个城市之间的差距有所缩小。

表 15—12　　安徽省城市综合经济竞争力、宜居、宜商和可持续竞争力及其分项排名

	综合经济竞争力		可持续竞争力		宜居城市竞争力	宜商城市竞争力	知识城市竞争力	和谐城市竞争力	生态城市竞争力	文化城市竞争力	全域城市竞争力	信息城市竞争力
城市	指数	排名	指数	排名	排名	排名	排名	排名	排名	排名	排名	排名
合肥	0.189	34	0.525	34	22	17	19	41	66	61	77	36
芜湖	0.121	65	0.471	53	39	81	21	72	68	188	62	56

续表

	综合经济竞争力		可持续竞争力		宜居城市竞争力	宜商城市竞争力	知识城市竞争力	和谐城市竞争力	生态城市竞争力	文化城市竞争力	全域城市竞争力	信息城市竞争力
城市	指数	排名	指数	排名	排名	排名	排名	排名	排名	排名	排名	排名
蚌埠	0.069	167	0.349	104	94	139	80	174	114	223	127	75
淮南	0.070	162	0.231	206	116	117	116	161	231	213	184	207
马鞍山	0.086	116	0.330	118	79	109	106	19	237	166	84	123
淮北	0.063	197	0.217	220	160	196	133	181	227	275	164	189
铜陵	0.078	126	0.396	73	37	129	74	26	168	193	59	72
安庆	0.070	160	0.332	113	90	152	93	173	70	114	222	161
黄山	0.042	264	0.486	45	100	115	78	101	3	34	151	120
滁州	0.067	174	0.288	151	147	176	168	79	140	252	229	104
阜阳	0.065	184	0.187	240	192	110	193	196	203	265	286	158
宿州	0.065	180	0.108	279	183	244	227	287	246	280	275	183
六安	0.060	215	0.238	199	198	185	270	128	71	196	278	173
亳州	0.056	229	0.135	266	157	272	273	195	255	181	287	205
池州	0.043	262	0.286	154	61	217	194	198	83	93	218	169
宣城	0.056	231	0.338	108	59	175	229	189	43	47	220	109
指数均值	0.075	22	0.307	19	0.445	0.190	0.369	0.304	0.433	0.182	0.189	0.432

续表

	综合经济竞争力		可持续竞争力		宜居城市竞争力	宜商城市竞争力	知识城市竞争力	和谐城市竞争力	生态城市竞争力	文化城市竞争力	全域城市竞争力	信息城市竞争力
城市	指数	排名	指数	排名	排名	排名	排名	排名	排名	排名	排名	排名
指数方差	0. 001	10	0. 015	14	0. 010	0. 008	0. 031	0. 015	0. 040	0. 014	0. 013	0. 011
变异系数	0. 473	12	0. 395	15	0. 229	0. 479	0. 474	0. 397	0. 462	0. 642	0. 596	0. 247

资料来源：中国社会科学院城市与竞争力指数数据库。

安徽省城市竞争力总体上呈现以下特征：

第一，合肥和芜湖是安徽发展的“双子星座”，部分城市发展不平衡。合肥和芜湖综合经济竞争力明显好于其他城市，是全省唯一两个排在前100位的城市；而可持续竞争力也都排在全国前列，相对其他城市而言发展优势明显。有部分城市综合经济竞争力与可持续竞争力发展不平衡，其中最有代表性的是黄山，其综合经济竞争力位居全省倒数第一，而可持续竞争力居全省第二位，仅次于安徽。此外，蚌埠、铜陵、池州和宣城可持续竞争力明显好于综合经济竞争力，而淮南、宿州和阜阳综合经济竞争力要好于可持续竞争力。

第二，宜居环境优势明显，宜商环境省内差距较大。从宜居城市竞争力来看，安徽省各城市的宜居环境具备明显优势，省内16个城市中有9个城市都处于全国前100名，其中合肥、芜湖、铜陵、池州、宣城等城市优势突出，同时省内城市中没有一个城市落入200名之后，这表明安徽省内宜居环境优势明显。从宜商城市竞争力来看，合肥具备明显优势，芜湖也处于较好水平，但其余城市均处于中间或靠后水平，其中宿州、亳州、池州处于较差水平。

第三，和谐城市竞争力表现较好，社会治理成效显著。安徽省在和谐城市竞争力方面表现较好，除宿州外全部处于全国200名以内，其中马鞍山、合肥、铜陵更处在50名以内。近年来，安徽积极创新社会治理，探索建立科学有效的社会治理体制，将美好乡村建设作为惠及千万农民的最大民生工程，以“三线三边”为突破口开展城乡环境整治，深入推进“抓金寨、促全省”扶贫开发战略，使广大群众幸福指数不断提高，减少了一大批社会矛盾，确保了社会和谐稳定。

第四，生态城市竞争力表现较好，但城市之间差距较大。安徽在生态城市竞争力方面成绩较好，其中黄山排在全国第 3 名，优势明显，宣城、合肥、芜湖、安庆、六安和池州等城市也处在全国前列，但也有很多城市处于全国靠后位置，如淮南、马鞍山、淮北、阜阳、宿州和亳州等城市均处在全国 200 名以后。这说明城市间生态城市竞争力差距较大，还需进一步协调和提升。安徽省通过全面落实推进大气污染防治的各项措施，建立了重点区域大气污染联防联控机制，推进了千家企业节能低碳行动，有力推动了安徽生态环境的改善。未来安徽省需要进一步重点治理生态环境较差的城市，从而推进协调发展。

（二）问题与软肋

第一，较低的城乡一体化水平成为安徽可持续竞争力提升的短板。安徽各城市在分项竞争力比较中，在全域城市竞争力方面没有一个城市进入前 50 名，而安庆、滁州、阜阳、宿州、六安、亳州、池州、宣城等城市均处于 200 名之后。这说明安徽省全域城市竞争力是其短板，城乡一体化发展水平较低成为制约安徽城市可持续竞争力提升的瓶颈。

第二，经济发展与文化发展不协调。安徽各城市在文化城市竞争力方面仅有黄山和宣城两个城市处在前 50 名以内，而这两个城市总和经济竞争力均在全国 230 名以后。除黄山和宣城外，合肥和池州表现较好，但其他城市相对一般或靠后，而综合经济竞争力表现较好的芜湖，其文化城市竞争力却并不理想。这说明安徽省各城市经济发展与文化发展并不协调，文化并没有形成安徽发展的有效动力。

（三）现象与规律

城市化与工业化发展不协调，影响了全域城市竞争力提升，但从趋势上来看，未来城市化与工业化的差距会逐渐缩小。2015 年安徽省城镇化率在全国处于相对较低水平，而其城市化与工业化适应性的加权得分均值仅为0.448，成为我国这一指标最低的省份之一。城市化与工业化的不协调影响了安徽城市化水平的提升，特别是亳州、池州和宣城等城市，城市化与工业化发展的不协调制约了全域城市竞争力的提升。但从趋势上来看，安徽省近年来的城镇化率不断提升，近三年来的城镇化率分别为47.9%、49.2%、50.2%，因此，随着安徽省城市化的进一步发展，未来城市化与工业化的差距会逐渐缩小。

从全国一般规律来看，城市化与工业化适应性较低的城市普遍全域竞争力较低，而其可持续竞争力也较低。通过城市层面的相关性分析发现，城市化与工业化适应性这一指标和全域竞争力的相关系数为0.7068，和可持续竞争力的相关系数也达到0.5732。除安徽外，这一指标较低的省份还有山西、甘肃和宁夏，这些也都是可持续竞争力较低的省份。这就说明，加快推进新型城市化，形成城市化与工业化协调发展的态势，是提升可持续竞争力的重要途径。

（四）趋势与展望

安徽各城市在社会治理和生态环境改善等方面发展优势相对明显，但城乡一体化水平还有所不足，同时存在经济发展与文化发展不平衡的问题。在城市格局上，合肥和芜湖发展优势明显，但省内大部分城市的综合经济竞争力和可持续竞争力还处于较差水平。未来安徽各城市充分发挥靠近长三角的区域优势，充分发挥合肥和芜湖的带动作用，统筹城乡经济社会发展，进一步提升城市本身的可持续竞争力。

（五）政策回顾与建议

政策回顾：近年来，安徽省提出了统筹区域发展的战略，提出推动皖江城市带率先崛起，形成“一轴双核两翼”的战略布局，支持皖北地区加快发展，推进合肥经济圈一体化发展。同时还提出了稳步推进城乡发展一体化的战略，提出要率先在城乡规划、产业发展、基础设施、公共服务等方面实现一体化发展，促进土地向规模经营集中、工业向园区集中、人口向城镇集中。但从目前的情况来看，安徽省城乡发展一体化水平仍然不高，合肥经济圈还未完全实现一体化，未来要进一步统筹区域发展和统筹城乡发展，从而促进经济发展更加协调可持续。

政策建议：安徽存在的问题是较低的城乡一体化水平、区域内城市发展的不均衡、经济与文化的不协调。未来安徽省在各城市发展过程中，应坚持稳中求进的总基调，主动适应经济发展新常态，以提高经济发展质量和效益为中心，加快调结构、转方式、促升级。具体而言，在“十三五”规划期内，要在如下方面着力推进：一是要顺应城市化与工业化的发展规律，加快推进新型城镇化建设，使城市化与工业化成为安徽增长的“双引擎”，以此为带动积极提升全域城市竞争力；二是要进一步统筹区域内发展，优化资源配置，聚合发展能量，形成整体优势，把合肥经济圈建成接轨长三角、在全国有影响力的城市经济圈；三是要重点推进部分经济发展较好地区的文化建设，同时充分发挥黄山和宣城等城市的文化价值，以促进落后地区的经济发展，促进经济与文化协调发展。

2015 年安徽省城市竞争力雷达图如图 15—18 所示。

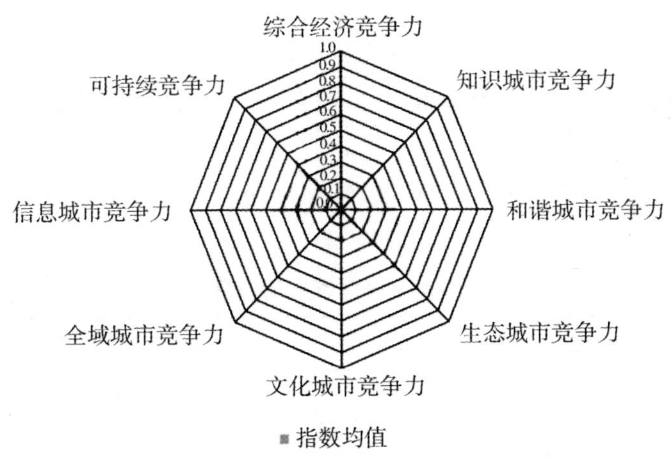

图 15—18　2015 年安徽省城市竞争力雷达图

资料来源：中国社会科学院城市与竞争力指数数据库。

第十六章　中国（西南地区）城市竞争力报告

张安全　聂　娜*

一　中国城市竞争力（海南）报告

近年来，海南省经济运行稳中有进、稳中向好。但是，由于特色资源优势尚未充分挖掘，综合经济竞争力提升缓慢。从长远发展来看，海南省的可持续竞争力较强，且具有良好的内外部发展条件和机遇，热带特色农业和海岛旅游作为王牌产业和龙头产业将引领海南经济的高速发展。

2015 年海南省省情信息如表 16—1 所示。

表 16—1　　2015 年海南省省情信息

土地面积	3.54 万平方公里
常住人口	910.82 万人
城镇人口占常住人口比重	55.12%
GDP 总量及增长率	3702.8 亿元，7.8%
一、二、三产业占 GDP 比重	23.1%、23.6%、53.3%

数据来源：2015 年海南省国民经济和社会发展统计公报。

* 张安全，西南财经大学师资博士后。聂娜，中国社会科学院研究生院博士研究生。本章报告广西、海南、重庆部分由张安全撰写，四川、贵州、云南部分由聂娜撰写。

2014 年和 2015 年海南省城市综合经济竞争力排名如图 16—1 所示。

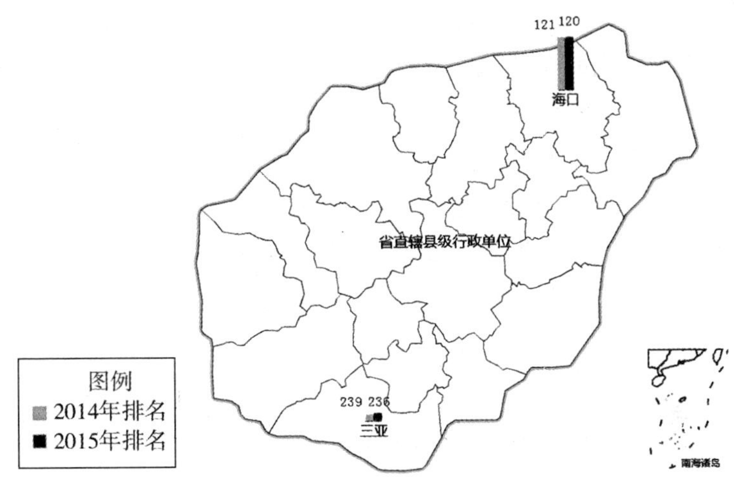

图 16—1 2014 年和 2015 年海南省城市综合经济竞争力排名

资料来源：中国社会科学院城市与竞争力指数数据库。

2014 年和 2015 年海南省城市可持续竞争力排名如图 16—2 所示。

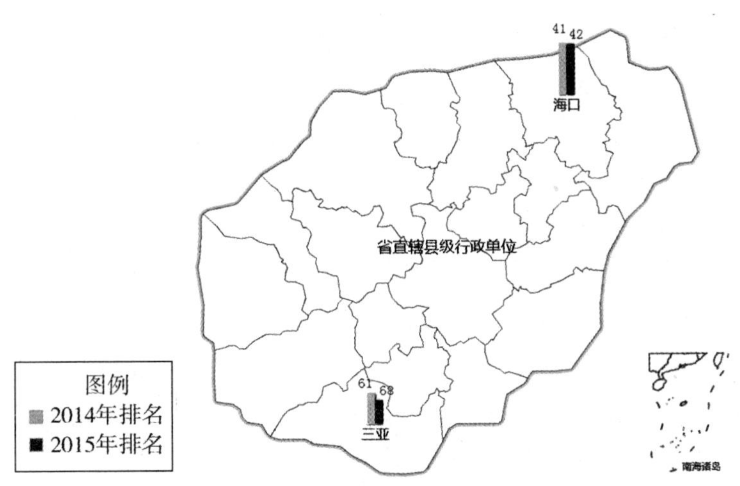

图 16—2 2014 年和 2015 年海南省城市可持续竞争力排名

资料来源：中国社会科学院城市与竞争力指数数据库。

（一）现状与优势

总体概况：海南省经济运行整体呈现“稳中有进、稳中向好”的态势。2015 年，全省地区生产总值 3702.8 亿元，比上年增长 7.8%。其中，第一产业增加值增长 5.3%；第二产业增加值增长 6.5%；第三产业增加值增长 9.6%。三次产业增加值占地区生产总值的比重由 2014 年的 23.1∶25.0∶51.9 调整为 2015 年的 23.1∶23.6∶53.3。需求结构方面，2015 年全年全省固定资产投资 3355.4 亿元，比上年增长 10.4%，其中，房地产开发投资依然是拉动经济增长的重要动力。要素结构方面，海南省人才发展机制在逐步完善，以企业为主体、以市场为导向的自主创新格局初步形成，但是工业企业 R&D 投入有待继续提高。海南拥有得天独厚的自然资源，面朝大海、四季如春，从环境指数、空气质量指数及温度舒适指数来说，都堪称是国内最宜居的城市之一。但是，海南的宜商城市竞争力还有提升的空间，商业配套建设需要加快推进。从可持续竞争力指标来看，海南省位于全国中上游水平，在知识城市竞争力、生态城市竞争力、文化城市竞争力、全域城市竞争力和信息城市竞争力方面都表现相对较好。总体来看，海南还处于要素驱动的经济发展阶段，资源优势和区位优势尚未得到充分发挥，今后只有将稀缺的热带资源和良好的区位优势转变为协调同步的产业优势，方能获得经济社会发展的长久动力。

现状格局：2015 年，海南省综合经济竞争力和可持续竞争力有升有降，总体基本稳定。其中，各城市综合经济竞争力排名略有提升，全省综合经济竞争力排名却相对下降。各城市可持续竞争力排名小幅下降，全省综合排名基本稳定。海南省经济发展区域差异仍然较大。虽然三亚的综合经济竞争力的全国城市排名上升了 3 个名次，海口只上升了 1 个名次，但三亚和海口之间排名差距依然较大，分别位居全国城市的第 236 位和第 120 位。而且，从可持续竞争力来看，三亚也稍逊于海口，全国城市排名分别位居第 68 位和第 42 位。

（二）问题与劣势

可持续竞争力较强，但综合经济竞争力差距较大。无论是 2014 年度还是2015年度，海南省的可持续竞争力指数排名均位居全国前列。而且从各城市可持续竞争力指数的方差和变异系数来看，海南省各城市可持续竞争力差异非常小，这说明海南省各个城市都具有较强的可持续发展能力。但是，海南省的综合经济竞争力区域差距较大。一方面，海南省的综合经济竞争力指数排名在全国省级行政单位中非常靠后，2015年海南省的综合经济竞争力指数为0.066，与2014年相比还略有下降(见表16—2)。另一方面，区域内部各城市之间的综合经济竞争力指数差异较大，海口的综合经济竞争力指数排名要远远领先于三亚，地区间发展不平衡的问题较为突出。因此，当前海南省面临的主要问题是如何依托可持续竞争力优势，快速实现综合经济竞争力的提升。

表16—2 海南省各城市综合经济、宜居、宜商、可持续竞争力及其分项排名

	综合经济竞争力		可持续竞争力		宜居城市竞争力	宜商城市竞争力	知识城市竞争力	和谐城市竞争力	生态城市竞争力	文化城市竞争力	全域城市竞争力	信息城市竞争力
城市	指数	排名	指数	排名	排名	排名	排名	排名	排名	排名	排名	排名
海口	0.080	120	0.491	42	5	43	37	175	106	37	68	21
三亚	0.052	236	0.404	68	7	108	87	190	40	78	114	82
指数均值	0.066	26	0.448	9	0.721	0.286	0.542	0.248	0.561	0.354	0.305	0.623
指数方差	0.0004	4	0.004	2	0.000	0.009	0.017	0.000	0.013	0.007	0.003	0.023
变异系数	0.305	2	0.137	2	0.030	0.338	0.238	0.069	0.202	0.241	0.167	0.241

资料来源：中国社会科学院城市与竞争力指数数据库。

(三) 现象与规律

特色资源优势尚未转化为经济优势。虽然海南省的农业和旅游资源相当丰富，但是资源优势并未很好地转化为产业优势和经济优势，农业资源和旅游资源的低水平利用，严重制约了海南省综合经济竞争力的提

升。因此，长期以来，海南省的综合经济竞争力指数一直在低位徘徊。问题主要体现在两个方面：一方面，产业结构不合理、亩产效益差、加工能力弱、科技含量低、龙头企业小等一系列问题造成了热带特色农业“王牌不王”；另一方面，旅游服务质量和水平不够高、旅游基础设施和配套不够完善、国家赋予海南国际旅游岛的涉旅优惠政策效应还未充分释放、特色旅游商品开发不足或品质不高等问题，使得海南旅游消费水平依然相对较低，没有实现“促进以旅游为龙头的现代服务业的突破性发展”。

（四）趋势与展望

特色优势产业发展格局基本形成，“一带一路”战略将凸显海南定位。海南拥有南繁育种、天然橡胶、冬季瓜菜、热带水果等国字号农业品牌，形成了滨海度假、旅游购物、邮轮游艇等旅游新业态新产品，培育了油气化工产业群和以中电、阿里巴巴、腾讯等领军的信息产业群，涌现了一批本土科技创新企业，有条件形成产业转型升级、增长动力多元的发展格局。另外，海南拥有参与“一带一路”建设的区位、资源、人文优势，具有国际旅游岛的开放政策，拥有博鳌亚洲论坛等我国主场外交平台，是海上丝绸之路的重点建设区域，这为其经济社会发展带来了重要的发展机遇。

（五）对策建议

战略回顾：2015 年，全省上下在省委、省政府正确领导下，紧抓国家实施“一带一路”战略、省域“多规合一”试点等重大机遇，着力培育发展 12 个重点产业，狠抓投资项目“百日大会战”，推进基础设施“五网”、六类产业园区、百个特色产业小镇、千个美丽乡村建设，强力推进海岸线整治、打击违法建筑整治、水污染治理和城乡环境整治等各项社会治理工作。全省经济运行稳中趋好，旅游、信息、医药、金融、会展等产业发展和市场主体培育势头良好，呈现出积极变化，国际旅游岛欢乐节、国际海洋旅游博览会等重大活动成功举办，国际旅游岛建设取得良好成效。

政策建议：海南拥有独特的热带海岸线和独一无二的生态旅游资

源，在生态旅游资源价值方面有着显而易见的核心竞争力，因此，在“十三五”期间，海南省首先应该大力发展旅游业，确保品质、完善配套、严守政策，扎扎实实建设国际一流的海岛旅游综合体，并着眼大旅游产业发展的新趋势，加快形成集旅游、生态、文化、现代服务业四位一体的大旅游综合产业生态链，从而推动海南旅游经济整体水平的提升。其次要把热带特色农业打造成海南富足农民服务全国的王牌产业，走高亩产、高质量、高效益的发展路子，集中凸显海南农业庞大的上升空间和发展优势。

2015年海南省城市竞争力雷达图如图16—3所示。

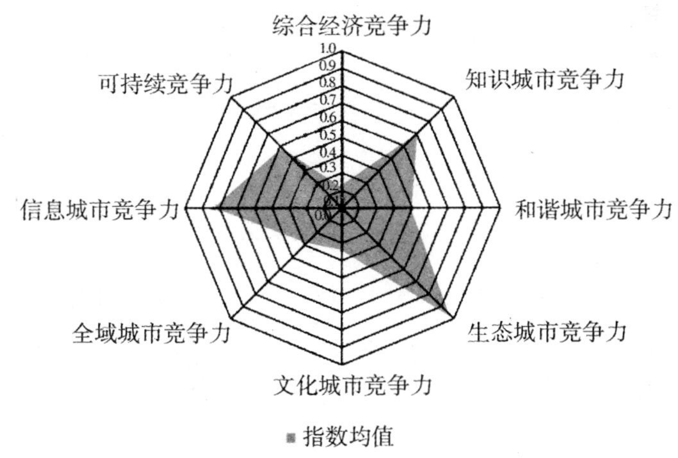

图16—3　2015年海南省城市竞争力雷达图

资料来源：中国社会科学院城市与竞争力指数数据库。

二　中国城市竞争力（广西）报告

近年来，广西壮族自治区经济运行虽然总体上稳中有进，但是工业和进出口等指标增速回落，经济持续增长的基础不牢，下行压力仍然较大。目前，全区经济基础普遍较差，可持续竞争力普遍较低。能否凭借“两区一带”中的“双核驱动”战略来实现区域之间的协调发展，能否不断提升科技创新能力为创新驱动发展提供有力支撑，都将是决定广西未来发展的关键因素。

2015 年广西壮族自治区区情信息如表 16—3 所示。

表 16—3　　　　　2015 年广西壮族自治区区情信息

土地面积	23.67 万平方公里
常住人口	4796 万人
城镇人口占常住人口比重	47.06%
GDP 总量及增长率	16803.12 亿元，8.1%
一、二、三产业占 GDP 比重	6.7%、51.5%、41.9%

资料来源：2015 年广西壮族自治区国民经济和社会发展统计公报。

2014 年和 2015 年广西壮族自治区城市综合经济竞争力排名如图 16—4 所示。

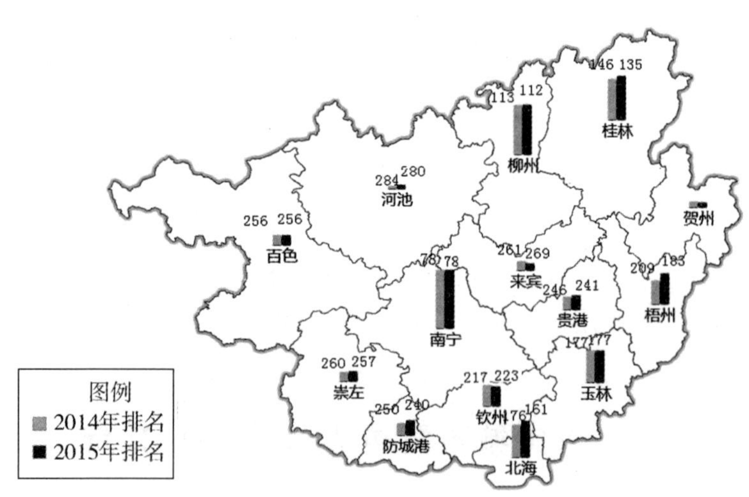

图 16—4　2014 年和 2015 年广西壮族自治区城市综合经济竞争力排名

资料来源：中国社会科学院城市与竞争力指数数据库。

2014 年和 2015 年广西壮族自治区城市可持续竞争力排名如图 16—5 所示。

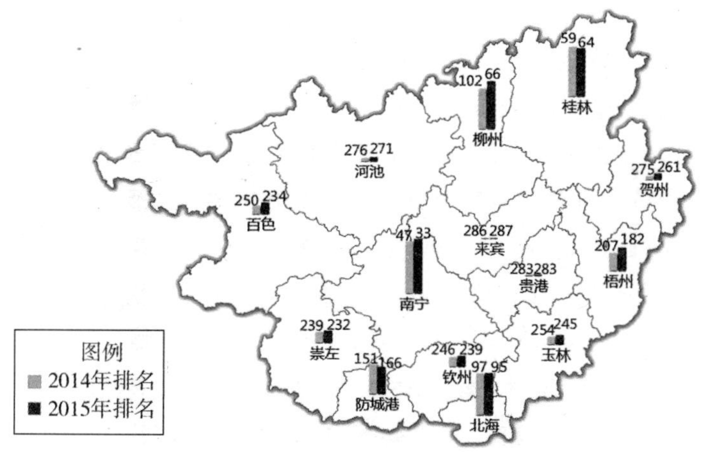

图 16—5　2014 年和 2015 年广西壮族自治区城市可持续竞争力排名

资料来源：中国社会科学院城市与竞争力指数数据库。

（一）现状与优势

总体概况：2015 年，全区经济运行总体平稳，全区生产总值 16803.12 亿元，比上年增长 8.1%。其中，第一产业增加值增长 4.0%，第二产业增加值增长 8.1%，第三产业增加值增长 9.7%。三次产业增加值占地区生产总值的比重由 2014 年的 6.4∶60.2∶33.4 调整为 2015 年的 6.7∶51.5∶41.9。需求结构方面，2015 年全区全年固定资产投资 15654.95 亿元，比上年增长 17.8%，投资增速小幅回升，增速在全国排名第 5 位。第一、三产业投资比重小幅提高，第二产业投资比重小幅回落，投资结构进一步优化，在水利、交通运输、市政设施等基础设施建设方面成效显著。要素结构方面，全区科技投入持续增长，但是广西规模以上高科技服务业发展仍滞后于全国平均水平。虽然广西素有“山清水秀生态美”的名片，但是从地级城市宜居指数排名来看，广西多数城市宜居城市竞争力指数处中下水平，仅有北海和防城港排名靠前。除了南宁以外，其他城市的宜商城市竞争力指数也普遍较低。从可持续竞争力指标来看，广西总体排名靠后，仅少数城市排名相对靠前。总体来看，虽然全区经济稳中有进，但是工业、进出口等指标增速回落，内河航运增长低迷，经济企稳回升的基础还不牢固，下行压力仍然较大。

现状格局：广西壮族自治区的综合经济竞争力表现依然较差，可持续竞争能力在逐渐增强。2015 年度全区综合经济竞争力指数均值为 0.059，全国排名依旧维持在第 30 位（见表 16—4）。各城市的综合经济竞争力也普遍较弱，仅有南宁在全国城市排名中进入前 100 名，其余城市多数位居 200 名之后。2015 年度全区可持续竞争力指数均值为 0.246，在全国排名第 26 位，指数和排名均有所上升。在各个城市中，主要是南宁、柳州和梧州等城市的可持续竞争力提升明显，分别由 2014 年度的第 47 位、第 102 位和第 207 位上升到 2015 年度的第 33 位、第 66 位和第 182 位。

表 16—4　2015 年广西壮族自治区城市综合经济竞争力、宜居、宜商、可持续竞争力及其分项排名

	综合经济竞争力		可持续竞争力		宜居城市竞争力	宜商城市竞争力	知识城市竞争力	和谐城市竞争力	生态城市竞争力	文化城市竞争力	全域城市竞争力	信息城市竞争力
城市	指数	排名	指数	排名	排名	排名	排名	排名	排名	排名	排名	排名
南宁	0.109	78	0.528	33	70	39	35	142	6	87	74	30
柳州	0.089	112	0.407	66	91	58	73	32	136	69	106	116
桂林	0.075	135	0.432	64	95	77	46	239	31	27	135	141
梧州	0.065	183	0.254	182	167	227	147	234	117	242	191	162
北海	0.070	161	0.363	95	38	121	130	199	8	99	194	139
防城港	0.050	240	0.275	166	23	222	263	109	82	254	126	142
钦州	0.057	223	0.188	239	170	237	220	242	204	284	283	91
贵港	0.050	241	0.091	283	191	275	256	256	254	287	279	241
玉林	0.067	177	0.176	245	111	234	158	247	197	283	281	187
百色	0.045	256	0.199	234	121	233	189	211	146	269	242	223
贺州	0.036	277	0.142	261	227	282	222	276	217	250	265	206
河池	0.034	280	0.128	271	89	279	192	253	239	276	274	231
来宾	0.039	269	0.056	287	165	286	285	273	275	281	270	251
崇左	0.044	257	0.201	232	278	269	183	257	110	286	256	184
指数均值	0.059	30	0.246	26	0.401	0.138	0.313	0.199	0.425	0.126	0.146	0.374

续表

	综合经济竞争力		可持续竞争力		宜居城市竞争力	宜商城市竞争力	知识城市竞争力	和谐城市竞争力	生态城市竞争力	文化城市竞争力	全域城市竞争力	信息城市竞争力
城市	指数	排名	指数	排名	排名	排名	排名	排名	排名	排名	排名	排名
指数方差	0.0005	5	0.019	20	0.018	0.011	0.027	0.010	0.046	0.019	0.009	0.015
变异系数	0.362	4	0.566	22	0.334	0.768	0.523	0.514	0.503	1.109	0.667	0.332

（二）问题与劣势

一是综合经济竞争力表现较差。无论是从全区来看，还是从各城市来看，广西的综合经济竞争力指数都非常低，在全国排名十分靠后。通过对比近年来综合经济竞争力指数和排名还可以发现，广西综合经济竞争力指数出现普遍下降，在全国排名也普遍倒退。

二是可持续竞争力整体提升困难。广西可持续竞争力也普遍较低，排名十分靠后。虽然 2015 年全区总体可持续竞争力指数有所提升，但主要表现为个别城市的提升。各城市在知识城市竞争力、和谐城市竞争力、文化城市竞争力和全域城市竞争力等方面均表现较差，仅有南宁和北海在生态城市竞争力方面表现较好。长期来看，各城市的可持续竞争力难以快速提升。

（三）现象与规律

创新意识和创业氛围等多方面表现较差，区位优势独木难支。广西具有沿海、沿边、沿江的区位条件，其区位优势不亚于与之相邻的广东等省份。但是，良好的区位条件并未给广西经济发展带来实质性的成效。实际上，区位优势只是一种潜在的优势，还需要创造条件引导各种优势的发挥，才能成为经济增长的现实推动力。广西之所以未能将区位优势转化为经济优势，主要原因就在于缺乏创新创业意识和商业氛围。根据知识城市竞争力指数及其排名可以发现，广西各个城市的知识城市竞争力都相对较弱，创新能力成为制约经济发展的一个重要因素。同时，广西作为一个少数民族自治区，相对于广东等地区，社会氛围较为保守，民众缺乏敢想敢干和积极开拓的精神。除此之外，过去的区域发展战略也存在一定的问题。无论是从综合经济竞争力还是可持续竞争力指数来看，广西作为一个沿江沿海城市，过去一段时期在区域发展上表现出“南宁一枝独秀”，而不是选择“投资港口、发展沿海、辐射内陆”，经济发展没有充分利用自身的区位优势。

(四) 趋势与展望

“双核驱动”战略迎来重大发展机遇。规划范围包括南宁、柳州、梧州、贵港、百色、来宾、崇左7市和广东省广州、佛山、肇庆、云浮4市的《珠江—西江经济带发展规划》的实施，将会为深入实施北部湾经济区和西江经济带“双核驱动”战略提供重大的发展机遇。加快珠江—西江经济带开放发展、协同发展，有利于促进广西向先进的生产力靠拢，对广西加快完善西江沿线基础设施、优化经济带产业布局、加快工业化城镇化进程等具有不可估量的推动作用，为广西加大与粤港澳的对接与联系、扩大对东盟开放合作提供更加广阔的空间。

(五) 对策建议

战略回顾：近年来，广西在优先发展北部湾经济区的同时，着手推进西江经济带和桂西资源富集区发展。虽然北部湾经济区优先发展战略成效显著，但是推进西江经济带和桂西资源富集区发展的成效稍弱，区域经济协调发展的战略还需要进一步推进。

政策建议：第一，推进“两区一带”各区域内部基本公共服务均等化，并依托现代交通网络和区位优势，增强“两区一带”中心城市辐射带动作用，加快培育形成结构有序、功能互补、整体优化、共建共享的城市群和城镇带，健全区域发展协调机制。第二，高度重视社会民众创新创业和竞争意识的培养，以“聚合要素、培育主体、融合合作、整体推进、创新发展”的思路，加快科技创新体系建设，积极鼓励科技单位、科技人员创新发展，加速科技成果向现实生产力的转化，通过创新驱动发展突破发展瓶颈。

2015 年广西壮族自治区城市竞争力雷达图如图 16—6 所示。

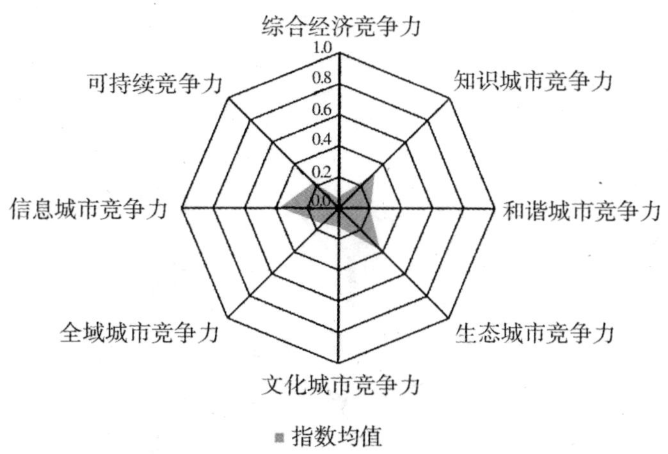

图 16—6　2015 年广西壮族自治区城市竞争力雷达图

资料来源：中国社会科学院城市与竞争力指数数据库。

三　中国城市竞争力（重庆）报告

近年来，重庆深入实施五大功能区域发展战略，区域协调不断取得新进展，产业结构不断优化，经济发展保持良好势头，综合经济竞争力和可持续竞争力不断增强。随着供给侧改革的推进、开放平台的加快建设和“互联网+”行动的全面展开，必将为全市经济持续增长提供强劲动力。

2015 年重庆市市情信息如表 16—5 所示。

表 16—5　2015 年重庆市市情信息

土地面积	8.24 万平方公里
常住人口	3016.55 万人
城镇人口占常住人口比重	60.94%
GDP 总量及增长率	15719.72 亿元，11.0%
一、二、三产业占 GDP 比重	7.3%、45.0%、47.7%

资料来源：2015 年重庆市国民经济和社会发展统计公报。

2014 年和 2015 年重庆市城市综合经济竞争力排名如图 16—7 所示。

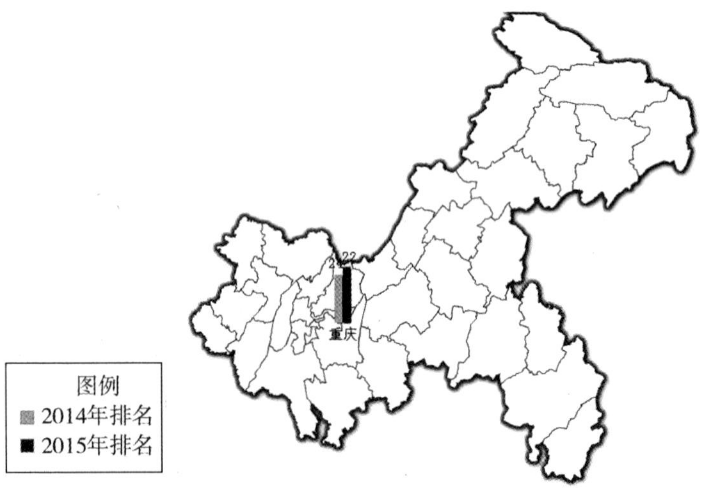

图 16—7 2014 年和 2015 年重庆市城市综合经济竞争力排名

资料来源：中国社会科学院城市与竞争力指数数据库。

2014 年和 2015 年重庆市城市可持续竞争力排名如图 16—8 所示。

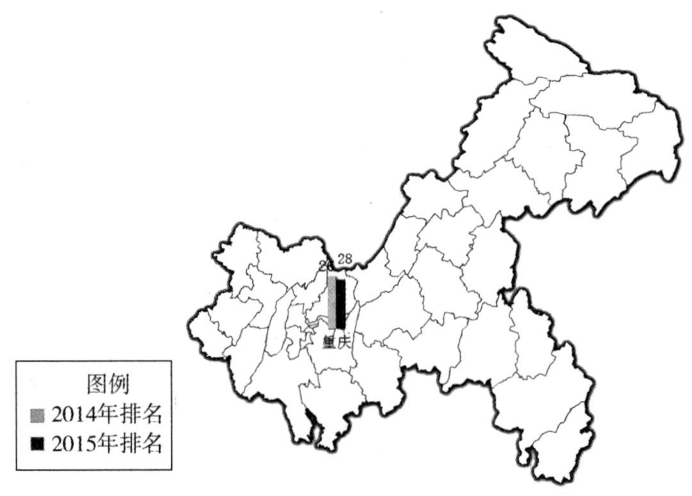

图 16—8 2014 年和 2015 年重庆市城市可持续竞争力排名

资料来源：中国社会科学院城市与竞争力指数数据库。

（一）现状与优势

总体概况：2015 年，全市经济运行总体平稳，继续保持了“稳中有进、稳中向好”的发展态势。2015 年全市全年实现地区生产总值15719.72 亿元，同比增长 11.0%，增速位居全国前列。其中，提升较大的行业主要是金融业和其他服务业，而房地产业回落较大。从产业结构来看，工业生产保持平稳，特色效益农业和服务业实现较快增长，第一产业增加值和第三产业增加值的增速分别达到 4.7% 和 11.5%，均高于 2014 年增速。从需求结构来看，消费品市场总体平稳，投资稳中趋缓，外贸进出口持续下行，投资、消费和外贸呈现“两稳一降”。从要素结构来看，创新发展亮点频现，高技术产业发展态势良好，互联网和相关服务业，以及网络零售等新产业和新业态蓬勃发展。虽然重庆的宜居城市竞争力排名不是特别靠前，但是重庆的宜商城市竞争力较强，长期以来稳居全国十强。从可持续竞争力指标来看，重庆除了和谐城市竞争力和全域城市竞争力相对较弱以外，其余方面均表现较好，尤其是随着重庆经济结构进一步改善，可持续竞争力将会进一步增强。总体来看，重庆经济运行平稳，结构调整步伐较快，新动力不断孕育成长，经济社会发展表现出良好的势头。

现状格局：2015 年度重庆市综合经济竞争力指数为 0.236，在省级行政区域中排名第 6 位，在地级城市中排名第 22 位，比 2014 年提升了 2 个名次；可持续竞争力指数为 0.557，在省级排名中同样位居第 6 位，在地级城市排名中位居第 28 位（见表 16—6）。从可持续竞争力的分项指标来看，重庆在知识城市竞争力、生态城市竞争力、文化城市竞争力、信息城市竞争力等方面表现较好，均位居全国前列。

（二）问题与劣势

和谐城市竞争力和全域城市竞争力相对较弱。重庆集大城市、大农村、大山区、大库区于一体，总体上仍处于欠发达阶段，社会事业发展相对滞后，经济社会发展不平衡、不协调、不可持续的问题依然突出。和谐城市竞争力和全域城市竞争力一直是重庆可持续竞争力的两大短板，近年来这两大分项指标的得分和排名没有明显提升。尤其是在群众需求关注度、社会各阶层之间的公平性、城乡收入差距和城乡支出差距等方面，重庆的得分一直较低，在全国地级城市中的排名也相对靠后。

表 16—6 重庆市城市综合经济竞争力、宜居、宜商、可持续竞争力及其分项排名

	综合经济竞争力		可持续竞争力		宜居城市竞争力	宜商城市竞争力	知识城市竞争力	和谐城市竞争力	生态城市竞争力	文化城市竞争力	全域城市竞争力	信息城市竞争力
城市	指数	排名	指数	排名	排名	排名	排名	排名	排名	排名	排名	排名
重庆	0. 236	22	0. 557	28	60	7	42	117	56	6	105	26
指数均值	0. 236	6	0. 557	6	0. 515	0. 601	0. 453	0. 335	0. 655	0. 693	0. 274	0. 762

创新发展能力还需进一步提升。近年来，重庆全市科技事业虽有长足进步，但社会创新潜能尚未充分发挥。创新要素聚集不足，“高精尖”人才资源总量偏少，科技资源开放共享程度不高，平台与服务机制建设相对滞后，这一系列因素使得重庆创新驱动能力还相对较弱，需要进一步营造创新环境、集聚创新要素、激发创新活力、增强创新能力。

(三) 现象与规律

供给侧改革助推经济持续稳定增长。第一，绿色发展通过限制过剩产能，淘汰落后产能，有效避免了产能过剩行业市场下滑对经济的冲击；倡导绿色发展，组织实施重点节能工程，大力发展循环经济，使得经济综合效率不断提升。第二，战略性新兴产业和高技术产业等新产业、新业态的发展实现了全市经济新旧动力转换，有效抵御了传统行业不景气对经济的负面影响。第三，大力发展内陆开放型经济、建设内陆开放高地，为全市经济发展提供持续有力支撑。第四，五大功能区域差异发展、协调发展，合力推动全市经济较快增长。

（四）趋势与展望

随着积极因素和新的动力不断积聚，重庆经济增长有望继续保持稳定增长的态势。理由如下：

首先，产业结构不断优化升级。重庆在内陆地区大力发展加工贸易，并通过延长产业链和发展离岸金融结算方式，把加工贸易的“微笑曲线”大部分留在了重庆。物流运输、销售结算等生产性服务业与制造业的集群发展的产业链整合模式也推动了重庆产业结构的调整和优化升级，工业企业形成了以汽车和电子为重点的高端化、配套化、集聚化的“6+1”支柱产业集群，“互联网+”新型服务业也快速发展。随着供给侧结构性改革的继续推进，全市产业核心竞争力将不断提升。

其次，开放经济逐步形成。以“渝新欧”大通道为代表，重庆市在国家“一带一路”和“长江经济带”重大发展战略机遇下，创造了水陆空三个交通枢纽、三个国家一类口岸、三个保税区的“三个三合一”开放格局。随着经济开放程度的不断提升，外资企业大量入驻重庆，引进外资额不断增长，对外进出口贸易更加活跃，这将为全市经济稳定增长提供源源不断的动力。

再次，金融支撑不断增强。金融机构数量不断增加，金融体系不断完善，金融创新日趋活跃，服务水平不断提高，资产质量有效改善，风险防范能力逐步增强，金融为实体经济服务、为结构调整服务、为改革开放服务和为国家的战略方针服务的能力不断强化。

（五）对策建议

战略回顾：五大功能区域发展战略作为重庆改革发展进程中的一个标志性设计，在 2015 年继续深入实施，并着力推进 11 项重点专项。目前，重庆区域发展一体化格局已告初成，都市功能核心区高端服务业加速发展，都市功能拓展区逐渐成为经济“引擎”，城市发展新区作为工业主战场崭露头角，区域经济发展差距在缩小，协调性在增强。

政策建议：第一，积极推进供给侧结构性改革。充分发挥市场在资源配置中的决定性作用，主动进行产业结构调整和布局，加强供给侧结构性改革，增加有效供给、去除无效供给，市场供给要适应市场需求总量和结构的变化。第二，大力实施创新驱动发展战略。坚持市场导向，紧扣产业转型升级的技术需求，引导企业与高校、科研院所共建研发创新平台；加大科技创新投入，实施重大科技专项，集中力量攻克技术难题；加快以企业为主体的创新体系的构建，推动优质创新资源向重点区域和重点领域的集聚，支持更多企业通过创新增强竞争力。

2015 年重庆市城市竞争力雷达图如图 16—9 所示。

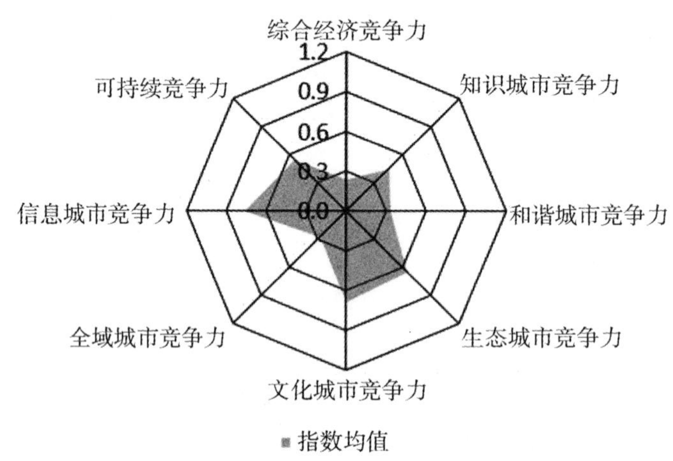

图 16—9　2015 年重庆市城市竞争力雷达图

资料来源：中国社会科学院城市与竞争力指数数据库。

四　中国城市竞争力（四川）报告

2013—2015 年，四川省经济总体保持平稳较快发展，趋势向好，其经济综合增量和效率均有一定提升，但其综合经济竞争力依然处于全国平均水平之下。由于全域城市竞争力是其城市经济发展的短板，其可持续竞争力水平发展停滞不前。要实现综合经济竞争力水平的提升，四川必须积极培育可持续竞争发展优势，积极融入“一带一路”和长江经济带等国家发展战略，加快构建功能互补、错位竞争、合作共赢的区域发展格局，全面提高竞争力。

2015 年四川省省情信息如表 16—7 所示。

表 16—7　　2015 年四川省省情信息

土地面积	48.5 万平方公里
常住人口	8204 万人
城镇人口占常住人口比重	47.69%
GDP 总量及增长率	30103.1 亿元，7.9%
一、二、三产业占 GDP 比重	12.2%、47.5%、40.3%

资料来源：2015 年四川省国民经济和社会发展统计公报。

2014 年和 2015 年四川省城市综合经济竞争力排名如图 16—10 所示。

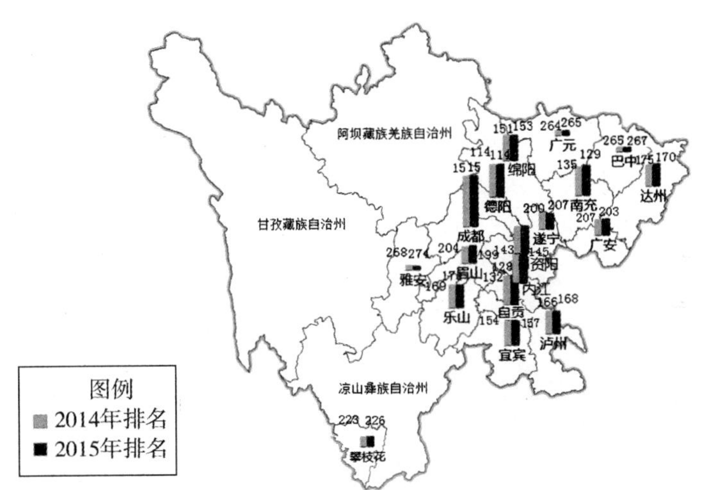

图 16—10　2014 年和 2015 年四川省城市综合经济竞争力排名

资料来源：中国社会科学院城市与竞争力指数数据库。

2014 年和 2015 年四川省城市可持续竞争力排名如图 16—11 所示。

（一）格局与优势

总体概况："十二五"时期，伴随我国经济持续深度调整，四川省稳中求进，积极奋进，经济实力明显提升。但由于其长期欠发达、不平

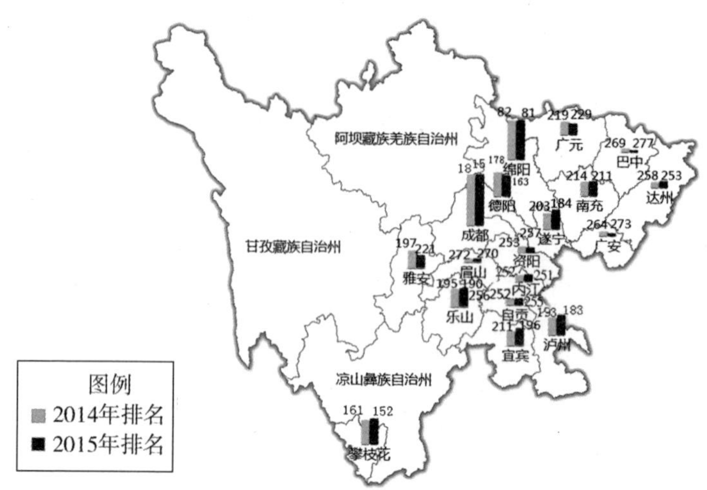

图 16—11 2014 年和 2015 年四川省城市可持续竞争力排名

资料来源：中国社会科学院城市与竞争力指数数据库。

衡的基本省情未得到根本改变，综合实力与发达省份差距仍然较大，可持续发展水平仍待提升。整体来看，四川省通过稳步推进经济结构的转型优化，其产业结构呈现积极发展态势，三次产业结构从 2011 年的 14.4∶50.5∶35.1 调整为 2015 年的 12.2∶47.5∶40.3，第三产业与第二产业的差距明显减少。在需求结构方面，投资拉动增速进一步放缓，固定资产投资总额为 25973.7 亿元，比去年同期下降 1.8%。其中，第一产业增加值 3677.3 亿元，增长 3.7%；第二产业增加值 14293.2 亿元，增长 7.8%；第三产业增加值 12132.6 亿元，增长 9.4%，投资结构有所改善。在要素结构方面，科技创新对经济发展的拉动依旧偏弱，其中在研究与发展（R&D）方面的经费支出仅占全省生产总值的 1.7%。从宜商、宜居城市竞争力分项指标来看，除成都跻身全国最优宜商城市以外，其他城市均表现一般，成都具有明显的一枝独秀特征。这与成都作为西南地区的中心城市，其制造业、服务业的聚集效应明显以及所享受的政府政策具有密切关系，从而对内资、外资产生了巨大吸引力。从可持续竞争力来看，四川省处于全国落后水平，其中，生态城市竞争力表现较好，全域城市竞争力、文化竞争力和信息城市竞争力表现均不佳，其他分项均表现一般。总体来看，四川省目前处于要素驱动的发展阶段，今后一定时期仍需要保持较高的发展速度，走可持续发展之路，坚持新的发展理念，更加注重补齐发展“短板”，培育经济发展新的增长极和增长点，进一步推进区域协调发展。

现状格局：2015 年度四川省综合经济竞争力指数均值为 0.078，在全国除西藏外的省级行政区域中排名第 21 位，竞争力水平处于中等偏下（见表 16—8）。其中，省会成都排名保持在全国第 15 位，依然属最具竞争力之列；广元、巴中、雅安的排名处于全省末列，竞争力最差，省内发展不平衡现象依然严重。但是，“三大发展战略”的大力实施以及城乡统筹发展的深入推进，使得四川省内各城市的综合经济竞争力得到一定提升。

表 16—8　四川省各城市综合经济、宜居、宜商、可持续竞争力及其分项排名

	综合经济竞争力		可持续竞争力		宜居城市竞争力	宜商城市竞争力	知识城市竞争力	和谐城市竞争力	生态城市竞争力	文化城市竞争力	全域城市竞争力	信息城市竞争力
城市	指数	排名	指数	排名	排名	排名	排名	排名	排名	排名	排名	排名
成都	0.313	15	0.635	15	42	9	12	23	44	10	36	23
自贡	0.077	128	0.160	252	279	228	241	255	212	116	228	275
攀枝花	0.056	226	0.288	152	85	101	102	91	216	162	52	256
泸州	0.069	168	0.253	183	231	195	149	115	90	135	249	271
德阳	0.087	114	0.256	178	144	177	111	127	208	220	192	197
绵阳	0.071	153	0.381	81	68	92	52	123	37	221	175	143
广元	0.042	265	0.203	229	168	203	261	244	107	214	245	193
遂宁	0.061	207	0.252	184	217	270	210	204	28	262	254	195
内江	0.075	133	0.162	251	264	264	203	249	191	222	276	237
乐山	0.068	171	0.243	190	130	202	176	177	135	110	217	261
南充	0.077	129	0.227	211	161	199	152	254	62	218	258	253
眉山	0.062	199	0.130	270	182	261	240	183	238	266	246	268
宜宾	0.071	157	0.241	196	256	165	161	155	130	107	248	266

续表

	综合经济竞争力		可持续竞争力		宜居城市竞争力	宜商城市竞争力	知识城市竞争力	和谐城市竞争力	生态城市竞争力	文化城市竞争力	全域城市竞争力	信息城市竞争力
城市	指数	排名	指数	排名	排名	排名	排名	排名	排名	排名	排名	排名
广安	0.061	203	0.126	273	245	277	235	271	156	267	280	270
达州	0.069	170	0.160	253	275	190	247	282	113	264	243	242
雅安	0.039	274	0.214	221	148	255	118	135	143	272	216	280
巴中	0.040	267	0.112	277	225	287	289	260	109	229	269	283
资阳	0.073	143	0.147	257	253	285	282	274	48	271	271	277
指数均值	0.078	21	0.233	28	0.306	0.143	0.292	0.228	0.454	0.155	0.148	0.242
指数方差	0.078	21	0.015	13	0.017	0.015	0.292	0.228	0.454	0.155	0.148	0.242
变异系数	0.767	24	0.520	21	0.425	0.850	0.594	0.495	0.304	0.820	0.724	0.608

资料来源：中国社会科学院城市与竞争力指数数据库。

四川省城市竞争力总体上呈现如下特征：

第一，综合经济竞争力处于中等偏下水平，成都一枝独秀，多地市竞争力不足。2015 年，四川省综合经济竞争力排名全国第 21 位，位居全国中下游水平。综合经济竞争力指数变异系数为 0.767，在全国排名第 24 位，其中省会成都排在全国第 15 位，综合经济竞争力在西南地区具有明显优势，为最具竞争力的城市之一。但是其他城市和成都的差距较大，其中，川南地区城市排名较前，而川东北经济区的城市排名参差不齐。

第二，可持续竞争力整体水平较差，区域发展不平衡。2015 年四川省可持续竞争力排在全国 28 位，位居全国下游水平；指数方差为 0.015，在全国排名第 13 位；变异系数为 0.520，在全国排名第 21 位，城市之间竞争力差异较大。其中，省会成都市综合可持续竞争力在近三年稳步提升，从 2014 年的第 18 位提升到 2015 年的第 15 位。与 2014

年相比，四川省多数城市的可持续竞争力排名均有小幅提升。从其各个城市的发展现状来看，自贡市虽然保持相对较强的综合经济竞争力，但是可持续竞争力表现较弱；而攀枝花、绵阳的综合竞争力较弱，但是可持续竞争力较强。因此，深刻把握四川省的城市发展特征，对于提高城市综合竞争力的重要性不言而喻。

第三，城市落后局面仍未改变，分项指标略有改观。通过深入实施创新驱动发展战略，以及成都国家创新型城市、德阳国家高端装备产业创新发展示范基地、绵阳科技城等项目的开展，促进了区域间技术合作与智力共享，使得四川省内多数城市在知识经济分项的发展方面取得重大进步。从宜商城市竞争力指标来看，除省会成都以外，其他城市的排名均处于全国落后水平，但是，约半数以上的城市排名与 2014 年相比均有所提升。宜居城市竞争力也未有较大波动，整体表现情况与各个城市的规模以及现有的发展阶段较为匹配。

（二）问题与软肋

第一，整体综合经济实力稳中有升，但区域均衡程度不高。

虽然四川综合经济竞争力在西南地区位于榜首，但是在全国排名中居于中下游水平，其综合经济竞争力变异系数为 0.767，排名第 24 位；综合增量竞争力变异系数 1.52，排名第 26 位，说明四川省内部城市之间差异性较大，区域均衡程度不高（见表 16—8）。比如雅安、广元的综合经济竞争力都位于 250 名以外，其可持续竞争力分项指标也在 200 名之后，城市可持续发展存在很大不足，严重制约了四川省整体竞争力的提升。

第二，可持续发展竞争力良莠不齐，分项指标呈现“一强多弱”的格局。

四川全省生态城市竞争力整体相对较好，但城市之间差距较大。该省既有成都、绵阳等竞争力排名优秀的生态城市，也有自贡、攀枝花等生态城市竞争力排名较为落后的城市。总体而言，生态城市竞争力表现优于其他指标，应继续加强其生态建设和环境保护；而其余分项指标的竞争力水平均处于全国中下游，省内发展不平衡。可见，未来四川应积极统筹各类优势资源，推进城乡一体化进程，促进经济均衡发展。

（三）现象与规律

全域城市竞争力成为制约四川省综合竞争力的重要因素之一。从城市层级体系来看，四川的城市层级体系不分明，使得省内城市之间形成了梯度不分明、布局不合理的城市分层体系。成都“一枝独秀”的特征非常突出，总体呈现“大城市过大、中等城市发展滞后、小城镇格局过小”的格局。因此，积极推进多点多极支撑战略，不仅需要进一步扩大成都市的引领示范作用，还需同步抓好成都经济区的城市品质功能协同、产业布局协同以及公共交通基础设施协同的建设，通过川南城市群、川东北城市群、攀西城市群之间的相互支撑与配合，缩小四川省域内城市发展不平衡，缓解成都市的过度聚集效应，对四川经济形成平衡发展新格局，提升综合经济竞争力将起到重要作用。

（四）趋势与展望

伴随“一带一路”战略、长江经济带建设、“251”三年行动计划以及精准扶贫精准脱贫工程的部署实施，2016 年四川省迎来了发展的重大机遇。未来的发展应充分发挥科技创新优势与创业环境优势，升级传统产业、发展新兴产业，积极培育新兴先导型服务业，提升生产性服务业高端化、专业化发展水平，促进经济健康发展，从而提升四川省综合经济竞争力。

（五）战略与政策

战略回顾：“十二五”时期，四川全面实施“三大战略”，奋力推进“两个跨越”，抢抓“一带一路”和长江经济带建设机遇，积极推动四川加快建成经济总量大、经济结构优、创新能力强、质量效益好的经济强省，在顺应国内外转型发展的基本趋势的同时，四川主动适应、把握、引领新常态，抢抓发展机遇，呈现出经济较快增长、动力加快转换、民生持续改善、社会和谐稳定的良好局面。

政策建议：全域城市竞争力分项指标是四川综合城市竞争力的短板，在充分发挥成都经济区优势的同时，应深入实施多点多极支撑发展战略，深入实施“两化”互动、城乡统筹发展战略，加快新兴增长极的培育，提高区域发展的协调性。其次，在城市规划方面，成都要以提升城市发展品质、增强城市承载能力、优化产业配套功能，推进成都市由单中心城市向“双核共兴、一城多市”的大都市区的转型，进一步发挥成都市的先导作用。同时，以新型城镇化建设为载体和支撑，提高城乡规划建设管理水平，大力推进基本公共服务均等化水平，细化量化民生建设项目，深入开展“四大片区扶贫攻坚行动”，有效增加公共服务产品的供给，创造有利于提升城市竞争力的氛围和环境，从而形成首位一马当先、梯次竞相跨越的良好发展态势，全面提升省域综合竞争力。

2015 年四川省城市竞争力雷达图如图 16—12 所示。

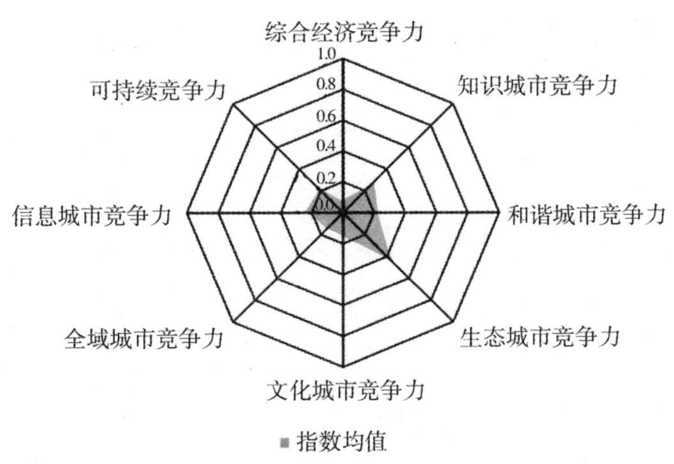

图 16—12　2015 年四川省城市竞争力雷达图

资料来源：中国社会科学院城市与竞争力指数数据库。

五　中国城市竞争力（云南）报告

云南简称滇或云，地处中国西南边陲一带。作为西南边境城市，云南省不仅与贵州省、广西壮族自治区、四川省、西藏自治区为邻，同时与缅甸、老挝、越南毗连。“十二五”时期，云南主动服务和融入国家发展战略，努力适应经济发展新常态，总体实现了经济的平稳健康发展，但其综合经济竞争力仍旧处于全国末位水平，各个城市综合排名有所进步，但可持续竞争力各分项指标水平起色不大。云南省应加快形成引领经济发展新常态的体制机制和发展方式，抢抓发展机遇，更加注重协调人口经济和资源环境空间均衡，促进经济社会的健康发展。

2015 年云南省省情信息如表 16—9 所示。

表 16—9　　2015 年云南省省情信息

土地面积	39.4 万平方公里
常住人口	4715.7 万人（2014 年）
城镇人口占常住人口比重	42.0%（2014 年）
GDP 总量及增长率	13717.8 亿元，8.7%
一、二、三产业占 GDP 比重	15.5%、41.2%、43.3%

资料来源：云南省统计局相关网站。

2014 年和 2015 年云南省城市综合经济竞争力排名如图 16—13 所示。

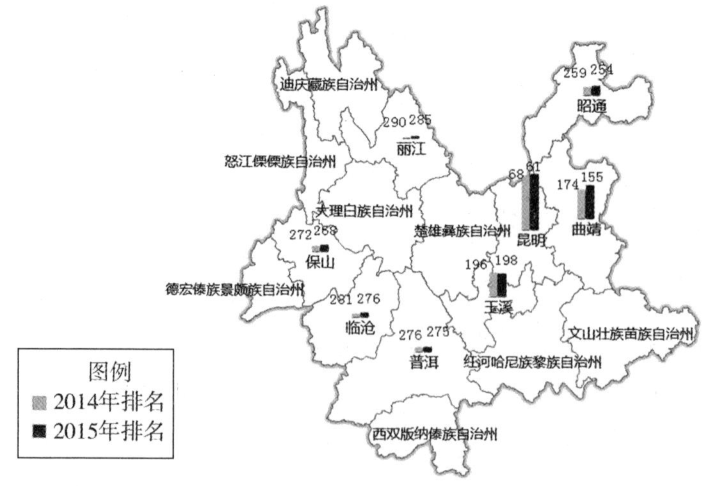

图 16—13　2014 年和 2015 年云南省城市综合经济竞争力排名

资料来源：中国社会科学院城市与竞争力指数数据库。

2014 年和 2015 年云南省城市可持续竞争力排名如图 16—14 所示。

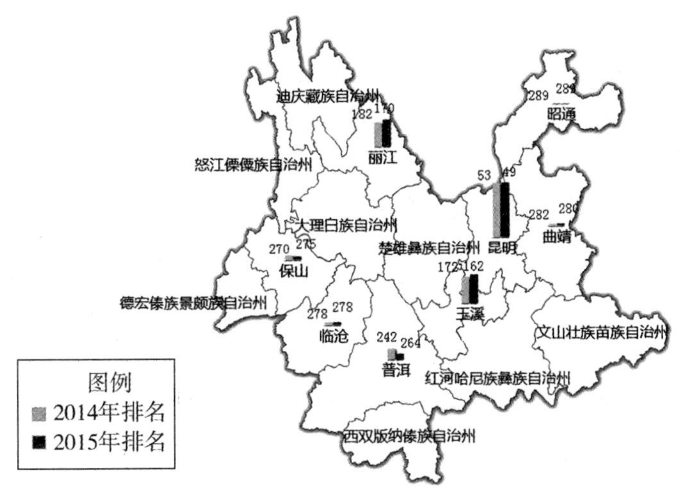

图 16—14　2014 年和 2015 年云南省城市可持续竞争力排名

资料来源：中国社会科学院城市与竞争力指数数据库。

（一）格局与优势

总体概况：总体水平落后，多项指标竞争不足。“十二五”时期，云南省坚持稳中求进的总基调，总体保持了全省经济平稳增长、社会和谐稳定。从综合经济发展来看，“十二五”期间，三次产业稳步发展，比例由 2011 年的 16.1∶45.6∶38.3 调整为 2015 年的 15.1∶40.3∶44.6。在需求结构方面，尽管宏观经济下行压力较大，2015 年云南省固定资产投资总额为 13069.39 亿元，增速达到 18%，同比增长 2.9%。伴随投资体制改革不断深化，云南省民间投资同比增长 8.4%，民间投资占比达 42.9%。在要素结构方面，2013—2015 年，科技经费支出占财政收入的比重稳中有升，分别为 2.4%、2.0% 和 2.6%。从可持续竞争力来看，云南总体水平排在全国倒数第三，分项指标中，生态城市竞争力表现相对较好，而和谐、全域和信息城市竞争力水平均位居全国末位水平。在宜商竞争力方面，省会昆明发展总体向好，稳步向前，但省域内其他城市的指标停滞不前，个别出现倒退现象；在宜居竞争力方面，除丽江以外，其余城市排名均在百名以外，说明云南省在构建宜居城市方面略显不足。总体来看，云南的整体竞争力在西南省份中排名最差，其综合经济竞争力和可持续竞争力均表现一般，发展处于要素驱动的初级阶段，因此未来立足于实际，解决发展问题是首要目标。

现状格局：2015 年，云南省指数均值为 0.056，排名第 31 位；指数方差为 0.001，全国排名第 9 位（见表 16—10）。这说明云南省城市整体综合经济竞争力较差，而城市之间的差异相对较小，属于整体落后的情况。除省会昆明以外，其余城市综合经济竞争力排名均位于 150 名之后。在综合增量竞争力指数和综合效率竞争力指数方面，变异系数分别为 1.208、1.169，位列全国第 20、18 名。由此可见，云南省城市发展不均衡现象较为突出，整体呈现出落后的状况，在经济整体发展方面，云南省与其他省份城市发展差距较大。

表 16—10 云南省各城市综合经济、宜居、宜商、可持续竞争力及其分项排名

	综合经济竞争力		可持续竞争力		宜居城市竞争力	宜商城市竞争力	知识城市竞争力	和谐城市竞争力	生态城市竞争力	文化城市竞争力	全域城市竞争力	信息城市竞争力
城市	指数	排名	指数	排名	排名	排名	排名	排名	排名	排名	排名	排名
昆明	0.123	61	0.484	49	109	31	33	176	131	33	54	42
曲靖	0.071	155	0.104	280	204	225	251	269	249	255	266	250
玉溪	0.063	198	0.278	162	133	181	129	154	160	85	186	225
保山	0.04	268	0.121	275	255	273	236	289	145	270	273	259
昭通	0.046	254	0	289	287	276	287	278	267	289	289	287
丽江	0.031	285	0.27	170	33	232	186	265	41	53	240	258
普洱	0.039	275	0.14	264	151	280	267	272	100	256	282	262
临沧	0.038	276	0.111	278	234	266	234	224	209	288	272	279
指数均值	0.056	31	0.189	31	0.321	0.129	0.255	0.143	0.372	0.159	0.119	0.239
指数方差	0.001	9	0.022	22	0.029	0.013	0.035	0.009	0.027	0.029	0.015	0.031
变异系数	0.538	16	0.795	24	0.529	0.892	0.734	0.674	0.443	1.072	1.017	0.736

资料来源：中国社会科学院城市与竞争力指数数据库。

2015年度云南省可持续经济竞争力指数均值为0.189，排名全国第31位，与2014年、2013年排名相同，总体水平依旧处于最差之列。其中，昆明在全国排名第49位，其他城市的可持续竞争力排名均在150名之后，城市之间发展不平衡现象凸显。从分项指标上看，云南省生态城市竞争力表现相对较好，除省会昆明以外，其他各个城市要好于经济发展水平。在宜商竞争力指标方面，昆明作为省会城市，其商业吸引力较强，有利于区域优势的聚集；但是其他城市的经济环境较弱，不利于招商引资的可持续发展。在宜居竞争力指标方面，丽江作为优质旅游城市，在宜居竞争力方面领先其他城市，2015年排名较2014年大幅提升，说明丽江在创造城市人文氛围和环境保护方面下足了功夫。包括昆明在内的其他城市在该指标方面不甚理想。此外，在和谐城市竞争力分项表现上，云南省各个城市排名均在150名之后，说明云南省各城市在构建城市软环境方面严重滞后。

（二）问题与软肋

第一，构建和谐城市存在诸多薄弱环节。云南省各分项竞争力指标中，和谐城市竞争力表现差强人意，全省城市排名均在150名之后，即属于竞争力较差与最差的行列。在和谐城市建设方面，云南省需把增进人民福祉、促进人的全面发展作为发展的出发点和落脚点，统筹沿边与滇中、农村与城市、民族地区与其他地区协调发展，保持社会稳定，形成多元包容、公平正义、和谐稳定的社会氛围。

第二，信息化步伐缓慢制约城市整体竞争力的提升。云南省隶属西南地区，西南地区区域发展不平衡，城市之间的发展也大不相同，与以大规模制造业为核心的珠江三角洲、以信息技术为龙头的长江三角洲相比，西南地区滞后的信息化水平制约了云南省各个城市的信息化水平的提升。在信息城市竞争力方面，除省会昆明外，其余城市的信息城市竞争力排名均在200名之后，属于较差和最差水平。虽然云南省正在加快包括互联网在内的“五网”基础设施建设，但是与其他省份城市差距依然较大。

（三）现象与规律

整体水平落后，各项指标均落后于全国平均水平，需更加注重经济发展的可持续性和区域经济社会的协调发展，不断提升城市的综合竞争力水平。云南省总体经济实力不强，除省会昆明外，其余城市发展相对均衡。这说明过去几年，云南省各个城市的综合效率竞争力普遍偏低，经济发展方式转变处于缓慢提升状态。云南地处青藏高原东南部，作为一个地理结构复杂、民族多元化的省份，其复杂多变的地理条件在一定程度上制约了城市化水平的进程和人口的聚集，也使得云南省各州市的经济发展地域分化性非常明显。例如，省会昆明以及附近的曲靖、玉溪的经济发展水平优于省内其他城市，主要是由于省会城市的带动作用以及城市自身交通的便捷性。因此，如何实现各个地区的协调发展，对于云南省提升其综合经济竞争力和可持续竞争力具有关键作用。2015 年，云南省全域城市竞争力指数均值为 0. 119，在全国排名第 32 位；变异系数为 1. 017，在全国排名第 25 位，说明云南省当前城乡一体化水平严重不足，地区差异非常明显。在走新型城镇化道路的过程中，应大力推进城市交通体系的建设，发挥滇中城市群的带动示范作用，统筹沿边与滇中、农村与城市、民族地区与其他地区协调发展。

（四）趋势与展望

经济结构调整步伐加快，未来发展潜力巨大。伴随国家“一带一路”战略、长江经济带等重大发展战略和一系列重大政策的实施，云南省逐步从内陆边远地区向南亚、东南亚辐射中心转变，其经济结构调整优化的步伐进一步加快，多数地区及产业都发生了可喜的变化，经济增长势头有望持续。

（五）战略与政策

战略回顾：经济发展保持良好态势，改革开放不断深化。“十二五”时期，云南省坚持稳中求进的总基调，把改革创新贯穿经济社会发展各个领域，全力以赴做好稳增长、调结构、促改革、惠民生各项工作，总体保持了全省经济平稳增长、社会和谐稳定。尽管云南省整体经济社会发展处于落后水平，但伴随桥头堡建设、西部大开发、沿边开发开放试验区、“9+2”泛珠三角合作、大湄公河次区域合作、孟中印缅经济走廊等相关战略的深入实施，云南省的经济发展将会得到巨大提升和飞跃。

政策建议：经济保持平稳增长，着力推进区域均衡发展。总体来说，云南省在经济竞争力和可持续竞争力方面均处于下游水平。因此，在未来的经济发展中，要以加快转变经济发展方式为主线，依托“一带一路”、长江经济带等重大发展战略和国家扶贫开发、脱贫工程一系列重大政策的实施，统筹实施区域发展总体战略，坚持“做强滇中、搞活沿边、联动廊带、多点支撑、双向开放”的发展布局，着力构建“一核一圈两廊三带六群”区域发展新空间，积极推进城市公共基础设施建设，重点完善布局合理的综合交通运输网络体系。此外，作为中国面向南亚的陆路通道，云南应充分发挥其独有的地理优势，积极启动“云上云”行动计划，大力推进“互联网+”、云计算、大数据、信息消费等为主的信息化和信息产业发展，提升其信息网络的覆盖能力，推进跨境经济合作和边境经济合作，提高城市综合竞争力。

2015 年云南省城市竞争力雷达图如图 16—15 所示。

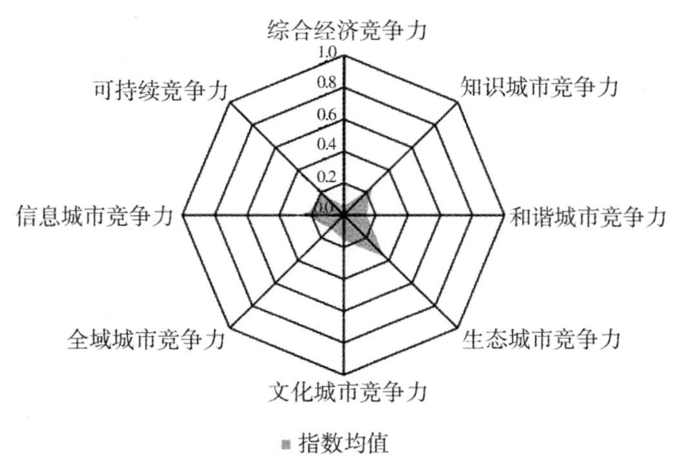

图 16—15　2015 年云南省城市竞争力雷达图

资料来源：中国社会科学院城市与竞争力指数数据库。

六 中国城市竞争力（贵州）报告

“十二五”时期，贵州省地区生产总值各年增速均保持两位数增长，年均增速为12.5%，高于同期全国水平4.7个百分点。2015年，贵州省地区生产总值突破1万亿元，年均增长率达到12.5%。在经济增长的强势带动作用下，贵州省的综合经济竞争力排名有所提升，但由于贵州省整体经济基础较为薄弱，其综合经济竞争力水平仍然落后于全国平均水平，仍处于全国竞争力排名末位。从可持续竞争力来看，其各个分项指标的排名均在最差行列，省内其他城市均与贵阳市差距巨大。虽然贵州省综合竞争力水平不高，但是其增量竞争力、效率竞争力连续几年均得到一定的提升，展现出一定的后发优势。未来几年，贵州省的经济发展水平有望得到明显提升，同时伴随经济发展方式的转变，其可持续发展能力有待于进一步提高。

2015年贵州省省情信息如表16—11所示。

表16—11 2015年贵州省省情信息

土地面积	17.6万平方公里
常住人口	3529.5万人
城镇人口占常住人口比重	42.01%
GDP总量及增长率	1.05万亿元，12.5%
一、二、三产业占GDP比重	15.6%、39.5%、44.9%

数据来源：2015年贵州省国民经济和社会发展统计公报。

2014年和2015年贵州省城市综合经济竞争力排名如图16—16所示。

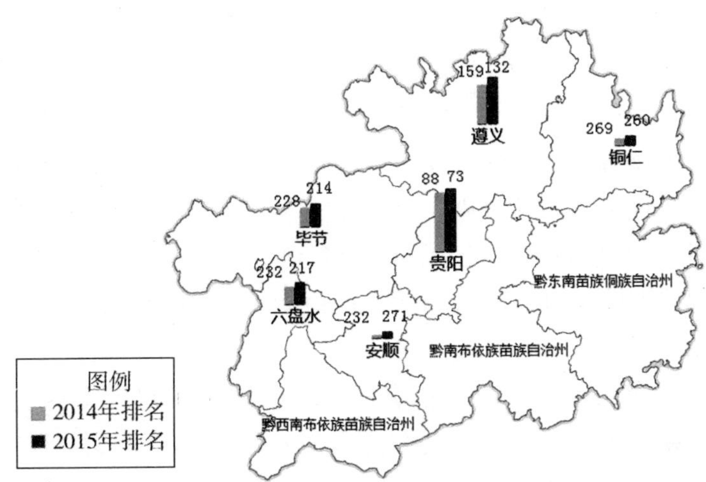

图 16—16　2014 年和 2015 年贵州省城市综合经济竞争力排名

资料来源：中国社会科学院城市与竞争力指数数据库。

2014 年和 2015 年贵州省城市持续竞争力排名如图 16—17 所示。

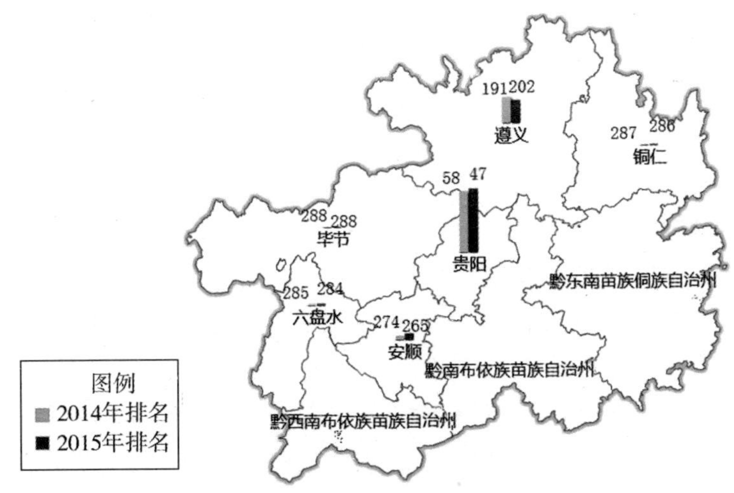

图 16—17　2014 年和 2015 年贵州省城市可持续竞争力排名

资料来源：中国社会科学院城市与竞争力指数数据库。

（一）格局与优势

总体概况：综合实力整体偏弱，经济发展处于要素驱动阶段，可持续发展竞争力处于全国末位。“十二五”时期，贵州省坚持发展为要、民生为本、企业为基、环境为重，积极主动适应新常态，经济总量和人均生产总值实现了历史性突破。从综合经济发展来看，贵州省地区生产总值 2015 年首次突破 1 万亿元，达到 1.05 万亿元，年均增长 12.5%。产业结构调整继续推进，三次产业比例由 2014 年的 13.8∶41.6∶44.6 调整为 2015 年的 15.6∶39.5∶44.9，第三产业比重略有上升，第二产业比重略微下降，第一产业比重有所上升。这与贵州省着力发展种养业、农产品加工等主导产业，大力实施省级重点农业园区提升工程有密切关系。在需求结构方面，在固定资产投资上，2015 年贵州省呈现“三、二、一”投资结构，其中，第一产业投资完成 222.69 亿元，比上年增长 28.1%；第二产业投资完成 2728.90 亿元，增长 17.6%；第三产业投资完成 7725.11 亿元，增长 23.0%。三次产业投资构成为 2.1∶25.6∶72.3。在对外贸易方面，2015 年贵州省外贸进出口总额为 761.22 亿元，比上年增长 14.9%，增速居全国第 3 位。其中，出口总额 618.56 亿元，增长 7.0%，增速居全国第 7 位；进口总额 142.66 亿元，增长 69.0%，增速居全国第 2 位。在要素结构方面，2013—2015 年，贵州省就业人数持续增长，城镇新增就业分别为 55.49 万人、68.37 万人和 72.68 万人，科技经费支出占财政收入的比重略有降低，由 2014 年的 2.1%下降到 2015 年的 1.8%。从可持续竞争力来看，贵州总体可持续发展水平最差，其各分项指标的排名均居全国倒数。贵阳作为贵州省的省会城市，2015 年可持续竞争力排名位列全国百名之内，处于竞争力较好之列，但是毕节、六盘水、安顺、遵义、铜仁可持续竞争力均位于 200 名之后。值得注意的是，贵州省的宜商竞争力与宜居竞争力指标均有可喜进步，各个城市的指标排名均有不同程度的提升，其中省会贵阳表现最为抢眼，其宜商竞争力较 2014 年的第 56 名，跨越至第 40 名。但由于贵州省可持续竞争力整体水平较弱，制约了其综合经济竞争力的提升。

现状格局：2015 年度贵州省综合经济竞争力指数均值为 0.065，在全国省级行政区域中排名第27位，较2014年上升2位，但仍处于竞争力水平最差之列（见表16—12）。其中，省会贵阳在全国排名第73位，较2014年提升15位，提升幅度较大，处于较具竞争力之列。由此可见，贵阳作为贵州的经济发展引擎，其综合经济竞争力会不断增强；除安顺以外，毕节、六盘水、遵义、铜仁等城市近三年的竞争力排名均得到不同程度的提升，而安顺的综合经济竞争力排名在2015年降幅高达39位次，需引起高度重视。

表16—12　**贵州省各城市综合经济、宜居、宜商、可持续竞争力及其分项排名**

	综合经济竞争力		可持续竞争力		宜居城市竞争力	宜商城市竞争力	知识城市竞争力	和谐城市竞争力	生态城市竞争力	文化城市竞争力	全域城市竞争力	信息城市竞争力
城市	指数	排名	指数	排名	排名	排名	排名	排名	排名	排名	排名	排名
贵阳	0.114	73	0.485	47	99	40	36	42	79	97	64	53
六盘水	0.059	217	0.083	284	288	179	276	235	289	282	196	234
遵义	0.075	132	0.236	202	265	148	144	167	123	119	247	278
安顺	0.039	271	0.138	265	237	197	225	191	211	268	277	263
毕节	0.060	214	0.044	288	208	210	283	281	248	278	285	282
铜仁	0.043	260	0.070	286	221	158	272	283	262	237	236	281
指数均值	0.065	27	0.176	32	0.235	0.190	0.252	0.207	0.271	0.121	0.144	0.233
指数方差	0.0007	6	0.028	24	0.020	0.008	0.044	0.021	0.040	0.010	0.013	0.034
变异系数	0.420	7	0.943	25	0.604	0.466	0.833	0.703	0.735	0.842	0.794	0.796

资料来源：中国社会科学院城市与竞争力指数数据库。

在可持续竞争力方面，2015年贵州省可持续竞争力指数均值为0.176，排名第32位，处于全国最差之列，且连续三年排名相同，这种可持续竞争力发展停滞的局面本身就说明了其经济发展质量与效益的低下，经济发展方式属于严重不可持续型，发展模式亟须转型。同时，其可持续竞争力变异系数值为 0. 943，排名第 25 位，城市间发展极不平衡。各个分项指标排名近三年均有所进步，其中省会贵阳在生态竞争力指标方面进步巨大，从 2014 年的第 169 名提升至 2015 年的第 79 名，位于较具竞争力之列。得益于生态环境保护政策的有力实施，贵阳市的宜商竞争力指标大幅攀升，同时宜居竞争力指标稳步向前，充分显示了贵阳市在提高能源利用效率，积极淘汰落后产能方面的执行力度，其生态示范建设成效显著。

（二）问题与软肋

第一，民生问题制约贵州省可持续经济竞争力的提升。贵州作为全国贫困人口最多、贫困发生率较高的省份，贫穷和落后仍是当前贵州面临的主要矛盾。贵州省当前的全域竞争力指数均值为 0. 144，排名第 31 位，进一步反映出当前贵州省面临着本省与发达省份经济差距逐渐拉大、省内城市与农村两极分化严重、贫困地区与非贫困地区差距加大这三类差距，严重制约了其全域竞争力的提升，进而影响了其他分项指标的发展和提高。

第二，城市发展可持续性总体水平较差，区域发展不平衡。2015 年，贵州省可持续竞争力变异系数值为 0. 943，排名第 25 位；方差均值为 0. 028，排名第 24 位（见表 16—12）。这一方面说明贵州省内多数城市的竞争力指数分数较低，间接表明了其经济基础薄弱、城乡差距大、社会事业发展滞后等问题制约了其经济社会发展水平；另一方面，可持续竞争力变异系数排名全国末位，也说明了贵州省各城市之间差距较大，贵阳市作为省会城市的辐射和带动作用不强，削减了省内城市均衡发展的程度。

（三）现象与规律

经济基础薄弱，保持经济的提质增效是未来提高其综合竞争力的关键。从发展的可持续性来看，贵州省连续五年经济保持高速增长，但是经济增长“有量无质”，其经济增长的效率低下主要体现在可持续竞争力的分项指标竞争力明显不足，主要原因体现在其产业基础薄弱、贫困人口基数大、公共服务基础设施建设落后方面。但是，从构成经济增长的因素来看，2015 年贵州省进出口贸易增速与外商投资增速的大幅提升，对贵州省的经济增长起到了重要支撑作用。2015 年，贵州省外贸进出口总额达 761.22 亿元，比 2014 年同期增长 14.9%，增速居全国第 3 位；在外商投资方面，2015 年全省实际利用外资比上年同期增长 8.7%，实际利用外资总额 25.24 亿美元，增长 22.2%。贵州省的对外贸易有望成为新的经济增长着力点。

(四) 趋势与展望

经济增长势头有望持续，全区发展面临重大机遇。近三年来，贵州省经济增速连续三年居全国前 3 位，主要经济指标翻了一番以上，经济总量和人均生产总值均实现了历史性突破，现代公共交通体系初现端倪，产业转型与结构优化实现重大突破，山地特色新型城镇化平稳推进，后发赶超势头强劲。未来在“一带一路”、长江经济带、珠江—西江经济带、全国扶贫开发攻坚示范区等一系列重要政策的引领下，贵州省应坚持开放带动、投资拉动的协同发展，充分释放外资外贸的增长潜力，将扩大开放作为后发赶超的战略支撑，使其经济发展水平得到进一步的巩固加强。

(五) 战略与政策

战略回顾：“十二五”时期，贵州省以加速发展、加快转型、推动跨越为主基调，重点实施工业强省和城镇化带动“两大主战略”，统筹推进工业化、城镇化、农业现代化“三化同步”，积极推进能源产业、资源深加工产业、装备制造业、特色轻工业、战略性新产业的发展，全面释放后发优势，多项工作均取得了重大突破。

政策建议：虽然贵州省经济增长连续五年取得了巨大进展，但由于其长期以来在经济基础薄弱、贫困人口基数大、发展方式粗放、资源利用效率低下等方面仍旧存在一定的矛盾与问题，因此，贵州省的经济发展任务依然艰巨。当前，“一带一路”、长江经济带、珠江—西江经济带等国家战略的实施，为贵州省发展注入了强大的发展动力，精准扶贫、精准脱贫工程的实施为其加快发展补齐了短板。未来贵州省应加快转变经济发展方式，构建布局合理、层次分明、富有活力的产业体系；深入推进精准扶贫、精准脱贫工作，发展社会事业、改善公共服务；加强黔中经济区、黔北经济协作区、毕水兴经济带建设，支持黔东南州、黔南州、黔西南州等民族地区跨越发展，形成黔中、黔北率先崛起，其他各区域城市协同加快发展新格局，全面提升可持续竞争力。

2015 年贵州省城市竞争力雷达图如图 16—18 所示。

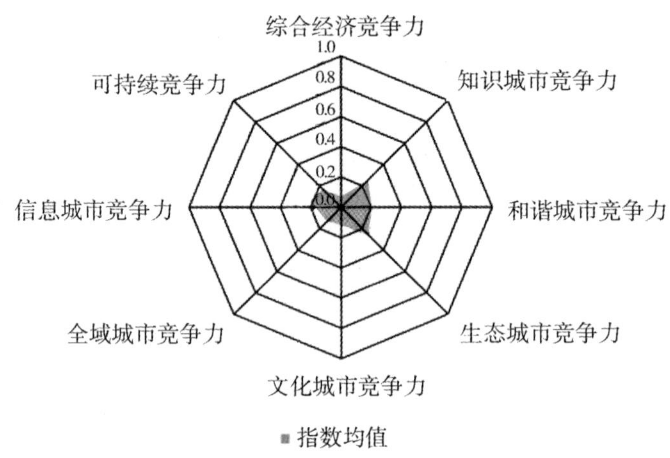

图 16—18　2015 年贵州省城市竞争力雷达图

资料来源：中国社会科学院城市与竞争力指数数据库。

第十七章　中国（西北地区）城市竞争力报告

魏　婕　赵若锦*

一　中国城市竞争力（陕西）报告

陕西省，地处黄河中游，是连接我国东、中部地区和西北、西南地区的重要枢纽，省会城市西安。全省纵跨黄河、长江两大水系，中国铁路大动脉陇海线横穿中部，是新亚欧大陆桥亚洲段的中心和进入大西北的门户，周边与山西、河南、湖北、四川、重庆、甘肃、宁夏、内蒙古8个省区接壤，具有承东启西、连接南北的区位之便。2015年陕西省继续坚持"稳中求进"的发展战略，在进一步适应经济发展新常态，主动抓住"一路一带"战略所带来的经济发展机遇的过程中，奏响了"创新驱动发展、产业加速转型、改革深入推进"的经济发展主旋律。

2015年陕西省省情信息如表17—1所示。

表17—1　　2015年陕西省省情信息

土地面积	20.58万平方公里
常住人口	3775.12万人
城镇人口占常住人口比重	52.57%
GDP总量及增长率	18171.86亿元，8%
一、二、三产业占GDP比重	8.8%、51.5%、39.7%

资料来源：2015年陕西省国民经济和社会发展统计公报。

* 魏婕，西北财经大学经济管理学院讲师，经济学博士。赵若锦，中国社会科学院研究生院博士研究生。本章报告内蒙古、陕西、甘肃部分由魏婕撰写，青海、宁夏、新疆部分由赵若锦撰写。

2014 年和 2015 年陕西省城市综合经济竞争力排名如图 17—1 所示。

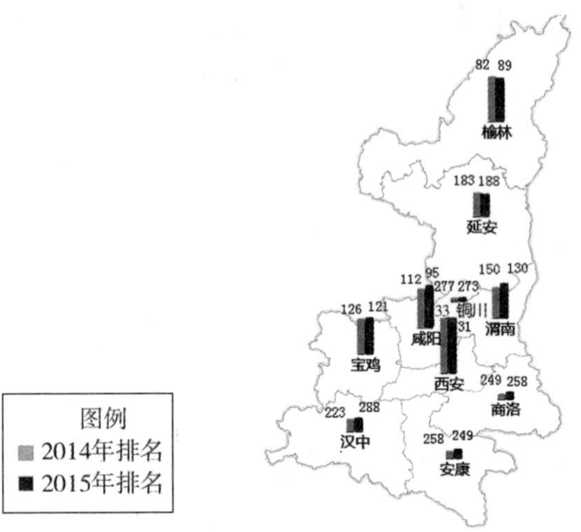

图 17—1　2014 年和 2015 年陕西省城市综合经济竞争力排名

资料来源：中国社会科学院城市与竞争力指数数据库。

2014 年和 2015 年陕西省城市可持续竞争力排名如图 17—2 所示。

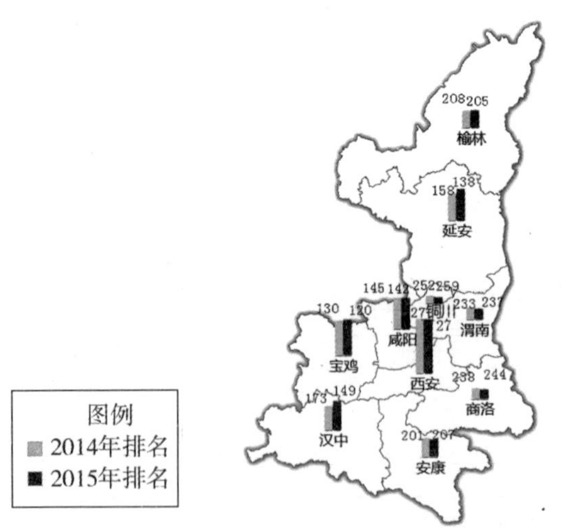

图 17—2　2014 年和 2015 年陕西省城市可持续竞争力排名

资料来源：中国社会科学院城市与竞争力指数数据库。

（一）格局与优势

总体概况：回顾 2015 年，时和势有利，艰与险增多，在努力适应经济发展新常态和主动抓住"一带一路"战略所带来的发展新机遇的过程中，陕西省在"十二五"的收官之年一如既往地保持了经济社会在稳定中求得发展的良好态势。总体而言，2015 年全省实现生产总值 18171.86 亿元，比上年增长 8%；三次产业结构由 2014 年的 8.9∶54.8∶36.3 调整为 2015 年的 8.8∶51.5∶39.7，表现为第一、二产业比重下降，第三产业比重上升，产业结构进一步优化。在需求结构方面，经济发展主要依靠投资拉动的状况进一步得到改善，全省完成固定资产投资 19826.65 亿元，比上年回落 9.8 个百分点，战略性新兴投资占固定资产总投资的 12.8%，较上年提高了 1.4 个百分点。2015 年全省社会消费品零售总额 6578.11 亿元，增长 11.1%，消费拉动经济增长的强劲势头不减。2015 年，陕西省坚持"让创新成为驱动发展新引擎"的理念，全省技术交易额 700 亿元，专利授予数 2.19 万件，分别增长 9.4%和 42.5%，高新技术产业实现值比上年增长 25.9%，占工业增加值的比重为 9.7%，创新能力有所增强。总体来看，陕西省经济增长仍处于依靠要素投入拉动的阶段，第三产业虽取得了进一步的发展，但依旧很难取代第二产业的主导地位，产业结构有待进一步优化调整，创新能力有待进一步增强。

现状格局：2015 年，陕西省综合经济竞争力指数均值为 0.080，在全国排名第 21 位，与上年持平；指数方差在全国排名第 16 位，比上年下降 1 位；而变异系数与上年相比上升 2 位，在全国排名第 19 位（见表 17—2）。可持续竞争力在全国排名第 23 位，指数方差和变异系数在全国排名分别为第 12 位和第 18 位。在宜居竞争力和宜商竞争力方面，西安同样表现出龙头地位，分别居全国第 27 和第 18 位，而陕西其他城市，咸阳和榆林在宜商方面跻身百强，而在宜居方面均位于百名之外，更多集中在 200 名甚至更后。陕西省城市发展整体上呈现不均衡态势，省会西安在全省城市中一枝独秀，优势明显。

西安综合经济竞争力和可持续竞争力分别排在全国第 31 位和第 27 位，为陕西各城市之首。此外，除榆林和咸阳分别以第 89 位和第 95 位跻身百名之前，其余城市均在百名之外，其中尤以铜川、商洛、安康和汉中相对落后，分别排在全国第 273 位、第 258 位、第 249 位和第 228 位。

表 17—2 陕西省各城市综合经济、宜居、宜商、可持续竞争力及其分项排名

	综合经济竞争力		可持续竞争力		宜居城市竞争力	宜商城市竞争力	知识城市竞争力	和谐城市竞争力	生态城市竞争力	文化城市竞争力	全域城市竞争力	信息城市竞争力
城市	指数	排名	指数	排名	排名	排名	排名	排名	排名	排名	排名	排名
西安	0.197	31	0.557	27	27	18	24	15	189	12	69	14
铜川	0.039	273	0.143	259	224	206	269	219	278	161	123	246
宝鸡	0.079	121	0.327	120	185	144	105	210	14	130	204	226
咸阳	0.098	95	0.296	142	223	78	155	55	215	60	205	176
渭南	0.076	130	0.191	237	250	174	182	71	284	128	233	239
延安	0.064	188	0.298	138	283	105	140	66	121	66	234	238
汉中	0.056	228	0.290	149	266	157	124	143	51	103	231	276
榆林	0.101	89	0.232	205	239	75	224	160	192	52	230	249
安康	0.048	249	0.230	207	247	248	244	203	63	184	267	220
商洛	0.044	258	0.177	244	274	283	233	262	103	225	238	269
指数均值	0.080	21	0.274	23	0.249	0.200	0.229	0.318	0.415	0.260	0.163	0.303
指数方差	0.002	16	0.013	12	0.022	0.014	0.025	0.016	0.048	0.016	0.006	0.033
变异系数	0.579	19	0.423	18	0.588	0.585	0.506	0.406	0.555	0.463	0.454	0.623

资料来源：中国社会科学院城市与竞争力指数数据库。

陕西省城市竞争力总体上呈现以下特征：

第一，总体竞争力处于中下游水平，城市之间差异较大。就全国而言，陕西省综合经济竞争力和可持续竞争力分别排在第 21 位和第 23

位，在全国除西藏外的 33 个省、区和直辖市中处于中下游水平；就西部地区而言，陕西省综合经济竞争力排在全国第 21 位，落后于第 19 位的内蒙古，而可持续竞争排在全国第 23 位，仅位于甘肃和宁夏之前，落后于青海、新疆和内蒙古；就陕西省自身而言，全省只有省会城市西安进入前 50 名，榆林和咸阳勉强跻身前 100 名，其余城市则均在百名之外，表现最差的城市甚至险些落于 300 名之外。

第二，省会城市西安一枝独秀，优势明显。西安综合经济竞争力和可持续竞争力分别排名第 31 位和第 27 位，在全国 70 多个大中城市中位于中等水平，在西部地区的所有城市中更是独占鳌头。此外，与 2014 年相比，西安的排名由第 33 位上升到第 31 位，实现了 2 位的提升。

第三，各城市竞争力有升有降，但总的来说增多降少。在全省出杨凌高新技术产业示范区之外的 10 个市中，除延安和榆林的综合经济竞争力与 2014 年相比有所下降外，其余 8 个市的竞争力都有着不同程度的上升；就可持续竞争力而言，西安的竞争力与 2014 年相比保持不变，宝鸡、咸阳、延安、汉中和榆林与 2014 年相比，均有所提升。

（二）问题与软肋

第一，全省主要城市资源诅咒现象严重。陕西除了省会城市西安外，排名第 2 的是新兴的资源型城市榆林，全国排名位列前 100，属于竞争力较高的城市。近些年榆林市凭借着丰富的煤炭、石油、天然气资源，经济取得了飞快的发展。1998—2013 年榆林市国民生产总值增长了近 44 倍。但从榆林市的各分项指标来看，除了文化城市竞争力，其他各项竞争力均排名在全国中游，而且近年来随着煤炭石油价格的下跌以及宏观经济的疲软，榆林在经历短暂的繁荣之后，陷入增长困境。由此可见，以榆林为代表的陕西主要城市存在明显的“资源诅咒”现象，长期采掘业的过度发展挤出了制造业的增长，同时存在着严重的收入分配不均以及县域经济发展不平衡问题。

第二，信息城市竞争力和全域城市竞争力明显过弱，知识、和谐和生态竞争力亟须大幅度提高。就信息竞争力而言，除西安名列前茅、咸阳位处中等之外，其余城市均在 200 名之外，在全国 290 个城市的排名中位处末等，全域城市竞争力的状况与此类似；知识、和谐竞争力和生态竞争力方面，知识竞争力除西安外，全省普遍不高，而和谐竞争力和生态竞争力中最突出的问题则在于两极分化严重，表现较好的城市排在百名之内，而表现较差的城市则位于200名之外，两者之间存在100多名，相当于一个梯队的差距。文化竞争力整体上表现不错，大部分城市位于第二梯队，西安、咸阳、延安位于第一梯队，但为了进一步增强全省综合和可持续竞争力，各城市的文化竞争力仍需进一步提高。

（三）现象与规律

第一，经济发展与生态保护难以两全。综合经济竞争力较强的城市：西安、榆林和咸阳，生态竞争力都位于第二梯队末尾甚至是第三梯队；而生态竞争力较好的城市：宝鸡、汉中和安康，综合经济竞争力却不强，尤其是汉中和安康，生态竞争力位于第一梯队，而综合经济竞争力却排在了第三梯队，经济发展和生态保护发生了严重的背离。

第二，优势资源未得到充分利用，经济结构和产业结构仍有很大的提升和优化空间。陕西省是能源大省，长期以来能源工业的发展状况决定着全省经济的命脉，但同时陕西也有着深厚的历史文化底蕴和丰富的旅游资源，如何充分利用丰富的文化和旅游资源，促进现代服务业的迅速发展，扭转第二产业，尤其是资源能源产业占据主导地位的现状，实现产业结构的进一步优化升级，是实现可持续发展的关键所在。

第三，信息发展滞后成为陕西城市整体竞争力提升的瓶颈。陕西除了西安是经济建设与信息建设共同发展的典型城市外，其他城市在信息建设方面明显步伐较慢，各城市信息城市竞争力除咸阳外均在200名之后，信息服务等生产性服务业发展滞后、城市整体对外开放程度有限都造成了陕西城市整体信息竞争力处于中等偏下水平。而陕西各城市在观念上比较保守封闭、缺乏创新性和探索性、政府的服务意识比较淡薄、官僚习气相对较重、管理的专业化水平较低、缺乏让企业成长壮大的环境等都成为城市进一步全面提升的瓶颈，所以信息城市竞争力成为陕西城市群的普遍短板。

（四）趋势与展望

“一带一路”经济发展战略的提出，为陕西省的经济发展带来了新的机遇和挑战，在主动抓住发展机遇和积极面对挑战的努力中，陕西省的经济社会发展将迈上新的起点。陕西，是古丝绸之路的起点，同样也是新亚欧大陆桥的重要枢纽，因此“一带一路”战略站在了丝绸之路经济带的重要节点的前沿位置。一年来，“一带一路”的机遇在陕西不断被放大、优化，陕西已由内陆地区站在了向西开放的前沿地带。如何更好地利用“一带一路”战略所带来的发展机遇，更好地面对挑战、解决困难，在现有基础上进一步扩大对外开放，是陕西省实现未来发展的关键所在。

（五）战略与政策

战略回顾：陕西省处在国家西部大开发战略的首要位置，又被国家赋予了打造内陆改革开放新高地、丝绸之路经济带新起点和“一带一路”战略重要节点。陕西省将充分利用其丰富的自然资源、厚重的文化底蕴、强大的科教能力，抓住“一带一路”战略发展新机遇，直面挑战，解决困难，促进经济的跨越发展。

政策建议：第一，加强省会城市西安与周边城市和地区的联系，大力发展关中城市群。增加西安对周边发展的辐射带动作用，抓住西咸新区成为国家创新城市发展方式试验区的重大机遇，全面加快省市共建大西安步伐，推进关中城市群建设。第二，实施多点多极化开发的战略。以关中经济群为依托，通过大西安的集聚效应和扩散效应，带动周边城市的发展，从单一增长点到复合增长极，由少到多的发展模式，实施多点多极支撑发展战略是城市共同发展的必然选择。第三，推进公共设施均等化。着力提升陕西中小城市承载能力，创新重点镇发展模式，狠抓新型农村社区、传统村落保护和美丽乡村建设，特别是在人民生活水平方面，大力促进公共设施均等化，特别是破解城乡公共设施服务供给体制的差异，提升城市整体品位。第四，倡导大众创业为城市注入活力。陕西各城市应出台相关政策从制度上切实保障大众创业、万众创新战略的稳步推进，同时简政放权给市场主体创业创新留出了更大空间。另外还应统筹安排各类支持小微企业和创业创新资金，加大对创业创新的扶持力度。总之要千方百计地为大众创业提供好服务和保障，从而通过创业创新为城市注入发展的活力。

2015 年陕西省城市竞争力雷达图如图 17—3 所示。

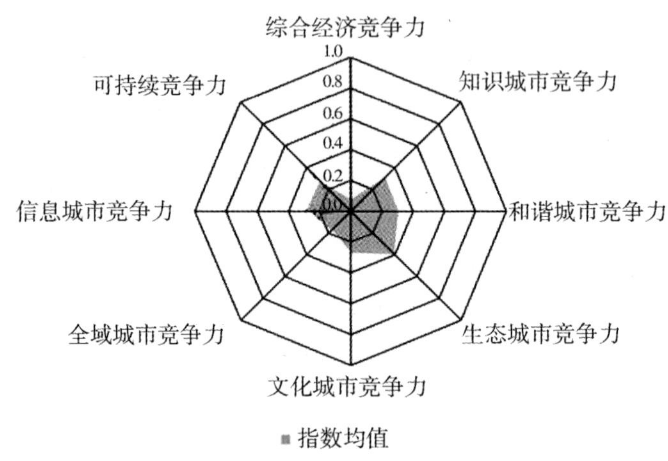

图 17—3　2015 年陕西省城市竞争力雷达图

资料来源：中国社会科学院城市与竞争力指数数据库。

二　中国城市竞争力（甘肃）报告

甘肃省，省会兰州市，辖 12 个地级市、2 个自治州，地处黄河上游，沟通黄土高原、青藏高原、内蒙古高原，东通陕西，南瞰巴蜀、青海，西达新疆，北扼内蒙古、宁夏；西北出蒙古国，辐射中亚。2015 年，甘肃省进一步扩大融资渠道，加快基础设施建设，强力推进扶贫攻坚，出台实施“1+17”精准扶贫方案，面对严峻复杂的外部环境和较大的经济下行压力，甘肃省经济呈现总体平稳、稳中有进的良好态势。

2015 年甘肃省省情信息如表 17—3 所示。

表 17—3　　2015 年甘肃省省情信息

土地面积	42.59 万平方公里
常住人口	2590.78 万人
城镇人口占常住人口比重	41.68%
GDP 总量及增长率	6790.32 亿元，8.1%
一、二、三产业占 GDP 比重	14.4%、36.8%、48.8%

资料来源：2015 年甘肃省国民经济和社会发展统计公报。

2014 年和 2015 年甘肃省城市综合经济竞争力排名如图 17—4 所示。

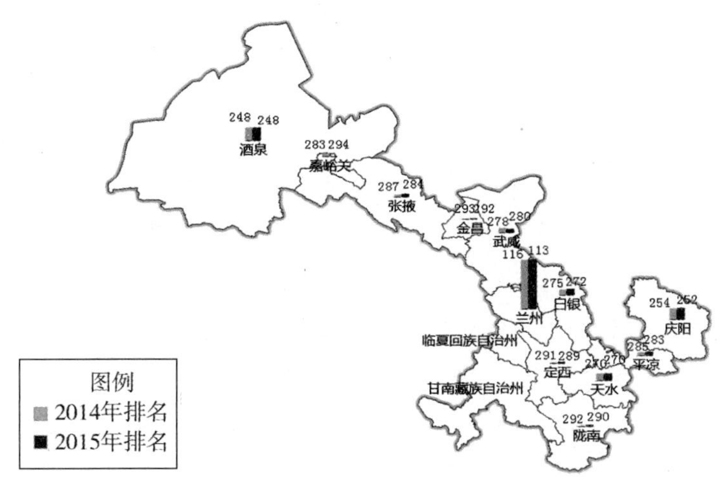

图 17—4　2014 年和 2015 年甘肃省城市综合经济竞争力排名

资料来源：中国社会科学院城市与竞争力指数数据库。

2014 年和 2015 年甘肃省城市可持续竞争力排名如图 17—5 所示。

（一）格局与优势

总体概况：2015 年，甘肃省牢牢把握稳中求进的工作总基调，加大精准调控力度，采取一系列有效措施，全省经济保持了总体平稳、稳中有进、稳中有好的态势。总体来看，2015 年，甘肃省全省实现生产

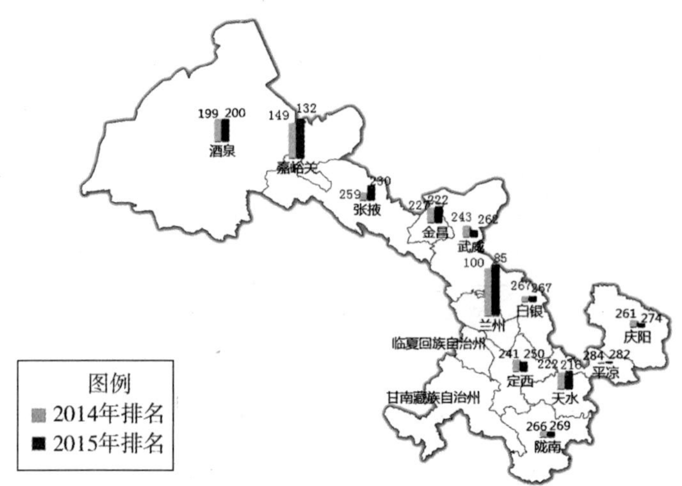

图 17—5 2014 年和 2015 年甘肃省城市可持续竞争力排名

资料来源：中国社会科学院城市与竞争力指数数据库。

总值 6790.32 亿元，比上年增长 8.1%；城镇居民人均可支配收入 23767 元，比上年增长 9.0%，农村居民人均可支配收入 6936 元，比上年增长 10.5%；全省城镇化率 43.19%，比上年提高 1.51 个百分点；三次产业结构由 2012 年的 13.8∶46.0∶40.2，2014 年的 13.2∶42.8∶44.0 调整到 2015 年的 14.4∶36.8∶48.8，第三产业迅猛发展的势头不减。需求结构方面，全省共完成固定资产投资 8626.60 亿元，增速回升，比 2014 年增长 11.2%，全年实现社会消费品零售总额 2907.22 亿元，比 2014 年增长 9.0%，固定资产投资增速仍然较高，相对而言消费增长略显缓慢，经济增长主要依靠投资拉动的局面仍未改变。要素结构方面，战略性新兴产业完成增加值 821.6 亿元，比 2014 年增加 11.9%，增速比生产总值高 3.8 个百分点，占生产总值的 12.1%，比 2014 年提高 1.9 个百分点。总体来看，甘肃省位于西部地区，经济发展水平相对落后，加快经济增长速度，提升经济总量仍是目前的首要任务。

现状格局：2015 年，甘肃省综合经济竞争力指数均值为 0.039，在全国排名第 33 位，比上年下降 1 位；指数方差在全国排名第 2 位，比上年下降 1 位；而变异系数与上年相比下降 2 位，在全国排名第 8 位

(见表 17—4)。可持续竞争力在全国排名第 30 位，指数方差和变异系数在全国排名分别为第 4 和第 19 位。在宜居竞争力和宜商竞争力方面，甘肃省有三个城市进入了宜商竞争力百强，分别是兰州、嘉峪关和金昌；而在宜居方面，省会兰州表现平平，排在百强之外，而嘉峪关凭借其风光和适宜的环境排在全国第 78 位，甘肃省其他城市在这两个方面排名相对靠后。甘肃省城市整体上竞争力水平低且差距不大，省会兰州拥有一定优势，但并不是特别明显。

表 17—4　　甘肃省各城市综合经济、宜居、宜商、可持续竞争力及其分项排名

	综合经济竞争力		可持续竞争力		宜居城市竞争力	宜商城市竞争力	知识城市竞争力	和谐城市竞争力	生态城市竞争力	文化城市竞争力	全域城市竞争力	信息城市竞争力
城市	指数	排名	指数	排名	排名	排名	排名	排名	排名	排名	排名	排名
兰州	0.088	113	0.372	85	128	51	34	165	230	67	72	118
嘉峪关	0.025	294	0.312	132	78	99	167	250	196	82	19	186
金昌	0.026	292	0.214	222	219	90	257	162	199	209	102	232
白银	0.039	272	0.134	267	249	263	274	78	261	273	211	267
天水	0.039	270	0.223	216	259	235	115	206	183	129	251	257
武威	0.034	281	0.142	262	252	268	260	194	265	108	232	273
张掖	0.032	284	0.202	230	243	250	131	284	171	112	201	265
平凉	0.032	283	0.091	282	212	256	246	202	270	246	253	286
酒泉	0.048	248	0.237	200	171	178	264	186	125	149	89	264
庆阳	0.047	252	0.121	274	240	281	279	188	159	263	263	285
定西	0.030	289	0.166	250	271	289	230	144	138	274	284	274

续表

	综合经济竞争力		可持续竞争力		宜居城市竞争力	宜商城市竞争力	知识城市竞争力	和谐城市竞争力	生态城市竞争力	文化城市竞争力	全域城市竞争力	信息城市竞争力
城市	指数	排名	指数	排名	排名	排名	排名	排名	排名	排名	排名	排名
陇南	0.028	290	0.133	269	286	288	259	280	34	244	288	289
指数均值	0.039	33	0.196	30	0.253	0.123	0.243	0.220	0.326	0.164	0.191	0.188
指数方差	0.0003	2	0.007	4	0.013	0.010	0.025	0.009	0.024	0.010	0.024	0.014
变异系数	0.437	8	0.424	19	0.460	0.830	0.651	0.427	0.472	0.601	0.809	0.636

资料来源：中国社会科学院城市与竞争力指数数据库。

兰州综合经济竞争力和可持续竞争力分别排在全国第 113 位和第 85 位，为甘肃各城市之首，嘉峪关以第 132 位在可持续竞争力的排名中跻身第二梯队。而综合经济竞争力方面，除兰州之外所有城市均排在 200 名之外，归属第三梯队。

甘肃省城市竞争力总体上呈现以下特征：

第一，全省所有城市的综合经济竞争力和可持续竞争力均较低。甘肃省综合经济竞争力和可持续竞争力分别排名第 33 位和第 30 位，在全国除西藏外的 33 个省、市、区中排倒数第一位和倒数第四位；此外，甘肃省的所有城市中，除省会兰州的综合经济竞争力和可持续竞争力、嘉峪关的可持续竞争力跻身第二梯队外，其余所有城市的两项竞争力均归属第三梯队，竞争力很弱。

第二，省会兰州拥有优势，但并不十分明显。兰州的综合经济竞争力和可持续竞争力分别排在第 113 位和第 85 位，归属第二梯队，与归属第三梯队的其余城市相比，具有一定优势，但由于其自身排名在全国 290 个城市中并不高，因此这一优势并不明显。

(二) 问题与软肋

甘肃省无论全省还是各城市的竞争力在全国本就处在末等，而与2014年相比，2015年出现的变化使得形势更加严峻，情况不容乐观。全省的两项竞争力与2014年相比都有所下降。就各个城市而言，在综合经济竞争力方面，全省12个城市中，只有兰州、金昌、白银、张掖和庆阳5个城市的排名略有上升，但上升幅度很小，表现最好的城市白银和张掖也仅仅上升了3位。此外，除天水和酒泉的排名保持不变外，其余城市的排名甚至出现了不同幅度的下降。在可持续竞争力方面，兰州的排名出现了较大幅度的上升，与2014年相比提前了15位，但其他城市所面对的状况依旧严峻：除少数城市的竞争力略有上升外，大部分城市的排名都或多或少有所下降。

(三) 现象与规律

第一，全省城市竞争力普遍不高，极少有城市处于最具竞争力行列。在六项城市竞争力中，在信息城市竞争力方面，甘肃省没有一所城市能够进入第一梯队，进入第二梯队的城市也只有兰州和嘉峪关排名分别为第118位和第186位，其余城市均归属第三梯队；知识、和谐和生态竞争力均只有一个城市进入第一梯队：兰州的知识竞争力排名第34位，白银的和谐竞争力排名第78位，陇南的生态竞争力排名第34位；兰州和嘉峪关在文化和全域城市竞争力中进入第一梯队：兰州的文化和全域竞争力排名为第67位和第72位，嘉峪关则为第82位和第19位。除了上述城市特定的竞争力排名中进入第一梯队外，甘肃省其余城市的六项竞争力均位于第三梯队，竞争力极弱。

第二，信息城市竞争力表现最差，信息化程度有待大幅提高。甘肃省各项竞争力普遍不高，其中尤以信息城市竞争力表现最差，全省没有一个城市能够进入第一梯队，进入第二梯队的城市也仅有两个，显示出甘肃省信息化程度严重不足，极大地阻碍了的经济社会发展。

第三，经济发展和生态保护相互背离。甘肃省综合经济竞争力和可持续竞争力最强的城市兰州，生态城市竞争力排在全国第230位，归属生态竞争力最差的城市行列；而生态竞争力最强的城市陇南，在全国排名第 34 位，却恰恰是全省综合经济竞争力最差的城市，排名第 290 位，全国倒数第五。

（四）趋势与展望

甘肃省纵深 1600 公里，是丝绸之路经济带的黄金段、大通道，且从地域方面具有坐中连六，辐射周边六省区，成为国家建设丝绸之路经济带的主要省份。甘肃可开发的资源十分广阔，具有承东启西、南扩北展的区位优势，与中西亚地区有源远流长的传统联系，具有高度的经济互补性和深化合作的广阔空间，具有建立国际合作平台的优势。对甘肃省来说，充分发挥其所具有的区位优势，建立与周边省份的紧密联系，利用与中西亚国家的传统联系，建立优势互补、合作共赢的经济贸易关系，是未来甘肃省实现快速发展的必由之路。

（五）战略与政策

战略回顾：近年来，甘肃省经济有了长足发展，人民生活得到很大改善。为了发展区域经济，甘肃省根据不同时期的实际，先后经过八次区域发展战略调整，其中“中心带动、两翼齐飞、组团发展、整体推进”是最后提出的，也是最完整的发展战略。根据这一发展战略，2015 年甘肃省进一步拓宽融资渠道，坚强基础设施建设；加大精准扶贫力度，出台实施“1+17”精准扶贫方案，促进城乡经济协调发展；加快实施创新驱动，产业结构不断优化；抓紧“一带一路”战略发展机遇，对外开放不断扩大。

政策建议：甘肃省地处西部，经济发展水平较低，各项竞争力都相当弱，目前的首要任务仍然是努力提高经济总量，增强各项竞争力：第一，充分利用自身区位优势，加强与周边地区的联系，建立与中西亚地区优势互补的共赢合作机制，扩大对外开放；第二，抓住“一带一路”战略带来的发展机遇，加快产业结构优化升级，提高经济发展质量；第三，甘肃省地处西北，生态脆弱在很大程度上阻碍了经济发展，在发展经济的同时，应注意保护生态环境。

2015 年甘肃省城市竞争力雷达图如图 17—6 所示。

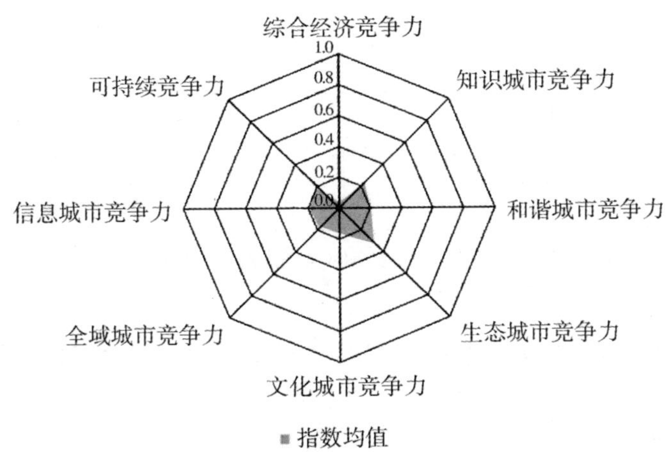

图 17—6　2015 年甘肃省城市竞争力雷达图

资料来源：中国社会科学院城市与竞争力指数数据库。

三　中国城市竞争力（内蒙古）报告

内蒙古自治区，位于我国北部边疆，首府呼和浩特，横跨东北、华北、西北地区，北与蒙古国和俄罗斯接壤，下辖 9 个地级市、3 盟，共计 22 个市辖区、11 个县级市、17 个县、49 旗、自治旗。内蒙古资源储量丰富，有“东林西矿，南农北牧”之称，草原、森林和人均耕地面积居全国第一位，稀土金属储量居世界首位。内蒙古同时还是我国经济发展较快的省区之一，边境口岸众多，与京津冀、东北、西北经济技术合作关系密切，是京津冀协同发展辐射区。2015 年，内蒙古主动适应经济新常态，坚持稳中求进的工作总基调，坚持稳增长、调结构、惠民生、防风险，落实宏观政策要稳、产业政策要准、微观政策要活、改革政策要实、社会政策要托底的总体思路，保持经济的平稳良好运行。

2015 年内蒙古自治区区情信息如表 17—5 所示。

表 17—5 2015 年内蒙古自治区区情信息

土地面积	118.3 万平方公里
常住人口	2511.04 万人
城镇人口占常住人口比重	60.3%
GDP 总量及增长率	18032.79 亿元，7.7%
一、二、三产业占 GDP 比重	9%、51%、40%

资料来源：2014 年内蒙古自治区国民经济和社会发展统计公报。

2014 年和 2015 年内蒙古自治区城市综合经济竞争力排名如图 17—7 所示。

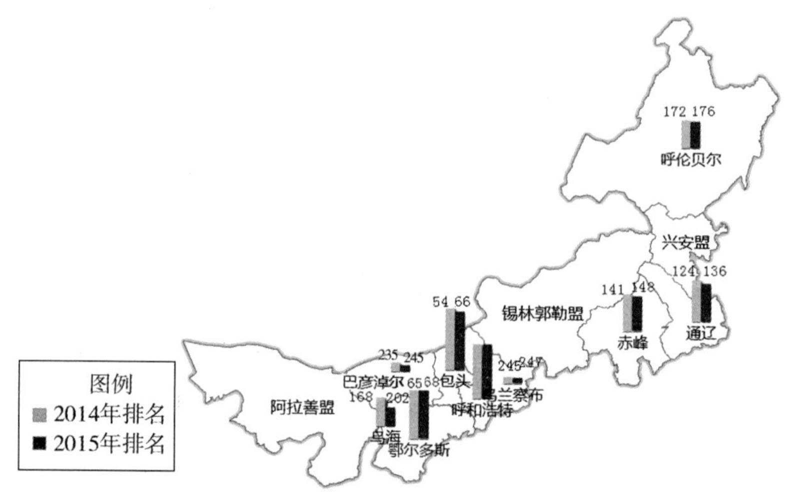

图 17—7 2014 年和 2015 年内蒙古自治区城市综合经济竞争力排名

资料来源：中国社会科学院城市与竞争力指数数据库。

2014 年和 2015 年内蒙古自治区城市可持续竞争力排名如图 17—8 所示。

（一）格局与优势

总体概况：2015 年，内蒙古继续坚持“8337”发展思路，认真贯彻落实“四个全面”战略布局，着力推进“十个全覆盖”等重点工程

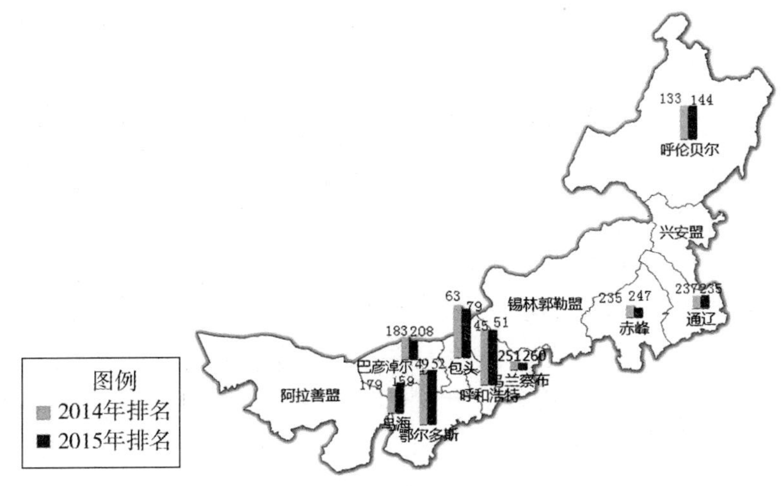

图 17—8　2014 年和 2015 年内蒙古自治区城市可持续竞争力排名

资料来源：中国社会科学院城市与竞争力指数数据库。

建设，积极作为，创新调控手段，努力克服经济下行压力，推进科学发展，经济总体实现了稳中有进、稳中有好、稳中提质，实现了“十二五”计划的胜利收官。总体来看，2015 年内蒙古自治区实现生产总值 18032.79 亿元，比上年增长 7.7%，高于全国 0.8 个百分点。其中，第一产业实现增加值 1618.7 亿元，增长 3%；第二产业实现增加值 9200.58 亿元，增长 8%；第三产业实现增加值 7213.51 亿元，增长 8.1%。三次产业结构由 2012 年的 9.1∶56.5∶34.4，2014 年的 9.2∶51.9∶38.9 演化为 2015 年 9∶51∶40，第三产业比重进一步上升，产业结构进一步优化升级。需求结构方面，2015 年内蒙古完成固定资产投资 13824.76 亿元，比上年增长 14.5%，其中第一产业完成投资 820.47 亿元，增长 8.3%；第二产业完成投资 6614.61 亿元，增长 16.9%；第三产业完成投资 6216.61 亿元，增长 12.9%。全区实现社会消费品零售总额 6107.7 亿元，比上年增长 8%，消费市场平稳增长。受经济总体低迷的影响，2015 年全区实现进出口总值 790.4 亿元，比去年下降 11.6%，其中出口值下降 10.8%，进口值下降 12.2%。要素结构方面，2015 年内蒙古高技术产业增加比上年增长 10.2%，比规模以上工业快 4.1 个百分点，占规模以上工业比重的 11.8%，比上年提高 1.2 个百分点。其中，电子设备制造业增长 12.7%，航空、航天器及设备制造业增长 26.2%，信息化学品制造业增长 10.6%，医药制造业增长 9.9%。总的来说，内蒙古自治区地处西部，经济增长速度相对较快，但经济发展的绝对水平较低；产业结构不断优化升级，但第二产业的比重依旧很高，第三产业发展不足；高技术产业所占比重逐年增长，但仍难当大任；创新能力薄弱，经济发展后劲不足，能否解决好这些问题对内蒙古未来的经济发展至关重要。

现状格局：2015 年，内蒙古综合经济竞争力指数均值为 0.080，在全国排名第 19 位，比上年下降 1 位；指数方差在全国排名第 8 位，比上年上升 1 位；变异系数与上年相比同样上升 1 位，在全国排名第 3 位（见表 17—6）。可持续竞争力在全国排名第 22 位，指数方差和变异系数在全国排名分别为第 16 和第 17 位。在宜居竞争力和宜商竞争力方面，内蒙古分别有乌海和鄂尔多斯进入全国宜居前百强，而呼和浩特、包头和鄂尔多斯在宜商方面表现相对自治区内其他城市略好。

表 17—6　　内蒙古自治区各城市综合经济、宜居、宜商、可持续竞争力及其分项排名

	综合经济竞争力		可持续竞争力		宜居城市竞争力	宜商城市竞争力	知识城市竞争力	和谐城市竞争力	生态城市竞争力	文化城市竞争力	全域城市竞争力	信息城市竞争力
城市	指数	排名	指数	排名	排名	排名	排名	排名	排名	排名	排名	排名
呼和浩特	0.107	79	0.473	51	139	53	45	76	91	39	104	55
包头	0.121	66	0.390	79	118	45	55	200	195	77	28	99
乌海	0.061	202	0.280	159	97	127	254	52	218	125	42	211
赤峰	0.072	148	0.174	247	258	146	208	263	220	226	172	230
通辽	0.074	136	0.197	235	226	194	180	223	269	216	146	166

续表

	综合经济竞争力		可持续竞争力		宜居城市竞争力	宜商城市竞争力	知识城市竞争力	和谐城市竞争力	生态城市竞争力	文化城市竞争力	全域城市竞争力	信息城市竞争力
城市	指数	排名	指数	排名	排名	排名	排名	排名	排名	排名	排名	排名
鄂尔多斯	0.118	68	0.473	52	63	38	198	58	2	84	40	111
呼伦贝尔	0.067	176	0.292	144	241	111	252	214	53	183	55	200
巴彦淖尔	0.049	245	0.229	208	164	151	248	103	155	236	203	199
乌兰察布	0.049	247	0.143	260	257	259	281	267	225	206	187	217
指数均值	0.080	19	0.295	22	0.331	0.228	0.283	0.271	0.405	0.207	0.313	0.374
指数方差	0.0008	7	0.015	16	0.013	0.010	0.029	0.015	0.060	0.011	0.014	0.012
变异系数	0.355	3	0.422	17	0.348	0.440	0.605	0.451	0.603	0.503	0.384	0.296

内蒙古各城市的竞争力格局在西北各省中稍显特殊，具体具有以下特征：

第一，总体而言，内蒙古的竞争力处在全国中等水平。内蒙古自治区综合经济竞争力排全国第 19 位，可持续竞争力在全国排名第 22 位，在全国除西藏外的 33 个省、市、区中处于中等水平。

第二，初步形成领先城市发展群。综合经济竞争力方面，呼和浩特在全国排名第 79 位，全省位居第三，排在第一位和第二位的城市分别是包头（第 66 位）和鄂尔多斯（第 68 位）；可持续竞争力方面，呼和浩特虽以第 51 位居省内各城市之首，但仅仅比排在第二位的城市鄂尔多斯领先 1 名，首府优势并不明显。而以呼和浩特、包头和鄂尔多斯为核心的领先城市发展群初步在内蒙古形成。

第三，各城市的竞争力较为均匀地分布在三个梯队内。虽然各城市竞争力不可避免地存在差异，但两极分化并不十分严重，在竞争力的各个梯队内均有城市分布。呼和浩特、包头和鄂尔多斯的综合经济竞争力和可持续竞争力均分布在第一梯队；通辽、赤峰和呼伦贝尔分别以第136位、第148位和第178位分布在综合经济竞争力的第二梯队，呼伦贝尔和乌海则分别以第144位和第159位分布在可持续竞争力的第二梯队；分布在综合经济竞争力第三梯队的城市有乌海、巴彦淖尔和乌兰察布，在可持续竞争力第三梯队内的城市是赤峰、通辽、巴彦淖尔和乌兰察布。

（二）问题与软肋

2015年内蒙古自治区各个城市的综合经济竞争力与可持续竞争力降多增少，且跌幅较大。从整体上看，全区共统计9个城市，除呼和浩特的综合经济竞争力排名与上年持平外，其余8个城市的排名均出现了较大幅度的下降；而可持续竞争力方面，除乌海和通辽的排名略有上升外，其余城市也都呈下降趋势。从具体数字来看，综合经济竞争力排名下跌幅度最大的是乌海，从2014年的第168位下降到2015年的第202位，下跌了34位，其次是包头、通辽、巴彦淖尔和赤峰，包头和通辽都下跌了12位，巴彦淖尔和赤峰分别下降了10位和8位，此外，其余城市也都出现了小幅下跌；可持续竞争力方面，排名下跌幅度最大的城市是巴彦淖尔，下跌17位，紧随其后的是包头，下跌16位，除通辽和乌海外的其余城市也都出现了不同幅度的下降。

（三）现象与规律

第一，各城市分项竞争力处于第三梯队，其中表现最差的是知识城市竞争力。内蒙古的9所城市中，呼和浩特和包头分别以第45位和第55位进入第一梯队，通辽以第180位居于第二梯队，其余6所城市均处于第三梯队；和谐城市竞争力方面，有5所城市处于第三梯队，生态、文化和信息城市竞争力方面，均有4所城市位于第三梯队。

第二，各城市分项竞争力发展较为均衡，好则均好，差则俱差。综合经济竞争力和可持续竞争力排在第一梯队的三所城市分别是呼和浩特、包头和呼伦贝尔，呼和浩特的六项竞争力中有五项进入百名之前，包头和呼伦贝尔分别有四项进入百名之前；表现较差的城市有巴彦淖尔和乌兰察布，巴彦淖尔有三项竞争力位于第二梯队，三项竞争力位于第三梯队，乌兰察布五项竞争力处于第三梯队，只有全域城市竞争力一项位于第二梯队，两所城市均未有一项竞争力进入第一梯队。

第三，城市经济发展过于依赖资源，可持续发展能力堪忧。内蒙古的城市，以鄂尔多斯为代表，在城市综合经济竞争力全国排名相对靠前，属于中西部经济强市之列。但是鄂尔多斯这类资源型城市随着经济的发展，将面临诸多问题，首先产业结构不合理，集中发展以资源型工业为核心的主导产业，忽视了第三产业发展，导致三次产业结构扭曲；其次资源及环境问题突出，以能源、原材料加工的资源开放模式导致环境恶化、水土流失、沙化面积扩大等一系列环境问题，经济和生态提升的同步性较差；再次，整体经济的知识性较弱。从鄂尔多斯的分项竞争力可以发现，排名最靠后的是知识城市竞争力，为全国第 198 位。由此可以看出，其发展资源产业对知识、人才和创新的轻视，导致其相关高新产业发展滞后。所以以鄂尔多斯为代表的内蒙古城市存在明显的“资源诅咒”现象，未来长期持续的发展能力堪忧。

（四）趋势与展望

第一，加快转变经济增长方式，促进产业结构优化升级是摆脱“资源诅咒”，实现未来可持续增长的关键。乌海和赤峰两个地级市是国家认定的资源型城市，这两个城市的可持续竞争力分别排在第 159 位和第 247 位，生态城市竞争力排名分别为第 218 位和第 220 位，可见依靠资源开采的发展方式严重破坏了当地生态环境，降低了城市的可持续发展能力。因此，加快经济增长方式的转变，促进产业结构优化升级，是摆脱“资源诅咒”、实现未来可持续发展的关键。

第二，城市的各项竞争力都有待大幅提高。内蒙古整体竞争力不高，六个分享竞争力方面，大部分城市处在第三梯队，但城市的六项竞争力发展较为均衡。在未来的发展中，各个城市应在继续保持各项竞争力均衡发展的基础上，大力提升竞争力水平。

（五）战略与政策

战略回顾：今年以来，内蒙古提出了“8337”的发展思路。“8337”即，八个发展定位：把内蒙古建成保障首都、服务华北、面向全国的清洁能源输出基地；建成全国重要的现代煤化工生产示范基地；建成有色金属生产加工和现代装备制造等新型产业基地；建成绿色农畜产品生产加工输出基地；建成体现草原文化、独具北疆特色的旅游观光、休闲度假基地；建成我国北方重要的生态安全屏障；建成祖国北疆安全稳定屏障；建成我国向北开放的重要桥头堡和充满活力的沿边经济带。三个着力：着力调整产业结构，着力壮大县域经济，着力发展非公有制经济。三个更加注重：更加注重民生改善和社会管理，更加注重生态建设和环境保护，更加注重改革开放和创新驱动。七项重点工作：推动经济持续健康发展；提高经济增长的质量和效益；做好“三农三牧”工作；推进城镇化和城乡发展一体化；改善民生和社会管理创新；深化改革开放和推动科技进步；提高党的建设科学化水平。

政策建议：第一，把稳增长、调结构摆上突出位置。进一步提高经济总量和质量，加大力度促进产业结构优化升级和经济转型；充分利用自身地缘优势，加大重点口岸的建设，增强与周边国家和地区的贸易联系和经济往来。第二，着力发展多元化多腿走路的创新产业模式，促进资源型城市转型发展。加快培育新的增长点，鼓励发展非资源型产业，同时加快第三产业与服务业的发展步伐。企业自身也更注重提质增效，内部挖潜，进行转型升级。第三，加大人才引进的力度。内蒙古各城市应制定相应吸引人才的政策制度，完善和改进招收、培养、评价、奖励相关政策，充分调动人才的积极性，营造良好的人才发展空间和实现自我价值的空间。第四，跳出资源依赖，依靠技术实施创新驱动战略。提升科技创新能力，深化科技体制改革，着力解决科技创新发展中存在的突出问题，实施实用高新技术成果转化、重点领域关键技术攻关、科技创新平台载体建设三大工程，为结构调整增加创新驱动要素，从而跳出城市发展对资源的依赖。

2015 年内蒙古自治区城市竞争力雷达图如图 17—9 所示。

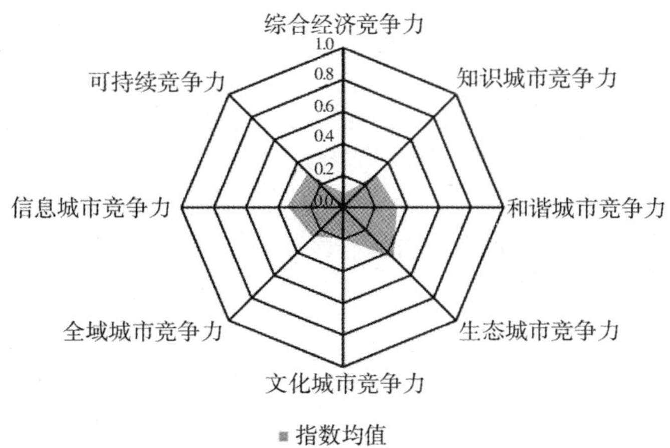

图 17—9　2015 年内蒙古自治区城市竞争力雷达图

资料来源：中国社会科学院城市与竞争力指数数据库。

四　中国城市竞争力（青海）报告

在内外部错综复杂的发展环境之下，青海省经济建设取得明显成效，虽然城市综合经济竞争力仍在低位徘徊，但是青海省可持续竞争力得到提高。知识竞争力排名中上，文化城市竞争力与全域城市竞争力逐渐显露优势，生态环境恶化导致生态城市竞争力排名靠后，短板加剧，粗放型发展模式在破坏环境的同时，阻碍了经济的可持续发展。要建设"大美青海"，青海省政府应当在新常态经济下，平衡发展与环境之间的矛盾，深度融入"一带一路"国家战略，同时牢牢把握"三区"战略，推动经济"有质有量"的增长。

2015 年青海省省情信息如表 17—7 所示。

表 17—7　　2015 年青海省省情信息

土地面积	69.67 万平方公里
常住人口	583.42 万人
城镇人口占常住人口比重	49.78%

续表

GDP 总量及增长率	2417.05 亿元，8.2%
一、二、三产业占 GDP 比重	8.6%、49.9%、41.4%

资料来源：2015 年青海省国民经济和社会发展统计公报。

2014 年和 2015 年青海城市综合经济竞争力排名如图 17—10 所示。

图 17—10 2014 年和 2015 年青海省城市综合经济竞争力排名

资料来源：中国社会科学院城市与竞争力指数数据库。

2014 年和 2015 年青海省城市可持续竞争力排名如图 17—11 所示。

（一）格局与优势

总体概况：近年来，青海省经济平稳增长，结构得到优化，质量得到提升，民生得到改善，呈现良好态势。综合经济发展，青海产业结构有所优化，三次产业的比例由 2013 年的 9.4∶57.6∶32.9 转变为 2015 年 8.6∶49.9∶41.4，第三产业占比明显提升，在 GDP 中的占比越来越大；需求结构方面，全社会固定资产投资比 2014 年增长 21.0%，基础设施投资增长了 47.5%，这说明青海省经济增长方式正在转变，一方面基础设施投资在增大，另一方面传统的投资驱动型经济正在改善；

图 17—11　2014 年和 2015 年青海省城市可持续竞争力排名

资料来源：中国社会科学院城市与竞争力指数数据库。

要素结构方面，科研投入仍比较低迷，2015 年 R&D 支出在全省财政支出中仅占 0.3%。从竞争力方面来看，青海省综合经济竞争力位于全国下游，而可持续竞争力位于全国中游，知识城市竞争力表现良好，生态城市竞争力持续低下，国民经济单位耗水量及耗电量远远超标，同时二氧化碳排放量高于全国平均水平，粗放型经济增长方式未要求“三高一低”企业进行转型升级，导致经济发展“质”和“量”都较差。从宜商和宜居两个方面来看，青海省这两项指标的全国排名均居于中上游，但是宜居指数趋于下降。总体来看，作为西部省份，青海省竞争力在全国排名靠后，目前在经济新常态背景下，青海省应转变要素驱动型发展方式，走可持续发展道路，统筹增长与生态保护，鼓励企业转型，促进产业结构优化调整，降低能耗。

现状格局：2015 年青海省综合经济竞争力指数在全国（除西藏外）排名第 25 位，指数均值为 0.067；可持续竞争力指数在全国（除西藏外）排名第 17 位，指数均值为 0.318。无论是宜商指数还是宜居指数都居于全国中上游水平（见表 17—8）。而首府西宁的可持续竞争力以及综合经济竞争力在全国（除西藏外）城市排名中等偏下，但是在西部城市中则名列前茅。其中，西宁的综合经济竞争力在全国（除西藏外）排第175位，可持续竞争力在全国（除西藏外）排第129位，另外西宁的宜商指数排名第71位，而宜居指数排名第80位。

表17—8　2015年青海省各城市综合经济、宜居、宜商、可持续竞争力及其分项排名

城市	综合经济竞争力		可持续竞争力		宜居城市竞争力	宜商城市竞争力	知识城市竞争力	和谐城市竞争力	生态城市竞争力	文化城市竞争力	全域城市竞争力	信息城市竞争力
	指数	排名	指数	排名	排名	排名	排名	排名	排名	排名	排名	排名
西宁	0.067	175	0.318	129	80	71	71	156	229	100	108	128
指数均值	0.067	25	0.318	17	0.469	0.273	0.382	0.282	0.339	0.249	0.370	0.442

资料来源：中国社会科学院城市与竞争力指数数据库。

总之，青海省的城市竞争力特征如下：

第一，综合经济竞争力指数偏低，在全国排名靠后，后发优势正在显现。从2013年到2015年青海省的综合经济竞争力在全国（除西藏外）排名小幅度上升，这说明青海省的综合经济竞争力正在改善，显现出后发优势。三年来，省会西宁的综合经济竞争力排名稳步提升，说明西宁市的综合经济竞争力正在逐步发展，只是发展的速度有待提升。

第二，可持续竞争力水平有所下降，在全国排名居中。青海省可持续竞争力在全国（除西藏）排名较之2014年出现下降。而省会城市西宁的可持续竞争力则反复波动，无规律可循。从全国竞争力排名可以看出，青海省可持续竞争力在近年来并无明显回转，甚至有恶化趋势。

第三，可持续竞争力具体指标中，全域城市竞争力指数具有显著优势。由于区位及环境因素，长久以来在全国范围内青海省并不属于发展突出的城市，但是在经济发展过程中，尤其是城镇化与工业化的过程中，青海省政府坚持协调有序发展，着眼于城乡互动统一，使得青海省全域城市竞争力指数表现较好。而且青海省会西宁2015年全域城市竞争力指数排名位居全国前茅，表现突出。

第四，宜居指标中，虽然青海居于全国中上游水平，但宜居指数趋于下降。2013 年以来，青海省小学数目和医生数目都在下降，住房价格逐年上升，这几项指标综合影响了青海省宜居指数。而省会城市西宁 2015 年在全国宜居城市排名居于中上游水平。

第五，宜商指标中，青海省吸引投资的能力在增强。分项数据显示，青海省工业企业数目在上升，导致第二产业从业人数大幅上升，同时工资水平有所提高。人才方面，大专以上人口数目在增加；基础设施建设方面，无论是铁路、公路还是飞机，交通状况都在逐渐改善。

（二）问题与软肋

第一，生态城市竞争力持续恶化，位居全国下游。在发展过程中，青海省遇到的最大问题是生态环境的持续恶化，2014 年、2015 年连续两年青海省生态城市竞争力均值排名全国（除西藏外）第 28 位，属于不具有优势行列。如果青海省生态城市竞争力继续低下，不仅破坏和污染了城市环境，还不利于经济的可持续发展。只有改进企业发展方式，提高企业发展效率，促进产业升级优化才能提高青海省生态指数。

第二，和谐城市竞争力优势不明显，位置相对靠后。2014 年、2015 年两年青海省和谐城市竞争力指数在全国（除西藏外）排名第 23 位，均值为 0.282；首府西宁该项指数在全国排名第 156 位，位居中下游水平，表现不尽如人意。由此可见，青海省要促进经济持续发展，提高可持续竞争力的必要举措是改变弱势，努力推动环境友好型城市的建设与发展。

（三）现象与规律

高污染、高消耗、低产出的粗放型经济发展方式阻碍了青海省经济的发展。2015 年青海省单位产出耗水量与耗电量在全国范围内均靠前。总体而言，青海发展的经济支柱依旧以煤炭、有色金属资源为主，产业结构仍以三高企业为主。这使得青海省经济在短期飞速发展，但同时环境问题日益严峻，因而青海省经济改革与生态保护的并行迫在眉睫，应当扎实推进产业结构优化，促进企业改革，同时推动生态优化与保护。

（四）趋势与展望

可持续竞争力水平的下降可能影响青海未来综合经济竞争力。城市竞争力可分为综合经济竞争力和可持续竞争力，其中综合经济竞争力是当前经济状况的写照，而可持续竞争力反映的则是构成城市发展、提升城市竞争力的指标，反映的是城市长期竞争力，即未来城市竞争力。虽然当前青海省可持续竞争力排名高于综合经济竞争力，但是可持续竞争力的条件在恶化，这将阻碍未来青海省经济的可持续发展，不利于竞争力的提高，反映在指标上，就是综合经济竞争力的下降，造成青海整体竞争力恶化的后果。

（五）战略与政策

战略回顾：作为“十二五”规划的收官之年，青海省政府在“认识新常态、适应新常态、引领新常态”的要求下，把生态保护作为立省之要，提出“三区”、“三个升级”战略，推动经济增长和结构优化，水利“一号工程”取得重大突破，推进农牧区综合改革，力推服务业提速发展、创新业态。总之，青海省在“四区两带一线”上取得重大成效，而且在经济发展的过程中尽力做到对生态的保护。但是，在整体跨越发展的同时，青海省存在西部城市通用问题，即多数企业仍为高污染、高消耗企业，转型存在困难。另外，可持续竞争力具体指标数据充分说明了在发展过程中，青海省对于环境保护的忽视，这就使得环境保护和生态可持续成了青海发展的当务之急。

政策建议：“十三五”时期要更加注重生态保护，在夯实基层、改革开放、注重民生福祉以及和谐稳定的基础上注意发展方式的转变。第一，补充短板，强化环境保护投入，发展绿色经济。加大对生态环境保护的投入，贯彻生态文明建设，打造升级版发展与环境兼顾的绿色青海。第二，优化产业结构，促进经济转型发展，助推信息化与工业化融合发展，为企业转型升级提供政策倾斜，以降低能耗，提高整体经济发展效益。

2015 年青海省城市竞争力雷达图如图 17—12 所示。

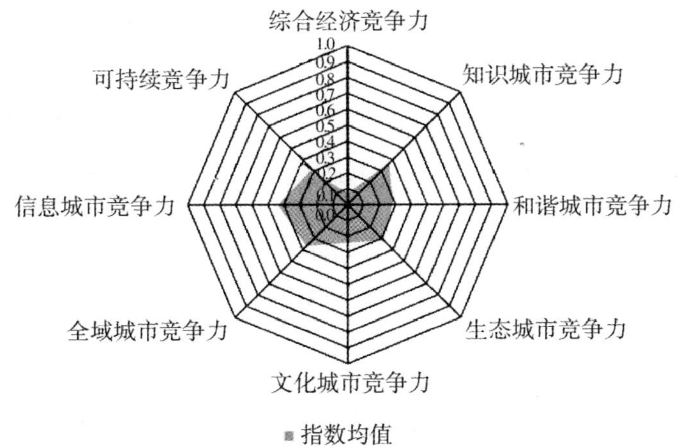

17—12　2015 年青海省城市竞争力雷达图

资料来源：中国社会科学院城市与竞争力指数数据库。

五　中国城市竞争力（宁夏）报告

作为“十三五”规划的开启之年，宁夏回族自治区整体经济稳步前进，虽然综合经济竞争力以及可持续竞争力都得到小幅提升，但是区内城市竞争力在全国排名仍居于末位，粗放型经济发展遇到瓶颈，生态环境日益恶化，经济发展的转变迫在眉睫。要实现宁夏的“开放、富裕、和谐、美丽”，推动经济的高效发展，就必须在新常态经济环境下，推进产业结构的转型升级，加快城镇化进程，鼓励创新，提高发展效益，转变粗放型发展观念，树立“绿色可持续”理念，在保护好生态环境的同时，实现经济的飞跃发展。

2015 年宁夏回族自治区区情信息如表 17—9 所示。

表 17—9　2015 年宁夏回族自治区区情信息

土地面积	6.64 万平方公里
常住人口	661.54 万人

续表

城镇人口占常住人口比重	53.61%
GDP 总量及增长率	2752.10 亿元，8.0%
一、二、三产业占 GDP 比重	7.9%、48.8%、43.3%

资料来源：2015 年宁夏回族自治区国民经济和社会发展统计公报。

2014 年和 2015 年宁夏回族自治区城市综合经济竞争力排名如图 17—13 所示。

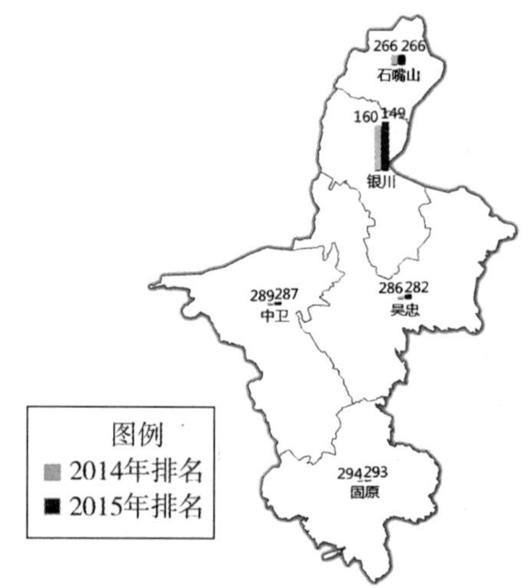

图 17—13 2014 年和 2015 年宁夏回族自治区城市综合经济竞争力排名

资料来源：中国社会科学院城市与竞争力指数数据库。

2014 年和 2015 年宁夏回族自治区城市可持续竞争力排名如图 17—14 所示。

（一）格局与优势

总体概况：宁夏回族自治区秉持稳中求进的工作基调，落实“三重一改”任务，并行推进增长、结构、民生与改革等各项工作，在新常态经济下宁夏经济呈现“总体平稳、稳中有进、稳中向好”的运行态势。从总体经济运行状况来看，产业结构缓慢转型，三次产业出现微小变

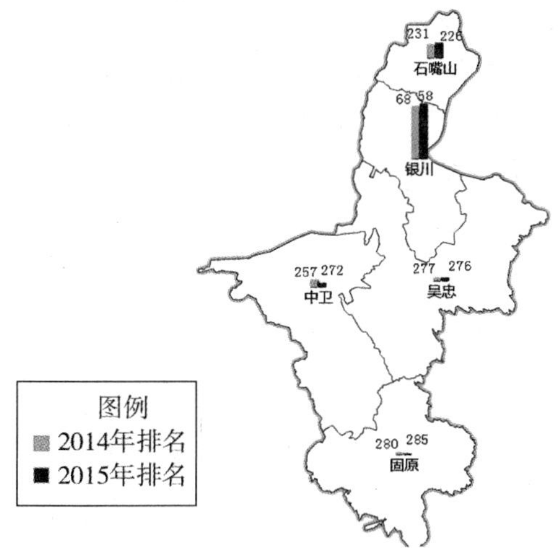

图 17—14　2014 年和 2015 年宁夏回族自治区城市可持续竞争力排名

资料来源：中国社会科学院城市与竞争力指数数据库。

动。2013 年三次产业比例是 8.7∶49.3∶42.0，2014 年三次产业比例是 7.9∶48.8∶43.3；对经济增长的贡献率，2013 年为 3.4∶66.5∶30.1，2014 年为 5.1∶61.6∶33.3。与东部发达省份相比，第三产业比例偏低，对经济增长贡献率小。在需求结构方面，经济发展的主要动力依旧集中于投资拉动型经济，全社会固定资产投资增长 19.4%，其中基本建设投资增长 20.6%，更新改造投资增长 21.9%，房地产开发投资增长 17.1%。在要素结构方面，科技成果不增反降，研发与投资水平较低，政府应支持并鼓励企业的创新研发投资，并推进省区技术开发区的发展。从竞争力来看，综合竞争力和可持续竞争力排名靠后，可持续竞争力优于综合竞争力。全域竞争力表现相对较好，信息竞争力和生态竞争力表现较差。在宜商、宜居指标方面，除银川外，宁夏整体排名靠后，总体发展趋势有待观望。总体来看，作为西部省份，宁夏整体竞争力一般，目前仍处于要素驱动的发展阶段，宁夏要转变经济结构，实现可持续发展，应当在促进经济持续稳步发展的同时，注意平衡生态发展与经济发展之间的矛盾，推动企业的转型升级，提升经济发展的质量与效率。

现状格局：宁夏回族自治区竞争力总体上呈现以下特征：

第一，综合经济竞争力方面，宁夏总体排名靠后，城市间有明显差距。较之2014年，2015年宁夏回族自治区的综合经济竞争力有所上升，但是在省级行政区域排名中仍为倒数第一。综合经济竞争力变异系数为全国排名保持不变，这充分说明了自治区内城市间综合经济竞争力的明显差距，其中银川排名上升11位，其他城市排名均在260名之后。

第二，可持续竞争力方面，宁夏整体靠后，银川独领风骚。2015年度宁夏回族自治区的可持续竞争力均值和可持续竞争力便已均在全国的省级行政区域（除西藏）中排名靠后。省份间可持续竞争力差异显著，除首府银川可持续竞争力位居中上外，其他城市排名均在220名以后，自治区内竞争力靠前的银川与竞争力靠后的固原排名相差了200多位。

第三，从可持续竞争力具体内容来看，全域城市竞争力有待提高。虽然区政府加快基础设施建设和公共服务建设，但是自治区内竞争力仍比较低下。知识竞争力、和谐竞争力、生态竞争力等几项指标均显示，除银川之外，其他城市排名仍比较靠后。银川的相对指标则居于全国中上水平。

第四，宜居指数方面，宁夏不具有明显优势，但银川宜居排名显著提升。尽管绿化覆盖率在逐年提高，但是医生数目和大型餐饮购物场所数量偏少，每年逮捕的犯罪嫌疑人口数量在上升，这几项社会指标大大削弱了自然环境改善所带来的宜居优势。另外，银川的宜居排名有了显著提高。

第五，从宜商指数来看，宁夏整体吸引投资水平有待提升，但首府银川一枝独秀。虽然整体工资水平在上升，但是鉴于铁路、公路等基础设施的不完善，宁夏企业开办指数并不是很高，吸引投资水平居于下游。区内城市中，由于相对便利的交通设施条件，使得银川的宜商指数排名居于中上游，在西部城市中居于上游；另外，石嘴山的宜商指数排名在近几年有了明显上升。

（二）问题与软肋

第一，除省会城市银川外，自治区内其他城市可持续竞争力连续四年居于全国中下游。报告中所涉及的五个城市的综合经济竞争力和可持续竞争力都居于全国220名以后，唯有银川在全国排名第58位，居于上游水平（见表17—10）。其他四个城市的可持续竞争力整体比较低，而且连续四年在全国排名相对靠后，这说明除银川外，宁夏回族自治区可持续竞争力状况并未得到改善，或者说改善的速度过于缓慢。

表17—10　2015年宁夏回族自治区各城市综合经济、宜居、宜商、可持续竞争力及其分项排名

	综合经济竞争力		可持续竞争力		宜居城市竞争力	宜商城市竞争力	知识城市竞争力	和谐城市竞争力	生态城市竞争力	文化城市竞争力	全域城市竞争力	信息城市竞争力
城市	指数	排名	指数	排名	排名	排名	排名	排名	排名	排名	排名	排名
银川	0.072	149	0.456	58	113	57	50	69	165	38	39	92
石嘴山	0.040	266	0.204	226	260	131	177	230	259	231	71	209
吴忠	0.034	282	0.113	276	267	278	266	248	253	219	213	272
固原	0.025	293	0.082	285	203	247	275	215	252	239	264	288
中卫	0.030	287	0.127	272	280	226	286	187	250	234	226	247
指数均值	0.040	32	0.197	29	0.227	0.154	0.239	0.236	0.217	0.173	0.232	0.247
指数方差	0.0004	3	0.023	23	0.017	0.010	0.043	0.010	0.007	0.018	0.023	0.028
变异系数	0.465	11	0.773	23	0.579	0.660	0.864	0.414	0.382	0.771	0.652	0.673

资料来源：中国社会科学院城市与竞争力指数数据库。

第二，生态竞争力不具有竞争优势，环境问题迫在眉睫。在所有竞争力指标体系中，宁夏回族自治区最为劣势的指标为生态城市竞争力指标，其均值为0.217，全国排名第30位。这项指标中，自治区内包括银川在内的所有城市都居于全国较差行列，环境问题最突出的两个方面为：水污染与过高的二氧化碳排放。

（三）现象与规律

文化城市竞争力和全域城市竞争力方面，银川在自治区独占鳌头，其他城市具有很大的发展潜力。文化城市竞争力和全域城市竞争力方面，银川在全国排名显著优于自治区内其他城市。受益于近年来经济的飞速发展，政府加大了对精神文化及服务的开支，但是与全国其他省份，尤其是东部省份相比，宁夏的精神文化及服务支出水平仍比较低。服务经济时代，通过对服务及服务设施的投入，可以为经济发展创造需求，形成新的城市圈，实现经济的可持续发展。

（四）趋势与展望

可持续竞争力缓慢提升，综合经济竞争力稳居末位。综合经济竞争力反映的是城市当前产出和竞争力，可持续竞争力反映的是城市未来的发展潜力，而综合这两项指标来看，宁夏回族自治区的前景都比较暗淡，这说明未来宁夏回族自治区的发展还有很长一段路要走。自治区政府应当抓住“一带一路”发展机遇，转变发展观念，推动产业优化升级，注重环境的友好可持续发展，同时落实完善优惠支持政策，促进企业及高新科技园的成长与发展，以实现规模效应和集聚效应。

（五）战略与政策

战略回顾：近年来，宁夏回族自治区实行多项战略，以促进自治区发展。为了经济又快又好发展，实施“1+3”结构调整。为了产业结构的优化升级，农业上，启动“五百三千”计划，出台农业促进措施，并加大农业投入；工业上，兼顾增量培育与存量提升；服务业上，加快物流体系培育，健全市场。同时推进城乡统筹发展，启动“三规合一”工作。基于自治区内发展一枝独秀的局面，宁夏应当发挥银川的辐射带动作用，力求区域内均衡发展。同时应当注意保护生态环境，走可持续发展的集约型经济发展道路。

政策建议：要在抓好经济建设、政治建设、文化建设、社会建设的基础上，抓好生态文明建设，牢牢把握“十三五”规划的方向。第一，抓住国家“一带一路”发展机遇，促进经济的转型升级。目前整体经济下行压力严峻，同时结构性矛盾突出，自治区应当紧抓国家所实施的“一带一路”战略，全方位对外开放，推进产业结构优化升级，带动自治区经济发展。第二，将改革创新贯穿于经济发展的始终，着力培养新的竞争优势和发展动力，增强发展的后备力量。推动重点改革，推进创新创造，提升信息化水平。

2015 年宁夏回族自治区城市竞争力雷达图如图 17—15 所示。

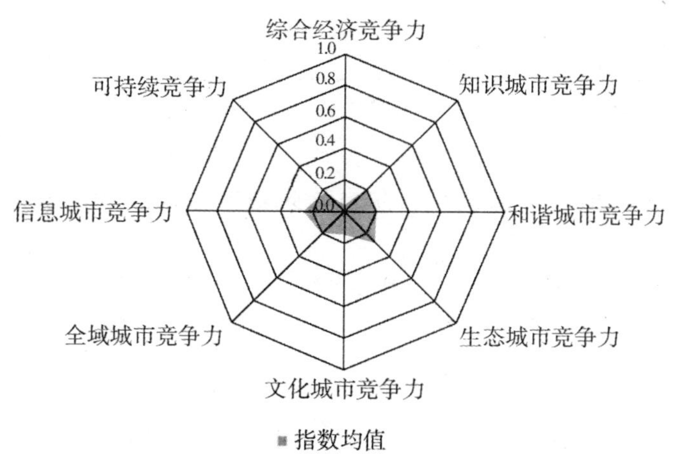

图 17—15　2015 年宁夏回族自治区城市竞争力雷达图

资料来源：中国社会科学院城市与竞争力指数数据库。

六　中国城市竞争力（新疆）报告

近年来，秉持“社会稳定、长治久安”的目标，新疆回族自治区政府抓住“一带一路”重大战略实施的机遇，实现了经济平稳高效增长。但是传统的高污染、高能耗的粗放型经济发展方式对生态环境形成严重破坏，发展与生态保护之间的矛盾日益尖锐；另外，自治区内三股势力的破坏，使得区内不和谐因素增多。自治区政府应提高经济发展质量，转变发展方式，优化产业结构，鼓励科学技术的发展，走出一条“大美新疆”的和谐发展之路。

2015 年新疆维吾尔自治区区情信息如表 17—11 所示。

表 17—11　　2015 年新疆维吾尔自治区区情信息

土地面积	166 万平方公里
常住人口	2298.47 万人
城镇人口占常住人口比重	46.07%
GDP 总量及增长率	9264.10 亿元，10.0%
一、二、三产业占 GDP 比重	16.6%、42.4%、41.0%

资料来源：2015 年新疆回族自治区国民经济和社会发展统计公报。

2014 年和 2015 年新疆维吾尔自治区城市综合经济竞争力排名如图 17—16 所示。

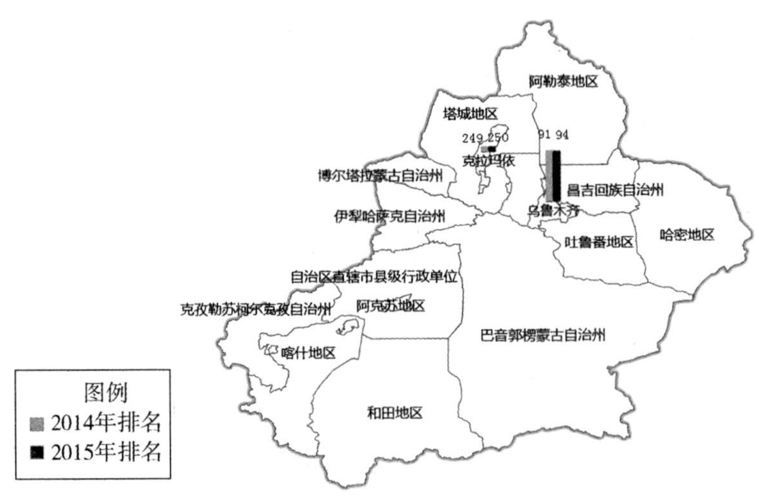

图 17—16　2014 年和 2015 年新疆维吾尔自治区城市综合经济竞争力排名

资料来源：中国社会科学院城市与竞争力指数数据库。

2014 年和 2015 年新疆维吾尔自治区城市可持续竞争力排名如图 17—17 所示。

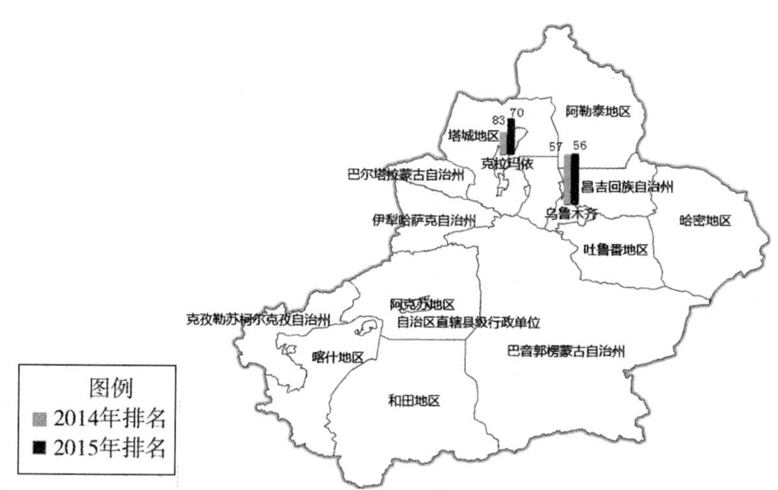

图 17—17　2014 年和 2015 年新疆维吾尔自治区城市可持续竞争力排名

资料来源：中国社会科学院城市与竞争力指数数据库。

（一）格局与优势

总体概况：近年来，新疆维吾尔自治区政府牢牢把握“可续发展、稳中求进、进中求变”的主基调，在外部经济复杂多变、内部经济下行压力骤增的情况下，集中精力沉着应对各种风险和挑战，着力结构调整，促进改革，调控物价，同时转变政府职能，在政治、经济、生态文明、文化、社会建设等方面都取得了新成就。综合来看，自治区产业结构有所调整，2015 年三次产业结构为 16.6∶42.4∶41.0，分别比上年增长了 5.9%、10.8%、8.4%；需求结构方面，固定资产投资增长 25.2%，其中基础设施投资增长 41.5%，房地产开发投资增长 22.9%，说明政府重视基础设施建设，同时经济发展对投资的依赖在削弱；要素结构方面，科技与创新对经济的贡献逐年增大，研发经费与技术专利都在进一步提高。综合经济竞争力一般，但是在可持续竞争力方面，新疆维吾尔自治区一直居于全国中上游水平，全域城市竞争力表现最好，其次是知识城市竞争力和生态城市竞争力，和谐城市竞争力及信息城市竞争力表现平平。宜居和宜商指数方面，新疆总体排名在提升。总体来看，虽然地处西北边界，新疆维吾尔自治区的可持续竞争力却实现了中部水准，这是长期发展的成果。目前自治区处于“要素驱动”发展阶段，今后自治区应该坚持走和谐发展道路，着力提高城市和谐度、促进创新、改善民生。

现状格局：新疆维吾尔自治区城市竞争力整体上呈现以下特征：

第一，综合经济竞争力方面，自治区居于全国中等水平，乌鲁木齐优于克拉玛依市。2015 年综合经济竞争力指数均值新疆维吾尔自治区在全国（除西藏外）排名偏下。其中，乌鲁木齐排名中上，而克拉玛依排名偏下，说明自治区内城市间差距显著，也说明克拉玛依有很大的发展空间。

第二，可持续竞争力方面，自治区居于全国上游，城市间差距较小。2015 年可持续竞争力指数均值新疆维吾尔自治区在全国（除西藏外）排名靠前。其中乌鲁木齐和克拉玛依在全国排名均进入前 80，说明自治区内城市的可持续竞争力具有优势，同时可持续竞争力发展比较均衡。

第三，可持续竞争力分项指标中，全域城市竞争力具显著优势。2015 年全域城市竞争力指数均值新疆维吾尔自治区在全国（除西藏外）排名偏上游水平，而克拉玛依与乌鲁木齐两个城市的全域竞争力均在全国城市前 15。这充分说明自治区具有全域城市竞争优势，而且区内城乡一体化水平较高，人均收入相对均衡，反映出新型城镇化的有效推进。

第四，新疆全区宜居指数逐年上升。社会环境和居住环境的改善使得新疆的宜居程度在提高，特别是刑事案件的减少和住宅均价两项指标共同造成新疆宜居度的提升。而无论是乌鲁木齐还是克拉玛依近年来的宜居指数排名都在大幅度提升。

第五，新疆全区宜商指标趋于优化。虽然区内 500 强企业数目仍然很少，但是全区工业企业数和从业人数在上升，区内城镇人员平均工资在大陆城市中居于首位，具有明显竞争优势，而且区内银行网点数目逐年增多，交通设施也在逐渐改善。另外，新疆维吾尔自治区内的乌鲁木齐和克拉玛依的宜商指数排名都在上升，乌鲁木齐的综合宜商指数在全国范围内排名居于上游水平。

（二）问题与软肋

第一，综合经济竞争力方面，自治区处于劣势。2015 年自治区综合经济竞争力指数均值排名全国（除西藏外）第 24 位，变异系数为 0.500，在全国排第 15 位（见表 17—12）。这说明新疆的综合经济竞争力处于劣势，同时自治区内城市间竞争差距明显。

表 17—12　2015 年新疆维吾尔自治区城市综合经济竞争力、宜居、宜商、可持续竞争力及其分项排名

城市	综合经济竞争力		可持续竞争力		宜居城市竞争力	宜商城市竞争力	知识城市竞争力	和谐城市竞争力	生态城市竞争力	文化城市竞争力	全域城市竞争力	信息城市竞争力
	指数	排名	指数	排名	排名	排名	排名	排名	排名	排名	排名	排名
乌鲁木齐	0.099	94	0.464	56	134	69	41	236	95	88	12	87
克拉玛依	0.047	250	0.401	70	102	116	49	83	93	165	15	254
指数均值	0.073	24	0.429	11	0.414	0.241	0.598	0.274	0.496	0.225	0.604	0.356
指数方差	0.001	12	0.002	1	0.001	0.002	0.001	0.020	0.000	0.005	0.001	0.047
变异系数	0.500	15	0.095	1	0.078	0.194	0.041	0.512	0.004	0.309	0.058	0.606

资料来源：中国社会科学院城市与竞争力指数数据库。

第二，可持续竞争力中，和谐城市竞争力指数有待提升。自治区和谐城市竞争力指数均值为 0.274，排名第 27 位；变异系数为 0.512，排名第 25 位。这说明自治区内整体和谐竞争力不高，而且区内城市间差距增大，自治区内乌鲁木齐和克拉玛依的和谐城市竞争力排名分别为第 236 位和第 83 位。其中克拉玛依的和谐城市竞争力为一般水准，而乌鲁木齐该指标则居于全国下游，这是一系列原因综合造成的结果。

（三）现象与规律

生态城市竞争力指数连年下降，环境日益恶化。由于所处的经纬度，新疆维吾尔自治区降水量天然比较少，而且由于粗放型经济增长方式，造成工业化进程中水能和电力过度消耗，使得经济发展建立在对生态环境破坏的基础上，反映出环境与发展之间的矛盾，同时不利于自治区经济的可持续发展。

（四）趋势与展望

第一，具有竞争优势的可持续竞争力将促进具有劣势的综合经济竞争力的提高。城市综合经济竞争力反映的是一个城市当前所能创造价值的能力；而城市可持续竞争力反映的是一个城市未来发展的影响因素：要素以及环境状况。因此具有竞争优势的可持续竞争力就是当前城市所拥有的要素及环境，这些因素就是城市竞争所需要的长期可持续的方面，所以具有优势的可持续竞争力将促进城市综合经济竞争力的提高。

第二，稳定的知识城市竞争力为新疆维吾尔自治区未来的产业转型提供坚实的基础。2015 年自治区知识城市竞争力的指数均值为 0. 598，在全国（除西藏外）省市中排名第 8 位，区内乌鲁木齐和克拉玛依都处于中等偏上行列，教育支出和科研技术两项指标均向中部水平看齐。全面推进义务教育，提升教学水平，同时稳步提高高等教育水平，不断优化学科专业，这些“教育优先”战略的实施，为新疆维吾尔自治区的发展储备了相当一部分的专业人才。

（五）战略与政策

战略回顾：新疆维吾尔自治区政府加快工业的转型升级，稳步推进农牧业的现代化，不断完善区内城镇规划体系，加快基础设施现代化，保障和改善民生。实施了一系列举措，来转变经济发展方式，同时优化产业结构，着力增加 R&D 投入，为企业特别是中小企业创新提供资金支持。正是这些举措的实施使得自治区全域城市竞争力在全国名列前茅。

政策建议：要从“通道经济”跃升成为综合经济实力强大、能够辐射带动周边的核心区。第一，围绕长治久安坚决促进民族团结和社会和谐稳定。把民族团结作为新疆维吾尔自治区内人民的生命线，将工作的重心放在维护社会的稳定和长治久安上，强化“三个离不开”和“四个认同”，推进“六五普法”工作和法制自治区建设，坚持同三股势力做斗争，维护区内和平稳定团结。第二，紧紧围绕“一带一路”经济带核心区全方位推进开放，建设丝绸之路核心经济区。加快“走出去”与“引进来”的步伐，推进全方位的深度合作，高效承接产业转移和服务外包，实现互利共赢。第三，围绕经济体制改革，促进经济“又好又快”发展，推动经济结构的优化升级。

2015 年新疆维吾尔自治区城市竞争力雷达图如图 17—18 所示。

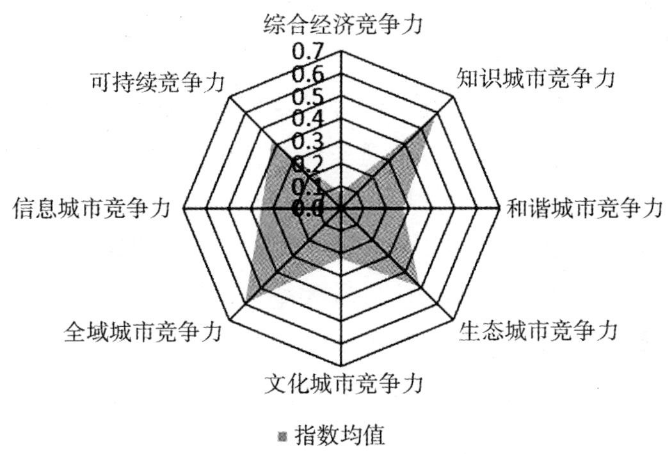

图 17—18　2015 年新疆维吾尔自治区城市竞争力雷达图

资料来源：中国社会科学院城市与竞争力指数数据库。

第十八章　中国（港澳台地区）城市竞争力报告

沈建法　刘成昆　周晓波

一　中国城市竞争力（香港）报告

香港是一座国际化大都市，作为国际和亚太地区最具竞争力的城市之一，在世界享有盛誉。香港也是亚洲最为重要的国际金融中心、国际贸易服务和国际航运中心，并以廉洁的政府、良好的治安、自由的经济体系以及完善的法制闻名于世，素有“东方之珠”和“购物天堂”等美誉。按美国传统基金会统计，香港是全球经济自由度最高的地方。作为中西方文化交融之地，自由、开放、包容和多元是这座国际化大都市的标志性元素。过去一年，是自2009年以来全球经济表现最差的一年。香港外贸表现疲弱，但经济仍温和增长，失业率极低。

2015年香港特别行政区区信息如表18—1所示。

表18—1　2015年香港特别行政区区信息

土地面积	1070平方公里
常住人口	713.63万人
2015年GDP总量及增长率	1.79万亿元人民币，2.3%

资料来源：中国社会科学院城市与竞争力指数数据库。

自回归以来，香港背靠祖国内地，平稳度过历次金融危机，国际金融中心和自由贸易港的地位进一步加强和巩固。随着特区政府与国家商务部在《内地与香港关于建立更紧密经贸关系的安排》框架下签订《关于内地在广东与香港基本实现服务贸易自由化的协议》，粤港两地率先推进，基本实现服务贸易自由化。此外，沪港通及基金互认进一步巩固了国际金融中心和全球离岸人民币业务枢纽的地位，并丰富了香港人民币投资产品的选择，有利于香港金融业的长远发展。

2014 年和 2015 年香港特别行政区综合竞争力排名如图 18—1 所示。

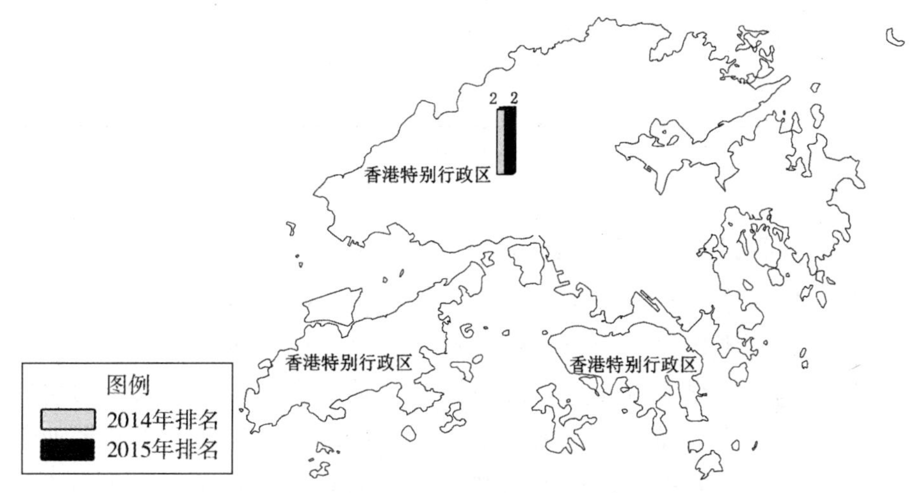

图 18—1　2014 年和 2015 年香港特别行政区综合竞争力排名

资料来源：中国社会科学院城市与竞争力指数数据库。

（一）综合经济竞争力：继续被深圳超越

从总体上来看，在综合经济竞争力方面，香港高居第二位，但继续被深圳超越。在综合竞争力分项表现中稍有差异，从综合增量竞争力分项指数来看，香港整体很好，传统优势产业凭借“一国”和“两制”的双重优势，在“一带一路”沿线国家找到新的潜在增值空间，但是亟须进一步促进传统产业转型升级，壮大新兴产业，扩大和加强对外经贸关系，从而拓展新的增长源泉。具体来看，香港的综合增量竞争力指数为 0.246，较 2014 年的全国第 32 位继续下滑，2015 年排名第 36 位，落后于北京、广州、天津、深圳等城市，也被中西部的重庆、成都和长沙等城市超越（见表 18—2）。从综合效率竞争力分项指数来看，香港整体很好，指数为 0.625，与 2014 年一致，排名全国第 3 位，仅落后于台北和澳门，这得益于其经济集聚程度高、商业规则简约和良好的专业服务等一系列软硬件支撑体系。

表 18—2　　　　香港特别行政区综合竞争力指数与排名

年度	综合经济竞争力指数	排名	综合增量竞争力指数	排名	综合效率竞争力指数	排名	可持续竞争力指数	排名
2014	0.913	2	0.278	32	0.726	3	1	1
2015	0.796	2	0.246	36	0.625	3	1	1

资料来源：中国社会科学院城市与竞争力指数数据库。

（二）可持续竞争力：继续保持全国首位

香港在可持续竞争力方面整体领先，其指数为 1，排在全国首位。香港经济近年来保持了整体良好的发展态势，但同时也必须看到目前香港所面临的挑战。首先，香港的科研力量集中在大学。大学的研究成果如何转化为产品，进行更多中游及应用研究，是香港创新创业发展的关键问题。其次，国内一线城市的竞争对香港的优势产业形成了挤出效应。深圳和上海等城市在创新创业等方面迅速冒起，给香港带来竞争压力。如深圳始终把创新作为立市之本，发挥创新对发展的支撑作用；上海市在继续推进国际经济、金融、贸易和航运“四个中心”建设的同时，2015 年又加快了建设“具有全球影响力的科技创新中心”的步伐。

2014 年和 2015 年香港特别行政区可持续竞争力排名如图 18—2 所示。

（三）宜居、宜商竞争力和可持续竞争力分项

如表 18—3 所示，从分项指标来看，文化城市竞争力整体领先，香

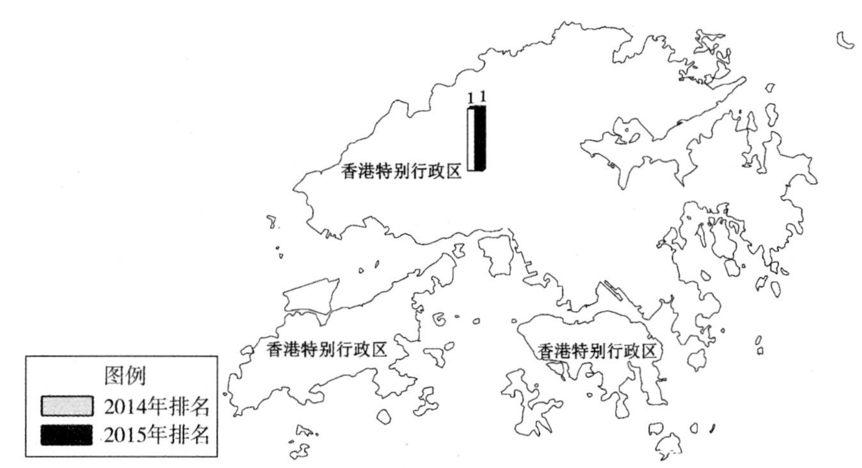

图 18—2　2014 年和 2015 年香港特别行政区可持续竞争力排名

资料来源：中国社会科学院城市与竞争力指数数据库。

港作为一个国际化的大都市，连续 21 年被评为世界经济自由度最高的城市。高度的自由宽松的管理体制使香港文化充满生机与活力，同时也吸引各国跨国公司和世界各地人口的入驻，带来不同的文化。在一百多年的东西方文化互相融合碰撞以及积淀过程中，既保留了中国传统文化，也形成了香港独特的自由开放、多元包容的特色文化。

表 18—3　香港特别行政区城市宜居宜商、可持续竞争力及其分项排名

城市竞争力	综合经济竞争力		可持续竞争力		宜居竞争力	宜商竞争力
城市	指数	排名	指数	排名	排名	排名
香港	0.796	2	1.000	1	4	1
可持续竞争力分项	知识竞争力	和谐竞争力	生态竞争力	文化竞争力	全域竞争力	信息竞争力
城市	排名	排名	排名	排名	排名	排名
香港	11	1	1	2	1	4

资料来源：中国社会科学院城市与竞争力指数数据。

生态城市竞争力整体领先，香港政府近几年在竭力打造健康优质的生活环境上，推行了一连串环境保护政策和措施以及各种提高公众环保生活意识的计划，截至目前空气、水质均有较大幅度改变，同时也提出了提高能源效益，推出《建筑物能源效益守则》，透过立法和非立法渠道进一步推广减废及回收，在创建生态城市方面领先内地所有城市。

知识城市竞争力整体领先，相对于2014年有较大幅度的提升，但仍然落后于内地的北京、上海、深圳等10个城市。香港在研发方面的本地支出总额，已由2001年的71亿港元增至2013年的156亿港元，年均增长达7%。随着创新科技政策的出台，包括设立约5亿港元的种子基金，以配对方式吸引外国的创业投资基金为香港初创企业融资，未来香港创新创业氛围不足的局面将有可能逐渐得到改善。

全域城市竞争力整体领先，香港自开埠以来，从一个数千人的渔村发展成700多万人口的国际化都市，高密度的城市建设和城市人口背后是一系列予以支撑的社会服务机制，如公屋制度、社工体系、医疗福利、教育及劳工制度等，这些软环境共同运作方能保证其高密度城市化模式的可持续发展，内地在城市化过程中可以借鉴。

和谐城市竞争力整体领先，香港经济发达，廉政公署严格执法，社会呈现出公正、开放和廉洁，使多数人依靠自身努力参与公平竞争，形成一定规模的中层阶级，成为社会和谐稳定的巨大力量。同时政府大力推行公屋、义务教育、新市镇等系列民生政策，满足了各阶层的公平诉求。此外，2015年开发和增加土地供应的努力渐见成效，楼价和租金开始回落，解决房屋问题初现曙光，这也进一步减小了中下层居民的生活成本。同时，留意到香港社会在政制发展、环保与政府政策等方面存在分化的情况，部分组织与人士采取较激进及违法的方式反对政府政策，影响社会和谐。旅游业、零售业等方面的经济表现也受到一定影响，出现下滑的势头。

信息城市竞争力整体领先，香港是亚太地区的交通枢纽之一，公共交通系统是以铁路、渡轮、公共汽车等组成的运输网，几乎伸展到港内每一角落。海陆空交通发达。航运业发达，目前已与186个国家和地区的472个港口有航运往来，形成了以香港为枢纽，航线通达五大洲、三大洋的完善的海上运输网络。目前，香港的信息城市竞争力全国排名第四位，仅次于广州、上海和深圳，未来还有较大的提升空间。如港珠澳大桥、广深港高铁、香港机场第三条跑道等大型基建设施早日建成，短期有利于带动香港本地的就业和投资增长，长期来看也有利于信息城市竞争力的提升。

此外，香港的宜商城市竞争力继续领先内地城市，香港的低税环境有利于跨国企业的发展。香港税率低、税种少，国际上有许多机构利用香港的税务优势达到合理避税，在香港成立亚洲总部或区域分公司。香港凭借着优越的地缘政治位置、先进的基建设施、透明的法制运行，未来将继续不断吸引着国内外企业、资金、人才的到来。香港的宜居城市竞争力也位于全国前列，排名第四位。

（四）结论与政策建议

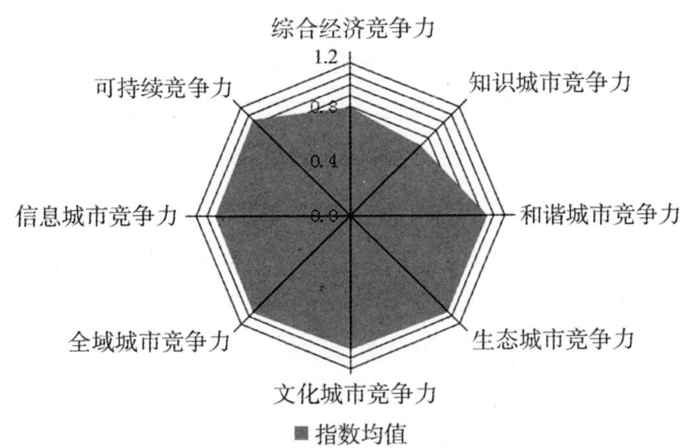

图 18—3　2015 年香港特别行政区城市竞争力雷达图

资料来源：中国社会科学院城市与竞争力指数数据库。

从图 18—3 可以看出，香港除在信息城市竞争力、知识城市竞争力方面落后于全国少数几个城市外，其他方面的指数均处于领先地位，这也体现出其强大的综合竞争力。但是也必须看到在内地城市追赶的过程中，差距在逐渐缩小，同时面对内地自贸区的不断兴起，香港有被边缘化的风险。香港虽然发展水平高，但经济规模较小，而且高度开放，对外依赖度高，对外围的变化要有居安思危的意识。未来一年，香港将继续受外围不确定因素影响，必须挖掘自身的比较优势，不断提升产业竞争力和改善经营环境，促进传统产业转型升级，壮大新兴产业，扩大和加强对外经贸关系。2016 年是国家“一带一路”建设和“十三五”规划的开局之年，也是香港重要的机遇年，要在与内地合作的过程中抓住机遇。香港的大小产业，都可以凭借“一国”和“两制”的双重优势，发挥“超级联系人”的作用，为长远的经济和社会发展添加新动力。以下提出香港未来发展的三点建议：

第一，重视政府作用，凝聚社会共识。继续坚持“适度有为、稳中求变”的施政主张，发挥特区政府在经济发展中的辅助作用。一是继续落实本届政府在政纲中有关房屋、扶贫、养老和环保各方面的承诺，坚决制止任何破坏香港投资和营商环境的行为。二是协助香港企业建立品牌、升级转型和拓展内销，发展内地市场。三是配合国家“十三五”规划，更好地发挥香港的独特优势。

第二，深化区域合作，其中粤港合作是重中之重。加快前海、南沙、横琴等粤港澳合作平台建设，深化与前海、南沙和横琴三个自贸试验区片区的合作对接。三个片区各有特色：前海是深港现代服务业合作区；面积最大的南沙以推动粤港深度合作、建设粤港科技创新转化平台等为主导；而横琴则重点发展文化创意及旅游休闲产业。香港在这些产业方面已积累了不少国际经验，亦拥有充裕的专业服务人才，可以提升与广东省以及三个片区的伙伴合作关系，在“一国两制”的原则下，为港人港企开拓更大的发展空间和机遇。

第三，香港与“一带一路”沿线国家互补性强，发展协同效应的潜力很大。配合“一带一路”策略，推动海外金融机构和企业利用香港的人民币金融平台进行交易，进一步发挥和提升香港作为全球离岸人民币枢纽的功能和服务，实现香港金融业务的多元化。

二 中国城市竞争力（澳门）报告

最近三年来，澳门的综合经济竞争力稳定在全国前十位，可持续竞争力保持在全国前五位，但知识城市竞争力相对偏弱。近期博彩业连月下滑，整体经济进入深度调整期，产业结构迎来前所未有的转型契机。

围绕建设“世界旅游休闲中心”和“中国与葡语国家商贸合作服务平台”的发展定位，澳门需继续促进经济适度多元化，深化区域合作和融合。

2015 年澳门特别行政区区情信息如表 18—4 所示。

表 18—4　　　　2015 年澳门特别行政区区情信息

土地面积	30.4 平方公里
人口	64.68 万人
全年旅客总数	3071.46 万人次
GDP 总量及增长率	3，687 亿澳门元，-20.3%
第二、三产业比重	5.2%、94.8%

资料来源：澳门统计暨普查局。

2014 年和 2015 年澳门综合经济竞争力排名如图 18—4 所示。

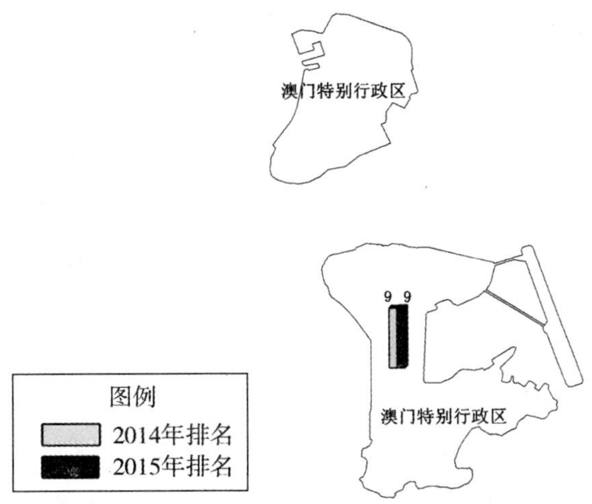

图 18—4　2014 年和 2015 年澳门综合经济竞争力排名

资料来源：中国社会科学城市与竞争力指数数据库。

2014 年和 2015 年澳门可持续竞争力排名如图 18—5 所示。

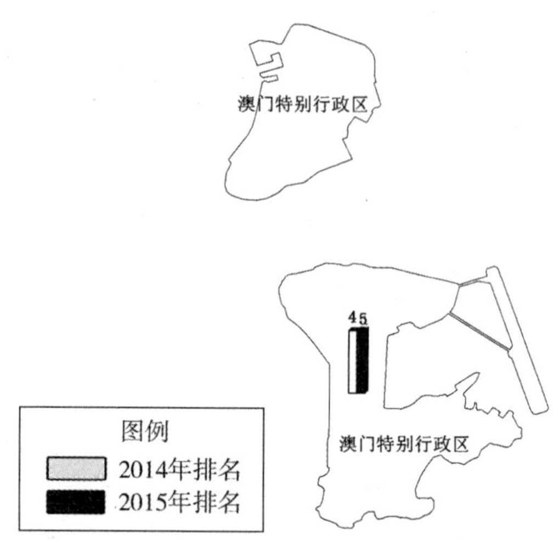

图 18—5 2014 年和 2015 年澳门可持续竞争力排名

资料来源：中国社会科学城市与竞争力指数数据库。

（一）现状与优势

总体概况：澳门地域狭小，人口密集，寸土寸金，经济增长波动大。2011 年本地生产总值实质变动率高达 21.3%，2012 年降至 9.2%，2013 年反弹至 11.2%，2014 年出现负增长（-0.9%），2015 年按年实质收缩 20.3%。经济收缩主要受服务出口需求的持续回落影响，按年倒退 26.8%，博彩服务出口大幅减少 33.4%，其他旅游服务出口下跌 11.6%。与此同时，内部需求趋缓，按年升幅仅为 1.9%，其中，私人消费、政府最终消费和固定资本投资按年升幅放缓至 2.4%、4.2% 和 0.9%；外地需求疲弱，货物出口及货物进口增长分别减缓至 10.2% 和 0.1%，而服务进口按年下跌 3.4%。[①]

澳门的产业结构以第三产业为主，2014 年第三产业占行业增加值总额的比重为 94.8%，较 2013 年（96.3%）下跌 1.5%，终止了自 2006 年起第三产业比重持续上升的趋势，主要原因是博彩及博彩中介

① 澳门统计暨普查局：2015 年第 4 季本地生产总值。

业的比重下跌。[①] 要素结构方面，科技创新对经济发展的贡献严重不足，科研经费支出仅占财政收入的0.077%。

近年来澳门人口增加，游客增多，城市承载力受压，房价虽回落，但相对居民收入仍偏高；博彩业近期下挫，中小企业举步维艰，宜居、宜商竞争力均有所下滑。

从可持续竞争力来看，澳门处于全国上游水平，除信息城市竞争力和知识城市竞争力的表现相对欠佳之外，和谐城市竞争力、全域城市竞争力、生态城市竞争力和文化城市竞争力均表现突出。(见图18—6)

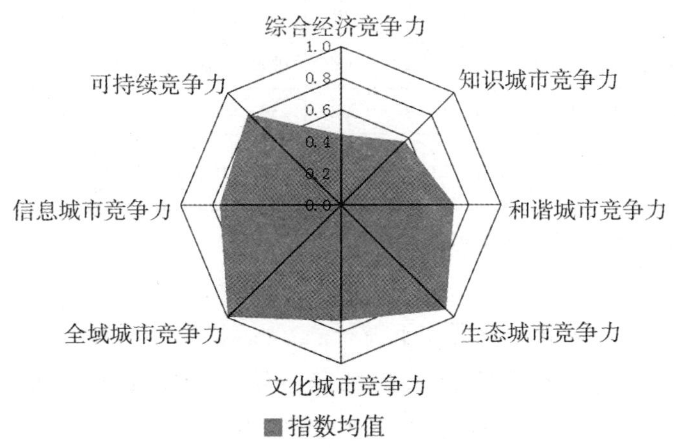

图18—6　2015年澳门特别行政区城市竞争力雷达图

资料来源：中国社会科学院城市与竞争力指数数据库。

总体而言，澳门正从经济高速增长阶段进入深度调整期，继续促进经济适度多元化，推动博彩业多元均衡发展，增加非博彩业元素，深化区域合作和融合，减缓经济增长的波动，是澳门保持长期繁荣稳定的主要任务。

现状格局：2015年度澳门综合经济竞争力指数为0.447，在294个地级及以上城市中排名第9位（见表18—5）。其中，综合增量竞争力指数为0.041，排名第220位；综合效率竞争力指数则为1，排名全国

① 澳门统计暨普查局：2014年产业结构。

首位。宜居城市竞争力指数为 0. 596，排名第 36 位；宜商竞争力指数为 0. 398，排名第 32 位。可持续竞争力指数为 0. 801，排名第 5 位，仅次于香港、上海、北京和深圳。

表 18—5　　2015 年澳门城市综合经济竞争力、宜居、宜商、可持续竞争力及其分项排名

	综合经济竞争力		可持续竞争力		宜居城市竞争力	宜商城市竞争力	知识城市竞争力	和谐城市竞争力	生态城市竞争力	文化城市竞争力	全域城市竞争力	信息城市竞争力
城市	指数	排名	指数	排名	排名	排名	排名	排名	排名	排名	排名	排名
澳门	0. 447	9	0. 801	5	36	32	39	2	5	4	2	17
指数均值	0. 447	5	0. 801	4	0. 596	0. 398	0. 625	0. 711	0. 932	0. 730	0. 999	0. 754

资料来源：中国社会科学城市与竞争力指数数据库。

澳门的城市竞争力呈现如下特征：

第一，综合经济竞争力保持稳定，效率和增量竞争力高低悬殊。2015 年澳门综合经济竞争力位列全国第 9 位，与 2014 年持平，稳居全国前十名。综合效率竞争力雄踞榜首，综合增量竞争力排名相对 2014 年（第 232 位）有所上升，但仍位居末列。

第二，可持续竞争力整体仍领先，多个分项优势十分明显。2015 年澳门可持续竞争力排名位列全国第 5 位，与 2014 年相比下降 1 位，被风头正劲的深圳超越。从可持续竞争力六个分项来看，四个分项具有明显优势，和谐城市竞争力和全域城市竞争力均列全国第 2 位，生态城市竞争力、文化城市竞争力分列全国第 4 位和第 5 位。

（二）问题与劣势

第一，综合增量竞争力低位徘徊，制约竞争力进一步提升。澳门的综合增量竞争力连续三年徘徊在全国 200 名之外，过去两年分别排名第 213 位和第 232 位，2015 年排名第 220 位。澳门的产业结构单一，主导

产业博彩业的收入近期受到多重因素影响而出现较大幅度的下滑，整体经济进入了深度调整期。经济增长出现波动，GDP 平均增量偏低，影响了综合增量竞争力的表现。

第二，知识城市竞争力和信息城市竞争力欠佳。澳门的知识城市竞争力和信息城市竞争力分别位于全国第 39 位和第 17 位，相对于其他遥遥领先的四个分项排名，这两项成为影响可持续竞争力的“短板”。

（三）现象与规律

创新驱动乏力，知识城市竞争力亟待提升。澳门的科技经费支出占财政收入的比重以及人均教育支出均偏低，且有所下降。澳门吸纳就业人口较多的博彩业及其周边行业多属于劳动密集型的服务性行业，其对从业人员的教育水平要求并不高，更多的是倾向于对低技能劳动力的需求，这在一定程度上影响了高端人力资源的开发以及研发投入。

教育和科研作为创新的源泉，为城市竞争力的提升提供了内生的发展动力。从全国的一般规律来看，这两项投入比重较高的城市，其综合经济竞争力排名则居前。因此，澳门需加大科研投入，优化人力资源结构，促进知识经济发展，方能维系和提升较高的综合经济竞争力。

（四）趋势与展望

第一，澳门的产业结构转型加快。自 2014 年 6 月以来，澳门博彩收入连月下跌，六大博彩公司开始将重心向非博彩业务倾斜，新建或即将推出的项目的非博彩元素增长明显；酒店业、零售业等传统非博彩业因与博彩业的产业关联较高，虽受博彩业下滑的波及，但亦更注重业务的多元；新兴产业中会展业发展势头良好，文化创意产业崭露头角。澳门产业结构的调整和优化将有助于稳固和提升城市竞争力。

第二，澳门的区域融合加深。毗邻澳门的横琴各项建设加速，包括已经启动的粤澳合作中医药科技产业园，以及 2016 年 2 月新开工的 12 个重点项目；澳门单牌车即将进入横琴；未来建成通车的港珠澳大桥将缩短香港国际机场与澳门之间的距离，会吸引更多的国际旅客进入澳门；2015 年 12 月澳门获得 85 平方公里的水域管理权。诸多区域合作利好，为澳门的经济多元化发展拓展了的更大空间。

（五）战略与政策

战略回顾：国家“十三五”规划提出支持澳门建设世界旅游休闲中心、中国与葡语国家商贸合作服务平台、积极发展会展商贸等产业，促进经济适度多元可持续发展。澳门特别行政区“五年发展规划”（2016—2020）于2015年11月公布，这是自澳门回归16年来首次公布中长期发展规划，规划将未来5年澳门加快建设世界旅游休闲中心的具体目标进行了细化。当前澳门经济进入深度调整期，国家“十三五”规划与特区五年发展规划分别从国家和特区的层面彰显了澳门的定位和发展方向，对维持澳门经济稳定、社会和谐具有重要意义。

政策建议：第一，在有序发展博彩业的同时，提升非博彩因素，支持会展业、文化创意产业、特色金融业的发展，促进产业结构从单一走向博彩与非博彩元素的联动，减少外部不利因素的冲击。第二，深化与横琴自贸区的合作，利用好水域管理权，相应发展海洋休闲产业，积极参与“一带一路”的建设，克服地域狭小的限制，获得更广泛的经济发展空间。第三，加大对教育和科研的支出，设立产业发展基金，促进中小企业进行创新；鼓励和引导澳门青年创业和参与区域合作。

三　中国城市竞争力（台湾）报告

台湾省位于中国东南沿海，自古以来就是我国的神圣领土。全省总面积约3.6万平方公里，2015年全省总人口约2339.8万人（见表18—6）。在外部经济环境持续不佳、外贸出口显著下降与内部消费、投资动能不足的双重压力下，整体经济表现不如预期，台湾当局“主计总处”预计2016年经济增长率将跌至0.85%。回顾过去几年，仅2009年受金融风暴影响，台湾经济增长率掉至-1.57%，2015年全年经济增长率创近六年的新低。然而，尽管经济表现不景气，但民生问题仍有较大改善，物价平稳，失业率保持在较低水平，员工工资与大学生起薪均有所增加，成为经济衰退中难得的亮点。

2015年台湾省省情信息如表18—6所示。

表 18—6　　2015 年台湾省省情信息

土地面积	3.6 万平方公里
人口总数	2339.8 万人
2013 年 GDP 总量及增长率	30262.6 亿元，2.23%
2014 年 GDP 总量及增长率	31703.6 亿元，3.51%
2015 年 GDP 总量及增长率	3.4 万亿元，0.85%
“五都”人口数占台湾总人口比重	60%

资料来源：台湾“行政院主计处”。

（一）综合概况

从城市竞争力的省际层面来看，台湾省的综合竞争力位居全国第七，依旧位于全国前列，但综合增量竞争力有所下降。从台湾内部的“五都”来看，各城市经济状况存在较大差异。综合经济竞争力分项方面，综合经济效率竞争力较强，但是综合长期增长竞争力较为薄弱。在经历工业化和城镇化的高速发展时期之后，台湾城市表现出经济效率高，但是经济增长放缓的趋势。这一特征是台湾城市经济转型过程的必经阶段。

在综合经济竞争力总体较强的基础上，台湾各城市的表现互不相同，形成特点鲜明的竞争力格局。第一，从省内综合经济竞争力排名来看，台北市一枝独秀，并且长期保持领先，台北市作为台湾面向国际的代表性城市，短期内难以被岛内其他城市撼动。2015 年，台北市的综合经济竞争力位于全省第一位，其余四市与台北市的差距较大，其余“四都”的排名依序是新北市、台中市、高雄市与台南市。第二，从省内竞争力格局来看，台北市、新北市和台中市的综合经济竞争力较强，高雄市、台南市的综合经济竞争力相对落后。台北是台湾的经济中心，地均 GDP 居全省首位，综合经济效率竞争力最强；新北市 GDP 总量已经与台北市相近；台中是台湾中部的商业都会，工商和金融业发达，经济转型趋势增强；高雄是台湾最大的港口城市和国际商埠，工业基础完善，经济发展稳定；台南是台湾的历史文化名城，经济规模相对局限，产业层次和收入水平有待提升。通过对城市区位和产业规模等进行比较，台湾城市综合经济竞争力表现出如下格局：以台北和新北为代表的台湾北部城市综合经济竞争力较强，工业城市综合经济竞争力表现突出。第三，从各城市历史比较来看，与2014年相比，高雄和台南的综合经济竞争力基本维持不变，台中的综合经济竞争力有所上升。

2014年和2015年台湾省城市竞争力排名如图18—7所示。

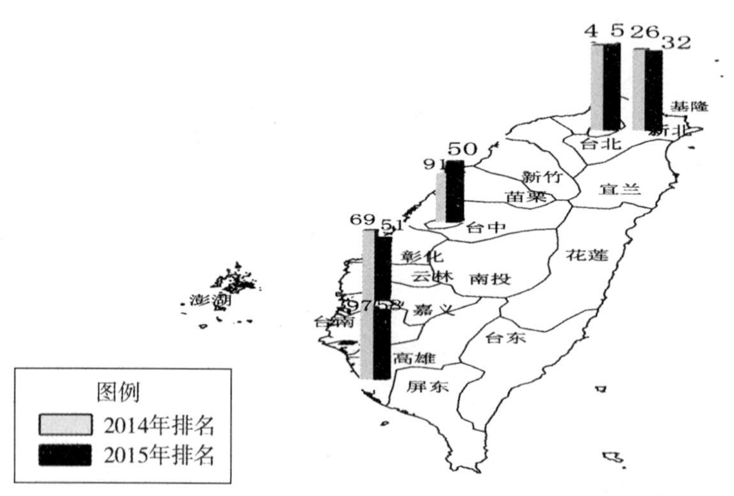

图18—7 2014年和2015年台湾省城市竞争力排名

资料来源：中国社会科学院城市与竞争力指数数据库。

（二）现状格局

1. 综合经济竞争力：未来新北市和台中市大有发展潜力

2015年，台湾城市综合经济竞争力平均指数是0.214，在全国各省排名第7位，与去年相比保持不变；综合经济竞争力指数方差是0.024，位列全国各省第25位；综合经济竞争力变异系数是0.728，位列全国各省第23位（见表18—7）。

表18—7 2015年台湾城市综合经济竞争力指数、方差及排名

	综合经济竞争力		综合增量经济竞争力		综合效率经济竞争力	
城市	指数	排名	指数	排名	指数	排名
台北	0.489	5	0.066	153	0.793	2

续表

	综合经济竞争力		综合增量经济竞争力		综合效率经济竞争力	
城市	指数	排名	指数	排名	指数	排名
新北	0.193	32	0.068	146	0.106	6
台中	0.137	50	0.049	197	0.064	12
高雄	0.135	51	0.055	185	0.055	15
台南	0.118	69	0.048	201	0.045	19
指数均值	0.214	7	0.057	26	0.213	3
指数方差	0.024	25	0.000	1	0.106	26
变异系数	0.728	23	0.161	1	1.554	24

资料来源：中国社会科学院城市与竞争力指数数据库。

台湾城市综合经济竞争力在全国具有优势。2015 年，台湾城市综合经济竞争力集中保持在全国最好和较好的水平。按照综合经济竞争力排名，台北、新北位于全国前 50 名之内，为综合经济竞争力最好的城市，未来可以继续强化两市的合作，打造双北“黄金双子城”；台中市首次进入全国综合经济竞争力前 50 名。台中市腹地广阔，具有经贸、交通枢纽和承上启下的地理优势，中部转运金三角逐渐显现。此外，台中港不如高雄、基隆两港繁忙，但面积大，且可开辟新生地，兴建新码头，很有发展潜力。高雄和台南分别为综合经济竞争力较好的城市，其中高雄市继续跌出全国综合经济竞争力前 50 名。按照综合经济竞争力分项指数排名，台湾城市的综合增量经济竞争力表现一般，综合经济效率竞争力全国较好，台北的综合经济效率竞争力仍旧保持在全国第二的位置。台湾城市综合经济竞争力总体较强，经济效率较高，但是经济持续增长乏力，内部产业结构升级缓慢和外部需求萎缩使得台湾城市的综合经济竞争力提升充满挑战。

2. 可持续竞争力

具体而言，台湾城市可持续竞争力呈现如下特点与格局（见表 18—8）。其中，台北在开放多元的文化城市、创新驱动的知识城市、交流便捷的信息城市方面独占鳌头；新北在创新驱动的知识城市、城乡一体的全域城市、人口众多的宜商城市方面优势明显；台中在环境友好的生态城市、交通便利的信息城市、以人为本的宜居城市方面独具魅力；高雄在开放多元的文化城市、创业至上的宜商城市、交流便捷的信息城市方面颇具特色；台南在开放多元的文化城市、环境友好的生态城市、创业至上的宜商城市方面潜力较大。

表 18—8　　2015 年台湾城市可持续竞争力特点与格局

城市	开放多元文化城市	环境友好生态城市	创新驱动知识城市	城乡一体全域城市	公平包容和谐城市	交流便捷信息城市
台北	国际都市教育发达	重视生态降低能耗	科技引领智慧城市	县市合并统筹规划	都市社会倡导公正	交通发达通信便利
新北	引进外资汇聚人才	环境优美治理转型	高校林立企业聚集	县市合并城乡整合	制定规则有序管理	高效物流信息网络
台中	高校林立佛教中心	整齐干净气候宜人	智慧城市科技重镇	县市合并统筹规划	注重管理保障有力	中部枢纽便利畅通
高雄	古今交融南部重镇	热带风光海港城市	传统转型知识经济	县市合并统筹规划	维护权益促进公平	港口优势便捷畅达
台南	历史名城文化深厚	加强环保健康生态	产业升级培育科技	县市合并统筹规划	互信互利参与共享	交通局限有待改进

注：由于台湾城市相关的数据收集不够全面，本报告没有对台湾城市可持续竞争力的分项指数算出得分。此处按照可持续竞争力的定义和分项标准，对台湾城市可持续竞争力的现状格局进行分析和评价。

资料来源：中国社会科学院城市与竞争力指数数据库。

台湾城市可持续竞争力的特点和优势在于，总体可持续竞争力在全国表现优异，各城市的竞争力格局较为均衡。台湾注重总结工业化和城市化过程中的经验和教训，明确经济社会与资源环境之间的关系，提出生态城市、永续发展的理念。台湾城市在追求经济增长的同时，注重提升城市综合、实质和长期的发展水平，在长远的意义上提高城市可持续竞争力。同时，台湾城市可持续竞争力也存在相应的问题，主要表现为统筹区域均衡发展和应对国际城市竞争准备不足。在现有城市格局的基础上，台湾需要加强不同区域的均衡协调，同时加强地理相近的城市之间的经济合作，如持续推动台北市和新北市的“双北黄金双子城”建设。台湾北部城市竞争力强，中部和南部城市提高空间广阔，其他县市同样具有较大潜力。

总体来看，当前台湾城市发展的基本思路和价值取向符合可持续竞争力的要求。因此，台湾城市的可持续竞争力表现较好，多数城市达到可持续竞争力的标准。大都会区功能齐备，整体发展开放多元；城市经济转型增长，生态环境明显改善；知识经济推动创新，智慧城市前景广阔；城乡统筹联系密切，一体发展较为均衡；社会建设取得进展，和谐和平众所期盼；金融贸易优势突出，工商实业较为发达；人居环境逐步改善，规划合理生活舒适；交通通信便利快捷，信息城市生机勃勃。

（三）问题与劣势

目前台湾所面临的劣势同时也是岛内各个城市所面临的困境。各个城市的人口老龄化问题都比较严重，同时对高层次人才的吸引力不足，智力外流严重，这必将制约新型产业的再创造和创业人才的萎缩。台湾专业人才外移占总外移人口的61.1%，高居全球第一位，岛内投资率屡创历史新低，对外资与人才不具吸引力或相关规范让投资进不来，使得资金与人才大量外流。

在台湾当局积极推销“黄金10年”的过程中，未来五都市长和“中央”执政者在政治、经济层面的关键主张是否一致？或是可能因政党不同而抵制？不只影响五都竞争力，更攸关台湾竞争力。当局对台湾的政经蓝图，可能牵涉发展整体规划，以及不同都会区在台湾整体发展的定位、分工，如在野党执政的地方拒绝执行“政府”政策，成效势将大打折扣。

（四）结论与政策建议

在全球城市竞争的背景下，台湾城市需要持续提升开放程度和国际化水平，应当进一步优化贸易、投资和人员往来的便利程度，促进经济、科技和文化交流。此外，台湾城市在向大都会区转变的过程中，规划建设日益趋同，城市特色逐渐弱化。为此，台湾城市应在原有特色和优势的基础上，塑造独特、个性化的城市魅力。未来，台湾提升城市竞争力的关键在于实现均衡、协调、可持续发展，保持综合经济竞争力，提高可持续竞争力。台湾的城市化进程和城市发展具有良好的基础，城市竞争力整体水平较高。在这样的条件下，台湾需要加强传统优势，克服城市转型中的问题，推动都市的更新改造，从而提升城市竞争力。

在综合经济竞争力方面，台湾城市的主要目标是提高综合增量竞争力。深化两岸经济合作，全面加强转型升级是台湾实现经济增长的根本途径。两岸经济合作是支持台湾经济长期增长的重要力量。继续推动以6港1空1园（台北港、基隆港、台中港、苏澳港、安平港、高雄港、桃园航空城、屏东农业生物科技园区）为核心的自由经济示范区建设，采取更加自由开放的经济政策，打造“自由贸易岛”，这在未来必将为台湾城市综合竞争力的提升带来机会。

在可持续竞争力方面，台湾城市的提升途径在于统筹均衡发展、提高开放程度、保持文化特色。按照城市可持续竞争力的要求，台湾在开放多元的文化城市、多元包容的和谐城市等分项标准上还有提升空间。依照美国传统基金会《2015经济自由度》的调查，台湾在全球178个经济体中，排名第14位，但与市场开放有关的“贸易自由度”则排名第43位、“金融自由度”排名第39位、“投资自由度”排名第36位，说明为了促进台湾经济迈向自由化，社会各界应该以更开放的思维，积极检讨相关法规。此外，积极推动金融支持创意计划，扶植创意产业发展，加速产业转型升级，对于台湾城市未来可持续竞争力的提升也有重要作用。

（五）趋势与展望

展望2015年，台湾经济在低位徘徊的可能性依然较大。从岛内外及两岸经济情势来看仍存在诸多不确定因素，同时外部受国际经济波动影响的局面仍将持续，内部经济转型升级仍面临诸多瓶颈，短期内难有大的起色，对台湾的经济增长应持“审慎乐观”的态度。

从两岸因素看，大陆作为台湾最大的贸易、投资伙伴，两岸经济合作仍将是推动台湾经济发展的重要因素。然而两岸经贸合作已进入“深水区”，政治互信不足、产业竞争性增强、岛内“台独”势力的阻碍等，都为未来两岸经济关系发展增加了变数。中韩FTA先于两岸服务贸易协议与货物贸易协议实施，也将对台产品在大陆市场的竞争力产生强力冲击。从台湾内部因素看，尽管半导体产业仍将在一定时期内拉动岛内经济增长，但经济过于依赖出口、市场过于集中于欧美、产业过于依赖制造业、生产方式过于集中于代工的结构性问题仍然突出。此外，世界经济论坛《2015—2016 全球竞争力报告》公布“跨国经理人在台湾经商最困难的问题”，政策不稳定（17.3 分）居首位，显示跨国企业对台湾未来能否维持既有政策方向的忧虑。唯有更开放的市场和保证既定政策的连续性不受外在政党更迭的影响，才能让台湾经济更加健康稳定地向前发展。

展望未来，台湾可以加深与大陆更广泛、多层次的合作空间，按照“九二共识”和“先经后政、先易后难”的原则推进两岸交流合作，推动两岸经济合作由制造业逐渐向服务业领域延伸，同时大陆经济在“稳增长”和“调结构”的平衡中稳步发展也有利于给台湾带来分享大陆经济成果的机遇。未来台湾可以积极融入“21 世纪海上丝绸之路”建设；加强台湾和福建的经贸往来和区域合作水平，如加深与“福建自由贸易实验区”的合作；争取在适当时机以适当身份加入亚洲基础设施投资银行。

附　录

倪鹏飞　侯庆虎　张洋子

一　理论框架

城市竞争力是城市在竞争和发展过程中，凭借以自身要素与环境为基础所形成的外部经济优势与内部组织效率，不断吸引、控制、转化资源及占领、控制市场，更多、更高效、更快地创造价值，获取经济租金，从而不断为其居民提供福利的能力。因此，城市竞争力就是城市当前创造价值并在未来仍能持续创造价值的能力。城市当前创造价值的规模、速度和效率就是城市这一能力的短期表现，也就是城市竞争力的产出；城市的要素与环境状况决定了城市这一能力的可持续性和长期表现，也就是城市竞争力的投入；城市以要素与环境为基础，通过人才、企业等经济主体的集聚，构成产业体系的绝对优势、比较优势和竞争优势，在获取经济租金上与其他城市的产业和企业竞争的过程，就是城市竞争力的过程。由此可以构建如下城市竞争力模型：城市竞争力的投入通过城市竞争力的过程决定城市竞争力的产出，城市竞争力的产出又透过城市竞争力的过程反过来影响着城市竞争力的投入。

（一）城市竞争力的产出

城市竞争力的这一方面，我们称之为城市综合经济竞争力。城市综合经济竞争力实质上就是城市当前创造价值、获取经济租金的能力。这一能力的强弱可通过城市在当前一段时间内获得的竞争成果体现出来，

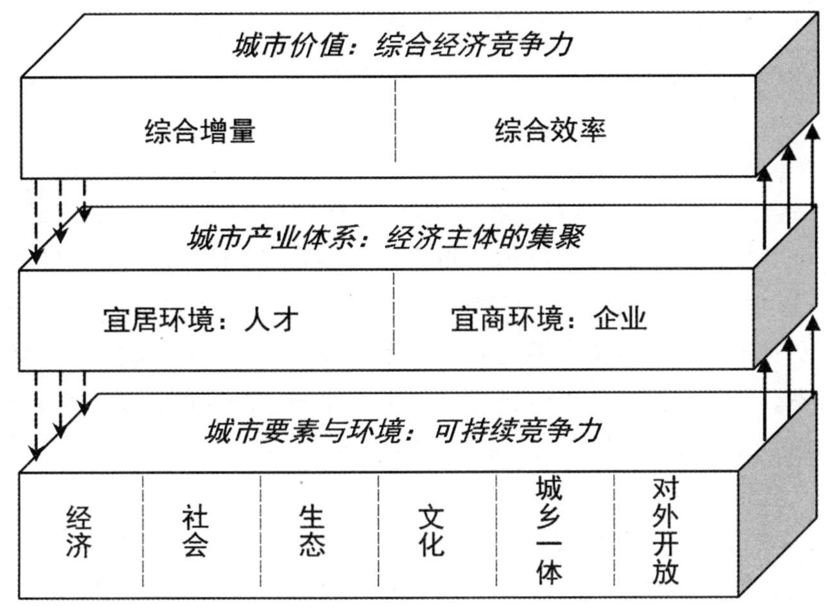

因此城市综合经济竞争力就表现为城市产出的、当前的和短期的竞争成果，城市综合经济竞争力就是城市竞争力产出的、当前的和短期的方面。

以往的研究在这一点上没有太大的争议，大家的争议主要集中在竞争成果，也即城市综合经济竞争力的集中表现上，也即城市哪个方面的表现最能集中体现城市的综合经济竞争力上。对此，以往用于衡量城市综合经济竞争力的指标主要有三类：生产率、国际市场份额和增长率。这三种指标都能在一定程度上体现城市综合经济竞争力，但作为单一指标的衡量方法也都有其各自明显的缺陷，这就提示我们应该寻找指标的某种组合，能够涵盖城市创造价值的规模、速度和效率方面的内容，以克服单个指标各自的不足，综合衡量城市综合经济竞争力。对此，我们提出城市综合经济竞争力主要表现为城市经济综合长期增长和综合经济效率，并分别采用 GDP 连续 5 年平均增量和地均 GDP 来衡量。可用公式表示为：

城市综合经济竞争力 = F（综合长期增长，综合经济效率）

综合长期增长：城市吸引、占领、争夺、控制资源和市场创造价值的能力、潜力及持续性决定于 GDP 的长期增长。增长是一个动态的概念，应包含两个方面的内容，一是城市收益规模的变动；二是这种变动的速度。城市 GDP 的增量就综合反映了这两个方面的内容，即城市收益扩展的速度及规模变动，克服了增长率在不同规模城市之间可比性较差的缺陷。在此，采用 GDP 连续 5 年平均增量作为衡量综合长期增长的指标。

综合经济效率：城市的竞争也是综合经济效率的竞争，城市总是力图充分利用资源，最大限度地获得产出。城市的地均 GDP（严格地讲，应该是地均绿色 GDP）综合反映了城市单位空间上的经济租金和经济收益及对土地这一重要资源的利用效率，即反映了城市创造和聚集财富的效率。而且作为一个单位概念，它可用于城市之间的比较，在此就采用地均 GDP 作为衡量综合经济效率的指标。

（二）城市竞争力的过程

城市竞争力的投入通过城市竞争力的过程，即城市的产业体系，转化为城市竞争力的产出，同时，城市竞争力的产出也通过城市竞争力的过程反过来影响城市竞争力的投入。城市的产业体系是各产业的总和，各产业又是产业中各企业主体的总和，企业的经济活动最终是通过人的劳动和创造得以实现的，人和企业是在城市产业体系中发挥作用的行为主体。因此，城市产业体系的层次和结构取决于城市对人才和企业的吸引能力。我们将这一过程分解为宜居城市竞争力和宜商城市竞争力。

1. 宜居城市竞争力

人的劳动和创造是一切价值的源泉，宜居城市竞争力决定了城市对于人才（特别是高端人才）的吸引力，从而影响城市的产业体系竞争力。宜居城市竞争力由人口素质、社会环境、生态环境、居住环境和市政设施六个方面构成。其可用公式表示为：

宜居城市竞争力 = F（人口素质，社会环境，生态环境，居住环境，市政设施）

人口素质：人口素质是城市环境宜居程度的最直接体现，可分为精神和物质两个层面。人口素质的精神层面至少应包括人的道德水平、文化程度、思想观念等几个方面，这些方面的形成主要是教育的结果；人口素质的物质层面主要指的是人的健康状况。

社会环境：社会是人类生活的直接环境，涵盖人类生存及活动范围内的社会物质、精神条件的总和。良好的社会服务和管理，安定繁荣的社会政治、法制和文化环境对于人的发展意义重大。

生态环境：生态环境是与人类密切相关的，影响人类生活和生产活动的各种自然因素及其作用的总和，是人类赖以生存和发展的物质条件的综合体。随着经济高速发展过程中环境问题的日益凸显，建设生态文明已成为城市发展的重要目标。

居住环境：安居才能乐业，居住是城市最基本的功能，是工作劳动、社会交往、休闲娱乐等其他一切人类活动的基础。城市的居住环境体现为城市为人们提供衣、食、住、行等生活条件的能力。

市政设施：市政设施涵盖道路、水、电、气、热、通信等城市生活的方方面面，是舒适便捷的城市生活的基本物质条件。

2. 宜商城市竞争力

城市竞争力的过程是城市的单个企业在竞争中不断形成自身竞争力，并同行业其他企业共同构成单个产业的竞争力，最终又构成城市产业体系竞争力的过程。宜商城市竞争力决定了城市对企业本体的吸引力，进而影响了城市竞争力的实现过程。宜商城市竞争力由企业本体、当地要素、当地需求、制度环境、主体联系和基础设施六个方面构成。可用公式表示为：

宜居城市竞争力 = F（企业本体，当地要素，当地需求，制度环境，主体联系，基础设施）

企业本体：企业是人类追求经济效率所形成的组织体，城市企业通过业务表现显示出城市整体的营商环境，通过促进知识向实际生产力的转化不断提升城市的产业层次，从而为城市的可持续发展提供直接的动力。

当地要素：要素禀赋是指城市拥有及便于利用的直接生产要素和间接环境要素的总和，其中最基本的至少应包括人才、资本、科技等。当地要素的相对规模和范围决定着城市的竞争优势和比较优势。

当地需求：城市需求的规模影响着城市产业的规模，城市需求的层次影响着城市产业的层次，城市需求的增长潜力影响着城市产业的增长，因此当地需求对城市的产业集聚和经济发展都具有关键意义。

制度环境：公共制度是政府制定的约束经济主体交往、维护社会发展的行为规则，良好的制度可以有效降低交易成本，提高交易效率，也可以对经济主体产生有效的激励与约束，还可以保证公民获得应得的福祉，减少不平等和歧视，从而为城市提供良好的制度保障。

主体联系：社会的专业分工要求经济主体之间必须进行联系和交往，这种联系最终表现为产业在城市空间上的聚集及产品市场和要素市场的形成。主体联系在空间上分为城市内部、城市之间以及对外联系，在内容上涉及政治、经济、社会和文化等各方面联系。

基础设施：良好的基础设施是主体之间建立联系并使得这种联系能够高效地转化为经济成果的物质基础。城市内部主体间的联系依赖于城市内部的基础设施，城市间的联系依赖于城市间的基础设施。城市基础设施为城市之间的物质、能量、信息交流提供了物质基础。

（三）城市竞争力的投入

城市竞争力的这一方面，我们称之为城市可持续竞争力。城市可持续竞争力实质上就是城市的要素与环境的状况。城市的要素与环境作为城市发展过程中的决定性因素，其状况不仅对城市当前的发展，而且对城市未来的发展均有决定性的影响，因此城市可持续竞争力就是城市竞争力投入的、可持续的和长期的方面。

根据我们多年的研究，城市的可持续竞争力包括经济、社会、生态、文化、城乡一体和对外开放六大方面，分别体现为创新驱动的知识城市、公平包容的和谐城市、环境友好的生态城市、多元一本的文化城市、城乡一体的全域城市、开放便捷的信息城市。可用公式表示为：

城市可持续竞争力 = F（创新驱动的知识城市，公平包容的和谐城市，环境友好的生态城市，多元一体的文化城市，城乡一体的全域城市，开放便捷的信息城市）

创新驱动的知识城市：只有创新才是城市经济社会可持续发展的不竭的、最终的动力。理想的城市应该是不断以新知驱动经济社会发展的地方，知识经济发达，知识产业成为城市的主导产业，知识既是经济中最主要的投入要素，也是最主要的产出。

公平包容的和谐城市：以公平的社会制度和包容的社会精神为保障的、顺畅有序地运转的城市，才能实现可持续的发展。理想的城市应该是人与人平等和睦相处的地方，各种社会矛盾冲突都能通过合理的机制疏导和加以解决，使得矛盾冲突各方的利益平衡，所有人的利益都得到尊重和体现。

环境友好的生态城市：理想的城市应该是人和自然和谐相处的地方，人们的生产和生活过程被作为自然循环过程之一，与其他自然循环过程相协调，低碳经济发展模式形成，生态环境建设成为城市建设的有机组成部分，人工环境与自然环境有机地融为一体。

多元一体的文化城市：文化是城市魅力的最终来源，理想的城市应该是各种文化碰撞、交融、交相辉映的地方。在自由开放的社会文化吸引下，世界各地的人们来此工作、生活，为城市文化注入新的元素，古今中外各种文化融汇于此，共同绘出一幅独一无二的、绚烂多彩的城市文化画卷。

城乡一体的全域城市：理想的城市应该是以城市为本底的城乡全面一体化的地方，中心城区与小城镇、乡村作为一个有机整体，在各方面共同发展，城乡居民在田园般优美的环境中享受着现代城市所提供的优质公共服务和便利基础设施，城市和乡村完美融合。

开放便捷的信息城市：理想的城市是不断高效地进行着信息和物质交流的地方，信息技术的广泛应用一方面为城市生产和生活的精细化和动态化提供支持，让城市活动更加“智慧”；另一方面为城市管理和服务的广泛社会参与创造条件，汇集公众智慧，推动城市管理和服务的不断创新。

二　指标体系

（一）城市综合经济竞争力指标体系

指标含义	指标	指标衡量方法	数据来源
经济增长	综合增量	GDP 连续 5 年平均增量	国家统计局
经济效率	综合效率	地均 GDP	国家统计局

（二）宜居城市竞争力指标体系

指标含义	指标	指标衡量方法	数据来源
人口素质	人均预期寿命	—	国家统计局
	大专以上人口比例	—	各城市六普公报
社会环境	每万人拥有医生数	—	国家统计局
	千人小学数	—	国家统计局
	每万人刑事案件数	—	国家统计局
生态环境	空气质量	城市空气质量等级	环保部及各省环保厅环境公报
	气温舒适度	年平均温度	中国天气网
	绿化覆盖率	—	国家统计局
居住环境	人均住房面积	—	国家统计局
	房价收入比	（住宅平均售价×90）/（城镇居民人均可支配收入×3）	国家统计局
	每万人餐饮购物场	—	Google 地图搜索
市政设施	人均道路面积	—	国家统计局
	排水管道密度	—	国家统计局
	用水普及率	—	国家统计局

（三）宜商城市竞争力指标体系

指标含义	指标	指标衡量方法	数据来源
企业本体	大企业指数	世界500强及上市公司数	《财富》500强名单，上海证券交易所，深圳证券交易所和香港交易及结算所有限公司网站
	企业增长指数	企业数量增长率+企业规模增长率	国家统计局

续表

指标含义	指标	指标衡量方法	数据来源
当地要素	城镇就业人员平均工资	—	国家统计局
	大专以上人口比例	—	各城市六普公报
	专利指数	专利申请授权量	国家统计局
	人均存款余额	—	国家统计局
当地需求	GDP 规模	—	国家统计局
	社会消费品零售总额	—	国家统计局
	限额以上批发零售贸易业商品销售总额	—	国家统计局
制度环境	开办企业便利度	证件办理指数+企业开办指数+经营纳税指数+资质认定指数	中国软件测评中心政府网站绩效测评
	企业税收负担	地方财政一般预算内收入占 GDP 比重	国家统计局
	银行网点数	—	高德地图
主体联系	城市货运总量	—	国家统计局
	城市客运总量	—	国家统计局
	国际商旅人员数	接待海外商旅人数	国家统计局
基础设施	公路交通便利程度	连接城市的国高、国道和省道数	交通部中国公路信息网
	铁路交通便利程度	连接城市的高铁、双线电气化铁路、单线电气化铁路、双线铁路、单线铁路数及是否有主要车站	铁道部铁路运营图及高铁线路图
	航空交通便利程度	机场飞行区等级和起降架次	全国运输机场生产统计公报及各机场网站
	利用海运便利程度	城市距最近海港距离和距天津、上海及香港距离	根据 Google 地图城市经纬度数据计算

（四）城市可持续竞争力指标体系

一级指标	二级指标含义	二级指标	指标衡量方法	数据来源
创新驱动的知识城市	知识需求	科技经费支出额占财政收入比重	—	国家统计局
		人均教育支出	—	国家统计局
		每百人公共图书馆藏书	—	国家统计局
	知识投入	中等以上学生占全部学生比重	—	国家统计局
		大学指数	各城市大学排名	世界大学排名（Webometrics Ranking）
	知识产出	专利指数	专利申请授权量	国家统计局
		论文发表数	—	Web of Science 三大引文库（SCI/SSCI/A&HCI）
	知识经济	每百万人金融、计算机服务和科学研究从业人数	—	国家统计局
		高科技产品进出口总额	—	科技部

续表

一级指标	二级指标含义	二级指标	指标衡量方法	数据来源
公平包容的和谐城市	政府善治	行政透明度	信息公开指数	中国软件测评中心政府网站绩效测评
		群众需求关注度	互动交流指数+证件办理指数	中国软件测评中心政府网站绩效测评
	社会公平	户籍与非户籍人口之间的公平性	根据各城市落户政策打分	各城市政府网站
		各阶层之间的公平性	教育服务指数+社保服务指数+就业服务指数+医疗服务指数+住房服务指数+交通服务指数	中国软件测评中心政府网站绩效测评
	社会保障	人均社会保障、就业和医疗卫生财政支出	—	国家统计局
		社会保障程度	参加医疗、失业、养老保险人数占常住人口比重	国家统计局
	社会安定	每万人刑事案件数	—	国家统计局
		每万人交通、火灾事故死亡人数	—	国家统计局

续表

一级指标	二级指标含义	二级指标	指标衡量方法	数据来源
环境友好的生态城市	资源节约	单位 GDP 耗电	—	国家统计局
		单位 GDP 耗水	—	国家统计局
	环境质量	空气质量	城市空气质量等级	环保部及各省环保厅环境公报
		单位 GDP 二氧化硫排放量	—	国家统计局
		地表水水质	河流、湖泊水质状况，涉及沿海城市时，还包括其近海海水水质状况	中国环境监测总站及下属各省市监测站、水文信息网、中国环境保护部及下属各省市环保厅、环保局，全国、各省市环境公报以及各省市水资源公报
	生态状况	人均绿地面积	—	国家统计局
		旅游景区指数	4A 级和 5A 级旅游景区数量	全国 4A 级及 5A 级旅游景区名单
		国家级自然保护区指数	国家级自然保护区数量和面积	国家级自然保护区名录
		降水丰沛度	年平均降水量	中国天气网

续表

一级指标	二级指标含义	二级指标	指标衡量方法	数据来源
多元一体的文化城市	历史文化	历史文化名镇、名村	历史文化名镇、名村数量	中国名镇网
		历史文化指数	历史文化名城批次	国家历史文化名城名单
		非物质文化指数	非物质文化遗产数量	中国非物质文化遗产名录数据库系统
	现代文化	现代文化艺术指数	文化艺术场所数	Google 地图搜索
		每万人剧场、影剧院数量	—	国家统计局
	文化多元性	城市国际知名度	城市拼音名 Google 英文搜索结果条数	Google 搜索
		语言多国性指数	城市星级酒店提供语言服务种类数	假日酒店网站及 51mice 中国旅业参考
	文化产业	每百万人文化、体育和娱乐业从业人数	—	国家统计局
		外国入境旅游人数	—	国家统计局

续表

一级指标	二级指标含义	二级指标	指标衡量方法	数据来源
城乡一体的全域城市	居民收入	城乡人均支出比	城镇居民人均消费支出/农村居民人均消费支出	国家统计局
		城乡人均收入比	城镇居民人均可支配收入/农村居民人均纯收入	国家统计局
	公共服务	人均教育支出比（全市/市辖区）	全市人均教育支出/市辖区人均教育支出	国家统计局
		每百人公共图书馆藏书量比（全市/市辖区）,	全市每百人公共图书馆藏书量/市辖区每百人公共图书馆藏书量	国家统计局
		每万人拥有医生数比（全市/市辖区）	全市每万人拥有医生数/市辖区每万人拥有医生数	国家统计局
	公共设施	每千人国际互联网用户数比（全市/市辖区）	全市每千人国际互联网用户数/市辖区每千人国际互联网用户数	国家统计局
		城乡道路面积比	—	国家统计局
	结构转换	城市化率	市辖区人口/全市总人口	国家统计局
		城市化与工业化适应性	非农业人口比重与非农产业产值占 GDP 比重的差别	国家统计局

续表

一级指标	二级指标含义	二级指标	指标衡量方法	数据来源
开放便捷的信息城市	客体的贸易	外贸依存度	(进口总额+出口总额)/(2×GDP)	国家统计局
		当年实际使用外资额占固定资产投资比例	—	国家统计局
	主体的交流	外资工业企业比重	外资工业企业数/工业企业数	国家统计局
		国际商旅人员数	接待海外商旅人数	国家统计局
	信息交流	千人国际互联网用户数	—	国家统计局
		千人移动电话年末用户数	—	国家统计局
	物质交流	公路交通便利程度	连接城市的国高、国道和省道数	交通部中国公路信息网
		铁路交通便利程度	连接城市的高铁、双线电气化铁路、单线电气化铁路、双线铁路、单线铁路数及是否有主要车站	铁道部铁路运营图及高铁线路图
		航空交通便利程度	机场飞行区等级和起降架次	全国运输机场生产统计公报及各机场网站
		利用海运便利程度	城市距最近海港距离和距天津、上海及香港距离	根据Google地图城市经纬度数据计算

三 样本选择

报告中的样本城市包括中国 34 个省、市、区和特别行政区的 294 个城市，具体为内地 287 个地级以上城市和香港、澳门、台北、新北、台中、台南、高雄。

四 计算方法

（一）指标数据标准化方法

城市竞争力各项指标数据的量纲不同，首先应对所有指标数据进行无量纲化处理。客观指标分为单一客观指标和综合客观指标。对于单一性客观指标原始数据进行无量纲化处理，本章主要采取标准化、指数化、阈值法和百分比等级法四种方法。

标准化计算公式为：$X_i=\frac{(x_i-\bar{x})}{Q^2}$，$X_i$ 为 x_i 转换后的值，x_i 为原始数据，$\bar{x}$ 为平均值，Q^2 为方差，X_i 为标准化后数据。

指数法的计算公式为：$X_i=\frac{x_i}{x_{0i}}$，X_i 为 x_i 转换后的值，x_i 为原始值，x_{0i} 为最大值，X_i 为指数。

阈值法的计算公式为：$X_i=\frac{(x_i-x_{Min})}{(x_{Max}-x_{Min})}$，$X_i$ 为 x_i 转换后的值，x_i 为原始值，x_{Max} 为最大样本值，x_{Min} 为最小样本值。

百分比等级法的计算公式为：$X_i=\frac{n_i}{(n_i+N_i)}$，$X_i$ 为 x_i 转换后的值，x_i 为原始值，n_i 为小于 x_i 的样本值数量，N_i 为除 x_i 外大于或等于 x_i 的样本值数量。

综合客观指标原始数据的无量纲化处理是：先对构成中的各单个指

标进行量化处理，再用等权法加权求得综合的指标值。

（二）城市竞争力计量的方法

1. 城市竞争力总指数：综合经济竞争力和可持续竞争力的计算方法

综合经济竞争力和可持续竞争力各项指标综合的方法是非线性加权综合法。所谓非线性加权综合法（或“乘法”合成法）是指应用非线性模型 $g = \prod x_j^{w_j}$ 来进行综合评价的。式中 w_i 为权重系数，$x_i \geqslant 1$。对于非线性模型来说，在计算中只要有一个指标值非常小，那么最终的值将迅速接近于零。换言之，这种评价模型对取值较小的指标反应灵敏，对取值较大的指标反应迟钝。运用非线性加权综合法进行城市竞争力计量，能够更全面、科学地反映综合指标值。

2. 城市竞争力的解释指数：可持续竞争力分项竞争力的计算方法

尽管报告设计的解释性城市竞争力的指标为二级指标，实际上包括原始指标在内，解释性城市竞争力的指标为三级，在三级指标合成二级指标和二级指标合成一级指标时，采用先标准化再等权相加的办法，标准化方法如前所述。其公式为：

$$z_{il} = \sum_j z_{ilj}$$

其中，z_{il} 表示各二级指标，z_{ilj} 表示各三级指标。

$$Z_i = \sum_l z_{il}$$

其中，Z_i 表示各一级指标，z_{il} 表示各二级指标。

3. 城市竞争力分类指数

报告将城市分别按照区域、省份、城市规模和发展阶段进行了归类，各类别中某一类型的竞争指数是对该类别所有城市该项指标的竞争力指数求平均。比如区域分类中，东南地区的区域经济竞争力指数是对东南所有 57 个城市的经济竞争力指数求平均。

（三）城市排名的主成分分析方法

1. 概述

在处理信息时，当两个变量之间有一定相关关系时，可以解释为这两个变量反映的信息有一定的重叠，为了解决这些问题，最简单和最直接的解决方案是削减变量的个数，但这必然又会导致信息丢失和信息不完整等问题的产生。为此，人们希望探索一种更为有效的解决方法，它既能大大减少参与数据建模的变量个数，同时也不会造成信息的大量丢失。主成分分析正是这样一种能够有效降低变量维数，并已得到广泛应用的分析方法。

主成分分析以最少的信息丢失为前提，将众多的原有变量综合成较少几个综合指标。通常来说，综合指标（主成分）有以下几个特点：

（1）主成分个数远远少于原有变量的个数。

原有变量综合成少数几个因子之后，因子将可以替代原有变量参与数据建模，这将大大减少分析过程中的计算工作量。

（2）主成分能够反映原有变量的绝大部分信息。

因子并不是原有变量的简单取舍，而是原有变量重组后的结果，因此不会造成原有变量信息的大量丢失，并能够代表原有变量的绝大部分信息。

（3）主成分之间应该互不相关。

通过主成分分析得出的新的综合指标（主成分）之间互不相关，因子参与数据建模能够有效地解决变量信息重叠、多重共线性等给分析应用带来的诸多问题。

（4）主成分具有命名解释性。

总之，主成分分析法是研究如何以最少的信息丢失将众多原有变量浓缩成少数几个因子，如何使因子具有一定的命名解释性的多元统计分析方法。

2. 基本原理

主成分分析是数学上对数据降维的一种方法。其基本思想是设法将原来众多的具有一定相关性的指标 X_1，X_2，…，X_P，重新组合成一组较少个数的互不相关的综合指标 F_m 来代替原来的指标。那么综合指标应该如何去提取，才能使其既能最大限度地反映原变量 Xp 所代表的信息，又能保证新指标之间保持相互无关（信息不重叠）？

设 F_1 表示原变量的第一个线性组合所形成的主成分指标，即 $F_1 = a_{11}X_1 + a_{21}X_2 + a_{p1}X_p$，由数学知识可知，每一个主成分所提取的信息量可用其方差来度量，其方差 Var（F_1）越大，表示 F_1 包含的信息越多。常常希望第一主成分 F_1 所含的信息量最大，因此在所有的线性组合中选取的 F_1 应该是 X_1，X_2，…，X_p的所有线性组合中方差最大的，故称 F_1 为第一主成分。如果第一主成分不足以代表原来 p 个指标的信息，再考虑选取第二个主成分指标 F_2，为有效地反映原信息，F_1 已有的信息就不需要再出现在 F_2 中，即 F_2 与 F_1 要保持独立、不相关，用数学语言表达就是其协方差 Cov（F_1，F_2）= 0，所以 F_2 是与 F_1 不相关的 X_1，X_2，…，X_p的所有线性组合中方差最大的，故称 F_2 为第二主成分，以此类推构造出的 F_1、F_2……，Fm 为原变量指标 X_1，X_2，…，X_p 第一、第二……第 m 个主成分。

$$\begin{cases} F_1 = a_{11}X_1 + a_{21}X_2 + \cdots + a_{1p}X_p \\ F_2 = a_{21}X_1 + a_{22}X_2 + \cdots + a_{2p}X_p \\ \qquad\qquad \cdots \\ F_m = a_{m1}X_1 + a_{m1}X_2 + \cdots + a_{mp}X_p \end{cases}$$

根据以上分析得知：

$\mathrm{F_i}$ 与 $\mathrm{F_j}$ 互不相关，即 Cov（F_i，F_j）= 0，并有 Var（F_i）= $ai'\Sigma ai$，其中 Σ 为 X 的协方差阵 。

F_1 是 X_1，X_2，…，X_p的一切线性组合中方差最大的。

F_1，F_2，…，Fm（$m \leqslant p$）为构造的新变量指标，即原变量指标的第一、第二……第 m 个主成分。

3. 主成分分析法的计算步骤

主成分分析的具体步骤如下：

（1）计算协方差矩阵。

计算样品数据的协方差矩阵：

$\Sigma = (s_{ij})\ p * p$，其中

$$S_{ij} = \frac{1}{n-1}\sum_{k=1}^{n}(X_{ki} - \bar{X}_i)(X_{kj} - \bar{X}_j) \qquad i, j = 1, 2, \cdots, p$$

（2）求出 Σ 的特征值 λ_i 及相应的正交化单位特征向量 a_i。

Σ 的前 m 个较大的特征值 $\lambda_1 \geqslant \lambda_2 \geqslant \cdots \lambda_m \geqslant 0$，就是前 m 个主成分对应的方差，λ_i 对应的单位特征向量 a_i 就是主成分 F_i 的关于原变量的系数，则原变量的第 i 个主成分 F_i 为：

$$F_i = a_i{}' X$$

主成分的方差贡献率用来反映信息量的大小，α_i 为：

$$\alpha_i = \frac{\lambda_i}{\sum_{i=1}^{m}\lambda_i}$$

（3）选择主成分。

最终要选择几个主成分，即 F_1、F_2……，F_m 中 m 是通过方差累计贡献率 G（m）来确定的：

$$G_{(m)} = \sum_{i-1}^{m}\frac{\lambda_i}{\sum_{k=1}^{p}\lambda_k}$$

当累计贡献率大于85%时，就认为能足够反映原来变量的信息了，对应的 m 就是抽取的前 m 个主成分。

（4）计算主成分载荷。

主成分载荷是反映主成分 F_i 与原变量 X_j 之间的相互关联程度，原来变量 X_j（$j=1, 2, \cdots, p$）在诸主成分 F_i（$i=1, 2, \cdots, m$）上的荷载 l_{ij}（$i=1, 2, \cdots, m$；$j=1, 2, \cdots, p$）。

$l(Z_i, X_j) = \sqrt{\lambda_i a_{ij}} \qquad (i = 1, 2, \cdots m; j = 1, 2, \cdots, p)$

在 SPSS 软件中主成分分析后的分析结果中，“成分矩阵”反映的就是主成分载荷矩阵。

（5）计算主成分得分。

计算样本在 m 个主成分上的得分：

$F_i = a_{1i}X_1 + a_{2i}X_2 + \cdots + a_{pi}X_p \quad i = 1, 2, \cdots, m$

实际应用时，指标的量纲往往不同，所以在主成分计算之前应先消除量纲的影响。消除数据的量纲有很多方法，常用方法是将原始数据标准化，即做如下数据变换：

$$X_{ij}^* = \frac{X_{ij} - \bar{X}_j}{S_j} \qquad i = 1, 2, \cdots, n; j = 1, 2, \cdots, p$$

其中：$\bar{X}_j = \frac{1}{n}\sum_{i=1}^{n} X_{ij}, \quad S_j^2 = \frac{1}{n-1}\sum_{i=1}^{n}(X_{ij} - \bar{X}_j)^2$

五 主题报告时间收缩地图的制图方法

报告使用的空间底图是由国家测绘局国家基础地理信息中心提供的 1∶400 万的全国地市级以上居民地点状和面状的栅格地图。以上海为例，设上海的坐标为（x_0，y_0），以上海为不动点分别与所有城市做连接线，获得各个城市的地理坐标为（x_i，y_i）。设上海到各城市的原始距离为 D_{0j}，将已经获得的上海到其他城市的最短时间距离 T_{0i}转换为新的空间距离 ND_{0j}。

设向量则以不动点地为起点，为方向向量，向量的模为 ND_{0j}，由此得到由新的空间距离确定的 i 地与不动点实际位置的时间距离坐标 i′（x′i，y′i）。地图上不动点到 i′的线段就是两地间的时间距离。

使用 ArcMap10，采用空间变换的橡皮拉伸（Rubbersheet）方法，以 i 点为起点，i′为终点对地图图层做拉伸变换，最后得到将空间底图按时间距离变形后的压缩地图。

后　记

《中国城市竞争力报告 No. 14》由中国社会科学院财经战略研究院倪鹏飞博士牵头，数十家国内著名高校、地方院校、权威统计部门、企业研发机构的近百名专家参与，历经大半年时间，进行理论和调查、计量和案例等经验研究而形成的成果。《中国城市竞争力报告 No. 14》的基础理论、指标体系、研究框架和重要结论主要由主编倪鹏飞博士做出。副主编天津大学应用数学中心侯庆虎博士（数学专家）负责计量、提供计算支持。特邀主编沈建法、林祖嘉、刘成昆分别负责香港、台湾、澳门的数据支持、审核和报告的讨论工作。副主编李超（中国社会科学院财经战略研究院）负责空间计量、协调调度等工作；副主编张洋子（中国社会科学院财经战略研究院博士）负责报告的数据采集、具体计算、资料汇总、地图绘制等工作。

关于城市竞争力，本次报告将其分为城市综合经济竞争力、宜居城市竞争力、宜商城市竞争力、城市可持续竞争力四个部分，并分别设计了指标体系，从而对中国 294 个城市的经济竞争力和中国（除台湾和西藏外）289 个城市的宜居竞争力、宜商竞争力、可持续竞争力进行了衡量。本报告根据我国经济活动空间格局发展的新趋势，撰写了《新引擎：多中心群网化城市体系》的主题报告。此外，从城市竞争力的每一分项对样本城市进行了分析和比较，形成了八份分项报告。同时，还制作了中国七大区域的区域报告。报告的文稿是在锤炼理论、采集数据、进行计量并得出基本结论后，由执笔者撰写而成的。

各章的文字贡献者是：第一章：中国城市竞争力 2015 年度排名，课题组集体；第二章：中国城市竞争力 2015 年度综述，倪鹏飞、李超

（中国社会科学院财经战略研究院）；第三章：新引擎：多中心群网化城市体系，倪鹏飞、丁如曦、王雨飞（中国社会科学院财经战略研究院）、张洋子（中国社会科学院研究生院）、周晓波（南开大学）、李冕（中国社会科学院研究生院）；第四章：以人为本的宜居城市竞争力报告，丁如曦（中国社会科学院财经战略研究院）；第五章：创业至上的宜商城市竞争力报告，毛丰付（中国社会科学院财经战略研究院）；第六章：创新驱动的知识城市竞争力报告，赵英伟（青岛科技大学）；第七章：公平包容的和谐城市竞争力报告，刘金伟（北京工业大学）；第八章：环境友好的生态城市竞争力报告，魏劭琨（国家发改委城市和小城镇改革发展中心）；第九章：多元一体的文化城市竞争力报告，王雨飞（中国社会科学院财经战略研究院）；第十章：中国全域城市竞争力报告，蔡书凯（中国社会科学院财经战略研究院）；第十一章：中国信息城市竞争力报告，刘艺（中国人民公安大学）；第十二章：中国（东南地区）城市竞争力报告，邹琳华（中国社科院财经战略研究院）、夏炎（中国社会科学院研究生院）；第十三章：中国（环渤海地区）城市竞争力报告，杨杰（中国社会科学院研究生院）；第十四章：中国（东北地区）城市竞争力报告，刘尚超（中国社会科学院财经战略研究院）、周晓波（南开大学）；第十五章：中国（中部地区）城市竞争力报告，郭晗（西北大学）、谢海生（住房和城乡建设部研究中心）；第十六章：中国（西南地区）城市竞争力报告，张安全（西南财经大学）、聂娜（中国社会科学院财经战略研究院）；第十七章：中国（西北地区）城市竞争力报告，魏婕（西北大学）、赵若锦（中国社会科学院财经战略研究院）；第十八章：中国（港澳台地区）城市竞争力报告，沈建法（香港中文大学香港亚太研究所）、刘成昆（澳门科技大学行商学院）、周晓波（南开大学）；附录：倪鹏飞、侯庆虎、张洋子。整个报告的计量数据，由倪鹏飞、侯庆虎领导下的课题组完成。

《中国城市竞争力报告 No. 14》和中国城市竞争力的研究得到报告顾问及诸多机构和人士真诚无私的支持。我们对所有支持和关心这项研究的单位和人士表示钦佩、敬意和感谢。

倪鹏飞

2016 年 4 月 20 日